2025年入試対策用 CONTENTS 全国短大進学ガイド

学科 資格 就職 学費 編入

巻頭特集 ゼロからわかる！ 短大進学の基礎知識
［学生生活＆卒業後の進路＆入試対策ガイド］

何を学ぶ？ 学科ガイダンス ［先輩の授業誌上レポートも掲載！］

どこで学ぶ？ 全国短大インフォメーション

志望校を決める参考に！ 短大データ集

表紙デザイン／及川真咲デザイン事務所

本書の構成と使い方

本書は「巻頭特集」「学科ガイダンス」
「全国短大インフォメーション」「短大データ集」の
大きく４つのパートで構成されています。
短大で何を学ぶか、どこの短大で学ぶか、
資格が取れる短大、卒業後の進路などについて、
各種記事を掲載しています。
さまざまな観点から志望校を決めていきましょう。

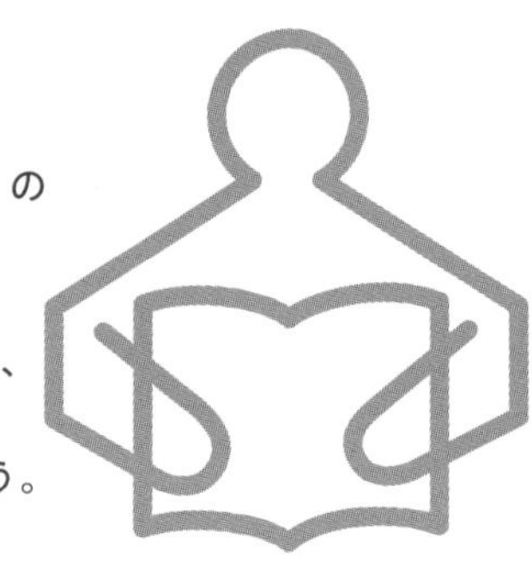

構成

ゼロからわかる！短大進学の基礎知識
［学生生活＆卒業後の進路＆入試対策ガイド］

短大進学に関わる全体像を知るための記事です。
短大とはどういったものなのか、短大生のキャンパスライフ、
卒業後の進路などを、先輩へのインタビューも交えて解説。
あわせて、入試の仕組み、推薦＆総合型選抜対策もガイドします。

学科ガイダンス［先輩の授業誌上レポートも掲載！］

短大で学べることを17系統に分類してガイド。学びの特色、学ぶ内容、
向くタイプ、生かせる進路、取れる資格をはじめ、専門科目の授業例や、
先輩による授業レポートなどで学科の内容を紹介します。系統ごとに
「設置短大さくいん」も掲載しましたので、その系統が学べる短大もわかります。

全国短大インフォメーション

全国の公立短大・私立短大を、各短大別に、
所在地・交通・設立年・学生総数などの基礎データとともに、学科の概要や特色、
取得できる免許や資格、前年度選抜方法についてガイドします。

短大データ集［資格・就職・編入・学費］

志望校を決めるための参考データとして、資格が取れる短大・学科、
短大卒業後の就職実績や大学への編入実績、2024年度学費一覧を掲載しました。
さまざまな角度から志望校を比較検討するための参考にしてください。

使い方

1. 「巻頭特集」で短大進学に関する全体像を把握しましょう。
2. 「学科ガイダンス」から自分の興味や関心に合う学科系統を探しましょう。
3. 興味・関心のある系統の「設置短大さくいん」を利用して、「全国短大インフォメーション」に掲載している短大のページへ。
4. 各短大の特色を調べて、志望校を絞り込んでいきましょう。
5. 巻末の「短大データ集」で、各短大の特徴をさらに詳しく調べて、志望校決定に役立ててください。

※本書の情報は各短大へのアンケート調査（2024年2月～3月）に基づいています。

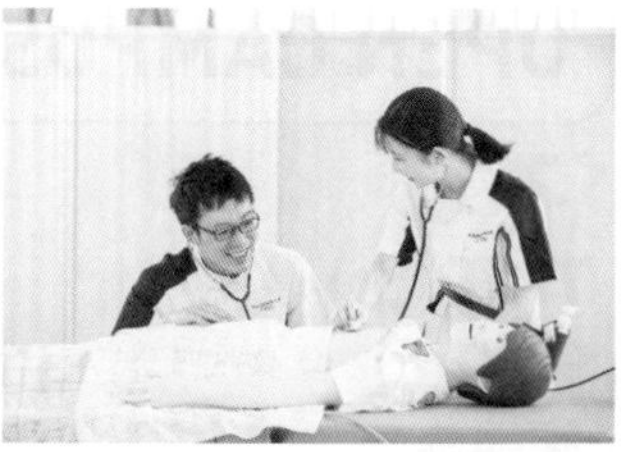

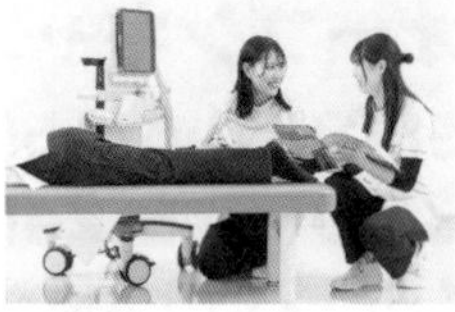

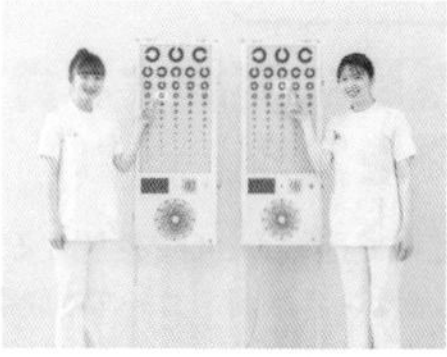

⓪(ゼロ)からわかる 短大進学の基礎知識

学生生活

卒業後の進路

入試対策ガイド

短大の全体像や学生生活、卒業後の進路状況を
先輩たちへのインタビューも含めてレポートします。
入試の対策もガイドしているので
短大進学への準備の参考にしてください。

データで見る短大の入口と出口

入学者データ

※短大数＝2023年入試を実施した短大数（専門職短大を含む）。
※入学者の内訳＝2023年の短大入学者の数値。推薦入試は指定校制を含む。文部科学省資料を基に作成。

●公立短大13校

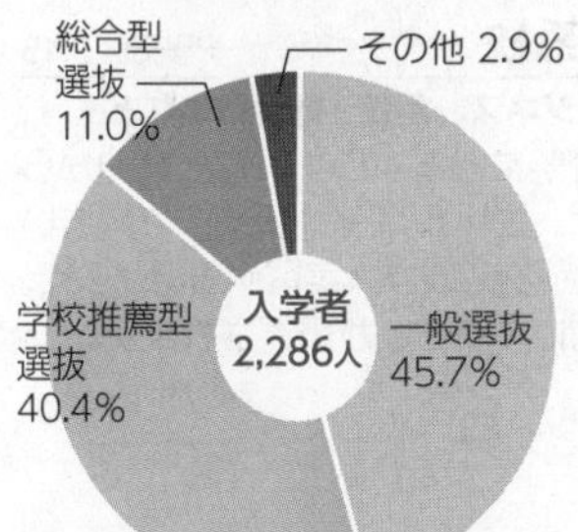

●私立短大277校

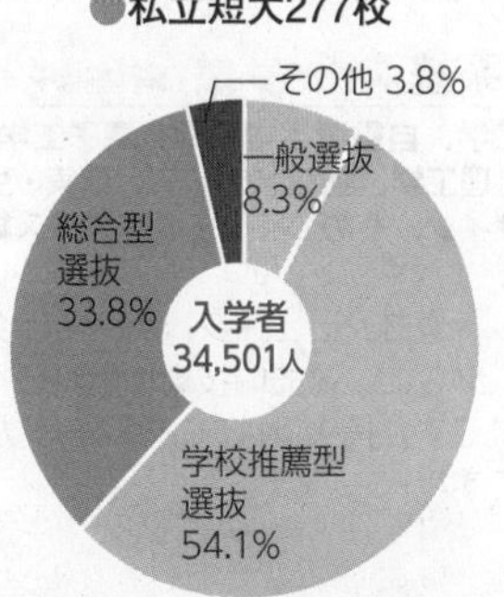

卒業者データ

※『学校基本調査』（文部科学省）による2023年3月卒業者の数値。「就職者」＝「自営業種等」「常用労働者」の合計。「その他」＝「専修学校・外国の学校等入学者」「臨時労働者」「進学でも就職でもないことが明らかな者」「不詳・死亡の者」の合計。

●卒業後の進路

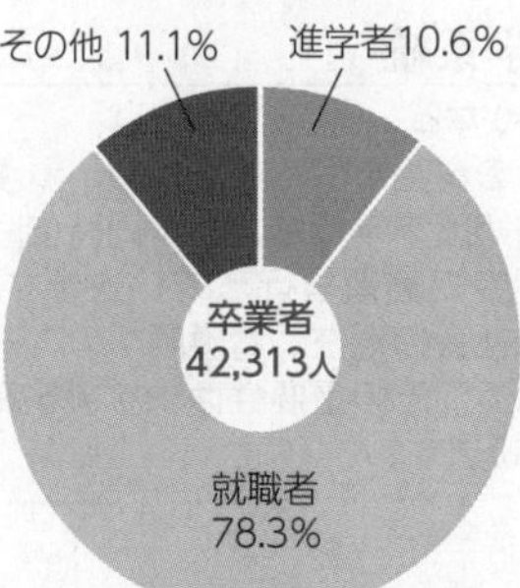

●産業別 就職先ベスト10

順位	割合	産業
1	42.2%	医療、福祉
2	18.3%	教育、学習支援業
3	10.5%	卸売業、小売業
4	6.8%	宿泊業、飲食サービス業
5	4.5%	製造業
6	3.8%	サービス業（他に分類されないもの）
7	3.3%	生活関連サービス業、娯楽業
8	1.4%	学術研究，専門・技術サービス業
8	1.4%	金融業，保険業
8	1.4%	公務（他に分類されるものを除く）

短大学科 ビジュアルガイド

幅広い教養を身につける 人文・社会

国語・国文学系統
▶詳細はP.26

国文（学）、国語国文、日本語コミュニケーション、日本語日本文学、日本文化、文（学）など

文学作品や作家について、鑑賞、研究できる力を養うとともに、その背景にある文化の構造、歴史、日本語の特徴、伝統芸術の研究なども行います。

社会学系統
▶詳細はP.34

秘書、観光、運輸、経営情報、キャリア教養、社会情報、キャリアデザインなど

企業で必要となる事務処理能力を学ぶ学科や、法学、経済学、経営情報学などの視点から、社会の問題点を考察する、応用社会学関連分野の学科があります。

外国語系統
▶詳細はP.28

英語、英文（学）、文（学）、国際文化、国際教養、国際コミュニケーションなど

語学の習得を目的に、文法、会話、作文などの科目を履修します。文学と語学の比重が学科によって異なります。

福祉学系統
▶詳細はP.37

社会福祉（学）、福祉、子ども福祉、人間福祉、介護福祉（学）、健康福祉、経営福祉、保健福祉など

福祉の専門家を育成するために実践的な授業が行われます。短大卒業とともにさまざまな資格（または資格の受験資格）が取得できます。

法・経済・商学系統
▶詳細はP.31

法経、経済、経営情報、現代ビジネス、商（学）、商経など

法律・経済の知識を深めます。基本的な科目のほか、コンピュータを使っての情報処理や、会計・簿記など、ビジネス力を磨く実習が多くあります。

教養・その他系統
▶詳細はP.40

仏教、禅・人間学、教養、現代教養、国際教養、国際文化、総合文化など

教養・その他は、国際化・複雑化する現代社会に対応し、さまざまな問題に適切に対処する能力を養います。学科によっては仏教などの宗教を学ぶところもあります。

先端技術に対応する能力を身につける 自然科学

工学系統
▶詳細はP.43

機械工学、自動車工学、電気電子工学、情報処理工学、情報メディア、建築・生活デザイン、ものづくり・サイエンス総合など

ロボットやコンピュータ、AI、プログラミングなど、最先端技術に触れられる系統です。授業ではコンピュータが必須です。

農学系統
▶詳細はP.45

農学ビジネス、園芸、緑地環境など

農業分野にとどまらず、食品関連からバイオ、エネルギー、環境まで幅広い分野を研究します。実習や演習が多く、体験的に学ぶことが重視されます。

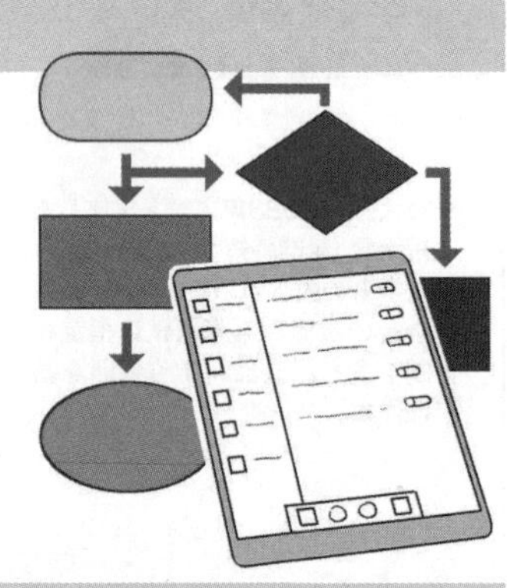

超高齢社会を反映しニーズは高い 医療・看護

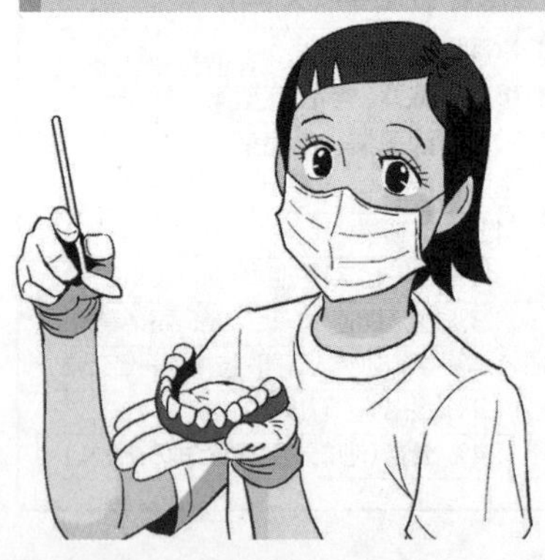

看護学系統
▶詳細はP.47

看護（学）など

看護師の資格を取得するため、看護の専門知識を学びながら、同時に医療機関での実習も行っていきます。超高齢社会の現在、看護師へのニーズは高く、その重要性はますます高まっています。

医療技術系統
▶詳細はP.49

医療衛生、臨床検査、リハビリテーション、歯科衛生（士学）、歯科技工（士学）、口腔保健、救急救命など

医療を支える技術者の育成を目指します。医学知識とともに、高度な医療技術を修得していきます。医療施設で実習が行われることもあり、医療の現場で必要となる技術を養います。

短大で学べる分野には、どのようなものがあるのでしょうか？
ここでは、短大の専門分野を17系統に分け、
各系統に属する学科名の例とその概要を紹介します。

衣食住に関わる専門知識を高める 生活

家政・生活科学系統

▶詳細は P.51

家政（学）、生活（学）、生活科学、生活創造、生活デザイン、総合生活、人間生活など

衣・食・住について学びます。多くの短大では学科に所属した後、専攻・コースに分かれて衣・食・住のどれかを専門的に学びます。

食物・栄養学系統

▶詳細は P.54

食物（学）、食物栄養（学）、栄養（学）、健康栄養、家政（学）、生活（科）学など

「食」を科学的に研究し、「食」に関連する問題に取り組みます。所定の科目を履修すれば、卒業時に栄養士の資格を取得できます。

服飾系統

▶詳細は P.58

ファッション、服飾、服飾美術、生活文化、生活デザインなど

服飾に関する技術や知識を修得します。コンピュータを利用したファッションデザインや、インテリアなど住生活に関する教育を行う短大もあります。

子どもの教育を理論・実践の両面から学ぶ 教育

幼児教育・保育系統

▶詳細は P.60

初等教育、幼児教育（学）、保育（学）、子どもなど

幼稚園教諭、保育士、小学校教諭の養成を目的とします。教育原理や保育原理などの教育理論、子どもを理解するための心理学的分野を学び、教育実習を通して子どもへの理解を深めていきます。

養護・体育系統

▶詳細は P.65

養護保健、健康・スポーツ、体育、健康生活など

養護教諭や保健体育指導者の育成を目的とします。健康・医学に関する科目を学び、健康の管理・増進についての幅広い知識を修得していきます。実習や実験も多く設けられています。

技術と感性の両面を磨く 芸術・デザイン

美術・デザイン系統

▶詳細は P.67

美術（学）、造形芸術、芸術、アート・デザイン、デザイン美術、生活デザイン、生活造形など

理論と実技の両面から学びます。卒業後は才能や実力がものをいう世界だけに、専門技術の修得が特に重要です。

音楽系統

▶詳細は P.69

音楽（学）、芸術（音楽専攻）など

一般教養を幅広く学びながら、音楽の専門分野の研究と実技のレベルアップを目指していきます。豊かな人間形成を目的とする短大が多いのが特徴です。

短大ってどんなところ？

短大は、知識と技術の両方が学べるところ

将来の目標がはっきりしている人、就きたい仕事、やりたい仕事が決まっている人、早く世に出たい人にとって、短大はとても魅力的です。

なぜならば、4年制大学では、学問の追究や教養の修得に重きをおいた教育が行われるのに対して、短大では、教養・専門・実務と、バランスのとれた教育が行われるからです。

さらに、資格取得のための支援や年間計画に基づいた就職指導も充実しています。

▶知識と技術の両方を学べる

▶資格・就職に強い

が短大の特徴の2本柱と言えます。

知識と技術の両方を学べる点で、短大は、「大学と専門学校の両方の特徴を兼ね備えた学校」といってもよいでしょう。

多くの短大では修業年数が2年間と短いので、ほとんどの場合は、1年次から徹底した就職指導が行われます。

●ほかの教育機関との違い

	大　学	短　大	専門学校
修業年数	基本的に4年制。医・歯・薬（薬剤師養成課程）・獣医系は6年制。	基本的に2年制。看護学系統や医療技術系統の学科は3年制。	1年、2年、3年、4年制と学ぶ分野や学校によって異なる。
設置組織	学部 - 学科 - 専攻、コース	学科 - 専攻、コース	学科 - 専攻、コース
卒業後に得る称号	学士	短期大学士	専門士
どのように学んでいくか	学科に関する学問全般を学んだ後、専攻する分野を専門的に学ぶ。実務的というよりは研究色の方が強い。	知識と技術の両方をバランスよく学ぶ。進路に合わせ、学問を深めることも、就職を見すえ実践力を身につけることも可能。	将来目指す仕事に必要な技術や知識を身につけていく。学ぶ内容は、その仕事に関係することにほぼ限定される。
どんな人が向いているか	学びたい学問がはっきりしている人	知識と実践のどちらも追求したい人	就きたい職業がはっきりしている人

短大は、大学と専門学校の長所を併せ持つ

上の表で、短大と大学、専門学校との違いを比べてみましょう。まず、大学では学問の追究を目的としているため、修業年数が全般的に長くなります。しかしその分、就職に直接つながる技術の修得機会が短大や専門学校に比べて少なくなります。

専門学校は、短期間で特定の職業に関する知識や技術を修得できるのですが、学ぶ領域は短大や大学に比べて狭くなります。

これらと比べて短大は、学問を追究しながら、就職を視野に入れた実践的な学習も同時に行います。教養・専門・実務の3つの要素を集中してバランスよく学べる、これが、短大が持つ最大のメリットです。

また、専攻科や4年制大への編入など卒業後の選択肢が豊富なのも短大のメリットのひとつです。

先輩のキャンパスライフ

短大生になったら、どんな生活を送るのでしょうか？先輩のキャンパスライフをのぞいてみましょう。

女子栄養大学短期大学部 食物栄養学科２年
磯前 星来さん （2024年３月卒業）

もともと食べることや料理が好きで栄養学に興味を持っていた磯前さん。女子栄養大学短期大学部で学んだことで、確かな知識と高度な調理力が身につきました。忙しかったけれど、友だちや厳しくもやさしい先生方に囲まれ、充実の毎日だったというキャンパスライフについてお聞きしました。

Q 栄養について学ぶことになったきっかけは何ですか？

栄養について学ぼうと思ったのは、食べることや料理が好きだったからです。食は人の命に不可欠なものであり、学んだことが仕事でも家庭でも、自分のためにも他者のためにも生かせます。また、学んだ証として資格を取得できるのも魅力だと思いました。

Q 志望校選びのポイントを教えてください？

少しでも早く社会に出たかったので短大を志望しました。短大で栄養学を学ぶのであればどの学校がよいか探していたところ、家庭科の先生から女子栄養大学短期大学部がいいと勧められました。そこでオープンキャンパスに参加してみたところ、先生方の説明がとてもわかりやすく、楽しく学べそうだと思いました。２年間学んだ後に、さらに勉強をして管理栄養士の受験資格を取得したいと思えば、４年制大学への編入の道が開かれているのも、女子栄養大学短期大学部を選んだ理由の一つです。

短大での調理実習は和・洋・中華のコース料理まで作る本格的なもので、調理技術は格段にレベルアップしました。また、ハンバーグのたねは、こねる回数によってどんな違いが出るのか、入れる材料によって蒸しパンの膨らみ方がどう変わるのかなど、実験もいろいろと行いました。このように実際に自分の手を動かし、目と耳と舌で確かめながら学ぶことによって、知識も技術も自分のものにすることができました。

Q 短大ではどのように過ごしましたか？

入学直後から週１回の調理実習があり、後期になると週２日は丸一日、実験実習がありました。実習や実験は楽しかったけれど、レポートや課題も多いので、とにかく忙しかったです。それでも空きコマがあると、友人とご飯を食べに行っていました。カフェテリア（学食）のメニューもとても美味しいですが、キャンパスの周りにも、栄養学を学ぶ私たちの舌を満足させてくれる、美味しいお店がたくさんあります。

Q アルバイトはしましたか？

１年次の後期から短大の調理学研究室でアルバイトをしていました。先生が翌年の調理学実習のメニューや雑誌で紹介されているレシピを試作されるとき、材料を準備したり、掃除したりするのが仕事でした。

Q 短大で学んでよかったことは？

先生との距離が近く、親身になって対応して頂けるので安心して学べ、密な関係を築けました。私は特に相談事がなくても、よく先生の部屋に遊びに行っていました。そうすると友人も集まってきて、先生の部屋で一緒に課題をするということもよくありました。

短大での２年間で知識や技術が高められ、今まではなんとなく作っていた料理も塩分濃度や栄養面に気をつけるようになり、食材を買う時は成分表示に注意を払うようになりました。卒業後は学んだことを保育園での調理や食育に活かしたいと思っています。

リンゴの皮むきやダイコンの千切りから始まり、２年間でいろいろな課題が出ました。１年生の夏の課題は、生姜焼きを主菜にした一汁三菜の献立づくり。献立を考え、自分で材料をそろえて調理し、レシピ、塩分濃度、感想などをまとめ、写真を添えたレポートをまとめました。冬休みの黒豆を煮る課題では学校から大粒の黒豆が提供されました。上手にでき、一緒に食べた家族も美味しいと大喜び。味付けや調理技術はもちろん、素材の良さもすごく大事だと実感しました。

卒業後の進路をチェック！

就職する

概要 卒業生の8割近くが選択する

p.3のデータからもわかるように短大の卒業生の８割近くが就職して社会人となります。就職先は、一般企業や官公庁など、幅広い分野にわたり、学校で学んだ内容に関連するものから、資格が必要な専門職まで職種はさまざま。学んだ内容と直接関係のない業種へ進む人も多くいます。就職先をさらに細かくみると、医療、福祉、教育、学習支援業など、専門的・技術的な仕事に就く人が多いのが特徴です。

就職活動は、おおむね４年制大卒業者と同じ時期に始まりますが、採用が決まる時期は、多少ばらつく傾向にあります。

生活 社会人としての振るまいが求められる

学生時代と違って、仕事をして賃金を得る立場となりますから、その分、自己管理能力や責任感が求められるようになるでしょう。また、さまざまな立場・年齢の人と接することで、成熟した大人としての行動が身についていきます。

その後のキャリア 自分次第で道は広がる

就職後は、経験を積み、さらなるキャリアアップを求めて転職する人もいれば、ひとつの企業で仕事を続け、自分のスキルを高める人もいます。さらには異業種へ転身する人も少なくありません。

いずれにしても、自分の適性をしっかりと見極め、目標をしっかり定めることが大切です。

やっておくこと 自己分析に時間をかけよう

自分は将来どんな仕事がしたいのか、何を得意としているのか、しっかり自己分析しておきましょう。

就職することだけを目標とせず、その後のキャリアについても計画を立てておくとよいでしょう。

業界を研究するために、興味ある業種でアルバイトをしてみるのもおすすめです。

こんな人にもオススメ！

- ➜早く社会に出て働きたい。
- ➜仕事を通じて自分自身を磨きたい。
- ➜親の援助を求めず、経済的に自立したい。
- ➜自分の可能性を社会で試してみたい。

※各短大の就職実績を知るにはp.284～を参照。

専攻科へ進む

概要 短大で得た知識をさらに深める

短大で学んだことをさらに深めたい人や、資格の取得のために、より専門的な勉強が必要な人などは、卒業後、専攻科へ進学します。専攻科では短大・学科により、１～２年の履修期間が設けられています。大学評価・学位授与機構による認定を受けた認定専攻科を修了した場合は、専攻科での学修成果を機構に提出し、申請審査を受け合格すれば、４年制大卒業者と同じ「学士」の学位が得られます。

進学にあたっては、ほとんどの場合、入学試験が行われます。また、在学時の成績も合否判定の参考資料となります。

生活 勉強で多忙な日々が続く

短大のときよりも、学ぶ内容が専門的になるため、さらに忙しいキャンパスライフとなるでしょう。

その半面、先生の指示を直接仰ぐ機会が増えるので、勉強にやりがいを感じることも多くなります。

その後のキャリア 学んだ専門性は就職に生きる

専攻科が設置されているのは、主に看護・医療分野、福祉分野、保育・幼児教育分野、食物・栄養分野などです。

専攻科へ進むことで、短大卒の場合よりも、さらに専門性の高い資格を得ることができます。これらの資格を取得することで、より専門性が高い職種に就くことが可能になり、活躍の場も広がります。

やっておくこと 勉強にベストを尽くそう

短大時代の成績は、専攻科進学にあたっての重要な参考資料となりますから、進学を目指すなら、まずは短大での勉強に力を入れましょう。

また、学校の勉強以外にも、専門分野に関係するニュースには注目し、関連する書物を読むなど、自分なりに知識を深める努力をすることも大切です。

こんな人にもオススメ！

- ➜専攻内容について、もっと深く学びたい。
- ➜仕事に生かせる資格の取得を目指したい。
- ➜学士の学位を取得したい。
- ➜就職活動を有利に進めたい。

短大を卒業した後には、さまざまな進路があります。
ここでは、代表的な４つの選択肢について、それぞれの特徴を見ていきましょう。

４年制大学へ編入する

概要 短大の単位を大学へ移行して入学

専攻科や４年制大学（以下、４大）などへ進学・編入する人は、短大卒業者の１割以上を占めていて、その割合は低くありません。

編入が許可された場合は、２年次か３年次への入学となります。卒業のためには、短大で取得した単位のうち、大学卒業に必要であると認められたものを除いた分の単位を、編入先の大学で取得することが必要となります。

生活 ４大生と同じ生活になる

編入後は、４大生と全く変わらない立場となります。忙しかった短大時代とは異なり、比較的時間にゆとりを持って生活できるようになるでしょう。

ただし、途中学年への入学ですから、大学でどんなことをするか、きちんと計画を立てておくことが肝心です。

その後のキャリア 就職と進学のいずれかを選択

卒業後は、短大生と同様、大多数の人が就職を目指します。短大卒業時と比べて就職先の選択肢はさらに広がります。また、４大を卒業することにより、取得できる資格や受験資格が与えられる資格が増えるので、専門職への道がより大きく開かれるでしょう。

さらに勉強を続けたい場合は、大学院へ進学することも可能です。

やっておくこと 編入のメリットを熟考しよう

４大編入を目指すなら、短大在学中に、大学での認定単位が増えるよう、効率的に単位を取得しておくことがポイントです。

編入は、就職のことも考慮に入れて決めるのがよいでしょう。４大卒業後の自分をイメージすることによって、編入後にするべきことが具体的になっていくからです。

こんな人にもオススメ！

- → 短大で学んだことを４大で深めたい。
- → 就職活動の選択肢を広げたい。
- → 自分の進路をじっくり見極めたい。
- → 大学院への進学を目指したい。

※各短大の大学への編入実績を知るにはp.324～を参照

留学を目指す

概要 語学＋αを身につける

留学には、語学学校で学ぶ、コミュニティカレッジ（アメリカなどの２年制大学）で学ぶ、４大で学ぶ、アートや建築、ガーデニング、ITなどの専門分野を扱う学校で学ぶなど、いくつかの形態があります。

入学のための試験は行われませんが、どの学校に進むにもある程度の英語力（英検だと２級～準１級以上）は必要になります。留学を考えているのならば、英語力アップに全力を注ぎましょう。

生活 海外生活全部が学びの対象

言語も生活習慣も異なる場所での生活になるため、はじめはとまどう人も多いでしょう。

宿題や提出物も日本とは比べものにならないほど多いので、帰宅後も勉強漬け、という人も珍しくありません。しかし、現地でしか得られない貴重な体験もでき、それは何物にも代えがたいものです。

その後のキャリア 海外就職の道も開ける

留学後は、身につけた語学力や知識を生かせる仕事を選ぶ人が多く、日本国内の外資系企業や、現地の企業への就職を目指す人、さらに留学を延長して勉強を続ける人など進路はさまざまです。

留学先での体験は、就職活動の際にも大きなアピールポイントとなるでしょう。

やっておくこと 留学して何をやりたいのか考えよう

語学の勉強に力を入れることはもちろんですが、それよりも、留学の目的をはっきりさせることが大事。留学先で何をやりたいのか、何のために留学するのかが明確でなければ、思ったほどの成果はあげられません。自分にとって留学が本当に必要なのか、よく考えてからでも遅くはありません。

こんな人にもオススメ！

- → 語学力を自分のアピールポイントにしたい。
- → 翻訳や通訳など、語学が必要な仕事に就きたい。
- → 本場の語学力を身につけたい。
- → 自分の力を海外で試してみたい。

先輩に聞く! 卒業後のMy Story

園児一人ひとりときちんと向き合い その子が楽しいと思うことに 共感する姿勢を大切にしたいです。

原 愛咲(まさき)さん

Profile
社会福祉法人慈光福祉会 慈光保育園勤務。飯田女子短期大学（現・飯田短期大学）幼児教育学科2021年3月卒業。幼稚園教諭2種免許状、保育士資格を取得。短大時代はバレーボールサークルに所属。現在も地域のチームで週2回練習を行い、大会に出場している。

2年次の学園祭での1コマ。ランドセルに赤白帽子をかぶって、小学生になりきって運動会の競技に参加しました（原さんは一番左）。

劇やダンスなど表現の授業が楽しかった

私は保育園の時の先生が大好きで、小さい頃から保育士を志望していました。できるだけ早く現場に出たいという思いから短大を選択し、自宅から近い飯田短期大学に進みました。

幼児教育学科の授業で印象に残っているのは、グループで劇を製作したり、ダンスの振り付けを考えたりしたことやExpression（表現学習の発表会）です。劇の脚本をつくって自分たちで演じたり、曲に合わせて振り付けを考えたりするのは楽しく、表現する力や人前で発表する力が鍛えられました。また、グループで話し合うことで、子どもたちのために大事なことは何かを深く考えるようになりました。臨地実習の回数も多く、現場ならでは学びがたくさんありました。その都度、新たな疑問や課題も出てきますが、先生方は質問すると丁寧に対応してくださり、苦手だったピアノも熱心な先生方のおかげで上達することができました。

日々、子どもの変化が見られるのがうれしい

私は小規模で子ども一人ひとりとじっくり関われるところに魅力を感じ、実習でお世話になった保育園に就職しました。1年目は2歳児を担当。短大で勉強してきたとはいえ、最初はわからないことばかりで、先輩や子どもたちの動きをメモし、わからないことはどんどん先輩方に質問して必死についていくといった感じでした。

2年目と3年目は0歳児を担当しました。成長段階も違うし、保護者と関わる機会も増え、1年目とは違う大変さがありました。それでも0歳児は日々、成長していく姿を見ることができます。寝返りが打てるようになった。はいはいができるようになった。このような成長を保護者と共有できることに喜びを感じています。

2年目、3年目と経験を積むにつれ、今までは見逃していた子どもの小さな変化にも気づくようになってきました。4年目は再び2歳児を担当します。2歳児は自我が出てくる時期です。「楽しい」と思うことはそれぞれ違うので、きちんと一人ひとりと向き合い、共感することを大切にしたいと思います。

原さんのある1日（0歳児担当）

6:20	起床、朝食、出勤準備
7:30	出勤
8:00	保育園に到着。着替え、準備 子どもたちが登園
9:00	クラスでの活動開始。おやつの時間、室内遊び
11:00	交代で昼食。ミルク、離乳食の介助
12:00	お昼寝。子どもたちを見守りながら、休憩。 連絡帳、書類を書く
13:15	職員昼礼（連絡事項と報告）
14:30	検温、おむつ交換
15:00	おやつの時間。絵本やおもちゃで遊ぶ
16:00	お迎えの保護者対応。片づけ、翌日の準備、 日誌を書く
17:15	勤務終了、着替え
17:30	保育園を出る
18:00	帰宅。夕食、入浴、自由時間
23:00	就寝

「だるまさん」シリーズの絵本は子どもたちに大人気で、これを読み始めると子どもたちは釘付けです。

Message
飯田短期大学は、複数の学科があり、他学科の友だちの話を聞くのも楽しく、忙しい毎日でも友だちと遊ぶ時間を大事にしていました。短大では勉強だけでなく、やりたいことをどんどんやり、学生生活を思う存分楽しんでください。

**短大を卒業した先輩たちはどのような進路に進んでいるのでしょうか？
ここでは、短大卒業後がんばっている３人の先輩たちに、短大時代の話、
編入先での学び、就職先での仕事の内容や職場の様子などについて聞いてみました。**

患者さんが予防や口腔内の健康維持を自主的にできるようになるための指導方法を身につけたいです。

本間 里香子（りかこ）さん

Profile
大手町デンタルクリニック勤務。日本歯科大学東京短期大学歯科衛生学科2023年3月卒業。歯科衛生士国家試験合格。原則土日祝は休みだが、土曜日は午前のみ診療があるので、交代で月１回程度出勤する。休日はお菓子づくりやカフェ巡りを楽しんでいる。

コロナで高齢者施設に臨床実習に行くことができず、施設の方に向けて口腔機能向上の体操などの動画を撮影しました（本間さんは前列一番右）。

全員が附属病院で実習できるのが魅力

私は手芸など細かい作業が好きなので、将来は自ら手を動かして行う仕事をしたいという思いがありました。それに加えて、人と話をするのも好きなので、好きなことを全部生かせる職業として歯科衛生士を目指すことにしました。日本歯科大学東京短期大学を選んだのは、立地が良く、附属病院が隣接しているからです。学生全員が附属病院で実習でき、口腔外科では一般のクリニックで出会うことが少ない特殊な症例も見ることができます。自分の目でいろいろな症例を見ておくことは、患者さんの不安や痛みを知るという意味で大切だと思います。

短大での講義や実習で学んだことすべてが今の仕事のベースになっていますが、特に印象に残っているのが歯ブラシの選び方をテーマにした特別講義です。口も歯並びも人それぞれ違うため、卒業生が現場で歯磨き指導を行う際、歯ブラシ選びの難しさを感じているとの声を受けて行われた授業でした。いろいろな歯ブラシを揃え、特徴や選び方を教えていただいたことは、今の仕事でとても役立っています。

患者さんの「ありがとう」が励みになる

私はコロナ禍の入学だったため、学生同士が互いに患者役を務めながら学ぶ、相互実習の機会が限られました。そのため、クリニックで仕事を始めた直後は予防処置の技術がまだまだ足りていないと感じました。加えて、それ以上に難しく感じたのが、患者さんが予防や口腔内の健康維持を自主的にしていけるように指導することです。磨けていない部分を指摘するだけではなかなか患者さんの自主性が引き出せません。患者さんの反応を見ながら、質問の仕方を変えるなど、試行錯誤の毎日です。その結果、患者さんから「すごくきれいになった」「腫れが収まった」「ありがとう」などと言われるとうれしくなります。

今後の目標は、技術面の向上はもちろん、患者さんに寄り添い、自主的に予防してもらえるようなコミュニケーションが取れるようになることです。そのためにも、クリニックでも推奨されている外部研修に積極的に参加してスキルアップを図りたいと思います。

本間さんのある１日

7:00	起床、朝食、弁当作り、出勤準備
8:00	出勤
9:30	クリニックに到着。着替え、先輩らと情報交換
10:00	診療開始。患者の歯科予防処置（歯石等の除去）と保健指導（歯磨き指導など）。診療補助業務、レントゲン撮影、検査、器具の滅菌など
13:00	昼休憩。クリニック内で持参の弁当で昼食
14:00	午後の診療開始。予防処置、保健指導と診療補助を行う。レントゲン撮影、器具の滅菌、片付け、翌日の準備
19:00	午後の診療終了。着替え
19:05	クリニックを出る
20:15	帰宅。夕食、入浴、自由時間
23:30	就寝

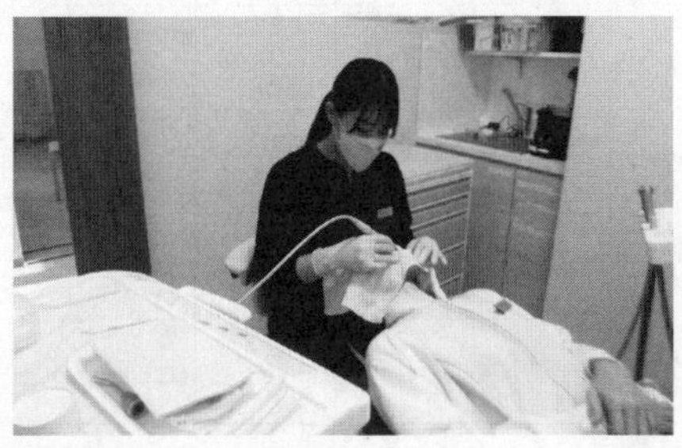
歯石や歯垢を取り除くスケーリングは歯科衛生士が担当します。高齢者の患者さんの場合は椅子を少し起こした状態で行うこともあります。

Message
日本歯科大学東京短期大学は国家試験対策にも力を入れていて、先生方がとても熱心に指導してくださるので安心です。また、附属病院で実習できるので歯科の全分野を回ることができ、あらゆる年代の患者さんの対応も学べます。

先輩に聞く！卒業後のMy Story

子どもたちが初めて家族以外の人間関係を築き、社会に触れる幼稚園の先生は意義ある仕事だと思います。

横山 絢也（じゅんや）さん

Profile
2022年3月に帝京短期大学こども教育学科こども教育コースを卒業。幼稚園教諭二種免許を取得後、帝京大学教育学部初等教育学科こども教育コース2年次に編入。日本語ワープロ検定3級取得。体を動かすことが好きで、休日はサッカーをしたり、ジムで筋トレをしている。

大学の授業でおこなった「ドラえもん」の劇は大成功。メンバーに内緒で準備していた僕のスカート姿にみんな、大笑いでした。

頼れる先生方がそばにいるから安心して学べた

小学校6年生の時、1年生のお世話係をして、その保護者から感謝の言葉をもらうという経験をしました。そのときの嬉しかった経験から、将来は先生になりたいと思うようになりました。そこで、幼稚園教諭の免許が取得できる帝京短期大学を志望し、入学しました。

短大で印象に残っている授業は、自分で指導案を考え、みんなの前に立って一人ずつ実践する模擬保育です。将来、幼稚園の先生になったときは、一人で子どもたちの前に立つことになるので、早い段階で人から見られる経験ができたのは良かったと思います。

先生がたは常に学生を気にかけ、寄り添ってくださるので、安心して学べました。1年次はコロナ禍でオンデマンド授業が中心でしたが、提出課題に先生が書き添えてくださる言葉は大きな励みになりました。

4年制大学への編入については、短大入学時から考えていて、先生がたから様々なアドバイスをいただきました。編入試験対策でも、志望理由書の添削や面接対策など、先生がたに大変お世話になりました。

短大での学びを復習でき、より理解が深まる

短大を卒業後、単位数の関係で4年制大学の2年次に編入しました。「短大で勉強した」と思う科目も多数あり、よい復習になります。気持ち的にも余裕が持て、編入時に感じていた不安もすぐに解消されました。

大学では、模擬保育をグループでおこないます。短大での模擬保育は一人ずつでおこない、自分で考え、実践する力という点で勉強になりましたが、グループになると異なる視点からの意見に触れられ、新たに気づかされることがたくさんありました。大学では、導入、主活動、最後に振り返りをおこなうというように、より実践的で具体的になります。

私は短大で既に2回、教育実習を経験しています。その時に実習園の園長先生から、子どもたちが笑っていても本当に楽しんでいるのかなど、もっと深いところまで考えられるようにとアドバイスをして頂きました。4年次の教育実習では、子どもたちとの関わりをおろそかにすることなく、短大時代の実習で得た課題を少しでもクリアできるように取り組みたいと思っています。

横山さん2年後期の時間割

	MON	TUE	WED	THU	FRI
1	教育学入門Ⅱ	社会的養護Ⅰ		子どもの生活と遊び（ことば）	乳児保育Ⅱ
2		子どもの保健	子どもの生活と遊び（からだ）	子どもの生活と遊び（人との関わり）	特別支援教育総論
3	音楽実技	教育研究リテラシーⅡ	子どもの生活と遊び（自然との関わり）	保育実習指導Ⅰ−A	子どもの健康と安全
4	保育内容の指導法（表現Ⅰ）	教育経営論	特別支援教育基礎論	子ども家庭福祉	
5		生と死と家族			社会福祉

編入生に限らず、2年次はどの学生も授業が詰まっていて、かなり忙しかったです。それでも3年次になると、空きコマが増え、4年次はゼミ＋2〜3科目になります。ゼミは3年次前期から始まり、私は「保育と運動」をテーマにしたゼミに所属しています。

環境の授業の一環でキャンパス内にある畑で野菜を育てました。水やりなど、世話は大変でも成長すると嬉しいし、持って帰って食べれば美味しくて最高でした。

Message
大学の友人は4年次の教育実習に対して不安を感じているようです。短大では1年次と2年次に2週間ずつ幼稚園での実習がありました。違う園の様子が見られ、反省点を改善できる機会があるのは短大の良さだと思います。

入試の仕組みを理解しよう！

ここでは短大入試について説明します。入試の流れをつかみ、早めに学習プランを立てましょう。

短大入試はさまざま。

●短大入試のいろいろ

- 学校推薦型選抜
- 総合型選抜
- 一般選抜
- 大学入学共通テスト利用入試

自分にとってベストな入試方式はどれか十分検討しよう！

短大の入学者は、半数以上が学校推薦型選抜、約3割が総合型選抜の合格者です。ただし、公立短大に限ると、過半数が一般入試で入学しています。そのほか、短大入試には、大学入試共通テスト利用入試もありますが、2022年入学の高校生から新課程のカリキュラムとなり、2025年から大学入試共通テスト（以下、共通テスト）も新課程に対応した内容になります。共通テストを利用する入試は、大学志願者は短大を併願しやすくなり、逆に短大志願者は大学受験が容易になります。このように短大入試はバラエティ豊かなので、自分の学力・適性にあった入試を選ぶことで合格が近づくはずです。

募集要項で必要な科目をチェック。早めの対策を！

短大入試の標準的なスケジュールは下の表で確認しましょう。私立短大を目指す多くの受験生は、総合型選抜にエントリーするか、または10月～11月に実施の学校推薦型選抜をまず受験し、万一の場合に一般入試（1月～3月）で再チャレンジという受験パターンをとることになります。

共通テストを利用する人は、その得点で合否が決まる場合がほとんどです。入試科目は各短大で決まっていますので、事前に調べて学習を進めておく必要があります。5月ごろから10月にかけて短大から募集要項が配布されますから、これらを十分検討して志望校を決め、早めに対策をとるようにしましょう。

●入試スケジュール例（標準的なパターン）

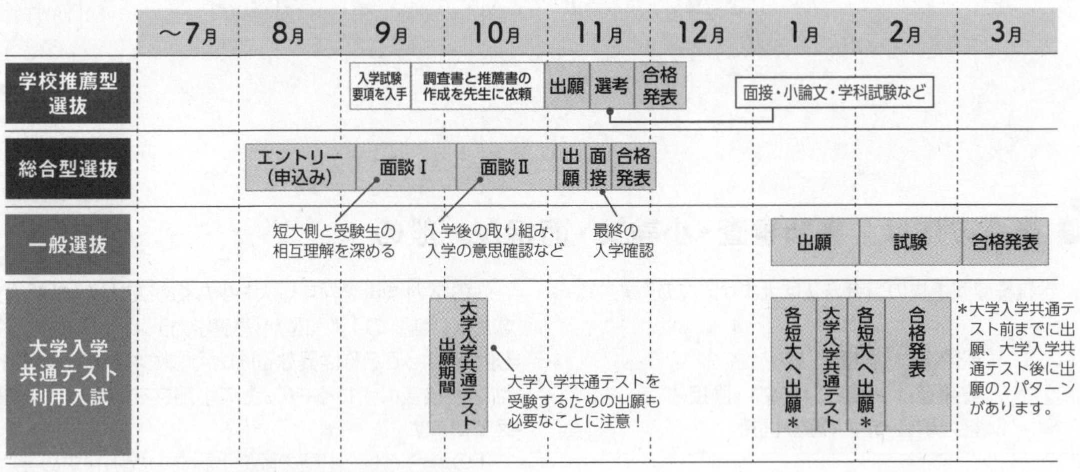

学校推薦型選抜

短大入試のメイン。
自分の「学習成績の状況」が条件をクリアしていればチャレンジOK!

短大入試のメインは学校推薦型選抜です。多くの短大が、ほかの入試よりも、募集人員を多く設定しています。

学校推薦型選抜には、短大が指定した高校の生徒のみ受験できる「指定校制」と、一定の条件をクリアすれば誰でも受験できる「公募制」の２種類があります。さらに公募制は、学校長の推薦が必要な「一般推薦」と、必要のない「自己推薦」の２つに分けられ、それ以外にもスポーツ推薦、文化活動推薦などがあります。

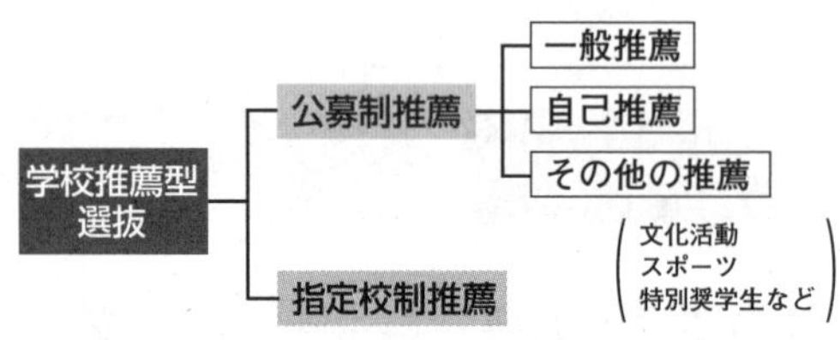

公募制では、短大が提示した出願条件を満たせば、出身高校を問わず、高校長の推薦などにより出願できます。出願に際しては、高校の学業成績を「学習成績の状況」で表し、「全体の学習成績の状況が3.5以上」などと条件が出されます（学習成績の状況の算出法は下表参照）。出願の際は、調査書や推薦書の作成などを先生にお願いする必要があります。

●学習成績の状況の算出法

「各教科の評定」は、高１から高３の１学期（または前期）までの成績（評定。５段階評価）を合計し、科目数で割って算出します。

各教科の評定平均値＝評定の合計数÷科目数

下の表の場合の国語の評定を計算してみましょう。

	1年	2年	3年
現代の国語	4		
言語文化	3		
文学国語		3	4

この場合、(4+3+3+4) ÷ 4=3.50と計算し、小数点以下第２位を四捨五入するため、国語の評定は3.5です。

また、大学・短大が出願条件にすることの多い「全体の学習成績の状況」は、次のように求めます。

$$\text{全体の学習成績の状況} = \frac{\text{すべての教科・科目の評定の合計}}{\text{すべての科目数}}$$

なお、「学習成績概評」は、全体の学習成績の状況に対応して次のようになっています。A～Eの成績段階の区分に従って記されます。例えば全体の学習成績の状況が3.3の場合、学習成績概評はCになります。

学習成績概評	A	B	C	D	E
全体の学習成績の状況	5.0~4.3	4.2~3.5	3.4~2.7	2.6~1.9	1.8以下

選考方法は、書類審査・小論文・面接が一般的

学校推薦型選抜の選考方法は大まかに次の3つです。

1. 書類審査・面接
2. 書類審査・小論文（作文）・面接
3. 書類審査・学力検査・面接

もっとも一般的な選考方法は、2の書類審査・小論文・面接です。

3の学力検査を課す短大も少なくありません。「国語」または「英語」の１教科型か「基礎学力テスト」、「適性検査」（短大によって名称は異なる）などが課されます。近年では学力検査に代わるものとして小論文を課す短大も増えています。

1の場合でも、出願の際に小論文の提出を求める短大もあります。この場合、書類審査に小論文の評価を加えて選考されますから、2の選考方法とほぼ同じです。

総合型選抜について

■ やる気を評価してくれる入試。多くの場合、併願はできないので注意！

総合型選抜は、短大によって選抜方法に違いがあるので注意が必要です。

学業成績だけでなく、受験生の個性や適性、意欲・やる気などを評価する選抜方式です。原則として、高校長の推薦を必要とせず、多くの短大が「専願」(他校との併願ができない) という条件をつけています。

エントリーは夏休み前後、面談は夏から秋にかけて、出願は9月から10月頃にかけて、最終の面接・合格発表は11月というのが一般的なパターンです。

ただし、夏休み期間中のオープンキャンパスを利用して事前の面談を行うところ、4月から随時エントリーを受け付けるところ、面談を省略したり、数回に分けて募集するところもあります。募集要項で確認しておきましょう。

●総合型選抜の一般的なパターン

エントリーシート提出

▼

第１回面談
(エントリーシートをもとに受験生の全体像を把握。短大側は学科の内容などについて説明、相互理解を深める)

▼

第２回面談
(志望理由、入学後の取り組み、入学の意思などの確認)

▼

出願許可 (内定)

▼

面接 (最終の入学確認)

▼

合格発表

一般選抜について

■ 国・英がメイン。日頃からこの２教科に力を入れておこう！

1月後半～3月にかけて、学科試験を中心に実施されます。公立短大の場合、特に一般選抜にウエートが置かれており、一般選抜で共通テストを利用するところもあります。私立短大の場合、入試科目は1教科から3教科までさまざまですが、1～2教科が主流です。

- ●1教科型：「国」または「英」が一般的です。
- ●2教科型：「国・英」または「国と選択1教科」または「英と選択1教科」が一般的なパターンです。
- ●3教科型：「国・英と選択1教科」が一般的なパターンです。

ただし、短大の一般選抜では、学科試験のほかに、面接、小論文、または両方が課される場合が多くあります。

＼先輩の声／

覚える単語の数を減らすために、まず単語帳に、ざっとひと通り目を通し、知っている単語に印をつけましょう。そして、印がついていない単語だけを別のノートに書き集めて、それを覚えるようにします。暗記する際は、必ず書いて覚えましょう。

大学入学共通テスト利用入試について

■ 志望校の入試科目を調べ、過去問を参考にしよう！

大学入学共通テスト利用入試を受験すれば大学との併願がしやすくなります。しかし逆に考えれば、大学志願者が多く出願する短大を受験する人は、これらの人に負けないような学力が必要となります。

共通テストで、志望する短大が入試科目として指定している教科・科目を調べ、過去問を参考にしましょう。2025年から共通テストが新課程対応になるので注意が必要ですが、レベルは大きく変わらないと予想されるので、今の自分に解けそうにない問題がわかれば、それはどの範囲からの出題かを確認して、弱点補強につとめましょう。

＼先輩の声／

マーク式の入試では、わからない問題が途中にあっても、とりあえずマークして先に進みましょう。マーク式で一番怖いのがマークミスです。模試や過去問演習の際には、解答番号とマークがズレていないかを確認する習慣をつけておきましょう。

推薦&総合型選抜対策をアドバイス！

ここからは学校推薦型選抜、総合型選抜用の対策をアドバイスします。解説をしっかり読み、受験対策に役立ててください。

Advice ① エントリーシートの書き方をCheck!

○○短期大学 総合型選抜エントリーシート

氏 名	
高校名	
志望学科	

あなたが高校時代に興味をもって行ってきたこと（部活動、生徒会活動、ボランティアなど）

本学および学科を志望する理由または動機について書いてください。

あなたが本学入学後にやってみたいことはどんなことですか。

短大卒業後の希望や、将来の夢について書いてください。

自己PRをしてください。

Check 1 高校時代の活動

自分の「これまでのこと」を書く

高校時代の活動を記入します。ここで重視されるのは「どんな部活動（委員）をしていたか」ではなく、「**なぜその活動を続けてきたか**。それによって**何を得たか**」ということです。高校生活で、「もっとも力を入れたこと、それに力を入れてきた理由、それによって得たもの」について考えてみましょう。

Check 2 志望理由

なぜ入学したいのか、その理由を書く

短大（学科）に入学したい理由をまとめます。まとめ方は次ページの志望理由書の書き方を参照してください。

Check 3 入学後の目標

短大で何を学びたいのかを書く

入学後の目標や希望を、「充実した短大生活を送りたい」といった抽象的な表現ではなく、「○○について……を研究し、将来に生かしたい」というように、できるだけ具体的に書きましょう。取りたい資格名を挙げてもよいです。

Check 4 卒業後の進路

自分の「これからのこと」を書く

卒業後の進路の展望をまとめます。短大で学ぶことを踏まえ、それをどう将来に生かしたいのかを記入しましょう。

Check 5 自己PR

「自分のセールスポイント」を書く

自分の強み・長所について書きます。「自分自身のことをきちんと理解し、自分なりの言葉で表現できているか」ということがチェックされます。友だちや先生、家族などの意見を聞き、客観的に自分を見つめてみましょう。

Check Point

次のことをチェックして、不備がないように気をつけましょう。提出前に控えを取っておくこと！

- □内容は十分に検討したか
- □記入したことに過不足はないか
- □誤字・脱字はないか
- □自分の言葉で書いたか
- □学校の先生に見てもらったか

Advice ② 志望理由書の書き方をCheck!

上手な志望理由書の書き方

志望理由書は、次に示す4項目をおさえ、文字数を考えながらまとめましょう。過不足のない志望理由が書けるはずです。

1 初めに自分の意思を提示する

「私は、～になりたいので〇〇短期大学〇〇学科を志望します。」

まず初めに、自分の意思を簡潔に述べることで、後の説明部分へとつなげます。

2 きっかけ・動機について書く

「そう思ったきっかけは、～という体験をしたから（～を通じて…ということを知ったから）です。そのことで、～という思いを強く持つようになりました」

①で書いた「～になりたい（～をしたい）」と思ったきっかけ・動機について書きます。将来就きたい職業などを挙げ、より具体的に書くように心がけましょう。

3 短大で学ぶことの意義を書く

「私が目指す～という職業は、～の面で重要だと考えています。そこで、短大では～についての知識や技術を身につけたいと思っています」

自分が就きたい職業は、社会でどのような意義を持っており、そのために短大で何を学びたいのかを具体的に書きます。

4 全体をまとめ、再度、意思表示

「～という特徴を持つ〇〇短大〇〇学科は、私の志望理由にもっとも合っていると思います。そこで私は〇〇短大〇〇学科への進学を希望します」

最後に全体をまとめ、もう一度意思表示をします。その際、志望する短大の特徴に触れることがポイント。志望校の情報をしっかり調べておきましょう。

このように、志望理由をまとめるときは、「有名だから」とか「あこがれていたから」といったことではなく、自分の興味と将来の目標との関連をしっかり述べましょう。自分の意思が相手にきちんと伝わる文章になるよう、下書きを繰り返し、先生に見てもらうなどして完成させていきましょう。

オープンキャンパスへ行ってみよう！

オープンキャンパスとは、夏休みなどを利用して短大が主催する学校説明会のこと。短大や学科、入試についての説明、体験実習、模擬授業、施設見学、先生や在学生との個別相談会など、その内容はバラエティーに富んでいます。コロナ禍以降、オンラインで短大の様子を知ることができるオンライン型オープンキャンパスも実施されています。

オープンキャンパスに参加することで、次にあげるようなメリットがあります。

① 入試対策に役立つ
入試の過去問が配られたり、受験対策のヒントが聞けることもあります。総合型選抜を実施する短大では、その説明会もあります。

② 疑問点を解消できる
先生や在学生と直接話をすることで、疑問点や不安な点を解消できます。在学生からのアドバイスは、受験にきっと役立つでしょう。

③ 学校の雰囲気がわかる
志望校を決めた理由に、学校の雰囲気がよかったからと答える在学生がたくさんいます。学校の様子をじっくり見学しましょう。

④ 高校と短大の違いがわかる
模擬授業や最新の施設・設備を使った実習が体験できるので、短大の授業と高校の授業の違いがわかります。

⑤ やる気アップにつながる
志望校を直接見ることで、やる気がアップします。「この短大に入りたい」という思いが受験勉強をがんばる力のもとになります。

「小論文・作文」の書き方をCheck!

点数を得るための4つのポイント

Point 1 出題テーマの基礎知識がある

小論文では、志望する学科に関連するテーマがよく出されます。日頃から新聞やテレビやネットのニュースなどで、テーマに関する知識を磨いておきましょう。

学科別・よく出るテーマ&出題例

- **食物栄養学科…食の安全、食育、食生活**など
  出題例：「食品ロス」の問題について、自分や家族、地域での取り組みなど、具体的な例を交えて考えを述べる
- **生活科学科…生活、マナー、選挙権、エコ対策**など
  出題例：「選挙権」について、自分の考えを述べる
- **幼児教育学科…教育問題、子どもへの対応、家族**など
  出題例：「子育て」「子育て支援」「家族」や「家族と社会との関係」などについて、自分の体験を交えながら考えをまとめる
- **英文学科…日本文化、コミュニケーション**など
  出題例：SNSでのコミュニケーションに関する文章を読み、それに対する意見を述べる
- **総合文化学科…社会、経済、情報、情報社会**など
  出題例：少子高齢化が進む中で、今後求められるサービスのあり方などについて、自分の意見を述べる

Point 2 出題パターンを知っている

小論文の出題パターンには、いくつかの形式があるので、志望する短大の出題パターンに慣れておくと有利です。過去問などで演習を繰り返し、書き方の手順とともに各パターンへの対応力も身につけていきましょう。

代表的な出題パターン

❶**課題論述型**…与えられたテーマについて意見を論述するもの
❷**文章読解型**…課題文が提示され、文章を要約したり、関連テーマについて論述するもの
❸**資料分析型**…資料やグラフ・表などから分析した結果を要約したり、自分の意見を論述するもの
❹**教科密着型**…特定教科の学力を問うとともに、出題関連テーマについて論述したりするもの
❺**その他の型**…上記❶〜❹にあてはまらないもの

Point 3 採点基準に沿った文章を書いている

「小論文では、どこを採点されるのか、よくわからない」と思う人も多いかもしれませんが、小論文にはしっかりとした採点基準があります。短大や学科ごとに異なる面もありますが、一般的には、次の6項目が重視されます。これらの基準を満たすように心がけて文章を書くようにしましょう。

なお、特に指示がない場合は「だ・である調」で記述します。字数は制限字数の9割以上が目安です。

小論文採点ポイント

❶□ 発想の自由さや正確さが高く内容性がある
❷□ 論旨が明確である
❸□ 文章表現が豊かで正確である
❹□ 漢字・かなづかいに誤りがない
❺□ 過不足のない文字数で書いている
❻□ 的確なタイトル・題がつけられている

これらのなかでもっとも重視されるのは❶❷です。

Point 4 出題者の意図をしっかりとらえている

小論文は、「出題の意図」をしっかりとおさえて書かなければなりません。課題文やグラフなどの資料が与えられている場合は、出題者がなぜその資料を選んだのか、何を読み取らせたいのかをしっかりつかんでから書くことが重要です。

また、解答作成時には、出題の指示に従いましょう。「あなたの意見」が求められていれば、誰かの意見を書いてはいけません。「課題文の筆者の意見を要約しなさい」とあれば、自分の意見を入れてはいけません。意外と間違えやすいので気をつけましょう。

原稿用紙の使い方をGuide!

入試では、原稿用紙に小論文を書くことになります。
意外と忘れてしまっていることが多い原稿用紙の正しい使い方をここで確認しておきましょう。

ふと気がつくと、私達は毎日スマホを使っている。とくに、写真や動画はめっちゃ取っていて、取らない日はない。また、誰かが取った写真や動画も毎日たくさんながめている。スマホの容量はすぐに一杯になるので、クラウドに移さないとGIGAが足りなくなる。
　だが、動画や写真を取ったり見たりすることは、友だちとの大事なコミュニケーションの手段になっている。動画をとるために一所に踊ったり、写真を加工したりすることは、自分がいいなと思う子と仲良くなるのに最も効果的な方法だからだ。
　お母さんは、昔はそんなことをしなかったとドヤ顔して私に言う。むかつくけれども、もしこれから先、スマホがなくなったら、どうやって人と仲良くなれるのか、正直不安に思うときもある。短大では、大人の女性としての行動ができるようになりたい。そのためにも、自分に自信を持てるように、まじめに勉強に取り組みたい!

❶改行したら1マスあける

書き出しと改行したときには、必ず1マスあけましょう。「,」「。」などの句読点にも1マス使いますが、行の最後にきてしまった場合のみ、最後の字と同じマスに入れます。

❷誤字・脱字に注意する

誤字・脱字やあて字は減点になるので注意しましょう。

❸話し言葉は使わない

話し言葉は使わずに文章用の言葉を使うようにしましょう。友だちに送るSNSやメールのような言葉は使わないようにしましょう。

❹英文やアルファベット、数字について

「TV」は「テレビ」など、できるだけ日本語に言いかえましょう。英単語や数字は1マスに2文字入れます。GDPなど大文字の略称のときは、1マスに1文字を使います。数字は、横書きのときは、算用数字(1、2、3など)、縦書きのときは漢数字(一、二、三など)で統一します。

❺記号を使わないで書く

「…」「?」「!」などの記号は使わないように。「?」「!」は「。」に置き換え、疑問や驚きなどの気持ちは日本語で書き表しましょう。

コレは×!

×書きながら意見をまとめる

制限時間に気を取られ過ぎて、とりあえず書き始める人がいますが、いくら字数をかせいでも、内容がまとまっていないものは、高い得点は望めません。

×課題文からの引用で字数をかせぐ

小論文は国語の試験とは違い、課題文をもとに「自分の考えを述べる」もの。課題文は、その材料に過ぎないことを、よく理解しておきましょう。

面接の上手な受け方をCheck!

Lesson 1　面接者はココをチェックしている！

✓やりたいことがはっきりしているか

重要度　★★★★★

将来、自分は何をしたいのか。そのために短大で何を学びたいのかという目的意識を持っているかどうかは、重要な評価ポイントです。将来の希望と、この先、短大で学びたいこと、取り組みたいことを明確にしておきましょう。

✓短大生としてきちんとやっていけそうか

重要度　★★★★☆

きちんと授業に出席できるか、校則を守れそうかなどもチェックポイントのひとつです。面接で人と違った意見を述べようとするあまり、常識に著しく反するような答えをしてしまわないように。かえってマイナス評価になります。

✓性格や人間性はどうか

重要度　★★★★☆

面接では知識や考え方だけでなく、性格や人間性も審査の対象となります。「自分の長所と短所」について質問されることも多いので、友達や先生の意見も聞いておきましょう。さらに、服装、マナー、表情や話し方などもチェックされるので、注意しましょう。

✓意欲・熱意が感じられるか

重要度　★★★★★

面接者がもっとも重要視するのは、なんといってもあなたの短大へ入りたいという意欲・熱意です。どうしてその短大・学科に 入りたいのか、どこに魅力を感じているのかを自分の言葉でよいので説明できるようにしておきましょう。

Lesson 2　面接時間・評価方法・配点を知っておこう

面接時間

個人面接の場合は5分程度、グループ面接の場合は10～20分程度が多いようです。総合型選抜の場合は面接が長いことも多く、30分以上かかることもあります。

評価方法

評価方法は、①点数化、②A・B・C…などの段階評価、③特に点数化・段階評価はしないが重視する、④参考程度、の4通りが考えられます。面接が10分以上かかったり、学科内容に関する質問が多いときは「面接重視」(合否への影響が大きい)と考えてよいでしょう。

配点

学力検査や小論文も課す短大では、面接も点数化し、総合点を出して、上位者から合格を決めます。面接の形式・配点については公表している短大もあるので、募集要項などで調べておきましょう。

Lesson 3　面接のタイプを知っておこう

A もっとも多い「1人VS.複数」タイプ

受験生1人に対して、面接者が2〜3人というのがもっとも一般的。面接者がたとえ何人いても、質問をした面接者に対して、顔と視線を向けて答えるのが基本です。

B 面談に近い「1人VS.1人」タイプ

面接というよりも、面談、相談といった雰囲気です。しかし、志望動機や将来の希望など、深く掘り下げて聞かれるので、十分な準備が必要です。

C「グループ・ディスカッション」タイプ

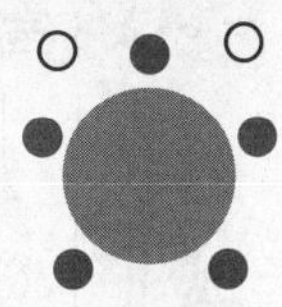

受験生がグループになり、与えられたテーマでディスカッション（討論）し、その様子を面接者が観察します。意欲、指導力、積極性、協調性などがチェックされます。

D「グループ面接」タイプ

話を聞く態度、周囲への気配りもチェックされます。他の人と同じ答えでも減点はされないので、考えていたことを先に言われてもあわてずに、自分の考えていた通りに答えましょう。

Lesson 4　よく聞かれる質問はコレだ！

Q 自己紹介をしてください。

こう答えよう

性格や趣味、将来の希望など、エピソードを交えてあなたの人柄がわかることを加えるとよいでしょう。あまりだらだらと話さないように。

Q あなたの趣味（特技）は何ですか？

こう答えよう

趣味が音楽・映画鑑賞などの場合、具体的な作品名やどんなところが好きなのかも答えられるようにしておきましょう。特技は、取得している資格、趣味などから考えておきましょう。

Q 高校生活で一番印象に残ったことは何ですか？

こう答えよう

部活動や生徒会活動の成果、ボランティア、課外活動等について答えるとよいでしょう。体験内容とそれが印象に残っている理由、そして底から何を学んだのかを説明するとよいでしょう。

Q 本学（学科）で何を学びたいですか？

こう答えよう

学校案内でカリキュラムを研究しておきましょう。将来の希望は何で、そのために短大で何を学びたいのかを具体的に説明しましょう。

Q 本学を選んだ理由は何ですか？

こう答えよう

事前に学校案内で、教育方針、カリキュラム、環境、施設などを理解した上で、どこに魅力を感じたのかを具体的に説明しましょう。

先輩はこんなことも聞かれた！

- Q「短大で勉強以外にやってみたいことは何ですか」
- Q「ボランティアの経験はありますか」
- Q「SNSを利用していますか。SNSのメリット・デメリットを答えてください」
- Q「最近気になるニュースは何ですか」など。

面接の上手な受け方をCheck!

面接 誌上シミュレーション

入試の面接は、どんな手順で行われていくのでしょうか。面接を誌上体験してみましょう。

●陽菜さんの場合

1 控え室

高校の友達と面接の控え室が同じだったので、ついつい話し込んでしまいました。黙っていると緊張するばかりなので、お笑い番組の話を…。2人で大笑いしていたら、職員の方から注意されてしまいました。

2 入 室

名前を呼ばれたので、あわててすぐに立ち上がり、返事もノックもせずいきなり入室してしまいました。緊張で体に力が入りすぎて、自分でもわかるくらいぎこちないおじぎになってしまいました…。

Point

- 控え室の様子も評価されていると思っておこう。
- 返事は大きな声ではっきりと!
- 入る前にノックを2回する。
- 「どうぞ」と言われるまで入らない。
- おじぎは、両手を前にそろえ、背筋を伸ばしたまま頭を下げる。角度は45度ぐらいを意識して。

身だしなみ check!

髪型
ぼさぼさの髪やパーマ、ヘアカラーは×。

服装
制服がベスト。制服がない場合は紺かグレーのブレザーなど制服風の服装で。

ツメ、アクセサリー
ツメは伸ばしすぎないように。ピアスや指輪などのアクセサリーも外す。

靴下・靴
たるませたりしてはダメ。革靴は磨いておく。

スマホ
電源を切っておくか、マナーモードに設定しておく。

3 着 席

入ってすぐイスに座りそうになったのですが、受験番号と自分の名前を言いました。先生が『どうぞ』っておっしゃったので着席。座るときの姿勢や手の位置は意識して気をつけました。

Point

- 受験番号、自分の名前を言い、あいさつをする。
- 「どうぞ」と言われるまで座らない。
- あごを引いて座る。背もたれにもたれない。手はひざの上に置く。

4 受け答え

受け答えは、質問をした先生のほうを見て答えました。質問されるときは、その先生のネクタイをずっと見るようにしていました。話すときは先生の目を見るようにして話しました。

Point

- 質問されるとき:面接者の口元から首あたりを見る。
- 話すとき:質問した人に体を向けて相手の目を見て話す。
- ウソは絶対につかない。

5 退 室

『これで終わりです』と言われたので、ゆっくり立ってお礼を言い、感謝の気持ちでおじぎをし出口へ。ドアを閉めるときにも再度おじぎをしてから退室しました。

Point

- いきなり立ち上がらずに、ゆっくりと立つ。
- お礼とおじぎを忘れない。
- ドアを閉める前にもおじぎをしてゆっくり静かに退出する。

何を学ぶ？

学科ガイダンス

［先輩の授業誌上レポートも掲載！］

短大で学べることを
17系統に分類して、
特色や学ぶ内容、
生かせる進路や
取れる資格をガイド！

設置短大さくいんの見方

公＝公立短大、無印＝私立短大を表します。短大名の後ろの記号の「☆」＝1 部と 2 部または昼間主と夜間主、「★」＝2 部のみ、「△」＝1 部と 3 部、「無印」＝1 部のみ、「※」＝2025 年設置予定の学科、または課程の変更予定などを表します。なお、1 部は昼間課程、2 部は夜間課程、3 部は昼・夜（または午前・午後）交替制課程のことです。〔　〕には原則、短大の所在する都道府県名を記しました（本部所在地が記載されている場合もあります）。短大名の右端の数字は、71 ページからの「全国短大インフォメーション」の掲載ページです。（注）2025 年度募集停止予定の短大・学科は掲載していません。

学科さくいん

学科名を50音順に掲載。その学科が設置されている短大がわかります。

【た行】

【な行】

【は行】

【ま行】

【や行】

【ら行】

※短大名からその短大の掲載ページを探す場合は、P.72「短大別さくいん」をご活用ください。

国語・国文学 系統

文学を深く味わうとともにコミュニケーション能力なども磨く

系統の特色

国語・国文学（日本語・日本文学）系統は、外国語系統とともに人文系の代表的な系統といえるでしょう。さらに、高校時代に学んだ「国語」をより深く研究するのが国語・国文学（日本語・日本文学）系統です。

国語・国文学の学びにとどまらず、漢文学や書道を学べたり、情報技術を身につけたりできるコースを設置している短大もあります。また、詩や小説などの創作、出版に関する知識・技能の修得、外国人を対象とした日本語教育や日本文学の紹介を重視している短大や、言葉によるコミュニケーションを学ぶという観点からコミュニケーション能力の養成を重視している短大もあります。

代表的な学科として、国文学科、国語国文学科、日本語日本文学科、表現文化学科、文化表現学科、文化教養学科などがあります。学科名に「国文学」「日本文学」「国語」「日本語」「文化」「表現」「教養」などを冠する学科が多いのが特徴です。

このほか、学科のなかに日本文学や日本語を学ぶコース・専攻を設けている文科、文学科、日本文化学科などもこの系統に含まれます。

学ぶ内容

国語学（日本語の成り立ちなど）と国文学（日本文学の文学史や文学作品の鑑賞など）を、学びの柱とします。

各時代の文学作品や作家について広い視野から理解し、鑑賞、研究できる力を養うとともに、日本語、日本文学と深く関わる日本の伝統芸術や古典演劇も研究します。具体的には、以下のような授業があります。

日本文学概説・日本文学史などの科目では、日本文学の流れを大局的にとらえた授業が行われ、日本文学講読といった科目では、講義ごとに、作品、作者、時代を限定して、集中的に授業が行われます。

日本語学などの科目では、文法や語彙などのさまざまな面から日本語を学びます。国語表現法などの科目では、読み方や話し方、文章の書き方などを学び、読解力や表現力を身につけます。

創作に関する科目では、詩や小説、童話などを学生が創作し、表現方法を学びます。

なお、この系統の特徴として、研究（論文・演習など）を必修にしている短大が多いことが挙げられます。

向くタイプ

文章を読んだり書いたりすることが好きな人に適した系統です。文学に興味があり、作品・作者を通して「人間」を考えてみたいと思う人、日本語や日本文学の根底に近づいてみたいと思う人には特に向いています。

生かせる進路

多くは一般事務職に就職し、在学中に身につけた国語力やコミュニケーションスキルを生かして活躍しています。教育関係、各種出版、編集関連の企業、一般企業の広報・宣伝部門などが就職先として挙げられます。

また、近年では、文学作品や作家、語学などについて、さらに深く学ぶために4年制大学の文学部や人文系の学部へ編入する人も多くなっています。

取れる資格

中学校国語教諭二種免許のほか、学校図書館司書教諭や司書などの資格が取得できます。

このほか、短大によっては、ビジネス実務士、情報処理士、プレゼンテーション実務士、実践キャリア実務士などの資格も取得することができます。

何を学ぶか？ 専門科目の授業例

日本語学

日本語について、音韻、語彙、文字、文法などのさまざまな側面から考察し、日本語とはどんな言語なのかを明らかにします。普段使っている日本語を意識的に観察し、規則性を見出していきます。比較対象として外国語や古代日本語を扱うこともあります。また、近年問題とされている、敬語の乱れや言葉の誤用なども題材になります。

日本文学史

長い時を経てなお読み継がれてきた古典作品から近現代の文学作品までについて学びます。講読する作品を中心に日本文学の流れを通観し、現代文学に通じるルーツを探ります。さらに、現代の人びとにも通じる人間の心情を理解していきます。『源氏物語』などの特定の作品や、あるいは特定の作家の作品などを集中的に講読することもあります。

文芸創作演習

小説や詩、童話、短歌、戯曲などの作品を、実際に書いてみる授業です。創作上の基本的なルールや技術を学び、各自で自由に創作します。執筆に先立って、既成の作品を読み合わせ、どんな作品を書こうとしているのかを理解します。創作した作品については、教員の批評を受けるほか、学生同士で批評し合うこともあります。

言葉・文学での学びを、将来へとつなげる

池野 瑠実奈（いけの るみな）さん 山形県立米沢女子短大国語国文学科

私は、本を読むことが好きで、日本文学という分野に強い関心があったので、国語国文学科に入学しました。国語国文学科には、幅広い分野の先生方がいらっしゃるため、もともと関心のあった分野だけでなく、新たな関心を発見することも多くありました。

ゼミには、1年次では2つ、2年次では1つ所属しますが、少人数でアットホームな雰囲気があり、同じゼミの人と意見交換し合いながら、自分の関心があることに対しても、専門的に学ぶことができたと実感しています。

1年次の「近現代文学講読Ⅱ」の授業では、西加奈子の『円卓』を2回精読し、家族や団地という居住空間に関する歴史的文脈などと結びつけながら考えていきます。今までは、書いてある事柄だけで物語を読み取ろうとしていたのですが、物語の背景にある部分などを映像作品などからも考えることで、自分では気づかない新しい発見が毎回ありました。この授業を通して、文学作品の分析方法だけでなく、さまざまな視点から物事を考えることの大切さも学びました。

2年次では「図書館文化論演習A」という授業が印象に残っています。図書館の諸問題や絵本など自分が興味を持った論文を発表し合いながら、みんなでそれぞれの問題について話し合いました。自分が興味のあることについての理解が深まると同時に、他の人の発表や意見を聞くことで、自分にはない視点や考えに気づかされることが多く、自分の視野も広げることができたと感じています。また、私は人前で話すことに苦手意識があったのですが、この授業を通して、自分の意見を伝える力も身につけることができたと思います。

さらに、卒業研究や進路のことなど、先生方にたくさん相談にのっていただきました。自分の好きなことや関心があることをより専門的に学べる環境、自分の将来を真剣に考える環境が整っているため、充実した2年間を過ごすことができました。他学科の開放授業やサークル活動を通して、さまざまな人と交流し、社会人になる上で大切なことも学ぶことができました。

1年前期

	月	火	水	木	金
1		図書館概論	図書館サービス概論		情報処理演習Ⅰ
2	日本語文化論Ⅰ	国語学概論	近現代文学講読Ⅰ	英語三	文献情報学
3	中国語一	情報サービス論		近現代文学基礎演習ⅡA	近現代文学講読Ⅱ
4	生涯学習概論				山形の郷土資料と文学
5		教養ゼミ			

2年前期

	月	火	水	木	金
1		宗教学		応用情報処理演習Ⅰ	
2	中国語三	心理学	英語一	東洋思想	近現代文学特講Ⅱ
3			図書館文化論演習A		情報資源組織演習（目録）
4					
5					

設置短大さくいん

この系統の学科が設置されている短大のページにナビゲートします。

外国語系統

語学の習得と豊かな教養を身につけた国際人を育成

系統の特色　外国語系の学科は、主に文科系の短大が開設しており、割合でいうと全短大の約10%に設置されています。

その多くは、英語学系、英文学系の学科となっています。

英語学系の学科では、言語学の立場から英語にアプローチし、言語の成り立ちや文法、音韻などについて研究することを主眼としています。英文学系の学科では、英文学や米文学の研究を中心に行います。そのほか、この両学系の分野にまたがって学ぶ学科もあります。これらの学科には、英語科、英語英文学科、英米語学科などがあります。

中国語、韓国語、フランス語など英語以外の言語や文学を学べるのも特色です。ただし、こうした外国語の授業は学科としてではなく、専攻またはコースで履修できるケースが多いようです。また、これらの授業を専攻やコースにおいて履修するのではなく、国際総合学科や文化情報学科などでの開講科目のひとつとして履修するというケースもあります。

近年の傾向として、語学の習得や文学に対する造詣を深めることに基礎を置きながら、それだけにとどまらず「異文化」や「コミュニケーション」「観光」についても学ぶ学科が増えています。そのような学科では、国際人として活躍できる知識・能力を身につけることを目的としています。

また、「読む、書く、聞く、話す」という基本的な言語運用能力を習得した上で、その語学力をベースに実用的な分野に応用し、生かすことに力点を置く傾向も見られます。たとえば、ビジネス英語、実務英語、観光英語、児童英語などの科目を履修し、ビジネスや教育の分野などでの活躍を目指します。

学ぶ内容　基本的に語学の習得が中心になります。そのため、英文法、英会話、英作文など英語の運用能力を身につけ、高めるための基本的な科目を多く履修することになります。

標準的な履修科目として、語学系として英語表現法、英語音声学、英語学概論など、文学系として英文学講読、英文学史、英米文学概論など、実用英語としてビジネス英語、観光英語、児童英語などが挙げられます。

そのほか、カリキュラムの特色により、アメリカ史、時事英語、英語ツアーガイド入門、英語で読む日本文化などを履修することができます。

国際化する現代社会で求められる、多様な考えを理解したり自ら発信したりするためのコミュニケーション能力を育てる科目を取り入れている短大もあります。

向くタイプ　語学中心の授業が展開されますから、語学に興味のある人が向いています。語学を習得するためには地道な努力が必要ですので、毎日、少しずつでも語学の勉強を続けられる強い意志が必要です。

生かせる進路　外国語系学科の卒業生は、幅広い業種に進出しており、製造業、商業、金融・保険業、不動産業、運輸・通信業、サービス業など進路は多彩です。

一般事務職のほか、語学力を生かせる専門部署で働く人もいます。

取れる資格　中学校英語教諭二種免許、司書資格、学校図書館司書教諭〈任用〉などです。

何を学ぶか？

専門科目の授業例

英語学概論

英語という言語の持つ規則性を発見し、その仕組みや特性の解明を試みます。そのために、文法論、意味論、語用論、音声・音韻論、統語論などの観点から英語を分析します。現代英語で「不規則的」な事項も、歴史的に見ればきわめて「規則的」だったことを、英語の歴史的発達過程をたどりながら確認します。現代英語の理解を深めることもできます。

英語音声トレーニング

正確で自然な英語を話すための授業です。日本語と英語の音声の相違、正しい英語の発音などを学びます。そのほか、音声現象の正確な観察や分析なども行います。標準英語だけでなく、特定の地域や場所で話されている標準的でない英語について、その特徴を探ることもあります。その場合、民謡、伝承民話など、さまざまな素材から検証します。

児童英語

言葉への関心を高める環境づくりの方法や、遊びを通した英語指導の方法などを学びます。発音の練習や、学習のステップづくりのほか、子どもが言葉を身体で覚えるように英語の歌、さまざまな教材・教具づくり、言葉遊びのゲームなどを考案します。体験学習として、保育園などで実習を行い、英語教育と保育の両方の側面を学習することもあります。

英語を楽しく学び、その成果を実感

堀部 香怜さん　北海道武蔵女子短大英文学科（2025年教養学科に再編予定）

1年次の「Speaking」という授業は、ネイティブの先生と少人数のクラスで英会話をする授業です。初めは英語を話すことに少し抵抗がありましたが、ゲームをしたりたくさん英語でコミュニケーションを取ったりと、楽しい時間を過ごせました。この授業のおかげで簡単な会話ができるようになり、もっと英語を話したいと思うようになりました。

2年次の「ビジネス英語」という授業では、ビジネスで使う英語を学びました。初めて学ぶ単語もあり、最初の頃は聞いて書きとることが大変でした。

しかし、一年を通して学ぶと、一度のリスニングで聞きとれる単語が増え、自分のリスニングの力が伸びていることを実感できました。

また、この授業ではプレゼンテーションをする機会があり、作家のニック・バーリーさんの7つの戦略を学んで感じたことや、自分の意見をまとめてプレゼンテーションを行いました。プレゼンテーションを行う上で大切なことを学ぶことができたので、社会人生活にも生かせる授業だと思います。

1年後期

	月	火	水	木	金
1	イギリス史		韓国語Ⅰ	Reading Ⅱ	
2		Speaking Ⅱ	アメリカ史	発表法	Listening Ⅱ
3	Pronunciation Ⅱ	基礎ゼミナール	Grammar Ⅱ		Speaking Ⅱ
4			スポーツ	Writing Ⅱ	
5					

※他に、遠隔授業で人類と文化を履修。

2年前期

	月	火	水	木	金
1					
2		Essay Writing	Writing Ⅲ		
3		ビジネス英語	Public Speaking Ⅰ	韓国語Ⅱ	
4				専門ゼミナール	
5	生活と健康				

※他に、遠隔授業でイギリス文学史Ⅰ、英語圏文化研究A、英米小説講読、芸術と文化を履修。

文学や音楽を通じて英語への関心を深める

齋藤 舞さん　共立女子短大文科グローバル・コミュニケーションコース

1年次に履修した「英米文学概論」では、アメリカやイギリスの文学を英語の原文で読んだり、映像をみたりしながら学びました。特に、高校では深く学ぶことのなかったシェイクスピアなど、以前から興味のあった海外の作家について詳しく知ることができ、この授業をきっかけに文学への関心が高まりました。今では、本を読むことが私のライフワークになりました。

2年次に履修した「ポップソングで学ぶ英語」は、グローバル・コミュニケーションコースの特色とも言える、オールイングリッシュで行われる授業のひとつです。有名な洋楽を通して、英語圏の文化やスラング、慣用句などを学びました。教科書にはないような言い回しや特殊な発音なども、聞き慣れた曲を通して楽しみながら理解することができました。難解な英語であっても、先生がわかりやすい英語で説明してくださったり、自分で調べたりしながら学んだおかげで、英語力が向上したと感じます。入学当初のTOEICのスコアが1年半で115ポイントもアップしたのは、とても嬉しかったです。

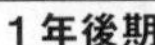

1年後期

	月	火	水	木	金
1	Oral English Ⅱ	Reading Ⅱ			
2		Listening Ⅱ	翻訳法Ⅱ	英米文学概論	英語A
3		文章表現法	英文法		Writing Ⅱ
4	サブカルチャー論			英語音声学	News English Ⅱ
5		キャリアデザイン演習			TOEIC演習Ⅰ

2年前期

	月	火	水	木	金
1			ポップソングで学ぶ英語		英語B
2	日本語学各論A		卒業セミナー	エアポートで学ぶ英語	ことばの仕組みⅠ
3	英米文学演習	中国語Ⅰ(入門)		映画・演劇論	
4	英語学演習	現代のことば		国際コミュニケーション論入門B	中国語Ⅰ(入門)
5			英語学概論		

目指す将来に合わせた英語を学ぶ

岩垂 桃香さん　関西外国語大短大部英米語学科

関西外国語大短大部では、専門的な英語教育の実施のほか、自分が持っている将来の夢や目標の実現に向けたさまざまな分野の授業を受講できます。

その一つとして、私は中学校英語の教員免許を取得するため、「英語科教育法」という授業を履修しました。英語科教員になるために必要な知識・記述を学ぶ教職課程の授業です。

そのなかでも、模擬授業が一番印象に残っています。特に大変だった点は、私が思い描いていた模擬授業とは違い、たった数十分の授業の学習計画を立てるだけでも何週間もの時間と準備が必要なことでした。

しかし、この授業を受けて、学ぶことの大切さや楽しさを改めて感じることができました。こうした気持ちを持つことは、ほかのあらゆる場面でも必要不可欠だと感じました。

２年次に進級すると、新しく「客室乗務員になる」という目標を持つようになりました。その頃に受講した「実務英語研究A」での大きな気づきが印象に残っています。

この授業では、主にCAやGSなど航空業界での業務知識を学び、実践的な学習を行いました。授業の最終日には、学内にある「モックアップ教室」で本物の職場環境同様の実践テストを受けます。海外のお客様に英語で接客するときの大変さを実感したり、さまざまな場面で必要になる語学力に苦戦したりと、憧れの客室乗務員について新たな一面を知ることができました。

この体験をきっかけに多くの改善点を発見でき、もっと学んで上達したいという向上心が生まれました。授業を通じて、将来の夢とそのための成長に直結する経験を得られました。

これらの授業を受け、新たな自己分析が自分の成長に繋がると実感することができました。これから入学する新入生や受験生にも、自身の可能性を広げていけるような大学生活を送ってほしいです。

設置短大さくいん

この系統の学科が設置されている短大のページにナビゲートします。

法・経済・商学 系統

世の中の仕組みを知るために、法律・経済の知識を深める

系統の特色

[法学系] 法律ならびに経営知識などを含めて学ぶ学科が設置されています。ビジネス法学科と法経科がありますが、いずれの学科も設置校数はそれぞれ１校ずつの計２校（公立１校、私立１校）となっています。

「法律」を学ぶ上で大切なのは、法的に筋道を立てて考える力（リーガルマインド）を身につけることです。法学を学ぶことによって、日常生活で起こるさまざまなアクシデントに対処できる力を身につけられる、ということもこの学系の特色です。

[経済学系] 経済科をはじめとして、経営実務科、経営情報（学）科、産業情報学科、情報ビジネス学科、総合ビジネス学科など、さまざまな設置学科があります。多様化する日本経済のニーズに応えるため、地域性を取り入れた特色ある専攻やコースを置く短大も多くなってきています。

また、コンピュータの運用能力が実社会で不可欠となっていることを受けて、コンピュータの理論や基本操作、プログラミングなどを扱う学科も増えています。

[商学系] 商（学）科、商経学科などが設置されています。経済学、経営学、商業学、会計学などを軸に、実務に即して学びます。

さらに、商学の基礎である簿記・会計をはじめとして、ファッション・金融・広告・サービスなど、さまざまな業種について幅広い知識や技術を得ることができる学科もあります。

学ぶ内容

[法学系] 憲法、刑法、民法、商法、訴訟法、会社法、行政法、労働法などの基本的な法律について学ぶほか、法哲学、法制史などの法学の基本となる科目も学びます。

また、政治学も法学系学科の重要な分野であり、政治学原論、政治史、政治思想史、地方政治論なども学びます。法的な問題解決方法を身につけるためには、具体的な出来事に照らして考える必要があり、ゼミナールなどがそのための重要な場となります。

[経済学系] 経済学の基礎となる経済原論、経済学史、経済政策論、マーケティング論などの科目を学びます。ほかにも、商業学概論および簿記、会計学などの科目があります。

授業の多くは講義形式で進められますが、そのほかに、学生同士の活発な討論が中心となる少人数形式のゼミナールがあります。

[商学系] 実社会に役立つ学習成果と応用能力を修得するために、履修科目は商学の基礎科目を中心に、それらに関する簿記、経営学、会計学系統の科目が幅広く取り入れられています。

最近では、貿易摩擦を調整し、調和のとれた対外経済関係を構築するために、貿易論、国際経営論をカリキュラムに組み込んでいるところもあります。

向くタイプ

法学系には、物事を論理的に考えることができる力が欠かせません。感情的にならず、物事を冷静に考え、公平・公正に判断できる人に向いているといえます。当然、正義感も必要です。

経済学系には、さまざまな判断材料から、社会や経済を客観的に分析できる能力が必要でしょう。数学が苦手だから経済学に向いていないと考える人がいますが、そんなことはありません。短大では基礎から学ぶことができるので、目的意識があれば十分です。

商学系には、実務を学ぶという点に特徴があります。したがって、物事をてきぱきと行うことができる人が向いています。お金を扱うことが多いので、責任感の強い性格も必要です。

生かせる進路

法学系では、公務員、金融・保険業、製造業など、就職先は多様です。一般企業で法律知識を生かせる仕事を目指す人が多いようです。４年制大学の法学系と異なり、法律専門職を目指すケースは多くありません。

経済学系では、専門知識を生かして、卸・小売業などの流通業界に就職している人がとても多くいます。また、金融・保険業、製造業や公務員などへの就職も少なくありません。

商学系では、銀行を中心として金融業、保険業への就職が多くを占めています。商社、貿易会社、百貨店などをはじめとする卸・小売業などにも幅広く就職しています。また、家業を継ぎ、二代目、三代目の経営者となる人も少なくありません。

取れる資格

法・経済・商学系に共通して、中学校教諭二種免許（社会）のほか、一部の短大では、司書などの資格が取得できます。

このほか、法学系では、司法書士、行政書士、社会保険労務士などの資格取得を目指します。修得した法律知識を生かし、実務家として活躍する道が開かれています。また、経済・商学系では、公認会計士、簿記などの資格取得を目標とします。

講義などを活用し資格取得に注力した2年間

浦上 純奈さん　京都経済短大経営情報学科

私は短大での２年間で、簿記やTOEICなどの資格取得に力を入れて取り組みました。

１年次の簿記の講義は、今まで触れたことがない内容ばかりで、授業のペースについていくだけで精一杯でした。しかし、自宅での予習・復習を繰り返すことで理解のスピードが上がり、講義テストの正答率も徐々に上がっていきました。また、夏休みには集中講義を受け、簿記検定の対策を行いました。集中講義ではわからないことは先生や友人に質問をして、その日のうちに解決するということを心がけ、その結果、日商簿記３級を取得することができました。

TOEICの対策講義は、１年次から２年次にかけて、レベル別に３つの講義がカリキュラムに組み込まれていました。この講義では、主に問題演習をするので、短大の講義以外での自主学習が必要です。私は、講義の間の空き時間を活用して図書室で勉強したり、放課後に自習室で勉強したりして、自主学習の時間を確保していました。また、講義のレベルが上がるにつれて、英語のモチベーションが高い仲間が多くなり、お互いに高め合いながら学習することもできました。点数が伸びずに困っていたときには、研究室に行き、先生から丁寧なアドバイスやサポートをしていただきました。そのおかげで、最終的には目標点数に到達することができました。

印象に残っている講義は、２年次の「企業論」です。私が所属している経営系のゼミナールに関係する流通の仕組みについて学ぶことができ、とても興味深い内容でした。「企業論」の講義で学んだ知識を生かし、ゼミナールでは「サプライチェーンを考える」というテーマを設定して企業にヒアリング調査を行ったり、ゼミナール生みんなで議論をしたりして卒業論文を作成しました。

就職活動では、就職課の方の手厚いサポートを受けながら、前向きに活動できたおかげで、第１志望の世界的な企業から内定をいただくことができました。

振り返ってみると、京都経済短大で過ごした２年間は、遊びの面でも勉強の面でも、充実していて非常に濃い時間だったと感じます。卒業を控えた今、改めて京都経済短大に入学してよかったと感じます。

１年後期

	月	火	水	木	金
1	エンジョイ・イングリッシュ	ビジネス実務マナー		金融論	社会学入門
2			経営学総論	初級簿記	
3	TOEIC500	総合基礎英語	初級簿記	ゼミナール	
4	システム総合特講	情報処理概論	ミクロ経済学		
5			ヒューマン・コミュニケーション	キャリアプランニング	文書処理技能演習

２年前期

	月	火	水	木	金
1			経営管理論		
2		人的資源管理論	企業論		キャリアプランニング
3	会計学入門	経営戦略論	行動経済学		TOEIC800
4	簿記特講		ゼミナール		表計算技能演習
5					

何を学ぶか？

専門科目の授業例

マクロ経済学

一国の経済全体の動きを考察します。具体的には、GDP（国内総生産）や物価水準、景気の変動やバブルといった経済の現象を分析していきます。生産物（財・サービス）市場、貨幣（資本、債権）市場、労働市場を対象に、望ましい経済政策について考え、将来の日本と世界の経済のあり方を理解していきます。

マーケティング論

マーケティングの本質と内容について理解を深めます。消費者が何を必要としているかをとらえ、「売れる仕組み」を構築するための方法について学びます。実社会に直結するマーケティングのプロセスと全体像を把握し、顧客満足、製品政策、価格政策、プロモーション政策などについて考察していきます。

流通論

商品の流通システムについて学びます。流通を構成するメーカー、卸売企業、小売企業、消費者のそれぞれの機能、流通全体のなかで担う役割に焦点をあてて、流通システムの基本的な仕組みを理解します。多くの場合、日本の小売業（デパート、コンビニなど）の経営形態を例にとり、流通過程を具体的に考察します。

設置短大さくいん この系統の学科が設置されている短大のページにナビゲートします。

西日本短期大学

社会学 系統

学際的な社会科学の基礎知識から、事務処理能力まで幅広く学ぶ

系統の特色

この系統は、観光学科、運輸科、医療秘書学科のほか、社会情報学科、総合文化学科、生活文化学科、現代教養学科、現代ビジネス学科、キャリアデザイン学科、キャリアプランニング科、および、多くの関連学科で構成される、広範囲の社会学的な系統となっています。

かつては秘書（学）科がこの系統を代表していましたが、学科名称変更や改組により、現在この名称で募集を行う学科はありません。ただし、教養系あるいは経営系などの学科で秘書教育を行う短大はまだ多くあります。

また、国際化・情報化の進む社会のニーズに対応し、英語などの語学教育や、コンピュータなどの情報処理教育を重視する傾向があります。

学ぶ内容

この系統で学ぶのは、①経営学、情報科学、社会心理学、秘書理論など、企業の経営管理や企業組織内の人間関係を理解するために必要な社会学系の基礎知識、②文書管理、実用英語、秘書実務など、実践的科目が中心です。パソコンの実習にも重点が置かれています。

観光学科は、旅行業務やホテルなどに関わる教育が中心です。運輸科は、陸海空にわたる交通の技術、旅行・観光、情報、物的流通、企業経営などを中心に学びます。ビジネス実務関連学科では、幅広い教養の上に、企業が期待する確かな事務処理能力を身につけます。社会情報学科、総合文化学科などの応用社会学関連分野の学科では、現代社会の問題点・課題点を法学、経済学、経営情報学などの視点から考察します。「キャリア」の名を冠した学科は比較的新しい学科です。語学、経営学、栄養学、文化学など、学ぶ内容は広範で多様化しています。

向くタイプ

企業や医療機関等でさまざまな立場の人と協力して仕事を行うためには、広い教養や専門知識はもちろん、対人折衝能力などが必要です。ビジネス実務系の授業では実用英語、経営学関係や簿記などを学びますから、高校で英語や政治・経済が得意だった人には向いている学科といえます。

生かせる進路

幅広い知識を学ぶ一方、専門的要素が強いのも特色です。それだけに、その特色を生かす就職が中心です。

たとえば、観光学科の卒業生は、ホテル、旅行会社、航空会社などへの就職が多数を占めています。また、旅行業務取扱管理者試験を受験して、資格を取る人もいます。一方、運輸科の卒業生には鉄道会社や自治体の交通局に進む人が多く、そのほか、観光会社や自動車関連会社などでも学んだことを生かしています。

ビジネス実務関連学科の出身者は、幅広い業種での就職が見込まれ、パソコンや秘書実務など、実務的な技能を役立てています。応用社会学関連分野の学科では、一般企業や公務員を目指す傾向もあります。

取れる資格

簿記、PC、ビジネス文書など各種の技能検定に対応していますが、秘書士資格に対応する短大も多くあります。また、所定の単位を履修し、より高度な専門知識と技能を修得すると、上級秘書士の資格が与えられます。ほかに、医療秘書士、メディカルクラーク、情報処理士、ビジネス実務士などの資格が取得できます。なお、情報処理士の能力をベースに、応用力を身につければ、上級情報処理士の資格が与えられます。

何を学ぶか？

専門科目の授業例

観光学概論

観光の機能と役割についての理解を目指し、観光に関するあらゆる事項を学びます。「観光とは何か」という定義の問題に始まり、観光の歴史、観光の文化的・経済的側面、地域との関わりやそこで期待される役割などまでを理解します。特に経済的な面では、観光を構成する移動・宿泊・レジャーという３大要素と個々の産業との関わりを見て、観光活動の経済的効果を考察します。

ビジネス実務

ビジネスに関する理論と技術を学習します。実際のビジネス現場での仕事の方法などを例にとりながら、実務に関する基礎を学びます。会計のルール、損益や税金の計算、販売管理といった技術を実践的・体系的に学びます。また、ビジネスで必要な状況対応力や営業的なセンスも身につけます。人と人との関係のなかから、コミュニケーション能力を伸ばす技術も身につけます。

情報処理演習

情報の収集や加工などをするのに必要な、情報機器の知識や操作について学びます。パソコンを道具として使いこなすことを目標にしています。情報検索、情報解析、文書作成などの演習を行い、パソコンのスキルを磨きます。この演習を通して、オフィスワークで日常的に使われているワープロソフトや表計算ソフトなど、基本的なソフトの操作方法を一通り学ぶことができます。

就職後に生かせるビジネス実務を学ぶ

山下 渚紗（やました なぎさ）さん　豊橋創造大短大部キャリアプランニング科

私は、高校で事務のことを中心に学んでいました。その過程で公務員という職業に興味を持ち、短大では公務員コースを選びました。現在はキャリアプランニング科で、公務員試験合格を目指しています。

勉強をしていくなかで「ビジネス実務演習」と「知識分野基礎」という授業がとても自分の力になっていると感じています。

「ビジネス実務演習」はビジネスシーンでのマナーや電話対応、はがきの返信など就職してから役立つ実践的なことを学ぶことができ、実生活にも生かせる知識を得ることができます。

「知識分野基礎」は毎授業のはじめに前回の授業の復習テストが行われ、このテストで自分の苦手な部分が明確になり、苦手克服へつなげることができます。授業の終わりにはその日に勉強した範囲のまとめの動画を先生が流してくれています。まとめの動画は授業の復習にも役立っています。この２つ以外の授業でも公務員になるため勉強をしています。

これから２年生に進級し、今よりももっと深く公務員という職業のことを知っていきたいと思っています。

１年春学期

	月	火	水	木	金
1		計算実務	パソコン演習Ⅰ		ビジネス実務総論
2	基礎教養Ⅰ	実務英語		食生活アドバイザー	プロジェクトプランニング
3	ボランティア演習	心理学	数的処理Ⅰ	商業簿記Ⅰ	キャリアプランニングⅠ
4		商業簿記Ⅰ		社会科学基礎	パソコン演習Ⅰ

１年秋学期

	月	火	水	木	金
1			基礎教養Ⅱ		
2	ビジネス実務演習	生活空間デザイン	クッキングⅠ	ビジネス実務演習	商業簿記Ⅱ
3	商業簿記Ⅱ	パソコン演習Ⅱ		数的処理Ⅱ	キャリアプランニングⅡ
4		ビジネス文書Ⅰ		知識分野基礎	パソコン演習Ⅱ

診療報酬明細書やカルテをコンピュータで作成

檀原 胡桃（だんばら くるみ）さん　高松短大ビジネスデザイン学科*医療事務コース

１年次の「秘書実務Ⅱ」では、さまざまなビジネスシーンを設定し、職業人としての話し方や動作、接遇などを学びます。この授業では、座学だけではなく、ロールプレイングやビデオ撮影を取り入れた演習によって、正しい接遇を習得することができました。実際に友人と名刺交換の練習や、電話応対を録音して相手にどのように聞こえるか学びました。

２年次の「医療コンピュータ演習Ⅱ・Ⅲ」では、診療報酬明細書やカルテの作成など、医事コンピュータの操作方法を学びます。先生が学生のペースに合わせて授業を進めてくれるため、楽しく学ぶことができました。多くの問題を解いて繰り返し学習することで、医事コンピュータ技能検定３級、電子カルテ実技検定に合格することができました。

このように、ビジネスデザイン学科（2024年秘書科から名称変更）医療事務コースでは、ビジネスマナーだけでなく、医療機関での実習など医療事務・医療秘書の専門的な学習もでき、職業の選択肢が広がります。

１年後期

	月	火	水	木	金
1	秘書実務Ⅱ		文書実務	医療関係法規概論	IT 活用演習Ⅰ
2	解剖生理学		プレゼンテーション概論		医療情報学概論
3		ドクターズクラーク概論	日本語表現Ⅱ	カラーコーディネート	
4	英語Ⅱ	ドクターズクラーク演習	情報応用演習	サービス実務Ⅰ	研究室活動
5				基礎演習Ⅱ	

※ほかに冬期集中講義として「医療コンピュータ演習Ⅰ」を履修。

２年前期

	月	火	水	木	金
1			人間関係論		
2			医療コンピュータ演習Ⅱ		医学一般と薬理の知識
3	IT 活用演習Ⅱ		プレゼンテーション演習	医療事務実習Ⅰ事前事後演習	応用演習Ⅰ
4					研究室活動

※他に夏季集中講義として「ボランティア」「医療事務実習Ⅰ」を履修。

＊2024年秘書科から名称変更（檀原さんは秘書科として卒業）

設置短大さくいん この系統の学科が設置されている短大のページにナビゲートします。

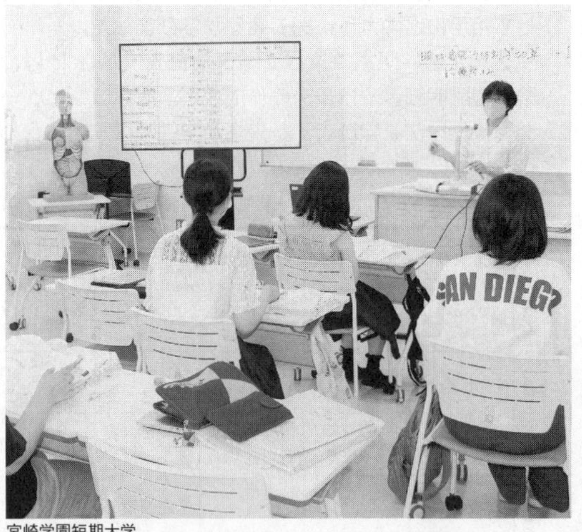
宮崎学園短期大学

福祉学 系統

超高齢社会となった日本の社会福祉の充実を担う学科

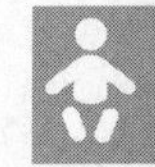

系統の特色

福祉学系統に含まれる学科は、社会福祉（学）科、子ども福祉学科、介護福祉学科などです。

超高齢社会の今日、福祉の充実が求められています。介護保険制度が施行されている背景もあり、福祉関係の学科・専攻に対する社会のニーズが増えています。

学ぶ内容

ノーマライゼーションの理念とともに発展してきた社会福祉は、人間性の尊重と、人間一人ひとりの価値は平等であるとの精神を礎としています。

この系統に分類される社会福祉（学）科、子ども福祉学科、介護福祉学科、人間福祉学科などの基礎科目は、ほとんど共通しています。

専門科目では、社会福祉原論をはじめ、社会保障論、老人福祉論、公的扶助論、社会福祉援助技術論、障害者福祉論、地域福祉論、家庭福祉論などの科目を履修します。また、保育原理、介護福祉論、リハビリテーション論など、この系統特有の科目も数多く開講され、多くの科目で実習が重視されます。

その他の関連学科と学ぶ内容は、以下の通りです。

総合生活学科生活福祉コースでは、生活と介護の理解を深め、さらに豊かな人間関係を築くために必要なコミュニケーション能力を磨きます。利用者を一人の生活者と尊重し、支援できる介護福祉士を養成します。

経営福祉学科では、コミュニケーション能力や社会生活に必要な知識の修得をベースに、介護関連の知識やパソコンスキル、心理学などを幅広く学びます。

総合キャリア教育学科、ライフデザイン学科などでも介護福祉が学べるコースがあり、専門知識のほか、資格取得や医療的分野の知識も身につけることができます。

これらの学科で取得できる資格（受験資格を含む）のうち社会福祉士・介護福祉士は、高齢者人口の増加とともにさらに重要度が増す資格です。これらの資格取得者は、社会福祉の担い手として期待されています。

なお、介護福祉士養成課程では、人間や福祉を理解する「人間と社会」、介護の専門知識・技術を身につける「介護」、心身について学ぶ「こころとからだのしくみ」、痰の吸引や胃ろうケアなど医療技術を学ぶ「医療的ケア」の４領域を学びます。

向くタイプ

この系統の学科が目指すのは、「福祉の心」を具体的に実践できる力です。「人」に対する関心を持ち、社会との関わりのなかで強めていくことが望まれます。

共に生きていく存在としての他者に、温かい思いやりを持って接することができる人が向いています。

生かせる進路

特別養護老人ホームや老人保健施設、療護施設といった福祉施設などで高齢者や障がい者の介護職に就く人が多いのが、福祉学系統の特色です。また、保育士として保育所などに勤務する人もいます。この分野での援助の対象者は、高齢者、障がい者、児童など多岐にわたります。専攻やコース、カリキュラムがどんな進路に対応しているか確認した上で、短大を選ぶのがよいでしょう。

取れる資格

社会福祉士国家試験受験資格（要実務経験）、社会福祉主事〈任用〉資格、保育士資格、介護福祉士資格（介護福祉士資格については、2017～2026年度卒業者に与えられる５年間の期限付き資格※）などが挙げられます。

何を学ぶか？

専門科目の授業例

社会福祉原論

社会福祉全体に関わる基礎知識と技術を幅広く学びます。

たとえば、現代社会における福祉のさまざまな問題、福祉の歴史やそのシステム、法制度などを学び、社会福祉の意義や理念をはじめ、その必要性などについて理解します。

また、知識だけでなく、社会福祉援助活動に取り組む上でのモラルについても学びます。

リハビリテーション論

国内外におけるリハビリテーションの歴史と発展過程を理解します。

そして、障がいの程度や日常生活における影響を学び、事例研究で実践能力を身につける基礎固めをします。さまざまな障がいに対応するために、リハビリテーションの専門職ら複数の福祉専門職が連携して行うリハビリテーションの手法なども、事例を通して学びます。

介護技術

食事や入浴、排泄などの介護に必要な基本技術から、利用者のニーズを知るために必要なコミュニケーション技術までを、講義と実践を通して身につけます。

また、歩行器や車いすなどの福祉機器の利用方法も学びます。常に相手の立場に立った介護ができるよう、車いすなどを使って障がい者の立場を疑似体験する役割演習も行います。

※2026年度末（2027年３月）までの介護福祉士養成施設（短大・専門学校）卒業者には、特例として卒業後５年間、介護福祉士の資格が付与される。その後も資格を保持するためには卒業後５年以内に国家試験に合格するか、卒業後５年間連続で介護業務に従事する必要がある。

自分の好きなことを介護に生かす方法を学ぶ

伊藤 優希(いとう ゆき)さん 中部学院大短大部社会福祉学科

1年次の「災害介護」では、災害が発生した際に利用者をどのように介護するか、過去の事例を調べたり実際に体験したりして学びます。地震や洪水など、さまざまなシナリオを想定し、必要な行動や避難先を考えます。また、避難後の対応も重要で、最初は解決策を見つけるのが難しいこともありますが、グループで討論を重ねることで新しい発見をし、よりよい提案を出せるようになります。この授業を通して、災害時には利用者の安全だけでなく、さまざまなことを考慮し準備することの重要性を学びました。

2年次の「リラクセーション・ケア」では、〝介護＋α〟の考えでフットマッサージやアニマルセラピーを学びます。リラクセーション・ケアは、利用者に癒しを提供し、生きがいを感じさせる効果があります。授業では、学生同士でマッサージを行ったり、動物とのペアで施設を訪問し利用者と交流したりしました。これにより、通常の介護時よりも自然な笑顔を見ることができ、自分の好きなことを介護に生かす方法を学べました。

1年後期

	月	火	水	木	金
1	身体による表現活動(スポーツ実技)	生活支援技術Ⅱ(介護)	基礎ゼミナール	生活支援技術B(住居・被服)	介護コミュニケーション技術Ⅱ
2	キリスト教概論Ⅰ		発達と老化の理解B	生活支援技術C(レクリエーション)	介護過程Ⅱ
3	社会福祉の基礎	認知症の理解A(医学)	介護総合演習Ⅱ		介護コミュニケーション技術Ⅰ
4	仕事と人生	災害介護	介護の基本B(予防と運動学)		言語による表現活動Ⅰ-2(英語)

※他に介護過程実習を履修。

2年前期

	月	火	水	木	金
1			介護の基本D(健康管理)	介護過程Ⅲ	
2		生活支援技術A(栄養・調理)	障害の理解A(身体障害)	認知症の理解B	リラクセーション・ケアⅠ
3	介護福祉論Ⅱ		介護総合演習Ⅲ	地域総合演習	生活支援技術(介護)Ⅲ
4	こころとからだのしくみB	介護の基本A(生活文化と地域社会)			

※他に介護総合実習を履修。

一人ひとりに合った支援を心がけることの大切さ

豊口(とよぐち) あみかさん 四国大短大部人間健康科介護福祉専攻

私の印象に残っている授業は「介護過程(基礎)」です。この授業では、介護が必要な人の日常生活での問題を解決するために、介護福祉職がどのように支援するかその方法を見つけ、実践するかを学びます。介護過程は、支援の質を向上させるため、情報を集め、計画を立て、実践し、そして評価することを繰り返す過程です。介護過程の歴史的背景や実際の事例に基づく支援の体験など、さまざまなことを学べました。

特に印象深かったのは、「支援目標は本人が主語であること」です。よりよい生活とするためには「支援者が必要だと感じた目標」ではなく、「本人が必要だと感じている目標」を推測することが大切であると学びました。その目標を具体的に作成するためには、本人が現在どのような状態であるか、本人の気持ちはどうであるかなどを考えることこそが、その人らしい目標を作成できる条件であると実感しました。この体験から、個々の人と深く向き合い、相手の立場になって行動する力は、介護福祉士にとって不可欠な力であることを学びました。

1年後期

	月	火	水	木	金
1	介護サービス	介護総合演習(参加)	キャリア形成入門	コミュニケーション技術(総合)	自己と社会・地域論
2	認知症の理解(基礎)	介護過程(高齢者)	身じたくの支援技術	生活と福祉Ⅰ	
3	清潔の支援技術	介護過程(基礎)	心と身体のしくみ(身じたく・清潔・排泄)	人間の発達と老化(高齢者と疾病)	
4	人間関係の基本	排泄の支援技術		医療的ケア(基礎)	

※他に集中講義として、「介護福祉実習(参加)」を履修。

2年後期

	月	火	水	木	金
1			介護過程(統合)	終末期の支援技術	介護総合演習(発展)
2		調理演習	生活管理演習	こどもとくらし	介護福祉総論
3	介護の連携とリスクマネジメント				チームマネジメント
4					

※他に集中講義として、「介護福祉実習(総合)」を受講。

設置短大さくいん

この系統の学科が設置されている短大のページにナビゲートします。

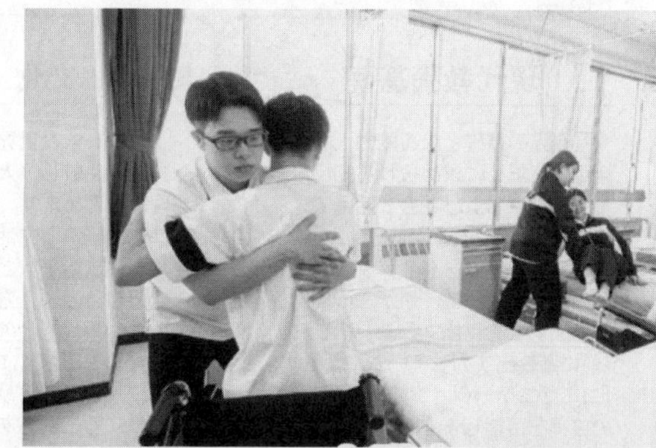
八戸学院大学短期大学部

教養・その他 系統

人間を理解するための幅広い教養と専門的な実務能力を養う

系統の特色

教養・その他系統は、文化や思想、生活習慣、考え方などが国際化・複雑化する現代社会で生じるさまざまな問題に適切に対処し、解決できる能力を養うための学科を中心として構成されています。代表的な学科として、教養学科、現代教養学科、文化教養学科、国際教養学科、国際総合学科、総合文化学科、人間文化学科、人間総合学科、人間生活学科などがあります。学科名に「教養」「人間」「総合」「文化」などを冠する短大が多いのが特徴です。物事の全ての基礎となる「人間」について理解しようとする考え方の表れといえます。

また、国語・国文学、外国語、法・経済・商学、社会学、福祉学の各系統に入らない学科や、他の系統に入るべき（または入っている）学科に「教養」「心理学」などの専攻やコースを設けることで、教養系の教育を行う学科もあります。グローバルコミュニケーション学科、日本史学科、未来キャリア学科、メディア・プロモーション学科などのほか、それぞれに教養系の専攻やコースを設けている生活文化学科、美容生活文化学科、文科、地域共生学科などが挙げられます。

このほか、宗教的教養を身につけ、人間としての自己を形成し、人間の本来のあり方を追究するための学科として、禅・人間学科、仏教学科などの学科もあり、これらもこの系統に含まれます。

学ぶ内容

幅広い教養を身につけていくため、人文科学、社会科学、心理学、環境学に関連した科目から、ビジネス系、情報系、医療系、宗教系、芸術系、スポーツ系の科目まで、多彩な科目が用意されています。

学科のなかにユニットやフィールドなどを設けて、学びたい科目を自由に選択できるカリキュラムを編成している短大が多いのも特徴です。

向くタイプ

多くの学科が根幹に「人間」を置いています。人間に興味を持つことはもちろん、人間が織りなす文化・歴史・心理など、さまざまな事象にも関心を持ち、高いコミュニケーション能力も必要となります。国語や英語など語学が得意な人には、比較的向いている学科が多いといえます。

また、少人数教育を実施する短大も多いので、講義の内容を自分なりに考え、理解しなければなりません。授業には、しっかりとした準備が必要になるので、旺盛な問題意識と読書能力が要求されます。

生かせる進路

各学科各様の性格を持っているので、業種別の進路も非常に幅広くなっています。サービス業、流通業、金融・保険業に進み、職種としては一般事務職が多くなっています。

また、宗教系の仏教学科、禅・人間学科などには、僧侶の子女が多く、当主の跡を継ぐケースもあります。それぞれの宗派の道のほか、ビジネスの道に進む人もいます。

取れる資格

短大によって取得できる資格や免許は異なります。学校図書館司書や社会福祉主事の任用資格、司書、ビジネス実務士、実践キャリア実務士、情報処理士、ウェブデザイン実務士などの資格が取得できるほか、中学校教諭二種免許（国語または社会）が取得できる短大もあります。

また、宗教系では、所属する宗教・宗派などの指導者資格を取得できるほか、一部の短大で社会福祉主事任用資格や情報系の資格も取得可能です。

何を学ぶか？

専門科目の授業例

現代教養基礎

社会人の基礎となる能力、社会で活躍するために求められる知識や教養の修得、および社会で活躍できる人材として生きる力を身につけます。グループワークやアクティブラーニングを通じて、新たな人間関係を形成する機会をつくり、「考える力」「前に踏み出す力」「チームで働く力」「コミュニケーション能力」「柔軟性」の修得を目指します。

文化人類学

日本を含む世界の人びとの生活や文化を比較し、人間の営みについて理解を深めます。たとえば、文化の進化、経済と生活、宗教と儀礼、国境と民族紛争などのテーマを扱い、自分自身の考え方を相対化するとともに、現代社会のさまざまな問題を探究していきます。フィールドワークに基づき、より具体的なデータを収集することもあります。

人間関係論

人間の営みのなかで起こる、愛や憎しみ、思いやりや助け合いといったさまざまな人間関係を考察します。そこから、人間の存在価値や社会での役割などについても考えていきます。たとえばその方法として、自己と他者、親と子などの関係を題材にして、実験やアンケート、心理テストを行い、体験的に調査・分析などを行います。

学ぶことと楽しむことを両立できた2年間

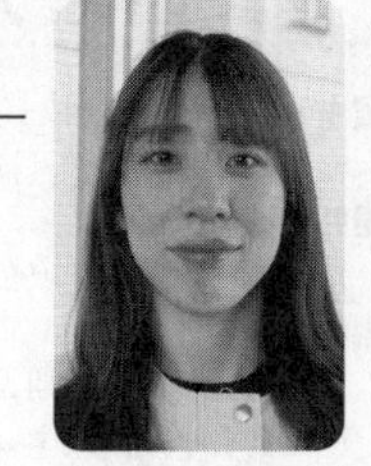

天田（あまだ）ほのかさん　育英短大現代コミュニケーション学科

1年次の「スポーツ医学」では、運動をすることで引き起こされる病気やケガ、またその対処法などを学び、正しい情報を身につけることができました。

2年次の「プレゼンテーション演習」では、PowerPointの基本的な操作を学びながら、テーマに関するスライドを作成し、プレゼンテーションを行いました。プレゼンテーション力は社会人になってから必要になりますので、履修してよかったです。

また、2年間を通して行われる「キャリアプランニング」では、履歴書や面接指導などの就職活動中のサポートのほか、勉強以外の幅広い知識を身につけ、自身を持って行動できるようになりました。

興味のある授業を履修して知識やスキルを身につけながら、海外研修や研究発表などを通してコミュニケーション能力や積極性など、さまざまな力を向上させることができました。2年間で培った知識と能力を生かし、オールマイティに活躍できる人材になれるよう、努力し続けたいと思っています。

1年前期

	月	火	水	木	金
1		キャリアプランニングⅠ			スポーツ医学
2	トレーニング論	コーチング学		ホスピタリティ論	カウンセリング
3	情報基礎		コミュニケーション論	化粧とファッションの心理	カウンセリング演習
4				スポーツ文化論	英語基礎Ⅰ
5	栄養学基礎				

※夏期集中講義として「体育実技」を履修。

2年前期

	月	火	水	木	金
1			消費者心理学		
2			プレゼンテーション演習		
3	生涯スポーツ				
4		キャリアプランニングⅡ	ネイルアート	フラワーアレンジメントⅠ	心理テスト演習
5		卒業研究Ⅰ	カラーコーディネート基礎		スポーツ指導実習

※オンデマンドで「職場のメンタルヘルス」、夏休みに「海外研修」を履修。

好きなことや興味があることを自分らしく

藤田（ふじた）紗友莉（さゆり）さん　聖徳大短大部総合文化学科

1年次の「Webの表現技法」では、実践を通してWebページの作成の仕方を学びました。試行錯誤を重ねながら作成し、最終的に完成したWebページを見て、達成感を味わうことができました。この授業では、レイアウトのポイントを知ることができるので、2年次になってから行うパスファインダーや、PowerPoint資料を作成する際に活用することができます。

2年次の「児童サービス論」では、児童を対象としたサービスにはどのようなものがあるのか、サービスの種類やポイントを学び、実際に自分たちで紹介する本や演目を決め、お話会を行いました。お話会の相手は学生でしたが、子どもが興味を持ち、楽しめるような演目を一から考えることに苦労しました。しかし、やってみるととても楽しく、聞き手のよい反応が見られたので、やりがいを感じられる授業でした。

みんなで一から学ぶことができる環境が整っているので、この2年間、安心して自分のペースで学習することができました。

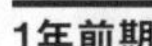

1年前期

	月	火	水	木	金
1			スポーツと健康		
2	情報活用演習	Webの表現技法	SEITOKU Academic Literacy	日本語表現基礎	社会貢献の理論と実践
3			日本の文学		キャリアスタディ
4			秘書学概論	プログラミング基礎	
5	情報資源組織論	図書館サービス概論	生涯学習概論		英語

※毎週木曜5時限に「就職ガイダンス」を受講。

2年前期

	月	火	水	木	金
1					キャリアスタディⅡ
2					環境論
3	情報資源組織演習Ⅰ		情報サービス演習Ⅰ	日本の文化	
4	児童サービス論		卒業研究		
5				英語Ⅱ～1	

設置短大さくいん

この系統の学科が設置されている短大のページにナビゲートします。

埼玉女子短期大学

工学 系統

コンピュータ、機械、建築など、幅広い技術の修得ができる

系統の特色

[機械・自動車系] 科学技術の進歩に対応できる、機械や自動車の技術者を育成します。産業ロボットやNC（数値制御）工作機械などが多くの生産工場に導入されており、機械系の学科でもコンピュータ制御、ロボット工学など、電気・電子・情報工学系の教育が行われています。

[電気・電子・情報系] 時代の先端技術に触れられるのが、この系統です。社会的ニーズが高い情報処理関連の科目を設置している短大が多くあります。

[土木・建築系／その他の系] 土木・建築の技術者を養成する学科は、日本大短大部（船橋）の建築・生活デザイン学科の１学科です。その他の系には、日本大短大部（船橋）にものづくり・サイエンス総合学科があります。

学ぶ内容

[機械・自動車系] 機械工学は「よりよい機械の設計・製作」を目的として、機械の設計や製作などに必要な科目を、自動車工学では自動車に関する知識と技術を修得します。

[電気・電子・情報系] 電気・電子関連では、電気や電子の特性と、その活用のための知識を修得します。通信工学関連では、情報を電気・光信号に変えて伝送する技術について学びます。情報処理関連では、システムの運用の仕方、アプリケーション技術などを学びます。

[土木・建築系／その他の系] 土木・建築関連では、市民生活に必要な各種構造物（たとえば道路、鉄道、上下水道など）を設計・施工して、維持・管理する理論と技術を学びます。その他の系として挙げた、ものづくり・サイエンス総合学科では、機械工学、電気電子工学、情報科学、総合科学など、幅広い専門分野から専攻する分野を選びます。

向くタイプ

工学系統では、理数系科目が専門科目のベースになるので、高校時代に基本事項をよく理解しておきましょう。また、どの分野でも授業でコンピュータを使うので、コンピュータに興味を持っていることが望まれます。

生かせる進路

機械・自動車系では、製造業への就職が中心ですが、電気・ガスや自動車販売などのサービス関係などへの就職もあり、進路は多方面にわたります。

電気・電子・情報系の卒業生は、主に技術者として活躍します。土木・建築系の学科では、建設施工会社、設計事務所、住宅メーカーなどへ就職しています。その他の系として挙げた、ものづくり・サイエンス総合学科は、４年制大学の理工系学部への編入が多いのが特徴です。

取れる資格

機械・自動車系は、機械保全技能士、電気機器組立て技能士、２級自動車整備士試験受験資格などがあります。

電気・電子・情報系は、実務経験を経て第２・３種電気主任技術者、第２種電気工事士（筆記試験免除）、第２級陸上・第３級海上特殊無線技士（卒業後に申請のみで取得可）などです。

土木・建築系の学科では、二級建築士受験資格、木造建築士受験資格、一級建築士受験資格（免許登録には実務経験が必要）、インテリアプランナー受験資格などを取得できます。

何を学ぶか？

専門科目の授業例

流体力学

液体と気体を総称して流体といい、流体力学は工業の広い範囲にわたって応用されています。工学の基礎として、流体に関係する現象とその測定方法などを学びます。

授業では、密度や粘性など流体の一般的性質の理解から始めます。そして、静止した流体のつり合い、管のなかの流体の運動など、実際の現象を力学的に理解していきます。

プログラミング演習

ソフトウェアを作成するのに必要なプログラムの設計・作成・テストの方法を修得します。学ぶプログラミング言語は、C言語、Visual Basic、Javaなど、さまざまです。

与えられた課題にそってプログラムを作成し、実際にコンピュータで動かしてみます。

なお、プログラミング言語ごとの科目を履修する場合もあります。

建築計画

人の生活と密接に関わる建築物を計画するには、建物の機能や構造だけでなく、建物と社会の関係性、光・熱・音の環境などについての理解も必要です。この授業では、人・社会・環境との関わり方をとらえた構法や造形を考察します。博物館、事務所、商業施設、病院など、建物の種類別に、建築計画に求められる手法や法律などを具体的に学びます。

目で見て、触って、動かして学ぶ

杉本（すぎもと） リュウさん　愛知工科大自動車短大自動車工業学科

高校３年生のときは就職を考えていました。機械科に在籍していたので、製造系の仕事を探していたのですが、親から「こんな学校がある」と紹介されたのがこの短大でした。記憶にはないですが、幼い頃は車が大好きだったようで、それも関係あったかもしれません。

授業は、高校で学んだことが非常に役立ちました。数学、特に計算は得意なので、課題が早く終わると友達に教えてあげることもしばしば。物理や電気系の科目も同様で、高校でしっかり勉強しておいてよかったと思いました。実習系の授業も高校時代もたくさんあったので、苦にはなりませんでした。実習科目はどれも好きなのですが、特に印象に残っているのは「自動車工学実習Ⅲ」で行ったトランスミッション（変速機）の分解です。知識としてトランスミッションの構造や役割は理解しているのですが、実際に目の当たりにすると意外に大きく、重く…。さらにそれを分解してみると中にはたくさんの部品があり、それがまたそれぞれの役割によって動き方が違ったり、形が違ったりと実際に自分の手で触って学べる授業は楽しかったです。自動車の基本性能である「走る、曲がる、止まる」。まずこれを実現するためのシステムを理解し、それぞれのシステムが連動することではじめて自動車として成立する。それを自分の目で見て、手で触って、動かして理解する。頭と体の両方で学ぶといった感じでした。

逆に苦労したのは、「情報リテラシー」の授業。実は、高校ではPCを使った授業はCAD（設計や製図をするためのソフト）のみ。ワードやエクセルといったオフィス系の勉強がありませんでした。ワードで文章を打ち込む課題は、普通科高校出身の友達の倍以上の時間がかかりました。それでも、社会人として求められるスキルなので、このタイミングでしっかり学べてよかったと思います。

就職は、ディーラーに決まりました。短大で学んだ知識と技術をフル活用して、まずは自動車整備士として求められる業務をこなしていくことができればと思います。もちろん自動車技術は日進月歩なので、これからも勉強は続くと思います。この２年間で学んだものを土台として、まずは一人前の整備士に。そして、一流の整備士になれるよう、努力を重ねていきたいと思います。

１年前期

	月	火	水	木	金
1	ガソリン・エンジン工学	自動車シャシⅠ	情報リテラシー	体育実技	コミュニケーション講座
2	自動車電装Ⅰ	数学Ⅰ	機械製図	英語Ⅰ	工学基礎
3	基礎計測実習	自動車工学実習Ⅰ	自動車工学実習Ⅰ	自動車工学実習Ⅰ	AUT自動車工学入門
4	自動車電気基礎実習				

２年前期

	月	火	水	木	金
1	ガソリン・エンジン整備	自動車工学実習Ⅲ	自動車工学実習Ⅲ	自動車工学実習Ⅲ	故障探求法
2	シャシ整備Ⅰ				
3	自動車整備士対策講座	自動車材料		自動車法規	カーエレクトロニクス
4					

設置短大さくいん　この系統の学科が設置されている短大のページにナビゲートします。

農学 系統

自然から学び、広く地球環境までを見つめる

系統の特色

農学系統の研究領域は非常に広く、地球環境や生命科学とも深く結びついています。この系統を設置しているのは6短大です。各短大がそれぞれ独自のアプローチ法を持っています。どの学科においても、実習・演習などが豊富に用意され、体験的に学ぶことが重要視されます。

学ぶ内容

農学ビジネス学科は、環境農学コースで農産品加工から食生活、消費に至るまでのフードシステムを体系的に理解し、食文化を形成する農業生産技術や環境対策などを学びます。農場や温室で、現場に即した知識や技術を実習で学び、データに基づく最新の営農技術を身につけます。

生産科学科では、野菜などの栽培や林業、畜産を実践しながら学ぶほか、生産物の品質や生産性の向上を図る技術や、ICTを生産現場へ導入する方法を身につけます。

園芸科では、農業と園芸における栽培から生産物を利用する分野までを幅広く学習します。ほかにも、造園、バイオテクノロジー、園芸療法、林業なども学びます。

包装食品工学科では、食材の加工技術、加工された食材を容器（缶・プラスチック容器・ビン等）に詰める（充填・密封・殺菌）理論と技術、製品が社会に流通する仕組みなど、食品を製造から流通まで学ぶことができます。

緑地環境学科では、伝統的な造園芸術や緑地景観、ガーデンデザインなどの専門的な技能の習得に加え、環境の保全や都市の緑化などについても学びます。

動物トータルケア学科では、飼い主や飼育されている動物の高齢化に伴ってニーズが高まりつつある、訪問看護や在宅ケアに対応できる知識と技術を身につけます。

向くタイプ

植物・動物を問わず、生物に対して深い愛情と興味を持つ人、広く自然について考えたり、環境問題に関心を持っていたりする人は、農学分野に向いているといえるでしょう。学科によっては先端的な実験や実習も行うため、理数科目の好きな人のほうが適しているといえます。

生かせる進路

一般的な進路は、国家公務員あるいは地方公務員としての就職です。農政指導や研究開発・指導に従事します。そのほか農業協同組合をはじめとする各地の金融機関、食品会社、育種会社などへの就職もあります。農業自営者の子女も多く、農家の後継者としても活躍しています。包装食品工学関連では、食品会社が主な就職先で、造園、土木、緑地計画関連では、造園・土木・建設会社、測量・設計などのコンサルタント、資材会社に就職し学んだことを生かします。動物看護関連では、動物病院や動物関連企業などへ就職します。

取れる資格

園芸関連では、生活園芸士、フラワー装飾技能士などがあります。在学中に講習を受けて、毒物劇物取扱責任者、危険物取扱者、測量士補の資格を取得できる学科もあります。

造園、土木、緑地計画関連では、造園技能士、園芸装飾技能士、また卒業時に本人の申請により樹木医補などが取得できる学科もあります。学科によっては、造園施工管理技士、ビオトープ計画管理士などの資格取得も目指せます。動物看護関連は、愛玩動物看護師の資格が取得でき、動物のトータルケアを行います。

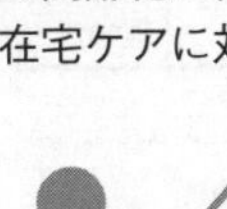

何を学ぶか？ 専門科目の授業例

園芸学

花や野菜、果実の生理や生態を学び、その品質向上を目指します。実際に植物の栽培を行うほか、屋外での観察や調査を行うこともあります。体験的な学習を通じて、植物への知識や理解を深めます。園芸作物の品質と気象条件との関わり、切花の鮮度を保持する技術、光や気温と草花類の生育・開花との関係、新たな果樹の生産技術など、新しい技術や知識も吸収します。生産物の利用法や流通の視点からも研究します。

緑地計画学

公園や庭園など、生活の周囲にある緑地の計画・設計に関しての技術や知識を身につけます。庭園のデザインや、バリアフリーを目指した公園デザイン、地域住民と意見交換をしながらの緑地づくりなどを学びます。また、自然の生態系を回復することや、創造することも緑地計画学の目的の一部です。都市の温暖化を見据え、屋上緑化植物の植栽法、屋上緑化の手法、施工・管理法などについても考察します。

土壌学

土と水と農作物について研究します。土壌や作物への理解を深め、栽培する作物の種類や、栽培される地域・環境に応じた、適切な土と肥料の扱い方を学びます。また、過剰な肥料の使用と、地下水の汚染などとの関係を調べるなど、農業の視点から、環境汚染をもたらす要因を探究します。環境保全と食料増産の両立を考えることが課題なので、学習範囲は幅広く、農業と地球環境の問題にまで及びます。

オールラウンダーな農業後継者として地域を支えたい

富樫 優太さん（とがし ゆうた） 拓殖大北海道短大農学ビジネス学科

私は高校時代、体育科に在籍していたため農業に関する知識がほとんどありませんでした。そのため、生産から加工・販売まで幅広く学びたいと考え、拓殖大学北海道短期大学に入学しました。

１年次の授業で特に印象に残っているのは「農業機械学」です。現代農業において、農作物の栽培技術と同等に必要になっているのが農業機械の知識だと思います。GPSを用いたトラクターの自動操舵やドローンを活用した防除・播種は特に興味深かったです。また、それに関連し、「DPAドローン操縦士回転翼３級」「DJI AGRAS農業ドローン技能認定」「フォークリフト運転技能講習修了」「車両系建設機械（整地等）技能講習修了」などの免許や資格取得のカリキュラムを活用し、さまざまな資格の取得に励みました。これらの講習は授業の休講日に実施されるため、休日が削られるのは体力的にも厳しかったですが、将来の仕事の幅を広げるという意味では大変有意義なものだったと思います。

２年次は「２年ゼミナール」の卒業論文の研究に特に力を入れました。実家が水稲農家ということもあり、「くず米を活用したパンの試作製造」というテーマで加工実験を行いました。１年次に加工専攻のゼミに所属していたことや、「農産加工実験」「農産物利用学」で加工に関する基礎的な知識を学んだこと、さらに、２年次の「水稲実習」「水稲生産学」で得た知識を活用しながら授業以外の時間も実験に励みました。そして、くず米の活用を経済的な視点からも考えるなど、あらゆる分野の知識を活用し、実に２年間の集大成ともいえる卒業論文を書き上げることができました。パンの生地を一から作るのは初めての経験で最初は失敗も多々ありましたが、先生のご指導のもとおいしいパンを作ることができたと思っています。

さらには、ログハウスプロジェクトでの地域の方々との交流、ドローンサッカーでの北海道優勝ならびに京都遠征、環境農学コース総ゼミ長など、さまざまな立場でたくさんの経験を積むことができました。決して楽な2年間ではありませんでしたが、将来の糧となる充実した日々を送ることができました。

１年前期

	月	火	水	木	金
1	キャリアスキル		文章表現法	農業機械学	初級簿記
2	英語コミュニケーションⅠ			食農社会論	作物栽培概論
3	コンピュータ概論	土壌管理学	１年ゼミナール	農業基礎科学	地域振興論
4	農産加工実験	農業基礎実習		農業基礎実験	環境科学
5					

２年前期

	月	火	水	木	金
1	英語コミュニケーションⅢ	花卉実習	水稲実習	植物資源応用実習／日本酒製造実習	野菜実習
2	水稲生産学				
3	野菜生産学	畑作物生産学		農業研修	土壌作物診断実習
4	畑作実習	花卉生産学	２年ゼミナール		
5		日本国憲法			作物栄養生理学

※７月末から計15日間、農業関連企業での農業研修を履修。

設置短大さくいん　この系統の学科が設置されている短大のページにナビゲートします。

看護学 系統

超高齢社会を迎え社会的ニーズが高く、重要性は増大

系統の特色

看護学科などの学科では、看護師になるための専門的な学習ができます。学科名はさまざまですが、教育の内容はだいたい同じです。

看護師のニーズは相変わらず高く、看護系学科の重要性は増大する一方です。超高齢社会を迎え、医療法や健康保険法の改正、さらに介護保険法も施行されています。近年は、社会全体が、病気の予防や心のケアなども含まれる医療や看護・介護に対して強い関心と期待を寄せています。社会的ニーズは今後もより高まるでしょう。このような時代において、高齢者看護の分野でも、新しい知識や技術を身につけることが求められています。

また、看護師として働く職場も広がってきています。病院だけでなく、保育所、福祉施設、製薬会社などで働く人も増えています。さらに、産業看護師として工場や会社の診療所や医務室で従業員の健康管理に従事したり、病気にかかった人やけがをした人の在宅での看護のために働いたりすることもできます。患者を主体とした医療や看護が望まれるようになり、看護の場も生活に密着したさまざまな領域にわたってきています。

学ぶ内容

専門教育科目には、医学系の教科として体の構造や仕組みを学ぶための科目、病気を理解するための基礎知識を得る科目、人びとの健康を守るための社会制度を学ぶ科目などに加え、看護の専門科目としての看護学などがあります。また、学内での授業だけでなく、病院での実習、保育所・保健所などでの見学実習も行います。

これらの学習を通して、健康を維持・増進するための生活の仕方、病気やけがについての知識、病気やけがをしたときに患者の回復を助けるための看護の方法、医師に対する補助の方法などを学びます。

看護系の学科の修業年限は３年間（准看護師の有資格者のみが入学できる学科は２年間）です。規定の単位を修得して卒業すると、看護師の国家試験受験資格が得られます。

向くタイプ

看護師は、仕事を通して患者と温かい心の交流を持つことができる職業です。身体的な看護をするだけではなく、常に温かみを持って患者に接することで、患者の気持ちを支えていく存在だといえます。使命感を持ち働くことで、人間的にも成長することのできる、やりがいのある重要な仕事です。明るく、積極性と思いやりのある人こそ、この道を選ぶとよいでしょう。

生かせる進路

看護師の資格を生かし、総合病院、大学病院、専門病院、診療所、療養所などの医療機関への就職が卒業生の進路の中心です。企業内診療所や福祉施設に就職するケースもあります。短大卒業後、専攻科あるいは保健師・助産師学校へ進学して保健師・助産師の国家試験受験資格を得て合格した後、保健所などに就職する人もいます。

取れる資格

看護系の学科では、卒業と同時に看護師国家試験受験資格を得られます。さらに、上級課程で学ぶことで、保健師や助産師の国家試験受験資格も得ることができます。

何を学ぶか？　専門科目の授業例

母性看護学

女性の一生を通じた健康とその援助について学びます。人間の性と生殖の意義を理解するとともに、健全な母性の育成や、機能と役割などを考えます。さらに、母性機能をスムーズに発揮できるように援助するための、知識と技術を身につけます。

なかでも、妊娠・分娩・産褥（さんじょく）・新生児期における母性の特徴や生理的・心理的な変化などを学ぶことで、母性と新生児に必要とされる看護の方法を学んでいきます。

在宅看護論

慢性疾患などで在宅療養をする人や、障がいや病気を抱えながらも、地域での生活を希望する人など、在宅看護の対象となる療養者と、その家族への支援方法を学びます。

そのため、対象者の生活状況や、実際に生活の場で行われる看護の役割や家族の介護負担などについても理解します。また、療養者が地域社会で充実した人生を送るために、どのように支援していけばよいのかなどについても考えます。

精神看護学

心の健康問題や、精神疾患のある人びとへの生活支援について学びます。健康な心の発達とそれに影響を及ぼす要因や、精神の病態や機能などについて深く理解します。

そして、看護の対象者との関わりを通して、心の状態などを考えるとともに、それぞれに合った看護援助を行うことのできる知識や技術を身につけます。看護の対象者の立場に立って看護を実践できる能力を修得します。

やさしく責任感を持った看護師を目指して

松田 詩織さん 埼玉医科大短大看護学科

私は、患者さん一人ひとりに丁寧に向き合いやさしく責任感を持って対応する看護師に憧れを抱き、埼玉医科大短大に入学しました。看護における専門的な知識や技術だけでなく、一般教養や日本と世界の医療の現状・課題など幅広い知識を身につけることができます。また、看護師に欠かせないコミュニケーション能力、判断力も養うことができます。

私が印象に残っている授業は3つあります。そのうちの１つが１年次の「看護倫理」です。看護における倫理とは何か、あらゆる場面における看護師の責任とは何かを学びました。自分が良かれと思って発した言葉で相手を傷つけてしまう可能性があること、看護師は患者さんに対して常に誠実でいなければいけないことを深く学ぶことができました。私は、この授業で学んだことを基盤に２年次の臨地実習で患者さんの身体的状態や思いに応じた接し方を考えて対応することができました。

同じく１年次で履修した「精神看護概論」の授業では、各疾患における看護師の関わり方を講義だけでなく、先生方の体験談を通して学びました。受講前は、看護師は患者さんに一番近い存在であるため積極的に会話することが必要だと考えていました。しかし、精神看護では相手の立場に立って気持ちに共感し、否定せずに聞く姿勢が大切だと学びました。普段から聞き上手な人はこの授業を受けることで疾患ごとの看護方法を学び、さらなる能力の向上ができると思います。話を聞くことが苦手な人は、この授業を受けることで精神に障害がある患者さんとのコミュニケーション方法を具体的に学ぶことができます。

２年次の「成人看護技術」では、事例をもとに患者さんに必要な援助を考え、実習室で技術の習得を行います。１年次に修得した基本的な看護技術をベースに２年次では、対象者の個別性に合った方法で援助を実施します。私は、先生方のご指導や仲間と試行錯誤の末に技術を身につけることができました。

埼玉医科大短大の充実した教育施設や支援が整った環境によって、私自身の強みを伸ばし、足りない部分も漏らすことなく、しっかりと学ぶことができました。

１年後期

	月	火	水	木	金	土
1	人体の構造と機能Ⅰ(解剖学)		関係法規	看護の方法Ⅲ	看護倫理	
2		疾病治療論Ⅱ	健康と運動		人体の構造と機能Ⅱ(生理学)	
3	情報科学	化学の基礎	精神看護概論	看護の方法Ⅳ	成人看護Ⅰ	病理学
4	コミュニケーション英語Ⅰ	社会福祉	地域・在宅看護Ⅰ		薬理学	
5		疾病治療論Ⅲ				

２年後期

	月	火	水	木	金	土
1			精神看護Ⅱ			
2	看護学セミナー	成人看護技術		災害・救急看護	小児看護技術	
3	地域・在宅看護技術	疾病治療論Ⅴ	老年看護技術	看護管理	ドイツ語	
4		国際医療福祉事情		母性看護技術	疾病治療論Ⅳ	
5						

設置短大さくいん

この系統の学科が設置されている短大のページにナビゲートします。

医療技術 系統

現代医療を支える技術者の育成を目指す

系統の特色

近年、医療の各分野におけるめざましい発展と新しい医療機器の開発・整備に伴い、臨床検査技師などの医療業務の周辺に携わる人材の役割は、年々その重要性を増しています。もはやそれらの技術なくしては、現代の医療は成り立たないといっても過言ではありません。

歯科医療において、診療補助や口腔保健指導を行う歯科衛生士も、人びとの健康をサポートする職業として重要な役割を担っています。

このような現状を踏まえ、臨床検査技師や歯科衛生士などの、専門的な医療技術を持つ人材の育成を目的としているのが、医療技術系の各学科です。

この系統の学科を持つのは約20短大（複数の学科を持つ短大もあります）です。この系統では、ほとんどの学科が修業年限３年となっています。

医療技術の進歩とともに各医療分野の専門技術者が求められ、需要が高まってきていることはもちろんですが、合わせて技術者自身の知識・技術の向上も求められています。

教育機関としての短大も、高水準の技術者を社会に送り出すため、カリキュラムの充実に向けて、さまざまな工夫をこらしています。

学ぶ内容

まず、生理学や医学概論など、専門科目の基礎となる科目を学びます。そして、学内外での実習を行い、講義で学んだことを実践で裏づけていきます。さらに、専門的医学知識の修得とともに、病院実習などを通じて高度な技術を身につけます。このような学びにより、あらゆる状況において即戦力となりうる人材を育成します。

現代の情報化社会に対応するため、また各種の検査結果の集計にも情報処理による解析が行われているため、統計学や情報科学なども学びます。

向くタイプ

医療の分野は、きわめて幅広く多岐にわたるとともに、それぞれの分野における進歩・発展にはめざましいものがあります。また、国家試験の受験や、医療現場で働くにあたっては、高度かつ、専門的な知識や技術が必要になります。したがって、専門領域に積極的に取り組む態度と、絶えず革新されていく技術を修得するために日々の勉強を怠らない姿勢、状況に対して柔軟に対応できる能力が必要となります。

生かせる進路

各学科に共通する進路を挙げてみると、総合病院、大学病院、専門病院、療養所などです。臨床検査技師の資格を取得すれば検診センターや検査センター、歯科衛生士の資格を取得すれば歯科医院などが進路となります。卒業後、国家試験に合格し、それぞれの資格を得て、はじめて活躍が可能となります。

取れる資格

短大によって異なりますが、ライフケア、臨床検査などの学科では、臨床検査技師の国家試験受験資格が得られます。

このほか、歯科衛生士（歯科衛生科・歯科衛生学科・歯科衛生士学科など）、歯科技工士（歯科技工学科・歯科技工士学科）、救急救命士（救急救命学科）などの国家試験受験資格を得ることができます。

また、リハビリテーション学科では、所属する専攻により、理学療法士、作業療法士などの各国家試験受験資格を取得することができます。

何を学ぶか？

専門科目の授業例

解剖学

主に人体の構造や形態を、骨格系、筋系、循環器系、呼吸器系、消化器系、神経系などの器官系ごとに理解し、機能と関連づけて総合的に学びます。体の区分、器官系統など、基本的な解剖学的ルールを知り、固有名詞（解剖学名）の持つ意味を学習します。複雑な名称を、人体の地図を読むように理解していきます。学名を覚えることも必要です。

医学概論

医学の歴史から、現代の医学が抱える問題点まで、医学・医療に関する講義が展開されます。医療従事者を目指す者として必要な、医学全体にわたる基礎的な知識を修得し、これからの医学、医療について考えていきます。題材としては、尊厳死と安楽死、遺伝子と医療、東洋医学、チーム医療、先端医療、医療機器などが挙げられます。

歯科保健指導

口腔の健康づくりの手助けについて学びます。歯の磨き方など、口の健康を保つために必要な知識を修得したあと、幼稚園、小学校、老人ホームなどで実習を行います。専門家としての立場から、年齢や生活環境がさまざまな個人や集団に合わせて、指導のプランを組み立て、適切な助言や支援を行う方法を実践によって身につけます。

触診やエコーを使い、実践的に学ぶ

小園 麻菜（こその まな）さん　平成医療短大リハビリテーション学科理学療法専攻

理学療法士は、リハビリの専門職です。主に病院やクリニックで、病気や怪我などで身体に障害のある方を対象にリハビリを行います。リハビリとは、「rehabilitation」であり、re＋habilitation に分けることができます。「re」には「再び」、「habilitation」には「適合させる」という意味があります。元の状態へ回復する手助けを行うのが理学療法士の仕事です。

１年次では解剖学、生理学、運動学の基礎知識を主に学びます。その中で一番印象に残っている授業は「解剖学演習」です。この授業では、理学療法で重要になる骨、筋、靭帯などについて詳しく学習します。たとえば、筋はどこの部位に付着していて、どのような動きに作用しているのかを、座学、実際に触診する演習を通して、学んでいきます。この授業では、実際にエコーを使い、自分や仲間の筋を見ながら、触診だけではわからない細かい動きを学びます。臨床でも、エコーの画面を患者様と一緒に見ることがあるため、これからの理学療法では欠かせないものとなる技術です。初めは理解するのが難しいですが、エコーを当てる前に仲間と一緒にホワイトボードを使い、絵を描きながら、エコーでどの筋がどのように映し出されるのかを予想します。その過程でだんだんと理解できるようになることがとても楽しいです。

２年次、３年次では１年次で学習した基礎知識の応用がメインとなります。学ぶ内容は難しくなりますが、わからない所はクラスの仲間と考えたり、先生に教えてもらったりします。短期大学なので先生との距離も近く、とても楽しく、学習しやすい環境です。３年次の２月には国家試験もありますが、良い仲間、先生に恵まれているため、とても心強いです。

１年後期

	月	火	水	木	金
1	解剖学演習	コミュニケーション学	医療安全管理論	英語（選択）	老年医学
2		解剖学演習	スポーツ医学		
3	評価概論	生理学演習	生理学Ⅱ	リハビリテーション医学	心理学（選択）
4		運動療法総論	臨床運動学	老年医学	生理学Ⅱ

２年前期

	月	火	水	木	金
1	薬理学	地域理学療法学	神経内科学	小児科学	動作・画像解析学
2	骨・関節機能障害学	物理療法学		日常生活活動学演習	理学療法検査法
3	内部機能障害学	脳・神経機能障害学	精神医学	整形外科学	研究方法論
4	運動学演習			内科学	義肢学

設置短大さくいん

この系統の学科が設置されている短大のページにナビゲートします。

家政・生活科学 系統

従来の家政学に科学的要素を加えた幅広い生活学を学ぶ

系統の特色

家政・生活科学系統は現在、該当する学科を持つ短大の割合が短大全体の約20%を占めており、短大教育の中心的存在として、大きな役割を担っています。しかし最近は、この比率も下降傾向にあります。これは、近年、社会学系統や医療技術系統などの学科を持つ短大が増え、短大の学科が多様化したためです。

こうした状況のなかで、従来の家政学科から、生活に密着しながらも、科学的要素・教養的要素を取りこんだ生活科学科、生活文化学科に改組を図る短大、あるいは、生活科学専攻、生活文化専攻を置く短大が続々と生まれてきました。

また、キャリア創造学科やキャリア開発総合学科といった、目指す進路に直接つながる分野の勉強に力を入れている学科も生まれています。

学ぶ内容

家政・生活科学系統の学科では、日常生活の衣・食・住を中心に、生活に関することを学びます。

本来、この系統の学科は家政学全般の教育を行いますが、実際には多くの短大で家政・被服・食物などの専攻・コース分けをし、専門化した教育を行っています。

近年増えてきたライフデザイン総合学科などの学科は、従来の家政学に科学、文化などの視点を取り入れ、新しい生活学を模索しています。

また、人間生活学科や生活（科）学科では、衣・食・住に関する専門知識や技能を中心に、家庭生活全般について学習します。その上で、人間の日常生活に密接に関わる政治、地域社会、教育、経済、環境、福祉、心理、文学などについても学びます。

人間を取り巻く文化に重点を置いて人間の生活を研究する学科には生活文化学科がありますが、栄養学を学ぶコース、製菓について学ぶコース、ファッションビジネスを学ぶコースなど、短大によってさまざまなコースが設置されています。

情報化社会に対応するためにコンピュータの操作を学ぶ科目や、超高齢社会に対応して福祉・介護を学ぶ科目を設けている短大も多くなっています。

向くタイプ

この系統は、広い意味での生活活動の問題を扱うので、日常生活のさまざまなことに対して、関心や興味を持つことのできる人が望まれます。また、協調性や、率先して物事に取り組む姿勢も必要です。

生かせる進路

製造業、金融業、保険業、卸・小売業などへ進む人が多く、一般事務職での採用が主です。もちろん、後述するそれぞれの取得資格を生かして、活躍している人も見られます。ライフスタイルの多様化にともない「家庭」をサービスの対象とする各種産業(家電業界、食品業界など)では、家庭経営、家政学などの専門知識を持つ人材に対する需要があり、商品開発、消費者窓口などで、これらの知識を修めた人が活躍しています。

取れる資格

学科、専攻によって異なります。食物あるいは栄養関連の専攻を卒業すれば栄養士免許やフードスペシャリスト、被服関連の専攻であれば２級衣料管理士（テキスタイルアドバイザー）、生活科学関連の専攻であればインテリアプランナー、福祉住環境コーディネーターなどの資格の取得が目指せます。

何を学ぶか？ 専門科目の授業例

住居学

住まいについて、さまざまな角度から学びます。

家族と住環境、住まいの歴史、室内環境、住生活と地域の関わりなどの知識を修得し、よい住まいづくり、地域づくりに必要な条件とは何なのかを考えます。

また、住まいや住環境を見つめる客観的な視点を身につけることで、豊かな生活の実現を目指します。

生活環境学

ごみ問題、水や食べ物の安全性、エネルギーと資源問題、省エネなど、現在の私たちの生活を取り巻くさまざまな環境問題を取り上げ、問題解決の方法を考えていきます。

生活者として環境と共生するために環境問題を理解した上で、これまでのライフスタイルを根本から見直し、環境への負担が小さい生活の実践方法を学びます。

住環境論

住環境を、光・熱・音といった住宅そのものの環境と、住宅を取り巻く都市環境の両面から学びます。日本の気候風土に目を向けながら住環境を考え、景観にも配慮します。

また、住宅を取り巻く生活環境や住宅の環境を支える技術、快適な住環境を実現するために必要な基礎知識などを、実例とともに客観的に考えます。

新たな学びで成長できた2年間

丸山 遥香（まるやま はるか）さん　山野美容芸術短大美容総合学科

私が1年次で印象に残った授業は、「ミライを楽しむための思考トレーニング」です。この授業では、予想もつかないような変化が起こる現代で、いちばんに必要となる「考えるチカラ」を身につけました。筋道を立てるまでに予想される問題をさまざまな角度から考えるということが思ったよりも難しかったですが、徐々にそれができるようになった時にはやりがいを感じました。この経験を通して学んだ "筋道立てて考えることの大切さ" は、ネガティブな自分にとって必要なことだったので、今でも教訓にしています。

２年次で印象に残ったのは、「自分が輝く自己肯定感」という授業です。この授業では、グループワークでお互いのよい所を見つけて褒め合うグループワークを行いました。

自己肯定感は自分で高めるものではなく、人に認められることで高められるものという学びが得られたこと、人のよい所を見つけ、伝えることができる自分になれたことは、将来新たな仲間に出会ったとき、必ず役に立つと考えています。

１年後期

	月	火	水	木	金	土
1	アート・デザイン		ビジネス①			ビジネス文章
2	ライフデザイン	美道	思考トレーニング*1		香粧品	色彩心理
3	メイクアップ	英語①		キャリアデザイン	ゼミ	
4			心理学			
5	思いやり	英語②	ビジネス			

＊1 正式名称はミライを楽しむための思考トレーニング

２年前期

	月	火	水	木	金	土
1					色彩学	
2			ビジネス①		香粧品	
3		サービス		心理学②		
4	美道		コミュニケーション	華道		
5	ビジネス②	自己肯定感*2	心理学①	ゼミ	世界	

＊2 正式名称は自分が輝く自己肯定感

授業
誌上レポート

さまざまな分野の知識を持った医療事務職に

茨 柚月（いばら ゆづき）さん　甲子園短大生活環境学科

以前から人と接する仕事に就きたいと思っていた私は、何かの資格を取得し、その資格を生かせる仕事に就くことを理想としながら、自分に合う仕事とは何かについて考えていました。そんなとき、通院先の病院の窓口での会話を通して医療事務に興味を持ちました。

甲子園短大は、医療事務関連の資格などさまざまな資格を複数取得できます。また、寮費が無料の学生寮があることにも魅力を感じ、進学先に選びました。

「医療管理学概論」や「医療事務総論」では、医療事務の基礎知識や医療秘書実務について、「レセプトコンピューター技術演習」では、診療報酬事務演習や関係文書作成について実践的に学べました。そのほか、調理、テーブルマナーなど、社会人に必要な素養が身につく授業も豊富で、「IT技術」では、PCやアプリケーションの使い方など多くの知識や技術が身についたと感じます。

卒業研究では、幼少期から習っている日本舞踊をテーマとしていますが、これまでの授業で学んだことが発表の資料づくりにとても役立っています。

１年前期

	月	火	水	木	金
1	介護概論	日本語基礎演習	グローバルスタディⅠ	生活環境概論	特別演習
2	社会福祉概論	調理の科学	人体の構造と機能	キャリアキャッチ演習	情報処理論
3	IT技術	コミュニケーション論	クッキングⅠ	食の安全	ガーデニングⅠ
4	園芸福祉	栄養と健康		医療管理学概論	発達と老化Ⅰ

２年前期

	月	火	水	木	金
1					
2					特別演習
3	園芸福祉演習	フードコーディネート論	テーブルコーディネート		
4	レセプトコンピューター技術演習				

設置短大さくいん

この系統の学科が設置されている短大のページにナビゲートします。

食物・栄養学 系統

生活の原点である「食」を科学的に研究する

系統の特色

この系統のほとんどが栄養士養成機関であるため、栄養士法に基づくカリキュラムが組まれています。食物（学）科、食物栄養（学）科、栄養（学）科、家政（学）科、生活（学）科などがあり、栄養士養成課程を学科として設置している短大がメインになりますが、専攻やコースとして設置する短大を含めると約80校あります。

また、食生活の大きな変化、外食の増加、高齢社会の到来といった社会情勢の変化にともない、これらの学科にも新たな対応が求められています。

解剖生理学や運動生理学などの基礎医学系の科目を取り入れたり、コンピュータを使った栄養管理を行うなど、各短大で新たな食教育を実践しています。

学ぶ内容

私たちの生活の原点である「食」を科学的に研究し、食を取り巻く諸問題に対して総合的に取り組みます。 健康に関する科学、食品に関する科学、生活文化に関する科学が３つの柱となり、いずれかに重点を置いたカリキュラム構成が多く見られます。

健康に関する科学では、栄養学を中心に、臨床栄養学、生理学、病理学、解剖学、生化学などを通して食物と身体の関係を学びます。食品に関する科学では、食品学、食品化学、食品衛生学、食品加工学、食品開発・品質管理論、食品分析論などを学びます。生活文化に関する科学では、調理学を中心に、「調理」を科学的に考察します。給食管理、食文化論、食料経済などもこれに含まれます。また、調理の実践力を高めるために、実験や実習も多く行われます。

向くタイプ

普段から調理や食事のバランスに関心を持っている人、実際に手を動かして人のために何かをするのが好きな人が向いているでしょう。また、科学的な実験や分析も多くあるので、科学に関する興味も必要です。

生かせる進路

所定の学科を卒業することで得られる栄養士の資格を生かし、幅広い職業に就くことができます。

栄養士としての仕事には、食品会社での研究開発や販売促進、病院や学校、企業などでの栄養指導、クッキングアドバイザーなどもあります。管理栄養士の資格を得れば、さらに仕事の選択肢は広がります。

料理教室や栄養士の養成施設の教師として、専門を生かす道もあります。このほか、デパートや健康食品売り場の販売員としての需要も高くなっています。

中学校家庭教諭や栄養教諭の立場で、教育者として子どもたちに接する仕事もあります。なかでも栄養教諭は、肥満、朝食の欠食など、子どもたちの食生活の乱れが深刻化する現状に対応するために生まれた新しい役割として、行政的にも注目されています。

取れる資格

この系統のほとんどの学科で卒業と同時に栄養士の免許が取得できます。さらに、卒業後、所定の実務経験を積めば、管理栄養士の受験資格が得られます。

そのほか、中学校家庭教諭二種免許や栄養教諭二種免許、社会福祉主事〈任用〉資格、図書館司書資格が得られるカリキュラムを組む短大もあります。

何を学ぶか？ 専門科目の授業例

栄養学

食品に含まれる栄養素や食物繊維などについて、体内での働きを学びます。各種栄養素（糖質・脂質・タンパク質・ビタミン類・無機質・水など）の基礎的な理解を深めます。食品の体内での消化・吸収、エネルギーの代謝機構などを学び、栄養に対する意識を高めていきます。さらに、人間の健康の保持・増進、病気の予防・治療と栄養の関係などについて、臨床栄養学的な視点からも考察していきます。

調理学

実習を通して、調理によって食品がどのように変化するかを知り、素材や調理道具の扱いを含めた調理技術を身につけます。栄養素を効果的に体内に取り込むための食品の組み合わせや、食品に含まれている成分の消化効果を高める調理法などを学びます。伝統的な調理方法や食材の性質に対して科学的にアプローチします。また、食品とその安全性に関する研究や、現代の食生活の実態に関しても考察します。

食品衛生学

安全性の高い、衛生的な食品の提供を目的として、食品衛生に関する知識を身につけます。食品衛生の概念、食品衛生行政と関連法規、水の衛生や水質基準、微生物と食中毒、食品を取り巻く環境汚染、食品添加物の安全性と表示などについて学習します。また、各種の食中毒について、原因と症状、有効な予防法も学びます。食品の品質確保の方策を体験的に理解するため、消毒や殺菌法に関する実験も行います。

多くの場で活躍できる栄養士を目指して

菅野 楓月さん 仙台青葉学院短大栄養学科

1年次に印象に残っている授業は「ライフステージ栄養学」です。ライフステージごとに発症しやすい疾患や栄養課題などの特徴を理解し、それに応じた栄養管理について学びました。特に印象に残っているのは、妊娠期の栄養管理です。妊娠期は必要とされる栄養素の欠乏や過剰摂取により、母子ともにさまざまなリスクが生じやすくなります。母体に無理のない範囲で適切な食習慣の形成と、妊娠期に必要な栄養素についての理解を深めることの重要性を学びました。

2年次に印象に残っている授業は「臨床栄養学実習」です。治療食の種類、各疾患や病態に応じた治療食の実習を行いました。また、基本食から治療食への献立展開も行ない、基本食をほとんど変更せずに疾患や病態に応じた食事に展開する力を身につけられました。仙台青葉学院短期大学では先生の熱心なご指導と、整った環境設備のなか、栄養士として必要な幅広い知識や技術を向上させることができ、栄養士として食で人びとの力になりたいという思いをさらに高めていくことができました。

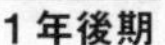

1年後期

	月	火	水	木	金
1	栄養基礎演習	生理学	栄養学実験	給食管理実習Ⅰ（基礎）	
2		英語			栄養教育論
3		調理学実習Ⅱ（応用）			食品加工学
4				給食管理実習Ⅰ（基礎）	ライフステージ栄養学
5					生化学

2年後期

	月	火	水	木	金
1		食品衛生学実験	調理学実習Ⅲ（実践・実験）		医学概論
2					摂食・嚥下機能と口腔ケア
3		人間関係論		栄養総合演習	
4	臨床栄養学実習			スポーツと栄養	
5				公衆衛生学	

授業
誌上レポート

食の衛生管理と対象者に合わせた給食の運営方法を学ぶ

竹澤 陽葵さん 宇都宮短大食物栄養学科

1年次の「食品衛生学実験」は、栄養士として重要な食の安全性や衛生について実践的に学び、理解を深める科目です。グループ別で手指や包丁、まな板などに潜む菌を培養し、顕微鏡を用いて観察することで、一人ひとりが食品を安全に取り扱うためにどのような対策をするべきかを話し合い、改善方法を考えます。食中毒予防の手洗いをはじめ、食の安全を守り、健康被害を出さないために必要な知識や技術を身につけられました。

2年次の「給食管理実習」は、100食分の学校給食を調理し、大量調理の基本を学ぶ科目です。栄養目標量に沿った献立をつくり、食材の発注や調理、その後の評価を行います。また、栄養価や使用した食材の豆知識などわかるように、卓上看板も作成しました。実習中は計画通りにいかない場面もありましたが、班のメンバーと積極的にコミュニケーションを取って自分たちで解決策を見つけ出し、時間通りに食事を提供できました。作った給食をみんなが美味しそうに食べている姿を見ていると、改めて栄養士という職業のやりがいを感じました。

1年前期

	月	火	水	木	金	土
1	数学		製菓実習	調理学実習Ⅱ	栄養指導論Ⅰ	調理学実習Ⅰ
2	情報処理Ⅰ				体育実技	
3	給食管理Ⅰ	食品衛生学実験		基礎栄養学	食品の消費と流通	フードスペシャリスト論
4	食物衛生学			化学	生活科学	
5			栄養化学			

2年前期

	月	火	水	木	金
1		栄養指導論Ⅱ		栄養指導実習Ⅱ	給食管理実習Ⅰ
2			生化学	食品学Ⅱ	
3	解剖生理学実験				
4				臨床栄養学実習	
5			臨床栄養学		

人びとの健康と笑顔を守れる栄養士に

岡本 梨(おかもと りん)さん　和歌山信愛女子短大生活文化学科食物栄養専攻

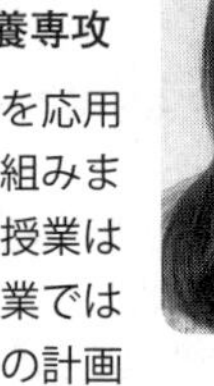

私は高校生のころに食や健康に対して興味を持ちはじめ、将来は食のプロである栄養士になりたいと思いました。和歌山信愛女子短大の生活文化学科食物栄養専攻で学ぶ知識や技術は栄養士にとって必要であるのはもちろん、人が生きていくためには欠かすことのできない「食」に関わるものなので、将来に生かせることも多いと感じます。

1年次では、栄養士の基礎となる栄養や衛生などの知識を身につけます。特に印象に残っている授業は調理学です。この授業では、調理の基本的な手順や食材と調理法の科学的な関係について学びました。料理経験が少なくても先生方が丁寧に指導してくださるため、しっかり基本を抑えることができ、実際の調理でも授業で学んだ知識がとても役立っています。

2年次ではこれまでの知識を応用した実験・実習を中心に取り組みました。特に印象に残っている授業は給食管理実習Ⅱです。この授業では学生が中心となって給食運営の計画を立て、約100食分の大量調理実習を行います。初めての大量調理は慣れないことも多く大変だと感じましたが、実際に体験することで、現場でしかわからないことも数多くあり、安全に美味しい食事を届ける重要性を学ぶことができました。

社会的に健康への関心が高まっているなかで、栄養士は活躍の場を広げています。２年間で身につけた知識を生かし、人びとの健康を守って笑顔にする栄養士を目指していきたいです。

1年前期

	月	火	水	木	金
1	栄養教育論Ⅰ	情報処理演習	保健体育実技・保健体育講義	食品学Ⅰ	自然と生物
2	英語ⅠA・ⅠB	公衆衛生学概論	基礎演習	製菓理論	栄養学概論
3	食品衛生学	調理学	調理学実習Ⅰ	製菓実習	解剖生理学
4	生化学Ⅰ	給食管理			信愛教育Ⅰ

2年前期

	月	火	水	木	金
1	食育実践演習	校外実習指導 臨床栄養学実習Ⅰ	栄養学各論実習	医療秘書実務	
2	紀の国の食文化	臨床栄養学実習Ⅰ		医療事務総論	公衆栄養学
3	フードコーディネイト	給食管理実習Ⅱ	社会福祉概論	臨床栄養学各論	生理・生化学実験
4			信愛教育Ⅱ	医療事務演習	

他に集中講義として、給食管理実習Ⅲ（校外実習）、医療秘書実務実習（選択）を履修

設置短大さくいん

この系統の学科が設置されている短大のページにナビゲートします。

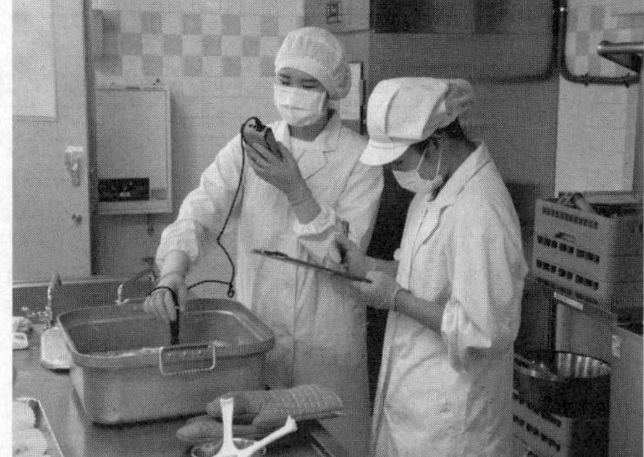
福島学院大学短期大学部

服飾 系統

アパレル業界で活躍できるファッションスペシャリストを育成

系統の特色

服飾関係とわかる名称の学科を持つ短大は少なくなってきました。しかし、家政・生活科学系統の学科にこれらの専攻・コースを設けて服飾関連の教育を行っている短大は数多くあります。

従来は服飾に関する技術修得に重点を置き、よき家庭人の養成を目的としてきましたが、最近は、アパレル産業の隆盛、職種の細分化などの社会状況を反映して、ファッションを「売る」「つくる」「伝える」ためのスペシャリストを育成する場となりつつあります。

服飾関係の教育組織は、次のように分けることができます。生活科学科のなかに設置された服飾分野のコース・専攻、美術系の要素を重視して組織される造形芸術・服飾美術などの学科、それらのものを総合した形でのファッション総合などの学科、また生活デザインなどとして独立した学科の４系統です。

最近は、これらの学科にインテリアなど住生活に関する研究を加える短大、デザイン関連のコースを持つ短大なども出てきました。

学ぶ内容

服飾芸術科では、ファッションを総合的に学び、感性を磨きます。メイクやネイルなどのファッションに関する知識と技術を学ぶだけでなく、企画・制作・販売などファッションビジネスの現場で必要とされるスキルを身につけることで、将来の活躍の幅を広げます。

近年の服飾素材の多様化、縫製技術の自動化、高性能化に対応するため、講義での科学的研究、先端技術の導入にも力を入れています。コンピュータによる型紙製作、コンピュータグラフィックスによるファッションデザインなどの教育を実施している短大も増えています。

総合的にファッションについて考える学科の一つであるファッション総合学科では、ファッションを流行の服装としてとらえるだけでなく、ファッション産業への就職をも見据えていきます。

ファッション商品論やアパレル素材論、ファッション販売論を学び、ファッションの背景にある社会・経済・文化の変動、時代の流れを見きわめて本物のファッションを考察できる力を身につけます。

向くタイプ

ファッションへの興味が何より必要です。技術の修得が重視されますから、細かな作業でも根気よく続けられる人が向いています。

生かせる進路

卒業生の多くは、アパレルメーカー、商事会社、専門小売店などで、服飾に関する知識を生かし、生産・生産管理・販売などに携わっています。

衣服は単に身を包むだけのものではなく、着こなしを楽しむもの、個性を主張するものでもあります。そうした服の機能を理解し、時代に合った服を提案できるファッションスペシャリストが、今後のアパレル業界でさらに求められていくでしょう。

取れる資格

中学校家庭教諭二種免許があります。司書資格が取得可能な学科や、２級衣料管理士（テキスタイルアドバイザー）資格を得られる学科もあります。

また、色彩検定、ファッションビジネス能力検定、ファッション販売能力検定、カラーコーディネーター検定の資格取得ができる学科もあります。

何を学ぶか？

専門科目の授業例

ファッション造形実習

服飾に関する基礎知識や造形理論の基礎などを学んだ上で、ブラウスやスカート、ワンピース、パンツなどを製作します。それにより、採寸、平面作図、パターン作成、裁断、試着補正と続く縫製作業のテクニックとプロセスを修得していきます。

また、服飾品（アクセサリーや靴など）とのコーディネートについても学びます。

ファッションデザイン論

ファッションデザインに必要な基礎知識と感性を身につけます。時代や個性に合ったデザインを考察したり、また、流行を分析して現代に求められるデザインを考えたりする授業です。ファッションデザインを多角的に見つめることで、デザイナー、スタイリスト、バイヤーなどファッション業界の仕事に通じるスキルや審美眼を養うことができます。

アパレル材料学

繊維が衣料になるまでの紡績、製織、染色や機能加工、縫製や製品評価といった工程を学びます。糸の太さをはじめ、織物の構造や布の性質・特性などを深く理解し、目的のデザインや着心地を実現するためにはどのような材料が適するのかということを考えます。

同時に、繊維製品の取り扱いに関する知識の習得も目指します。

ファッション業界を、素材からビジネスまで幅広く学ぶ

山田 帆乃佳（やまだ ほのか）さん　岐阜市立女子短大生活デザイン学科ファッション専修

ファッションには、素材からデザイン、ビジネスまで、さまざまな側面が関わり合って成り立っています。私が岐阜市立女子短大に入学したのは、ファッションを取り巻く環境を基礎から広く学びたいと考えたからです。なかでも、１年次後期の「ファッションマーケティング」と、２年次前期の「テキスタイル素材演習」は、ファッション業界の緻密さにふれる貴重な経験として、強く印象に残っています。

「ファッションマーケティング」は、最新のトレンドを、インターネットをはじめ、雑誌や新聞などから分析する実習授業です。市場調査と商品企画力を身につける学びは、消費者のライフスタイルやニーズに基づくブランド戦略能力を養います。また、自身でファッション雑誌に掲載することを想定した記事を考えてプレゼンテーションを行うことで、ビジネスの視点から、ファッション情報をつかみ、分析をもととしたアイデアを共有する能力の向上につなげることができました。

「テキスタイル素材演習」は、衣服の「素材」に着目し、素材の特徴を実験によって確認する授業です。普段着用する衣服に使用されている綿やポリエステルなどの素材が、水分をどのくらい吸収するのか。強く力を加えたとき、破れにくい素材にはどのような特徴が見られるのかなど、実際の衣料現場でも導入されている実験を通して学びました。本格的で実践的な内容は、大変なことが多くありましたが、将来の進路を決めるきっかけとなりました。同じグループの仲間と結果について意見を出し合う経験は、とても大きな影響を受けました。

２年間という短い期間で、１着の衣服が私たちの手元に届くまでに、いくつもの作業を経ていることを深く理解することができました。私は今、学んだ衣服素材の知識、実験・経験を将来に生かすため、アパレル製品の品質保証等のための試験を行う機関への就職を目指しています。衣服の縁の下の力持ちとして関わっていく道を選択できたのも、岐阜市立女子短大でともに学んだ仲間と先生方のおかげです。

１年後期

	月	火	水	木	金
1		生活と福祉	ファッションデザイン論	ファッションデザイン演習Ⅰ	
2		ジェンダー論	健康とスポーツ		
3	ファッション史概論	英語Ⅱ	ファッション造形論	ファッション造形演習	ドレーピング
4	ファッションマーケティング	情報処理（応用）	進路ガイダンス		
5		課題研究		課題研究	

２年前期

	月	火	水	木	金
1			ファッションデザイン演習Ⅱ	卒業研究	ブランドマーチャンダイジング
2	卒業研究				
3	材料管理学		パターンメーキング論	テキスタイル素材演習	心理学
4		染色デザイン演習			
5					

設置短大さくいん　この系統の学科が設置されている短大のページにナビゲートします。

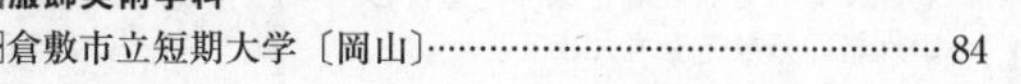

幼児教育・保育 系統

人間形成の重要な時期にある子どもの心身の発達を支援する

系統の特色

［幼児教育・保育系］ 幼稚園教諭と保育士の養成を目的としています。福祉系のコースを設け、障がい者施設などで活躍する保育士・寮母・指導員などを養成している短大もあります。受験生からの人気が高く、この分野を学べる短大は、全短大の半数以上にのぼります。

［初等教育・児童教育系］ 小学校教諭と幼稚園教諭の養成を目的としています。この系の学科を設置するのは15短大で、短大全体から見ると約５％です。児童数が減少傾向にあるため、教員以外の分野への進出を希望する卒業生もいます。

学ぶ内容

［幼児教育・保育系］ 幼稚園教諭二種免許を取得するための教職科目としては、教育原理、教育心理学、発達心理学、保育内容などの科目があります。

保育士資格を取得する場合には、保育原理、乳児保育、児童文化、子どもの保健、保育内容総論などの科目を履修する必要があります。

これらの科目で学んだ内容を教育現場で確かめるために実習が行われます。幼稚園で行われる教育実習、保育所・施設で行われる保育実習などがあります。

［初等教育・児童教育系］ 小学校教諭に必要な幅広い教養と基礎的知識を身につけるため、人文科学関係、社会科学関係、自然科学関係、外国語、保健体育などの教養科目を学びます。次に専門科目として、教科と教職に関する科目を学びます。

教科に関するものとしては、国語、社会、算数、理科、生活、家庭、音楽、図工、体育の演習・実験・実習があります。ここで教科指導の実践力をつけます。

教職に関するものとしては、教育原理、教育心理学、教育制度論などの講義が開かれており、これらの科目で教育全般についての理解を深めていきます。

さらに、短大で学習したことを現場の先生に実習指導してもらうために教育実習を行います。

向くタイプ

幼稚園教諭、保育士、小学校教諭いずれの道に進むとしても、「子どもが好き」であることが求められます。人間形成の重要な時期にある子どもに接するため、責任は大変重く、仕事はハードです。人の面倒を見るのが好きで、明るく、大勢で行動するのが好きな人に向いています。

生かせる進路

幼児教育・保育系の学科の卒業生は、幼稚園・保育所が主な活躍の場です。また、保育士の資格があれば、児童福祉施設や小児病院、病院小児科、デパートの乳幼児用品売り場などにも進路の幅が広がります。

初等教育・児童教育系学科の卒業生は、小学校、幼稚園をはじめ児童福祉施設などで、取得した資格を生かして活躍しています。各種教育産業からの求人も多く、教育系の出版社、教材・教具関連のメーカーなどで専門知識を生かす道もあります。

取れる資格

幼児教育・保育系では、幼稚園教諭二種免許と保育士資格が取得できます。同時に両方取れる短大もあります。

初等教育・児童教育系では、小学校教諭二種免許と幼稚園教諭二種免許が取得できます。コースを設け、どちらか一方の免許を取得させる短大もあります。

何を学ぶか？ 専門科目の授業例

保育原理

保育学習の第一歩となる授業です。ここで、保育とは何か、何のために保育が行われるかを理解します。そのため、保育の行われる場、歴史、制度、方法、内容など保育についての基本的な知識を身につけます。また、多様化する保育ニーズや現代の保育・子どもをめぐる社会的・制度的問題についても理解を深め、望ましい保育のあり方を考えます。

発達心理学

人間の生涯にわたる心の変化と発達について理解を深めます。胎児期から乳幼児期、児童期、青年期、成人期を経て老人期に至る人の発達のプロセスを把握し、知能や言語、遊び、対人関係といった心の発達について、それぞれの段階における特徴を理解していきます。子どもの心の発達を熟知し、子どもの成長を正しく援助することを目指します。

児童文化

心の成長、情操の養成を促す「文化」と子どもとの関係を学びます。子どもの成長にとって大切な絵本、紙芝居、人形（劇）といった児童文化財の種類や意義を考えるだけではなく、それらの児童文化財を実際に制作することにより児童文化の理解を深めます。また、「遊び」を児童文化活動として、その種類や価値を分析し、子どもへの影響を考えます。

2年間で学んだ保育の本質

田口 諒さん　白梅学園短大保育科

私はこの2年間で保育についてのさまざまなことを学ぶことができました。1年次では、子どもたちの心身の状態や健康的に子どもたちが育つにはどう接すればよいか「保育原理」などの講義で学びました。最初は簡単だと思っていた子どもについての学びも、授業が進むにつれて複雑になり、テスト前にはかなり苦労して子どもたちについての講義を振り返り、勉強したことが強く印象に残っています。その後、日常生活を通して、徐々に子どもについての学びが生かされているのを実感できました。

2年次では「保育・教育実践演習」などの実習を通し、子どもたちとともに実際の生活に加わり、学びを広げることができました。講義とは違い、子どもたちの言動を直接学ぶことができました。また、講義は1年次よりも複雑になり、子どもの人権や障害児に対しての対応など難しい内容もあります。しかし、先生方は優しい方が多く、日常生活は楽しかったです。白梅学園短大で保育者としての自覚が持て、視野を広げることができました。

1年前期

	月	火	水	木	金	土
1	日本国憲法	保育内容総論	基礎体育		ヒューマニズム論	
2	外国語Ⅰ	保育所実習指導Ⅰ		生物学	保育原理	
3			子どもの音楽表現A,B	教育原理	社会福祉	地域子育て支援演習
4	子どもの造形表現		情報処理		医学一般	
5		教育の心理学				

2年後期

	月	火	水	木	金
1		身体表現の指導法		子ども家庭支援の心理学	障害児保育Ⅱ
2	幼児教育の方法	保育所実習指導Ⅱ		保育者論	障害児保育Ⅱ
3	特別支援教育入門			人間関係の指導法	社会的養護Ⅱ
4		保育・教育実践演習		保育・教育相談	

保育現場で即戦力になれる実践的な学びが多くある

渡辺 詩織さん　横浜女子短大保育科

1年次の「乳児保育Ⅰ、Ⅱ」では、乳児期の保育の大切さや発達過程を学びます。保育現場での体験談などを交えた座学やオムツ替え、沐浴などの実技を実習用人形を使い実践することで、実習前に基本的な知識を学ぶことができます。一番印象に残っているのは、乳児の発達や援助についてまとめる課題です。発達過程やそれに対する必要な援助などをまとめてみると、とてもわかりやすく、保育者になった際に見直せる宝のようなレポートを作ることができました。

2年次の「健康の指導法」では、子どもが主体的に健康で安全な生活をつくり出す力を養うため、保育者の役割を座学で学び、子どもが体を動かすことを楽しむための指導法を実技で学びます。また、創作ダンスの授業もあり、子どもの発達過程を踏まえた振付をつくりました。グループ内の意見をまとめることは大変でしたが、保育者として大切な協調性を学べました。このように横浜女子短大では、保育者に必要なスキルを実践的に学ぶ授業が多く、保育現場ですぐに生かすことができます。

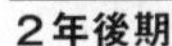

1年後期

	月	火	水	木	金
1	子ども家庭支援論	社会的養護Ⅰ	健康	保育実習指導	保育環境構成技術（音楽）Ⅰ
2	造形表現の指導法	英語Ⅰ	乳児保育Ⅱ	カリキュラム論	保育内容総論
3	子どもの理解と援助	言葉の指導法	保育の心理学（学習）	人間関係の指導法	子どもの食と栄養A
4	教養演習	体育実技	環境の指導法	音楽表現の指導法	
5	保育実習指導Ⅰ（施設）				

2年後期

	月	火	水	木	金
1	保育・教職実践演習（幼稚園）		教育相談		
2	障害児保育		特別支援教育の基礎と方法		健康の指導法
3	保育実習指導	保育環境構成技術（音楽）Ⅱ	子育て支援	保育内容研究	子どもの生活と遊びⅡ
4		保育方法論		保育内容研究	保育総合演習
5				キリスト教の精神Ⅱ	

小学校教諭になるための大切な経験

今川 祐希瑛（いまがわ ゆきえ）さん　鹿児島女子短大児童教育学科

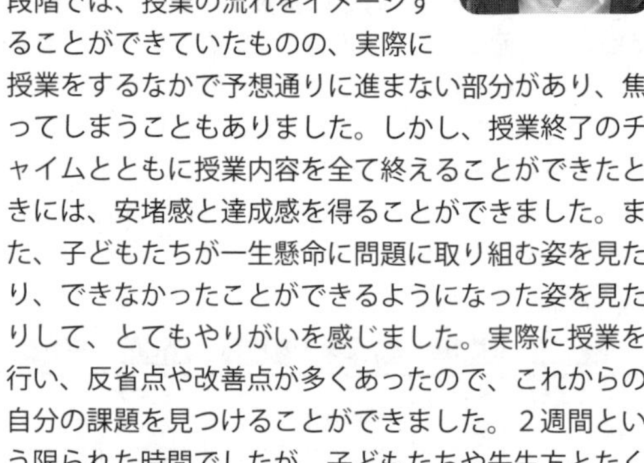

小学校の担任の先生との出会いから小学校教諭になりたいという夢と、幼少期からの夢であった保育士になりたいという夢があるため、２つとも免許取得が可能な鹿児島女子短大の児童教育学科小・幼・保コースに入学しました。

１年次の「社会科指導法」では、短大に入学して初めて模擬授業を行いました。グループのメンバーで学習指導案を作成し、児童役・教師役に分かれて授業を実践しました。初めての経験で右も左もわからない状態でしたが、模擬授業の経験を通して、教材研究の大切さを強く実感しました。

子どもたちが楽しみながら学ぶことができるような教師の働きかけがとても大切であるということ、そのためにクラスの実態を理解したり、個に応じた支援を行ったりすることが求められていると感じました。単元の目標を確実に達成し、学びを続けていくことができるような授業づくりを行っていきたいです。

２年次には自分の出身校で「小学校教育実習」を行いました。今までの授業で身につけてきた知識や技術を発揮する場であると同時に、現場の先生方から多くのことを教えていただきました。実際に授業を行う授業実習では、45分間の限られた時間のなかで子どもたちに何を伝えるかを考え、授業を組み立てることの大変さを実感しました。自分で学習指導案を作成する段階では、授業の流れをイメージすることができていたものの、実際に授業をするなかで予想通りに進まない部分があり、焦ってしまうこともありました。しかし、授業終了のチャイムとともに授業内容を全て終えることができたときには、安堵感と達成感を得ることができました。また、子どもたちが一生懸命に問題に取り組む姿を見たり、できなかったことができるようになった姿を見たりして、とてもやりがいを感じました。実際に授業を行い、反省点や改善点が多くあったので、これからの自分の課題を見つけることができました。２週間という限られた時間でしたが、子どもたちや先生方とたくさん関わり、小学校教諭の魅力を肌で感じることができたとても有意義な時間だったと思います。

短大での授業や実習を経験するなかで、勉強を重ね、教員採用試験に合格することができました。これから小学校教諭として、子どもたち一人ひとりの気持ちに寄り添いながら、自分自身も学び続ける教師を目指したいです。

１年前期

	月	火	水	木	金
1	情報機器演習	社会福祉	乳児保育Ⅰ	国語科指導法	保育原理
2	英語演習Ⅰ	算数科指導法	子どもの保健	音楽	教育心理学
3	教育制度論	倫理学	幼児と表現	社会科指導法	保育の心理学
4	図画工作	教職概論	保育内容（言葉）の指導法		公共心理学

２年前期

	月	火	水	木	金
1	教育課程・保育計画の意義と編成・評価	特別活動の指導法			
2	保育内容（健康）の指導法	教育相談	幼児と人間関係 体育講義	小学校教育実習指導 幼児と環境	施設実習Ⅰ指導
3	理科指導法	子どもの食と栄養	保育の方法・技術	教師と法	子ども家庭支援論
4	算数	外国語	社会的養護Ⅱ	キャリアガイダンス	体育
5		施設実習Ⅱ指導	生活		

※2年次前期には小学校教育実習、施設実習Ⅰ、施設実習Ⅱを含む

設置短大さくいん

この系統の学科が設置されている短大のページにナビゲートします。

初等教育・児童教育系

養護・体育 系統

児童・生徒の健康を管理する養護、健康を増進する体育

系統の特色　この系統の学科は、養護系、体育系の２つの系統に大別することができます。

養護系の学科は保健科系の学科で、養護保健学科がありますが、そのほかに生活学科、人間生活学科などの中に専攻・コースがあります。これらの学科・専攻・コースでは、小学校、中学校、高校の養護教諭の養成を主な目的としています。

養護教諭の主な仕事は小学校、中学校、高校の保健室に勤務して、子どもの健康を守ることです。健康管理関連の専門科目を学ぶため、学校だけではなく、家庭・地域・職場と、あらゆる方面で役立つ人材の育成が図られています。看護（学）科や特別支援学校教諭を養成するところと混同されることがありますので、注意する必要があります。

体育系の学科は、スポーツ系や健康系の学科で、健康スポーツコミュニケーション学科などです。これらの学科の目指すところは、実践的および科学的な保健体育指導者の養成です。健康を管理するというよりも、健康を増進するという性格を持っているのが特色です。スポーツ系や健康系の内容を持つコースなどで、ほかの学科の中に含まれている場合もあります。

学ぶ内容　健康に関する内容を修得するため、幅広い専門知識・技能を学びます。まず、体を知るという点から医学・看護学関係の科目を多く履修することになります。

もちろん、社会へ出たときに、さまざまな現場で活躍できるように、看護学実習、臨床実習など、実習を通して学ぶ科目も多く設けられています。このほか、養護系では、養護教諭や保健教諭になるための教職課程科目も学ばなければなりません。

体育系では、各種体育実技を幅広く学ぶ必要があり、必修科目のほかに、選択科目で数多くの科目が用意されています。

向くタイプ　医学的な科目を多く学び、社会へ出ても健康の管理や増進に関わる現場に立つわけですから、健康・衛生への関心が強く、他人の世話を親身になってすることが好きな人や、スポーツを通じて周囲とともに健康を考えられるような人が、この分野に向いています。

生かせる進路　養護・体育系の卒業生の活動分野は、かなり幅広くなっていますが、小学校、中学校、高校の養護教諭、中学校保健教諭をはじめ、各種の福祉施設などに進むのが、一般的なコースだといえます。

体育関連では、教員のほか、社会の場で体育の指導者を目指す人もおり、各種スポーツ施設のインストラクターやスポーツトレーナーとなる卒業生も少なくありません。そのほか、スポーツ用品メーカー、健康器具メーカーなどで活躍する人もいます。

取れる資格　学科によって異なりますが、養護教諭二種免許、中学校教諭（保健体育）二種免許などです。

ほかに、健康運動実践指導者の資格もあります。これは健康づくりを目的として作成された運動プログラムに基づき、個人の健康状態、技術水準、体力などに応じて、実際に運動方法を指導する資格です。また、日本スポーツ協会公認のスポーツ指導者などの資格もあります。

専門科目の授業例

学校保健

児童期の健康の特徴と傾向を理解した上で、その保持増進について、心、環境、生活習慣などとの関連性について学びます。さらには、生活指導や保健指導など、教育者として担う役割も学習します。

ほかにも、運動と健康、喫煙や飲酒と健康障がい、心身障がい、法律と学校保健、諸外国の学校保健などについても理解を深めます。

体育学概論

運動の理論を学んで、教育的・科学的な指導ができる体育の専門家を目指します。体育と健康問題、体育と体育原理などを学習し、体育学を専門として学ぶ意識を高めます。また、身体と身体論、障がい者とスポーツ、現代社会における体育・スポーツの諸問題などを学び、生活における体育・スポーツの意義について考えます。

スポーツ医学実習

学んだ理論をもとに、体験実習を行います。その内容としては、人形を用いた心肺蘇生法の実習、学生同士でペアを組んでの止血法や包帯法の実習、ケガへの応急処置やテーピングなどを行います。事前に処置を経験しておくことで、あわてずに必要な処置ができるようになります。スポーツの場面で、適した処置ができるよう実習を進めていきます。

具体的な知識を身につけ、スムーズな実践へと繋げる

市原 瑠弥（いちはら るび）さん　湊川短大人間生活学科養護教諭コース

私は、子どもに寄り添える養護教諭を目指して湊川短期大学に入学しました。人間生活学科には、養護教諭として教育現場に携わった先生、看護師として医療現場に携わった先生、臨床心理士として子どもに関わってきた先生などがおられ、子どもの心身の健康についてさまざまな視点から学びを深めることができます。

１年次では、「救急処置法」が特に印象に残っています。外傷・アレルギー疾患・熱中症など、学校生活で起こりうるけがや疾病に対し、的確な処置・判断をするための方法を学びます。保健室に来た子どもに的確な対応を行うことは、子どもの心身の健康を保持・増進する役割のある養護教諭にとって、もっとも重要なスキルだと思います。小児科での看護師経験を持つ先生が、テキストを踏まえてより詳細に症状の状態や対応方法を解説してくださったので、実際に対応する際の動きがイメージしやすかったです。包帯を使った処置やエピペン注射などは実技の学習もあります。少人数制のため先生にわからないところを聞きやすく、確実に技術を身につけることができました。

２年次では、「ヘルスカウンセリング」が印象に残っています。ヘルスカウンセリングとは健康相談活動ともいわれ、子どもの訴えに対して心と体両面への対応を行うことが養護教諭の新たな役割として重要視されています。養護教諭経験のある先生が、事例や自身の体験談などを用いて養護教諭の職務や保健室の機能を生かした健康相談活動の方法について具体的に解説してくださったので、養護教諭としてヘルスカウンセリングをどのように行えばよいかを学び、観察の視点についても実践的な知識を身につけることができました。

また、２年次には病院で２週間の実習を行う「臨床実習」と３週間の教育実習を行う「養護実習」があります。これらの実習では、１年次で培った知識を生かして実際に子どもや患者様と関わることで、知識が現場でどのように役立てられるのかを学ぶことができました。苦戦したところもありましたが、自分の対応で相手が喜ぶ様子を見るととても嬉しく、やりがいを感じるとともに養護教諭になりたいとあらためて思うことができました。２年次には、さらに２日間の幼稚園実習にも行くことができ、小学生と幼稚園児の発達の違いや関わり方の違いも学ぶことができました。

１年後期

	月	火	水	木	金
1		キャリアデザインⅡ		英語コミュニケーションⅡ	救急処置法
2	看護学実習Ⅰ	特別支援教育論		発達心理学	教育課程論
3	基礎ゼミⅡ		看護学Ⅰ		養護実習の研究
4			解剖生理学Ⅱ		学校保健
5			コンピュータ基礎演習Ⅱ		

２年前期

	月	火	水	木	金
1		臨床実習	精神保健	臨床心理学	
2	教育心理学	看護学Ⅱ		養護教諭特別演習	薬理概論
3	体育実技				ヘルスカウンセリング
4	専門ゼミ			教育方法学	看護学実習Ⅱ
5					

※他に病院実習を行う臨床実習と、教育実習を行う養護実習を履修。

設置短大さくいん

この系統の学科が設置されている短大のページにナビゲートします。

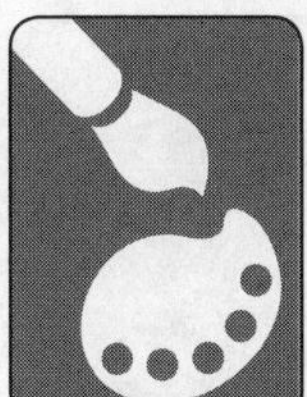

美術・デザイン 系統

表現する感性と技術を身につけ、独創的造形を生む

系統の特色

絵画や彫刻といった伝統的な美術分野とデザイン、そして、写真、舞台芸術、演劇、マンガなどに及ぶ幅広い分野がこの系統に属し、全国で22の短大にこの系統を学ぶ学科が設置されています。美術（学）科、造形学科、造形芸術学科、デザイン美術学科、アート・デザイン学科などの学科で学べるほか、生活学科、生活科学学科などの生活科学系の学科内に、美術・デザイン関連を学べる専攻・コースを置く短大も目立ちます。

中でもデザインは、デザインする対象が広範囲に及びます。それを大まかに分類すると、ビジュアル系、環境系、生産系の３系統に分けられます。実際この系統に沿って専攻・コース設定をしている短大が多いようです。ビジュアル系にはグラフィックデザイン、イラストレーションなどが含まれ、環境系は建築物やインテリアなどを対象としています。生産系にはクラフト（工芸）、ファッション（テキスタイル）、インダストリアル（工業製品）などのデザインが含まれます。

短大によって、専攻・コースの設定が多彩になっているので、何を学びたいのかをはっきり意識した上で内容をよく調べる必要があります。

学ぶ内容

絵画や彫刻、写真、舞台芸術、演劇などを専攻する場合、どの表現分野においても、芸術学、美術学、美術史を中心に学ぶとともに、制作の実技や演習によってスキルを高めていきます。卒業後は自分の才能や実力が頼りの世界であるだけに、専門技術の修得にはさまざまな工夫がこらされています。

デザインを専攻する場合、将来目指す方向によって多少の差はありますが、基礎的分野では、美術理論、デザイン概論、色彩学などを中心に学びます。応用分野では、グラフィック・デザイン、インダストリアル・デザイン、インテリア・デザイン、クラフト・デザイン、テキスタイル・デザインなど、それぞれの専門について理論と実技を中心として学びます。

向くタイプ

この系統が目指すのは、独創性豊かな造形を生み出す感性を養うことと、知性・技術の修得です。美しいものを求める心や、つくりだす心を具現化することが求められます。そういったことに喜びを感じられる人、自らの創造力を高められる人、情熱を持ち続けられる人に向いています。

また、芸術とは豊かな生活を演出するために存在するものでもあります。そのため、豊かな人間性が求められます。創造、創作には生みの苦しみがあり、集中力と持続力を持った粘り強い取り組みも必要です。

生かせる進路

多くの人は一般企業に就職しますが、広報・宣伝活動や舞台芸術、演劇、ディスプレイの仕事に携わったり、マンガ制作や広告・出版などマスコミ関連に進んだりと、短大で得た専門知識・技術を生かす人が多いようです。

中でもデザインを専攻した人は、服飾、インテリア、ディスプレイなど、専門に応じて幅広くデザイン業界へと就職しています。さらに、広告などのマスコミ業界はもちろん、各種メーカーの広報・宣伝担当セクションなども活躍の場となります。

取れる資格

中学校美術教諭二種免許があります。二級建築士の受験資格を得られるところもあります。

何を学ぶか？ 専門科目の授業例

美術史

原始から現代に至る美術の歴史について学びます。絵画、彫刻、建築といったさまざまなジャンルの作品を鑑賞し、各時代や地域に共通して見られる様式や主題、制作された時代の社会的状況が作品に与えた影響、作品がどのように解釈されてきたかなどについて考えていきます。講義のほか、実際の作品を美術館で鑑賞することもあります。

美学

美とは何かという本質的な意味、美しいとはどういうことかという基準、さらに、美は何のためにあるのかといった美の価値などについて考えます。たとえば、ギリシャのソクラテス、プラトン、アリストテレスの時代に考えられていた美と、ルネサンスで考えられていた美とを比較し、時代や場所によって移り変わる美という概念について学びます。

色彩学

色彩の体系や性質について学び、作品の効果的な表現に役立てます。たとえば、色の名前、目や脳で色を色として認識する仕組み、光と色の関係、絵画における色彩分析などを扱います。また、どのような組み合わせの配色が調和するのかを分析する色彩調和という考え方を利用し、色彩構成作品を実際に制作することもあります。

教職課程とデザインの両立に挑むなかで培われた力

西村 香音（にしむら かのん）さん　大分県立芸術文化短大美術科デザイン専攻

1年次の「デザインⅠ」では、3DCAD（Rhinoceros）の操作を学びます。プロダクトの提案において、自身の考えるデザイン案を人に伝えるためには視覚化が必須です。最初は三次元のものをパソコンの中で視覚化することにハードルの高さを感じましたが、簡単な課題から操作を学ぶことができ、わからないことはすぐに先生が教えてくださったり、同じコースのメンバー同士で頻繁に教え合ったりしたため、苦手意識を持つことなく基本操作を身につけることができました。

2年次の「デザインⅡ」では、産学官共同プロジェクトの「日田杉の特性を理解し、それを生かした生活を豊かにするプロダクト」として、日田杉を使った移動可能な本棚を提案しました。私は将来の選択肢を広げるため教職課程を取っていたので、この制作期間と教育実習が重なり両立が大変でした。しかし、実習のない土日に卒業生の先輩からのアドバイスやサポートを受け、制作をスムーズに行うことができました。

この課題は実際に企業の方々にプレゼンテーションするため、デザインの取りかかりから緊張します。中間発表では厳しい意見を言われることもありましたが、将来のために必要な経験をさせていただいたと感じています。

私が所属するデザイン専攻は、実践においてさまざまな機会に触れるチャンスがあります。また、先生方は「大学を存分に使ってほしい」と言ってくださり、私は教職課程と勉強を両立することの不安や、課題・進路の相談など、何度もお話を聞いていただきました。学ぶこともそれ以外のことでも、積極的に動いた分だけ自分の経験値になったと思っています。

1年後期

	月	火	水	木	金
1	現代と人権	デザインⅠ		ドイツ語ⅠB	法学
2					ファッションの世界
3		webデザインⅠ		デザインⅠ	彫刻演習
4		教育方法・技術論	教育実習研究		
5	デザイン概論			キャリアデザイン	教育心理学

※他に夏期集中講義としてデザイン特講を履修。

2年前期

	月	火	水	木	金
1		地域社会特講Ⅰ			
2					
3	工芸演習	デザインⅡ	教育実習研究	特別支援教育/生徒指導の理論及び方法	デザインⅡ
4				美学	
5	教育相談の理論と方法	webデザインⅡ			日本美術史

※他に夏期集中講義としてユニバーサルデザイン、イラストレーション特講を履修。

設置短大さくいん　この系統の学科が設置されている短大のページにナビゲートします。

音楽 系統

専門的研究と実技の錬磨。一般教養も学び、豊かな感性を育む

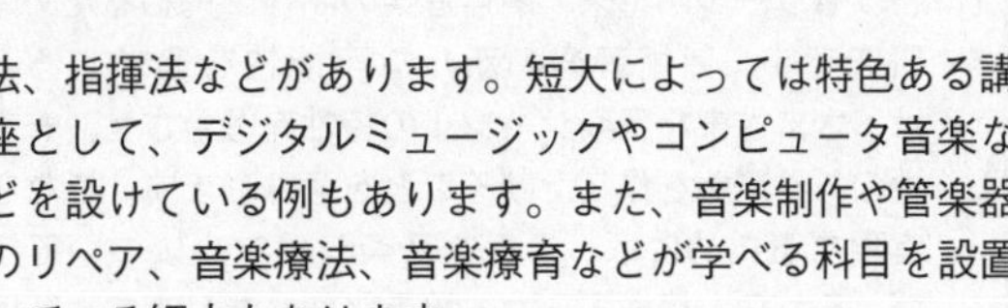

系統の特色

音楽系統の学科を持つ短大は14校あります。そのうち、音楽系統の学科のみの短大は5校で、ほかの短大では、美術・デザイン系統、福祉系統、幼児教育・保育系統などの学科を併設しています。

音楽系統の学科では、演奏者の養成を柱に、音楽の特性を生かした教育や保育、療育、福祉などの学びを展開して、さまざまな音楽の専門家を育てています。

学ぶ内容

この系統では、器楽、声楽、作曲に専攻・コースを分けている短大が多く、さらに楽器や音楽のジャンルなどによって、コースを設けている短大も多くあります。

カリキュラムの編成には、短大または学科・専攻・コースによって多少の違いが見られます。

しかし、高度な演奏技術、音楽の知識の修得だけでなく、幅広い人間形成を目的とする短大が多く、総体的に見ると大きな違いはありません。音楽を学ぶためには、文化のなかの音楽、生活のなかの音楽、人間にとって音楽とは何かといった広い視点を持つことが必要です。ですから、講義も広く豊かな一般教養を学ぶとともに、音楽の専門的研究と実技の錬磨を積み重ねることに重点を置いているのです。

また、授業のほかに演奏会や卒業演奏会なども行われます。一般に公開されることもあります。こうした発表の体験を積むことで、自分を表現したり、作品を創造したりする喜びや感動を実感することができるでしょう。

一般的に主要科目としては、ピアノ、ソルフェージュ、合唱、和声学、音楽通論、音楽美学、音楽史、作曲法、指揮法などがあります。短大によっては特色ある講座として、デジタルミュージックやコンピュータ音楽などを設けている例もあります。また、音楽制作や管楽器のリペア、音楽療法、音楽療育などが学べる科目を設置している短大もあります。

向くタイプ

4年制の音大も、短大も、演奏者であれ、教育的指導者であれ、音楽のプロを養成するところです。音楽の専門家になるには、作品の時代やジャンルを問わず全世界の音楽を体験するよう心がけ、特定の音楽に対して偏った考えを持たないことが大切です。

生かせる進路

演奏家を目指す人、学業継続のために、専攻科や4年制大学に進学する人や海外留学をする人、あるいは自宅で教室を開き、後進の指導にあたる人などもいます。

短大の卒業生の多くは専門を生かし、AV制作関係会社や音楽商品販売店、音楽教室などに就職しています。また、最近では、音楽とその周辺の教養教育や、音楽を通して得た人間関係の体験を持って一般企業に就職する人も少なくありません。

音楽の専門家としては、作曲家、演奏家、音楽教師、音響エンジニアなどの職業があります。

取れる資格

中学校音楽教諭二種免許や、音楽療法士2種資格が挙げられます。ほかに、社会福祉主事（任用）などの資格が取得できる学科もあります。

専門科目の授業例

西洋音楽史

ヨーロッパの音楽の変遷を、歴史を踏まえつつ概観していきます。時代ごとに音楽様式の特徴をとらえながら、それぞれの音楽様式の形成に影響を与えた歴史的背景、文化、思想などもおさえていきます。また、作品を鑑賞し、その音楽的特徴から作曲された年代や作曲家を推定します。

中世の宗教音楽にはじまり、ルネサンス、バロック、古典派などの時代を経て、現代に至るまでのヨーロッパの音楽が学習範囲になります。

伴奏法

伴奏について、理論的な面と技術的な面からアプローチします。楽曲を演奏するための基礎となる読譜力を習得するとともに、曲の意図を探ります。また、伴奏法の移り変わりを、音楽史の流れに沿って理解していきます。

さまざまなスタイルやジャンルの曲を伴奏することを通して、それぞれの曲にあった運指方法を学びます。同時に、高度な伴奏技術を培い、表現力を高めていきます。

音楽美学

美しい音楽とは何か、音楽の本質とは何かという問題を問い、音楽が存在する根拠などを学びます。

音楽の作用について、根本からとらえることのできる能力を身につけます。そのため、具体的な作品や音楽論を取り上げ、理論的、実証的に音楽を考察するだけではなく、哲学的に音楽の本質、音楽の美しさの根源を探究していきます。現代社会における音楽とそのあり方や、役割なども視野に入れて考察します。

現代の音楽の可能性

阿部颯志郎（あべそうしろう）さん　昭和音楽大短大部音楽科

入学前から私が目指していたのは、二つのことです。一つ目は芸術音楽の新たな可能性を追求すること、もう一つは将来、劇伴音楽の制作に携わるための研究です。芸術音楽の新たな可能性を追求するとは、さまざまな音楽ジャンルの特性を融合させ、一貫性のある楽曲を作り上げることを意味します。これを実現するためには、多様な音楽ジャンルについて学び、それらを構成する力を培う必要があります。私は1・2年次を通じて、「創作実技」という授業でその力と知識を養うことができました。

「創作実技」は、いわゆる作曲のレッスンです。学生が事前に考えた曲を先生に聴いていただいたり、既存の楽曲を分析したりするなど、個人的にもっとも有意義な時間でした。レッスンは、自分がやりたい音楽スタイルに合わせて進められます。ジャンルの壁はなく、クラシックからポップス、電子音楽まで幅広いジャンルが取り上げられます。デジタルミュージックコースに所属していた私は、DAWソフトを用いた楽曲制作と、それに伴う技術的な知識を学びました。学んだ内容は、和声や曲構成といった音楽理論から、ミキシングや音作りといったコンピューター上の技術に至るまで多岐にわたります。一曲に対して細部にわたりこだわるため、毎週のレッスンの準備として制作を進めることは大変でした。

２年次には「映像の音楽」という授業が特に印象深かったです。この授業では、映画音楽の制作に必要な知識やプロセスを学びます。音楽を映像のどのシーンに配置するか、音楽が映像にどのような効果を与えるかなどを考えることができました。また、映像作品の制作現場で制作者たちがどのようにコミュニケーションを取り合っているかについての実践的な話も聞くこともできました。

これらの授業で、私が目指す劇伴音楽の制作に向けて非常に役立つ知識が得られました。現代の劇伴音楽では、生楽器と電子楽器を融合させたシネマティックサウンドが効果的であり、これが劇伴音楽の新たな可能性があると考えます。私は入学前からクラシック音楽の作曲を勉強してきましたが、入学後はこれまでに培った技術をデジタルミュージックを通じてどのように生かすことができるか、自分なりの新しいジャンルの音楽を確立することが目標となりました。

1年

	月	火	水	木	金
1				聴音・視唱ソルフェージュ	録音制作①
2		ポピュラー作曲・編曲法	ポピュラージャズピアノ		
3	副科器楽	創作実技①	副科ピアノ	作曲家・作品研究	西洋音楽史①
4			合唱	コンピュータ音楽概論	中級英語
5					哲学

2年

	月	火	水	木	金
1			中級英語		
2	民族音楽概論	鍵盤演奏表現Ⅳ	ポリフォニー演習		
3	サウンドデザイン演習	創作実技②	副科ピアノ	聴音・視唱ソルフェージュ	オーケストレーション
4			器楽の歴史と作品	日本音楽概論	
5				映像の音楽	

設置短大さくいん　この系統の学科が設置されている短大のページにナビゲートします。

どこで学ぶ？

全国短大インフォメーション

全264短大 プロフィール・データ

インフォメーションの見方

◎全国の公立短大・私立短大を、各短大別に、所在地・交通・設立年・学生総数などの基礎データとともに、学科の概要や特色、取得できる免許や資格、前年度選抜方法についてガイドします。

◆掲載した情報は原則として、2024年度のものです（学生総数は2023年度の人数）。2025年度の予定情報の場合は、その旨記載しています。

◆短大名の右横に記した 一般 共テ 推薦 総合 は、それぞれ「一般選抜」「共通テスト利用選抜」「学校推薦型選抜」「総合型選抜」など、2024年入試で実施された入試方式を表しています。

◆学科名の横の顔マーク（男・女）は、募集対象を表しています。

◆専攻科の項の人数は定員です。

◆取得免許＆資格の情報は2024年度のものです。短大を卒業すれば取得できるもの、受験資格が得られるもの、短大として取得を目指して支援講座を開いているものなどを、アンケートに基づいて掲載しています。

◆「前年度選抜方法」には、2025年入試の募集要項配布時期と、2024年入試での学校推薦型選抜・一般選抜の選抜方法を記載しました。一般選抜では配点を示している場合もあります。学校推薦型選抜は公募制、一般選抜は1次、1期、A方式などメインとなる入試について記載しています。共通テスト利用選抜、指定校制推薦、総合型選抜についての概要は割愛しています。

※本書の情報は短大へのアンケート調査（2024年2月～3月）に基づいています。3月下旬以降に判明した募集停止や改組などの情報は誌面に反映されていない可能性があります。

※入試情報は重要な事項です。実際の受験に際しては、必ず、各短大が発行する募集要項で最終確認をしてください。

前年度 選抜方法 教科・科目名の略記

◎ここに記した教科・科目名は2024年入試のものです。2025年入試の入試科目等については、必ず募集要項で確認してください。

国語→国：国語総合→国総、
国語表現→国表（※現代文、古典は略記しない）

地理歴史→地歴：世界史A→世A、世界史B→世B、
日本史A→日A、日本史B→日B（※地理は略記しない）

公民→公：現代社会→現社、倫理→倫理、
政治経済→政経、「倫理、政治・経済」→倫政経

数学→数：数学Ⅰ→数Ⅰ、数学Ⅱ→数Ⅱ、数学Ⅲ→数Ⅲ、
数学A→数A、数学B→数B、
情報関係基礎→情報、簿記・会計→簿記
（注）簿記は、共通テストでは数学の科目として扱うが、
一般選抜では商業に属する科目とした。

理科→理：物理基礎→物基、物理→物、化学基礎→化基、
化学→化、生物基礎→生基、生物→生、
地学基礎→地学基（※地学は略記しない）
（注）物、化など、理科の基礎を付さない科目の出題範囲の指定がある場合は、その表示には①②③…の記号を用い、記号の意味は該当ページの欄外に記述した。

外国語→外：コミュニケーション英語Ⅰ→コミュ英Ⅰ、
コミュニケーション英語Ⅱ→コミュ英Ⅱ、
コミュニケーション英語Ⅲ→コミュ英Ⅲ、
英語表現Ⅰ→英表Ⅰ、英語表現Ⅱ→英表Ⅱ、
コミュニケーション英語基礎→コミュ英基礎
（※英語会話は略記しない）

★数学で出題範囲の項目指定に使われる分野名・形式の略記

【数A】 場＝場合の数と確率、図＝図形の性質、整＝整数の性質

【数B】 列＝数列、ベ＝ベクトル、統＝確率分布と統計的な推測

★科目の列記について

複数の科目を横断して出題範囲としている（1科目扱いになる）場合は、科目を「・」でつないだ。例）「数Ⅰ・A」「コミュ英Ⅰ・Ⅱ」

【注】 入試科目の教科に出題科目の詳細な記載がない場合は、［国語］［英語］と明記した。

短大別さくいん

短大名を50音順に掲載。短大名のあとの(公)は公立を表す。その他は私立。なお、掲載ページ欄に＊印のある短大は2025年募集停止予定。

※学科名からその学科が設置されている短大を探す場合は、P.24「学科さくいん」をご活用ください。

【さ】

【し】

【す】

【せ】

【そ】

【た】

【ち】

【つ】

【て】

【と】

【な】

【に】

【は】

【ひ】

【ふ】

【へ】

【ほ】

【ま】

【み】

【む】

【め】

【も】

【や】

【ゆ】

【よ】

【り】

【わ】

旭川市立大学短期大学部

一般　共テ　推薦　総合

www.asahikawa-u.ac.jp/
設置(学)科＝食物栄養、幼児教育

CAMPUS GUIDE

●所在地　〒079-8501　北海道旭川市永山３条23丁目１の９
☎(0120)48-3124
●交通　ＪＲ宗谷本線永山駅下車、徒歩約15分。
●設立　昭和39年
●学生総数　男14人・女148人
▼要項請求先&問合せ先　入試広報課

特別選抜 帰国	特別選抜 社会人	学外試験会場	授業料減免 免除	授業料減免 減額	奨学金制度 給付	奨学金制度 貸与	学生寮 男子	学生寮 女子	海外留学	海外研修	編入制度	専攻科
○	○	1	×	×	○	×	×	○	×	○	○	×

食物栄養学科

定員(専攻名・定員)／修業年限
50人／２年

あらゆる角度から「食」を考え、食にまつわる問題を正確にとらえることのできる栄養士を養成します。食や栄養に関する基礎知識を身につけ、実習で調理技術を習得します。

２年次には、病院や学校、施設などの給食施設での学外実習を通して、身につけた知識や技術のスキルアップを目指します。

年間を通した農業体験では、種まきから収穫までを体験します。収穫した農産物を調理し、会食を行う収穫祭も開催します。

◆取得免許&資格　栄養士、社会福祉主事〈任用〉、介護福祉士実務者研修、初級パラスポーツ指導員。

幼児教育学科

定員(専攻名・定員)／修業年限
100人／２年

子どもについて幅広く学び、保育者、教育者としてふさわしい豊かな人間性を育みます。理論を学ぶほか、音楽、図画工作、幼児体育などの表現力を磨き、子どもたちと楽しさを共感できる技術を身につけます。

２年次には、学んだことを現場で展開していける実践力を高めていきます。

保育見学の授業では、隣接する市内幼稚園の自由遊びや行事などに参加し、子どもたちや幼稚園の教員に接して学びます。

◆取得免許&資格　幼稚園教諭二種免許、保育士、社会福祉主事〈任用〉、准学校心理士、こども音楽療育士、初級パラスポーツ指導員。

前年度　選抜方法

●推薦＝小論文、面接
●一般(入試科目・配点)(A方式)
◇全学科(100点満点)＝国総〈近代以降の文章〉(50)／公数理外〈現社、数Ⅰ・A、生基、コミュ英Ⅰ・Ⅱ・英表Ⅰ→1〉(50)
◉2025年度の募集要項は６月上旬に配布予定

岩手県立大学宮古短期大学部

一般　共テ　推薦

www-myk.iwate-pu.ac.jp/
設置(学)科＝経営情報

CAMPUS GUIDE

●所在地　〒027-0039　岩手県宮古市河南１丁目５の１　☎(0193)64-2230
●交通　三陸鉄道リアス線八木沢・宮古短大駅下車、徒歩15分。
●設立　平成２年
▼要項請求先&問合せ先　事務局

特別選抜 帰国	特別選抜 社会人	学外試験会場	授業料減免 免除	授業料減免 減額	奨学金制度 給付	奨学金制度 貸与	学生寮 男子	学生寮 女子	海外留学	海外研修	編入制度	専攻科
×	○	×	○	○	○	○	×	○	×	×	○	×

経営情報学科

定員(専攻名・定員)・修業年限
100人／２年

経営知識と情報の高度利用に関する知識・技術を学びます。また、職業人としての教養、情報の取捨選択能力と活用能力を身につけ、広い視野に立つ国際性や、地域のリーダーとしての資質を培います。

授業科目は、基盤教育科目、専門教育科目、ゼミ科目、キャリア形成科目で構成されています。

基盤教育科目では、電子文書実務や数学入門などの講義で専門知識を学ぶための基盤を養います。

専門教育科目は３科目群あり、経営科目群では、企業の仕組みや社会的役割について学びます。特に企業の経営管理や現代企業の経営事情などについて理解を深めます。

経営情報科目群では、企業・社会の活動に情報通信技術をどのように活用できるのかを学び、実践的な知識を身につけ、さまざまな分野で活躍できる人材を目指します。

情報科学科目群では、表計算の利用からプログラミング、システム開発まで多岐にわたる内容をコンピュータを使いながら学び、実践力を養成します。

ゼミ科目では１年次に基礎を学び、２年次に研究発表・討議など少人数のゼミナール形式で主体的に学びます。キャリア形成科目では実践的な授業を展開し、社会人に必要な心得や基礎力を身につけ、進路実現に備えます。

前年度　選抜方法

●推薦＝書類審査、小論文、面接
●一般A(入試科目・配点)
(共通テスト)
◇経営情報(400点満点)＝国数外〈国語〔近代以降の文章〕、数Ⅰ、数Ⅰ・A、数Ⅱ、数Ⅱ・B、簿記、英〔リスニングを含む〕→2*〉(各200)
＊数学の２科目選択は不可
(個別試験)
◇経営情報(100点満点)＝小論文
〈注〉他に書類審査あり
◉2025年度の募集要項は推薦が10月頃、一般が12月頃に配布予定

岩手県立大学盛岡短期大学部

一般
共テ
推薦

www.iwate-pu.ac.jp/jc/

設置(学)科＝生活科学、国際文化

CAMPUS GUIDE

●所在地 〒020-0693 岩手県滝沢市巣子152の52
☎(019)694-2014(入試グループ直通)
●交通 ＪＲ盛岡駅前から県立大学行きバスで約40分。またはIGRいわて銀河鉄道滝沢駅下車、徒歩約15分。
●設立 昭和26年
●学生総数 男37人・女195人
▼要項請求先&問合せ先
教育支援室入試グループ

特別選抜 帰国	特別選抜 社会人	学外試験会場	授業料減免 免除	授業料減免 減額	奨学金制度 給付	奨学金制度 貸与	学生寮 男子	学生寮 女子	海外留学	海外研修	編入制度	専攻科
○	○	×	○	○	○	○	×	○	○	○	×	×

生活科学科

定員(専攻名・定員)／修業年限

50人(生活デザイン25・食物栄養学25)／2年

情報化・国際化・高齢化など、社会の急速な変化に対応できる判断力と創造性を持ち、地域社会に貢献できる人材を育成します。

生活デザイン専攻は、被服学、住居学、情報科学など、生活全般についての総合的なカリキュラムを編成。情報処理科目も取り入れており、講義と実験、実習を通して、実生活への応用を学びます。

主な専門科目には、ファッション造形、ユニバーサルデザイン論、近代意匠論などがあります。

食物栄養学専攻は、栄養科学、食品科学、健康科学など、食べ物に関する基礎知識、技能を修得し、現代社会に即応できる実力と教養を備えた栄養士を養成します。

主な専門科目には、社会福祉論、基礎栄養学、公衆衛生学、調理学、給食管理実習などがあります。

◆取得免許&資格 栄養士（食物栄養学専攻)、二級建築士受験資格（生活デザイン専攻）など。

国際文化学科

定員(専攻名・定員)／修業年限

50人／2年

国際社会に対応できる、豊かな国際性と高度なコミュニケーション能力、語学力を備えた人材の育成を目指しています。

教養科目では、人間や社会への理解を通して知性と教養を学びます。基礎専門科目では、英語に関する科目を重視し、国際文化の理解を深めます。専門科目では、国際文化を大きく西洋、アジア、日本の３つに分け、自由に選択することができます。西洋、アジア、日本それぞれの歴史、文化と思想を理解し、国際感覚を身につけます。また、実践科目では、情報処理やビジネス実務などを通して実践能力を養います。

前年度 選抜方法

●推薦＝書類審査、面接、小論文
●一般（入試科目・配点）
(共通テスト)
◇**生活科学(生活デザイン)(600点満点)**＝国語（100)／数Ⅰ・Ａ(200)／物、化、生、地学→１*(100)／英語〈リスニングを含む〉(200)
＊理科は物基、化基、生基、地学基から２科目選択でも可
◇**生活科学(食物栄養学)(800点満点)**＝国語（200)／数Ⅰ・Ａ（200)／物基、化基、生基、地学基→２または化、生→１*(200)／英語〈リスニングを含む〉(200)
＊理科は基礎を付した科目のうち、化基、生基の１科目以上を必須とする
◇**国際文化(500点満点)**＝国語(200)／地歴公〈世Ａ、日Ａ、地理Ａ、世Ｂ、日Ｂ、地理Ｂ、現社、倫理、政経、倫政経→１〉(100)／英語〈リスニングを含む〉(200)
(個別試験)
◇**生活科学(生活デザイン)(150点満点)**＝小論文(100)／調査書(50)
◇**生活科学(食物栄養学)(250点満点)**＝小論文(200)／調査書(50)
◇**国際文化(200点満点)**＝小論文
◉2025年度の募集要項は、学校推薦型が９月下旬頃に配布、一般は10月下旬頃にホームページで公開予定

⇩「資格別取得可能な短大・学科」「就職状況」「大学への編入」「学費」は巻末データ集に収録

山形県立米沢女子短期大学

一般 共テ 推薦 総合

公立

www.yone.ac.jp/

設置（学）科＝国語国文、英語英文、日本史、社会情報

CAMPUS GUIDE

●**所在地**　〒992-0025　山形県米沢市通町６丁目15の１
☎(0238)22-7330
●**交通**　ＪＲ米沢駅から車で約10分。
●**設立**　昭和27年
●**学生総数**　女516人
▼**要項請求先＆問合せ先**
教務学生課

特別選抜 帰国	社会人	学外試験会場	授業料減免 免除	減額	奨学金制度 給付	貸与	学生寮 男子	女子	海外留学	海外研修	編入制度	専攻科
○	○	2	○	○	×	○	×	○	×	○	○	×

少人数クラスで行う教養ゼミや、地域社会で活躍している人びとを講師とした独自のカリキュラム「総合教養講座」などを開設していることが特色です。

社会の変化や時代の進展に柔軟に対応できるように自分で課題を見つけ、考え、主体的に判断し、問題を解決する課題探究能力の育成を重視しています。

また、「キャリア支援センター」では、学生一人ひとりの特性や希望を踏まえた将来計画を検討し、さまざまな進路目標に合わせたバックアップを行っています。

国語国文学科

定員（専攻名・定員）／修業年限

100人／２年

文学やことばの学びを通して、ものを考える力や表現する力を養います。専門科目は、国文学関係、国語学関係、漢文学関係に分かれます。国文学では、上代から現代までの幅広い分野の文学を、国語学では国語の歴史や方言などを、漢文学では中国の古典・現代文学などを学びます。

それぞれの分野は、概論・講読・基礎演習・演習・特殊講義を基幹に、さまざまな方面からアプローチできます。書道や文献学、伝統文化についてなど、文学やことばの歴史を理解するための周辺科目も用意しています。

◆**取得免許&資格**　中学校国語教諭二種免許、司書、学校図書館司書教諭〈任用〉、ピアヘルパー受験資格など。

英語英文学科

定員（専攻名・定員）／修業年限

50人／２年

国際社会において必要とされる英語コミュニケーション能力と国際感覚を養います。

リーディングやリスニング、英文法、ネイティブスピーカーの教員による英会話、時事英語などの科目を学び、実践的な語学力を身につけます。

また、英米文学作品研究や英米文化論など、海外の異文化を学び、言葉の根底にある社会や精神文化を考察します。

◆**取得免許&資格**　中学校英語教諭二種免許、司書、学校図書館司書教諭〈任用〉、ピアヘルパー受験資格など。

日本史学科

定員（専攻名・定員）／修業年限

50人／２年

古代・中世・近世・近現代の各時代・各分野の日本史を学べる体制が整っています。

日本史の基礎を理解するための概説、史料の読解力を高める講読、歴史史料や研究論文によって深く研究する特殊研究・演習などの科目を開講しています。歴史事実を正しく把握することにより、現在の社会や未来への流れを理解するための学習を行います。

古文書学や日本史講読の授業では、古文書や古記録を自分で読み解くことにより、歴史史料のおもしろさを体感できます。

◆**取得免許&資格**　中学校社会教諭二種免許、司書、学校図書館司書教諭〈任用〉、学芸員〈任用〉（３年の実務経験が必要）、ピアヘルパー受験資格など。

社会情報学科

定員（専攻名・定員）／修業年限

50人／２年

現代社会を幅広く理解し、高度情報社会で活躍するための情報活用能力を身につけることを目指します。

専門科目は、商取引や金融など経済活動の基本的な仕組みを学ぶ「経済と経営分析」、人間と社会についてさまざまな角度から学ぶ「人間社会と心理」、情報が果たしている機能と役割を研究する「メディア表現と情報」の３分野があります。授業では、ホームページやマルチメディア作品などのコンテンツ作成も行います。その他、データベース概論、プログラミングなどの科目も学びます。

◆**取得免許&資格**　司書、ピアヘルパー受験資格。

前年度　選抜方法

●**推薦**＝書類審査、小論文、面接
●**一般（入試科目・配点）**
（共通テスト）
◇**国語国文（300点満点）**＝国語〈近代以降の文章と古文〉(200)／地歴公外〈世Ａ、世Ｂ、日Ａ、日Ｂ、地理Ａ、地理Ｂ、現社、倫理、政経、倫政経、英〔リスニングを含む〕、独、仏、中、韓→1〉(100)
◇**英語英文（300点満点）**＝国地歴公数理〈国語〔近代以降の文章〕、世Ａ、世Ｂ、日Ａ、日Ｂ、地理Ａ、地理Ｂ、現社、倫理、政経、倫政経、数Ⅰ、数Ⅰ·A、数Ⅱ、数Ⅱ·B、簿記、情報、物、化、生、地学→1*〉(100)／英〈リスニングを含む〉(200)
＊理科は物基、化基、生基、地学基から２科目選択も可
◇**日本史（200点満点）**＝国外〈国語〔近代以降の文章〕、英〔リスニングを含む〕、独、仏、中、韓→1〉(100)／地歴公〈世Ａ、世Ｂ、日Ａ、日Ｂ、地理Ａ、地理Ｂ、現社、倫理、政経、倫政経→1〉(100)
◇**社会情報（200点満点）**＝国語〈近代以降の文章〉(100)／地歴公数理外〈世Ａ、世Ｂ、日Ａ、日Ｂ、地理Ａ、地理Ｂ、現社、倫理、政経、倫政経、数Ⅰ、数Ⅰ·A、数Ⅱ、数Ⅱ·B、簿記、情報、物、化、生、地学、英〔リスニングを含む〕、独、仏、中、韓→１*〉(100)
＊理科は物基、化基、生基、地学基から２科目選択も可
（個別試験）
◇**全学科（100点満点）**＝小論文
◉**2025年度の募集要項は７月上旬に配布予定**

会津大学短期大学部

一般 / 共テ / 推薦 / 総合

www.jc.u-aizu.ac.jp/
設置(学)科＝産業情報、食物栄養、幼児教育・福祉

CAMPUS GUIDE

●**所在地**　〒965-8570　福島県会津若松市一箕町大字八幡字門田１の１
☎(0242)37-2301(短期大学部事務室直通)
●**交通**　ＪＲ会津若松駅から徒歩20分、またはバス(あかべぇ)会津短大南口下車徒歩３分、またはバス(松長団地・西若松駅線)一箕小学校前下車徒歩６分。
●**設立**　昭和26年
●**学生総数**　男42人・女266人
▼**要項請求先&問合せ先**
短期大学部入試・広報センター

特別選抜 帰国	特別選抜 社会人	学外試験会場	授業料減免 免除	授業料減免 減額	奨学金制度 給付	奨学金制度 貸与	学生寮 男子	学生寮 女子	海外留学	海外研修	編入制度	専攻科
×	○	×	○	○	○	×	×	○	×	×	○	×

深く専門の学芸に関する授業や研究を行い、職業や実生活に必要な能力や一般知識を身につけた教養豊かな人材を育成します。また、大学・短大の研究や教育活動の成果を地域の人びとに還元するため、公開講座を実施しています。

附属図書館は勉学に適した静かな環境にあります。80,000冊以上の蔵書を備えるほか、ビデオを見たり、新聞・雑誌を読んだりできる憩いのスペースもあります。

産業情報学科

定員(専攻名・定員)／修業年限
60人／２年

情報化時代の産業に柔軟に対応し得る人材の育成を目的としています。経営情報とデザイン情報の２コースがあります。

それぞれのコースの専門科目のほかに、産業と密接に関わる経営、デザインを有機的に関連づけ、視野を広げるための共通科目が開講されています。たとえば、経営情報概論やデザイン情報概論の科目は、それぞれのコースの専任教員全員が講義を行う学際的な科目です。情報、産業（経営およびデザインを含む）に関する授業が体系的に配置され、統合的知識を備える学習が可能です。

経営情報コースでは、経営学、商学、会計学、経済学、情報学の５分野を中心に、具体的事例を交えて学びます。さまざまな情報から、企業・経営にとって意味のある情報を見つけ出し、問題解決に向けて創造的に活用する能力を育てます。経営情報に関する専門性と柔軟な適応力、創造力と統合力を兼ね備えた人材を育成します。

デザイン情報コースでは、デザインと情報の基礎的能力を養成する専門教育科目を学ぶとともに、専門性を深めるために、インターフェース、インテリア、クラフト(漆芸)、グラフィック、プロダクトの５分野のデザイン領域にわけ、情報化時代のデザイン活動と歴史・文化・環境などに配慮できるデザイナーを育成します。

◆**取得免許&資格**　デザイン情報コース－二級建築士受験資格、木造建築士受験資格など。

食物栄養学科

定員(専攻名・定員)／修業年限
40人／２年

人間性豊かで実践力のある「食のエキスパート」を目指します。生涯を健康に過ごすための「望ましい食生活のあり方」を探究します。食生活の安全や豊かさを求めてめまぐるしく変化する状況に対応する力を養うため、調理・栄養・健康分野をはじめ、食品の流通・販売から消費に至る品質判定、コーディネートの分野についても専門知識を身につけます。

専門科目としては、食生活論、基礎栄養学、臨床栄養学概論、食品学総論、食品学各論、給食管理、公衆衛生学、フードスペシャリスト論、フードコーディネイト論などがあります。

数多くの施設見学を行うことが特徴です。医療施設や高齢者福祉施設、学校、社員食堂など、栄養士・管理栄養士が活躍している職場を見学します。それぞれの施設の概要や栄養士・管理栄養士の役割および業務内容を実地に学ぶ貴重な機会となっています。

◆**取得免許&資格**　栄養士、フードスペシャリスト受験資格など。

幼児教育・福祉学科

定員(専攻名・定員)／修業年限
50人／２年

人間尊重の理念に基づき、生活をさまざまな面からとらえ、人間社会のなかに存在する教育・保育・福祉問題を発見する能力や、問題の根本にある本質を見抜き、解決することのできる基礎的能力と科学的洞察力を培います。

教育・保育・福祉に関する専門知識・技術を学び、ボランティアなどを通して積極的に地域に貢献する人材を育成します。

また、子どもとともに遊び、学び、感動し、創造することによって子どもの成長を正しく導くことのできる教育者・保育者の育成を目指します。

社会福祉士養成の実績と専門性を生かし、子どもを取り巻く環境に働きかけるソーシャルワークや、18歳未満の子どもも含めた養護の現場でも活躍することのできる人材を養成する役割も担っていると考え、教育を行います。

◆**取得免許&資格**　幼稚園教諭二種免許、保育士、社会福祉主事〈任用〉、社会福祉士受験資格（要実務経験２年）。

前年度　選抜方法

●**推薦**＝書類審査、小論文（産業情報は実技〈鉛筆デッサン〉との選択)、面接(産業情報と食物栄養で実施の資格推薦は書類審査、面接)
●**一般（入試科目・配点）**
◇**産業情報(200点満点)**＝国実〈国総〔除く古・漢〕・現代文Ｂ、実技〔鉛筆デッサン〕→１〉(100)／コミュ英基礎・Ⅰ・Ⅱ・Ⅲ(100)
◇**食物栄養(200点満点)**＝国家外〈国総〔除く古・漢〕・現代文Ｂ、家庭基礎〔栄養・食品・調理の３分野に関連する基本的な知識・技能などを問う記述式の問題〕、コミュ英基礎・Ⅰ・Ⅱ・Ⅲ→２(各100)〉
◇**幼児教育・福祉(200点満点)**＝国総〈除く古・漢〉・現代文Ｂ(100)／コミュ英基礎・Ⅰ・Ⅱ・Ⅲ(100)
◉**2025年度の募集要項は６月上旬に配布予定**

⇩「資格別 取得可能な短大・学科」「就職状況」「大学への編入」「学費」は巻末データ集に収録

大月短期大学

一般　共テ　推薦　総合

www.ohtsuki.ac.jp

設置(学)科＝経済

CAMPUS GUIDE

●所在地　〒401-0012　山梨県大月市御太刀１丁目16の２
☎(0554)22-5611

●交通　ＪＲ中央線大月駅下車、徒歩５分。

●設立　昭和30年

●学生総数　男167人・女182人

▼要項請求先＆問合せ先
事務局入試担当

特別選抜 帰国	特別選抜 社会人	学外試験会場	授業料減免 免除	授業料減免 減額	奨学金制度 給付	奨学金制度 貸与	学生寮 男子	学生寮 女子	海外留学	海外研修	編入制度	専攻科
○	○	1	○	○	×	×	×	×	×	○	○	×

全国でも珍しい木造２階建ての校舎が設置されており、学生は木の香りと緑豊かな自然に囲まれながら、キャンパスライフを満喫しています。

経済科

定員(専攻名・定員)／修業年限

200人／２年

専門教育科目にコース選択制カリキュラムを導入しています。学生は、経済、地域政策、経営、社会文化の４コースから１コースを選び、２年次にコースの専門分野を学びます。

また、幅広い分野の教養科目が受講でき、経済系科目と連携を図りながら、社会人としての生きる力、社会の変化に主体的に対応できる能力を養成します。

「地域」をテーマにした「大月学入門」や「地域実習」では、地域がかかえる問題点や解決策を探り、教室では学べない多様な体験的学習を通じて、理論と実践の両面から地域について学ぶことができます。

進路指導は授業として組み込み、就職・編入学の希望コース別にカリキュラムを用意し、自己能力の向上と適性を発見するとともに、自分の力で歩めるようサポートします。

小さな市の小さな短大ならではのアットホームな環境で、少人数ならではの丁寧な指導を特徴とした学習を通じて、役に立つ経済理論、実効性の高い経営戦略を習得できることが大きな魅力となっています。

前年度　選抜方法

●推薦＝指定校制
●一般（入試科目・配点）
（前期日程）
◇**経済（200点満点）**＝国語〈現代文のみ〉（100）／地歴公数外商〈世Ｂ、日Ｂ、政経、数Ⅰ・Ａ、コミュ英Ⅰ・Ⅱ〔リスニングを除く〕、簿記→１〉（100）
◎2025年度の募集要項は５月下旬に配布予定

岐阜市立女子短期大学

一般 共テ 推薦 総合

www.gifu-cwc.ac.jp/

設置(学)科＝国際コミュニケーション、健康栄養、デザイン環境

CAMPUS GUIDE

●**所在地** 〒501-0192 岐阜市一日市場北町７の１ ☎(058)296-3131
●**交通** ＪＲ岐阜駅から岐阜バスで市立女子短大下車。
●**設立** 昭和25年
●**学生総数** 女374人
▼**要項請求先＆問合せ先** 総務管理課

特別選抜 帰国	特別選抜 社会人	学外試験会場	授業料減免 免除	授業料減免 減額	奨学金制度 給付	奨学金制度 貸与	学生寮 男子	学生寮 女子	海外留学	海外研修	編入制度	専攻科
○	○	×	○	○	×	×	×	×	○	○	○	×

キャンパスは、コンクリート打ち放しの壁面と大きなガラス窓を持つモダンなデザインが特徴です。吹き抜けやオープンテラス、大きなカーブで立体的に構成された空間は、現代的な建築美にあふれています。

国際コミュニケーション学科

定員(専攻名・定員)／修業年限

90人／２年

グローバルな視点を養いつつ、地域社会に根ざした実践教育を通じ、さまざまな文化的背景を持つ人びとと円滑にコミュニケーションを取りながら、協働してよりよい地域社会をつくっていく際に中心的な役割を果たすことのできる人材の育成を目標としています。

そのために必要な専門分野を現代社会、文化交流、英語、東アジア言語の４領域とし、領域を横断しながら学びます。

特に英語領域では、実社会で役に立つ語学力を養成するため、外国人教師による英会話授業や、CALL教室での映像・音声教材を利用した授業を開講しています。英検、TOEICなどの資格試験の指導にも力を入れて英語の実践力を身につけます。

また、東アジア言語領域では、中国、韓国という東アジアに軸足を置き、多文化共生社会に求められる、さまざまな価値観を許容する力やコミュニケーションの力を高め、創造的に課題に取り組める「教養人」となることを目指しています。

履修できる外国語には英語、中国語、韓国語があり、それぞれ海外での語学研修を実施しています。また、中国と韓国の大学への交換留学制度や、台湾の大学への編入学制度もあります。

授業には、私たち自身を見直すための日本文化論や日本語の運用能力を磨く日本語表現法、情報化社会での生活に必要な情報科学に関する授業、多様な文化を学ぶ多文化共生論、アジア文化論、英米文化論、文化人類学、ホテル論、観光論などがあります。専門演習の授業では、自ら課題を見つけて卒業論文、卒業作品に取り組みます。

健康栄養学科

定員(専攻名・定員)／修業年限

50人／２年

人間にとって基本的な課題である「食と健康」について学びます。カリキュラムは、教養教育科目と専門教育科目からなります。

教養教育科目では、人間性を理解し、適切な判断力を養います。

専門教育科目は、自然科学分野を中心として、実験・実習・演習・フィールドワークを重視した教育内容になっています。基礎栄養学、食品学、栄養指導論、給食管理、調理学などに加え、食品流通論、食品加工学、老年学、カウンセリング論など、食と健康に関わる幅広い科目を学ぶことができます。栄養士特論では、現役の栄養士を講師陣に迎え、栄養士の役割を理解します。そして、食品資源の開発や多様化する食環境に対応できる知識や技術を修得し、生活習慣病の予防や健康づくりについても学びます。

◆**取得免許&資格**　栄養士など。

デザイン環境学科

定員(専攻名・定員)／修業年限

60人／２年

人間の生活に関わる事物や空間のデザインを追究します。以下の３領域から構成されています。

ファッション領域では、造形、素材、色彩など制作に関して幅広く学び、感性を磨きます。また、業界の仕組みを学び、商品企画・情報分析・品質管理・販売などの能力を身につけます。

建築・インテリア領域では、インテリアや家具などの室内から、建築・都市までの快適な空間づくりを目指して、建築計画・設計、構造、設備、歴史などの講義や演習に取り組みます。

ヴィジュアル・情報領域では、視覚表現に関わる知識や技術をアナログとデジタルから学び、グラフィックデザインやメディアデザインに関する実践的な能力を修得します。

◆**取得免許&資格**　ファッション領域－２級衣料管理士、パターンメーキング技術検定、ファッションビジネス能力検定、ファッション販売能力検定など。建築・インテリア領域－二級建築士国家試験受験資格、一級建築士国家試験受験資格（免許登録には実務経験４年が必要）、リビングスタイリスト資格試験、建築CAD検定試験、福祉住環境コーディネーター検定試験など。ヴィジュアル領域－色彩検定、マルチメディア・CGクリエイター検定、Webデザイナー検定など。

前年度 選抜方法

●**推薦**＝書類審査、小論文、面接
●**一般（入試科目・配点）**
◇**国際コミュニケーション（200点満点）**＝国数外〈国総〔漢文を除く〕、数Ⅰ・A、コミュ英Ⅰ・Ⅱ・英表Ⅰ〔リスニングを含む〕→２〉（２科目で200）
◇**健康栄養（200点満点）**＝国数外〈国総〔漢文を除く〕、数Ⅰ・A、コミュ英Ⅰ・Ⅱ・英表Ⅰ〔リスニングを含む〕→２〉（２科目で200）
◇**デザイン環境（200点満点）**＝国数実〈国総〔漢文を除く〕、数Ⅰ・A、実技→１〉（100）／コミュ英Ⅰ・Ⅱ・英表Ⅰ〈リスニングを含む〉（100）
◉**2025年度の募集要項は７月上旬に配布予定**

⇩「資格別 取得可能な短大・学科」「就職状況」「大学への編入」「学費」は巻末データ集に収録

静岡県立大学短期大学部

一般　共テ　推薦　総合

oshika.u-shizuoka-ken.ac.jp/
設置(学)科＝歯科衛生、社会福祉、こども

CAMPUS GUIDE

●**所在地**　〒422-8021　静岡市駿河区小鹿２丁目２の１
☎(054)202-2610(学生室直通)
●**交通**　ＪＲ静岡駅北口８Ｂ番または南口21番乗場からバスで小鹿局前下車、徒歩３分。
●**設立**　昭和26年
●**学生総数**　男10人・女254人
▼**要項請求先＆問合せ先**
学生部学生室

特別選抜 帰国	特別選抜 社会人	学外試験会場	授業料減免 免除	授業料減免 減額	奨学金制度 給付	奨学金制度 貸与	学生寮 男子	学生寮 女子	海外留学	海外研修	編入制度	専攻科
×	○	×	○	○	×	×	×	×	×	×	×	×

学生と教職員のコミュニケーションを大切にし、実り多い学生生活を過ごせるような環境づくりに努めています。

附属図書館には保健・医療・福祉関係を中心に10万冊の蔵書があります。図書、雑誌、DVDなどの映像資料のほか、専門分野の情報を探すためのデータベースなども提供しており、これらの資料を十分に使いこなせるよう、利用ガイダンスや調査・相談業務も行っています。キャリア支援センターでは、保健・医療・福祉分野の就職情報だけでなく、一般企業の就職情報も取り扱っています。就職支援のための相談活動も定期的に外部講師を招き行っています。

歯科衛生学科

定員(専攻名・定員)／修業年限
40人／３年

健やかな口腔を生涯にわたり支援する心と技術を育みます。豊かな人間性を身につけ、保健医療・福祉の向上に貢献できる歯科衛生士を目指します。

カリキュラムは、歯科医療や歯科衛生に関する知識と技術を修得するための専門科目を中核としています。自然科学系および社会科学系の教養科目や、医療従事者としての基礎的知識を理解するための科目で編成されています。

また、活力ある豊かな高齢社会の実現に寄与するため、福祉従事者などとの連携の上に、歯科衛生士が歯科保健の立場から地域保健を実践するための知識が修得できるように、社会福祉学科などと連携した教育を実施します。

◆**取得免許&資格**　歯科衛生士国家試験受験資格。

社会福祉学科

定員(専攻名・定員)／修業年限
70人(社会福祉20・介護福祉50)／２年

社会福祉と介護福祉の２専攻制です。演習、実習科目を重視したカリキュラムで、豊かな人間性を備えた福祉の担い手を養成します。

社会福祉専攻では、社会福祉に関する理論と実践を学び、職業倫理と援助技術を身につけた対人援助者を目指し、さまざまなライフステージに必要な援助のあり方と方法を専門的に学びます。

保育士と社会福祉士のための実習は、２年間で10週間、保育所や福祉施設・相談援助機関で行います。卒業時に保育士資格を取得できる上、卒業後、指定施設での２年間の実務経験後には、社会福祉士国家試験受験資格が得られます。

介護福祉専攻では、高齢者や障害のある人びとが、家庭や地域、施設において自立した生活ができるように、身体介護や家事援助などを行い、さらに介護に関する相談援助ができる介護福祉士を目指しています。

カリキュラムは、介護福祉士に必要な専門知識と技術を中核としています。教養科目や社会福祉の基礎知識、また特別養護老人ホームなどで２年間で450時間の介護実習を行うなど幅広く編成しています。主な実習施設には、介護老人保健施設、障害者支援施設などがあります。

◆**取得免許&資格**　両専攻－社会福祉主事〈任用〉。社会福祉専攻－保育士、社会福祉士国家試験受験資格（卒業後、実務経験が必要）。介護福祉専攻－介護福祉士国家試験受験資格。

こども学科

定員(専攻名・定員)／修業年限
30人／２年

現在、社会の変化によって保育や親の子育て支援に加えて、子どもの“生きる力”を育み伸ばす資質を持った保育者が求められています。そのような多様化する保育ニーズに応えるため、自ら学び続けることのできる保育者を育成していきます。また、子どもの健やかな育ちを守り支えることのできる専門性と豊かな人間性を、仲間とともに学び身につけていきます。

講義、演習では少人数で保育者としての知識、技術を身につけ、実習で保育実践の現場を経験します。２年間の集大成として、各自の興味関心によってゼミナールに分かれ、卒業研究に取り組みます。

◆**取得免許&資格**　社会福祉主事〈任用〉、幼稚園教諭二種免許、保育士。

前年度　選抜方法

●**推薦**＝書類審査、小論文、面接
●**一般(入試科目・配点)(共通テスト)**
◇**歯科衛生(600点満点)**＝国語(200)／数理〈数Ⅰ、数Ⅰ・Ａ、数Ⅱ、数Ⅱ・Ｂ、化、生→１*〉(200)／英〈リスニングを含む〉(200)
*理科は物基、化基、生基から２科目選択も可
◇**社会福祉(社会福祉)・こども(600点満点)**＝国語(200)／地歴公数理〈世Ｂ、日Ｂ、地理Ｂ、現社、倫理、政経、倫政経、数Ⅰ・Ａ、数Ⅱ、数Ⅱ・Ｂ、化、生→１*〉(200)／英〈リスニングを含む〉(200)
*理科は化基、生基の２科目選択も可
◇**社会福祉(介護福祉)(600点満点)**＝国語(200)／地歴公数理〈世Ａ、日Ａ、地理Ａ、世Ｂ、日Ｂ、地理Ｂ、現社、倫理、政経、倫政経、数Ⅰ、数Ⅰ・Ａ、数Ⅱ、数Ⅱ・Ｂ、簿記、情報、物、化、生、地学→１*〉(200)／英〈リスニングを含む〉(200)
*理科は物基、化基、生基、地学基から２科目選択も可
(個別試験)
◇**歯科衛生(200点満点)**＝面接
◉**2025年度の募集要項は、総合型は７月下旬、学校推薦型は９月上旬、一般は10月中旬からホームページで公開予定**

三重短期大学

一般 共テ 推薦 総合

www.tsu-cc.ac.jp/

設置(学)科＝法経第１部、法経第２部、食物栄養、生活科学

CAMPUS GUIDE

●所在地 〒514-0112 三重県津市一身田中野157
☎(059) 232-2341
●交通 近鉄江戸橋駅下車、徒歩10分。
●設立 昭和27年
●学生総数 男205人・女408人
▼要項請求先＆問合せ先
学生部

特別選抜 帰国	特別選抜 社会人	学外試験会場	授業料減免 免除	授業料減免 減額	奨学金制度 給付	奨学金制度 貸与	学生寮 男子	学生寮 女子	海外留学	海外研修	編入制度	専攻科
×	○	×	○	○	×	×	×	×	×	×	○	×

法経科 第１部

法経科 第２部

定員(専攻名・定員)／修業年限
第１部＝100人／２年
第２部(夜間)＝100人／２年

法律系の専門教育を行っている全国で唯一の公立短大です。

第１部には、法律、経商の２コースを設置しています。

法律コースでは、法律学に関わる基本的な科目の学習を通して実生活に役立つ法律知識を修得します。行政学などの政策科学を学び、地域社会で活躍する公務員や市民の育成を目指します。

経商コースでは、経済学の基礎および実務的な経理能力を身につけるほか、経営学の理論を学び、企業の経営に積極的に関与できる人材を目指します。経営分野のカリキュラムが充実しています。

第２部では法律、経済、経営、行政などの社会科学を幅広く学びます。働きながら学ぶ学生のほか、社会人や４年制大学への編入を目指す人など、多様な年齢層と社会経験を持つ人びとが学ぶ生涯学習の場となっています。

◆取得免許&資格 社会福祉主事〈任用〉。

食物栄養学科

定員(専攻名・定員)／修業年限
50人／２年

栄養士に必要な基礎的・実践的知識を身につけ、食をめぐる問題を総合的にとらえます。科学的根拠に基づいた食生活についての提言を行うことができる人材を育成します。

◆取得免許&資格 栄養士など。

生活科学科

定員(専攻名・定員)／修業年限
100人／２年

生活福祉・心理、居住環境の２コースが設置されています。

生活福祉・心理コースでは、福祉と心理が融合した教育を目指しています。援助（ケア）の視点と人間関係のあり方と理解する視点をあわせ持った地域福祉の担い手の育成を目指します。

居住環境コースでは、人にやさしい快適な住まいづくりを目指し、生活者としての立場から居住空間整備を担う人材を育成します。

◆取得免許&資格 生活福祉・心理コース－社会福祉主事〈任用〉、社会福祉士国家試験受験資格（要実務経験２年）など。居住環境コース－二級・木造建築士国家試験受験資格、一級建築士国家試験受験資格（免許登録には実務経験４年が必要）など。

前年度 選抜方法

●推薦＝書類審査、小論文(法経第２部を除く)、プレゼンテーション（法経第２部のみ)、面接
●一般（入試科目・配点）
◇法経第１部・食物栄養・生活科学(250点満点)＝国総〈除く古・漢〉(100)／コミュ英Ⅰ・Ⅱ(100)／小論文（50)
◇法経第２部(300点満点)＝小論文(100)／プレゼンテーション（100)／面接（100)
◉2025年度の募集要項は８月中旬に配布予定

⇩「資格別 取得可能な短大・学科」「就職状況」「大学への編入」「学費」は巻末データ集に収録

島根県立大学短期大学部

一般 / 共テ / 推薦 / 総合

公立

matsuec.u-shimane.ac.jp/
設置(学)科＝保育、文化情報

CAMPUS GUIDE

●所在地　〒690-0044　島根県松江市浜乃木７丁目24の２
☎(0852)20-0236
●交通　ＪＲ松江駅から市営バスで30分、県立大学前下車。
●設立　平成19年
●学生総数　男20人・女146人
▼要項請求先＆問合せ先　学務課

特別選抜 帰国	特別選抜 社会人	学外試験会場	授業料減免 免除	授業料減免 減額	奨学金制度 給付	奨学金制度 貸与	学生寮 男子	学生寮 女子	海外留学	海外研修	編入制度	専攻科
○	○	×	○	○	○	×	×	○	○	○	○	×

保育学科

定員(専攻名・定員)／修業年限

40人／２年

保育、教育、福祉の知識や理論、技術を学び、保育者としての専門性、豊かな人間性を持ち、保育現場で適切な対応ができる人材を育成します。

学内での専門的な講義や演習のほか、保育所や幼稚園、児童福祉施設などのさまざまな現場における実習を通して、子どもに接するための大切な心構えや現場の課題などを学びます。

２年間で基礎を身につけ、実践力を高めることで、保育現場で即戦力として働くことを目指します。

◆取得免許&資格　保育士、幼稚園教諭二種免許。

文化情報学科

定員(専攻名・定員)／修業年限

40人／２年

社会人として必要な即戦力を養うために、情報について基礎的な技能や主体的な課題設定と自ら思考、判断、表現するために必要な日本語の基礎的能力を習得していきます。また、主体的に地域の諸課題に関わる姿勢や多文化に関する知識、国際化に対応できる言語運用能力を養成するほか、他者の言葉に耳を傾けながら、自分の考えを吟味し、表現できるコミュニケーション力を養います。

◆取得免許&資格　司書、サービス接遇検定、ITパスポート、DTP検定など。

前年度　選抜方法

●推薦＝書類審査、小論文、面接
●一般（入試科目・配点）
（共通テスト）
◇全学科(200点満点)＝国語(100)／英〈リスニングを含む〉(100)
（個別試験）
◇保育(100点満点)＝小論文
◇文化情報(100点満点)＝面接
◉2025年度の募集要項は９月上旬に配布予定

倉敷市立短期大学

一般　共テ　推薦　総合

www.kurashiki-cu.ac.jp/
設置(学)科＝保育、服飾美術

CAMPUS GUIDE

●**所在地**　〒711-0937　岡山県倉敷市児島稗田町160　☎(086)473-1860
●**交通**　ＪＲ瀬戸大橋線児島駅から下電バスで13分、市立短大・翔南高校入口(稗田十字路)下車、徒歩５分。
●**設立**　昭和49年
●**学生総数**　男16人・女230人
●**専攻科**　保育臨床10人・２年、服飾美術10人・２年
▼**要項請求先&問合せ先**　入試係

特別選抜 帰国	特別選抜 社会人	学外試験会場	授業料減免 免除	授業料減免 減額	奨学金制度 給付	奨学金制度 貸与	学生寮 男子	学生寮 女子	海外留学	海外研修	編入制度	専攻科
○	○	×	○	○	×	×	×	×	×	○	×	○

保育学科

定員(専攻名・定員)／修業年限
50人／2年

保育者としての資質および保育に関する専門的知識・技能と、それらを適切かつ創造的に活用できる保育実践能力を養います。

一人ひとりの学生の主体性と個性を尊重した少人数体制における指導を行い、卒業後も学び続ける意欲を持つ保育者を養成します。

１年次には、基礎科目や保育の専門に関わる科目を学習します。基礎的な理論から実践的なアプローチの方法までを、講義や演習により修得していきます。保育者としての専門性を高められるカリキュラム編成です。

２年次には、保育実習・施設実習・教育実習によって、保育実践力を高めるカリキュラムが組まれています。総合演習では、保育・教育・福祉に関わる課題を見つけ、その探究と解決の方策について主体的に学習します。

また、倉敷市では、「子育てするなら倉敷で」の理念のもと、官民学の連携による地域ぐるみの子育て支援や、学生が学内外で保育・子育ての課題について学べる機会も多く用意されています。

◆**取得免許&資格**　幼稚園教諭二種免許、保育士、社会福祉主事〈任用〉。

服飾美術学科

定員(専攻名・定員)／修業年限
50人／2年

芸術・デザイン・ファッションに関する基礎的な理論と実技の修得を通じて、多様なメディアやテクノロジーに対する理解力と多角的な視点を養います。学内外を遊びの場としてとらえ、積極的に行動し考えることのできる、創造的で実践的なクリエーターの養成を目指します。

１年次には、豊富な演習・実習と講義を通じて、デザインワーク、ビジネスシーンに必要不可欠な機器の操作、WEB・グラフィック系ソフトなどの基礎的な知識・技術を習得します。個々人の適性を伸ばすトレーニングを膨らませ、本人が目標とする進路へ対応可能なスキルを磨いていきます。

２年次には、ファッション、アート、デザイン、マーケティング、エンジニアリングなどの専門領域から所属する研究室（ゼミ）を選び、卒業研究（作品制作、論文作成など）に取り組みます。自分自身でしっかり物事をとらえ考えられるように、教員や仲間とのコミュニケーションを繰り返しながら研究を深めていきます。

前年度　選抜方法

●**推薦**＝書類審査、小論文、面接
●**一般（入試科目・配点）**
◇**保育(100点満点)**＝国総〈除く漢〉(45)／コミュ英Ⅰ・Ⅱ・英表Ⅰ(45)／調査書・活動報告書(10)
◇**服飾美術(100点満点)**＝国総〈除く漢〉(45)／数外実〈数Ⅰ・A、コミュ英Ⅰ・Ⅱ・英表Ⅰ、美術Ⅰ〔静物デッサン〕→1〉(45)／調査書(10)
◉**2025年度の募集要項は7月中旬に配布予定**

⇨「資格別 取得可能な短大・学科」「就職状況」「大学への編入」「学費」は巻末データ集に収録

大分県立芸術文化短期大学

一般　共テ　推薦　公立

www.oita-pjc.ac.jp/

設置(学)科＝美術、音楽、国際総合、情報コミュニケーション

CAMPUS GUIDE

●所在地　〒870-0833　大分市上野丘東1の11
☎(097)545-0542(教務学生部)
●交通　ＪＲ大分駅前から大分バスで上野下車、徒歩約４分。または、ＪＲ大分駅から徒歩約20分。
●設立　昭和36年
●学生総数　男116人・女735人
●専攻科　造形24人・2年、音楽20人・2年
▼要項請求先＆問合せ先　教務学生部

特別選抜 帰国	特別選抜 社会人	学外試験会場	授業料減免 免除	授業料減免 減額	奨学金制度 給付	奨学金制度 貸与	学生寮 男子	学生寮 女子	海外留学	海外研修	編入制度	専攻科
×	○	×	○	○	×	×	×	×	○	○	○	○

60年以上の歴史を持つ芸術系２学科と、平成４年に開設された人文系２学科を併せ持つ公立の総合短期大学です。質の高い専門科目や幅広い分野の教養科目を編成し、充実した施設環境を整えています。外国語の習得を重視しており、英語、中国語、韓国語にネイティブの専任教員を配置しています。芸術系学科には２年間の専攻科もあり、４年制大学と同じ学士(芸術学) を取得できます。

美術科

定員(専攻名・定員)／修業年限
75人(美術25・デザイン50)／２年

美術専攻とデザイン専攻があり、多様な現代の美術やデザインの状況に対応できる創造性あふれる人材の育成を目指します。

美術専攻では、１年次前期に絵画・彫刻の基礎を学びます。１年次後期より、日本画・油彩画・ミクストメディア・彫刻から希望する分野を選択し、基礎的な技術や専門的な表現の研究を行います。

デザイン専攻にはビジュアルデザイン、メディアデザイン、プロダクトデザイン、グラフィックアートの４コースがあります。１年次前期は美術やデザインの基礎を学びコンピュータスキルを身につけ、１年次後期より４コースに分かれ、広告・商品企画・映像・Web・グラフィックアート・製品デザインなどを学び、デザインの専門的な表現能力を身につけます。

両専攻では美術やデザインの歴史、理論、工芸、色彩などについて学び、より多角的に創造について研究します。

◆**取得免許&資格**　中学校美術教諭二種免許。

音楽科

定員(専攻名・定員)／修業年限
65人／２年

声楽、ピアノ、管弦打、音楽総合の４コースがあります。声楽、ピアノ、管弦打の３コースは、基礎教育を充実させ、基礎力をベースにした演奏技術と音楽性の向上を目指します。音楽総合コースは、指揮・理論・作曲分野の学びを受け継ぎながら、学生の希望に合わせて各楽器の演奏技術も修得できるコースです。全コースで音楽の技術、教養、知力をバランスよく修得できます。

声楽コースでは、歌唱芸術を学び、さらに深めるために、声楽の基礎的な実技・理論の修得を基盤とし、独唱・合唱を教授します。ピアノコースでは、基礎的な演奏技術を修得の上、ピアノの高度な演奏技能を身につけます。管弦打コースでは、各楽器の演奏法の修得と合わせ、オーケストラや吹奏楽の授業を通しアンサンブルを学び、それを基盤として独奏、合奏のノウハウを教授します。音楽総合コースでは、音楽理論・音楽史、楽曲分析や指揮、作曲などからのアプローチとともに、学生の希望に合わせ自分のやりたい楽器の演奏技術の修得（個人レッスン）を行います。学習を進めるなかで、音楽理論などを中心とした研究に重点を置くことも可能です。

◆**取得免許&資格**　中学校音楽教諭二種免許。

国際総合学科

定員(専攻名・定員)／修業年限
100人／２年

世界の多様な文化や考え方を学ぶとともに、現代社会に通用する実践的キャリア教育を通じて、国際的視野に立ち、地域に貢献できる人材の育成を目指します。

使える外国語の習得を目指す国際コミュニケーションコース、観光業で求められるマネジメントや実務を学ぶ観光マネジメントコース、ビジネスの現場で求められる企画力や実践的スキルを身につける現代キャリアコースの３コースがあります。専門的知識と実践力を兼ね備え、幅広い分野で活躍できる人材の育成を目指します。

情報コミュニケーション学科

定員(専攻名・定員)／修業年限
100人／２年

心理スポーツ、地域ビジネス、情報メディアの３コースを学び、サービスラーニングなどの地域活動に参加し、積極的に情報を発信する人材の輩出を目的としています。自らの意志・判断によって責任を持って行動する能力、人とコミュニケーションを取りながら協同していく能力、物事や思考を道筋立てて進めていく能力など、主体性、協調性、論理性に富んだ社会人力を修得し、地域社会に貢献できる人材を育成します。

基礎演習・発展演習・卒業研究と入学から卒業までの少人数ゼミで、一人ひとりの個性を見出し、就職や編入学など適性に合った進路指導や興味あるテーマに沿った卒業指導を行います。

前年度　選抜方法

●**推薦**＝書類審査、面接のほかに、美術は作品審査と実技、音楽は実技、国際総合・情報コミュニケーションは小論文
●**一般Ａ日程（入試科目・配点）**
◇**美術(美術は600点満点、デザインは400点満点)**＝国〈除く古・漢〉(100)／英〈リスニングを除く〉(100)／実技(美術は400、デザインは200)
◇**音楽(700点満点)**＝国〈除く古・漢〉(100)／英〈リスニングを除く〉(100)／音楽基礎科目(100)／実技（400）
◇**国際総合・情報コミュニケーション(200点満点)**＝国〈除く古・漢〉(100)／英〈リスニングを除く〉(100)
◉**2025年度の募集要項は７月中旬に配布予定**

鹿児島県立短期大学

一 般
共 テ
推 薦

www.k-kentan.ac.jp/

設置(学)科＝文学、生活科学、商経１部、商経２部

CAMPUS GUIDE

●所在地　〒890-0005　鹿児島市下伊敷1丁目52の1
☎(099)220-1112（教務課直通）
●交通　ＪＲ鹿児島中央駅からバスで玉江小前または下伊敷下車、徒歩５分。
●学生総数　男115人・女456人
●設立　昭和25年
▼要項請求先＆問合せ先　教務課

特別選抜 帰国	特別選抜 社会人	学外試験会場	授業料減免 免除	授業料減免 減額	奨学金制度 給付	奨学金制度 貸与	学生寮 男子	学生寮 女子	海外留学	海外研修	編入制度	専攻科
×	○	×	○	○	×	×	×	×	○	○	○	×

文学科

定員(専攻名・定員)／修業年限
60人(日本語日本文学30・英語英文学30)／2年

２専攻から成り立っています。

日本語日本文学専攻では、古典から近現代までの各時代の文学や日本語学を、少人数による講読・演習科目などを通して学びます。

さらに、中国文学や郷土文化再発見のための南九州地域の文学も鑑賞します。

このほか、外国人を対象とした日本語教育について学ぶ科目や、学校図書館司書教諭資格に関する科目も開講しています。

英語英文学専攻では、世界共通語としての英語の実践的運用能力を高め、英語圏世界の価値観、文化、行動様式などを理解し、グローバルに活躍できる人材を育てます。

英語学の分野では、基礎的な英語学概論、英語音声学、英語表現法や、外国人教員によるオーラルコミュニケーション、英語コミュニケーション演習などによって英語の運用能力の向上を図ります。

英米文学の分野では、著名な文学の精読・鑑賞・批評といった文学空間だけでなく、言葉の背後にある英語圏世界の文化、精神、行動様式まで探究します。

また、日本文学史や、情報リテラシーの科目も開設しています。

◆取得免許&資格　日本語日本文学専攻－中学校教諭二種免許（国語）など。英語英文学専攻－中学校教諭二種免許（英語）など。

生活科学科

定員(専攻名・定員)／修業年限
60人(食物栄養30・生活科学30)／2年

衣・食・住に加え、広く生活に関わる事象を対象に、２専攻を設置しています。

食物栄養専攻では、健康の維持・増進を目的とした食生活改善や地域・家庭における食文化向上に貢献できる人材を育成します。

カリキュラムは、社会生活と健康、人体の構造と機能、食品と衛生、栄養と健康、栄養の指導、給食の運営、そのほか関連科目の７分野から構成しています。

実験や実習を多く取り入れており、理論だけでなく、実践による知識を深め、自主的に真理を探究していきます。

生活科学専攻では、生活を科学的に実証し、それに基づいて感性やデザイン力でよりよい生活環境を実現することができる人材の育成を目指します。

ライフデザイン系、ビジュアルデザイン系、ファッションデザイン系、建築デザイン系の４つの科目群の中から、興味に応じて選択して履修することができます。

◆取得免許&資格　食物栄養専攻－栄養士、栄養教諭二種免許、管理栄養士国家試験受験資格（要実務経験３年以上）。生活科学専攻－中学校教諭二種免許（家庭）、二級建築士・木造建築士国家試験受験資格、学校図書館司書教諭〈任用〉、商業施設士補受験資格。

商経学科１部

商経学科２部

定員(専攻名・定員)／修業年限
１部＝75人(経済35・経営情報40)／２年
２部(夜間)＝60人／３年

地域性・今日性・有用性の３つを商経学科における教育の原理としています。

１部の経済専攻では、ローカルなものとグローバルなものの結びつきを展望し、その根底に流れる経済の動きを研究します。

経営情報専攻では、企業や行政機関のなかで、その経営、組織の効率的な運営のために個人がすべきことを理解し、実行できるような人材を育てます。

２部は勤労者や社会人に門戸を開いています。鹿児島県内唯一の夜間学科として、人生を豊かに生きるための力を育てています。

前年度　選抜方法

●推薦＝書類審査、小論文、面接
●一般（入試科目・配点）（共通テスト）
◇文学（600点満点）＝国（200）／地歴公〈世B、日B、地理B、現社、倫理、政経、倫政経→１〉（200〈英語英文学は100〉）／英〈リスニングを含む〉（200〈英語英文学は300〉）
◇生活科学〈食物栄養〉（600点満点）＝国(200)／数理〈数Ⅰ、数Ⅰ・A、数Ⅱ、数Ⅱ・B、化、生→1*〉(200)／英〈リスニングを含む〉(200)
＊理科は化基、生基の２科目選択も可
◇生活科学〈生活科学〉（600点満点）＝国（200）／地歴公数理〈世B、日B、地理B、現社、倫理、政経、倫政経、数Ⅰ、数Ⅰ・A、数Ⅱ、数Ⅱ・B、化、生→1*〉(200)／英〈リスニングを含む〉(200)
＊理科は化基、生基の２科目選択も可
◇商経１部（600点満点）＝国(200)／地歴公数〈世B、日B、地理B、現社、倫理、政経、倫政経、数Ⅰ、数Ⅰ・A、数Ⅱ、数Ⅱ・B、簿記、情報→1〉(200)／英〈リスニングを含む〉、独、仏、中、韓→1(200)
◇商経２部＝なし
（個別試験）
◇文学〈日本語日本文学〉（200点満点）＝国語（国総・現代文B・古典B）
◇文学〈英語英文学〉（200点満点）＝外国語(コミュ英Ⅰ・Ⅱ・英表Ⅰ・Ⅱ)
◇生活科学〈食物栄養〉、商経１部（200点満点）＝小論文
◇生活科学〈生活科学〉（100点満点）＝面接
◇商経２部（300点満点）＝小論文(200)／調査書等(100)
◉2025年度の募集要項は９月中旬に配布予定

⇩「資格別 取得可能な短大・学科」「就職状況」「大学への編入」「学費」は巻末データ集に収録

帯広大谷短期大学

一般 共テ 推薦 総合

www.oojc.ac.jp/
設置(学)科＝地域共生、社会福祉、看護

CAMPUS GUIDE

●**所在地**　〒080-0335　北海道河東郡音更町希望が丘３の３
☎(0155)42-4444
●**交通**　ＪＲ帯広駅下車、拓殖バス（緑陽台・雄飛が丘団地線）で大谷短大前下車。
●**設立**　昭和35年
▼**要項請求先＆問合せ先**
アドミッション・センター

特別選抜 帰国	特別選抜 社会人	学外試験会場	授業料減免 免除	授業料減免 減額	奨学金制度 給付	奨学金制度 貸与	学生寮 男子	学生寮 女子	海外留学	海外研修	編入制度	専攻科
○	○	4	×	×	×	×	×	×	×	×	×	×

地域共生学科

定員(専攻名・定員)／修業年限
50人／2年

キャリアデザインコースと食と栄養コースの２コースがあります。

キャリアデザインコースでは、地域をキーワードに、文学、文化をはじめ、歴史、自然、経済などの分野から多様な考え方を学びます。キャリアサポート科目により、意欲を実現に変える技術を修得して、地域社会を盛りたてることのできる人材を育成します。教育課程に、学科教養、地域学習ユニット、社会・経営ユニット、文化・教養ユニット、キャリアサポートの５つの学科専門科目カテゴリーを配置しています。

食と栄養コースでは、時代の要請に対応しつつ、卒業後すぐに社会で活躍できる高い能力と幅広い知識を備えた栄養士の養成に取り組んでいます。食と健康について専門的な知識と技術を学ぶための基礎や教養が修得できるカリキュラムを編成しています。

◆**取得免許&資格**　キャリアデザインコース－司書、社会教育主事(実務経験１年)。食と栄養コース－栄養士、フードスペシャリスト。

社会福祉科

定員(専攻名・定員)／修業年限
90人（子ども福祉70・介護福祉20）／２年

子ども福祉専攻では、保育現場と協力しながら学生が育つ体制を整えています。実技系科目の充実や保育現場経験のある専任教員を加え、学生の指導を行います。

介護福祉専攻では、学内講義で介護の根拠を学び、地域の多様な施設と連携を図り、豊富な実習で資格取得を目指します。卒業後は向上心を持ち、多くの研修を経て介護福祉士の質を高めます。

◆**取得免許&資格**　子ども福祉専攻－保育士、幼稚園教諭二種免許。介護福祉専攻－介護福祉士国家試験受験資格など。ほかに、両専攻とも社会福祉主事〈任用〉。

看護学科

定員(専攻名・定員)／修業年限
40人／3年

医療現場では、柔軟な問題解決能力を持ち複雑な課題に挑む自立・自律した人材が求められています。

生涯を通じてスキルアップやキャリアアップを図ることのできる堅実で基礎的な知識と、人間的な品格を兼ね備えた人材を養成するために、経験豊富な教員によるきめ細やかな教育を行います。

◆**取得免許&資格**　看護師国家試験受験資格。

前年度　選抜方法

●**推薦**＝書類審査、面接、小論文（看護のみ）
●**一般（入試科目・配点）**
（Ⅰ期）
◇**地域共生、社会福祉（200点満点）**＝国語〈現代文〉(100)、小論文(100)
◇**看護（300点満点）**＝国語〈除く古・漢〉(100)／コミュ英Ⅰ・Ⅱ(100)／数理〈数Ⅰ・A、物基、化基、生基→1〉(100)
〈注〉他に面接を実施。
◉**2025年度の募集要項は配布中**

釧路短期大学

一般
推薦

www.midorigaoka.ac.jp/kushirojc/
設置(学)科＝生活科学、幼児教育

CAMPUS GUIDE

●所在地 〒085-0814 北海道釧路市緑ヶ岡1丁目10の42
☎(0154)68-5124（入試事務局直通）
●交通 ＪＲ釧路駅から、くしろバス３番武佐線で緑ヶ岡３丁目下車。
●設立 昭和39年
●学生総数 男17人・女128人
▼要項請求先＆問合せ先 入試事務局

特別選抜 帰国	特別選抜 社会人	学外試験会場	授業料減免 免除	授業料減免 減額	奨学金制度 給付	奨学金制度 貸与	学生寮 男子	学生寮 女子	海外留学	海外研修	編入制度	専攻科
○	○	×	×	○	○	×	×	×	×	×	○	×

生活科学科

定員(専攻名・定員)／修業年限
50人(生活科学20・食物栄養30)／２年

生活科学専攻には、教養や職業的技能などを身につける科目を設置しています。コミュニケーション力を身につけた、地域に貢献できる人材を育成します。

食物栄養専攻では、栄養士の育成を柱に、健康について食物と栄養の両面からアプローチします。食品学総論、基礎栄養学、臨床栄養学、調理学、食品衛生学実験、ライフステージ栄養学などの専門教育科目を学びます。

◆取得免許&資格 生活科学専攻－司書、ビジネス実務士、観光実務士、メディカルクラークなど。食物栄養専攻－栄養士など。

幼児教育学科

定員(専攻名・定員)／修業年限
50人／２年

幼稚園教諭二種免許と保育士資格の同時取得が目標です。子どもの歌の弾き歌いなどの実技をはじめとして、社会福祉、乳児保育、心理学などの専門知識を修得していきます。また、地域や現場でのコミュニケーションづくりを支援するレクリエーション・インストラクターの資格を取得するための科目も開講しています。主な専門教育科目には、音楽、保育原理、心身の発達・学習過程、特別支援教育、造形表現指導法、幼児体育指導法、保育方法論などがあります。

◆取得免許&資格 幼稚園教諭二種免許、保育士、レクリエーション・インストラクター、スポーツ・レクリエーション指導者、認定ベビーシッターなど。

前年度 選抜方法

●推薦＝書類審査、面接
●一般（入試科目）（Ⅰ～Ⅲ期共通）
◇全学科＝調査書／小論文
〈注〉他に面接あり
◉2025年度の募集要項は５月上旬に配布予定

こうえんがくえんじょし
光塩学園女子短期大学

一般
推薦
総合

tandai.koen.ac.jp/
設置(学)科＝食物栄養、保育

CAMPUS GUIDE

●所在地 〒005-0012 北海道札幌市南区真駒内上町３丁目１の１
☎(0120)66-1251
●交通 地下鉄南北線真駒内駅から徒歩約12分またはバスで光塩短大前下車。
●設立 昭和42年
▼要項請求先＆問合せ先
入試広報担当

特別選抜 帰国	特別選抜 社会人	学外試験会場	授業料減免 免除	授業料減免 減額	奨学金制度 給付	奨学金制度 貸与	学生寮 男子	学生寮 女子	海外留学	海外研修	編入制度	専攻科
○	○	×	×	○	○	×	×	×	×	○	○	×

食物栄養科

定員(専攻名・定員)／修業年限
100人／２年

実社会で活躍できるよう、食品の専門知識はもちろん、「食」と「人」の関係について総合的に学びながら栄養士を目指します。

栄養士免許のほか、栄養教諭免許、食の専門職である健康管理士一般指導員の資格も取得することができます。

実習カリキュラムでは、調理技術の向上を重視しています。また、時代のニーズに応えることができるよう、小児・福祉調理実習などを取り入れています。大量調理を経験する給食実習も行います。

◆取得免許&資格 栄養士免許、栄養教諭二種免許、健康管理士一般指導員、社会福祉主事〈任用〉。

保育科

定員(専攻名・定員)／修業年限
100人／２年

人間性、教養、実践力を備えた幼稚園教諭や保育士を育成します。附属認定こども園での体験学習を通して、子どもの成長を間近に見ながら保育の現状を学びます。

カリキュラムは音楽、幼児造形、身体表現などの実技系科目が充実しています。１年次では、年齢ごとの発達的変化や発達課題など、子どもを理解し、基礎と目的意識を確立します。２年次では、指導案作成から実際の指導を体験する教育・保育実習を中心として、スキルの向上を図ります。

◆取得免許&資格 幼稚園教諭二種免許、保育士、社会福祉主事〈任用〉、幼児体育指導者検定。

前年度 選抜方法

●推薦（学校推薦型）＝書類審査、面接、口頭試問
●一般（入試科目）
（Ⅰ期・Ⅱ期共通）
◇全科＝国総〈除く古・漢〉
〈注〉他に面接あり
◉2025年度の募集要項は配布時期未定

⇩「資格別 取得可能な短大・学科」「就職状況」「大学への編入」「学費」は巻末データ集に収録

國學院大學北海道短期大学部

一般　共テ　推薦　総合

www.kokugakuin-jc.ac.jp/

設置(学)科＝国文、総合教養、幼児・児童教育

CAMPUS GUIDE

●**所在地**　〒073-0014　北海道滝川市文京町３丁目１の１
☎(0125)23-4111
●**交通**　ＪＲ函館本線滝川駅からバス滝川市内線で国学院短大下車、徒歩３分。
●**設立**　昭和57年
▼**要項請求先&問合せ先**
入学係

特別選抜 帰国	特別選抜 社会人	学外試験会場	授業料減免 免除	授業料減免 減額	奨学金制度 給付	奨学金制度 貸与	学生寮 男子	学生寮 女子	海外留学	海外研修	編入制度	専攻科
×	○	1	×	○	○	×	×	×	○	×	○	×

国文学科

定員(専攻名・定員)／修業年限

85人／２年

古代・中古から近現代までの日本文学、中国文学、小説や詩などのジャンル、歴史学や神道学などの分野をセメスター化された授業により学ぶことができます。また、研究と文芸作品の創造を、相互に影響し合う国文学の両輪として、カリキュラムを構成しています。学習効果を上げるために、演習および少人数のゼミナール形式の授業を数多く採用しています。また、地域性を生かした、アイヌの文化を学ぶ科目も開講しています。

◆**取得免許&資格**　中学校国語教諭二種免許、司書、社会福祉主事〈任用〉、ビジネス実務士、情報処理士、レクリエーション・インストラクター、准学校心理士。

総合教養学科

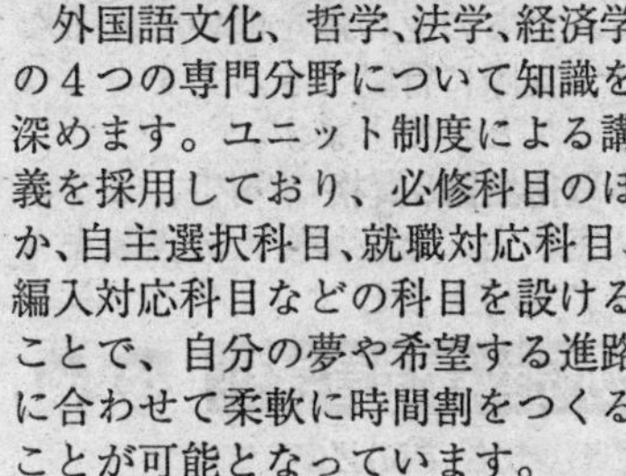

定員(専攻名・定員)／修業年限

85人／２年

外国語文化、哲学、法学、経済学の４つの専門分野について知識を深めます。ユニット制度による講義を採用しており、必修科目のほか、自主選択科目、就職対応科目、編入対応科目などの科目を設けることで、自分の夢や希望する進路に合わせて柔軟に時間割をつくることが可能となっています。

◆**取得免許&資格**　中学校英語教諭二種免許、司書、社会福祉主事〈任用〉、ビジネス実務士、情報処理士、レクリエーション・インストラクター、准学校心理士。

幼児・児童教育学科

定員(専攻名・定員)／修業年限

55人／２年

以下の２コースがあります。

幼児保育コースでは、近隣の福祉施設で「ありす座(学生の劇団)」が行う「音楽劇」など、子どもたちと触れ合う機会を多く設けています。また、小学校の英語教育にも対応した「保育英語」も導入し、時代に対応した人材を育成します。

児童教育コースでは、小学校教諭二種免許と幼稚園教諭二種免許が取得できます。１年次から音楽・造形・理科などの実験や野外での体験的な学習を豊富に設けています。地域の小学校と連携しており、日常の子どもたちとの触れ合いを通して、実践力を磨きます。

◆**取得免許&資格**　両コース－幼稚園教諭二種免許、レクリエーション・インストラクター、社会福祉主事〈任用〉、准学校心理士。幼児保育コース－保育士。児童教育コース－小学校教諭二種免許。

前年度　選抜方法

●**推薦**＝書類審査、面接
●**一般（入試科目・配点）**
◇**全学科(100点満点)**＝国文学科は日本語に関する筆記試験、総合教養学科と幼児・児童教育学科は小論文
◎**2025年度の募集要項は５月中旬に配布予定**

札幌国際大学短期大学部

一般　共テ　推薦　総合

www.siu.ac.jp/

設置(学)科＝総合生活キャリア、幼児教育保育

CAMPUS GUIDE

●所在地　〒004-8602　北海道札幌市清田区清田４条１丁目４の１
☎(011)881-8861
●交通　地下鉄東西線南郷18丁目駅または地下鉄東豊線福住駅下車、中央バスで札幌国際大学前下車、徒歩５分。
●設立　昭和44年
●学生総数　211人
▼要項請求先&問合せ先
アドミッションセンター

特別選抜 帰国	社会人	学外試験会場	授業料減免 免除	減額	奨学金制度 給付	貸与	学生寮 男子	女子	海外留学	海外研修	編入制度	専攻科
○	○	×	○	○	×	×	×	×	×	○	○	×

総合生活キャリア学科

定員(専攻名・定員)／修業年限
40人／２年

生活デザイン、オフィス、ホスピタリティ、英語コミュニケーションの４コースがあります。現代生活を主体的に創造する知識と技能を身につけるとともに、自ら課題を見つけ解決し、多様な場で活躍できる実務能力を持った人を育成します。また、インターンシップに力を入れ、さまざまな職場を体験できるようにバックアップしています。

カリキュラムは、時代とともに変わり続ける学生のニーズに合わせたテーマで現代生活を広く学び、「わかる」を「できる」に変える実践的な実務教育を展開します。

社会では、何が問題となっているのかを自らが見つけ、解決できる人材を求めています。そこで、課題解決演習では、学生が自ら企画を立て地域に出かけます。自分たちの目で現場を見て、そこにいる人たちの生の声を聞いてくるなど、実際に行動できる力を身につけることができます。

◆取得免許&資格　司書、ビジネス実務士、上級秘書士、実践キャリア実務士など。

幼児教育保育学科

定員(専攻名・定員)／修業年限
80人／２年

少子化のなか、保育者に求められる資質や能力はますます多様化しており、今後さらに質の高い保育者の養成が期待されています。教育目標として「質の高い保育者を養成するカリキュラムの構築」を掲げています。現代の保育に必要な理論や技術を身につけ、共感的な感性と知性に支えられた人間性豊かな保育者を育成します。

幼稚園実習（基礎）では、付属幼稚園で１年次の６月から10月までの期間に実習を行います。子どもたちと直接触れ合い、関わりを持っていくなかで、普段の授業で学んだ理論や技術を保育現場で実践し、それぞれの課題を把握すると共に、観察の仕方、指導案の書き方などを身につけていきます。表現課題演習では、学生の「企画力」「表現力」「実行力」「調整力」の４つの力を育てることを目的に、演習授業の一環としてイベントを開催することもあります。学生が工夫を凝らした舞台や子どもの遊びの場を提供し、毎年子どもから大人まで1,000人を超える来場者が訪れる伝統行事となっています。

保育英語コースと保育総合コースの２コースから学びを深めていきます。

◆取得免許&資格　幼稚園教諭二種免許、保育士、こども音楽療育士など。

前年度　選抜方法

●推薦＝書類審査、面接、小論文
●一般(入試科目・配点)(１～３期共通)
◇全学科（100点満点）＝国外〈国総〔除く古・漢〕、コミュ英Ⅰ・Ⅱ・英表Ⅰ→1〉。
２科目選択時は高得点の１科目を使用
◉2025年度の募集要項は６月下旬に配布予定

⇩「資格別 取得可能な短大・学科」「就職状況」「大学への編入」「学費」は巻末データ集に収録

拓殖大学北海道短期大学

一般　推薦　総合

www.takushoku-hc.ac.jp
設置(学)科＝農学ビジネス

CAMPUS GUIDE

●**所在地**　〒074-8585　北海道深川市メム4558
☎(0164)23-4111
●**交通**　ＪＲ深川駅からスクールバスで約５分。
●**設立**　昭和41年
▼**要項請求先＆問合せ先**
学務学生課入試係

特別選抜 帰国	特別選抜 社会人	学外試験会場	授業料減免 免除	授業料減免 減額	奨学金制度 給付	奨学金制度 貸与	学生寮 男子	学生寮 女子	海外留学	海外研修	編入制度	専攻科
×	○	5	×	○	×	×	×	×	×	○	○	×

※2025年４月、保育学科は募集停止予定。

農学ビジネス学科

定員(専攻名・定員)／修業年限
170人／２年

環境農学コースでは、“実践”を通して農産加工、食生活、消費に至るフードシステムを体系的に理解し、食文化を形成する農業生産技術の基本を着実に学びます。生産現場から付加価値を生み出す取り組みや、農産加工、法人経営などについても学ぶことで、これからの時代に合った農業を感じ取ります。

キャンパスには農場や温室、土壌や作物の成分を測定する分析実験室などの設備があり、作物栽培の基本から、組織レベルで植物を観察する知識まで実践的に身につけることができます。

２年次には農家・農業法人やファームレストラン、ホームセンターなどで、15日間の現場研修を実施。そのほか、農業関連施設の見学などを通して、栽培から市場、加工までの流れを体感し、将来に結び付けます。

以下の３モデルを用意しています。A.農業自営を目指す履修モデル。B.流通産業や食品関連産業への就職を目指す履修モデル。C.農業系大学や拓殖大国際学部３年次編入を目指す履修モデル。これらの履修モデルにより、家業（農家）の継承や農業機械メーカーや農協など、農業に関連した企業への就職といった、幅広い進路に対応します。

地域振興ビジネスコースでは、経営とビジネスの基礎を身につけ、地域産業の担い手を目指します。産官学協働での「農商工観連携」と地域振興について体系的かつ実践的に学び、地域経済・社会・文化を担う即戦力となる人材を育成します。キャンパスを構える、深川市を学びの舞台とし、地域に溶け込みながら、社会や経済のしくみを体感します。専門的な座学とフィールドワークの両輪で、地域振興の基礎を学びます。地域で開催されるイベントに、企画の段階から参加することで、地域の一員として、地域振興に取り組んでいきます。

以下の３つの履修モデルに加え、資格取得により進路に有益な学びを支援します。A.地域振興の担い手を目指す履修モデル。B.観光を含めた地域産業への就職を目指す履修モデル。C.拓殖大の政経・商・国際学部をはじめ４年制大学３年次編入を目指す履修モデル。

◆**取得免許&資格**　環境農学コース－生活園芸士、環境再生医、車両系建設機械運転技能、ドローンオペレーター、溶接技能者など。地域振興ビジネスコース－ビジネス能力検定ジョブパス、ITパスポートなど。

前年度　選抜方法

●**推薦**＝書類審査、面接
●**一般（入試科目）**
（第１～３回共通）
◇**農学ビジネス**＝書類審査、小論文
〈注〉他に面接あり
◉**2025年度の募集要項は６月中旬に配布予定**

札幌大谷大学短期大学部

一般 共テ 推薦 総合

www.sapporo-otani.ac.jp/
設置(学)科＝保育

CAMPUS GUIDE

●**所在地**　〒065-8567　北海道札幌市東区北16条東9丁目1の1
☎(011)742-1643（入試広報課直通）
●**交通**　地下鉄東豊線東区役所前駅下車、または環状通東駅下車、いずれも徒歩7分。
●**設立**　昭和36年
●**学生総数**　女155人
●**専攻科**　保育10人・2年
▼**要項請求先&問合せ先**　入試広報課

特別選抜 帰国	特別選抜 社会人	学外試験会場	授業料減免 免除	授業料減免 減額	奨学金制度 給付	奨学金制度 貸与	学生寮 男子	学生寮 女子	海外留学	海外研修	編入制度	専攻科
○	○	×	×	○	○	×	×	×	×	×	○	○

保育科

定員(専攻名・定員)／修業年限
85人／2年

子どもの精神的な発達に欠かすことのできない豊かな人間性と、乳幼児に関わる今日的な問題に対処できる高い知性や社会性を養うことを教育の理念としています。

保育に関する理論を学ぶ科目としては、「保育原理」「保育の心理学」「保育者論」「仏教と保育」などの科目があります。保育の実践について学ぶ科目としては、「保育内容総論」「乳児保育」「保育音楽」「保育美術」などがあります。

また、下記の通り実習科目が充実しています。「教育実習Ⅰ」では、附属幼稚園で通年にわたり毎週1回観察実習を行います。「保育実習ⅠA」では、1年次の11月に札幌市内近郊の保育所で10日間の実習を行い、保育の現場を体験します。「教育実習Ⅱ」では、2年次の8・9月に札幌市内や道内の幼稚園で3週間の実習を行い、この後に始まる就職活動に向けて、保育を志す者としての自覚を高めます。このほか、「保育・教職実践演習」や「保育実習指導」などがあります。

自分の学んだことが子どもたちの成長・発達・楽しみにつながっているかどうかを学生自身が確認しながら、日々緊張感を持って学べるカリキュラムとなっています。

◆**取得免許&資格**　幼稚園教諭二種免許、保育士、社会福祉主事〈任用〉。

前年度　選抜方法

●**推薦**＝書類審査、小論文、面接・口頭試問
●**一般（入試科目・配点）（Ⅰ期）**
◇**保育（300点満点）**＝国総〈除く古・漢〉(200)／地歴公理外〈日B、政経、生基、コミュ英Ⅰ・Ⅱ→1〉(100)
◉**2025年度の募集要項は7月中旬にホームページにて公開予定**

函館短期大学

一般 推薦 総合

www.hakodate-jc.ac.jp/
設置(学)科＝食物栄養、保育

CAMPUS GUIDE

●**所在地**　〒042-0955　北海道函館市高丘町52の1
☎(0120)57-1820
●**交通**　ＪＲ函館駅からバスで函館大学前下車、徒歩1分。スクールバスあり。
●**設立**　昭和28年
●**学生総数**　男39人・女165人
▼**要項請求先&問合せ先**　入試広報課

特別選抜 帰国	特別選抜 社会人	学外試験会場	授業料減免 免除	授業料減免 減額	奨学金制度 給付	奨学金制度 貸与	学生寮 男子	学生寮 女子	海外留学	海外研修	編入制度	専攻科
×	○	1	○	○	×	×	○	○	×	○	○	×

食物栄養学科

定員(専攻名・定員)／修業年限
60人／2年

以下の4コースがあります。

調理栄養コースでは、栄養士免許に加えてフードスペシャリストも取得できます。福祉栄養コースでは、栄養指導と介護ができる人材を育成します。スポーツ栄養コースでは、栄養指導のできるスポーツインストラクターを養成します。教職栄養コースでは、栄養教諭二種免許、中学校家庭教諭二種免許の取得を目指します。

◆**取得免許&資格**　栄養士、フードスペシャリスト、介護職員初任者研修修了者、健康運動実践指導者、栄養教諭二種免許、中学校家庭教諭二種免許、社会福祉主事〈任用〉など。

保育学科

定員(専攻名・定員)／修業年限
60人／2年

子育ての分野から地域社会に貢献できる保育士・幼稚園教諭を養成します。

保育・幼児教育の理論と実践を体系的に学び、最新設備とレベル別レッスンにより現場ですぐに通用するピアノ演奏技術を身につけます。また、食育の知識や医療知識を修得し、学内にある地域の子育てを支援する「つどいの広場」などで実践力を養います。

◆**取得免許&資格**　幼稚園教諭二種免許、保育士、保健児童ソーシャルワーカー、准学校心理士、食育指導士®、レクリエーション・インストラクター、介護職員初任者研修修了者、社会福祉主事〈任用〉など。

前年度　選抜方法

●**推薦**＝書類審査、面接
●**一般（入試科目）（Ⅰ期・Ⅱ期共通）**
◇**全学科**＝小論文
〈**注**〉他に面接あり
◉**2025年度の募集要項は配布中**

⇩「資格別 取得可能な短大・学科」「就職状況」「大学への編入」「学費」は巻末データ集に収録

函館大谷短期大学

一般 推薦 総合

hakodate-otani.ac.jp

設置(学)科＝ビジネス情報、こども

CAMPUS GUIDE

●**所在地**　〒041-0852　北海道函館市鍛治１丁目２の３
☎(0138)51-1786
●**交通**　ＪＲ函館駅からバスで五稜郭公園裏下車、徒歩５分。
●**設立**　昭和38年
▼**要項請求先&問合せ先**
入試事務局

特別選抜		学外試験会場	授業料減免		奨学金制度		学生寮		海外留学	海外研修	編入制度	専攻科
帰国	社会人		免除	減額	給付	貸与	男子	女子				
×	○	×	○	○	○	×	×	×	×	×	○	×

ビジネス情報学科 

定員(専攻名・定員)／修業年限

40人／２年

「経営・ビジネス」「プログラミング」「コミュニケーション・心理」「公務員・医療事務」の４コースにより、多種多様な業界・業種で活躍できるビジネスの実践力を身につけます。

就職に必要な資格科目も多数選択でき、情報処理士、プレゼンテーション実務士、秘書士の資格は卒業と同時に取得可能です。専門的知識や技術を持つビジネスパーソンを育成します。

◆**取得免許&資格**　販売士検定、医療事務、基本情報技術者試験、応用情報技術者試験、色彩検定、ITパスポート試験など。

こども学科 

定員(専攻名・定員)／修業年限

50人／２年

幼児教育、保育福祉、保育心理の３コースにより、子どもと一緒になって遊びながら学ばせる技術や、子どもを楽しませる方法を身につけます。

保育の本質を理解し、学問的な裏づけを持った実践能力、主体的・創造的に取り組む優れた指導力、思いやりに満ちた人間形成を目指します。

全ての人に対してあたたかな心とやさしさを持ち、共に育ち合うことを大切にする心豊かな保育者・支援者を育成します。

◆**取得免許&資格**　幼稚園教諭二種免許、保育士、社会福祉主事〈任用〉、ピアヘルパー、福祉住環境コーディネーター、准学校心理士、教育カウンセラー補など。

前年度　選抜方法

●**推薦**＝書類審査、小論文*、面接
●**一般（入試科目）**
◇**全学科**＝小論文*、面接
＊小論文の代わりに自由課題発表を選択可
◉**2025年度の募集要項は５月中旬に配布予定**

北翔大学短期大学部

一般 共テ 推薦 総合

www.hokusho-u.ac.jp/

設置(学)科＝こども

CAMPUS GUIDE

●**所在地**　〒069-8511　北海道江別市文京台23　☎(011)387-3906（アドミッションセンター直通）
●**交通**　ＪＲ新札幌駅からバスで北翔大学前・札学院大前下車、徒歩約３分。またはＪＲ大麻駅下車、徒歩約15分。
●**設立**　昭和38年
●**学生総数**　男18人・女191人
▼**要項請求先&問合せ先**
アドミッションセンター

特別選抜		学外試験会場	授業料減免		奨学金制度		学生寮		海外留学	海外研修	編入制度	専攻科
帰国	社会人		免除	減額	給付	貸与	男子	女子				
○	○	5	○	○	×	×	×	×	×	×	○	×

こども学科 

定員(専攻名・定員)／修業年限

110人／２年

２コースがあり、保育コースでは「保育士」や「幼稚園教諭」を目指すことができ、教育コースでは「保育士」「幼稚園教諭」に加え「小学校教諭」を目標にすることも可能です。コース独自の学びも充実し、専門性と特色を生かす先生を養成します。長期履修制度により３・４年間で学ぶこともできます。

保育コースでは、子どもの心身の発達を学んだ上で、保育・教育の現場で実際に子どもと触れ合う経験を通して実践力を高めます。幼児体育やリトミックの指導者資格の取得も可能です。子どもの感性や創造力を大切にできる遊びについて学び、一人ひとりに寄り添うことのできる先生を目指します。

教育コースでは、１年次より各教科の模擬授業の実践や小学校の授業見学を行いながら、段階的に確かな指導力を身につけます。小学校以降の学びの土台は、幼児教育で実践されている遊びからなり、小学校教諭免許の取得は、保育士、幼稚園教諭を目指すための学びともつながりが深く、幅広い年齢の子どもの理解に役立ちます。

◆**取得免許＆資格**　保育士、幼稚園教諭二種免許、小学校教諭二種免許、社会福祉主事〈任用〉、幼児体育指導者検定２級、幼稚園・保育園のためのリトミック指導資格２級・１級、こども環境管理士２級、准学校心理士。

前年度　選抜方法

●**推薦**＝書類審査、小論文、面接
●**一般（入試科目・配点）**
（Ａ・Ｂ日程共通）
◇**こども（220点満点）**＝国総〈近代以降の文章〉(100)／図解(100)／記述課題(10)／調査書(10)
◉**2025年度の募集要項は７月上旬に配布予定**

北海道武蔵女子短期大学

一般
共テ
推薦
総合

www.musashi-jc.ac.jp/
設置(学)科＝教養

CAMPUS GUIDE

●**所在地**　〒001-0022　北海道札幌市北区北22条西13丁目
☎(0120)634-007（入試広報課直通）
●**交通**　地下鉄南北線北24条駅から中央バス北桑園線で武蔵女子学園下車、徒歩約１分。
●**設立**　昭和42年
●**学生総数**　女471人
▼**要項請求先&問合せ先**
入試広報課

特別選抜 帰国	特別選抜 社会人	学外試験会場	授業料減免 免除	授業料減免 減額	奨学金制度 給付	奨学金制度 貸与	学生寮 男子	学生寮 女子	海外留学	海外研修	編入制度	専攻科
○	○	2	×	×	○	○	×	×	○	○	○	×

※2025年４月、教養学科、英文学科の２学科を、教養学科の１学科３コース制に再編予定。以下の内容および定員は2025年予定。

教養学科

定員(専攻名・定員)／修業年限
200人／２年

2025年４月から英文学科の学びを教養学科に展開し、「グローバルコミュニケーションコース」を新設予定です。以下の３コースそれぞれの専門科目を相互に受講することができるようになります。

教養コースでは、歴史や文化を学ぶことで世界諸地域への関心を高め、文学・思想やメディアに触れるなかで人間の本質に対する理解を深めます。また、「心理」「法・政治」「教育・福祉」「環境・社会」の分野の学びを通じて、人間や社会の仕組み、それに関わる諸問題を理解し、その問題解決について考察する力を身につけます。

経営・経済コースでは、ローカルとグローバル、双方の視点から経営学やマーケティングおよび経済学の知識を修得します。さらに、データを収集・分析・整理する力なども養うことで、ビジネスに関する課題を具体的に解決する力を身につけます。

グローバルコミュニケーションコースでは、グローバル社会を生き抜くために必要な多文化を理解する力や、異文化の人びととの円滑なコミュニケーション力を身につけます。そして、歴史を含め言語そのものへの理解も深めながら社会的に通用する英語力の向上を目指します。少人数制の演習授業では「聞く・話す・読む・書く」の英語の４技能を養うことで基礎から応用へと段階的に英語力を磨くとともに、グローバルな視野も育んでいきます。

全コースで少人数制のきめ細やかな指導を行います。１年次の必修授業であるゼミナールでは、興味関心のあるテーマについて意見を交わしながら研究を深め、自己表現力を磨きます。このゼミ担当の教員は就職や進路に関してもアドバイザーとなり、学生を丁寧にサポートしていきます。また、学生の夢や希望を叶えるため航空、金融、公務員など業界別の就職対策講座を開講しています。そのため、多くの企業から卒業生の活躍が認められ、推薦制度を利用して就職するケースもあります。

◆**取得免許&資格**　司書。

前年度　選抜方法

●**推薦**＝指定校制
●**一般（入試科目・配点）（前期）**
◇**教養（200点満点）**＝国地歴公数外〈国総〔近代以降の文章〕・現代文B、世B、日B、地理B、政経、数Ⅰ〔データの分析を除く〕、数A〔場図〕、数Ⅱ、数B〔数ベ〕、コミュ英Ⅰ・Ⅱ・Ⅲ・英表Ⅰ・Ⅱ→２教科２科目型は国または外必須の２、３教科３科目型は国・外必須の３*〉(各100)
＊高得点の２科目で合否を判定
〈注〉数学は数Ⅰ必須（２題)、数Ⅰ、数A、数Ⅱ、数Bから選択（１題）
◉**2025年度の募集要項は９月頃にホームページで公開予定**

⇩「資格別 取得可能な短大・学科」「就職状況」「大学への編入」「学費」は巻末データ集に収録

青森明の星短期大学

一般 推薦 総合

www.aomori-akenohoshi.ac.jp/

設置(学)科＝子ども福祉未来

CAMPUS GUIDE

●**所在地** 〒030-0961 青森市浪打２丁目６の32 ☎(017)741-0123

●**交通** JR青森駅から市営バスで約15分、合浦公園前下車、徒歩５分。

●**設立** 昭和38年

●**学生総数** 男21人・女108人

▼**要項請求先&問合せ先**
入試広報部

特別選抜 帰国	特別選抜 社会人	学外試験会場	授業料減免 免除	授業料減免 減額	奨学金制度 給付	奨学金制度 貸与	学生寮 男子	学生寮 女子	海外留学	海外研修	編入制度	専攻科
○	○	×	×	○	○	×	×	○	○	○	○	×

子ども福祉未来学科 

定員(専攻名・定員)／修業年限

100人(保育60・コミュニティ福祉40)／2年

　保育専攻では、いま保育士に必要とされている「心理」「音楽」「英語」の３つの力をキーワードに、時代に必要とされるプロの保育士を育てます。確かな専門知識・技術を身につけ、子どもの育ちや子育て環境をめぐるさまざまなニーズに対応できる実践力を２年間で養います。１年次には、保育をする上で土台になる保育者の心構えや豊かな感性を養い、２年次では実習を中心に保育実践力を習得するカリキュラムです。

　コミュニティ福祉専攻には、「介護福祉コース」と「キャリアビジネスコース」の２つのコースがあります。介護福祉コースでは、さまざまな場面・状況に対応できる介護福祉士を目指します。さらに、徹底した国家試験対策をしており、高い国家試験合格率を記録しています。キャリアビジネスコースでは、日商簿記、情報処理、英語力の社会で必要とされる３つの力を習得し、一般企業・公務員・進学・留学など、さまざまな進路先に対応できるカリキュラムを用意しています。

◆**取得免許＆資格** 全専攻－社会福祉主事〈任用〉、ピアヘルパー受験資格など。保育専攻－保育士、幼稚園教諭二種免許など。コミュニティ福祉専攻－介護福祉士国家試験受験資格（介護福祉コース）、ビジネス実務士（キャリアビジネスコース）など。

前年度 選抜方法

●**推薦**＝書類審査、小論文、面接

●**一般（入試科目・配点）**
（第Ⅰ期・第Ⅱ期共通）

◇**子ども福祉未来（100点満点）**＝筆記試験〈現代文、現代社会、英語〔民間資格試験を点数化〕→２〉（各30）／面接（20）／調査書（20）

◉**2025年度の募集要項は５月中旬に配布予定**

青森中央短期大学

一般 共テ 推薦 総合

www.chutan.ac.jp/

設置(学)科＝食物栄養、幼児保育

CAMPUS GUIDE

●**所在地** 〒030-0132 青森市横内字神田12
☎(017)728-0121

●**交通** ＪＲ青森駅から「モヤヒルズ行き」「青森公立大学行き」「横内環状線(左回り)」バスに乗車約35分、青森中央学院大学前下車。

●**設立** 昭和45年

●**学生総数** 男19人・女167人

●**専攻科** 福祉25人・１年

▼**要項請求先&問合せ先**
入試広報センター

特別選抜 帰国	特別選抜 社会人	学外試験会場	授業料減免 免除	授業料減免 減額	奨学金制度 給付	奨学金制度 貸与	学生寮 男子	学生寮 女子	海外留学	海外研修	編入制度	専攻科
○	○	3	×	○	○	×	○	○	○	×	○	○

食物栄養学科 

定員(専攻名・定員)／修業年限

60人／2年

　カリキュラムを、人体や社会について学ぶ科目、食べ物について学ぶ科目、食べ物と人体の関わりを学ぶ科目の３つの科目群に整理し、根拠に基づきながらも対象者に寄り添った栄養の指導と給食の提供ができる栄養士を養成します。

◆**取得免許&資格** 栄養士免許、フードスペシャリスト受験資格、フードサイエンティスト、栄養教諭二種免許、司書、社会福祉主事〈任用〉など。

幼児保育学科 

定員(専攻名・定員)／修業年限

70人／2年

　幼児教育・保育に関する専門的知識・技術の学びと実習体験を往還しながら専門職である幼稚園教諭、保育士を育てます。子どもたちの教育環境を保育者の視点で考え、学生自身が子どもの歌や絵本などのさまざまな表現世界について学び、体験していくことを大切にして授業を行っています。

◆**取得免許&資格** 幼稚園教諭二種免許、保育士、レクリエーション・インストラクター、幼児体育指導者認定資格、カワイピアノグレード、ＪＦＡ公認キッズリーダー、認定絵本士、社会福祉主事〈任用〉など。

前年度 選抜方法

●**推薦**＝書類審査、小論文、面接

●**一般（入試科目・配点）（1期・2期）**

◇**食物栄養（290点満点）**＝国数理外小〈国語〔近代以降の文章〕、数Ⅰ・A、化基、生基、英語、小論文→２〉（各100）／面接(60)／調査書(30)

◇**幼児保育(290点満点)**＝国数外小〈国語〔近代以降の文章〕、数Ⅰ・A、英語、小論文→２〉（各100）／面接(60)／調査書(30)

◉**2025年度の募集要項は５月中旬に配布予定**

柴田学園大学短期大学部

一般　推薦　総合

jc.shibata.ac.jp/

設置(学)科＝生活、保育

CAMPUS GUIDE

●所在地　〒036-8503　青森県弘前市上瓦ヶ町25　☎(0172)32-6151
●交通　ＪＲ弘前駅下車、徒歩８分。
●設立　昭和25年
▼要項請求先&問合せ先　学務課入試係

特別選抜 帰国	特別選抜 社会人	学外試験会場	授業料減免 免除	授業料減免 減額	奨学金制度 給付	奨学金制度 貸与	学生寮 男子	学生寮 女子	海外留学	海外研修	編入制度	専攻科
×	○	×	○	○	×	○	×	○	×	×	○	×

生活科

定員(専攻名・定員)／修業年限

50人／２年

社会のニーズに応える多様な学びで、生活を健康でより豊かに過ごすための知識と技術を身につけます。栄養士課程、医療マネジメント課程、ビジネスマネジメント課程の３課程があり、各課程で、栄養士、医療管理秘書士、プレゼンテーション実務士などの資格を取得して、卒業後に活躍できる人材を目指します。特に2020年度開設のビジネスマネジメント課程では、上級ビジネス実務士、上級情報処理士、ウェブデザイン実務士などの高度な資格取得を通して、地域に貢献する力を養います。

主な授業科目は、共通の科目として「暮らしと家族」「食と健康」があり暮らしに関する衣食住の基礎を学びます。その上で、栄養士課程では「子どもの栄養」「献立作成演習」などの実践的な科目、医療マネジメント課程では「医事知識」「医療情報処理演習」などの実務的な科目、ビジネスマネジメント課程では「ビジネスデザイン論」「Webコンテンツ制作」などの専門的な科目を学びます。栄養士課程と医療マネジメント課程のダブル履修、医療マネジメント課程とビジネスマネジメント課程のダブル履修も可能です。

◆取得免許&資格　栄養士、医療管理秘書士、上級ビジネス実務士など。

保育科

定員(専攻名・定員)／修業年限

60人／２年

教職（幼稚園教諭）課程と保育士課程があり、幼稚園教諭二種免許と保育士資格を取得できます。

子どもは人に希望を与える存在です。輝く瞳、無邪気なしぐさに誰もが微笑むのは、子どものオーラに引き込まれるからでしょう。

これら子どもから発せられるメッセージを正しく受けとめ伸ばしていくために、保育者には豊かな感受性と知力・体力・包容力が求められます。このため、幼児教育に必要な基礎理論をはじめ、保育内容の研究や子どもに直結した保育技術などを幅広く学ぶとともに、保育園・幼稚園・福祉施設などの学外実習を通して確かな実践力を身につけていきます。また、現場で役立つパソコンによる実務能力の向上も図っています。

授業科目は、音楽、図画工作、体育など、目の前の子どもとすぐに遊べる力を確実に身につけるためのものが多く、また独自の科目として「子どもの文化と遊び」「子どものための総合演習」があります。それらを通して、保育現場で生かせる即戦力をさらに高めます。

◆取得免許&資格　幼稚園教諭二種免許、保育士、認定ベビーシッター、認定絵本士、幼児体育指導者検定。

前年度　選抜方法

●推薦＝書類審査、小論文、面接
●一般（入試科目・配点）
（前期・後期共通）
◇**全学科（100点満点）**＝国語〈除く古典〉(70)／面接(30)
◉2025年度の募集要項は６月中旬に配布予定

⇩「資格別 取得可能な短大・学科」「就職状況」「大学への編入」「学費」は巻末データ集に収録

八戸学院大学短期大学部

一般　共テ　推薦　総合

jc.hachinohe-u.ac.jp/

設置(学)科＝幼児保育、介護福祉

CAMPUS GUIDE

●所在地　〒031-8566　青森県八戸市美保野13の384
☎(0178)30-1700(キャリア支援課直通)
●交通　ＪＲ八戸駅から車で約40分。JR本八戸駅から車で約20分。JR鮫駅から車で約10分。
●設立　昭和46年
●学生総数　男21人・女171人
▼要項請求先&問合せ先
キャリア支援課

特別選抜 帰国	社会人	学外試験会場	授業料減免 免除	減額	奨学金制度 給付	貸与	学生寮 男子	女子	海外留学	海外研修	編入制度	専攻科
×	○	×	○	○	×	×	×	×	○	○	○	×

幼児保育学科

定員(専攻名・定員)／修業年限
80人／2年

伝統的に徹底した実習主義と現場主義のもと、現場を見学するだけではなく、実際の仕事を体験できる実習カリキュラムを組んでいます。

学びの場として、八戸市内に系列幼稚園が３園あります。１年次から多くの現場実習を行います。「遊びの支援」「生活支援」「発達支援」「子育て支援」の４つの支援でスキルを発揮できる保育のプロフェッショナルを目指します。

◆取得免許&資格　幼稚園教諭二種免許、保育士、社会福祉主事〈任用〉など。

介護福祉学科

定員(専攻名・定員)／修業年限
40人／2年

地域の未来をつくる新しい福祉の学びの場として、地域ぐるみで高齢者などを支援する体制の構築や介護福祉サービスの充実など、多様化する地域福祉へのニーズに応える人材の育成を目指します。八戸を中心とした地域の介護施設や福祉施設を学びのフィールドにして、「豊かな教養」「確かな専門知識と技能」「高い実践力」を備えた介護福祉士を養成します。

◆取得免許＆資格　介護福祉士国家試験受験資格、社会福祉主事〈任用〉、レクリエーション・インストラクターなど。

前年度　選抜方法

●推薦＝書類審査、小論文、面接
●一般（入試科目・配点）
（Ⅰ期・Ⅱ期共通）
◇**幼児保育(100点満点)**＝国語〈除く古・漢〉
◇**介護福祉(200点満点)**＝国語〈除く古・漢〉(100)／面接(100)
◉2025年度の募集要項は７月中旬に配布予定

弘前医療福祉大学短期大学部

一般　共テ　推薦　総合

www.hirosakiuhw.jp/

設置(学)科＝救急救命、口腔衛生

CAMPUS GUIDE

●所在地　〒036-8102　青森県弘前市小比内３丁目18の１　☎(0172)27-1001
●交通　弘南鉄道運動公園前駅下車、徒歩３分。
●設立　平成14年
●学生総数　男100人・女62人
▼要項請求先&問合せ先
学務部入試課入試係

特別選抜 帰国	社会人	学外試験会場	授業料減免 免除	減額	奨学金制度 給付	貸与	学生寮 男子	女子	海外留学	海外研修	編入制度	専攻科
×	○	3	×	○	○	×	×	○	×	×	×	×

救急救命学科

定員(専攻名・定員)／修業年限
40人／３年

福祉や介護、医療・保健の専門的知識や技術を多面的に習得し、福祉マインドを有した救急救命士を養成します。単に医療機関まで搬送するだけの役割ではなく、地域社会の安全を保障する専門職として活躍する能力を養います。

専門的な救助技術を習得できる実習棟を有し、サーチ(人命捜索)、ブリーチング（壁などの鉄コンクリートを破壊する技術)、ショアリング（建物の安定化技術）などの救助技術の基礎を習得することができます。

◆取得免許&資格　救急救命士国家試験受験資格。

口腔衛生学科

定員(専攻名・定員)／修業年限
30人／３年

昨今、口腔の健康は全身の健康へとつながると考えられ、口腔健康管理の専門家である歯科衛生士の役割が重視されてきています。多職種連携、チーム医療に対応できる歯科衛生士を養成し、地域の健康寿命の延伸に貢献することを目指します。講習などで取得できる資格には、普通救命講習Ⅰ、普通救命講習Ⅲ、上級救命講習、防災士（受験資格）などがあります。

◆取得免許&資格　社会福祉主事〈任用〉、歯科衛生士国家試験受験資格。

前年度　選抜方法

●推薦＝書類審査、面接、小論文
●一般（入試科目・配点）
（Ⅰ期・Ⅱ期共通）
◇**全学科（200点満点）**＝国総〈近代以降の文章〉(100)／数理外〈数Ⅰ・A〔場図整から２項目選択〕、生基*、コミュ英Ⅰ・Ⅱ・英表Ⅰ〔筆記のみ〕→1〉(100)
＊口腔衛生は化基も選択可。
〈注〉他に面接（全学科）あり
◉2025年度の募集要項は６月上旬に配布予定

しゅうこう
修紅短期大学

一般 推薦 総合

www.shuko.ac.jp/

設置(学)科＝幼児教育

CAMPUS GUIDE

●**所在地** 〒021-0902 岩手県一関市萩荘字竹際49の1
☎(0191)24-2211
●**交通** JR一ノ関駅下車、スクールバスで10分。
●**設立** 昭和28年
▼**要項請求先＆問合せ先**
教務学生課入試係

特別選抜		学外試験会場	授業料減免		奨学金制度		学生寮		海外留学	海外研修	編入制度	専攻科
帰国	社会人		免除	減額	給付	貸与	男子	女子				
○	○	1	×	×	○	×	×	×	×	×	○	×

幼児教育学科

定員(専攻名・定員)／修業年限
50人／2年

本学は、70年の歴史のある短期大学です。

幼児教育学科卒業生は、乳幼児教育現場において信頼される人材となっています。特に実習は重視している科目であり、附属認定こども園での観察実習、行事参加、教育実習、保育実習による現場体験や、現役の幼稚園や保育園の園長先生たちによって行われる授業は学生たちを大きく成長させてくれます。

感性教育の音楽表現、身体表現では学生たちの創造性を育て、人間性豊かな保育士の養成を目指します。

幼稚園教諭を養成するカリキュラムでは、幼稚園児の生活に大切な５領域に加え、教育原理などを学びます。

保育士（福祉系）を養成するカリキュラムには、子ども保健、保育者論、保育原理、社会福祉、乳児保育などがあり、保育士に必要な知識を身につけられます。また、手遊び、わらべうたリトミック、子どもの手話、乳幼児の障がい児教育や幼児体育指導者検定に関するものなど、さまざまな技術も身につけられます。

図書館では、しかけ絵本やゆびあそび絵本など最新の絵本の情報も豊富で、実習などで役立てられています。幼稚園、こども園、保育園、施設などで行うボランティア活動もあります。

◆**取得免許&資格** 幼稚園教諭二種免許、保育士、社会福祉主事〈任用〉など。

前年度 選抜方法

●**推薦**＝書類審査、小論文、面接
●**一般（入試科目）（Ⅰ期）**
◇**幼児教育**＝国総〈現代文のみ〉
〈**注**〉他に面接あり
◉**2025年度の募集要項は7月上旬に配布予定**

盛岡大学短期大学部

一般 推薦 総合

www.morioka-u.ac.jp/

設置(学)科＝幼児教育

CAMPUS GUIDE

●**所在地** 〒020-0694 岩手県滝沢市砂込808 ☎(019)688-5560（入試センター直通）
●**交通** JR盛岡駅からバスで約30分、またはIGRいわて銀河鉄道滝沢駅からバスで約10分、ともに盛岡大学下車。
●**設立** 昭和39年
●**学生総数** 男14人・女156人
▼**要項請求先＆問合せ先**
入試センター

特別選抜		学外試験会場	授業料減免		奨学金制度		学生寮		海外留学	海外研修	編入制度	専攻科
帰国	社会人		免除	減額	給付	貸与	男子	女子				
×	○	×	×	×	○	×	○	○	○	○	○	×

幼児教育科

定員(専攻名・定員)／修業年限
120人／2年

子どもを取り巻く社会的状況・環境の変化や子育てに対するニーズの増大と多様化が進むなか､「育児支援のプロ」である「保育者」の役割は、ますます重要になってきています。

実学重視のカリキュラムのもと、各教科や子どもと直接関わる実習を通して、人間形成の基礎が培われる乳幼児期の子どもについて学び、専門職者としての実践力を高めていくことができます。

免許・資格に関わるカリキュラムを特徴づけるよう工夫された教科として特別演習があり、専門基礎特別演習は１年次から開講されています。

また、４年制大学への編入対策講座、幼児教育や保育士の専門性を高める演習、社会福祉の研究、心理学の研究、児童文学により親しむ演習をはじめ、生活や法律関連分野を学び、生涯に役立てられる演習などが用意されています。これらの演習は、開講される内容を学生が自主的に選択して学ぶことができます。

2022年４月に幼保連携型認定こども園となった附属幼稚園があり、実習での利用はもちろん、幼稚園行事のサポートなどを受け入れており、子どもと触れ合う機会が多く用意されています。

◆**取得免許&資格** 幼稚園教諭二種免許、保育士、児童厚生二級指導員、社会福祉主事〈任用〉。

前年度 選抜方法

●**推薦**＝書類審査、小論文、面接
●**一般（入試科目・配点）**
◇**幼児教育(100点満点)**＝国総〈除く古・漢〉
〈**注**〉他に面接あり
◉**2025年度の募集要項は6月中旬に配布予定**

⇩「資格別 取得可能な短大・学科」「就職状況」「大学への編入」「学費」は巻末データ集に収録

せんだいせいようがくいん

仙台青葉学院短期大学

一般 共テ 推薦 総合

seiyogakuin.ac.jp

設置(学)科＝ビジネスキャリア、観光ビジネス、現代英語、言語聴覚、歯科衛生、救急救命、栄養、こども

CAMPUS GUIDE

●所在地　五橋キャンパス（こども）＝〒984-0022　宮城県仙台市若林区五橋3丁目5の75

広報センター＝〒980-0021　宮城県仙台市青葉区中央4丁目7の22 2階

☎(0120)918-880（広報センター直通）

中央キャンパス（現代英語、言語聴覚、歯科衛生、栄養）＝〒980-0021　宮城県仙台市青葉区中央4丁目5の3

中央第2キャンパス（ビジネスキャリア、観光ビジネス、救急救命）＝〒980-0021　宮城県仙台市青葉区中央4丁目9の30

●交通　五橋キャンパス＝JR仙台駅東口下車、徒歩10分、地下鉄五橋駅下車、徒歩5分。

中央キャンパス＝JR・地下鉄仙台駅下車、徒歩5分。

中央第2キャンパス＝JR・地下鉄仙台駅下車、徒歩3分

●設立　平成21年

●学生総数　男229人・女1,400人

▼要項請求先＆問合せ先

広報センター

特別選抜 帰国	社会人	学外試験会場	授業料減免 免除	減額	奨学金制度 給付	貸与	学生寮 男子	女子	海外留学	海外研修	編入制度	専攻科
×	○	×	×	○	×	×	○	○	×	○	○	×

校名の「青葉（せいよう）」には、杜の都仙台の「青葉（あおば）」のように生き生きと、そして「せいよう」という悠然たる響きが象徴する学びのフィールドで、伸びやかに成長してほしいという願いが込められています。

学生総合支援センターは、学生が充実したキャンパスライフを送れるように、就職、進学の相談はもちろん、アルバイトやボランティア活動など、学生生活をあらゆる面からサポートしています。

ビジネスキャリア学科

定員（専攻名・定員）／修業年限

155人／2年

時代の変化や専門知識・技術の高度化に応じた、生涯キャリア形成を行う能力を身につけます。

オフィスワークモデル、金融・会計モデル、医療事務モデル、販売サービスモデル、メディアデザインモデル、ITビジネスモデル、公務員モデル、心理コミュニケーションモデルの8つの推奨履修モデルがあります。

一人ひとりの興味にきめ細かく対応するために多くの選択科目を用意していますので、活躍したい分野に必要な学びを自由に選択できます。多くの科目を選択することで、自分の可能性を広げることができます。

観光ビジネス学科

定員（専攻名・定員）／修業年限

50人／2年

観光分野におけるさまざまな業界で活躍できるように、ホテル・リゾートモデル、ブライダル・ウェディングモデル、旅行・テーマパークモデル、エアライン・交通モデル、グローバル・コミュニケーションモデルの5つの推奨履修モデルを用意しています。必要な学びを自由に選択することで、希望の職種につながる知識や能力を身につけることができます。

東北地方の歴史・文化・社会・経済、観光資源についての知識や理解を深めます。

現代英語学科

定員（専攻名・定員）／修業年限

35人／2年

英語について、「話す」「聞く」「読む」「書く」の4技能の習得を通じ、実用的英語力を身につけた人材を育成します。あわせて、バランスのとれた教養、他者の考えを理解し自分の考えを表現するコミュニケーション能力、ビジネス実務能力などの社会人として求められる基礎的素養を養います。

入学時から、外部試験を用いて一人ひとりに英語力のレベルチェックを実施します。その結果をもとに、レベル別のクラス編成を行い、確実に英語力がアップするよう、学修を進めます。

言語聴覚学科

定員（専攻名・定員）／修業年限

40人／3年

チーム医療に必要な豊かな人間性を身につけ、幅広い知識と技術と臨床現場で活用できる能力を備えた言語聴覚士を養成します。全国的に人材が不足していると言われている言語聴覚士の国家資格を最短で取得することにより、いち早く即戦力として臨床の現場で活躍することができます。

言語聴覚士に求められる実践的な能力を養うため、経験豊かな指導者により臨床実習を行います。専門家として必要な知識や技術、コミュニケーション力を修得します。

◆取得免許&資格　言語聴覚士国家試験受験資格。

歯科衛生学科

定員（専攻名・定員）／修業年限

70人／3年

歯科衛生士は、歯科診療補助、歯科予防処置、歯科保健指導などを通し、健康な生活をサポートします。

歯科医療の高度化と社会環境の変化に対応し、歯と口腔の健康に関する専門的な知識・技術を修得します。

◆取得免許&資格　歯科衛生士国家試験受験資格、社会福祉主事〈任用〉。

救急救命学科

定員（専攻名・定員）／修業年限

40人／2年

どのような救急救命の現場においても、強い信念を持って専門的な知識と確かな技術で適切な救急救命を実践し、地域社会に貢献し得る救急救命士を養成します。

救急現場での実務経験豊富な専任教員による指導と、さまざまな救急現場をシミュレーションできる学修環境で、最短の2年間で救急救命士国家試験と消防職員採用試験のダブル合格を目指します。

◆取得免許&資格　救急救命士国家試験受験資格、社会福祉主事〈任用〉。

栄養学科

定員（専攻名・定員）／修業年限

75人／2年

人びとの健康をサポートし、生活を豊かにする食のスペシャリストとして、管理栄養士、調理師などの栄養人材と協働する実践型の栄養士を目指します。

食品学、摂食・嚥下機能と口腔ケア、食品とアレルギー、食品加工学などを学びます。専用の給食実習室、調理実習室などの学内実習施設と実験室を整備しています。

ライフステージ栄養学実習では、妊娠・授乳期、乳児期、幼児期、成長期、成人期、高齢期の各ライフステージにおける身体的、生理的特性と、栄養状態・食生活の特徴、栄養・食事補助を学びます。

◆取得免許&資格　栄養士、社会福祉主事〈任用〉。

こども学科

定員（専攻名・定員）／修業年限

100人／2年

子どもの「生きる力」を育む保育者として必要な基礎的知識および技能を身につけます。

実践力に優れた保育士の養成を目指します。2年間という最短の期間で、幼稚園教諭二種免許と保育士資格の両方を、卒業と同時に取得することができます。

さまざまな施設における段階別の実習を用意し、経験豊かな教員が全面的にバックアップしていきます。

少人数制の基礎演習Ⅰ・Ⅱ（ゼミ）では、さまざまな観点から幼児教育において必要な知識や技術を学びます。保育現場での実践、文献検索や講読などで学びを深めます。

◆取得免許&資格　幼稚園教諭二種免許、保育士、社会福祉主事〈任用〉。

前年度　選抜方法

●推薦＝書類審査、小論文、面接
●一般（入試科目）
（Ⅰ期）
◇現代英語＝コミュ英Ⅰ・Ⅱ
◇現代英語以外＝国数理外（国総〈除く古・漢〉、数Ⅰ、生基*、コミュ英Ⅰ・Ⅱ→1）
＊生基を選択できるのは栄養のみ
〈注〉他に面接（全学科）あり
◉2025年度の募集要項は配布中

聖和学園短期大学

www.seiwa.ac.jp/

設置（学）科＝キャリア開発総合、保育

CAMPUS GUIDE

●所在地　〒981-3213　宮城県仙台市泉区南中山5丁目5の2
☎(022)376-3151
●交通　ＪＲ仙台駅から泉ビレジ行、実沢営業所行バスで聖和短大前下車。または地下鉄北仙台駅から市営バスで聖和短大前下車。
●設立　昭和26年
●学生総数　男64人・女451人
▼要項請求先&問合せ先　入試センター

特別選抜 帰国	特別選抜 社会人	学外試験会場	授業料減免 免除	授業料減免 減額	奨学金制度 給付	奨学金制度 貸与	学生寮 男子	学生寮 女子	海外留学	海外研修	編入制度	専攻科
○	○	×	×	○	○	×	×	×	×	○	×	×

広大なキャンパスには、音楽スタジオ、製菓実習室、ピアノレッスン室、茶道を学ぶ作法室、温水プール、アリーナなどのほか、食堂・カフェスペース、図書館などの充実した施設が機能的に配置されています。

キャリア開発総合学科

定員（専攻名・定員）／修業年限

150人／2年

地域社会の多様な分野で活躍できる人材を育てます。社会人として必要なマナーを身につけ、コミュニケーション能力を高めます。

以下の９つの分野を基本に多彩なユニット（科目群）から、自分に合った授業を選んで学ぶことができます。

①製菓・カフェ・フード系
②デジタル情報系
③ビジネス実務系
④健康スポーツ系
⑤医療事務系
⑥観光系
⑦司書系
⑧公務員系
⑨ファッション系

具体的には、バラエティに富んだ科目のなかから分野にとらわれず「医療事務＋ファッション」、「健康スポーツ＋観光」など、異なるユニットを組み合わせて履修できるという自由度の高さがこの学科の特徴です。

また、資格取得や進路指導にも力を入れ、さまざまな資格支援講座など、学生一人ひとりの希望や個性に合わせた丁寧な指導で学生をサポートします。

◆取得免許&資格　フードコーディネーター３級、製菓衛生師受験資格、認定絵本士、ウェブデザイン実務士、司書、上級情報処理士、ビジネス実務士、観光実務士、社会福祉主事〈任用〉など。

保育学科

定員（専攻名・定員）／修業年限

100人／2年

時代のニーズに対応できる保育士、幼稚園教諭を養成します。独自の「ステップアップ方式の実習プログラム」では、子どもと触れ合う時間が豊富で、着実に保育実践技術を修得できます。

専門的な知識と技術を修得し、思いやりのある心を磨き、豊かな人間性を身につけた専門性の高い保育者の養成を目指します。

１ゼミ当たり10名前後の学生に対してゼミ担任を設置し、学年担任との「ダブル担任制」を採用することで、学生生活全般、実習、就職など、さまざまな場面で親身なサポートを受けられます。

学生が自主的に行うボランティア活動を積極的に支援。広い視野で社会に貢献する力を養います。

◆取得免許&資格　保育士、幼稚園教諭二種免許、社会福祉主事〈任用〉など。

前年度　選抜方法

●推薦＝書類審査、小論文、面接
●一般（入試科目）
◇全学科＝国総〈除く古・漢〉
〈注〉他に面接あり
◉2025年度の募集要項は配布中

⇩「資格別 取得可能な短大・学科」「就職状況」「大学への編入」「学費」は巻末データ集に収録

仙台赤門短期大学

一般 共テ 推薦 総合

sendai-akamon.ac.jp

設置(学)科＝看護、鍼灸手技療法(2025年新設予定)

CAMPUS GUIDE

●**所在地** 〒980-0845 宮城県仙台市青葉区荒巻字青葉6の41
☎(022)395-7750
●**交通** 仙台市地下鉄東西線青葉山駅下車、スクールバスで約5分。または徒歩15分。
●**設立** 平成30年
●**学生総数** 男26人・女172人
▼**要項請求先&問合せ先** 入学試験係

特別選抜 帰国 社会人	学外試験会場	授業料減免 免除 減額	奨学金制度 給付 貸与	学生寮 男子 女子	海外留学	海外研修	編入制度	専攻科
× ○	×	× ×	○ ×	× ○	×	×	×	×

※2025年４月、鍼灸手技療法学科を新設予定。以下の内容は2025年の予定。

看護学科

定員(専攻名・定員)／修業年限
80人／３年

多様な看護へのニーズと環境に対応できる知識と技術はもちろん、患者との関わりやチーム医療に必要な、人の心情を理解する心と知識を養うためのカリキュラムを整備しています。また、従来の病院看護だけでなく、介護施設や訪問看護、福祉施設などさまざまなフィールドで活躍できる看護師を育成します。

さらに看護ケアに「東洋医学」の授業を取り入れ、看護師の日常業務や在宅ケアにも使える「ツボ押し」や「マッサージ」などの手技、基本的な東洋医学の知識を専門の講師陣から学びます。

◆**取得免許&資格** 看護師国家試験受験資格、保健師・助産師・養護教諭養成校受験資格。

鍼灸手技療法学科

定員(専攻名・定員)／修業年限
50人／３年

姉妹校・仙台赤門医療専門学校の伝統と技術を継承して鍼灸治療、マッサージを学び、はり師、きゅう師、あん摩マッサージ指圧師の国家資格の取得を目指します。資格取得後は、治療院や病院、メディカルトレーナーや美容サロンなど、活躍の幅が広がります。

◆**取得免許&資格** はり師、きゅう師、あん摩マッサージ指圧師。

前年度 選抜方法

●**推薦**＝書類審査、小論文、面接
●**一般（入試科目）（Ⅰ期）**
◇**看護**＝国語〈除く古・漢〉／コミュ英Ⅰ・Ⅱ／数理〈数Ⅰ、生基→１〉
〈**注**〉他に面接あり
◉**2025年度の募集要項は５月上旬に配布予定**

東北生活文化大学短期大学部

一般 共テ 推薦 総合

www.mishima.ac.jp/tsb/

設置(学)科＝生活文化

CAMPUS GUIDE

●**所在地** 〒981-8585 宮城県仙台市泉区虹の丘１丁目18の２
☎(022)272-7521(入試課直通)
●**交通** ＪＲ仙台駅前からバスで三島学園東北生活文化大学・高校前下車。
●**設立** 昭和26年
●**学生総数** 男15人・女99人
▼**要項請求先&問合せ先** 入試課

特別選抜 帰国 社会人	学外試験会場	授業料減免 免除 減額	奨学金制度 給付 貸与	学生寮 男子 女子	海外留学	海外研修	編入制度	専攻科
× ○	1	× ×	○ ×	× ×	×	×	○	×

生活文化学科

定員(専攻名・定員)／修業年限
100人(食物栄養学40・子ども生活60)／２年

食物栄養専攻では、栄養士に必要な幅広い知識を身につけます。

食品の持つ栄養素や化学的特性について知った上で、食品がどのように消化・吸収され生命活動の維持に利用されるのかを理解します。また、栄養士の仕事は医療にも関連しているので、さまざまな疾病や、個人から集団までの健康の保持増進や疾病予防についても学んでいきます。

和・洋・中華などバラエティー豊かなメニューについて基本的な調理技術を習得し、調理の科学、食品の素材特性を学びます。

子ども生活専攻では、地域社会における子育てサポートを目指して、社会福祉や家族関係などの観点から、子どもたちを取り巻く環境を学びます。直接子どもと接するだけでなく、保護者への適切な指導を行うことのできる知識を学んでいきます。

保育実習や教育実習のための特別指導をキャリアアップの一部としてとらえ、少人数制を生かした指導で２年次の実習の臨みます。子どもとのコミュニケーション力を培う機会になります。

◆**取得免許&資格** 両専攻－社会福祉主事〈任用〉。食物栄養学専攻－栄養士、フードコーディネーター３級、フードサイエンティスト、食空間コーディネーター３級、情報処理士、食生活アドバイザー(学内受験可能)。子ども生活専攻－保育士、幼稚園教諭二種免許、ピアヘルパー。

前年度 選抜方法

●**推薦**＝書類審査、課題作文、面接
●**一般（入試科目・配点）（Ａ日程）**
◇**生活文化（200点満点）**＝国総〈除く古・漢〉(100)／面接(50)／調査書(50)
◉**2025年度の募集要項は６月中旬に配布予定**

宮城誠真短期大学

一般 推薦 総合

www.miyagi-seishin.ac.jp/
設置(学)科＝保育

CAMPUS GUIDE

●所在地　〒989-6105　宮城県大崎市古川福沼１丁目27の２
☎(0229)23-3220
●交通　ＪＲ陸羽東線・東北新幹線古川駅下車、徒歩約14分。
●設立　昭和42年
●学生総数　男５人・女87人
▼要項請求先&問合せ先　総務課

特別選抜 帰国	特別選抜 社会人	学外試験会場	授業料減免 免除	授業料減免 減額	奨学金制度 給付	奨学金制度 貸与	学生寮 男子	学生寮 女子	海外留学	海外研修	編入制度	専攻科
×	○	3	×	○	×	×	×	×	×	×	×	×

保育科

定員(専攻名・定員)／修業年限
50人／２年

人格形成の上でもっとも重要な幼児教育に携わる人材を育成します。幼児の円満で誠実な人格形成の基礎づくりを可能とする、愛する心、慈しむ心を育みます。

そのため、子どもを愛する心を基本として、幅広い学問領域と基礎技術を修得し、その知識・技術をより実践的に身につけるための講義・演習を行っています。

カリキュラムは、保育原理、保育の心理学などの理論科目はもちろん、教育実習、保育実習、乳児保育、音楽表現、造形表現などの各種技術演習や実習にも重点を置いています。なお、学校教育法や児童福祉法に基づいた保育士養成の講座も設けています。

カリキュラムは次の通りです。基礎科目には、国語学、日本国憲法、生物学、音楽、英語、保健体育(講義・実技)、社会学があります。

専門科目には、社会福祉Ⅰ・Ⅱ、子ども家庭福祉、子どもの保健、保育原理、子どもの食と栄養Ⅰ・Ⅱ、子どもの養護、児童文化、音楽表現Ⅰ・Ⅱ、造形表現Ⅰ・Ⅱ、身体表現、子ども家庭支援論、社会的養護Ⅰ・Ⅱ、教育原理、保育者論、子ども家庭支援の心理学、保育内容演習（言葉・健康・表現・環境・人間関係）、保育指導法の研究、保育の方法及び技術、教育相談、特別支援保育、乳児保育Ⅰ・Ⅱ、教育実習などがあります。

◆取得免許&資格　幼稚園教諭二種免許、保育士、社会福祉主事〈任用〉、准学校心理士、児童厚生２級指導員。

前年度　選抜方法

●推薦＝指定校制
●一般（入試科目）（前期）
◇保育＝国総〈除く古・漢〉／小論文
〈注〉他に面接あり
◉2025年度の募集要項は配布中

秋田栄養短期大学

一般 共テ 推薦 総合

www.akita-eiyo.ac.jp/
設置(学)科＝栄養

CAMPUS GUIDE

●所在地　〒010-8515　秋田市下北手桜守沢46の１
☎(018)836-1357（短大事務室直通）
●交通　ＪＲ秋田駅東口から無料スクールバス。
●設立　昭和28年
●学生総数　男16人・女61人
▼要項請求先&問合せ先　短大事務室

特別選抜 帰国	特別選抜 社会人	学外試験会場	授業料減免 免除	授業料減免 減額	奨学金制度 給付	奨学金制度 貸与	学生寮 男子	学生寮 女子	海外留学	海外研修	編入制度	専攻科
×	○	2	×	○	×	×	○	○	×	×	○	×

栄養学科

定員(専攻名・定員)／修業年限
80人／２年

学びの目的を明瞭化し、無駄なく学修するため３つのコースを設置しています。

げんきな食コースでは、食を通じて人びとを“げんき”にしたい、病気の人やフレイル（加齢に伴う予備能力低下のため、ストレスに対する回復力が低下した状態）の方々を支えたい、スポーツ活動を支援したいと思う人の学修をサポートします。将来、管理栄養士を志す人も支援します。「管理栄養士国家試験受験対策講座」「編入学選抜試験サポート」などの特別プログラムを用意しています。

おいしい食コースでは、もっとおいしい、楽しい食を提供したいと思う人、企業とのレシピ共同開発に携わりたい人、各種コンテストに積極的にチャレンジしたい人、将来、食品企業・各種施設などに就職したい人の学修をサポートします。「栄養士実力認定試験受験」「食生活アドバイザー検定受験」「家庭料理技能検定受験」「各種料理コンテスト出場」などの特別プログラムを用意しています。

こども食コースでは、子どもが好きで、食育に携わりたいと思う人、将来、保育園・幼稚園で働きたい、さらに卒業後、保育士資格を目指す人の学修をサポートします。「保育士筆記試験対策講座」「保育士実技試験対策講座」などの特別プログラムを用意しています。

◆取得免許&資格　栄養士、社会福祉主事〈任用〉、食生活アドバイザー検定、家庭料理技能検定。

前年度　選抜方法

●推薦＝書類審査、面接
●一般（入試科目・配点）
◇栄養(100点満点)＝国〈国総〔除く古・漢〕〉／理〈化基、生基→１〉
〈注〉他に面接あり
◉2025年度の募集要項は６月下旬に配布予定

⇩「資格別 取得可能な短大・学科」「就職状況」「大学への編入」「学費」は巻末データ集に収録

聖霊女子短期大学

一般　推薦　総合

www.akita-seirei.ac.jp/tandai/
設置(学)科＝生活文化

CAMPUS GUIDE

●**所在地**　〒011-0937　秋田市寺内高野10の33　☎（018）845-4111
●**交通**　ＪＲ秋田駅から秋田中央交通バスで高野二区または護国神社裏参道下車、徒歩５分。
●**設立**　昭和29年
●**学生総数**　女218人
●**専攻科**　健康栄養15人・２年
▼**要項請求先＆問合せ先**
事務局入試係

特別選抜 帰国	特別選抜 社会人	学外試験会場	授業料減免 免除	授業料減免 減額	奨学金制度 給付	奨学金制度 貸与	学生寮 男子	学生寮 女子	海外留学	海外研修	編入制度	専攻科
×	○	×	×	○	×	×	×	○	×	○	○	○

生活文化科

定員（専攻名・定員）／修業年限
160人（生活文化50・生活こども50・健康栄養60）／２年

将来の目標により、次の３専攻に分かれて学びます。

生活文化専攻では、入学後に、生活・ビジネス教養、デザイン・IT、女性リーダー育成の３コースから選択し、各分野の科目を自由に組み合わせて学べます。

生活こども専攻では、保育士と幼稚園教諭二種免許を取得できます。入学後に、総合保育、国際保育、インクルーシブ保育、SDGsの４コースから選択し、専門性を深めます。コース制の学びにより、時代や環境の変化に対応し、質の高い保育を実践できる“しなやかな”保育者の育成を目指します。

健康栄養専攻では、栄養士、栄養教諭二種免許を取得できます。食物、栄養、健康の基礎理論を学び、実験、実習、演習科目により栄養士としての実践的技能を習得します。人間の尊厳を理解し、高い倫理観を持って、人びとの健康の維持増進に貢献できる人材の育成を目指します。

また、専攻科に進学することで、４年制大学と同等である学士（栄養学）の取得も可能です。

◆**取得免許&資格**　生活文化専攻－秘書士、情報処理士、ビジネス実務士など。生活こども専攻－保育士、幼稚園教諭二種免許など。健康栄養専攻－栄養士、栄養教諭二種免許、フードスペシャリスト受験資格、秘書士、情報処理士、ビジネス実務士など。

前年度　選抜方法

●**推薦**＝書類審査、小論文、面接
●**一般（入試科目）（Ⅰ期・Ⅱ期）**
◇**生活文化**＝国数外〈国総〔現代文のみ〕、数Ⅰ、コミュ英Ⅰ・Ⅱ→１〉
〈**注**〉他に面接あり
◉**2025年度の募集要項は６月上旬に配布予定**

日本赤十字秋田短期大学

一般　共テ　推薦　総合

www.rcakita.ac.jp/
設置(学)科＝介護福祉

CAMPUS GUIDE

●**所在地**　〒010-1492　秋田市上北手猿田字苗代沢17の３
☎（018）829-3759（入試・広報課直通）
●**交通**　ＪＲ秋田駅から秋田中央交通バス広面御所野線で日赤病院前下車。
●**設立**　平成８年
●**学生総数**　男４人・女31人
▼**要項請求先＆問合せ先**　入試・広報課

特別選抜 帰国	特別選抜 社会人	学外試験会場	授業料減免 免除	授業料減免 減額	奨学金制度 給付	奨学金制度 貸与	学生寮 男子	学生寮 女子	海外留学	海外研修	編入制度	専攻科
×	○	1	○	○	×	×	×	○	×	×	○	×

介護福祉学科

定員（専攻名・定員）／修業年限
30人／２年

実践者として人の生き方を大事にし、「Forではなく With」を念頭に、ともに作り上げていく介護福祉士の養成を目指しています。

介護ニーズの高度化・多様化に対応した新しい時代の介護福祉教育を実践し、豊かな人間性と専門知識・技術を兼ね備えた人材を育成します。介護実習は、介護実習室、入浴実習室、家政・調理実習室などの多様な実習施設で行い、高度な実践力が養われます。

カリキュラムでは、「介護のため」という視点のもと、理論と実践の統合を目指し、専門科目を「人間と社会」「介護」「こころとからだのしくみ」「医療的ケア」「研究」の５領域に分けています。

「人間と社会」の領域では、介護福祉の価値理念である人権尊重の理解を深め、幅広い教養を身につけます。

「介護」の領域では、「その人らしい生活」を支えるために必要な介護福祉士としての専門的知識・技術を修得します。

「こころとからだのしくみ」の領域では、複数の職種間の協働や適切な介護の提供に必要な専門的知識を養います。

「医療的ケア」の領域では、医療職との連携のもと、安全で適切な医療的ケアを実施できるよう、知識・技術を修得します。

「研究」の領域では、介護福祉に必要な研究的態度を養います。

◆**取得免許&資格**　介護福祉士国家試験受験資格、社会福祉主事〈任用〉、日本赤十字社救急法救急員、日本赤十字社幼児安全法支援員など。

前年度　選抜方法

●**推薦（公募）**＝書類審査、小論文、面接
●**一般（入試科目）**
◇**介護福祉**＝国語〈近代以降の文章〉
◉**2025年度の募集要項は８月中旬に配布予定**

みそのがくえん
聖園学園短期大学

一般
推薦
総合

www.misono-jc.ac.jp/
設置(学)科＝保育

CAMPUS GUIDE

●所在地　〒010-0911　秋田市保戸野すわ町1の58
☎(018)862-0337（事務局教務課直通）
●交通　ＪＲ秋田駅から秋田市営バスの将軍野線で通町二区下車、徒歩３分。または、泉ハイタウン線で聖園短大前下車、徒歩１分。
●設立　昭和41年
●学生総数　男15人・女183人
▼要項請求先＆問合せ先　事務局教務課

特別選抜 帰国	社会人	学外試験会場	授業料減免 免除	減額	奨学金制度 給付	貸与	学生寮 男子	女子	海外留学	海外研修	編入制度	専攻科
×	○	×	×	×	○	×	×	×	×	×	×	×

保育科

定員(専攻名・定員)／修業年限
100人／2年

カトリック精神に基づき、幼児教育者としての正しい人生観と、知識・技能を身につけた学生を育てることを目指しています。

カリキュラムは、幼稚園教諭二種免許と保育士資格を取得するために必要な基礎教養科目と専門科目から構成されています。

基礎教養科目は、「キリスト教人間学」による人間性の育成、語学力、文章力をつけるための「日本語の表現」「児童文学」、専門知識の土台づくりとなる「子ども文化」「自然科学入門」などの科目のほか、憲法、英語、情報処理などの一般的な教養を学習します。

専門科目は、音楽、図画工作、体育など基礎になる科目や、「保育原理」「教育原理」「特別支援教育総論」「乳児保育」などを編成し、子どもの心に寄り添った保育者を目指すための専門知識と技能を身につけることができます。

就職では、学生一人ひとりの希望や適性を把握した上で、きめ細かな就職指導を行っており、高い就職率を維持しています。卒業生の多くが県内幼稚園、保育所に勤務していることから、手厚い指導を受けることができます。キャンパス内には、幼保連携型認定こども園、保育所、児童養護施設が隣接しており、保育者養成において理想的な環境が整っています。

◆取得免許&資格　幼稚園教諭二種免許、保育士。

前年度　選抜方法

●**推薦**＝書類審査、小論文、面接
●**一般(入試科目)(Ⅰ期・Ⅱ期共通)**
◇**保育(200点満点)**＝国総〈意見を述べる問題を含む、除く古・漢〉(100)／面接(100)
◉**2025年度の募集要項は6月上旬に配布予定**

うようがくえん
羽陽学園短期大学

一般
推薦
総合

www.uyo.ac.jp/
設置(学)科＝幼児教育

CAMPUS GUIDE

●所在地　〒994-0065　山形県天童市大字清池1559
☎(023)655-2385
●交通　ＪＲ奥羽本線高擶(たかたま)駅下車、徒歩約7分。
●設立　昭和57年
●学生総数　男18人・女148人
●専攻科　福祉25人・1年
▼要項請求先＆問合せ先
入試係

特別選抜 帰国	社会人	学外試験会場	授業料減免 免除	減額	奨学金制度 給付	貸与	学生寮 男子	女子	海外留学	海外研修	編入制度	専攻科
×	○	×	×	×	×	○	○	○	×	×	○	○

幼児教育科

定員(専攻名・定員)／修業年限
80人／2年

幼児教育コースと福祉コースに分かれて専門的な知識・技術を修得します。

幼児教育コースは、幼稚園教諭、保育所保育士のほか、児童福祉施設などの保育士、社会福祉主事を養成します。

幼児教育は人間教育のはじまりであるという認識で、多方面から子どもについて研究します。学習内容は、保育や教育の基本的な理論・原理から、保育内容や指導法、音楽・美術・体育などの実技面、心理・健康など幼児の心身面に至るまで、多岐にわたります。

附属幼稚園や保育施設での実習では、担当教員の指導のもと、授業で得られた学習内容をより実践的に深めていきます。

福祉コースは、障害者福祉施設、老人福祉施設および認定こども園の職員として、幅広く対応できる人材を育成します。

福祉の理念をはじめ具体的な福祉の技術を学び、現代社会の抱える福祉の問題を多方面から追究します。また、保育や幼児教育に関する学習を行うことで、いっそう視野が広がり、福祉についてより深くとらえることができます。

各種の福祉施設と老人福祉施設での実習を通して、理論と実践を学んでいきます。

◆取得免許&資格　幼稚園教諭二種免許、保育士、社会福祉主事〈任用〉。

前年度　選抜方法

●**推薦**＝書類審査、小論文、面接
●**一般（入試科目・配点）（一期）**
◇**幼児教育（100点満点）**＝国総〈除く古典〉(30)／小論文(30)／面接(15)／調査書(25)
◉**2025年度の募集要項は6月中旬に配布予定**

⇩「資格別 取得可能な短大・学科」「就職状況」「大学への編入」「学費」は巻末データ集に収録

東北文教大学短期大学部

一般　共テ　推薦　総合

www.t-bunkyo.ac.jp/

設置(学)科＝子ども

CAMPUS GUIDE

●**所在地**　〒990-2316　山形市片谷地515
☎(023)688-2296(入試広報センター直通)
●**交通**　JR奥羽本線蔵王駅下車、徒歩７分。

●**設立**　昭和41年
●**学生総数**　男27人・女191人
▼**要項請求先＆問合せ先**
入試広報センター

特別選抜		学外試験会場	授業料減免		奨学金制度		学生寮		海外留学	海外研修	編入制度	専攻科
帰国	社会人		免除	減額	給付	貸与	男子	女子				
×	○	×	×	×	○	○	×	×	○	○	○	×

※2025年４月、現代福祉学科は募集停止予定。

子ども学科

定員(専攻名・定員)／修業年限
100人／２年

子ども学科は、1967年に山形女子短大幼児教育科としてスタートしてから57年になる伝統のある学科です。これまでに数多くの卒業生を幼稚園教諭・保育士として輩出し、教育・保育の現場からは高い信頼を寄せられています。

現在は未来をつくる子どものために、豊かな人間性と社会性を兼ね備えた､保育･教育における「総合的実践力」を有する人材の育成を目標にしています。

カリキュラムは、実習の事前・事後指導により保育の基礎や保育内容を学ぶ科目との連携を重視する「実習を核とした総合的カリキュラム」を編成。子どもの姿に基づく保育計画、子どもに寄り添った保育実践、実践を振り返っての保育や子ども理解の改善・修正というサイクルを設けることで、多角的視野と総合的視野を持った実践力のある保育者の養成を目指しています。

保育を総合的・多角的にとらえるためには、まず、子どもと直接触れ合いながら、子どもの思いや考えを理解しようとすることが必要です。そして、子どもの心の世界に近づいてみようとすることで、子どもの発達の理解も深まっていきます。敷地内にある付属幼稚園とも連携し、子どもを身近に感じながら学生自身が主体的・対話的に子どもや保育についての学びを深められるような授業が１年次から行われています。

また、付属幼稚園のほかに系列の保育園や認定こども園があり、実習以外の場においても、できるだけ子どもの前に立ち、子どもを体感しながら「実践力」を高めていくことができます。

１年生が企画運営する「ほいくる！　子ども王国」では、大学祭に地域の子どもたちを招待し、一緒に玩具をつくったり、レクリエーションを楽しんだりしながら、子どもたちとの触れ合いと模擬的保育の実践を通して保育者としての基礎を学びます。

２年次には自分の研究したい分野の教員のゼミに所属し、１年間研究に取り組むことで知識を深め､高い技術の修得を目指します。

毎年２月には、２年生の卒業研究の発表を中心とした「子どもフォーラム」が地域の文化施設で催され、一般の方々にも公開する形で、２年間の学びの集大成を学生全員が発表します。

◆**取得免許&資格**　幼稚園教諭二種免許、保育士、社会福祉主事〈任用〉、知的障害者福祉司〈任用〉、キャンプインストラクター。

前年度　選抜方法

●**推薦(公募)**＝学習成績の状況（調査書)、口頭試問を含む面接
●**一般（入試科目・配点）(前期)**
◇**子ども(200点満点)**＝国総〈除く古・漢〉(100)／面接（100）
◉**2025年度の募集要項は、総合型が５月下旬から配布予定。その他の入試は順次ホームページで公開予定**

いわき短期大学

一般 共テ 推薦 総合

www.shk-ac.jp/ijc/

設置(学)科＝幼児教育

CAMPUS GUIDE

●所在地　〒970-8568　福島県いわき市平鎌田字寿金沢37
☎(0246)35-0438（入試広報課直通）
●交通　JR常磐線いわき駅下車、徒歩約15分。
●設立　昭和41年
▼要項請求先&問合せ先
入試広報課

特別選抜		学外試験会場	授業料減免		奨学金制度		学生寮		海外留学	海外研修	編入制度	専攻科
帰国	社会人		免除	減額	給付	貸与	男子	女子				
○	○	×	×	○	○	×	×	○	×	○	○	×

幼児教育科

定員(専攻名・定員)／修業年限
100人／2年

少子化時代の幼児教育という視点から、カリキュラムは専門的な知識と技術の修得に加え、教養を重視していることが特徴です。次の2科目群で編成されています。

教養科目には、哲学、日本国憲法、人間力とキャリア、心理学、スポーツ（講義・実技）などがあります。幅広い教養を養うことを目的としています。

専門科目には、保育原理、社会的養護、子どもの保健、国語表現、幼児音楽、造形表現などの教科に関する科目と、教育原理、教育心理学、子どもの臨床心理学、子どもの造形と遊びなどの教職に関する科目があります。幼児教育者としての専門知識・技能の修得を目指します。

幼稚園実習、保育実習、施設実習など、実習を特に重視しています。講義や演習で学んだ理論を、附属幼稚園などでの実習を通して、実践的な知識や技術として身につけます。附属幼稚園での行事への参加など、多彩な学習の機会が用意されています。

幼児教育者として必要な技能を身につけるための施設も豊富です。図画・工作室や、幼児音楽のレッスンで利用するピアノ演習室、クラビノーバを設置したクラビノーバ室、パソコンを設置したコンピュータ演習室、アクティブラーニング室などが整備されています。

◆**取得免許&資格**　幼稚園教諭二種免許、保育士。

前年度　選抜方法

●**推薦**＝書類審査、記述式総合問題、面接
●**一般（入試科目）（A方式）**
◇**幼児教育**＝国外〈国総〔除く古・漢〕、コミュ英Ⅰ→1〉／記述式総合問題
〈**注**〉他に面接あり
◉**2025年度の募集要項は5月下旬に配布予定**

桜の聖母短期大学

一般 共テ 推薦 総合

www.sakuranoseibo.jp/

設置(学)科＝キャリア教養、生活科学

CAMPUS GUIDE

●所在地　〒960-8585　福島市花園町3の6
☎(024)573-0019(入試センター直通)
●交通　ＪＲ福島駅東口からバスで、桜の聖母短期大学前下車、徒歩1分。
●設立　昭和30年
▼要項請求先&問合せ先
入試センター

特別選抜		学外試験会場	授業料減免		奨学金制度		学生寮		海外留学	海外研修	編入制度	専攻科
帰国	社会人		免除	減額	給付	貸与	男子	女子				
○	○	×	○	○	○	×	×	×	×	×	○	×

キャリア教養学科

定員(専攻名・定員)／修業年限
60人／2年

社会が求めるコミュニケーション力と行動力をしっかり身につけます。100パーセントの就職率と4年制大学への編入合格を目指す学科です。

公務員、金融業、販売・サービス業、オフィス・ワーク、エアライン、編入学など、目指す進路に合わせた履修モデルで学びます。

専門科目として、アカデミックスキルズ、キャリア形成論、コミュニケーションスキルズ、異文化理解、社会調査法入門、プランニング入門などがあります。

◆**取得免許&資格**　社会福祉主事〈任用〉、司書、ビジネス実務士、実践キャリア実務士など。

生活科学科

定員(専攻名・定員)／修業年限
70人(福祉こども40・食物栄養30)／2年

福祉こども専攻には、地域の子育て支援を体験的･実践的に学び、保育の基礎力を身につけるこども保育コースがあります。

食物栄養専攻では、人を健康に導くおいしい食事を提供するために、幅広い専門知識と実践力を備えた「食の専門家」を育成します。

◆**取得免許&資格**　社会福祉主事〈任用〉のほか専攻別に次の通り。福祉こども専攻（こども保育コース）－保育士、幼稚園教諭二種免許など。食物栄養専攻－栄養教諭二種免許、栄養士、フードコーディネーター3級、フードサイエンティストなど。

前年度　選抜方法

●**推薦**＝書類審査、小論文、面接
●**一般（入試科目・配点）**
◇**全学科（100点満点）**＝国総〈含む小論文、除く古・漢〉(50*)／面接(20)／調査書(30)
＊小論文の配点比率は国総のうち50%
◉**2025年度の募集要項は6月下旬に配布予定**

⇩「資格別 取得可能な短大・学科」「就職状況」「大学への編入」「学費」は巻末データ集に収録

郡山女子大学短期大学部

一般 共テ 推薦 総合

www.koriyama-kgc.ac.jp/
設置(学)科＝健康栄養、幼児教育、地域創成

CAMPUS GUIDE

●**所在地** 〒963-8503 福島県郡山市開成３丁目25の２ ☎(024)932-4848
●**交通** ＪＲ郡山駅からバスで25分、郡山女子大学下車。
●**設立** 昭和25年
●**学生総数** 女430人
●**専攻科** 文化学10人・２年、幼児教育学10人・２年
▼**要項請求先＆問合せ先**
入学事務・広報部

特別選抜 帰国	特別選抜 社会人	学外試験会場	授業料減免 免除	授業料減免 減額	奨学金制度 給付	奨学金制度 貸与	学生寮 男子	学生寮 女子	海外留学	海外研修	編入制度	専攻科
○	○	×	○	○	○	×	×	○	×	○	○	○

教育の特徴として、時代の変化や世の中のニーズ、学生の要望を迅速にカリキュラムに反映させていること、そして地域密着型のカリキュラムや研究テーマを取り入れやすく、関連行事も多いため、就職も地元との関わりが強く地域社会への貢献度が高いことなどが挙げられます。

開学以来続けている芸術鑑賞講座があります。劇団四季や落語鑑賞会、ベルリン交響楽団演奏会、ヴォーチェスエイト「クリスマスコンサート」など、国内外の一流アーティストの公演を鑑賞します。

健康栄養学科

定員(専攻名・定員)／修業年限
70人／２年

人々の健康をサポートする食と栄養の知識と技術を身につけ、健康で豊かな食生活を推進する栄養士と、食品業界に関わるフードスペシャリストを養成します。

栄養士とフードスペシャリストの２課程が設置されています。

栄養士課程の授業は、日本栄養改善学会発表の「栄養士養成のための栄養学教育モデル・コア・カリキュラム」に沿って行い、専門科目として栄養学や食品学、栄養指導論、調理学、食品衛生学、給食管理などを学びます。フードスペシャリスト課程は、公益社団法人日本フードスペシャリスト協会の基準に従って授業を実施し、在学中に資格認定試験を受けて合格することでフードスペシャリスト資格を得ることができます。共通基礎科目では生物や化学などの授業を開講し、専門科目を学ぶためのサポートを行っています。

親子料理教室やボランティアなど地域での活動や料理コンクールへの応募などにも力を入れ、授業内外の活動を通して発想力や想像力を鍛えることもできます。

◆**取得免許&資格** 栄養士、フードスペシャリスト受験資格、管理栄養士国家試験受験資格（要実務経験３年）など。

幼児教育学科

定員(専攻名・定員)／修業年限
140人／２年

幼児教育とチャイルド・ミュージックの２コースがあります。

幼児教育コースでは、幼稚園教諭二種免許状と保育士資格の両方を取得することができます。多彩なフィールドワークを通して実践力を養い、子どもに寄り添える保育者を目指します。附属幼稚園が目の前にあり、幼児の観察がいつでもできるのが特徴です。

チャイルド・ミュージックコースでは、幼稚園教諭二種免許状または保育士資格のどちらか１つのほか、リトミック指導資格２級および１級の資格を取得することができます。多彩な音楽教育を通して実践力を養い、子どもに寄り添える保育者を目指します。また、専門教員による個人レッスンで、ピアノ等の楽器や声楽の表現技術を身につけます。

いずれのコースも、３年履修コースを設置しています。２年間の学費で３年間学ぶことができ、余裕を持った履修が可能となります。３年履修コースを活用することで、チャイルド・ミュージックコースの学生も、幼稚園教諭二種免許状および保育士資格の両方を取得できるようになりました。

なお、専攻科幼児教育学専攻では、短期大学を卒業してさらに専門性を深めるために２年間学び、学士（教育学）の学位と幼稚園教諭一種免許状を取得できます。

◆**取得免許＆資格** 幼稚園教諭二種免許、保育士など。

地域創成学科

定員(専攻名・定員)／修業年限
80人／２年

地域連携教育を中心とした多様な学び(歴史・文化系、アート&デザイン系、ビジネス・情報系)により、想像力や表現力、コミュニケーション能力を伸ばし、地域の発展に取り組む力を身につけます。１年次の「地域創成ゼミナール」で地域と自身の学びの核となる学問分野の関係を学び、２年次の「地域創成プロジェクト演習」で専門分野と連動した多様な地域活動を実践します。

情報・キャリア教育では、各種資格取得を支援し、身につけた知識と能力を生かす教育を行います。絵画・彫刻からデザインの基礎を学び、就職や美術系大学への編入を支援します。歴史・文化系科目を中心に学び、さらに専攻科文化学専攻で２年間学ぶことで学士(文学)の学位を取得できます。

◆**取得免許&資格** 司書、学芸員補〈任用〉、情報処理士、ビジネス実務士、社会福祉主事〈任用〉など。

前年度 選抜方法

●**推薦**＝書類審査、面接(幼児教育は面接内実技あり)、基礎能力調査(地域創成はデッサン講習会に参加し、作品を提出することで基礎能力調査に代えることができる)、音楽経験度調査(幼児教育のチャイルド・ミュージックのみ)
●**一般（入試科目・配点）**
（Ⅰ期・Ⅱ期・Ⅲ期共通）
◇**全学科（300点満点〈幼児教育のチャイルド・ミュージックは400点満点〉）**＝国総〈除く古典〉(100)／面接（100）／調査書(100)／音楽経験度調査(幼児教育のチャイルド・ミュージックのみ。100)
◉**2025年度の募集要項は５月上旬に配布予定**

福島学院大学短期大学部

一般
推薦
総合

www.fukushima-college.ac.jp/
設置(学)科＝保育、食物栄養

CAMPUS GUIDE

●**所在地** 〒960-0181福島市宮代乳児池1の1
☎(024)553-3253(入学広報課直通)
●**交通** 阿武隈急行線福島学院前駅下車すぐ。
●**設立** 昭和41年
●**学生総数** 男43人・女237人
▼**要項請求先&問合せ先**
入学広報課

特別選抜 帰国	特別選抜 社会人	学外試験会場	授業料減免 免除	授業料減免 減額	奨学金制度 給付	奨学金制度 貸与	学生寮 男子	学生寮 女子	海外留学	海外研修	編入制度	専攻科
×	×	×	×	×	×	×	×	×	×	○	○	×

保育学科

定員(専攻名・定員)／修業年限
100人／2年

幼児教育者になるために必要な知識と技術を身につけ、子どもたちに将来の夢や希望を与えることのできる人材を育成します。

そのため授業では、幼児音楽、幼児体育、図画工作など、歌ったり、遊んだり、絵を描いたりする技能を伸ばすための教科や、発達心理学、教育原理など子どもに接するために必要な基本的知識や考え方を身につける教科を学びます。

そのほか、専門科目には社会福祉、社会的養護、教育心理学、乳児保育、子どもの食と栄養、ピアノ演習などがあります。

また、キャンパス内には認定こども園があり、日常的に子どもの姿を観察できるだけでなく、２年次の教育実習に備えるために、１年次から実習の基本を学ぶことができるようになっています。

幼稚園教諭二種免許と保育士資格の２つを同時に取得することで、「保育教諭」として認定こども園（幼保連携型）でも働くことができます。

◆**取得免許&資格** 幼稚園教諭二種免許、保育士、社会福祉主事〈任用〉。

食物栄養学科

定員(専攻名・定員)／修業年限
50人／2年

カリキュラムは、豊かな感性と優れた人格を育成するための教養教育科目と栄養士養成科目からなっています。

専門教育科目は、社会生活と健康、人体の構造と機能、食品と衛生、栄養と健康、栄養の指導、給食の運営の６群35科目で構成されています。

食生活における正しい知識を、講義や実験・実習を通して身につけていきます。スポーツ栄養学、福祉栄養学までを視野に入れた幅広い教育が行われています。

健康と栄養の関連や食品の構造・貯蔵・加工などによる変化、合理的かつ科学的な調理の方法、理想的な食料消費と食生活のあり方について学びます。

栄養士免許取得に不可欠な実習は、学内にある給食管理実習室で行うため、日常的に施設実習を体験することができます。

さまざまな設備・機器を使って、栄養管理や食品衛生の化学実験も行います。

また、「特別調理実習」として、著名な料理人を招き、日本食や中国料理などのプロの技、調理の心得などを間近で直接指導してもらうことで、学生の興味と学習意欲の喚起を図っています。

◆**取得免許&資格** 栄養士。

前年度 選抜方法

●**推薦**＝書類審査（志願者調査カードを含む）、小論文、面接
●**一般（入試科目・配点）**
◇**全学科（200点満点）**＝小論文（100）／面接（100）
◉**2025年度の募集要項は5月中旬に配布予定**

⇨「資格別 取得可能な短大・学科」「就職状況」「大学への編入」「学費」は巻末データ集に収録

茨城女子短期大学

一般　推薦　総合

www.taisei.ac.jp/iwjc/

設置(学)科＝表現文化、こども

CAMPUS GUIDE

●所在地　〒311-0114　茨城県那珂市東木倉960の２　☎(029)298-0596
●交通　ＪＲ常磐線勝田駅西口下車、スクールバスで約18分。またはＪＲ水郡線後台駅下車、徒歩約17分。
●設立　昭和42年
●学生総数　女177人
▼要項請求先&問合せ先　入試広報室

特別選抜 帰国　社会人	学外試験会場	授業料減免 免除　減額	奨学金制度 給付　貸与	学生寮 男子　女子	海外留学	海外研修	編入制度	専攻科
×　○	×	○　○	×　×	×　○	×	×	○	×

表現文化学科

定員（専攻名・定員）／修業年限
30人／２年

日本の言葉や文化、文学を中心に学びながら身体を用いた表現などを含め、さまざまな方法で自分を表すことを学びます。

簡潔で正しい言葉や日本文学・文化を学び豊かな人間性を養い、ダンスや演劇など全身を使っての表現力を磨き、社会に出てから重要となるコミュニケーション能力を身につけます。自分に合った資格の取得など、就職へ向けたキャリア教育にも力を入れています。

◆取得免許&資格　司書、上級秘書士、メディカル秘書。

こども学科

定員（専攻名・定員）／修業年限
100人／２年

幼児保育に必要な基本的知識・技能や、幼児の豊かな感性を育てるのに必要な人材を育成します。

保育士資格、幼稚園教諭二種免許に加え、こども音楽療育士の資格を取得できます。多様化、複雑化していく現代社会において、音楽を通して子どもの豊かな育ちを支援していくことができます。

卒業し資格を得ることによって、保育所や幼稚園、認定こども園や児童福祉施設などさまざまな場所で活躍することができます。

◆取得免許&資格　幼稚園教諭二種免許、保育士、こども音楽療育士、准学校心理士、社会福祉主事〈任用〉。

前年度　選抜方法

●推薦＝書類審査、面接（表現文化は口頭試問を含む）のほか、こどもは自己紹介文（出願時）、適性テスト
●一般（入試科目・配点）
◇全学科(100点満点)＝国総〈除く古・漢〉
〈注〉 他に面接（全学科）、適性テスト（こどものみ）あり
◉2025年度の募集要項は６月下旬に配布予定

つくば国際短期大学

一般　推薦　総合

www.ktt.ac.jp/tijc/

設置(学)科＝保育

CAMPUS GUIDE

●所在地　〒300-0051　茨城県土浦市真鍋６丁目20の１　☎(029)826-6000
●交通　ＪＲ常磐線土浦駅西口からバス（約15分）でつくば国際大学下車
●設立　昭和41年
●学生総数　男９人・女102人
▼要項請求先&問合せ先　入試係

特別選抜 帰国　社会人	学外試験会場	授業料減免 免除　減額	奨学金制度 給付　貸与	学生寮 男子　女子	海外留学	海外研修	編入制度	専攻科
×　○	×	×　○	×　×	×　○	×	×	×	×

保育科

定員（専攻名・定員）／修業年限
100人／２年

保育科は60年近い歴史を有しています。この間に培った保育科教育のさまざまなノウハウは授業の隅々にまで生かされ、豊かな感性と確かな保育技能を備えた保育者を多数輩出してきました。

2021年にはつくば国際大学内の新校舎へ移転。保育科のみの短期大学ですが同世代の仲間が多く明るい雰囲気の中で、学生生活を送れます。また、附属幼稚園のほかに５つの併設園との連携による「実践的な実習」をカリキュラムに取り入れ、効果を上げています。

個別練習可能な50室のピアノレッスン室を活用した丁寧なピアノ個別指導をはじめ、少人数教育を行っており、保育演習室や図工室などの施設とあいまって、保育技能の向上に大きな役割を果たしています。乳幼児の健康や安全に関する講座も充実させ、子どもの健康に深い理解のある保育者を育成します。

就職指導では、地域に根ざした短大だからこそできる、学生一人ひとりに向き合った最適のアドバイスにより、希望通りの就職を実現しています。短大への求人情報は、就職希望者全員に提供します。

保育者という共通の夢を持った学生は、共に喜び共に悩みながら、学びや実習を乗り越えて成長していきます。そして、それぞれの夢の実現に向けて教員が力強く支援していきます。

◆取得免許&資格　幼稚園教諭二種免許、保育士、社会福祉主事〈任用〉など。

前年度　選抜方法

●推薦＝書類審査、小論文、面接
●一般（入試科目）
◇保育＝国外〈国総〔近代以降の文章〕、コミュ英Ⅰ・Ⅱ・英表Ⅰ→１〉
◉2025年度の募集要項は６月下旬に配布予定

ときわ
常磐短期大学

一般　共テ　推薦　総合

www.tokiwa.ac.jp
設置(学)科＝幼児教育保育

CAMPUS GUIDE

●**所在地**　〒310-8585　茨城県水戸市見和１丁目430の１
☎(029)232-0007
(アドミッションセンター直通)
●**交通**　ＪＲ常磐線水戸駅からバスで自由ヶ丘下車、徒歩５分。
●**設立**　昭和41年
●**学生総数**　男10人・女256人
▼**要項請求先&問合せ先**
アドミッションセンター

特別選抜 帰国	特別選抜 社会人	学外試験会場	授業料減免 免除	授業料減免 減額	奨学金制度 給付	奨学金制度 貸与	学生寮 男子	学生寮 女子	海外留学	海外研修	編入制度	専攻科
×	○	×	×	○	○	×	○	○	×	○	○	×

幼児教育保育学科 

定員(専攻名・定員)／修業年限
120人／２年

半世紀以上の歴史を持つ幼児教育保育学科は、地域の幼稚園や保育所から信頼され、実習先も豊富です。知識と技能を身につけ、保育のスペシャリストを目指します。

幼児教育・保育に求められる豊かな人間性、高度な知識と技能を身につけることで、子どもに慕われ、保護者に信頼される教育者・保育者を養成します。

絵本の読み聞かせや紙芝居など、幼児教育や保育に欠かせない教材と環境が整っています。

また、学内外の幼稚園・保育所・児童福祉施設などでの実習を通して、幼児教育・保育の現場の実際を知り、知識・技術を活用する方法を身につけることを重視しています。

学内外の行事や活動を通して、物事を多角的に見る視点、子どもの個性を把握する力など、一人前の保育者として必要とされる力を育成します。

就職に関しても、細やかな学生指導で、毎年高い就職率を誇っています。指導教員（クラス担任）が学習、生活、就職活動など全力でサポート。その結果、多くの卒業生が県内外で活躍しています。

◆**取得免許&資格**　幼稚園教諭二種免許、保育士、児童指導員〈任用〉、社会福祉主事〈任用〉、認定ベビーシッター、認定絵本士。

前年度　選抜方法

●**推薦**＝書類審査、面接、音楽の進度状況確認
●**一般(入試科目・配点)**
◇**幼児教育保育(200点満点)**＝国〈国総〔除く古・漢〕〉(100)／コミュ英Ⅰ・Ⅱ・英表Ⅰ(100)
〈**注**〉他に面接あり
◉**2025年度の募集要項は６月上旬にホームページで公開予定（Web出願）**

⇩「資格別 取得可能な短大・学科」「就職状況」「大学への編入」「学費」は巻末データ集に収録

宇都宮短期大学

一般
共テ
推薦
総合

www.ujc.ac.jp/
設置（学）科＝音楽、人間福祉、食物栄養

CAMPUS GUIDE

●所在地　〒321-0346　栃木県宇都宮市下荒針町長坂3829
☎(0120)73-8686
●交通　ＪＲ宇都宮駅からバスで共和大・宇都宮短期大学下車。
●設立　昭和42年
●学生総数　男19人・女125人
▼要項請求先＆問合せ先　事務局入試係

特別選抜 帰国	特別選抜 社会人	学外試験会場	授業料減免 免除	授業料減免 減額	奨学金制度 給付	奨学金制度 貸与	学生寮 男子	学生寮 女子	海外留学	海外研修	編入制度	専攻科
×	○	×	○	○	○	×	×	×	×	○	○	×

音楽科

定員（専攻名・定員）／修業年限
30人／２年

ピアノ演奏、ピアノ、ピアノ教養、ピアノ応用、声楽、弦楽器、管楽器、打楽器、電子オルガン、音楽療法士、邦楽、吹奏楽・アンサンブルの12の専攻コースを設置しています。音楽における基本的な理論と演奏技術を学ぶとともに、豊かな感性を磨きます。個々の特性を生かした芸術表現と、音楽に関わる広い職種に即した知識・技術や態度を学びます。

◆取得免許&資格　中学校音楽教諭二種免許。音楽療法士専攻コース－音楽療法士２種、介護職員初任者研修修了者。

人間福祉学科

定員（専攻名・定員）／修業年限
40人（社会福祉25・介護福祉15）／２年

福祉専門職としての基本的な知識・技術・方法を学ぶとともに、個々の特性を伸ばします。人間尊重の精神と倫理性を持ったソーシャルワーカー、医療事務従事者、介護福祉専門職を養成します。

社会福祉と介護福祉の２専攻を設置しています。社会福祉専攻には「社会福祉士」「医療事務」、介護福祉専攻には「介護福祉士」の３つの履修モデルがあります。

◆取得免許&資格　社会福祉主事〈任用〉、キャンプインストラクター。社会福祉専攻－社会福祉士モデルは、社会福祉士国家試験受験資格（要実務経験２年）など。医療事務モデルは、メディカルクラークなど。介護福祉専攻－介護福祉士国家試験受験資格、福祉レクリエーション・ワーカーなど。

食物栄養学科

定員（専攻名・定員）／修業年限
30名／２年

食や福祉に関わる広い分野で地域や社会に貢献できる栄養士の養成を目指します。

栄養士として将来の活躍を希望する専門分野に合わせた３つの履修モデルを設定しています。実践的カリキュラムにより、２年間の学びで栄養士としてさまざまな食の現場で活躍することを目指します。栄養士養成のための指定科目を履修することが卒業の必須要件となります。

◆取得免許&資格　栄養士、社会福祉主事〈任用〉、フード・スペシャリスト資格受験資格、キャンプインストラクターなど。

前年度　選抜方法

●推薦＝書類審査、面接、さらに音楽は主科実技（除く音楽療法士）、副科ピアノ（声楽、弦楽器、管楽器、打楽器、電子オルガンのみ）、人間福祉、食物栄養は小論文
●一般（入試科目・配点）（Ⅰ期）
◇音楽＝主科実技（除く音楽療法士）、副科ピアノ（声楽、弦楽器、管楽器、打楽器、電子オルガンのみ）、楽典*、ソルフェージュ*（*はピアノ教養、音楽療法士、邦楽、吹奏楽・アンサンブルを除く）／面接
◇人間福祉、食物栄養（300点満点）＝国総〈除く古・漢〉(100)／コミュ英Ⅰ・Ⅱ（100）／面接（100）
◉2025年度の募集要項は５月上旬に公開予定

國學院大學栃木短期大学

一般　共テ　推薦　総合

www.kokugakuintochigi.ac.jp/tandai/

設置(学)科＝日本文化、人間教育

CAMPUS GUIDE

●所在地　〒328-8588　栃木市平井町608
☎(0282)22-5511
●交通　ＪＲ両毛線・東武日光線栃木駅から国学院行きバスで約10分。
●設立　昭和41年
●学生総数　男84人・女216人
▼要項請求先＆問合せ先
入試係

特別選抜 帰国	特別選抜 社会人	学外試験会場	授業料減免 免除	授業料減免 減額	奨学金制度 給付	奨学金制度 貸与	学生寮 男子	学生寮 女子	海外留学	海外研修	編入制度	専攻科
×	○	×	○	○	○	×	×	×	○	○	○	×

國學院大學を母体とした、２学科５フィールドからなる短期大学です。建学の精神を基本とし日本文化と大きな関わりを持つ「神道と日本文化」が必修科目になっていることが、特色の一つです。

豊富なカリキュラムを整え、教師陣と施設の充実を図っています。考古資料・民俗資料を中心とした参考館（博物館施設）や、30万冊の蔵書数を誇る図書館があります。修学支援、就職・進学支援、生活支援、学生支援の４つの方向から学生一人ひとりの目標に応じて、きめ細かく支援します。

日本文化学科

定員(専攻名・定員)／修業年限

150人／２年

文学や言語、歴史、経済、社会について国学(日本学)の立場から学び探究し、日本の将来を考え導いていく人材を育てます。日本固有の精神や文化、歴史を学び、日本人としての主体性や誇りを持った教養人、外国文化との関わりを認識し、近隣諸国に日本文化を発信できる社会人を育成します。

以下の３フィールドがあります。

日本文学フィールドでは、國學院大學の学統を受け継いだ日本文学研究の方法を、日本文学の講読・解釈にとどまらず創作活動や民俗文芸研究も重視して学びます。

国文学を日本文学・日本語学・漢文学の立場から研究するとともに、創作文芸では、日本文学を創作者の立場から追究した上で、実作（小説・詩歌・児童文学・絵本）を行います。伝承文学では、儀礼や習俗の面から日本文学をとらえます。昔話や民話などの口承文芸などについても取り入れます。

言語文化フィールドでは、日本語・日本文化・国際交流をキーワードに、今までの日本語研究・文学研究領域だけにとどまらず、さまざまな文化的側面に関わる領域も範囲に入れたカリキュラムを構成しています。

日本語や英語などの言語、プレゼンテーションやコンピュータ言語などのコミュニケーションスキル、日本や諸外国の文化や経済などを総合的に学びます。日本文化を理解し、国際的視野を持ってさまざまな分野で活躍できる人材の育成を目指します。

日本史フィールドでは、歴史学の知識・技術を専門的に修得します。歴史の見方・とらえ方を広く学ぶことによって、古文書や資料から歴史の真実を探求します。埋蔵物・遺跡を発掘し、日本の成り立ちを探ります。

古文書実習では、古文書を読み解き、日本史の実像にせまり、新しい歴史を創造します。

考古学実習では、実際に遺跡の発掘調査を行い、出土品の取り扱いを学びます。

◆取得免許＆資格　日本文学フィールド・言語文化フィールド－中学校国語教諭二種免許、司書など。日本史フィールド－中学校社会教諭二種免許、学芸員（要実務経験）など。３フィールド共通－情報処理士、ビジネス実務士。

人間教育学科

定員(専攻名・定員)／修業年限

100人／２年

幼児教育から中等教育に携わる先生や健康教育・家庭生活のスペシャリストの育成を目指します。

以下の２フィールドがあります。

子ども教育フィールドでは、保育士、幼稚園教諭、小学校教諭として、乳幼児から学童までの子どもの発達を援助するための力を身につけます。

１年次の早期から研修を実施しています。実際に保育園・幼稚園や小学校の現場で、子どもたちを観察し、実習する経験を繰り返すことにより、保育や教育に携わる者としての心構えと指導力を育みます。

将来の目的に応じて、幼稚園・保育専攻と小学校・幼稚園専攻に分かれて学びます。

生活健康フィールドでは、生活の身近な問題に関わることについて総合的に学び､家庭のみならず、広く社会で活躍できる能力を育みます。

養護や家庭科の教員、医療や福祉、フード系企業などの幅広い分野での活躍を目指します。

健康、養護、フード、ファッションの領域を軸として、学習目的に合わせて多様な専門科目から選択して学ぶことができます。

実験・実習を重視しており、食生活、衣生活の実験や実習、養護・看護実習などを通して、知識だけを身につけるのではなく、自分の手や目、頭で実感することにより、科学的視点を養います。

◆取得免許＆資格　子ども教育フィールド－幼稚園・保育専攻／幼稚園教諭二種免許、保育士。小学校・幼稚園専攻／小学校教諭二種免許、幼稚園教諭二種免許。生活健康フィールド－養護教諭二種免許、中学校家庭教諭二種免許、フードスペシャリスト受験資格、医療管理秘書士受験資格、医療情報事務士受験資格、保健児童ソーシャルワーカー受験資格など。

前年度　選抜方法

●推薦＝書類審査、小論文、面接
●一般（入試科目・配点）
（Ａ日程・Ｂ日程）
◇全学科（200点満点）＝国総〈除く漢〉／地歴数外〈世Ｂ、日Ｂ、数Ⅰ、コミュ英Ⅰ・Ⅱ→1〉
〈注〉他に面接あり
◉2025年度の募集要項は配布中

⇩「資格別 取得可能な短大・学科」「就職状況」「大学への編入」「学費」は巻末データ集に収録

作新学院大学女子短期大学部

一般 推薦 総合

www.sakushin-u.ac.jp/sjc/
設置(学)科＝幼児教育

CAMPUS GUIDE

●**所在地** 〒321-3295 栃木県宇都宮市竹下町908
☎(028)667-7111
●**交通** ＪＲ宇都宮駅東口から宇都宮ライトレール清陵高校前下車で約25分。
●**設立** 昭和42年
●**学生総数** 女218人
▼**要項請求先＆問合せ先** 入試課

特別選抜 帰国	特別選抜 社会人	学外試験会場	授業料減免 免除	授業料減免 減額	奨学金制度 給付	奨学金制度 貸与	学生寮 男子	学生寮 女子	海外留学	海外研修	編入制度	専攻科
×	○	×	○	×	○	×	×	×	×	×	○	×

幼児教育科

定員(専攻名・定員)／修業年限
105人／2年

豊かな感性と幅広い知性、深い人間性を持った幼児教育者を育成します。子どもの幸福を追求するために求められる、幼児教育者として自ら考え、決断し、実行する力と豊かな教養を養います。

カリキュラムには､主に人間としての視野を広げる教養科目と､幼児教育の専門知識や技術を修得する専門科目の2つがあります。

さらに専門科目のなかには教科に関する科目（音楽、図画工作、体育、社会的養護、子どもの保健、子どもの食と栄養、社会福祉、子育て支援、乳児保育、子ども家庭福祉など）と教職に関する科目(教育原理、発達心理学、教育心理学、教育の制度と社会、教育・保育課程論など）があり、科目の種類も内容も充実しています。

2年間の教育課程を通して、幼稚園教諭二種免許と保育士資格を取得します。

学内には、小児保健実習室やピアノレッスン室、音楽室、図画工作室など、幼児教育科の講義内容に即した設備が整っています。また、約25万冊の蔵書を誇り、さまざまなジャンルの書籍・雑誌をはじめ幼児教育に関する専門書、世界各国の絵本などを揃えて学習をサポートしている図書館など、勉強やキャンパスライフに欠かせない施設が充実しています。

◆**取得免許&資格** 幼稚園教諭二種免許、保育士、社会福祉主事〈任用〉、幼児体育指導者(２級)など。

前年度 選抜方法

●**推薦(一般)**＝書類審査、小論文、面接
●**一般（入試科目・配点)**
◇**幼児教育（210点満点）**＝国総〈現代文のみ〉(100)／コミュ英Ⅰ・Ⅱ・英表Ⅰ（100)／面接（10)
◉**2025年度の募集要項は７月上旬にwebサイトにて公表予定**

佐野日本大学短期大学

一般 推薦 総合

sanotan.jp/
設置(学)科＝総合キャリア教育

CAMPUS GUIDE

●**所在地** 〒327-0821 栃木県佐野市高萩町1297
☎(0283)21-2332(入試事務室直通)
●**交通** ＪＲ両毛線・東武佐野線佐野駅からバスで佐野短大下車。
●**設立** 平成２年
●**学生総数** 男63人・女488人
▼**要項請求先＆問合せ先** 入試事務室

特別選抜 帰国	特別選抜 社会人	学外試験会場	授業料減免 免除	授業料減免 減額	奨学金制度 給付	奨学金制度 貸与	学生寮 男子	学生寮 女子	海外留学	海外研修	編入制度	専攻科
×	○	1	○	○	○	○	×	×	○	○	○	×

総合キャリア教育学科

定員(専攻名・定員)／修業年限
300人(次の養成課程は、定員枠を設定。保育士100・栄養士60・介護福祉士40)／2年

資格取得や専門科目などを学習内容ごとにまとめた「ユニット制カリキュラム」が特徴です。

こども、栄養士、介護福祉士、社会福祉士、医療事務、英語、観光、ビジネス、健康スポーツ、AI・データサイエンスの10の専門フィールド、42からなるユニットで構成されており、複数の専門分野で資格取得を目指します。目指す職業や興味・関心に応じて、ユニットを組み合わせてオリジナルの時間割を作成します。時間割を作成する際は、履修アドバイザー(担任)がサポートします。

必修科目「キャリア教育Ⅰ・Ⅱ」、キャリア講演会をはじめとするキャリア・カウンセリングなどにより、学生一人ひとりの自己実現を支援します。

さらに、インターンシップや実習などにより、職業体験の機会を提供します。

◆**取得免許&資格** 栄養士、幼稚園教諭二種免許、保育士、社会福祉士国家試験受験資格（要実務経験２年)、介護福祉士国家試験受験資格、健康運動実践指導者、フードスペシャリスト、フードコーディネーター(３級)、観光実務士、ファイナンシャル・プランニング技能士（２級・３級)、国内旅行業務取扱管理者、メディカルクラーク、ドクターズクラーク、ITパスポート試験。

前年度 選抜方法

●**推薦**＝書類審査、小論文、面接
●**一般（入試科目)**
(Ⅰ期・Ⅱ期)
◇**総合キャリア教育**＝国外〈国総〔除く古・漢〕、英語〔除くリスニング〕→1〉
〈注〉他に面接あり
◉**2025年度の募集要項は５月下旬に配布予定**

育英短期大学

一般
推薦
総合

www.ikuei-g.ac.jp/college/
設置(学)科＝保育、現代コミュニケーション

CAMPUS GUIDE

●**所在地**　〒370-0011　群馬県高崎市京目町1656の1
☎(027)329-8151（入試広報課直通）
●**交通**　ＪＲ高崎駅からスクールバスで約20分、ＪＲ新前橋駅からスクールバスで約10分。
●**設立**　昭和52年
●**学生総数**　男30人・女432人
▼**要項請求先&問合せ先**
入試広報課

特別選抜 帰国	特別選抜 社会人	学外試験会場	授業料減免 免除	授業料減免 減額	奨学金制度 給付	奨学金制度 貸与	学生寮 男子	学生寮 女子	海外留学	海外研修	編入制度	専攻科
○	○	1	○	○	○	×	×	×	○	○	○	×

保育学科

定員（専攻名・定員）／修業年限
170人／2年

卒業と同時に幼稚園教諭二種免許と保育士資格が取得できます。

幼児教育・保育に関する専門知識や社会福祉に関する知識を深める講義科目のほかに、ピアノレッスンや手作りおもちゃの製作などで表現力や豊かな感性を育てることを学ぶ「子ども表現プログラム」、絵本や紙芝居などで子どもの文化的な育ちを支えることを学ぶ「子ども文化プログラム」、子どもの心身の発達を促す運動遊びなどを学ぶ「子ども運動プログラム」、障がいや病気のある子どもに対する専門知識を深めサポート方法を学ぶ「子どもユニバーサルプログラム」と、実技科目を系統別に学べ、実践的な技術も身につきます。

◆**取得免許&資格**　幼稚園教諭二種免許、保育士、社会福祉主事〈任用〉、認定絵本士、児童厚生二級指導員、認定ベビーシッターなど。

現代コミュニケーション学科

定員（専攻名・定員）／修業年限
70人／2年

６つの専門コースをもとにコミュニケーション能力を身につけ、興味や希望進路に応じて他コースの科目も受講でき、「ユニット式カリキュラム」で幅広い知識と資格を取得できます。2023年度から全ての開講科目において、ディスカッションや発表などを実践し、楽しくコミュニケーション能力を身につけ、高めていきます。

心理・カウンセリングコースでは、心のメカニズムを理解して、人間関係に生かします。

国際理解・ツーリズムコースでは、留学プログラムを生かして国際社会で求められる人材を育成します。

ビューティ・ブライダルコースでは、幸せな瞬間と美をプロデュースするホスピタリティビジネスを極め、憧れのビューティアドバイザーを育成します。

医療事務・健康スポーツコースでは、心身とも健康になる知識を修得し、病院や医療機関・健康関連企業で働ける人材を育成します。

ｅスポーツ・情報ビジネスコースでは、コンピュータを使いこなせるプロになり、イベントの企画運営を通じて地域社会に貢献できる人材を育成します。

トータルコミュニケーションコースでは、さまざまな角度からコミュニケーションを学び、新たな可能性を生み出し、社会で活躍する人材を育成します。

◆**取得免許&資格**　中学校英語教諭二種免許、社会福祉主事〈任用〉、登録販売者、ドクターズクラークなど。

前年度　選抜方法

●**推薦**＝書類審査、面接
●**一般（入試科目）**
（Ⅰ・Ⅱ・Ⅲ期共通）
◇**全学科**＝書類審査／小論文
〈注〉他に面接あり
◉**2025年度の募集要項は６月中旬に配布予定**

⇩「資格別 取得可能な短大・学科」「就職状況」「大学への編入」「学費」は巻末データ集に収録

共愛学園前橋国際大学短期大学部

一般 推薦 総合

www.jc.kyoai.ac.jp
設置(学)科＝生活

CAMPUS GUIDE

●所在地　〒371-0034　群馬県前橋市昭和町３丁目７の27
☎(0120)499-055（入試・広報センター直通）
●交通　ＪＲ前橋駅から群大病院行きバスで昭和町三丁目下車、徒歩１分。
●設立　昭和40年
●学生総数　男７人・女115人
▼要項請求先＆問合せ先
入試・広報センター

特別選抜 帰国	社会人	学外試験会場	授業料減免 免除	減額	奨学金制度 給付	貸与	学生寮 男子	女子	海外留学	海外研修	編入制度	専攻科
×	○	×	○	○	○	×	×	×	×	×	○	×

生活学科

定員(専攻名・定員)／修業年限
100人(こども学50人・栄養50人)／２年

主体的・協働的に学ぶActive Learning(AL)、課題解決型学修Problem Based Learning(PBL)、学びを社会に還元するService Learning(SL)により、「共愛短大10の力」というこの時代に求められる力を学生がしっかり身につけられる取り組みを展開しています。

こども学専攻では、教育・保育・食・福祉について学び、知識・技術を身につけるとともに、保育実習やボランティア活動を通じて、社会性や実践力を磨きます。

栄養専攻では、栄養学の基礎をしっかり学び、実験や調理実習を通して栄養士として必要な専門的技能を身につけます。

◆取得免許&資格　こども学専攻－保育士、幼稚園教諭二種免許。栄養専攻－栄養士免許、栄養教諭二種免許。両専攻－社会福祉主事〈任用〉。

前年度　選抜方法

●**推薦**＝書類審査（学修計画書・活動報告書等を含む）、面接、口頭試問
●**一般（入試科目・配点）**
（Ⅲ～Ⅴ期）
◇**生活（１科目選択式は100点満点、２科目選択式は200点満点、２科目数学必選択式は100点満点、小論文式は100点満点）**＝１科目選択式（Ⅲ期のみ実施）：国数外〈国総〔除く古・漢〕、数Ⅰ、コミュ英Ⅰ→１（100）〉。２科目選択式（Ⅳ期のみ実施）：国数外〈国総〔除く古・漢〕、数Ⅰ、コミュ英Ⅰ→２（各100）〉。２科目数学必選択式（Ⅴ期のみ実施）：数Ⅰ（100）／国外〈国総〔除く古・漢〕、コミュ英Ⅰ→１（100）〉（２科目受験のうち高得点１科目で合否判定）。小論文式（Ⅲ～Ⅴ期とも実施）：小論文（100）
〈注〉志望理由書・活動報告書も合否判定に用いる
◉2025年度の募集要項は６月上旬に配布予定

桐生大学短期大学部

一般 推薦 総合

www.kiryu-u.ac.jp/
設置(学)科＝アート・デザイン

CAMPUS GUIDE

●所在地　〒379-2392　群馬県みどり市笠懸町阿左美606の７
☎(0277)48-9107（入試広報課直通）
●交通　JR両毛線桐生駅からスクールバス、または東武桐生線阿左美駅下車、徒歩20分。
●設立　昭和38年
●学生総数　男30人・女146人
▼要項請求先＆問合せ先
入試広報課

特別選抜 帰国	社会人	学外試験会場	授業料減免 免除	減額	奨学金制度 給付	貸与	学生寮 男子	女子	海外留学	海外研修	編入制度	専攻科
○	○	2	×	○	×	×	×	×	×	○	○	×

アート・デザイン学科

定員(専攻名・定員)／修業年限
50人／２年

人間が快適に暮らしていける環境づくりを以下の専門分野からアプローチしていきます。実社会とつながる学びを通して社会に貢献できる人材を育成します。

「イラストレーション・絵画」では、イラストレーションをはじめ、油絵や水彩、版画、CGイラストに至るまで、さまざまなアート表現の手法を学びます。

「マンガ・コミックイラスト」では、「マンガ」を専門的に学ぶ。マンガやコミックイラストの知識や技術をアナログとデジタルの両面から修得します。

「グラフィックデザイン」では、広告や雑誌、パッケージなどのデザインについて基礎から学び、DTP、Web、CGなど、グラフィックデザインの知識や技術を身につけます。

「ファッション・テキスタイル」では、テキスタイルデザインや、伝統的な染め、織りなどの基本を修得し、その学びを生かして衣服やファッションアイテム、造形表現まで幅広く制作していきます。

「インテリア・空間デザイン」では、エンターテインメント的空間などを題材とした課題に取り組み、豊かな生活空間をデザインできる技術と知識を習得します。

◆取得免許&資格　中学校美術教諭二種免許など。

前年度　選抜方法

●**推薦**＝書類審査、面接・口頭試問
●**一般（入試科目・配点）**
（Ⅰ期）
◇**アート・デザイン(100点満点)**＝国数外実〈国総〔除く古・漢〕、数Ⅰ・A、コミュ英Ⅰ・Ⅱ・英表Ⅰ、鉛筆デッサン→１〉
◉2025年度の募集要項は７月ごろに配布予定

群馬医療福祉大学短期大学部

一般 共テ 推薦 総合

www.shoken-gakuen.jp/university/
設置(学)科＝医療福祉

CAMPUS GUIDE

●**所在地** 〒371-0823 群馬県前橋市川曲町191の1
☎(0120)870-294
●**交通** ＪＲ両毛線・上越線・吾妻線井野駅下車、徒歩25分。またはＪＲ新前橋駅から路線バスで15分。ＪＲ高崎線高崎駅からスクールバスで20分。
●**設立** 平成８年
●**学生総数** 男12人・女53人
●**専攻科** 診療情報管理士教育20人・1年
▼**要項請求先＆問合せ先** 入試広報センター

特別選抜 帰国	特別選抜 社会人	学外試験会場	授業料減免 免除	授業料減免 減額	奨学金制度 給付	奨学金制度 貸与	学生寮 男子	学生寮 女子	海外留学	海外研修	編入制度	専攻科
○	○	6	○	○	×	×	○	○	○	○	○	○

医療福祉学科

定員(専攻名・定員)／修業年限
40人／２年

介護福祉コースは、高齢者や障がい者が何を求めているのかを考え、的確にサポートするための介護における専門的な知識と技術を修得します。充実した介護実習で介護支援専門職を目指します。

介護福祉士実践コースでは、介護施設などでの実践活動を通じ、働きながら介護福祉士国家資格取得を目指します。１年次から連携する県内の介護施設で働き、収入を学費に充てることができます。さらに、入学金全額が免除されます。

福祉総合コースは、群馬医療福祉大学３年次への編入を前提としたコースで、介護福祉の専門知識・技術を身につけます。介護福祉士、社会福祉士、精神保健福祉士の国家資格取得を目指します。

医療事務・秘書コースは、群馬県では唯一、日本医師会から医療秘書養成機関として認定を受けており、医療秘書の資格を取得することができます。この資格を生かして、病院などで活躍できる人材を目指します。

◆**取得免許&資格** 介護福祉士国家試験受験資格、社会福祉主事〈任用〉、介護保険事務士、レクリエーション・インストラクター、初級パラスポーツ指導員、アクティビティ・ワーカー、医療秘書、医療事務管理士、調剤事務管理士など。

前年度 選抜方法

●**推薦**＝書類審査、小論文、面接
●**一般(入試科目・配点)**
(前期・後期共通)
◇**医療福祉(100点満点)**＝国総〈除く古・漢〉
〈注〉 他に面接あり
◉**2025年度の募集要項は６月上旬に配布予定**

高崎商科大学短期大学部

一般 共テ 推薦 総合

www.tuc.ac.jp/
設置(学)科＝経営(2025年名称変更予定)

CAMPUS GUIDE

●**所在地** 〒370-1214 群馬県高崎市根小屋町741
☎(027)347-3379(広報・入試課直通)
●**交通** ＪＲ高崎駅から上信電鉄で高崎商科大学前駅下車、徒歩約４分。
●**設立** 昭和63年
●**学生総数** 男12人・女169人
▼**要項請求先＆問合せ先** 広報・入試課

特別選抜 帰国	特別選抜 社会人	学外試験会場	授業料減免 免除	授業料減免 減額	奨学金制度 給付	奨学金制度 貸与	学生寮 男子	学生寮 女子	海外留学	海外研修	編入制度	専攻科
○	○	×	○	○	×	×	×	×	○	○	○	×

※2025年４月、現代ビジネス学科を経営学科に変更予定。以下の内容は2025年予定。

経営学科

定員(専攻名・定員)／修業年限
100人／２年

高崎商科大学と連携した学びも多く、「大学の教養の学び」と「職業に直結した専門の学び」の両方を修得することができます。

社会の仕組みを知り、どのような業界・職業でも必要となる基礎力を養うために「経営フィールド」「情報デザインフィールド」「グローバルコミュニケーションフィールド」の３つのフィールドを用意しています。各フィールドを横断し自由に授業を選択することで、自分の興味や関心に合わせた授業を組み立てることができます。

また「キャリアサプリメント科目」を用意し、「ホテル」「ブライダル」「医療事務」については職業や業界について具体的なことを学ぶことができます。

社会の仕組みを学びながら、広い視野で職業や進路を考えるからこそ、しっかりと自分に合った将来を選べるようになります。

また、協定校であるハワイのカピオラニコミュニティカレッジへの留学だけでなく、州立のハワイ大学への編入学の道もあります。

◆**取得免許&資格** 情報処理技術者試験、医療事務技能認定試験、国内旅行業務取扱管理者、総合旅行業務取扱管理者、ホテルビジネス実務検定など。

前年度 選抜方法

●**推薦(公募)**＝書類審査、面接、ペーパーテスト
●**一般(入試科目・配点)**
(前・中・後期日程共通)
◇**現代ビジネス(2科目型〈200点満点〉、1科目型〈100点満点〉)**＝国外〈国総〔除く古・漢〕、コミュ英Ⅰ・Ⅱ→2科目型は2(各100)、1科目型は高得点科目1(100)〉
◉**2025年度の募集要項は６月上旬に配布予定**

⇩「資格別 取得可能な短大・学科」「就職状況」「大学への編入」「学費」は巻末データ集に収録

新島学園短期大学

一般 共テ 推薦 総合

www.niitan.jp/
設置(学)科＝キャリアデザイン、コミュニティ子ども

CAMPUS GUIDE

●**所在地** 〒370-0068 群馬県高崎市昭和町53
☎(027) 326-1155
●**交通** ＪＲ信越本線北高崎駅下車、徒歩５分。
●**設立** 昭和58年
●**学生総数** 男69人・女204人
▼**問合せ先** 入試・広報課

特別選抜 帰国 社会人	学外試験会場	授業料減免 免除 減額	奨学金制度 給付 貸与	学生寮 男子 女子	海外留学	海外研修	編入制度	専攻科
○ ○	2	○ ○	○ ○	× ×	○	○	○	×

※キャリアデザイン学科は、2025年４月よりキャリアデザイン専攻とフードビジネス専攻（2025年新設構想中）の２つの専攻に分かれる。以下、内容は2025年予定。

キャリアデザイン学科

定員(専攻名・定員)／修業年限
130(キャリアデザイン100・フードデザイン30)／２年

キャリアデザイン専攻では、自分に合った学びが追究できる４つのコースを導入しています。自己啓発をしながら将来を探る「ライフデザインコース」、就職に生かせる資格や知識を身につける「ビジネスキャリアコース」、語学力を高め国際社会での活躍を目指す「グローバルキャリアコース」、国公立大学や難関私立大学への編入学を目指す「アカデミックブリッジコース」があります。

・フードビジネス専攻では、生活に不可欠な「食」をマーケティング的な視点を持ってビジネスにつなげていく、フードビジネス分野について総合的に学びます。フードビジネスや「食」に関わる仕事に携わりたい人、「食」を通じて地域の活性化に貢献したい人、将来「フードビジネス」に関連したお店を持ちたい人などにおすすめです。「フードビジネス」の専門家による特別講義や、企業や地域の「食」の現場から学ぶフィールドスタディーなどを通して、企画力や提案力などを身につけます。

◆**取得免許&資格** キャリアデザイン専攻－MOS検定、販売士検定など。フードビジネス専攻－フードコーディネーター３級など。

コミュニティ子ども学科

定員(専攻名・定員)／修業年限
50人／２年

地域社会の中核となる子育て支援のスペシャリストの育成を目指します。保育士資格、幼稚園教諭免許を取得するための座学や実習のみならず、地域社会や子ども・家庭と実際にふれあう機会も多く設けており、それらを通して楽しみながらさまざまなことを体験し、学べる環境を整えています。

３コースがあり、「子どもの文化・環境コース」では、子どものために豊かな環境づくりができる保育者を目指します。「福祉・心理コース」では、子どもの心理や家族を深く理解できる子育て支援に強い保育者を目指します。「音楽・表現コース」では、音楽をはじめとする表現の技能を伸ばし、子どもの表現力や創造力を育むことができる保育者を目指します。

◆**取得免許&資格** 保育士、幼稚園教諭二種免許など。

前年度 選抜方法

●**推薦**＝書類審査、小論文（キャリアデザインのみ）、面接
●**一般（入試科目・配点）**
（１期・２期・３期共通）
◇**キャリアデザイン（200点満点）**＝国総〈除く古・漢〉(100)／コミュ英Ⅰ・Ⅱ・英表Ⅰ・Ⅱ〈除くリスニング〉(100)
◇**コミュニティ子ども（100点満点）**＝小論文(60)／面接(25)／調査書(15)
◉**2025年度の募集要項は６月にホームページで公開予定**

秋草学園短期大学

一般
推薦
総合

www.akikusa.ac.jp

設置(学)科＝幼児教育第一部、幼児教育第二部、地域保育、文化表現

CAMPUS GUIDE

●**所在地** 〒359-1112 埼玉県所沢市泉町1789
☎(0120)251-337(入試広報室直通)
●**交通** 西武新宿線航空公園駅、または新所沢駅下車、徒歩8分。
●**設立** 昭和54年
●**学生総数** 女600人
▼**要項請求先&問合せ先** 入試広報室

特別選抜 帰国	特別選抜 社会人	学外試験会場	授業料減免 免除	授業料減免 減額	奨学金制度 給付	奨学金制度 貸与	学生寮 男子	学生寮 女子	海外留学	海外研修	編入制度	専攻科
○	○	×	×	×	○	○	×	×	×	○	○	×

専門学校以来50年以上の歴史を有する幼児教育学科のほか、地域保育学科（昼間部３年制課程)、文化表現学科の３学科制です。

46室のピアノ個人レッスン室、電子ピアノ48台設置のピアノ実技実習室など、ピアノ未経験者でも安心して学ぶことができる音楽教育環境を整えています。

キャリアサポートグループでは、きめ細かい進路指導を行っており、就職支援体制が整っています。

幼児教育学科 第一部

幼児教育学科 第二部

定員(専攻名・定員)／修業年限

第一部＝100人／２年

第二部(夜間)＝50人／３年

最短の２年で保育士資格と幼稚園教論二種免許の両方を卒業と同時に取得できます。所沢の自然を生かした授業や資格取得プログラムもあります。就職につながる幼稚園・保育所等の実習では、時間をかけて実習前・後の指導に力を注ぐ取り組みを行っています。

第二部の授業は、基本18時から、１日２時限の夜間３年制です。本学が紹介する幼稚園、保育所などで昼間働きながら学ぶこともでき、収入を得ながら、将来に生かせる実務を経験できるメリットがあります。

第一部・第二部の履習科目は同じで、たとえば次のような科目があります。「造形表現（指導法)」では、実際に園で子どもが行った造形活動をもとに、材料や援助・指導方法などを学びます。同時に、自らの感性を磨き、造形と子どもについて理解を深め、表現の喜びを子どもと共有できる保育者を目指します。「音楽・身体表現」では、音や身体を使った多様な表現を楽しむことを通して、イメージ力を豊かにし、生活のなかでの出来事をさまざまな素材を生かして表現する力を身につけます。

◆**取得免許&資格** 幼稚園教論二種免許、保育士、社会福祉主事〈任用〉、NEAL、おもちゃインストラクター。

地域保育学科

定員(専攻名・定員)／修業年限

50人／３年

３年制の短大として、保育者養成を行います。３年という時間を生かして､「子育て支援のできる保育者」を目指したカリキュラムを用意しています。４年制大学での学びに匹敵する密度の高い学びを通じて、幼稚園教論二種免許、保育士資格のほか、児童厚生二級指導員資格など、地域の子育て支援に活用できるさまざまな資格が取得可能です。

実習は、幼稚園、保育所、施設に加え、児童館でも行います。少人数で行われるゼミナールでは、興味があるテーマを深く学び、卒業論文を書き上げます。

学科独自の科目としては、以下のようなものがあります。「カウンセリング論」では、子どもや保護者を支えるコミュニケーション方法を学びます。悩んでいる人に対して、どのように接し、支えていけばよいのかを、心理カウンセリングの理論を学ぶとともに、ロールプレイなどを通じて、実践的に理解を深めます。

「地域活動」では、ボランティアの意義を学びながら、所沢市を中心としたさまざまなイベントで､実際にスタッフとして活動し、地域の人びとと交流します。そのなかで学生は、地域の在り方について考察します。

◆**取得免許&資格** 幼稚園教論二種免許、保育士、司書、社会福祉主事〈任用〉、児童厚生二級指導員、ベビーマッサージ指導者、レクリエーション・インストラクター、ピアヘルパー、おもちゃインストラクター、認定ベビーシッター資格。

文化表現学科

定員(専攻名・定員)／修業年限

50人／２年

図書館司書、医療事務、Webデザイン、観光実務士など、さまざまな資格取得を目的とした専門教育と、短期大学ならではの教養教育を行っています。

エアライン・観光英会話、東アジアの言葉と文化、文化・文学、図書館、情報・IT、ビジネス・医療事務、AI・プログラミング、Webデザイン・マルチメディア、ファッション・ブライダル、マンガ・イラスト・創作、心理学・アサーションの11のフィールドがあります。eスポーツ、K-POP（韓国の現代音楽）などユニークな授業も導入。将来の夢や目標・関心に沿って、多彩な科目をフィールドの枠を超えて履修することができます。卒業後は、図書館司書や医療事務、販売・接客系、事務系職種への就職や、４年制大学への編入学も可能です。

◆**取得免許&資格** 司書、医療管理秘書士､医療秘書士、診療実務士、情報処理士、ウェブデザイン実務士、観光実務士、Webデザイナー検定、Ｊ検、ITパスポート、DTPエキスパート認証試験、マイクロソフトオフィススペシャリスト､ブライダルプランナー検定、フォーマルスペシャリスト検定、硬筆写経技能検定など。

前年度 選抜方法

●**推薦**＝書類審査、小論文、面接
●**一般(入試科目)**
◇**全学科**＝国数〈国総〔除く古・漢〕、情報→1〉
〈**注**〉他に面接あり
◉**2025年度の募集要項は５月下旬に配布予定**

⇩「資格別 取得可能な短大・学科」「就職状況」「大学への編入」「学費」は巻末データ集に収録

川口短期大学

一般　推薦　総合

www.kawaguchi.ac.jp/
設置(学)科＝ビジネス実務、こども

CAMPUS GUIDE

●**所在地**　〒333-0831　埼玉県川口市木曽呂1511　☎(048)294-1111
●**交通**　ＪＲ武蔵野線・埼玉高速鉄道線東川口駅からスクールバス(無料)９分。ＪＲ武蔵野線東浦和駅下車、徒歩15分。
●**設立**　昭和62年
●**学生総数**　男29人・女361人
▼**要項請求先&問合せ先**　入試広報課

特別選抜 帰国	特別選抜 社会人	学外試験会場	授業料減免 免除	授業料減免 減額	奨学金制度 給付	奨学金制度 貸与	学生寮 男子	学生寮 女子	海外留学	海外研修	編入制度	専攻科
×	×	×	×	×	○	○	×	×	×	×	○	×

ビジネス実務学科

定員(専攻名・定員)／修業年限
100人／２年

経営学や会計学、情報処理などの基本を学び、８つの専門分野（ビジネスモデル）への学びへとつなげます。生涯現役で活躍できる人材の育成を目指します。

８つの専門分野には、「企業」「金融」「心理医療」「ビジネスフロンティア」「観光」「エアライン」「ブライダル」「スポーツ健康」のビジネスモデルがあります。

自分の将来・興味に合ったビジネスモデルを想定し、リアルなビジネスに触れながら学べるカリキュラムを編成しています。

さらに少人数教育のもと、自分の興味や将来像に合わせて、多彩な科目を時間割に組める点も特徴の一つです。

こども学科

定員(専攻名・定員)／修業年限
190人／２年

２年間で卒業と同時に、保育士資格、幼稚園教諭二種免許状、小学校教諭二種免許状、ベビーシッター資格の４つの免許状・資格を取得できます。

経験豊富な教員が学生一人ひとりの不安を解消し、充実した学習環境とよく考えられたカリキュラムを通じて、資格取得の過程を全力でサポートします。これにより、保育や子どもに関連する業界で求められる幅広い知識とスキルを身につけ、強い就職力を持った人材を目指します。

◆**取得免許&資格**　保育士、幼稚園教諭二種免許、小学校教諭二種免許、ベビーシッター資格など。

前年度　選抜方法

●**推薦**＝書類審査、口頭試問
●**一般（入試科目）**
◇**全学科**＝国総〈除く古・漢〉
〈注〉他に口頭試問あり
◉**2025年度の募集要項は６月中旬に配布予定**

国際学院埼玉短期大学

一般　推薦　総合

sc.kgef.ac.jp/
設置(学)科＝幼児保育、健康栄養

CAMPUS GUIDE

●**所在地**　〒330-8548　埼玉県さいたま市大宮区吉敷町２の５
☎(048)641-7468
●**交通**　ＪＲ大宮駅下車、徒歩10分。または、ＪＲ北与野駅下車、徒歩15分。
●**設立**　昭和58年
●**学生総数**　男31人・女284人
●**専攻科**　幼児保育10人・２年、健康栄養10人・２年、高度調理師40人・１年、キャリア開発20人・１年
▼**要項請求先&問合せ先**
アドミッション・オフィス

特別選抜 帰国	特別選抜 社会人	学外試験会場	授業料減免 免除	授業料減免 減額	奨学金制度 給付	奨学金制度 貸与	学生寮 男子	学生寮 女子	海外留学	海外研修	編入制度	専攻科
×	○	×	○	○	×	○	×	×	×	○	×	○

幼児保育学科

定員(専攻名・定員)／修業年限
120人／２年

さまざまな環境や個性を持った子ども一人ひとりに、愛情を持って向き合える人材を育てます。

子どもの心身の成長を温かく見守るために、社会人としてのマナーや常識、思いやりを身につけた上で、発達段階に合わせた保育の基礎知識や豊かな感性を育むための音楽・造形などの表現科目、実際の教育現場で求められる指導法を修得します。

◆**取得免許&資格**　幼稚園教諭二種免許、保育士、保健児童ソーシャルワーカー受験資格など。

健康栄養学科

定員(専攻名・定員)／修業年限
120人（食物栄養80・調理製菓40）／２年

食物栄養専攻では、健康と栄養について総合的に学び、グローバルな視野と人間性を兼ね備え、かつ健康と栄養の管理ができるプロフェッショナルを養成します。

調理製菓専攻では、調理の知識と技術を総合的に学び、新時代の調理師としての、豊かな教養や専門知識と技術を兼ね備えたプロフェッショナルを養成します。

◆**取得免許&資格**　食物栄養専攻－栄養士、栄養教諭二種免許など。調理製菓専攻－調理師など。両専攻－フードスペシャリスト受験資格、介護食士３級など。

前年度　選抜方法

●**推薦**＝書類審査、小論文、面接
●**一般（入試科目）**
（Ⅰ期・Ⅱ期共通）
◇**全学科**＝国総〈除く古・漢〉／コミュ英Ⅰ／情報／融合問題
〈注〉他に面接あり
◉**2025年度の募集要項は５月下旬に配布予定**

埼玉医科大学短期大学

一般
推薦

adm.saitama-med.ac.jp/tandai/
設置(学)科＝看護

CAMPUS GUIDE

●所在地　〒350-0495　埼玉県入間郡毛呂山町毛呂本郷38
☎(049)276-1509（入試係直通）
●交通　ＪＲ八高線毛呂駅下車、徒歩３分。または、東武越生線東毛呂駅下車、徒歩20分（路線バスの便もある）。
●設立　平成元年
●学生総数　男15人・女282人
●専攻科　母子看護学20人・１年
▼要項請求先＆問合せ先　入試係

特別選抜 帰国	特別選抜 社会人	学外試験会場	授業料減免 免除	授業料減免 減額	奨学金制度 給付	奨学金制度 貸与	学生寮 男子	学生寮 女子	海外留学	海外研修	編入制度	専攻科
×	×	×	×	×	×	○	×	○	×	○	○	○

看護学科

定員(専攻名・定員)／修業年限
100人／３年

看護専門職として、看護に関する専門的知識と技術の教育研究活動を通して、生命に対する畏敬の念とそれに基づく確かな看護観を持ち、また、教養ある社会人として、豊かな人間性と良識を持って積極的に社会に貢献できる看護師を養成します。

地域の保健医療に貢献できるよう、教養教育の充実、双方向型教育、早期からの臨地実習、臨床指導教員の配置などきめ細かな学習支援を心がけた教育を実施しています。

カリキュラムは、「科学的思考の基礎」「人間と生活・社会の理解」「人体の構造と機能」「疾病の成り立ちと回復の促進」「健康支援と社会保障制度」「ライフサイクルと生活の場に応じた看護の方法（基礎看護学、地域・在宅看護学、成人看護学、老年看護学、小児看護学、母性看護学、精神看護学）」「看護の統合」などの分野から構成されています。

１年次の「基礎看護実習Ⅰ」では、病棟で看護師の役割を学びます。２年次の「基礎看護実習Ⅱ」では、実践的な知識・技術・態度を身につけます。３年次には、さまざまな場面に応じた看護の方法を学ぶ実習で専門的な能力と実践力を磨きます。

◆**取得免許&資格**　看護師国家試験受験資格。

前年度　選抜方法

●**推薦**＝書類審査、小論文、面接
●**一般（入試科目）**
（Ⅰ期・Ⅱ期共通）
◇**看護**＝国総〈除く古・漢〉／数外〈数Ⅰ・A、コミュ英Ⅰ・Ⅱ→1〉
〈注〉他に面接あり
◉**2025年度の募集要項は７月下旬に配布予定**

埼玉純真短期大学

一般
推薦
総合

www.sai-junshin.ac.jp
設置(学)科＝こども

CAMPUS GUIDE

●所在地　〒348-0045　埼玉県羽生市下岩瀬430
☎(048)562-0711
●交通　東武伊勢崎線・秩父鉄道羽生駅下車、西口から徒歩15分。または、スクールバス７分。
●設立　昭和58年
●学生総数　女265人
▼要項請求先＆問合せ先
入試広報係

特別選抜 帰国	特別選抜 社会人	学外試験会場	授業料減免 免除	授業料減免 減額	奨学金制度 給付	奨学金制度 貸与	学生寮 男子	学生寮 女子	海外留学	海外研修	編入制度	専攻科
×	○	×	×	○	×	×	×	×	×	○	○	×

こども学科

定員(専攻名・定員)／修業年限
150人／２年

将来の目標を明確にした専門性の高いカリキュラムを編成しています。専門の各分野の指導法を理論的に学ぶだけでなく、さまざまな実技・実習を行い、現場で生かせる実践力を身につけます。児童養護施設などの施設実習では、実際に発生している福祉問題にも触れられます。

子どもの発達について深く知り、０歳児からの幅広い保育に対応します。実習を通して保育士としての自覚を養うとともに、子どもへの理解を深めるための基礎知識を身につけるだけでなく、保育者・教育者となることの意義や教育の現場について学びます。

１年次には教養を中心として保育・教育の基礎を学び、２年次には、それらを実習という形で実践に備えた準備をします。

卒業後、保育・教育の専門職として力を発揮できるよう、教職実践演習や保育内容応用指導法などの演習・実習により、新たな課題に気づきながら２年間の学びを総括し、さらに飛躍できる力を身につけます。卒業と同時に保育士資格と幼稚園教諭二種免許が取得できます。

また、専門性をさらに深めたい学生に対しては、４年制大学への編入指導や相談を１年次から実施しています。

◆**取得免許&資格**　幼稚園教諭二種免許、保育士。

前年度　選抜方法

●**推薦**＝書類審査、面接
●**一般（入試科目）**
（Ⅰ期・Ⅱ期・Ⅲ期共通）
◇**こども**＝国語〈現代文・国語表現〉
〈注〉他に面接あり
◉**2025年度の募集要項は４月下旬に配布予定**

⇩「資格別 取得可能な短大・学科」「就職状況」「大学への編入」「学費」は巻末データ集に収録

埼玉女子短期大学

一 般
推 薦
総 合

www.saijo.ac.jp/
設置(学)科＝商学、国際コミュニケーション

CAMPUS GUIDE

●所在地　〒350-1227　埼玉県日高市女影1616
☎(042)986-1516(広報室直通)
●交通　ＪＲ川越線武蔵高萩駅、西武新宿線狭山市駅、西武池袋線飯能駅、JR八高線・西武池袋線東飯能駅からスクールバス。
●設立　平成元年
●学生総数　女555人
▼要項請求先＆問合せ先　広報室

特別選抜 帰国	特別選抜 社会人	学外試験会場	授業料減免 免除	授業料減免 減額	奨学金制度 給付	奨学金制度 貸与	学生寮 男子	学生寮 女子	海外留学	海外研修	編入制度	専攻科
○	○	×	×	○	×	○	×	×	○	○	○	×

商学科

定員(専攻名・定員)／修業年限
150人／２年

将来どの分野でも実力を発揮できる実務能力と社会性、ビジネス感覚を持つ女性を育成します。

ファッション・トレンド、ビューティーホスピタリティ、経営・マーケティング、会計・事務コンピュータ、情報社会・データサイエンス、医療事務コンピュータ、医薬品販売・調剤事務（2025年４月、調剤薬局事務コースから名称変更予定)、英語コミュニケーション、フランス語コミュニケーション、韓国語コミュニケーションの10コースがあります。各業種に即した専門的知識、技能に加え、マナーやホスピタリティ、コミュニケーション能力を身につけます。

国際コミュニケーション学科

定員(専攻名・定員)／修業年限
150人／２年

英語力、コミュニケーション能力、国際感覚を養成し、国際派スペシャリストを目指します。

観光・ツアープランニング、ホテル・ホスピタリティ、エアライン・ホスピタリティ、ブライダル・コーディネート、ウェディング・ファッション、公務・地域プロデュース、英語コミュニケーション、フランス語コミュニケーション、韓国語コミュニケーションの９コースがあります。実践的な授業で各分野の専門知識を修得し、独自の留学や海外インターンシップを通して国際的な視野を養います。

前年度　選抜方法

●推薦＝書類審査、面接
●一般（入試科目）
（Ⅰ期・Ⅱ期共通）
◇全学科＝筆記試験（課題作文）
〈注〉他に面接あり
◉2025年度の募集要項は配布中

さいたまとうほう
埼玉東萌短期大学

一 般
推 薦
総 合

www.saitamatoho.ac.jp/
設置(学)科＝幼児保育

CAMPUS GUIDE

●所在地　〒343-0857　埼玉県越谷市新越谷２丁目21の１　☎(048)987-2345
●交通　東武スカイツリーライン新越谷駅またはJR武蔵野線南越谷駅から徒歩約15分。
●設立　平成23年
●学生総数　男６人・女141人
▼要項請求先＆問合せ先　入試広報課

特別選抜 帰国	特別選抜 社会人	学外試験会場	授業料減免 免除	授業料減免 減額	奨学金制度 給付	奨学金制度 貸与	学生寮 男子	学生寮 女子	海外留学	海外研修	編入制度	専攻科
×	○	×	×	○	○	×	×	×	×	×	○	×

幼児保育学科

定員(専攻名・定員)／修業年限
80人／２年

「自尊・創造・共生」の３つの人間的価値を根幹とする教育を実践し、あらゆる状況において問題を解決できる保育士、幼児教育者を育成します。カリキュラムには、「日本語表現」、「心理学」、「基礎ゼミ」などの基礎教養科目と、「教育原理」、「保育内容総論」、「幼児教育方法論」などの専門科目の２つの科目群があります。講義のほか、「音楽表現」、「造形表現」、「保育実習」、「教育実習」など、学内外での演習科目、実習科目にも力を入れています。

また、「ピアノ」や「読み聞かせ」「手遊び」などの保育技能も学びます。「ピアノ」では、現場で使用する楽譜を用い、弾き歌いを行うなどの授業を行っています。通常授業のほか、放課後などに行う個人レッスンもあり、初心者へのサポートも充実しています。表現力や豊かな感性を養うため、紙芝居や絵本を用いた講義にも力を入れています。そのほかにも「おりがみ」など子どもの視点や年齢、発達に合わせた題材の選び方などを学びます。

定員80名の少人数教育で、保育技能の習得から学校生活、実習、就職に至るまで、学生一人ひとりを手厚くサポートしています。

◆取得免許&資格　保育士、幼稚園教諭二種免許、認定絵本士、キャンプインストラクター、レクリエーション・インストラクター、自然体験活動指導者（NEALリーダー)、おもちゃインストラクター、社会福祉主事〈任用〉。

前年度　選抜方法

●推薦＝書類審査、小論文、面接
●一般（入試科目）(Ⅰ～Ⅲ期共通)
◇幼児保育＝国総〈除く古・漢〉／小論文
〈注〉他に面接あり
◉2025年度の募集要項は配布中

武蔵丘短期大学

一般
推薦
総合

www.musashigaoka.ac.jp
設置(学)科＝健康生活

CAMPUS GUIDE

●**所在地** 〒355-0154 埼玉県比企郡吉見町南吉見111の1 ☎(0493)54-5101
●**交通** 東武東上線東松山駅から免許センター・鴻巣駅行きバス、またはＪＲ高崎線鴻巣駅から東松山駅行きバスで、武蔵丘短期大学前下車。
●**設立** 平成３年
●**学生総数** 男62人・女168人
▼**要項請求先&問合せ先** 入試広報係

特別選抜 帰国	特別選抜 社会人	学外試験会場	授業料減免 免除	授業料減免 減額	奨学金制度 給付	奨学金制度 貸与	学生寮 男子	学生寮 女子	海外留学	海外研修	編入制度	専攻科
×	○	1	○	○	×	×	×	×	×	×	○	×

健康生活学科

定員(専攻名・定員)／修業年限
150人(健康栄養80、健康スポーツ70)／２年

以下の２専攻制です。

健康栄養専攻では栄養と運動の両面から健康を考える栄養士を育成します。食育、スポーツ栄養、病院･福祉、フードマネジメント、健康ビューティーの５コースを設置。各コースでは、栄養士免許と将来自分の進みたい職種に合った資格取得を目指します。また、スポーツ栄養士の資格に必要な一部の講習を武蔵丘短期大学で終えることもできます。

健康スポーツ専攻は、安全で効果的な運動を指導できる専門家を育成します。スポーツだけでなく、栄養についても学び、健康を維持する体力づくりの知識を身につけます。保健体育教員、スポーツトレーナー、スポーツインストラクター、マネジメントの４コースを設置。各コースでは、希望する進路に合わせて資格を目指し、実践的に学びます。

◆**取得免許&資格** 健康栄養専攻－栄養士免許（全コース)、栄養教諭二種免許（食育)、健康運動実践指導者（スポーツ栄養、病院･福祉)、社会福祉主事〈任用〉（病院・福祉）など。健康スポーツ専攻－中学校保健体育教諭二種免許（保健体育教員)、健康運動実践指導者（スポーツトレーナー、スポーツインストラクター）など。
※以上、必要な授業を履習後、外部団体試験に合格して取得できる資格を含む。

前年度 選抜方法

●**推薦**＝書類審査、作文、面接、フィットネステスト（健康スポーツのみ）
●**一般（入試科目）**
（一期・二期・三期・四期共通）
◇**健康生活**＝書類審査／作文／面接／フィットネステスト(健康スポーツのみ)
◉**2025年度の募集要項は７月中旬に配布予定**

武蔵野短期大学

一般
共テ
推薦
総合

www.musashino.ac.jp
設置(学)科＝幼児教育

CAMPUS GUIDE

●**所在地** 〒350-1328 埼玉県狭山市広瀬台３丁目26の1 ☎(04)2954-6131
●**交通** 西武新宿線狭山市駅、西武池袋線稲荷山公園駅からスクールバスで約10～15分。ＪＲ・東武東上線川越駅からスクールバスで約30分。
●**設立** 昭和56年
●**学生総数** 女145人
▼**要項請求先&問合せ先** 教務部入試係

特別選抜 帰国	特別選抜 社会人	学外試験会場	授業料減免 免除	授業料減免 減額	奨学金制度 給付	奨学金制度 貸与	学生寮 男子	学生寮 女子	海外留学	海外研修	編入制度	専攻科
○	○	×	○	○	○	×	×	×	×	×	×	×

※2024年４月から男女共学化。

幼児教育学科

定員(専攻名・定員)／修業年限
100人／２年

建学の精神「他者理解」に基づき、人間として真に自覚のある人材を育成します。知識や技能だけではなく、自らの課題をとらえて課題解決に向けて探求しながら、使命感を持って社会に貢献できる保育者の養成を目指しています。

カリキュラムは、豊かな人間性を育てる「基礎科目（教養科目)」と保育者の専門性を高める「専門科目」に分かれています。「専門科目」には、保育者の心構えや教育の基礎、子どもの発達や心理などを学ぶ「幼児教育専門科目」、養護や福祉について学ぶ「福祉専門科目」､子どもとかかわる実践的能力を育成する「技術･領域･指導専門科目」に加えて､知識や技能を活用した課題解決能力育成のための「総合科目」が含まれています。

当短大は、２年間で幼稚園教論二種免許状と保育士資格の両方を取得し、卒業後は子どもとかかわる職業に就く意欲のある学生を求めています。

徒歩圏内にある附属幼稚園・保育園との強い連携により、正規の実習に加えて園行事や半日のプレ実習への参加を必修化したり、授業などで現場を訪れる機会を設けたりすることで、現場に近い環境で学べます。

◆**取得免許&資格** 幼稚園教論二種免許､保育士､社会福祉主事〈任用〉。

前年度 選抜方法

●**推薦**＝書類審査、口頭試問
●**一般（入試科目･配点）**
◇**幼児教育（120点満点）**＝国総〈除く古・漢〉（100）／面接（20）
◉**2025年度の募集要項は６月中旬に配布予定**

⇩「資格別 取得可能な短大・学科」「就職状況」「大学への編入」「学費」は巻末データ集に収録

山村学園短期大学

一般 推薦 総合

www.yamamura-tandai.ac.jp/
設置(学)科＝子ども

CAMPUS GUIDE

●所在地 〒350-0396 埼玉県比企郡鳩山町石坂604 ☎(049)296-2000
●交通 東武東上線高坂駅から鳩山ニュータウン行き路線バスで８分、「山村学園短期大学」下車。
●設立 平成元年
▼要項請求先＆問合せ先 入試広報係

特別選抜 帰国	特別選抜 社会人	学外試験会場	授業料減免 免除	授業料減免 減額	奨学金制度 給付	奨学金制度 貸与	学生寮 男子	学生寮 女子	海外留学	海外研修	編入制度	専攻科
×	○	×	×	×	○	×	×	×	×	×	×	×

子ども学科

定員（専攻名・定員）／修業年限
100人／２年

「遊んで学ぶ」をテーマとし、自然豊かなキャンパスで実践的・体験的な学習を通してより深く学ぶことができます。

保育士資格と幼稚園教諭の免許の取得ができ、実習も保育所（園）、幼稚園や乳児院、児童養護施設などで行います。

里山保全体験学習、東京ディズニーランド体験学習ではホスピタリティについて学ぶなど、体験を通した学びを数多く取り入れています。また保育スキルの向上を目指した「やまたんテキストＱ＆Ａ」を作成し、「ナチュラル保育検定」を実施しています。身の回りの動植物や自然に関する知識を高め、保育活動につなげる技術を実践的に身につけます。

本学が運営する鳩山町「つどいの広場ぽっぽ」では学生と親子の触れ合いを授業に組み入れています。また、サークルなどにおいても積極的なつながりを持たせています。

１年次前期からスタートする「キャリアアップセミナー」では、就職に役立つ知識やスキルを身につけるため、履歴書作成指導や面接練習などきめ細かい指導が行われています。いつでも相談を受け入れるなど、バックアップ体制も充実しています。さらに公務員受験対策として講座や二次試験指導を実施し、合格のための指導を強化しています。

◆取得免許&資格 幼稚園教諭二種免許、保育士、社会福祉主事〈任用〉、ピアヘルパーなど。

前年度 選抜方法
●推薦＝指定校制
●一般（入試科目）
◇子ども＝国語〈除く古・漢〉／数Ⅰ
〈注〉他に面接あり
◉2025年度の募集要項は５月下旬に配布予定

敬愛短期大学 (旧称／千葉敬愛短期大学)

一般 推薦 総合

www.chibakeiai.ac.jp/
設置(学)科＝現代子ども

CAMPUS GUIDE

●所在地 〒263-8588 千葉市稲毛区穴川１丁目５の21 ☎(043)251-6363
●交通 ＪＲ稲毛駅下車、徒歩約13分、または京成線みどり台駅下車、徒歩約15分
●設立 昭和25年
●学生総数 男17人・女246人
▼要項請求先＆問合せ先 アドミッションセンター

特別選抜 帰国	特別選抜 社会人	学外試験会場	授業料減免 免除	授業料減免 減額	奨学金制度 給付	奨学金制度 貸与	学生寮 男子	学生寮 女子	海外留学	海外研修	編入制度	専攻科
○	○	×	×	×	○	×	×	×	×	×	○	×

現代子ども学科

定員（専攻名・定員）／修業年限
150人／２年

クラス制やゼミ制など体験型のカリキュラム編成となっており、学生個々に目が行き届くようなサポート体制が整っています。

１年次の「敬愛スタートアップゼミ」では、保育園や幼稚園での遊び体験で実践力を身につけます。

２年次の「敬愛ブラッシュアップゼミ」では、学生個々が学びたい専門的な分野について、楽しみながら掘り下げていきます。

このほかにも、学びやすく体験重視の科目が多く設置されており、ピアノ初心者向けの授業「子どもと音楽（基礎）」では、グループで楽しみながら学んでいます。

また、大学行事に積極的に参加し、全力で取り組めるような環境が整っており、子どもたちと感動を分かち合うことができ、かつリーダーシップも兼ね備えた保育者の育成を目指しています。

さらに、「キャリアデザイン」や「就職支援講座」などの就職サポートも充実しており、公立保育士を目指す学生には毎年人気の講座です。多くの教育機関や施設からの信頼も厚く、例年高い就職率を誇っています。

◆取得免許&資格 幼稚園教諭二種免許、保育士、社会福祉主事〈任用〉、認定絵本士、認定ベビーシッター、おもちゃインストラクター、ピアヘルパー、准学校心理士など。

前年度 選抜方法
●推薦＝指定校制
●一般（入試科目）
（Ⅰ期・Ⅱ期共通）
◇現代子ども＝小論文
〈注〉他に面接あり
◉2025年度の募集要項は５月中旬に配布予定

昭和学院短期大学

一般 推薦 総合

www.showagakuin.ac.jp/

設置(学)科＝人間生活、ヘルスケア栄養

CAMPUS GUIDE

●**所在地**　〒272-0823　千葉県市川市東菅野２丁目17の１　☎(047)324-7115
●**交通**　ＪＲ本八幡駅下車、徒歩20分。または、地下鉄都営新宿線本八幡駅・京成電鉄京成八幡駅下車、徒歩15分。
●**設立**　昭和25年
●**学生総数**　男５人・女353人
▼**要項請求先＆問合せ先**　入試広報課

特別選抜 帰国	特別選抜 社会人	学外試験会場	授業料減免 免除	授業料減免 減額	奨学金制度 給付	奨学金制度 貸与	学生寮 男子	学生寮 女子	海外留学	海外研修	編入制度	専攻科
×	○	×	○	○	×	○	×	×	×	×	○	×

人間生活学科

定員(専攻名・定員)／修業年限
90人(キャリア創造30・こども発達60)／2年

キャリア創造専攻では、産学連携、企業コラボなど実社会と結びつくプログラムで、ファッション、フード、ビジネス、エアライン、ブライダル、医療事務などで活躍する人材を育成。Webデザイン、マーケティングを基礎から学びます。

こども発達専攻では、人間尊重の理念に基づき、子どもを総合的に理解し、保育者としての実践的知識・技能の修得を目指します。

◆**取得免許&資格**　キャリア創造専攻－ブライダルコーディネート技能検定、ITパスポート、フードコーディネーター３級、中学校家庭教諭二種免許など。こども発達専攻－幼稚園教諭二種免許、保育士、認定絵本士、社会福祉主事〈任用〉、認定ダンス指導員。

ヘルスケア栄養学科

定員(専攻名・定員)／修業年限
80人／２年

人々の健康増進に貢献できる食と栄養のスペシャリストを目指します。基礎から専門、応用へと段階的に学ぶことにより、スムーズに学びを深めます。豊富な実験、実習、演習科目を通して、病院、学校、保育所、スポーツ・食品業界など、さまざまなフィールドで活躍できる実践能力を養います。

◆**取得免許&資格**　栄養士、栄養教諭二種免許、健康管理士一般指導員、フードコーディネーター３級、アスリートフードマイスター３級。

前年度　選抜方法

●**推薦**＝書類審査、面接
●**一般(入試科目)(第１回)**
◇**全学科**＝国総〈現代文のみ〉／理外商〈化基、生基、コミュ英Ⅰ、情報→１〉
〈**注**〉他に面接あり
◉**2025年度の募集要項は５月上旬に配布予定**

清和大学短期大学部

一般 推薦 総合

www.seiwa-jc.ac.jp

設置(学)科＝こども

CAMPUS GUIDE

●**所在地**　〒292-8511　千葉県木更津市東太田３丁目４の２
☎(0438)30-5535（入試広報センター直通）
●**交通**　ＪＲ内房線木更津駅からスクールバスで約７分。
●**設立**　昭和42年
●**学生総数**　男13人・女120人
▼**要項請求先＆問合せ先**　入試広報センター

特別選抜 帰国	特別選抜 社会人	学外試験会場	授業料減免 免除	授業料減免 減額	奨学金制度 給付	奨学金制度 貸与	学生寮 男子	学生寮 女子	海外留学	海外研修	編入制度	専攻科
×	○	×	○	○	○	×	×	×	×	×	○	×

こども学科

定員(専攻名・定員)／修業年限
80人／2年

「真心教育」を建学の精神として、一人ひとりの子どもを成長させる技術を学び、指導者としての人格と真心を身につけます。

「男性にも保育士の資格を」という社会的な要請を受けて、男女共学です。

総合保育演習は、１年次の学生全員と専任教員で行う実践的な学修のカリキュラムで、実践に役立つ知識や技術を学ぶ総合的な科目です。１年次の学年末から予定されている保育実習の前に、さまざまな幼稚園・社会福祉施設・保育所の見学など、現場を知る機会を数多く設けています。附属幼稚園での見学・実習も数回あり、保育所や幼稚園へのプレ実習として役立つ授業となっています。授業のなかで学ぶ知識・技術と現場での見学とを結び合わせ、充実した学習が可能です。

２年次では、実習で学んだことを生かし、実践的な視点で自らの課題を見つけられるよう、少人数によるゼミ形式の授業も行います。専門演習では、さまざまな実習体験を仲間や教員と共有したり、課題解決の糸口をともに見つけたりすることができます。

２年間という限られた学習時間のなかで、保育・教育の基礎から実践力までを身につけ、社会に貢献できる教育者、保育者を育成します。

◆**取得免許&資格**　幼稚園教諭二種免許、保育士など。

前年度　選抜方法

●**推薦**＝書類審査、選択試験（事前提出）、面接
●**一般(入試科目)**
◇**こども**＝書類審査、国語〈除く古・漢〉
〈**注**〉他に面接あり
◉**2025年度の募集要項は配布中**

⇩「資格別 取得可能な短大・学科」「就職状況」「大学への編入」「学費」は巻末データ集に収録

せいとくだいがく
聖徳大学短期大学部

一般 / 共テ / 推薦 / 総合

www.seitoku-u.ac.jp/

設置(学)科＝保育第１部、保育第２部、総合文化

CAMPUS GUIDE

●**所在地**　〒271-8555　千葉県松戸市岩瀬550
☎(0120)66-5531（入学センター直通）
●**交通**　ＪＲ常磐線・新京成線松戸駅下車、東口から徒歩５分。
●**設立**　昭和40年
●**学生総数**　女321人（専攻科含む）
●**専攻科**　医療保育５人・１年
▼**要項請求先&問合せ先**
入学センター

特別選抜 帰国	特別選抜 社会人	学外試験会場	授業料減免 免除	授業料減免 減額	奨学金制度 給付	奨学金制度 貸与	学生寮 男子	学生寮 女子	海外留学	海外研修	編入制度	専攻科
○	○	9	○	○	×	×	×	○	×	×	○	○

保育科　第１部 

保育科　第２部 

定員(専攻名・定員)／修業年限
第１部＝160人／２年
第２部(夜間)＝10人／３年

「保育の聖徳®」の伝統を生かして、実習をコアにした独自のカリキュラムを編成しています。さらに、バランスのとれたカリキュラムで生徒の得意を伸ばし、保育者に求められる専門性をしっかりと高めていきます。

充実した実習を用意しており、幼児と触れ合い、実習への期待感や理解を深めるために、全員が附属幼稚園で見学実習を行います。そして、実習のスタートとして附属幼稚園実習を行い、先生方から幼児を理解する方法や指導法などを学び、保育者としての基礎を身につけます。

また、働きながらでも夜間を利用し、第１部の学びを３年かけて学ぶことができる第２部(３年制)を設置しています。

◆**取得免許&資格**　幼稚園教諭二種免許、保育士、准学校心理士、司書(第１部のみ)、秘書士（第１部のみ)、ピアヘルパー受験資格。

総合文化学科 

定員(専攻名・定員)／修業年限
50人／２年

図書館司書・ITコース、国際観光・ホテルコース、フードマネジメントコース（フード・製菓)、ファッション・造形デザインコースの４つの専門的なコースを設置しています。自分がもっとも興味ある専門分野を深く学ぶことに加えて、他のコースの関連領域や他分野の科目を学ぶこともできます。そのため、司書やパティシエ、ツアープランナーなどを目指して、資格を取得することも可能です。

さらに、文書作成、表計算、プレゼンテーション、プログラミングなどを学び、社会で必要とされるICTスキルや、簿記、秘書実務などのビジネススキルを身につけることができます。

また、授業に地域貢献活動を取り入れており、“まち”をキャンパスに、地域の課題解決につながるフィールドワークを実践しています。これらの学びを通じて、社会で役立つ実感、達成感を味わい、人間力や仕事力、課題解決能力を養っていきます。

◆**取得免許&資格**　選択するコースにより、以下の資格が取得できます。司書、情報処理士、秘書士、観光実務士、フードスペシャリスト受験資格など。

前年度　選抜方法

●**推薦**＝書類審査、小論文、面接
●**一般（入試科目)**
(Ａ～Ｃ日程共通)
◇**保育**＝国外〈国総〔近代以降の文章〕・国表、コミュ英Ⅰ・Ⅱ・英表Ⅰ→1〉
◇**総合文化**＝国数外〈国総〔近代以降の文章〕・国表、数Ⅰ・Ａ、コミュ英Ⅰ・Ⅱ・英表Ⅰ→1〉
◉**2025年度の募集要項は総合型が６月、一般が７月頃に配布予定**

私立 関東　聖徳大学短期大学部　昭和学院短期大学／清和大学短期大学部

千葉経済大学短期大学部

一般 推薦 総合

www.chiba-kc.ac.jp/

設置(学)科＝ビジネスライフ、こども

CAMPUS GUIDE

●**所在地** 〒263-0021 千葉市稲毛区轟町３丁目59の５ ☎(043)255-4363
●**交通** ＪＲ総武線西千葉駅下車、徒歩13分。または、同駅からちばシティバスで千葉経済大学下車。千葉都市モノレール作草部駅下車、徒歩５分。
●**設立** 昭和43年
●**学生総数** 男46人・女583人
▼**要項請求先&問合せ先**
短期大学部入試広報センター

特別選抜 帰国	特別選抜 社会人	学外試験会場	授業料減免 免除	授業料減免 減額	奨学金制度 給付	奨学金制度 貸与	学生寮 男子	学生寮 女子	海外留学	海外研修	編入制度	専攻科
×	×	×	×	○	×	○	×	×	×	○	○	×

ビジネスライフ学科

定員(専攻名・定員)／修業年限
140人／２年

ビジネス界で生かせる知識や技術を身につけます。目指す仕事に合ったユニット（専門科目のまとまり）を組み合わせて学ぶことにより、２年間で効率よく必要な知識を身につけることができます。また、キャリアデザインの授業で職業観を養い、インターンシップで職業体験、さらに、先輩の就活体験や企業の採用担当者の話を１年生全員で聞く機会を設けるなど、無理なく就職への意識を高められます。時代に合わせて目指せる資格を増やし、ブライダル、旅行関連、医療事務の資格取得に対応する科目も設けています。

◆**取得免許&資格** 司書など。

こども学科

定員(専攻名・定員)／修業年限
170人／２年

乳児期から学童期までの子どもについて、幅広く学べるカリキュラム構成です。教育・保育実習のほか、こども造形教室、ボランティア活動などを通じてコミュニケーション能力を伸ばします。

保育コース、初等教育コース、キッズビジネスコースの３コースを設置しています。

◆**取得免許&資格** 保育コース－保育士、幼稚園教諭二種免許など。初等教育コース－小学校教諭二種免許、幼稚園教諭二種免許、司書など。キッズビジネスコース－司書、社会福祉主事〈任用〉など。

前年度 選抜方法

●**推薦**＝書類審査、面接
●**一般（入試科目）**
◇**全学科**＝国外〈国総〔除く古・漢〕、コミュ英Ⅰ・Ⅱ→１〉
〈**注**〉他に面接あり
◉**2025年度の募集要項は７月上旬に配布予定**

千葉明徳短期大学

一般 推薦 総合

www.chibameitoku.ac.jp/tandai/

設置(学)科＝保育創造

CAMPUS GUIDE

●**所在地** 〒260-8685 千葉市中央区南生実町1412
☎(0120)863-509
●**交通** 京成千原線学園前駅下車、徒歩３分。
●**設立** 昭和45年
▼**要項請求先&問合せ先**
アドミッションセンター

特別選抜 帰国	特別選抜 社会人	学外試験会場	授業料減免 免除	授業料減免 減額	奨学金制度 給付	奨学金制度 貸与	学生寮 男子	学生寮 女子	海外留学	海外研修	編入制度	専攻科
×	○	×	×	×	○	○	×	×	×	×	○	×

保育創造学科

定員(専攻名・定員)／修業年限
120人／２年

保育は、ただ決まった内容を子どもたちに教え込むだけのものではなく、保育者が一人ひとりの子どもと向き合いながら、一瞬一瞬の場面で創り出していく、とても創造的な営みです。

保育者は、それぞれ異なる個性を持ち、異なる育ちの道筋をたどる子どもの姿を自分の目でとらえ、その子どもにとって最良の関わりを選択し、実践していくことが求められます。

同学科では、このような保育を創り出せる保育者を養成するために、「体験から学ぶ」を教育の基本理念とし、入学後の早い段階から保育現場での体験を積んでいきます。現場での貴重な体験をレポートとしてまとめ、レポートを基に教員や仲間の学生と話し合いを重ねながら学びを深めます。

最大の特徴は、「体験から学ぶ」学習を支える、多くの系列保育施設を有していることです。認定こども園同短大附属幼稚園のほか、県内３か所の保育園と、２か所のこども園があります。短大と同じ敷地内にある附属幼稚園では、保育教諭が学生を対象に保育の実践的研修を定期的に開催するなど、授業外で実践を学ぶ機会が多くあります。また、学内に子育て支援施設を持つため、常に子どもがいる環境です。正規の実習のほか、ボランティアやアルバイトなど、さまざまな形で保育現場での貴重な体験を積み重ねていきます。

◆**取得免許&資格** 幼稚園教諭二種免許、保育士、社会福祉主事〈任用〉。

前年度 選抜方法

●**推薦**＝書類審査、小論文、面接
●**一般（入試科目）**
◇**保育創造**＝書類審査／小論文
〈**注**〉他に面接あり
◉**2025年度の募集要項は６月頃に配布予定**

⇩「資格別 取得可能な短大・学科」「就職状況」「大学への編入」「学費」は巻末データ集に収録

日本大学短期大学部（船橋）

一般　共テ　推薦

www.jcn.nihon-u.ac.jp/

設置(学)科＝建築・生活デザイン、ものづくり・サイエンス総合

CAMPUS GUIDE

●**所在地**　〒274-8501　千葉県船橋市習志野台7丁目24の1　☎(047)469-6249
●**交通**　東葉高速鉄道船橋日大前駅下車、徒歩1分。
●**設立**　昭和25年
●**学生総数**　男243人・女115人
▼**要項請求先＆問合せ先**
インフォメーションセンター

特別選抜 帰国	特別選抜 社会人	学外試験会場	授業料減免 免除	授業料減免 減額	奨学金制度 給付	奨学金制度 貸与	学生寮 男子	学生寮 女子	海外留学	海外研修	編入制度	専攻科
×	○	×	×	○	○	×	×	×	×	×	○	×

全国でも珍しい理工系の総合短期大学で、理学・工学分野を幅広くカバーする2学科9専門分野が設置されています。入学後に理工系分野を学ぶための基礎を学んでから専門分野を選択することで、実際に学びながら自身の興味や適性に合った進路選択が可能です。

卒業後の進路には専門技術・知識を生かした就職だけではなく、4年制大学へ編入学して専門分野をさらに深く学ぶなど、将来の可能性が広がっています。卒業生の約8割が編入学しており、併設の日本大学理工学部および日本大学生産工学部との間には推薦編入学制度があります。特に日本大学理工学部とは、施設だけではなく単位互換制度や就職支援などの連携も充実しています。

短期大学ならではの少人数教育を生かし、より一人ひとりの目標に合わせたきめ細やかな教育・支援を展開しています。

建築・生活デザイン学科

定員(専攻名・定員)／修業年限
102人／2年

建築や都市から、インテリア、ランドスケープまでの幅広い分野を対象に、技術と芸術が融合した生活空間や環境づくりを担う専門家を養成します。

カリキュラムは、「デザイン系分野」「エンジニアリング系分野」の2分野があり、「デザイン系分野」では、建築、インテリア、都市環境、ランドスケープの計画・設計技術を基礎調査や解析などをもとに、造形や意匠の観点から学びます。

また、「エンジニアリング系分野」では、実験、解析、調査を踏まえ、安全で快適な建物の構造設計や環境技術を学びます。学生は進路に応じていずれかの分野を学び、実践的なデザイン力やコミュニケーション能力も培います。

◆**取得免許&資格**　一級建築士受験資格、二級建築士受験資格、木造建築士受験資格など。

ものづくり・サイエンス総合学科

定員(専攻名・定員)／修業年限
78人／2年

幅広い専門分野（機械工学、電気電子工学、情報科学、応用化学、物理学、数学、総合科学）のなかから、自らの興味や適性に応じて、入学後に主として学ぶ専攻分野を決めることができます。

各専門分野の学習は1年次後学期から始まるので、専攻分野を決めるまでにじっくり考える余裕があります。

卒業までの2年間、どの学期にも少人数で対話や体験・調査学習主体のゼミナール形式の授業があり、コミュニケーション能力やプレゼンテーション技法など、実践的な技能を習得するとともに、専門知識・技術や論理的に考える力を身につけることができます。

就職希望者は、専門知識・技術を生かし、製造業や情報サービス業のほか、多様な業種に道が開かれています。

情報科学分野では、国家試験や検定試験に対応した知識・技術を習得することができます。

◆**取得免許&資格**　危険物取扱者（甲種）受験資格、作業環境測定士受験資格（要実務経験1年以上）、消防設備士（甲種）受験資格など。

前年度　選抜方法

●**推薦**＝書類審査、面接、口頭試問
●**一般(入試科目・配点)(A個別方式)**
◇**全学科(200点満点)**＝数Ⅰ・Ⅱ・A・B〈除く「確率分布と統計的な推測」〉(100)／コミュ英Ⅰ・Ⅱ・Ⅲ・英表Ⅰ(100)
◎**2025年度の募集要項は一般選抜が10月上旬、その他の選抜が6月上旬からホームページに掲載予定**

愛国学園短期大学

一般 共テ 推薦 総合

www.aikoku-jc.ac.jp/

設置(学)科＝家政

CAMPUS GUIDE

●**所在地** 〒133-8585 東京都江戸川区西小岩５丁目７の１ ☎(03)5668-7260
●**交通** ＪＲ総武線小岩駅から徒歩10分。または京成線京成小岩駅から徒歩３分。
●**設立** 昭和37年
●**学生総数** 女78人
▼**要項請求先&問合せ先** アドミッションセンター

特別選抜 帰国	特別選抜 社会人	学外試験会場	授業料減免 免除	授業料減免 減額	奨学金制度 給付	奨学金制度 貸与	学生寮 男子	学生寮 女子	海外留学	海外研修	編入制度	専攻科
×	○	×	×	×	○	×	×	○	×	×	○	×

家政科

定員(専攻名・定員)／修業年限
100人（生活デザイン50・食物栄養50）／２年

建学の精神「経済的に独立し、一家の幸福の源泉となれる女性の育成」に則った教育を行います。少人数によるきめ細かな指導とサポートのほか、さまざまな科目により、社会人基礎力であるコミュニケーション能力、協調性、問題解決能力・構想力、情報活用力などが身につくようなカリキュラムを構成しています。また、さまざまな資格を取得でき、広い選択肢から自分の将来に合わせた分野を学ぶことができます。

生活デザイン専攻では、さまざまな分野の学びができ、多くの選択肢から進路を決めることができます。衣食住、福祉、介護、家庭経営など生活の基本となる科目は必修で学び、その後、興味や進路に合わせて専門的な知識、実践的な技術を学びます。

食物栄養専攻では、食べる人を笑顔にする、ニーズに合った献立を立案できる栄養士を養成します。専門的な理論と実技を系統立てて学び、より実践的な知識と技術を身につけます。

◆**取得免許&資格** 社会福祉主事〈任用〉、栄養士、フードスペシャリスト受験資格、フードコーディネーター３級、医療事務管理士、アスリートフードマイスター、介護職員初任者研修修了者、ファッション色彩能力検定など。

前年度 選抜方法

●**推薦**＝書類審査、面接（プレゼンテーションを含む）
●**一般（入試科目）**
◇**家政〈生活デザイン〉**＝国数外〈国総〔除く古・漢〕、数Ⅰ、コミュ英Ⅰ→２〉(各100)
◇**家政〈食物栄養〉**＝国外〈国総〔除く古・漢〕、コミュ英Ⅰ→１〉(100)／数理〈数Ⅰ、化基、生基→１〉(100)
〈注〉他に面接あり
◉**2025年度の募集要項は６月上旬に配布予定**

有明教育芸術短期大学

一般 推薦 総合

www.ariake.ac.jp/

設置(学)科＝子ども教育

CAMPUS GUIDE

●**所在地** 〒135-0063 東京都江東区有明２丁目９の２ ☎(03)5579-6211
●**交通** りんかい線東雲駅下車、徒歩10分。新交通ゆりかもめ有明テニスの森駅下車、徒歩10分。
●**設立** 平成21年
●**学生総数** 男45人・女203人
▼**要項請求先&問合せ先** 広報課

特別選抜 帰国	特別選抜 社会人	学外試験会場	授業料減免 免除	授業料減免 減額	奨学金制度 給付	奨学金制度 貸与	学生寮 男子	学生寮 女子	海外留学	海外研修	編入制度	専攻科
×	○	×	○	○	×	×	×	×	×	×	○	×

子ども教育学科

定員(専攻名・定員)／修業年限
100人／３年

従来の２年制課程と比べ、カリキュラムに余裕のある３年制とすることで、自身の興味関心を伸ばしながら、一人ひとりが「得意」を持った「なりたい」先生を目指せるのが大きな特長です。

そのために必要なカリキュラムや、取得するべき資格をよりわかりやすくするため、３つの履修コースを導入しました。

「幼児教育コース」は３年制を２年＋１年ととらえ、未経験のピアノや苦手科目に自分のペースでじっくりと取り組みながら、保育士資格と幼稚園教諭免許を取得して卒業することを目標とします。

「初等教育コース」は３年制を４年−１年と考え、１年早く小学校の先生になることを目指します。早期から採用試験の対策講座にも取り組みます。

「教養コース」は特定の資格取得にはこだわらず、子どもと関わる方法をさまざまな視点から学びます。eスポーツや動画編集技術、プログラミングなどのICT教育と、声楽にダンス・バレエ、演劇やミュージカルといった舞台芸術を履修することで、幅広い職種での活躍を目指します。

どの履修コースを選んでも資格の取得に制限は設けていないため、５つの免許・資格を自由に組み合わせることが可能です。

◆**取得免許&資格** 保育士、幼稚園教諭二種免許、小学校教諭二種免許、認定ベビーシッター、レクリエーション・インストラクター。

前年度 選抜方法

●**推薦**＝書類審査、小論文、面接
●**一般（入試科目）**
◇**子ども教育**＝国語〈現代国語の基礎〉／現社または英語外部試験
〈注〉他に面接あり
◉**2025年度の募集要項は配布中**

⇩「資格別 取得可能な短大・学科」「就職状況」「大学への編入」「学費」は巻末データ集に収録

上野学園短期大学（旧称／上野学園大学短期大学部）

一般　推薦　総合

www.uenogakuen.ac.jp/junior_college/
設置(学)科＝音楽

CAMPUS GUIDE

●所在地　〒110-8642　東京都台東区東上野４丁目24の12　☎(03)3842-1024
●交通　ＪＲ、地下鉄日比谷線・銀座線上野駅下車、徒歩約９分。
●設立　昭和27年
●学生総数　男10人・女53人
●専攻科　音楽10人・２年
▼要項請求先&問合せ先　入試センター

特別選抜 帰国	特別選抜 社会人	学外試験会場	授業料減免 免除	授業料減免 減額	奨学金制度 給付	奨学金制度 貸与	学生寮 男子	学生寮 女子	海外留学	海外研修	編入制度	専攻科
×	○	×	○	○	○	×	×	×	×	×	○	○

音楽科

定員(専攻名・定員)／修業年限
50人／２年

ピアノ・器楽・声楽の各専門を設置しています。「音楽が好き」という気持ちを大切にして、学生それぞれの個性や演奏レベルに応じた親身な指導を行います。音楽を通じて広く社会に貢献できる人材の育成を目指します。

毎週50分の個人レッスンは、基本的に同じ先生が２年間を通して指導します。学生一人ひとりの個性や技術水準に合わせた課題の設定が可能になり、学習の進度をより確実なものにして、２年間でも充実した学習ができます。また、アンサンブルの指導にも力を入れています。「学内演奏会」「定期演奏会」「ウィンドアンサンブル」や「学外演奏会」など、本番の舞台で演奏経験を積める機会を提供しています。

２年次の前期演奏試験、後期演奏試験、卒業演奏試験を通して、ステージ・マナーなど、演奏家としての基本スキルも身につけることができます。

音楽の力を福祉や医療の分野に生かす「音楽療法」を学ぶこともできます。「音楽療法士養成教育課程」を設置し、ピアノ・器楽・声楽の各専門実技を学びながら、所定の単位を修得することで「全国音楽療法士養成協議会認定音楽療法士（２種）」の称号を得ることができます。

◆**取得免許&資格**　中学校音楽教諭二種免許、音楽療法士（２種）。

前年度　選抜方法

●**推薦**＝書類審査、面接、各専門実技
●**一般（入試科目）**
（日程Ａ・Ｂ共通）
◇**音楽**＝音楽理論(楽典)／副科ピアノ(ピアノ専門志願者を除く)／各専門実技
〈注〉他に面接あり
◉**2025年度の募集要項は６月下旬に配布予定**

大妻女子大学短期大学部

一般　共テ　推薦　総合

www.otsuma.ac.jp/
設置(学)科＝家政

CAMPUS GUIDE

●所在地　〒102-8357　東京都千代田区三番町12
☎(03)5275-6011(広報・入試センター直通)
●交通　ＪＲ・都営新宿線・東京メトロ有楽町線・南北線市ケ谷駅下車、徒歩約10分。東京メトロ半蔵門線半蔵門駅下車、徒歩５分
●設立　昭和25年
●学生総数　女379人
▼要項請求先&問合せ先
広報・入試センター

特別選抜 帰国	特別選抜 社会人	学外試験会場	授業料減免 免除	授業料減免 減額	奨学金制度 給付	奨学金制度 貸与	学生寮 男子	学生寮 女子	海外留学	海外研修	編入制度	専攻科
×	○	×	×	○	○	×	×	○	○	×	○	×

※2025年４月、生活総合ビジネス専攻の募集を停止し、家政専攻・食物栄養専攻の２専攻を家政総合コース・食と栄養コースの２コースに改編予定。以下、内容は2025年予定。

家政科

定員(専攻名・定員)／修業年限
90人（家政総合35・食と栄養55）／２年

家政総合コースでは、家政学の基本の衣・食・住の分野を自然との共生を考えながら幅広く、複合的に学んでいくことによって、将来、家庭の中核を担う女性に必要な知識を修得します。また、実習や演習といった科目も多く用意されており、知識だけではなく技術を修得することも可能です。

食と栄養コースでは、確かな知識と実践力を備えた栄養士を養成するため、「食」や「健康」に関わる専門知識や理論を深めると同時に、社会で通用する高い技術を習得します。

◆**取得免許&資格**　家政総合コース－秘書士、司書、フードスペシャリスト受験資格。食と栄養コース－栄養士、管理栄養士国家試験受験資格（卒業後、満３年の実務経験が必要）、フードスペシャリスト受験資格。

前年度　選抜方法

●**推薦**＝書類審査、小論文、面接
●**一般（入試科目・配点）**
（Ａ方式Ｉ期）
◇**家政〈家政専攻〉(100点満点)**＝国外〈国総〔除く古・漢〕、コミュ英Ⅰ・Ⅱ・英表Ⅰ→１〉
◇**家政〈食物栄養専攻〔２月１日実施分〕〉(200点満点)**＝国総〈除く古・漢〉(100)／コミュ英Ⅰ・Ⅱ・英表Ⅰ (100)
〈注〉他に調査書を点数化 (10)
◉**2025年度の募集要項は、総合型が６月から配布、その他の入試が９月からホームページに掲載予定**

共立女子短期大学

一般 共テ 推薦 総合

www.kyoritsu-wu.ac.jp/
設置(学)科＝生活科学、文

CAMPUS GUIDE

●**所在地** 〒101-0003 東京都千代田区一ツ橋２丁目６の１
☎(03)3237-5656（入試課直通）
●**交通** 地下鉄神保町駅から徒歩１分、または地下鉄竹橋駅から徒歩３分、地下鉄九段下駅から徒歩２分。
●**設立** 昭和25年
●**学生総数** 女299人
▼**要項請求先＆問合せ先** 入試課

特別選抜 帰国	特別選抜 社会人	学外試験会場	授業料減免 免除	授業料減免 減額	奨学金制度 給付	奨学金制度 貸与	学生寮 男子	学生寮 女子	海外留学	海外研修	編入制度	専攻科
○	○	6	×	×	○	×	×	○	×	×	○	×

生活科学科 

定員(専攻名・定員)／修業年限
100人／２年

2024年度より２コース制として新たに再編されています。

ITメディアコースは、メディア社会、ITメディア、健康メディア、メディア表現の４つの系(分野）で構成され、ITやメディアの知識を学び、先端の理論や実技を活用する能力とクリエイティビティを育みます。さらに、女性の美容や健康への理解を深め、ウェルネスの向上も図ります。

生活デザインコースは、プロダクト、フード、ファッション、インテリアの４つの系（分野）で構成され、調理の知識からテーブルウェア、プロダクト、ファッション、インテリア、建築まで、豊かな生活を総合的にデザインする「衣・食・住」のエキスパートを目指します。

◆**取得免許&資格** ITパスポート、リテールマーケティング（販売士）検定３級、医療事務検定。

文科 

定員(専攻名・定員)／修業年限
100人／２年

次の３コースを設置しています。

日本文化･表現コースでは、「こころ」と「ことば」をキーワードに、新時代を生きるための「文章力」「コミュニケーション能力」「人間力」を育てるカリキュラムを用意しています。

グローバル・コミュニケーションコースでは、英語の４技能を強化して英語検定で高得点を目指します。観光業、接客業、オフィスワーク、幼児英語教育に必要な英語コミュニケーション能力、異文化理解力を身につけ、国際社会における即戦力を養います。

心理学コースでは、心理学を基礎から応用まで体系的に学び、人間の心を理解する方法を身につけることで、メンバーの力を最大限に発揮するための環境づくりを支援する人材を育成します。

◆**取得免許&資格** 心理学コース－社会福祉主事（任用）。全コース－ITパスポート、リテールマーケティング（販売士）検定３級、医療事務検定。

前年度 選抜方法

●**推薦**＝書類審査、小論文、面接
●**一般（入試科目･配点）**
（全学統一方式・オンリーワン方式）
◇**全学科(110点満点)**＝国地歴数理外〈国総〔除く漢〕、世B、日B、地理B、数Ⅰ･A･Ⅱ･B〔図〕、化基･化、生基･生、コミュ英Ⅰ･Ⅱ･Ⅲ･英表Ⅰ･Ⅱ→1〉(100）／調査書（10）
〈注〉国総の古文は選択問題。外部英語検定試験を利用する場合は必ず英語を選択。
◉**2025年度の募集要項は一般選抜が９月頃に配布予定、それ以外は５月～７月に配布予定**

⇩「資格別 取得可能な短大・学科」「就職状況」「大学への編入」「学費」は巻末データ集に収録

国際短期大学

一般
推薦
総合

kokutan.net/

設置(学)科＝国際コミュニケーション

CAMPUS GUIDE

●**所在地** 〒165-0022 東京都中野区江古田4丁目8の8 ☎(03)3385-2232（入学相談室直通）
●**交通** 西武新宿線沼袋駅下車、北口から徒歩8分。
●**設立** 昭和25年
▼**要項請求先＆問合せ先** 入学相談室

特別選抜 帰国	特別選抜 社会人	学外試験会場	授業料減免 免除	授業料減免 減額	奨学金制度 給付	奨学金制度 貸与	学生寮 男子	学生寮 女子	海外留学	海外研修	編入制度	専攻科
×	×	×	×	○	×	×	○	○	○	○	○	×

国際コミュニケーション学科

定員（専攻名・定員）／修業年限
150人／2年

英語・ホスピタリティ・観光・エアライン・ホテル・サービス・ビジネスをキーワードに幅広く柔軟に学べます。

英語キャリアコースでは、習熟度別に組まれたカリキュラムとネイティブ教員による授業やイングリッシュラウンジでの無料英会話レッスン、海外留学などを通じて「使える英語」を身につけます。

国際観光コースでは、ANA所属の専任教員による教育体制が充実。航空会社やホテル、旅行会社、ブライダルなどへの就職を目標に、基礎力を養い実践力を磨きます。

ビジネススキルコースでは、パソコンスキル、コミュニケーションスキルを身につけ、実務に即したさまざまな知識を学びます。

「成長を実感できる1年生カリキュラム」「豊富なキャリア教育と体験型教育」「一人ひとりと向き合う丁寧な教育・指導」の3つの特徴ある教育で、実践的英語力とビジネススキルを持ち、社会で活躍できる人材を育成しています。さらに、さまざまな学外研修で社会人と交流することで、就業意識を高めていきます。また、奨学金制度として「入学金サポート」「授業料サポート（特待生制度）」のほか、授業料などの「分納制度」「月払い制度」もあります。

◆**取得免許＆資格** MOS（マイクロソフト オフィス スペシャリスト）、秘書技能検定、ビジネスマナー検定、TOEIC、英検など。

前年度 選抜方法

●**推薦**＝書類審査、面接
●**一般（入試科目）**
（A期・B期共通）
◇**国際コミュニケーション**＝外小〈コミュ英Ⅰ・Ⅱ、小論文→1〉
〈注〉他に面接あり
◉**2025年度の募集要項は5月中旬に配布予定**

駒沢女子短期大学

一般
共テ
推薦
総合

www.komajo.ac.jp/uni/

設置(学)科＝保育

CAMPUS GUIDE

●**所在地** 〒206-8511 東京都稲城市坂浜238 ☎(042)350-7110
●**交通** 京王相模原線稲城駅または小田急線新百合ヶ丘駅からバス。ＪＲ南武線稲城長沼駅からスクールバス。
●**設立** 昭和40年
●**学生総数** 女129人
▼**要項請求先＆問合せ先** 入試センター

特別選抜 帰国	特別選抜 社会人	学外試験会場	授業料減免 免除	授業料減免 減額	奨学金制度 給付	奨学金制度 貸与	学生寮 男子	学生寮 女子	海外留学	海外研修	編入制度	専攻科
×	○	×	○	○	○	×	×	○	×	○	○	×

保育科

定員（専攻名・定員）／修業年限
100人／2年

「思考力」「表現力」「遊び力」「人間力」を身につけ、乳幼児の保育・教育に関わる専門知識と技術を修得し、実習での経験を通して乳幼児一人ひとりの育ちへの確かな援助ができる保育者を目指します。

稲城市向陽台には付属のこまざわ幼稚園があり、実習や行事の手伝いなどで子どもたちと関わります。同園は、幼稚園教諭と保育科教員との相互交流による保育研究施設としての役割もあります。

教育実習は、1年次の5月から7月にかけて、グループごとに1週間ずつ、付属幼稚園や近隣園の協力を得て行います。2年次には、6月に3週間、保育者と同じ立場となり保育する「責任実習」を私立幼稚園にて行います。

保育実習は、1年次に2回、2年次に1回の計3回実施します。公立・私立、両方の保育所や施設など、それぞれ異なる実習施設で実習を重ねながら実践力を高め学びを深めることができます。

「思考力」「表現力」「遊び力」「人間力」は、教育実習・保育実習によって確かな実践力にまで磨き上げられます。さらに、社会人基礎力も培い、多くの卒業生が保育現場で活躍しています。

また、学費支援制度として、返還義務のない「学校法人駒澤学園奨学金」や授業料を減免する「在学生スカラシップ制度」を用意しています。

◆**取得免許&資格** 幼稚園教諭二種免許、保育士。

前年度 選抜方法

●**推薦**＝書類審査、志望理由書、面接
●**一般（入試科目・配点）**
（A日程・B日程共通）
◇**保育（200点満点）**＝国総〈除く古・漢〉(100)／面接（100）
◉**2025年度の募集要項は9月中旬に配布予定**

女子栄養大学短期大学部

一般
共テ
推薦
総合

www.eiyo.ac.jp/juken/
設置(学)科＝食物栄養

CAMPUS GUIDE

●**所在地** 〒170-8481 東京都豊島区駒込３丁目24の３
●**交通** ＪＲ山手線・地下鉄南北線駒込駅下車、徒歩３分。
●**設立** 昭和25年
●**学生総数** 女197人
▼**要項請求先&問合せ先**
〒350-0288 埼玉県坂戸市千代田３丁目９の21 女子栄養大学入試広報課
☎(049)282-7331

特別選抜 帰国	特別選抜 社会人	学外試験会場	授業料減免 免除	授業料減免 減額	奨学金制度 給付	奨学金制度 貸与	学生寮 男子	学生寮 女子	海外留学	海外研修	編入制度	専攻科
×	○	×	×	○	○	○	×	○	×	○	○	×

食物栄養学科

定員(専攻名・定員)／修業年限
120人／２年

食を介して人の健康に寄与していくことを理念とし、食をめぐる諸問題に自ら答えを見いだし、人々を導いていく。そのようなリーダーシップのある栄養士を養成しています。

卒業生は栄養士として病院や保育園、高齢者施設などに就職するほか、食品企業の商品開発や販売促進など多岐にわたる分野で活躍しています。

カリキュラムは主に、栄養士資格の取得に必要な科目と、将来の目的に合わせて勉強できる選択科目で編成しています。卒業後にどのような場面でも栄養士として力を発揮できるよう、就職先・進路を想定した学び・科目を用意しています。

選択科目群には、将来、管理栄養士国家試験を受験する際に必要な科目や、調理のできる栄養士の養成を目的として、多様な調理実習が開講されています。栄養士の長い歴史とともに、カリキュラムも進化を続けています。

実践栄養学演習、ライフステージ栄養学、フードコーディネート論、臨床栄養学、給食運営管理論、基礎調理学実習などの科目が開講されています。

◆**取得免許&資格** 栄養士、フードスペシャリスト受験資格、情報処理技能検定など。

前年度 選抜方法

●**公募推薦**＝書類審査、小論文、面接
●**一般（入試科目・配点）**
（１期）
◇**食物栄養（200点満点）**＝国数理外〈国総〔除く古・漢〕・現代文Ｂ、数Ⅰ・Ⅱ・Ａ、化基、生基〔除く生物の多様性と生態系〕、コミュ英Ⅰ・Ⅱ→２。国と数、化基と生基の組合せ不可〉(各100)
◉**2025年度の募集要項は７月中旬に配布予定**

女子美術大学短期大学部

一般
共テ
推薦
総合

www.joshibi.ac.jp
設置(学)科＝造形

CAMPUS GUIDE

●**所在地** 〒166-8538 東京都杉並区和田１丁目49の８
☎(03)5340-4500
●**交通** 地下鉄丸ノ内線東高円寺駅下車、徒歩約８分。
●**設立** 昭和25年
●**学生総数** 女330人
●**専攻科** 造形50人・１年
▼**問合せ先**
〒252-8538 神奈川県相模原市南区麻溝台1900 女子美入試センター
☎(042)778-6123

特別選抜 帰国	特別選抜 社会人	学外試験会場	授業料減免 免除	授業料減免 減額	奨学金制度 給付	奨学金制度 貸与	学生寮 男子	学生寮 女子	海外留学	海外研修	編入制度	専攻科
○	○	×	○	○	○	○	×	×	○	○	○	○

造形学科

定員(専攻名・定員)／修業年限
120人／２年

既存の美術・デザイン領域の枠組みにとらわれない領域横断的なカリキュラムを導入しています。

美術コースでは平面（油彩・版画・日本画）と立体（塑造・木彫）を横断的に学びます。デザインコースではグラフィック、メディア、テキスタイル、プロダクトの４つのジャンルから学べます。

多様化、細分化した美術・デザイン領域の基礎を横断的に学ぶことができるよう、美術コース・デザインコース共通のカリキュラムを設置しています。１年次前期では、入学時のコースにとらわれず、美術・デザイン両方の領域に関わる、さまざまな実技科目を自由に選択することができます。

興味のある分野を幅広く学ぶことにより、専門的技術はもちろん、基礎となる発想力と、実社会での適応力を身につけた人材の育成を目指しています。

新宿副都心に近く、美術館やギャラリーなど最先端のアートシーンへのアクセスに便利な環境にあります。立地を生かし、美術館・博物館・画廊などでも積極的に授業を行っています。

◆**取得免許&資格** 保育士国家試験受験資格、中学校美術教諭二種免許。

前年度 選抜方法

●**推薦**＝書類審査、面接、実技（鉛筆デッサン）
●**一般（入試科目・配点）**
（Ａ日程）
◇**造形（300点満点）**＝実技〈鉛筆デッサン〉(250)／調査書(50)
◉**2025年度の募集要項は、総合型選抜は６月頃、その他の入試は７月頃からWebサイトにて公開予定**

⇩「資格別 取得可能な短大・学科」「就職状況」「大学への編入」「学費」は巻末データ集に収録

しらうめがくえん
白梅学園短期大学

一般 共テ 推薦 総合

daigaku.shiraume.ac.jp/
設置(学)科＝保育

CAMPUS GUIDE

●**所在地** 〒187-8570 東京都小平市小川町１丁目830
☎(042)346-5618（入学センター直通）
●**交通** 西武国分寺線鷹の台駅下車、徒歩15分。
●**設立** 昭和32年
●**学生総数** 男13人・女154人
▼**要項請求先＆問合せ先** 入学センター

特別選抜 帰国	特別選抜 社会人	学外試験会場	授業料減免 免除	授業料減免 減額	奨学金制度 給付	奨学金制度 貸与	学生寮 男子	学生寮 女子	海外留学	海外研修	編入制度	専攻科
×	○	×	○	○	○	×	×	×	×	○	○	×

保育科 

定員(専攻名・定員)／修業年限
80人／２年

多様化する保育のニーズに応えていくために、「子ども」や「遊び」についての理解を深めながら、子育て支援や保育相談についても学びます。充実した実習やゼミナール活動などを通して、"理論に裏づけられた即戦力"としての保育者を養成していきます。

保育の理論と実践をバランスよく学ぶことができ、保育の基礎的な知識から実際の保育現場で求められる技能まで、経験豊富で親しみのある教員により指導を受けられます。ゼミナールは10人ほどの少人数制で行い、調査、研究、発表、討論を通して、１つのテーマについて考えを深めていきます。

実習を重視し、幼稚園実習、保育所実習、施設実習の３つの実習が行われます。最初は子どもたちを観察することからはじまり、２年次になると実際に指導案を作成し、子どもたちの保育指導にあたります。ゼミナールの担任と実習指導センターが、指導計画の立て方や実習日誌の書き方などについて、一人ひとりの学生に丁寧に対応しています。また、白梅学園大学子ども学部の３年次に編入する編入学特別推薦制度があり、子どもの育ちと学びについてより専門的に深めることもできます。

◆**取得免許&資格** 保育士、幼稚園教諭二種免許、社会福祉主事〈任用〉。

前年度 選抜方法

●**推薦**＝指定校制
●**一般（入試科目・配点）**
（Ⅰ期）
◇**保育（200点満点）**＝国数外〈国総〔除く古・漢〕・現代文B、数Ⅰ・A、コミュ英Ⅰ・Ⅱ・英表Ⅰ〉から２(各100)。２科目以上を受験し、高得点の２科目で判定
〈注〉英は外部検定試験の利用も可
◉**2025年度の募集要項は７月ごろに配布予定**

創価女子短期大学

一般 推薦 総合

www.soka.ac.jp/swc/
設置(学)科＝国際ビジネス

CAMPUS GUIDE

●**所在地** 〒192-8577 東京都八王子市丹木町１丁目236
☎(042)691-9480
●**交通** JR中央線八王子駅または京王線京王八王子駅からバスで創価大正門・東京富士美術館下車。
●**設立** 昭和60年
●**学生総数** 女194人
▼**要項請求先＆問合せ先** 入試事務室

特別選抜 帰国	特別選抜 社会人	学外試験会場	授業料減免 免除	授業料減免 減額	奨学金制度 給付	奨学金制度 貸与	学生寮 男子	学生寮 女子	海外留学	海外研修	編入制度	専攻科
○	×	6	×	×	○	×	×	○	×	○	○	×

国際ビジネス学科 

定員(専攻名・定員)／修業年限
150人／２年

情報化、グローバル化が進む現代社会。私たちが生きる21世紀はますます多文化共生が求められています。創価女子短大は1985年の開学以来、多彩な分野で活躍する女性リーダーを輩出してきました。

国際ビジネス学科では、現代のビジネス社会で求められる実践的な基礎知識や理論を深めるとともに、ICT（情報通信技術）、ビジネス実務、ビジネス文書、簿記・会計などに関する科目を開講。これらの授業を通して、資格に直結する実践スキルや実務を身につけることができます。

さらに、社会で役立つ実践的な英語力と、豊かな国際感覚を身につけた、21世紀にふさわしい女性の育成を目指しています。英語を母語とする教員と日本人教員が協力し合い、少人数制によるきめ細かな英語教育を実現。１年次にはTOEICのスコアアップを目的とした英語の授業を必修とし、レベル別に授業を行います。

このように、１年次は「読む、聞く、話す、書く」といった英語学習の４技能を修得し、２年次には英語でビジネスや欧米の文化、人権問題などを学んで、学生一人ひとりの希望に沿った英語力と、コミュニケーション能力を磨いていきます。

進路先は企業就職とともに創価大への３年次編入など多岐にわたっています。

前年度 選抜方法

●**推薦**＝書類審査、面接
●**一般（入試科目・配点）**
◇**国際ビジネス（200点満点）**＝国総〈除く古・漢〉(100)／コミュ英Ⅰ・Ⅱ・英表Ⅰ・Ⅱ(100)
◉**2025年度の募集要項は４月下旬に配布予定**

帝京短期大学

一般 共テ 推薦 総合

www.teikyo-jc.ac.jp/

設置(学)科＝生活科学、こども教育、ライフケア

CAMPUS GUIDE

●**所在地** 〒151-0071 東京都渋谷区本町６丁目31の１
☎(03) 3379-9708（入試広報課直通）
●**交通** 京王新線幡ヶ谷駅下車、北口から徒歩約７分。
●**設立** 昭和37年
●**学生総数** 男女計427人（専攻科除く）
●**専攻科** 養護教諭15人・２年、こども教育学50人・１年、臨床工学40人・１年
▼**要項請求先＆問合せ先**
〒173-8605 東京都板橋区加賀２丁目11の１
帝京大学入試センター
☎0120-335933

特別選抜 帰国	特別選抜 社会人	学外試験会場	授業料減免 免除	授業料減免 減額	奨学金制度 給付	奨学金制度 貸与	学生寮 男子	学生寮 女子	海外留学	海外研修	編入制度	専攻科
×	○	×	○	○	○	×	×	×	×	○	○	○

生活科学科

定員（専攻名・定員）／修業年限

170人（食物栄養100・生活科学70）／２年

食物栄養専攻では、病院や保育所、高齢者福祉施設などで活躍する栄養士を育成します。栄養教諭（二種）も取得可能です。

生活科学専攻は、２コース制です。生活文化コースでは、自己表現の要となるプレゼンテーション力を身につけ、資格取得やインターンシップにも積極的に取り組みます。

養護教諭コースでは、学校教育や児童理解、養護教諭の職務に関しての充実した講義、教育実習、看護技術を身につけるための臨床実習などで実践的に学び、養護教諭（二種）を目指します。専攻科（２年制）進学で、養護教諭（一種）と学士（教育学）の取得も目指せます。

◆**取得免許&資格** 食物栄養専攻－栄養士、社会福祉主事〈任用〉など。希望者は栄養教諭二種免許またはフードスペシャリスト受験資格。生活科学専攻－両コース：ピアヘルパーなど。養護教諭コース：養護教諭二種免許など。

こども教育学科

定員（専攻名・定員）／修業年限

50人／２年

隣接する帝京めぐみ幼稚園で保育の現場を体験します。確かな知識と技術を身につけ、子どもの個性と可能性を引き出す幼稚園教諭（二種）を目指します。

専攻科（１年制）進学で、保育士も目指せます。

◆**取得免許&資格** 幼稚園教諭二種免許、ピアヘルパー、保育士（専攻科修了が条件）など。

ライフケア学科

定員（専攻名・定員）／修業年限

170人（柔道整復60・柔道整復〈二部〉30・臨床検査80）／３年

柔道整復専攻（昼間部・夜間部）では、手術をせずにケガを治す保存療法のスペシャリストである柔道整復師を育成します。短大卒業後、帝京平成大学ヒューマンケア学部３年次に編入学をすることにより、５年間で柔道整復師とはり師・きゅう師の資格取得が目指せます。

臨床検査専攻では、分析とデータ解析のスペシャリストである臨床検査技師を育成します。専攻科（１年制）進学で、臨床工学技士と学士（保健衛生学）の学位も目指せます。

◆**取得免許&資格** 柔道整復専攻－柔道整復師国家試験受験資格など。臨床検査専攻－臨床検査技師国家試験受験資格など。

前年度 選抜方法

●**推薦**＝書類審査、課題作文、面接
●**一般（入試科目）（Ⅰ～Ⅳ期共通）**
◇**全学科**＝国数理外小〈国総〔除く古・漢〕、数Ⅰ・A、化基、生基、コミュ英Ⅰ・Ⅱ、小論文→１。ただしⅣ期は小論文のみ〉
〈**注**〉他に面接あり
◉**2025年度の募集要項は７月下旬に配布予定**

⇩「資格別 取得可能な短大・学科」「就職状況」「大学への編入」「学費」は巻末データ集に収録

帝京大学短期大学

一般 共テ 推薦 総合

www.teikyo-u.ac.jp/
設置(学)科＝人間文化、現代ビジネス

CAMPUS GUIDE

●**所在地** 〒192-0395 東京都八王子市大塚359
☎(0120)508-739
●**交通** 京王線聖蹟桜ヶ丘駅から帝京大学構内行きバスで終点下車。
●**設立** 昭和40年
●**学生総数** 男30人・女66人
▼**要項請求先＆問合せ先** 〒173-8605 東京都板橋区加賀2丁目11の1 帝京大学入試センター ☎0120-335933

特別選抜 帰国	特別選抜 社会人	学外試験会場	授業料減免 免除	授業料減免 減額	奨学金制度 給付	奨学金制度 貸与	学生寮 男子	学生寮 女子	海外留学	海外研修	編入制度	専攻科
○	○	×	○	○	○	×	○	○	○	○	○	×

人間文化学科

定員(専攻名・定員)／修業年限
50人／2年

「コミュニケーション」「異文化理解」「書道」「芸術」「ファッション」「心理」「スポーツ」という7つの科目群を軸とするカリキュラム編成により、大学への編入学や就職へとつなげていきます。

帝京大との連携による「オープンカリキュラム」の制度があり、帝京大編入後は短大で修得した単位を履修単位として認定します。

両学科共通で、スポーツ指導者養成コースを設置しています。

◆**取得免許&資格** 中学校英語教諭二種免許、コーチングアシスタント受験資格、エアロビックダンスエクササイズインストラクター受験資格、キャンプインストラクター受験資格。

現代ビジネス学科

定員(専攻名・定員)／修業年限
50人／2年

複雑・多様化する現代のビジネス社会で必要とされる、実践的な知識と技術を身につけた人材を育成します。「現代ビジネス」「ビジネス実務」「経済・経営」の3領域を軸とした、実用的なカリキュラムを用意しています。

専門科目として、ホスピタリティサービス論、ソーシャルビジネス論などを開講しています。

◆**取得免許&資格** 中学校社会教諭二種免許、コーチングアシスタント受験資格、キャンプインストラクター受験資格。

前年度 選抜方法

●**推薦**＝書類審査、課題作文、面接
●**一般(入試科目)(Ⅰ～Ⅲ期共通)**
◇**全学科**＝国外小〈国総〔除く古・漢〕、コミュ英Ⅰ・Ⅱ、小論文→1〉
◉**2025年度の募集要項は7月中旬にホームページで公開予定**

貞静学園短期大学

一般 推薦 総合

www.teisei.ac.jp/
設置(学)科＝保育

CAMPUS GUIDE

●**所在地** 〒112-8630 東京都文京区小日向1丁目26の13 ☎(03)3944-9811
☎(0120)800217(学生相談フリーダイヤル)
●**交通** 地下鉄丸ノ内線茗荷谷駅下車、徒歩3分。
●**設立** 平成21年
●**学生総数** 男4人・女146人
▼**要項請求先＆問合せ先** 入試・広報課

特別選抜 帰国	特別選抜 社会人	学外試験会場	授業料減免 免除	授業料減免 減額	奨学金制度 給付	奨学金制度 貸与	学生寮 男子	学生寮 女子	海外留学	海外研修	編入制度	専攻科
×	○	×	×	○	○	×	×	×	×	○	○	×

保育学科

定員(専攻名・定員)／修業年限
120人／2年

貞静学園は創立以来94年にわたり、数多くの優秀な保育者を輩出してきました。建学の精神「至誠・和敬・慈愛」を基盤とし、「これからの社会に貢献できる心豊かな人材の育成」を教育理念としています。

カリキュラムは、教育の基本である教養教育科目と、音楽・造形・幼児体育などの技能や保育原理など、さまざまな基礎科目を学びます。次いで実際に保育活動に必要な具体的な技術と指導法（言葉、健康、表現活動、人間関係、環境など）を学び、実習へと進みます。身につけた知識や技術を実習の場で実践し、実習での体験によってより理解を深める、という繰り返しのなかで、知識と技術、資質を高めていきます。

資格取得に必要な教育実習（幼稚園）、保育実習（保育所・施設）の実習園や施設はすべて用意され、一斉に実習に参加できます。実習の前後には徹底した指導を行い、安心して実習に取り組み、学びを深めることができます。

教員の担当制を採り、入学から卒業まで勉学・実習・日常生活の相談に至るまで、きめ細かな指導が行われています。人間性を高めるさまざまな行事も経験でき、保育者として就職するためのキャリア支援体制も万全です。

◆**取得資格&免許** 幼稚園教諭二種免許、保育士。

前年度 選抜方法

●**推薦**＝書類審査、小論文、面接
●**一般（入試科目）**
（1～3回共通）
◇**保育**＝書類審査、小論文
〈**注**〉他に面接あり
◉**2025年度の募集要項は配布中**

戸板女子短期大学

一般
推薦
総合

www.toita.ac.jp/

設置(学)科＝服飾芸術、食物栄養、国際コミュニケーション

CAMPUS GUIDE

●**所在地**　〒105-0014　東京都港区芝2丁目21の17
☎(03)3451-8383（入試・広報部直通）
●**交通**　ＪＲ田町駅下車、徒歩７分。都営地下鉄三田線・浅草線三田駅下車、徒歩３分。都営地下鉄三田線芝公園駅下車、徒歩１分。
●**設立**　昭和25年
▼**要項請求先＆問合せ先**
入試・広報部

特別選抜 帰国	特別選抜 社会人	学外試験会場	授業料減免 免除	授業料減免 減額	奨学金制度 給付	奨学金制度 貸与	学生寮 男子	学生寮 女子	海外留学	海外研修	編入制度	専攻科
○	○	×	×	○	○	×	×	○	○	○	○	×

三田キャンパスは地上11階、地下１階からなる都市型高層校舎です。都市と自然を感じながら快適に過ごせる空間や、楽しく学べる設備が充実しています。

興味・関心のある専門分野について、職業に直結した知識と技術を身につけ、社会人として必要なマナー、ICT（情報通信技術）、外国語、キャリアについて学ぶことができます。あこがれのイベントへの参加や有名企業との連携、学園祭で行うプレゼンテーションは、学生の可能性を大きく広げるきっかけとなります。

服飾芸術科

定員(専攻名・定員)／修業年限

160人／２年

専門分野を７つの履修モデル「ファッションビジネス（プランニング）」「ファッションビジネス（セールス）」「ビューティ」「ウエディング」「デザインクリエーション（デジタル）」「デザインクリエーション（ファッション）」「編入学」に分け、職業に直結した知識と技術を身につけます。

メイク、ネイルなど、ファッションに関する知識と技術をトータルに学べるカリキュラムを編成しています。ファッションの基礎をしっかりと身につけることで、感性が磨かれ、自信が深まります。ビジネスに直結する実践的な授業を展開するとともに、企画、制作、販売など、ファッションビジネスの現場で必要とされる知識と技術を体系的に学びます。将来のキャリアアップも見据えた、実践的で幅広い学びが特徴です。また、ファッション＆エンタテインメントのイベント「東京ガールズコレクション」「超十代」などのスタッフとして参加する機会もあります。最新ファッション、フィッター、プレスの仕事を手伝うことで、学びへの興味や仕事への関心を高めることができます。

取得目標とする資格には、ブライダルコーディネート技能検定、色彩検定、ネイリスト技能検定、リテールマーケティング検定、ファッション販売能力検定、日本メイクアップ技術検定、MOS（Word、Excel、PowerPoint）などがあります。

食物栄養科

定員(専攻名・定員)／修業年限

120人／２年

「食」のプロフェッショナルとしての知識と技術を学び、さまざまな企業との連携プロジェクトにより実践力を身につけます。７つの履修モデル「病院・福祉」「保育・事業所」「フードビジネス・DX」「カフェ・レストラン」「ビューティ＆ウェルネス」「総合ビジネス」「編入学」に分かれて業界研究を行います。飲食業界の企業と連携したレシピ・メニューの開発や販売などを展開する充実した学びを用意しています。

プロ仕様の器材が揃う調理実習室、衛生管理を徹底した給食経営管理実習室などを完備しており、衛生管理の考え方を身につけ、チーム全員が協力して行う大量調理の実践経験を積むことができます。

食育を実践できる栄養士を養成します。幼児の栄養管理の留意点や調理における衛生管理の重要性、さらに食物アレルギーへの対応策やライフステージに合わせた栄養指導などを専門的に学びます。また、行事食や選択給食も取り入れ、子どもたちに望ましい食習慣が身につくような実習も行います。保育施設や小学校の給食において「食育」の視点を身につけた栄養士としての能力を伸ばしていきます。

◆**取得免許&資格**　栄養士、フードスペシャリスト受験資格、フードコーディネーター３級など。

国際コミュニケーション学科

定員(専攻名・定員)／修業年限

120人／２年

「エアライン」「ホテル・ブライダル・ツーリズム」「ビジネス・IT」「医療事務」「留学・編入学」の５つの履修モデルに分かれて専門教育と業界研究を行います。

ビジネスシーン（エアライン、エアポート、オフィス、ホスピタル、ホテルなど）に応じた英会話を学ぶことができます。クラスは学生の習熟度に合わせて編成されます。さらに、海外の異文化に触れながら英語力アップを図る海外留学の機会を設けています。さまざまな面から学生を個別にサポートし、英語力を確実に向上させます。ビジネスマナーやビジネスプレゼンテーションにおける学びを充実させ、社会で役立つビジネスプレゼンテーション能力、ICTスキルを身につけます。

元CA、グランドスタッフ、ホテルスタッフやブライダル業界に携わる先生による授業を行っており、毎年多数の卒業生がさまざまな業界で活躍しています。医療事務では、大手病院との連携で先輩の仕事を見学したり、資格取得を目指すためのプログラムを用意しています。

前年度　選抜方法

●**推薦**＝書類審査、面接
●**一般（入試科目）**
◇**服飾芸術**＝国総〈除く古・漢〉
◇**食物栄養**＝国外理〈国総〔除く古・漢〕、英語、化基、生基→１〉
◇**国際コミュニケーション**＝国外〈国総〔除く古・漢〕、英語→１〉
〈注〉他に面接あり
◉**2025年度の募集要項は６月上旬に配布予定**

⇩「資格別 取得可能な短大・学科」「就職状況」「大学への編入」「学費」は巻末データ集に収録

東京家政大学短期大学部

一般　共テ　推薦　総合

www.tokyo-kasei.ac.jp
設置(学)科＝保育、栄養

CAMPUS GUIDE

●所在地　〒173-8602　東京都板橋区加賀1丁目18の1　☎(03)3961-5228(アドミッションセンター直通)
●交通　ＪＲ埼京線十条駅下車、徒歩5分。または地下鉄都営三田線新板橋駅下車、徒歩12分。
●設立　昭和25年
●学生総数　女349人
▼要項請求先＆問合せ先
アドミッションセンター

特別選抜 帰国	特別選抜 社会人	学外試験会場	授業料減免 免除	授業料減免 減額	奨学金制度 給付	奨学金制度 貸与	学生寮 男子	学生寮 女子	海外留学	海外研修	編入制度	専攻科
○	○	9	×	○	○	×	×	×	×	×	○	×

保育科

定員(専攻名・定員)／修業年限
120人／2年

子どもを深く理解し、豊かな表現力を持った、明るくアクティブな保育を実践する保育者・教育者を育成します。

豊かな感性と個性を持った子どもを育てるために、理論と実習体験を結びつけ、保育の専門性を高めていきます。

「保育内容演習(言葉、表現、人間関係など)」の授業では、「一人ひとりの特性を生かす指導」が行われています。

また、保育者を目指すための専門教育科目として、子ども家庭福祉・保育原理・児童文化などの基礎科目、保育実践科目・臨床科目・福祉科目・実習科目を設けています。

さらに教育原論・教育心理学などの教職課程科目を履修し、保育士資格に加え幼稚園教諭二種免許を取得します。

保育科でのみ開講される「保育総合表現」では、２年間の集大成として、オリジナルミュージカルの創作に取り組みます。

学内には幼児の教育施設として幼稚園型認定こども園、乳幼児保育施設としてナースリールーム、通所障がい児保育施設として児童発達支援事業所わかくさがあり、効果的に実践力を養います。

◆**取得免許&資格**　幼稚園教諭二種免許、保育士。

栄養科

定員(専攻名・定員)／修業年限
80人／2年

豊富な実験や実習で理論と実践をバランスよく学び、食と健康に関する基礎知識と、給食運営や栄養指導などの実践力を身につけた、即戦力となる栄養のスペシャリストを養成します。

専門教育科目は「社会生活と健康」「人体の構造と機能」「食品と衛生」「栄養と健康」「栄養の指導」「給食の運営」で構成されており、食と健康に関わる基礎理論を学びながら、実験・実習で実践力を養い、栄養士資格取得を目指します。

またフードコーディネート論や食品流通経済論などを学び、食の専門家として食品開発・流通・外食などを担うフードスペシャリストの受験資格を得ることが可能です。さらに教職コースを選択して教科関連科目を履修することで、中学校家庭教諭二種免許、栄養教諭二種免許を取得することもできます。

◆**取得免許&資格**　栄養士、中学校家庭教諭二種免許、栄養教諭二種免許、フードスペシャリスト受験資格、管理栄養士国家試験受験資格（要実務経験３年以上)。

前年度　選抜方法

●**推薦**＝書類審査、面接
●**一般(入試科目・配点)(統一地区)**
◇**全科(200点満点)**＝国地歴数理外〈国総〔除く古・漢〕・現代文Ｂ、日Ｂ、数Ⅰ・Ａ、化基、生基、コミュ英Ⅰ・Ⅱ→2〉(各100)
＊理科の２科目選択は不可。
◉**2025年度の募集要項は、6月以降順次ホームページで公開予定**

東京交通短期大学

一般　推薦　総合

toko.hosho.ac.jp/　設置(学)科＝運輸

CAMPUS GUIDE

●所在地　〒170-0011　東京都豊島区池袋本町２丁目５の15
☎(03)3971-4704
●交通　ＪＲ池袋駅下車、徒歩15分。
●設立　昭和27年
●学生総数　男161人・女４人
▼要項請求先＆問合せ先
事務局入試係

特別選抜 帰国	特別選抜 社会人	学外試験会場	授業料減免 免除	授業料減免 減額	奨学金制度 給付	奨学金制度 貸与	学生寮 男子	学生寮 女子	海外留学	海外研修	編入制度	専攻科
×	×	×	×	×	○	×	×	×	×	×	○	×

運輸科

定員(専攻名・定員)／修業年限
80人／2年

鉄道業界をはじめとした交通産業に従事する人材を育成します。全国で唯一「運輸科」を設置している短大であり、低学費・少人数制で効率よく鉄道や観光の専門知識を学ぶことができます。

授業時間は、午後１時10分から午後７時40分までです。「午後の短大」なので、遠距離通学や午前中のアルバイトも可能です。

科目選択の自由度が大きく、自分だけの「時間割」を組むことができます。基礎科目、交通科目、観光科目、経済・経営・情報、特別教養講座、専門ゼミがあります。

前年度　選抜方法

●**推薦**＝書類審査、小論文、面接
●**一般（入試科目)**
◇**運輸**＝基礎学力試験／小論文
〈**注**〉他に面接あり
◉**2025年度の募集要項は5月中旬に配布予定**

東京歯科大学短期大学

一般 推薦 総合

www.tdc.ac.jp/jc/
設置(学)科＝歯科衛生

CAMPUS GUIDE

●**所在地** 〒101-0061 東京都千代田区神田三崎町２丁目９の18
☎(03)6380-9105
●**交通** ＪＲ水道橋駅下車、すぐ。または地下鉄水道橋駅下車、徒歩２分。
●**設立** 平成29年
●**学生総数** 女169人
●**専攻科** 歯科衛生学10人・１年
▼**要項請求先&問合せ先**
短期大学事務部

特別選抜 帰国	特別選抜 社会人	学外試験会場	授業料減免 免除	授業料減免 減額	奨学金制度 給付	奨学金制度 貸与	学生寮 男子	学生寮 女子	海外留学	海外研修	編入制度	専攻科
×	×	×	×	×	○	○	×	×	×	×	×	○

歯科衛生学科

定員(専攻名・定員)／修業年限
50人／３年

社会変化に対応した歯科衛生士を養成するカリキュラムを組んでいます。１年前期では、医療人として必要な豊かな人間性や高い倫理観、基礎学力を養います。「生命倫理」、「コミュニケーション理論と実際」、「心理学」、「食育論」などの教養科目を中心に、「解剖・口腔解剖学」、「組織・口腔組織学」などの基礎系の科目や「歯科衛生学概論」、「歯科材料学」などの科目で、歯科衛生士に必要な基礎知識について学びます。

２年では、「保健医療福祉論」や「看護学概論」、「専門職間の連携活動論」などの専門科目で、チーム医療や看護師などの医療関係職種との連携について理解を深めます。２年後期から３年にかけては、「臨床・臨地実習」で、それまでに学んだ知識や技術を臨床の場で統合して学修します。実習は、東京歯科大学の附属病院である東京歯科大学水道橋病院と東京歯科大学市川総合病院を中心に、他大学の大学病院や介護老人保健施設、歯科診療所で行います。

３年では、「キャリアデザイン」で、歯科衛生士を取り巻く状況やキャリアアップのための手法を学び、卒業後の自分自身のキャリアについて考えます。

◆**取得免許&資格** 歯科衛生士国家試験受験資格。

前年度 選抜方法

●**推薦**＝書類審査、小論文、面接
●**一般（入試科目）（Ⅰ期・Ⅱ期）**
◇**歯科衛生**＝書類審査、学科総合試験（国語〈国総〔現代文のみ〕〉、数学〈数Ⅰ・Ａ〉、英語〈コミュ英Ⅰ・Ⅱ・英表Ⅰ〉）
〈注〉他に面接あり
◉**2025年度の募集要項は６月頃に配布予定**

東京女子体育短期大学

一般 推薦 総合

www.twcpe.ac.jp
設置(学)科＝こどもスポーツ教育

CAMPUS GUIDE

●**所在地** 〒186-8668 東京都国立市富士見台４丁目30の１
☎(042)572-4131
●**交通** ＪＲ南武線西国立駅下車、徒歩約８分。
●**設立** 昭和25年
●**学生総数** 女103人
▼**要項請求先&問合せ先** 入試課

特別選抜 帰国	特別選抜 社会人	学外試験会場	授業料減免 免除	授業料減免 減額	奨学金制度 給付	奨学金制度 貸与	学生寮 男子	学生寮 女子	海外留学	海外研修	編入制度	専攻科
○	○	×	○	○	○	×	×	○	×	○	○	×

こどもスポーツ教育学科

定員(専攻名・定員)／修業年限
80人／２年

子どもの感性を豊かに育てる実践力を養い、学校教育・社会教育・家庭教育を含む生涯教育を身につけた保育者・教育者を養成します。

保育園、幼稚園、小学校の先生や、子どもが好きということを生かせる職業に就きたいなど、夢を実現する力を身につけ、児童教育のエキスパートを目指します。

学びの特色の一つに、体育を通して保育・幼児・児童教育を学べる点があります。体育の専門家の指導のもと、さまざまな授業を開講しています。

幼保と幼小の２コースを設置しています。

幼保コースでは、幼稚園教諭二種免許と保育士資格の取得を目指し、子どもの生活を援助する保育者、社会的な成長を援助する教育者の二つの視点を身につけます。

幼小コースでは、幼稚園と小学校の両方の教員資格の取得を目指して、幼児・児童に関する教育について幅広い授業科目から学びます。

２年間の学びの集大成として、ミュージカル「創作オペレッタ」の公演に取り組みます。全コースの学生が協力し、脚本や演出、作曲などを手がけます。

◆**取得免許&資格** 両コース－幼稚園教諭二種免許、公認初級パラスポーツ指導員など。幼保コース－保育士。幼小コース－小学校教諭二種免許。

前年度 選抜方法

●**推薦**＝書類審査、小論文、面接
●**一般（入試科目・配点）（Ａ方式）**
◇**こどもスポーツ教育（50点満点）**＝国外〈国総、コミュ英Ⅰ・Ⅱ→1〉＊
＊学科試験は２科目受験可。ただし、その場合は高得点の１科目を合否判定に使用
◉**2025年度の募集要項は７月上旬に配布予定**

⇩「資格別 取得可能な短大・学科」「就職状況」「大学への編入」「学費」は巻末データ集に収録

とうきょうせいとく
東京成徳短期大学

一般　共テ　推薦　総合

www.tsu.ac.jp
設置(学)科＝幼児教育

CAMPUS GUIDE

●**所在地**　〒114-0033　東京都北区十条台１丁目７の13
☎(0120)711-267
●**交通**　ＪＲ埼京線十条駅下車、南口から徒歩５分。またはＪＲ京浜東北線東十条駅下車、南口から徒歩10分。
●**設立**　昭和40年
●**学生総数**　男３人・女206人
▼**要項請求先＆問合せ先**
入試広報課

特別選抜		学外試験会場	授業料減免		奨学金制度		学生寮		海外留学	海外研修	編入制度	専攻科
帰国	社会人		免除	減額	給付	貸与	男子	女子				
×	○	×	×	×	○	×	×	×	×	×	○	×

幼児教育科

定員（専攻名・定員）／修業年限
180人／２年

　幅広い知識を身につけ、広い視野を持ち、子どもと関わるさまざまな場面に対応できるよう、多彩なカリキュラムを用意しています。幼稚園教諭二種免許と保育士資格が同時に取得できるほか、学生個々の関心や進路の希望によって、そのほかの資格も取得できるようサポートしています。

　１年次から音楽の授業があり、ピアノは個人レッスンのほか、弾き歌い、コード弾きなど保育現場での実践的な要求に対応した技術を習得します。

　「保育研究発表会」や「音楽研究発表会」では、授業で身につけたダンス、ペープサート、ピアノや楽器アンサンブルなどを、グループごとに練習して披露します。

　静かで落ち着いた環境のキャンパスには、保育に関する技能を修得するためのさまざまな施設を整備しています。保育に必要な気配りや行動を体感的に習得できる「保育実習室」、造形の授業で使用する「アトリエ」、栄養学や乳児の沐浴の実技を学ぶ「小児栄養実習室」などがあります。

　卒業後は幼稚園や保育所、認定こども園（幼保一体施設）などの保育の現場で活躍できるほか、４年制大学への進学も可能です。

◆**取得免許&資格**　幼稚園教諭二種免許、保育士、社会福祉主事〈任用〉など。

前年度　選抜方法

●**推薦**＝書類審査、作文、面接
●**一般（入試科目・配点）**
（Ａ日程・Ｂ日程共通）
◇**幼児教育（200点満点）**＝国語〈除く古・漢〉(100)／面接（80）／調査書（20）
◉**2025年度の募集要項は７月上旬に配布予定**

とうきょうりっしょう
東京立正短期大学

一般　共テ　推薦　総合

www.tokyorissho.ac.jp/
設置(学)科＝現代コミュニケーション

CAMPUS GUIDE

●**所在地**　〒166-0013　東京都杉並区堀ノ内２丁目41の15
☎(03)3313-5101
●**交通**　地下鉄丸ノ内線新高円寺駅下車、徒歩11分。
●**設立**　昭和41年
●**学生総数**　男13人・女152人
▼**要項請求先＆問合せ先**
広報部

特別選抜		学外試験会場	授業料減免		奨学金制度		学生寮		海外留学	海外研修	編入制度	専攻科
帰国	社会人		免除	減額	給付	貸与	男子	女子				
×	×	×	○	○	○	×	×	×	×	×	○	×

現代コミュニケーション学科

定員（専攻名・定員）／修業年限
100人（現代コミュニケーション50・幼児教育50）／２年

　現代コミュニケーション専攻には、ビジネスコース、観光コース、心理コースの３コースがあり、コース間を横断的に履修できます。

　ビジネスコースでは、ビジネススキルを磨き、現代社会の諸問題を解決するための視点を持った、多彩なシーンで活躍することができる人材の育成を目指します。

　観光コースでは、観光業界の状況に即したカリキュラムで観光・まちづくりを学び、旅行代理店やホテルなど、観光に関わる分野で活躍することを目指します。

　心理コースでは、心のメカニズムを知ることで他者の思いを理解できる魅力的な人材を養成します。

　幼児教育専攻は、少人数教育で、きめ細かい指導を実践し、人間性にあふれ、子どもの視点に立って考えられるコミュニケーション能力の高い保育者を養成します。

　また、東京立正保育園と密接に連携した保育士養成教育を行っています。

◆**取得免許&資格**　現代コミュニケーション専攻－MOS、世界遺産検定、メディカルクラーク（医療事務）、サービス介助士など。幼児教育専攻－幼稚園教諭二種免許、保育士、児童厚生二級指導員、ピアヘルパー、准学校心理士など。

前年度　選抜方法

●**推薦**＝指定校制
●**一般（入試科目）**
（第１回～第３回）
〈**注**〉筆記型、外部試験利用型、共テ利用型から選択
◇**現代コミュニケーション**＝筆記型－国語/面接。外部試験利用型－資格合格証/面接。共テ利用型－国数外→１
◉**2025年度の募集要項は５月上旬に配布予定**

東邦音楽短期大学

一般 推薦 総合

www.toho-music.ac.jp/juniorcollege/

設置(学)科＝音楽

CAMPUS GUIDE

●所在地 〒112-0012 東京都文京区大塚4丁目46の9 ☎(03)3946-9667

●交通 JR大塚駅下車、徒歩約10分または都バスで大塚四丁目下車、徒歩約1分。地下鉄丸ノ内線新大塚駅下車、徒歩約3分。地下鉄有楽町線護国寺駅下車、徒歩約8分。

●設立 昭和26年

▼要項請求先&問合せ先 入試広報企画センター

特別選抜 帰国	特別選抜 社会人	学外試験会場	授業料減免 免除	授業料減免 減額	奨学金制度 給付	奨学金制度 貸与	学生寮 男子	学生寮 女子	海外留学	海外研修	編入制度	専攻科
×	○	×	×	×	○	×	×	×	×	○	○	×

音楽科

定員(専攻名・定員)／修業年限

20人／2年

「音楽への学びの門を広げ、誰もが音楽を学びやすい環境づくり」を目指しており、広く音楽への門戸を開いています。

必修科目として「東邦スタンダード」があり、2年間の学習法を学ぶとともに社会で活躍するための必要な知識を実践的に習得します。そして、音楽・演奏の分野以外の領域でも活躍できるバランス感覚に優れた人格を形成します。

専攻は声楽専攻、器楽専攻（ピアノコース、ピアノ指導者コース、管弦打楽器コース、電子オルガンコース）、シンガーソングライター・アーティスト専攻、音楽教養専攻（実技教養コース、文化教養コース）の4専攻6コース制となっています。学生一人ひとりの目標に対し、実践的な指導を行い、少人数制によるきめ細かい教育を実施しています。また、海外の著名な演奏家・音楽家から学ぶ講座・レッスンなども充実させるほか、音楽を通じた地域社会との交流も積極的に行っています。

資格では、リトミックインストラクター（認定資格）、社会福祉主事任用資格を取得でき、併設の東邦音楽大学エクステンションセンターを利用することで、さらに幅広い技能習得を目指せます。

◆取得免許&資格 リトミックインストラクターなど。

前年度 選抜方法

●推薦＝書類審査、小論文、楽典（音楽教養専攻を除く）、専攻実技、面接

●一般（入試科目）（前期・後期共通）

◇**音楽**＝楽典／ソルフェージュ（以上、専攻・コースにより実施）／専攻実技／小論文

〈注〉他に面接あり

◉**2025年度の募集要項は7月上旬にホームページで公開予定**

桐朋学園芸術短期大学

一般 推薦 総合

college.toho.ac.jp/

設置(学)科＝芸術

CAMPUS GUIDE

●所在地 〒182-8510 東京都調布市若葉町1丁目41の1 ☎(03)3300-4252

●交通 京王線仙川駅下車、徒歩5分。または小田急線成城学園前駅下車、バス15分。

●設立 昭和39年

●専攻科 演劇20人・2年、音楽20人・2年

▼要項請求先&問合せ先 教学課

特別選抜 帰国	特別選抜 社会人	学外試験会場	授業料減免 免除	授業料減免 減額	奨学金制度 給付	奨学金制度 貸与	学生寮 男子	学生寮 女子	海外留学	海外研修	編入制度	専攻科
×	○	×	×	○	○	×	×	×	×	○	○	○

芸術科

定員(専攻名・定員)／修業年限

120人（演劇70、音楽50）／2年

カリキュラムは、少人数クラス編成による実技指導と、理論や知識を系統的に学ぶ講義から構成されています。

演劇専攻は、俳優座養成所を前身として、幅広い教養と高度な専門性を兼ね備えた俳優および表現者を養成する目的で設立されたものです。

ストレートプレイコースは、演技訓練、ミュージカルコースは、歌唱・ダンスのレッスンを専門的に行い、表現の領域を広げます。

音楽専攻は、ピアノ、声楽、管弦、日本音楽の4つの専修から構成されています。

音楽に関わる専門教育を通して、表現力あふれる優れた音楽家だけでなく、繊細な感性と柔軟な思考力を備えて幅広い分野で活躍できる有望な人材の育成を目指しています。そのため、コミュニケーション力を高めるアンサンブル教育を行っています。

アンサンブルの形は、西洋と東洋の音楽であり、クラシックとポップスであり、音楽と演劇でありと、小さなキャンパスに閉じこもることのない、大きな音楽との出会いを提供しています。

◆取得免許&資格 音楽専攻－中学校音楽教諭二種免許。

前年度 選抜方法

●推薦＝書類審査、面接のほか、演劇専攻は演技、歌唱またはダンス、音楽専攻は主科実技

●一般（入試科目）

◇**演劇専攻**＝演技、歌唱またはダンス

◇**音楽専攻**＝A方式－楽典、聴音（日本音楽は楽典、聴音を課さない）、主科実技

〈注〉他に面接（音楽専攻は日本音楽のみ）あり

◉**2025年度の募集要項は5月中旬に配布予定**

⇩「資格別 取得可能な短大・学科」「就職状況」「大学への編入」「学費」は巻末データ集に収録

にとべぶんか
新渡戸文化短期大学

一般 推薦 総合

nitobebunka.jp/

設置(学)科＝フードデザイン(2025年名称変更予定)、臨床検査

CAMPUS GUIDE

●**所在地　フードデザイン学科**－〒164-8638　東京都中野区本町６丁目38の１
☎(0120)387-002
臨床検査学科－〒164-0001　東京都中野区中野３丁目43の16
☎(0120)210-567
●**交通　フードデザイン学科**－地下鉄丸ノ内線東高円寺駅下車、徒歩６分。
臨床検査学科－JR中央線・地下鉄東西線中野駅下車、徒歩６分。
●**学生総数**　男43人・女301人
●**設立**　昭和25年
▼**要項請求先＆問合せ先**
入試広報係

特別選抜 帰国	特別選抜 社会人	学外試験会場	授業料減免 免除	授業料減免 減額	奨学金制度 給付	奨学金制度 貸与	学生寮 男子	学生寮 女子	海外留学	海外研修	編入制度	専攻科
○	○	×	×	○	○	○	×	×	×	○	○	×

※2025年４月、食物栄養学科からフードデザイン学科に名称変更予定。

フードデザイン学科

定員(専攻名・定員)／修業年限
80人(栄養士50・食生活デザイン30)／２年

栄養士コースでは、人の身体をつくる「食」という大切な分野で、人びとを幸せにし、活躍できる人を育てます。栄養士資格のカリキュラムに加え、一流シェフ、パンや菓子職人から学ぶ実習の充実を図ります。企業や地域連携も活発に挑戦できる環境で、実践力も養います。

食生活デザインコースでは、時代とともに変化する食品業界のニーズを柔軟に取り入れたカリキュラムを編成。おいしさの科学や食のエシカル・サステナブル、メディア、食文化や商品の企画開発など、最先端の食を総合的に学びます。食品メーカーや外食産業、食品産業・流通など、フードビジネスに強い人材を育てます。

◆**取得免許&資格**　栄養士コース－栄養士、管理栄養士国家試験受験資格（要実務経験）、両コース－フードコーディネーター３級、フードスペシャリスト受験資格、アスリートフードマイスター３級、食育インストラクター、など。

臨床検査学科

定員(専攻名・定員)／修業年限
80人／３年

３年間で臨床検査技師の受験資格が取得できる、日本初の臨床検査技師養成校です。伝統校ならではのノウハウを用いたサポートにより、高い就職率となっています。

国家試験対策に向けたサポートが充実しており、これまで実績をつくってきた講師陣に加え、大学病院において研究・実務両面で経験豊富な医師を教授として招きます。先端医学・医療の専門知識はもちろん、最新の国家試験対策にも対応しています。

１・２年次は、学内で基礎的技術を身につけ、３年次には東京大学医学部附属病院など、最先端の医療機関で約４か月間の臨地実習を実施します。

現場スタッフから各種臨床検査の医療技術と知識を学び、応用力と実践力を磨きます。また、実習先には、活躍する卒業生が大勢いるので、心強く、安心して実習に取り組めます。

◆**取得免許&資格**　臨床検査技師国家試験受験資格、遺伝子分析科学認定士、特定化学物質及び四アルキル鉛等作業主任者など。

前年度　選抜方法

●**推薦**＝書類審査、面接のほか、臨床検査は化基、生基→１
●**一般(入試科目・配点)**（１期・２期・３期・４期〈２期・３期・４期は臨床検査のみ〉）
◇**全学科(100点満点)**＝理〈化基、生基→１〉
〈**注**〉他に面接あり
◉**2025年度の募集要項は配布中**

日本歯科大学東京短期大学

一般 推薦 総合

tandai.ndu.ac.jp/tky/

設置(学)科＝歯科技工、歯科衛生

CAMPUS GUIDE

●**所在地**　〒102-0071　東京都千代田区富士見２丁目３の16
☎(03)3265-8815
●**交通**　ＪＲ・地下鉄飯田橋駅下車、徒歩１～５分。または地下鉄九段下駅下車、徒歩約15分。
●**設立**　平成17年
●**学生総数**　男13人・女222人
●**専攻科**　歯科衛生学10人・１年
▼**要項請求先&問合せ先**
短期大学入試課

特別選抜 帰国	特別選抜 社会人	学外試験会場	授業料減免 免除	授業料減免 減額	奨学金制度 給付	奨学金制度 貸与	学生寮 男子	学生寮 女子	海外留学	海外研修	編入制度	専攻科
×	○	×	×	×	×	×	×	○	×	×	×	○

歯科技工学科

定員(専攻名・定員)／修業年限

35人／２年

国家試験合格後、すぐに実践に対応できる歯科技工士の育成を目指します。密度の濃いカリキュラムで、専門科目に矯正歯科技工学、歯科技工実習などがあります。

歯科技工実習は、日本歯科大学附属病院でも行われます。附属病院の最新設備や施設を利用し、病院の歯科医師の指導を受け、実際の患者を対象とするなど、より実践に近い生きた実習を行います。そのため、短期間で高度なスキルを修得することができます。

◆**取得免許&資格**　歯科技工士国家試験受験資格など。

歯科衛生学科

定員(専攻名・定員)／修業年限

70人／３年

高齢社会に対応するため、介護職員初任者研修課程（介護技術論）をカリキュラムに取り入れています。在宅歯科診療、心身障害者の歯科治療、訪問口腔ケアなど、医療・介護・福祉に貢献する歯科衛生士を育成します。

短大の教員のほか、日本歯科大学の教授陣や、他職種の講師、さまざまな分野で活躍する歯科衛生士の講師、附属病院の歯科衛生士から指導を受けることができます。

◆**取得免許&資格**　歯科衛生士国家試験受験資格、上級救命技能認定、認知症サポーターなど。

前年度　選抜方法

●**推薦**＝書類審査、面接、小論文
●**一般（入試科目）**
◇**全学科**＝コミュ英Ⅰ・Ⅱ・英表Ⅰ〈除くリスニング〉
〈**注**〉他に面接あり
◉**2025年度の募集要項は５月中旬に配布予定**

フェリシアこども短期大学

一般 推薦 総合

www.felicia.ac.jp/

設置(学)科＝国際こども教育

CAMPUS GUIDE

●**所在地**　〒195-0054　東京都町田市三輪町1135
☎(044)988-1128
●**交通**　小田急線鶴川駅からフェリシアこども短期大学行きバスで約15分、終点下車。
●**設立**　昭和43年
●**学生総数**　男９人・女206人
●**専攻科**　国際こども教育30人・１年
▼**要項請求先&問合せ先**　入試広報室

特別選抜 帰国	特別選抜 社会人	学外試験会場	授業料減免 免除	授業料減免 減額	奨学金制度 給付	奨学金制度 貸与	学生寮 男子	学生寮 女子	海外留学	海外研修	編入制度	専攻科
×	○	×	×	○	○	×	×	×	○	○	○	○

国際こども教育学科

定員(専攻名・定員)／修業年限

130人／２年

創立以来、建学の精神「愛の教育」のもと、社会でも家庭でも自分らしく生きられる人材と、愛をもって幼児を育成する乳幼児保育者を輩出してきました。次の２コースがあります。

こども教育コースでは、２年間で保育者になるために必要な知識や技術を多彩な専門科目から学び、幼稚園教諭二種免許と保育士資格の取得を目指します。保育者として経験豊富な教職員が実習をサポートする体制が整っています。また、個々の悩みや生活相談など、短大全体で学生を幅広くサポートしています。

国際こども教育コースは、本科２年間と専攻科１年間の計３年間のコースです。こども教育コースの内容に加え、世界の保育を"＋α"で学びます。幼稚園教諭二種免許と保育士資格の取得を目指し、同時に海外の乳幼児教育や国際理解、言語教育の基礎を学びます。１年次と３年次（専攻科）の海外短期留学を通して、多角的な乳幼児教育の理解を深めます。

３年次では「感性と探究」を学びのテーマとして、諸外国の保育・教育に焦点を当てた科目やポートフォリオを学ぶ科目など、独自の科目を学びます。海外短期留学時にカナダブリティッシュコロンビア州のアシスタント保育士資格の取得を目指します。

◆**取得免許&資格**　幼稚園教諭二種免許、保育士、社会福祉主事〈任用〉など。

前年度　選抜方法

●**推薦**＝書類審査、面接
●**一般（入試科目）**
◇**国際こども教育**＝記述式総合問題／英語／情報
〈**注**〉他に面接あり
◉**2025年度の募集要項は６月上旬に配布予定**

⇩「資格別 取得可能な短大・学科」「就職状況」「大学への編入」「学費」は巻末データ集に収録

目白大学短期大学部

一般　共テ　推薦　総合

www.mejiro.ac.jp/college/

設置(学)科＝ビジネス社会、製菓、歯科衛生

CAMPUS GUIDE

●所在地　〒161-8539　東京都新宿区中落合４丁目31の１
☎(03)3952-5115(入学センター直通)
●交通　西武新宿線・都営地下鉄大江戸線中井駅下車、徒歩８分。
●設立　昭和38年
●学生総数　女422人
▼要項請求先&問合せ先　入学センター

特別選抜 帰国	特別選抜 社会人	学外試験会場	授業料減免 免除	授業料減免 減額	奨学金制度 給付	奨学金制度 貸与	学生寮 男子	学生寮 女子	海外留学	海外研修	編入制度	専攻科
×	○	×	×	○	○	×	×	○	×	×	○	×

ビジネス社会学科

定員(専攻名・定員)／修業年限
75人／２年

秘書、金融、医療事務、ファッション、観光、ブライダルなどの学びに､教養を身につける学びや、4年制大学への編入を見据えた学びなどが加わり、進路の希望や関心に合わせて、よりフレキシブルに学べる環境を実現。また、秘書士、上級秘書士や、医科医療事務管理士®技能認定試験など、資格や検定取得に力を入れており、授業の補講や面接指導などできめ細かくサポートするほか、多方面でのインターンシップも充実。社会人基礎力や、幅広い教養、実践的なスキルを身につけます。

◆取得免許&資格　上級秘書士(メディカル秘書)、ファイナンシャル・プランニング技能検定､国内旅行業務取扱管理者試験、ブライダルコーディネート技能検定など。

製菓学科

定員(専攻名・定員)／修業年限
55人／２年

製菓の技術を高めながら国家資格取得を目指す製菓衛生師コースと、技術と知識を幅広く身につける製菓実践コースの２コースを設置しています。両コースとも、洋菓子・和菓子・パンを並行して学べることが大きな特徴。プロ仕様の設備を使い、経験豊富な教員からプロならではのテクニックを習得します。

製菓衛生師コースでは、国家資格の取得に向けた対策講座や集中講義など、万全のサポート体制を整え、毎年高い合格率を実現しています。

◆取得免許&資格　製菓衛生師国家試験受験資格、２級菓子製造(洋菓子製造作業・和菓子製造作業)技能士国家試験受検資格、食品衛生責任者など。

歯科衛生学科

定員(専攻名・定員)／修業年限
60人／3年

歯科衛生に関する専門的な知識や技術はもちろん、マナーや教養なども身につけ、社会のニーズに応えて活躍できる歯科衛生士を養成します。学内には現場さながらの充実した設備が整った各実習室を完備しています｡学外実習先は、都内を中心とした実習指導に定評のあるクリニックなどで行い、充実した環境で技術を磨きます。

国家試験対策では、補講や模擬試験の実施など、合格に向けてきめ細かくサポートします。

◆取得免許&資格　歯科衛生士国家試験受験資格。

前年度　選抜方法

●推薦＝書類審査、小論文、面接
●一般（入試科目・配点）（１期）
◇ビジネス社会、製菓（200点満点）＝国総〈除く古・漢〉(100)／コミュ英Ⅰ・Ⅱ・英表Ⅰ（100）
◇歯科衛生（200点満点）＝国数理外〈国総〔除く古・漢〕、数Ⅰ・Aまたは生基・生、コミュ英語Ⅰ・Ⅱ・英表Ⅰ→2〉(各100)
〈注〉他に面接（全学科）あり
◉2025年度の募集要項は、総合型は配布中、その他の入試は９月上旬に配布予定

山野美容芸術短期大学

一般　共テ　推薦　総合

www.yamano.ac.jp/
設置(学)科＝美容総合

CAMPUS GUIDE

●所在地　〒192-0396　東京都八王子市鑓水530
☎(042)677-0111
●交通　ＪＲ横浜線八王子みなみ野駅からスクールバスで約７分。
●設立　平成４年
●学生総数　男39人・女331人
●専攻科　芸術40人・２年
▼要項請求先＆問合せ先
入試広報センター

特別選抜 帰国	特別選抜 社会人	学外試験会場	授業料減免 免除	授業料減免 減額	奨学金制度 給付	奨学金制度 貸与	学生寮 男子	学生寮 女子	海外留学	海外研修	編入制度	専攻科
○	○	×	×	○	○	○	×	×	○	○	○	○

美容総合学科

定員（コース名・定員）／修業年限
245人（うち美容師免許取得コース160）／２年

「大学の学び」と「美容の技術・知識」の両方を学びます。ヘア、メイク、ネイル、スキンケア、着付けなどの技術と知識を応用までしっかり学びます。さらに、ビジネス、英語、経営、心理・健康・栄養、茶道・華道など50以上の選択科目があるため、興味関心のある科目を自由に組み合わせてオリジナルの時間割を組むことができます。

国内・海外インターンシップ、TGC、国際交流、ボランティア、地域・企業連携、オープンキャンパススタッフなど実践的な課外活動の場が多いのが特徴。主体的にチャレンジすることで、技術力やコミュニケーションを身につけるだけでなく、新しい気づきや可能性の広がりなど、多くの実践経験の中で成長していきます。

サロン、化粧品、ヘアメイク、ブライダル、ホテル、空港、アパレル、百貨店など美容業界だけでなく、一般企業への就職、さらに編入学や専攻科への進学、海外への留学など、多彩な進路を実現するために一人ひとりの個性と適性を見極めてキャリアサポートをしていきます。

◆**取得免許&資格**　美容師国家試験受験資格、美容着付師認定証、茶道裏千家初級、JNECネイリスト技能検定、認定エステティシャン、花芸安達流入会水コースなど。

前年度　選抜方法

●**推薦**＝書類審査、小論文、面接
●**一般（入試科目）**
（A日程・B日程共通）
◇**美容総合**＝国外〈国総〔除く古漢〕、コミュ英Ⅰ・Ⅱ〔筆記のみ〕→1〉
〈注〉他に面接あり
◉**2025年度の募集要項は配布中**

和泉短期大学

一般　推薦　総合

www.izumi-c.ac.jp/
設置(学)科＝児童福祉

CAMPUS GUIDE

●所在地　〒252-5222　神奈川県相模原市中央区青葉2丁目2の1
☎(042)754-1133
●交通　ＪＲ横浜線淵野辺駅、小田急線相模大野駅から無料スクールバス。
●設立　昭和40年
●学生総数　男37人・女341人
●専攻科　ヒューマンケア20人・１年
▼要項請求先＆問合せ先
広報渉外ユニット

特別選抜 帰国	特別選抜 社会人	学外試験会場	授業料減免 免除	授業料減免 減額	奨学金制度 給付	奨学金制度 貸与	学生寮 男子	学生寮 女子	海外留学	海外研修	編入制度	専攻科
×	○	×	×	○	○	○	×	×	×	○	○	○

児童福祉学科

定員（専攻名・定員）／修業年限
200人／２年

保育だけでなく、子どもの権利や社会福祉も学ぶことで、子どもとその保護者に「寄り添い信頼される保育者」を目指します。幅広い学びで最大９つの資格・免許を取得できます。

元幼稚園教諭や保育士、看護師など現場経験豊富な教員が、経験と実践研究をもとに「リアル」と「理論」を結ぶ授業を行います。沐浴（もくよく）や離乳食を学ぶ「幼児保育」、自由に作る楽しさを知る「造形表現」など実践的な授業や、教員や学生同士の対話のなかで視野を広げるグループワークなどの多様な授業で、自分を知り相手を知り寄り添う力を身につけます。

学生15名程度に１人の担当アドバイザーがつく「アドバイザー制度」を導入しており、学生生活や進路について丁寧にサポートを行います。そのほか６つの支援センターがあり、多方面で相談・スキルアップができる環境を完備しています。ラーニングセンターwillでは文章の書き方や公務員試験対策、ITの資格取得などの支援をします。また、地域の親子が利用できる保育室があり、キャンパス内で子どもや保護者と交流できる機会が多くあります。

◆**取得免許&資格**　保育士、幼稚園教諭二種免許、社会福祉主事〈任用〉、児童指導員〈任用〉、おもちゃインストラクターなど。

前年度　選抜方法

●**推薦**＝書類審査、作文、面接
●**一般（入試科目）**
◇**児童福祉**＝国総〈除く古・漢〉／英語／記述式総合問題
〈注〉他に面接あり
◉**2025年度の募集要項は配布中**

⇩「資格別 取得可能な短大・学科」「就職状況」「大学への編入」「学費」は巻末データ集に収録

小田原短期大学

一般 推薦 総合

www.odawara.ac.jp/
設置(学)科＝保育、食物栄養

CAMPUS GUIDE

●**所在地**　〒250-0045　神奈川県小田原市城山４丁目５の１　☎(0465)22-0285
●**交通**　ＪＲ東海道本線・小田急線小田原駅下車、徒歩15分。
●**設立**　昭和32年
●**学生総数**　女362人
▼**要項請求先＆問合せ先**
アドミッションセンター

特別選抜 帰国	特別選抜 社会人	学外試験会場	授業料減免 免除	授業料減免 減額	奨学金制度 給付	奨学金制度 貸与	学生寮 男子	学生寮 女子	海外留学	海外研修	編入制度	専攻科
○	○	×	×	○	○	×	×	×	×	○	○	×

保育学科

定員(専攻名･定員)／修業年限
140人／２年

きめ細かい指導により、豊かな人間性、表現力を身につけた保育者を育成します。

「ひとつ得意」を持った保育者を育成するため、理論と実践を繰り返して学ぶ「コース別履修プラン」を設定しています。２年次より、こども心理、音楽、アート、スポーツ、ITの５つのコースで学びます。地域社会の多様化するニーズに合わせた活躍ができるように、学生一人ひとりの特長を伸ばし、実践的なスキルと専門知識を身につけます。

◆**取得免許&資格**　幼稚園教諭二種免許､保育士､社会福祉主事〈任用〉など。

食物栄養学科

定員(専攻名･定員)／修業年限
80人／２年

２年間で200品目以上の調理実習を行うことで、知識と技術を身につけた「調理に強い栄養士」を育成します。コース別（スイーツ&カフェ、メディカル栄養、こども食育、ビューティー栄養）で好きな内容を専門的に学べることも特徴です。

外食産業、企業、病院、学校、保育所・高齢者施設の栄養士をはじめ､食品の研究開発や検査など､幅広い食の世界での活躍を目指して学ぶことができます。

◆**取得免許&資格**　栄養士、栄養教諭二種免許、管理栄養士国家試験受験資格（要実務経験３年以上）、社会福祉主事〈任用〉など。

前年度　選抜方法

●**推薦**＝書類審査、小論文、面接
●**一般（入試科目）**
（Ⅰ～Ⅲ期共通）
◇**全学科**＝国語〈現代文のみ〉
〈注〉他に面接あり
◉**2025年度の募集要項は配布中**

鎌倉女子大学短期大学部

一般 共テ 推薦 総合

www.kamakura-u.ac.jp/
設置(学)科＝初等教育

CAMPUS GUIDE

●**所在地**　〒247-8512　神奈川県鎌倉市大船６丁目１の３
☎(0467)44-2117（入試･広報センター直通）
●**交通**　ＪＲ東海道本線、横須賀線、京浜東北線大船駅下車、東口または笠間口から徒歩８分。
●**設立**　昭和25年
●**学生総数**　女271人
●**専攻科**　初等教育20人・１年
▼**要項請求先＆問合せ先**
入試・広報センター

特別選抜 帰国	特別選抜 社会人	学外試験会場	授業料減免 免除	授業料減免 減額	奨学金制度 給付	奨学金制度 貸与	学生寮 男子	学生寮 女子	海外留学	海外研修	編入制度	専攻科
×	○	×	×	○	○	×	×	×	×	○	○	○

初等教育学科

定員(専攻名･定員)／修業年限
200人／２年

子どもの教育や保育に必要な専門知識に加え、こころ豊かな人間性や高い倫理観を身につけます。１年次から併設の幼稚部をはじめ、実際の保育・教育現場を見学する機会を設けるなど、実践・実習を重視したカリキュラムを用意しています。

少人数制のカレッジ・ゼミやインターンシップなど、21世紀型のアクティブラーニングを取り入れ、学生たちにとって大きな魅力となっています。

また､「小学校教諭＋幼稚園教諭」「幼稚園教諭＋保育士」､「小学校教諭＋幼稚園教諭＋保育士」など、同時に複数の免許・資格を取得することが可能です。

さらに、９割以上の学生が小学校教諭・幼稚園教諭・保育士といった専門職就職を実現しています。併設大学と共通の充実したサポートや、クラスアドバイザーのきめ細かなキャリア支援により、一人ひとりの希望に合わせた満足度の高い就職を実現しています。

専攻科や併設大学への編入学の道も開かれているため、２年間で学んだことを生かしながら、さらに学びを深めることも可能です。

◆**取得免許&資格**　小学校教諭二種免許、幼稚園教諭二種免許、保育士、准学校心理士、児童厚生二級指導員、レクリエーション・インストラクター、秘書士。

前年度　選抜方法

●**推薦**＝書類審査、面接
●**一般（入試科目･配点）**
（前期A日程・前期B日程）
◇**初等教育(100点満点)**＝国総〈除く古･漢〉｡20～30字程度の記述問題を含む
◉**2025年度の募集要項は、総合型・学校推薦型が５月上旬、その他の入試が８月上旬から配布予定**

神奈川歯科大学短期大学部

一般
推薦
総合

www.kdu.ac.jp/college/

設置(学)科＝歯科衛生、看護

CAMPUS GUIDE

●所在地 〒238-8580 神奈川県横須賀市稲岡町82
☎(046)822-9580（教学部直通）
●交通 JR横須賀線横須賀駅からバスで5分、大滝町下車、徒歩5分。または京浜急行線横須賀中央駅下車、東口から徒歩10分。
●設立 昭和27年
●学生総数 男22人・女421人
▼要項請求先&問合せ先 教学部

特別選抜 帰国	特別選抜 社会人	学外試験会場	授業料減免 免除	授業料減免 減額	奨学金制度 給付	奨学金制度 貸与	学生寮 男子	学生寮 女子	海外留学	海外研修	編入制度	専攻科
×	⊙	×	○	○	×	○	×	○	×	○	×	×

歯科衛生学科

定員（専攻名・定員）／修業年限
100人／3年

歯科衛生士業務に必要な知識、技術を修得します。1年次には、「基礎分野」で医療人・歯科衛生士の基本的素養を身につけるほか、人間の体の仕組み、病気の成り立ちなども理解します。2年次は口腔分野の専門知識を学び、3年次には演習・実習を中心に、現場に即した能力を身につけます。

4つの実習室があり、学修の現場に臨床の現場をできるだけ再現することで、歯科衛生士になった後をしっかりと見据えて学ぶことができます。また、担当の専任教員が進路や目的に沿った履修指導や教育指導を行う「チューター制度」や、授業を担当している教員に、授業の質問や勉強方法の相談などができる時間「オフィスアワー」があります。

神奈川歯科大学附属病院、神奈川歯科大学附属横浜クリニックにおいて臨床実習を行い、専門的な内容を学びます。このほか、小学校や幼稚園、保育園、高齢者福祉施設、障がい者福祉施設、保健所などでの実習を行い、総合的に歯科衛生士業務を理解します。

◆取得免許&資格 歯科衛生士国家試験受験資格。

看護学科

定員（専攻名・定員）／修業年限
80人／3年

患者一人ひとりの個別性について理解し、患者の求めることを感じ取り、新しい看護や医療について修得します。また、さまざまな職種の人と協働できる看護師を育成します。1年次には看護師の基本的素養を身につけます。2年次にはさまざまな発達段階や対象に応じた看護を学びます。3年次は臨地実習が中心となります。

基礎看護、成人・老年、母性・小児看護学、地域・在宅の4つの実習室があるほか、歯科衛生学科と同様に「チューター制度」「オフィスアワー」を設けており、看護師を目指す学生のために充実した教育環境とサポート体制を実現しています。実習施設は総合病院、大学附属病院、訪問看護ステーション、老人ホーム、保育園など多岐にわたっています。さまざまな医療現場を経験することで応用力を身につけ、講義や演習で学んだ知識と技術、そして態度を統合し、患者一人ひとりに必要な看護について臨床の場で学びます。

◆取得免許&資格 看護師国家試験受験資格。

前年度 選抜方法

●推薦＝書類審査、小論文、面接
●一般（入試科目・配点）
◇**歯科衛生（120点満点）**＝国外〈国総〔近代以降の文章〕、コミュ英Ⅰ→1〉(100)／面接(20)
◇**看護（220点満点）**＝国外〈国総〔近代以降の文章〕、コミュ英Ⅰ→1〉(100)／数Ⅰ(100)／面接(20)
◉2025年度の募集要項は7月上旬頃にwebにて公表予定

⇩「資格別 取得可能な短大・学科」「就職状況」「大学への編入」「学費」は巻末データ集に収録

相模女子大学短期大学部

一般 共テ 推薦 総合

www.sagami-wu.ac.jp
設置（学）科＝食物栄養

CAMPUS GUIDE

●**所在地** 〒252-0383 神奈川県相模原市南区文京２丁目１の１
☎(0120)816-332（入試課直通）
●**交通** 小田急線相模大野駅下車、徒歩約10分。
●**設立** 昭和26年
●**学生総数** 女130人
▼**要項請求先&問合せ先**
入試課

特別選抜 帰国	社会人	学外試験会場	授業料減免 免除	減額	奨学金制度 給付	貸与	学生寮 男子	女子	海外留学	海外研修	編入制度	専攻科
×	○	5	○	×	○	○	×	×	○	○	○	×

食物栄養学科

定員（専攻名・定員）／修業年限
80人／２年

栄養と健康の分野において、将来への目的意識を明確にしながら幅広い知識と深い理解を得ることを目指します。

効率よく栄養士の資格が取得できるほか、食品衛生監視員・食品衛生管理者の任用資格が取得できることが大きな特徴です。栄養士基礎科目・専攻科目、調理技術などのスキルアップを図るための授業を設置するほか、食と栄養・健康に関する専門的な研究を行う「ゼミナール」も開講し、卒業後に即戦力として活躍できる栄養士を育成します。

正課の授業以外にも、全国栄養士養成施設協会主催の「栄養士実力認定試験」に向けて、模擬試験の対策を行うなど、さまざまな支援を行っています。

また、就職指導を教育の一環ととらえており、進路サポートにも力を入れています。日ごろから学生一人ひとりの適性を見きわめ、その可能性を広げる指導を心がけています。このほか、編入学指導も行っており、併設の相模女子大学栄養科学部への編入学を目指す学生をサポートしています。

◆**取得免許&資格** 栄養士、食品衛生監視員〈任用〉、食品衛生管理者〈任用〉、管理栄養士国家試験受験資格（卒業後実務経験３年以上経過後）など。

前年度 選抜方法

●**推薦**＝書類審査、面接
●**一般（入試科目・配点）**
（Ａ日程・Ｂ日程・Ｃ日程共通）
◇**食物栄養（150点満点）**＝国外〈国総〔除く古・漢〕、コミュ英Ⅰ・Ⅱ・英表Ⅰ→１〉(100)／生基（50）
◉**2025年度の募集要項は７月下旬に配布予定**

私立 関東
相模女子大学短期大学部
神奈川歯科大学短期大学部

湘北短期大学
（しょうほく）

一般　推薦　総合

www.shohoku.ac.jp/

設置(学)科＝総合ビジネス・情報、生活プロデュース、保育

CAMPUS GUIDE

●**所在地**　〒243-8501　神奈川県厚木市温水428　☎(046)247-3131

●**交通**　小田急線本厚木駅からスクールバス10分。

●**設立**　昭和49年

●**学生総数**　男97人・女649人

▼**要項請求先&問合せ先**

入試事務局

特別選抜 帰国	特別選抜 社会人	学外試験会場	授業料減免 免除	授業料減免 減額	奨学金制度 給付	奨学金制度 貸与	学生寮 男子	学生寮 女子	海外留学	海外研修	編入制度	専攻科
×	×	×	×	×	○	×	×	×	○	○	○	×

社会で本当に役に立つ人材の育成を使命に1974年にソニー学園が設立した、男女共学の総合短期大学です。実社会で通用する社会人能力を伸ばす就業力育成科目の充実や、学生一人ひとりと向き合う面倒見のよい教育が特徴です。

希望者は全員参加できるインターンシッププログラムでは、社会人基礎力を育て、仕事の適性を探求しています。

※2025年４月、生活プロデュース学科を男女共学化予定。以下の内容および定員は2025年予定。

総合ビジネス・情報学科

定員(専攻名・定員)／修業年限

220人／２年

専門分野を実践的に学び、それぞれ目指す業界や職種に合った知識やスキルを確実に身につけられる授業のほか、ビジネスの現場で本当に役立つ資格の取得を全面的にバックアップしています。

ビジネス情報コースでは、ビジネスに関する知識とパソコン活用能力を習得し、事務処理能力を養います。

経理・金融コースでは、日商簿記やファイナンシャルプランナーなどの専門知識を身につけます。

ショップマネジメントコースでは、接客・販売のプロを育成します。経営やマーケティング、商品企画について学びます。

オフィスワークコースでは、一般事務・受付・窓口業務・秘書など、多彩な演習を通して、さまざまな業種・企業で通用する実践的知識・能力を高めます。

観光ビジネスコースには、観光と留学の２フィールドがあります。

観光フィールドでは、旅行、ホテルなど観光関連の産業の専門知識を身につけます。

留学フィールドでは、姉妹校のオーストラリア国立ニューカッスル大学に３か月間留学し、実践的な英語力と国際感覚を身につけます。

情報メディアコースには、プログラミングとメディアデザインの２フィールドがあります。ビジネス知識に加えて、情報技術を備えた人材の育成を目指します。

プログラミングフィールドでは、プログラミングの基礎から応用までを身につけたエンジニアやプログラマーを目指します。

メディアデザインフィールドでは、Webサイトの制作や映像編集など、メディアの世界で表現する技術を身につけます。

◆**取得免許&資格**　日商PC検定、国内旅程管理主任者、基本情報技術者試験など。

生活プロデュース学科

定員(専攻名・定員)／修業年限

90人／２年

ファッションとインテリア、フード、子どもサービス、医療事務・情報の４コースがあります。

衣・食・住・子ども関連・医療事務など、生活に関連する業界で活躍できる人材を育成します。個々の興味や目的に合わせて、他のコース科目も履修できる自由度の高いカリキュラムが特長です。また、専門科目以外にオフィス系科目も学ぶので、事務職を目指すことも可能です。

ファッションとインテリアコースでは、企画・デザインから販売まで、ファッション業界で必要とされる力を身につけます。また、インテリアのコーディネートやデザインについて学び、家具や雑貨の販売、住宅業界で生かせる知識を身につけます。

フードコースでは、調理・栄養・食のサービスとコーディネートについて学び、食の知識を活用できる仕事に就くことを目指します。

子どもサービスコースでは、子どもとのコミュニケーションスキルや心理学を学び、子どもと家族向けの商品・サービスを扱うプロを目指します。

医療事務・情報コースでは、医療事務職に求められるスキルを身につけ、資格を取得し、医療関連の現場をサポートする仕事に就くことを目指します。

◆**取得免許&資格**　ファッション販売能力検定、フードコーディネーター、医療事務技能審査試験、社会福祉主事〈任用〉など。

保育学科

定員(専攻名・定員)／修業年限

110人／２年

現場での体験を重視し、徹底した実習指導や保育所・幼稚園・施設での豊富な実習が特長です。

一人の教員が12人程度の学生を２年間受け持つ「マイスター制」を導入し、一人ひとりの学生生活全般をフォローしています。

実践的な学びの場として、保育演習室や乳児保育室などを設置しており、沐浴や調乳などの実習を行います。ほかにも、造形室や幼児体育室など、保育を専門的に学べる環境が整っています。

学園祭でのパフォーマンス、新入生歓迎オリエンテーション、卒業出張公演などのステージ経験ができる独自の表現発表プロジェクトで表現力を身につけます。

◆**取得免許&資格**　幼稚園教諭二種免許、保育士、社会福祉主事〈任用〉。

前年度 選抜方法

●**推薦**＝書類審査、面接、プレゼンテーション

●**一般（入試科目）**

◇**全学科**＝学力試験〈国総〔除く古・漢〕、数Ⅰ、コミュ英Ⅰ・Ⅱ〉／小論文

〈注〉他に面接あり

◎**2025年度の募集要項は配布中**

⇩「資格別 取得可能な短大・学科」「就職状況」「大学への編入」「学費」は巻末データ集に収録

昭和音楽大学短期大学部

一般　共テ　推薦　総合

www.tosei-showa-music.ac.jp
設置(学)科＝音楽

CAMPUS GUIDE

●所在地　〒215-8558　神奈川県川崎市麻生区上麻生1丁目11の1
☎(0120)86-6606（入試広報室直通）
●交通　小田急線新百合ケ丘駅下車、徒歩4分。
●設立　昭和44年
▼要項請求先＆問合せ先
入試広報室

特別選抜 帰国	特別選抜 社会人	学外試験会場	授業料減免 免除	授業料減免 減額	奨学金制度 給付	奨学金制度 貸与	学生寮 男子	学生寮 女子	海外留学	海外研修	編入制度	専攻科
×	×	×	×	○	○	×	○	○	×	○	○	×

音楽科

定員(専攻名・定員)／修業年限
70人／2年

ピアノコースは、60分の個人レッスンとステージ演奏体験の豊富さが大きな特色です。少人数制で個性に応じた丁寧な指導を行います。ソルフェージュや海外研修で音楽性の幅を広げます。

電子オルガンコースは、幅広いジャンルの音楽に対応し、総合的に音楽力を高めるカリキュラム編成です。演奏力はもちろん、アレンジや即興の力も高めます。

弦・管・打楽器コースでは、60分の個人レッスンのほか、海外から招いた指導者によるレッスンを行います。合奏や定期演奏会など豊富な実践の場も設けています。

ウインドシンフォニーコースでは、吹奏楽への情熱を土台に、基礎理論を徹底指導します。演奏技術を磨き、アンサンブル能力を養うことで、高いスキルを持ったバンドディレクターを育成します。

声とことばの創造表現コースでは、今の社会に求められる新しい形の「声」と「ことば」を中心とした教育で、音楽分野はもちろん、エンターテインメント、放送業界など多方面で活躍できる人材を育成します。

声楽コースでは、第一線で活躍する指導者により、実力のある声楽家を育成します。2年次には週に60分の個人レッスンを設定しています。

音楽教養コースでは、声楽・器楽・ポピュラーに加え、バレエ実技も受講できます。さまざまな音楽芸術を学ぶことで、教職をはじめ、多様な可能性を追求します。

合唱指導者コースでは、合唱の指導者を育成する専門的なカリキュラムを編成しています。合唱の楽しさを追求し、多岐にわたるアプローチで合唱指導者を育成します。

デジタルミュージックコースでは、作曲方法を基礎から学ぶほか、PA（拡声装置）や録音などの技術も修得します。音楽制作の現場で柔軟に対応できる力を養います。

ジャズコースでは、スタンダードを中心にさまざまな楽曲を経験し、専門性の高い知識・技術を修得します。多方面で活躍できるミュージシャンを育成します。

ポップ＆ロックミュージックコースでは、多様なジャンルの音楽研究を行い、ミュージシャンとして必要な音楽力を確実に身につけます。

バレエコースでは、実技中心のカリキュラムを用意しています。幅広いジャンルの舞踊を学び、表現力や芸術性、感性、豊かな人間性を養っていきます。

音楽と社会コースでは、主にシニア世代の方を対象として、音楽を学ぶための環境を整えています。

前年度　選抜方法

●**推薦**＝書類審査、面接、専攻別実技、楽典（コースにより異なる）など
●**一般（入試科目）**
◇**音楽**＝国外〈国総〔除く古・漢〕、コミュ英Ⅰ・Ⅱ・英表Ⅰ→1〉*、小論文／専攻別実技、楽典（コースにより異なる）など
*短大指定の科目の共テ成績を代用可
〈注〉他に面接（コースにより異なる）あり
◉**2025年度の募集要項は7月に配布予定**

鶴見大学短期大学部

一般
推薦
総合

www.tsurumi-u.ac.jp/
設置(学)科＝保育、歯科衛生

CAMPUS GUIDE

●所在地　〒230-8501　神奈川県横浜市鶴見区鶴見2丁目1の3
☎(045)580-8219・8220
●交通　ＪＲ京浜東北線鶴見駅下車、西口から徒歩５分。または京浜急行線京急鶴見駅下車、西口から徒歩７分。
●設立　昭和28年
●専攻科　保育20人・１年
▼要項請求先＆問合せ先
入試センター

特別選抜 帰国	特別選抜 社会人	学外試験会場	授業料減免 免除	授業料減免 減額	奨学金制度 給付	奨学金制度 貸与	学生寮 男子	学生寮 女子	海外留学	海外研修	編入制度	専攻科
×	○	×	○	×	○	○	×	○	×	×	×	○

保育科

定員(専攻名・定員)／修業年限
100人／２年

子どもたちをどのように保育・教育していくか、理論と実践を結びつけて学びます。幅広い内容の専門科目や実習を通して、子どもの理解に努め、保育マインドと豊かな人間性を身につけます。

１年次は、幼児教育や保育の目的を理解するための科目、教育や保育の内容と方法を理解するための科目など、乳幼児教育の基本を学びます。附属幼稚園での参加実習で、仕事について学んだ後、11月には学外実習が始まります。

２年次には、子どもの行動や遊び・表現を理解し、援助するための基礎技能科目、乳幼児や障がい児への理解や福祉について学びます。また学外実習として、幼稚園や保育所、施設などで実習を行い、人間性の向上に努めます。附属三松幼稚園をはじめ、400以上の実習協力園で、実際に子どもたちと触れ合いながら、保育技能を身につけることができます。

専攻科に進学して、少人数で学び、高度な現場対応力を備える保育者を目指し、将来幼稚園教諭一種免許状と学士の学位を取得することが可能となります。

◆取得免許&資格　幼稚園教諭二種免許、保育士、社会福祉主事〈任用〉、自然体験活動指導者（NEALリーダー）。

歯科衛生科

定員(専攻名・定員)／修業年限
135人／３年

歯科衛生士は、歯科予防処置、歯科保健指導、歯科診療補助の三大業務を行い、高齢者や障がい者への訪問歯科診療、食事困難な人の口腔ケアや周術期口腔機能管理などに関わる医療専門職です。医療・保健・福祉の現場で活躍できる歯科衛生士を養成します。

１年次から２年次前期にかけて一般教養科目のほかに、専門基礎分野と専門分野の科目を学び、医学や歯科医学の基礎的な知識と心構えを身につけます。２年次後期から３年次前期にかけては、歯科臨床実習、臨地実習を実施。実習は、基礎実習、歯科臨床実習、臨地実習の３つの相乗効果で歯科衛生士としての技術と自覚を高めます。

歯科臨床実習は、歯学部附属病院、総合病院、歯科診療所などで行います。臨地実習では、鶴見区内の小学校、保育所、幼稚園、特別支援学校での歯科保健指導実習、歯と口の健康週間の行事、老人保健福祉施設などでの介護および口腔ケア実習などを行います。

◆取得免許&資格　歯科衛生士国家試験受験資格、介護職員初任者研修修了者、社会福祉主事〈任用〉。

前年度　選抜方法

●推薦＝書類審査、小論文、面接
●一般（入試科目・配点）
◇**保育(200点満点)**＝国総〈除く古・漢〉(100)／面接(100)
◇**歯科衛生(300点満点)**＝国総〈除く古・漢〉(200)／面接(100)
◉2025年度の募集要項は７月下旬に配布予定

⇩「資格別 取得可能な短大・学科」「就職状況」「大学への編入」「学費」は巻末データ集に収録

洗足こども短期大学

せんぞく

一般 推薦 総合

kodomo.senzoku.ac.jp

設置(学)科＝幼児教育保育

CAMPUS GUIDE

●**所在地**　〒213-8580　神奈川県川崎市高津区久本２丁目３の１

☎(044)856-2955　(入試センター直通)

●**交通**　東急田園都市線・大井町線溝の口駅または、JR南武線武蔵溝ノ口駅下車、徒歩８分。

●**設立**　昭和37年

●**学生総数**　男女計455人

▼**要項請求先＆問合せ先**　入試センター

特別選抜 帰国	特別選抜 社会人	学外試験会場	授業料減免 免除	授業料減免 減額	奨学金制度 給付	奨学金制度 貸与	学生寮 男子	学生寮 女子	海外留学	海外研修	編入制度	専攻科
×	×	×	×	×	○	×	×	×	×	○	×	×

幼児教育保育科

定員(専攻名・定員)／修業年限

250人／２年

附属幼稚園から音楽大学まで併設された環境のなかで、学生とのコミュニケーションを大切にする教授陣のもと、カリキュラムが編成されています。

レベルに応じた個人指導が受けられる「ピアノⅠ・Ⅱ」、歌唱指導力・歌唱技術を身につける「合唱」、管楽器主体に合奏する「ウィンド・バンド１・２」など独自の学習プログラムや音楽表現の授業などがあり、音楽教育環境が充実しています。また、幼児の情操教育に欠かせない紙芝居、人形劇の演じ方などの表現力を養う授業や、運動遊びを学び、身体を鍛える授業など、幼児音楽以外にも実践力を身につけられる科目が設置されています。

同じキャンパス内に音楽大学があるので音楽に関する授業の設備も講師陣も音楽大学と同じです。音楽の初心者から経験者まで質の高い授業でレベルアップできます。また実習体験が豊富で、附属幼稚園以外の幼稚園・保育園との協力体制も確立されています。１年次の４月から２年次の12月までの間に、幼稚園・保育園でさまざまな行事を体験することができます。

保育者は単に「子どもが好き、子どもを遊ばせる人」ではありません。そのため、保育者に必要な基礎的理論や技術を授業や実習を通して学びます。

◆**取得免許&資格**　幼稚園教諭二種免許、保育士。

前年度　選抜方法

●**推薦**＝指定校制

●**一般（入試科目）**

◇**幼児教育保育**＝小論文

〈注〉他に面接あり

◉**2025年度の募集要項は５月上旬に配布予定**

横浜女子短期大学

一般 推薦 総合

www.yokotan.ac.jp

設置(学)科＝保育

CAMPUS GUIDE

●**所在地**　〒234-0054　神奈川県横浜市港南区港南台４丁目４の５

☎(045)835-8108(入試広報室直通)

●**交通**　ＪＲ京浜東北・根岸線港南台駅下車、徒歩５分。

●**設立**　昭和41年

●**学生総数**　女127人

▼**要項請求先＆問合せ先**　入試広報室

特別選抜 帰国	特別選抜 社会人	学外試験会場	授業料減免 免除	授業料減免 減額	奨学金制度 給付	奨学金制度 貸与	学生寮 男子	学生寮 女子	海外留学	海外研修	編入制度	専攻科
×	○	×	×	○	○	×	×	×	×	×	×	×

※2025年４月、コース制を導入予定。以下、内容は2025年予定。

保育科

定員(専攻名・定員)／修業年限

150人／２年または３年

保育科単科という特色を生かし、２年間もしくは３年間で保育士資格・幼稚園教諭二種免許を同時に取得できる効果的かつ効率的なカリキュラムが構成されています。

カリキュラムは、人間を理解し社会を洞察するための知識や、社会人としての見識、そして専門科目を究めるための自立的な学習態度を育てる役割を持つ「教養科目」と、保育について体系的に理解し、子どもの心と身体を育てるための専門的な知識・技術を身につける、実習を含めた「専門教育科目」から構成されています。なかでも、保育者としての資質を養うために学内での理論学習をもとに保育・幼児教育の現場で行う「実習」を重視しています。

実習は入学後すぐに行う幼稚園・保育所での見学実習から始まり、２年間で約11週間に及びます。実際に保育を体験し、実習先の先生や本学の教職員からの指導で、子どもの動き・考え・欲求を理解し、保育者として必要な観察眼と実践力を養います。

学生がよりよい環境で学べるように、入学前から卒業後まできめ細かなサポートを行います。

◆**取得免許&資格**　幼稚園教諭二種免許、保育士、社会福祉主事〈任用〉、准学校心理士、おもちゃインストラクター認定資格、乳幼児応急手当認定資格、食育インストラクター３級。

前年度　選抜方法

●**推薦**＝書類審査、面接・口頭試問

●**一般（入試科目）（Ⅰ期・Ⅱ期）**

◇**保育**＝小論文

〈注〉他に面接・口頭試問あり

◉**2025年度の募集要項は６月上旬から配布予定**

新潟青陵大学短期大学部

一般　共テ　推薦　総合

www.n-seiryo.ac.jp/

設置(学)科＝人間総合、幼児教育

CAMPUS GUIDE

●所在地　〒951-8121　新潟市中央区水道町１丁目5939
☎(025)368-7411
●交通　ＪＲ新潟駅万代口から浜浦町線（新潟青陵大学前経由）水族館前行きバスで新潟青陵大学前下車。または浜浦町線（浜浦町経由）バスで松波町１丁目下車、徒歩約４分。
●設立　昭和40年
●学生総数　男33人・女573人
▼要項請求先＆問合せ先
入試広報課

特別選抜 帰国	特別選抜 社会人	学外試験会場	授業料減免 免除	授業料減免 減額	奨学金制度 給付	奨学金制度 貸与	学生寮 男子	学生寮 女子	海外留学	海外研修	編入制度	専攻科
○	○	×	○	○	○	×	○	○	○	○	○	×

人間総合学科

定員（コース名・定員）／修業年限
200人／２年

ビジネス×DX×専門性（自分の「好き」）を学び、社会で活躍できる力を育みます。

「ファッション・インテリア」「フードビジネス」「観光」「ブライダル」「英語」「心理学」といった多様な分野に「ビジネス」や「DX」をかけ合わせて学べ、自分の「好き」な分野を選択して、興味や関心、将来の進路や目指す資格に合わせて自由に組み合わせながら学修できます。200以上の専門的な学びができる科目、そして人間力を養う一般教養科目を豊富に用意しています。

仕事力に直結する約30資格も取得可能で、幅広い学びと資格の取得によって社会で活躍するために必要な「仕事力」と「人間力」を養います。

また、心理学関連科目を多く履修することで新潟青陵大学へ編入学した後の学びにつながるほか、他大学への指定校も多く用意しており、国公立大学への進学者も多数輩出しています。

多様な学びが幅広い就職先へと続いており、希望する職業への就職を徹底的にサポートしています。

◆取得免許&資格　２級衣料管理士、ビジネス実務士、観光実務士、社会福祉主事〈任用〉、３級ブライダルコーディネート技能検定、フードコーディネータなど。

幼児教育学科

定員（専攻名・定員）／修業年限
130人／２年

こころ×専門性（自分の「好き」）を学び、保育で活躍できる力を育みます。

自分の「好き」「得意」を伸ばし、保育の力に変えていくことができるよう、多くのカリキュラムと充実した学修環境を整備。優れた保育者になるために必要な「音楽」「造形」「身体表現」などの専門的な知識・技能とともに、豊富な一般教養科目を学ぶことで保育者に必要とされる人間性を身につけます。新潟青陵幼稚園を併設し、子どもの存在を身近に感じながら学修することができます。毎年非常に多くの公務員試験合格者を輩出してます。

◆取得免許&資格　幼稚園教諭二種免許、保育士、社会福祉主事〈任用〉など。

前年度　選抜方法

●推薦＝書類審査、小論文、面接
●一般（入試科目・配点）
一般選抜は共テ科目を利用して実施
◇**全学科（200点満点）**＝国〈除く古漢〉(100)／地歴公数理外〈世Ｂ、日Ｂ、地理Ｂ、現社、倫理、政経、倫政経、数Ⅰ・Ａ、数Ⅱ・Ｂ、物・化・生・地学、英〔リスニングを含む〕→1*〉(100)
＊理科は物基、化基、生基、地学基から２科目選択も可
◉2025年度の募集要項は７月中旬にホームページで公開予定

⇩「資格別 取得可能な短大・学科」「就職状況」「大学への編入」「学費」は巻末データ集に収録

新潟工業短期大学

一般
推薦
総合

www.niigata-ct.ac.jp
設置(学)科＝自動車工業

CAMPUS GUIDE

●所在地 〒950-2076 新潟市西区上新栄町５丁目13の７ ☎(0120)34-1124
●交通 ＪＲ越後線寺尾駅下車、徒歩約20分。またはＪＲ新潟駅前からバスで新潟科学技術学園前下車すぐ。
●設立 昭和43年
●学生総数 男63人・女５人
●専攻科 自動車工学10人・２年
▼要項請求先＆問合せ先 入試係

特別選抜 帰国	社会人	学外試験会場	授業料減免 免除	減額	奨学金制度 給付	貸与	学生寮 男子	女子	海外留学	海外研修	編入制度	専攻科
×	○	×	×	○	○	×	○	○	×	×	○	○

自動車工業科

定員(専攻名・定員)／修業年限
120人／２年

開学以来56年にわたり、多くの優秀な人材を自動車業界へ送り出してきました。段階的にステップアップする授業と短期大学ならではの恵まれた実習設備で学び、知識と技術がバランスよく身につきます。

１級・２級自動車整備士の国家資格取得を目指すことができます。資格取得に向けた全面的なサポートを行い、毎年全国トップレベルの高い合格率を維持している、自動車分野の伝統校です。

授業では、整備実習を中心に自動車整備士として必要な知識・技術を身につけます。

技術者として必要な基本的な学力を強化することにも力を注いでおり、各実習の補習や、基礎計算力の強化なども行います。自動車開発、電子制御、環境、エネルギーなどの産業界で高度な知識・技術を持ち、先進技術にも対応できる、応用力のある技術者の育成に努めています。

教養教育科目だけでなく、社会人として欠くことのできない情報処理技術やビジネススキルなどを学ぶ授業もあります。

卒業後は１級自動車整備士を養成する専攻科への進学や４年制大学へ編入し、さらに高い知識・技術を身につけることもできます。

◆取得免許&資格 ２級自動車整備士試験受験資格。

前年度 選抜方法

●推薦＝指定校制
●一般（入試科目）(一般A・B)
◇自動車工業＝Aは課題レポート、Bは数Ⅰおよび物基
〈注〉他に面接あり
◉2025年度の募集要項は７月上旬に配布予定
※2025年度の選抜方法は変更される予定

新潟中央短期大学

一般
推薦

www.niigatachuoh-jc.ac.jp
設置(学)科＝幼児教育

CAMPUS GUIDE

●所在地 〒959-1321 新潟県加茂市希望ヶ丘2909の2 ☎(0256)52-2120
●交通 ＪＲ信越本線加茂駅から、バスで７分、または徒歩25分。
●設立 昭和43年
●学生総数 男14人・女136人
▼要項請求先＆問合せ先 入試事務局

特別選抜 帰国	社会人	学外試験会場	授業料減免 免除	減額	奨学金制度 給付	貸与	学生寮 男子	女子	海外留学	海外研修	編入制度	専攻科
×	○	×	×	○	○	×	×	×	×	×	○	×

幼児教育科

定員(専攻名・定員)／修業年限
75人／２年

「子どものために子どもとともに学び続ける保育者」を教育目標に掲げ、学生の「保育者になりたい！」という気持ちをしっかりと受け止め、一人ひとりの個性を見ながら、親身な指導と専門性の高い教育を行っています。小規模校の特徴を生かしたきめ細かい指導のもと、“大学”という場だからこそできる強固な知識と実践の基盤作りに力を入れ、専門性の土台を築く教養科目と、現場に強い人材育成に照準をあてた専門教育科目で、バランスのとれたカリキュラムを実現しています。現場での実習は多くの発見と学びの場。直接子どもと触れ合うなかで、教育の難しさ、楽しさを経験し、子どもと一緒に成長していきます。園長経験のある教員などその道に精通した教員が丁寧に指導するので、安心して実習に臨めます。ほかに特色としてあげられるのが、地域の子どもたちも参加し学生がゼロから作り上げる「ミュージカル制作」や、保育施設へ出向き、普段の授業で学習した知識・技術を披露・実践するボランティア「出前保育」です。この実践型教育が保育者としてのスキルをより高めます。また、施設・設備においては、多彩な実習室や個別レッスンができるピアノ練習室など、広く充実した教育環境を提供しています。

◆取得免許&資格 幼稚園教諭二種免許、保育士、社会福祉主事〈任用〉。

前年度 選抜方法

●推薦＝書類審査、事前課題提示型作文、面接
●一般（入試科目）
◇幼児教育＝国総〈除く古・漢〉
〈注〉他に面接あり
◉2025年度の募集要項は６月下旬に配布予定

日本歯科大学新潟短期大学

一般 推薦 総合

www.ngt.ndu.ac.jp/jc/

設置(学)科＝歯科衛生

CAMPUS GUIDE

●**所在地**　〒951-8580　新潟市中央区浜浦町１丁目８
☎(025)211-8166

●**交通**　ＪＲ関屋駅下車、徒歩約10分。またはＪＲ新潟駅からバスで浜浦町一丁目下車、徒歩約１分。

●**設立**　昭和62年

●**学生総数**　男女計165人

●**専攻科**　歯科衛生学５人・１年、がん関連口腔ケア学３人・１年、在宅歯科医療学３人・１年

▼**要項請求先&問合せ先**
短期大学事務室

特別選抜 帰国	特別選抜 社会人	学外試験会場	授業料減免 免除	授業料減免 減額	奨学金制度 給付	奨学金制度 貸与	学生寮 男子	学生寮 女子	海外留学	海外研修	編入制度	専攻科
×	○	×	×	×	×	×	×	○	×	×	×	○

歯科衛生学科

定員(専攻名・定員)／修業年限

50人／３年

話をしたり、物を食べたりと、毎日無意識に使っている口（歯のほか、舌、あごなど）の機能は、人間にとって重要です。このような顎口腔（がくこうくう）機能の健康を守り、疾病の治療を行う歯科医療の分野を学び、歯科衛生士を目指します。

歯科衛生士の仕事は、歯科医師がスムーズに診療を行うための診療の補助や診療器具の消毒、診療器材の管理に加え、虫歯や歯周病などの予防処置、歯みがき指導などです。専門的な技術・知識の修得とともに、医師や患者とコミュニケーションをとる能力や、病気で苦しんでいる人たちに対して奉仕と博愛の精神を持って接する姿勢なども育みます。

１年次には、国語表現、生物学、英語などの一般教養科目のほか、口腔解剖学、微生物学、口腔病理学などの歯科医学に関する基礎知識と、歯科診療補助に関する基礎実技の講義・実習を行います。

２・３年次には、学内での講義や実習に加え、日本歯科大学新潟病院での歯科医師や歯科衛生士による個別指導も取り入れた臨床実習が行われます。

◆**取得免許&資格**　歯科衛生士国家試験受験資格など。

前年度　選抜方法

●**推薦**＝書類審査、小論文、面接
●**一般（入試科目）**
（一般選抜Ⅰ）
◇**歯科衛生**＝英語
（一般選抜Ⅱ・Ⅲ）
◇**歯科衛生**＝小論文
〈注〉 一般選抜Ⅰ・Ⅱ・Ⅲとも他に面接あり
◉**2025年度の募集要項は６月中旬に配布予定**

明倫（めいりん）短期大学

一般 共テ 推薦 総合

www.meirin-c.ac.jp/

設置(学)科＝歯科技工士、歯科衛生士

CAMPUS GUIDE

●**所在地**　〒950-2086　新潟市西区真砂３丁目16の10
☎(025)232-6352（入試センター直通）

●**交通**　ＪＲ越後線小針駅下車、徒歩約15分。

●**設立**　平成９年

●**学生総数**　男25人・女173人

●**専攻科**　生体技工10人・２年、口腔保健衛生学10人・１年

▼**要項請求先&問合せ先**　入試センター

特別選抜 帰国	特別選抜 社会人	学外試験会場	授業料減免 免除	授業料減免 減額	奨学金制度 給付	奨学金制度 貸与	学生寮 男子	学生寮 女子	海外留学	海外研修	編入制度	専攻科
×	○	4	○	×	×	×	○	○	×	×	○	○

歯科技工士学科

定員(専攻名・定員)／修業年限

30人／２年

人びとの健康を根本的な部分で支える医療技術者として、専門的な基礎学力から最先端技術を含めた臨床技術力までを養います。同時に、プロ意識や創造性豊かな人間性を育みます。

１年次は、歯科理工学の知識や歯科技工物製作の基礎技術、コミュニケーション能力を養います。

２年次は、ICTを活用した技工実習により、高度な知識を身につけ、臨床能力の向上を目指します。

◆**取得免許&資格**　歯科技工士国家試験受験資格。

歯科衛生士学科

定員(専攻名・定員)／修業年限

60人／３年

歯科医師と協働し、歯科疾患の予防や口腔衛生の向上を通して、歯や口の健康をサポートする専門職を育成します。

「自分の歯で食べる」「楽しく話す」といった健康でいきいきとした生活を支えます。

附属歯科診療所や大学病院、保健所、介護保険施設、保育所、小・中学校など、さまざまな場所で臨地・臨床実習を行います。実習を通して、チーム歯科医療のための協調性を身につけます。

◆**取得免許&資格**　歯科衛生士国家試験受験資格、社会福祉主事〈任用〉。

前年度　選抜方法

●**推薦**＝書類審査、小論文、面接
●**一般（入試科目・配点）**
（第１回）
◇**全学科(200点満点)**＝国総〈除く古典〉／数外〈数Ⅰ、コミュ英Ⅰ・Ⅱ・英表Ⅰ→１〉／面接(100)
〈注〉 国、数または外で100点
◉**2025年度の募集要項は６月上旬に配布予定**

⇩「資格別 取得可能な短大・学科」「就職状況」「大学への編入」「学費」は巻末データ集に収録

富山短期大学

一般 共テ 推薦 総合

www.toyama-c.ac.jp/

設置(学)科＝食物栄養、幼児教育、経営情報、健康福祉

CAMPUS GUIDE

●**所在地** 〒930-0193 富山市願海寺水口444 ☎(076)436-5160（入試広報センター直通）

●**交通** 富山駅または高岡駅からバスで富山短期大学前下車。

●**設立** 昭和38年

●**学生総数** 男87人・女508人

●**専攻科** 食物栄養15人・２年

▼**要項請求先＆問合せ先**
入試広報センター

特別選抜 帰国	特別選抜 社会人	学外試験会場	授業料減免 免除	授業料減免 減額	奨学金制度 給付	奨学金制度 貸与	学生寮 男子	学生寮 女子	海外留学	海外研修	編入制度	専攻科
×	○	×	×	×	×	×	×	×	×	×	○	○

総合短期大学として、「知性、教養、豊かな個性を持った人材」の育成を目指しています。

2023年に開学60周年を迎え、創立時からの「伝統」と「実績」が地域社会からの厚い信頼と評価につながり、高い就職・進学実績を実現しています。

食物栄養学科

定員（専攻名・定員）／修業年限
80人／２年

「一人ひとりが生涯健康に生きる」という人間の根源的な願いに応え、「食」に関する健康管理のスペシャリストとして活躍できる栄養士を養成します。

身体の仕組みや食物に関する科学的知識を修得し、食を通して人びとの健康に貢献できるように調理学、解剖生理学、給食管理、栄養指導論などの科目を学びます。

実践的技術の修得を目指し、病院などで栄養士業務を行う10日間の給食管理校外実習や、小・中学校で行う５日間の栄養教育実習など、さまざまな実習を行います。また、子どもたちの「食育」の担い手でもある栄養教諭二種免許の取得を目指せます。

◆**取得免許&資格**　栄養士、栄養教諭二種免許、管理栄養士（要実務経験３年以上）、調理師（要実務経験２年以上）、NR・サプリメントアドバイザー、社会福祉主事〈任用〉など。

幼児教育学科

定員（専攻名・定員）／修業年限
80人／２年

人間形成の上で大切な期間である乳幼児期の子どもたちの成長を心身両面から援助し、保護者の子育ても支援できる保育者（幼稚園教諭・保育士）を養成します。

子どもや家庭を取り巻く環境が大きく変化するなか、保育者には、子どもの育ちを援助し、保護者の子育てを支援し、地域で子どもを育む環境づくりに努めるという役割が求められています。そのため、保育者は専門職として、さまざまな知識・技術と判断力を身につける必要があります。

幼児教育学科では、各専門分野にわたる学修と充実した実習を通して、知識・技術や判断力はもちろん、優れた感性と子どもへの深い愛情という豊かな人間性を備えた保育者の養成を目指します。

◆**取得免許&資格**　幼稚園教諭二種免許、保育士、社会福祉主事〈任用〉。

経営情報学科

定員（専攻名・定員）／修業年限
110人／２年

健康で豊かな人間性を育む教養教育と、情報・経済・経営・会計といった専門分野の基礎教育をベースに、各種資格取得を支援します。さらには、ビジネス実務教育、キャリア教育、インターンシップによる「三位一体のキャリア教育」によって就業力を育成します。

プログラミング基礎論、インターンシップ、キャリア形成支援講座、ビジネス実務演習などの科目を学び、企業現場で役立つ「実践的知識とスキル」を修得。学生の大多数は、県内の企業や団体に就職して地域社会の発展を担う人材となって巣立っていきます。

◆**取得免許＆資格**　司書、日商PC検定（文書作成・データ活用）、秘書技能検定など。

健康福祉学科

定員（専攻名・定員）／修業年限
40人／２年

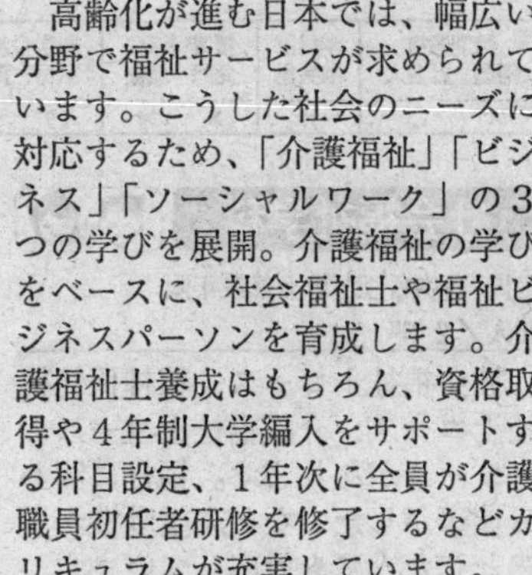

高齢化が進む日本では、幅広い分野で福祉サービスが求められています。こうした社会のニーズに対応するため、「介護福祉」「ビジネス」「ソーシャルワーク」の３つの学びを展開。介護福祉の学びをベースに、社会福祉士や福祉ビジネスパーソンを育成します。介護福祉士養成はもちろん、資格取得や４年制大学編入をサポートする科目設定、１年次に全員が介護職員初任者研修を修了するなどカリキュラムが充実しています。

また、地域住民や介護施設などと取り組むプロジェクトや、フィールドワーク、ボランティア活動を通して、「人や地域でつながること」の大切さを学びます。

◆**取得免許＆資格**　介護福祉士国家試験受験資格、介護職員初任者研修修了者、公認初級パラスポーツ指導員、介護予防運動トレーナー、ウォーキングトレーナー、社会福祉主事〈任用〉など。

前年度　選抜方法

●**推薦**＝書類審査、作文（幼児教育を除く）、小論文（幼児教育のみ）、面接

●**一般（入試科目・配点）（前期入試）**

◇**食物栄養、幼児教育、経営情報（230点満点）**＝国総〈除く古・漢〉(100)／数理外〈数Ⅰ、生基、コミュ英Ⅰ・Ⅱ・英表Ⅰ〔除くリスニング〕→1〉(100)／書類審査 (30)

◇**健康福祉（130点満点）**＝国数理外〈国総〔除く古・漢〕、数Ⅰ、生基、コミュ英Ⅰ・Ⅱ・英表Ⅰ〔除くリスニング〕→2〉。ただし、高得点の1科目を採用 (100)／書類審査 (30)

◉**2025年度の募集要項は６月下旬に配布予定**

富山福祉短期大学

一般 共テ 推薦 総合

www.t-fukushi.urayama.ac.jp/

設置(学)科＝社会福祉、看護、幼児教育

CAMPUS GUIDE

●**所在地** 〒939-0341 富山県射水市三ケ579 ☎(0766)55-5567
●**交通** あいの風とやま鉄道小杉駅下車、徒歩約７分。
●**設立** 平成９年
●**学生総数** 男57人・女300人
●**専攻科** 看護学30人・１年
▼**要項請求先&問合せ先** 企画推進部

特別選抜 帰国	特別選抜 社会人	学外試験会場	授業料減免 免除	授業料減免 減額	奨学金制度 給付	奨学金制度 貸与	学生寮 男子	学生寮 女子	海外留学	海外研修	編入制度	専攻科
×	○	×	×	×	○	×	×	×	×	×	○	○

社会福祉学科

定員(専攻名・定員)／修業年限

40人／２年

社会福祉士コース、精神保健福祉士コース、介護福祉士コースの３コースがあります。福祉に関わる仕事がしたいなど志望動機が漠然とした人にも対応しています。

２年次に専門コースを選択し、さまざまな専門職へと進めるカリキュラムとなっています。

また、心理学の各領域（一般、発達、社会、臨床）を体系的に学ぶこともできます。

◆**取得免許&資格** 社会福祉士国家試験受験資格、精神保健福祉士国家試験受験資格、(以上、卒業後２年間の実務経験が必要)、福祉心理士受験資格、介護福祉士国家試験受験資格、社会福祉主事〈任用〉など。

看護学科

定員(専攻名・定員)／修業年限

80人／３年

現場経験豊富な優れた教授陣の指導により知識・技術を修得するとともに、さまざまな研究方法を学ぶことができます。

演習授業では、病院設備と同じ機材・医療器具を使用し、看護師としてのスキルを身につけ、臨地実習においては、富山県内にあるさまざまな規模・種類の病院や在宅看護、施設での実習が可能です。

看護師国家試験受験資格のほかに、助産師養成所・保健師養成所・養護教諭養成所の各受験資格の取得ができます。

看護学科卒業生などを対象に、専攻科看護学専攻（１年制）を設置しています。実際に働きながら成長のベースとなる基礎力を育み、高齢者医療と社会の変化に対応できる看護師を育成します。

◆**取得免許&資格** 看護師国家試験受験資格、社会福祉主事〈任用〉など。

幼児教育学科

定員(専攻名・定員)／修業年限

40人／２年

子どもの保育・教育に関する専門知識や技術を修得し、音楽や図工、体育などを通して、子どもの感性を育む表現力を養います。

さらに保護者や同じ職場の仲間から信頼される幅広い教養と使命感を持ち、子どもたちの幸せをサポートできる人間愛に満ちた保育者、教育者を育成します。

音楽・体育・造形など得意な領域を確実に身につけることを目的とした６科目群が開講されており、自分の得意分野にあわせて選ぶことができます。

◆**取得免許&資格** 幼稚園教諭二種免許、保育士、社会福祉主事〈任用〉、日本サッカー協会公認キッズリーダー（U－6）など。

前年度 選抜方法

●**推薦**＝書類審査、小論文、面接
●**一般（入試科目・配点）**
（Ⅰ・Ⅱ・Ⅲ期共通）（200点満点）
◇**社会福祉、幼児教育**＝国外〈国語〔除く古・漢〕、コミュ英Ⅰ・Ⅱ・Ⅲ・英表Ⅰ・Ⅱ〔除くリスニング〕→１〉(100)
◇**看護**＝国数理外〈国語〔除く古・漢〕、数Ⅰ、生基・生、コミュ英Ⅰ・Ⅱ・Ⅲ・英表Ⅰ・Ⅱ〔除くリスニング〕→１〉(100)
〈**注**〉他に面接（全学科）(100)あり
◉**2025年度の募集要項は６月下旬に配布予定**

⇩「資格別 取得可能な短大・学科」「就職状況」「大学への編入」「学費」は巻末データ集に収録

金沢学院短期大学

一般 共テ 推薦 総合

www.kanazawa-gu.ac.jp/college/

設置（学）科＝現代教養、食物栄養、幼児教育

CAMPUS GUIDE

●**所在地**　〒920-1392　石川県金沢市末町10
☎(076)229-8833(入試広報部直通)
●**交通**　ＪＲ金沢駅から金沢学院大学行きバスで約35分、終点下車。
●**設立**　昭和25年
●**学生総数**　男29人・女284人
▼**要項請求先&問合せ先**　入試広報部

特別選抜 帰国	特別選抜 社会人	学外試験会場	授業料減免 免除	授業料減免 減額	奨学金制度 給付	奨学金制度 貸与	学生寮 男子	学生寮 女子	海外留学	海外研修	編入制度	専攻科
×	○	5	×	×	○	○	○	○	○	×	○	×

現代教養学科

定員（専攻名・定員）／修業年限
50人／２年

「公務員・一般事務コース」「観光・ホテル・ブライダルコース」「ICT・簿記会計コース」「スポーツコース」「芸術コース」の５コースを設置しています。コミュニケーション能力や対応力、ICT（情報通信技術）活用能力など、社会でますます必要となるビジネス実務のスキルを養い、公務員をはじめ、事務、販売、営業、サービス、クリエイターなど幅広い職種への就職につなげます。また、学びを継続させたい学生には、金沢学院大学をはじめ、４年制大学の３年次に編入学することも可能です。

◆**取得免許&資格**　ビジネス実務士、上級秘書士、観光実務士、上級情報処理士、国内旅行業務取扱管理者、ホスピタリティ検定、ITパスポート試験など。

食物栄養学科

定員（専攻名・定員）／修業年限
60人／２年

多彩な講義・実験・実習を通して、食と栄養と健康のあり方を総合的・多角的に修得し、健康な食生活を指導できる、食と栄養のスペシャリスト「栄養士」を養成します。

卒業後は、医療・福祉・介護施設、保育園、食品関連企業など活躍の場は多く、毎年高い就職率を実現しています。管理栄養士を目指す学生は、金沢学院大学栄養学部（管理栄養士養成課程）の３年次に編入学する道も開かれています。

◆**取得免許&資格**　栄養士、栄養教諭二種免許、フードスペシャリスト受験資格、社会福祉主事〈任用〉。

幼児教育学科

定員（専攻名・定員）／修業年限
50人／２年

乳幼児の発達にともなう主体的な活動などを援助・指導できる「子どもの専門家」としての保育者を養成します。

幼児教育・保育から小学校教育への円滑な橋渡しができるなど、子どもたちの将来を真剣に考える力を持った保育者を目指します。卒業時には幼稚園教諭二種免許と保育士資格の同時取得が可能で、認定こども園への就職にも対応しています。

また、授業内外で幅広い学びができるように、学内に「こどもセンター」を開設しています。地域の子どもとその保護者に開放し、子育て支援のイベントを通じて地域とともに教育を考えていきます。保育・教育に関わる専門家と出会い、実践に向けた考えが深められる環境を整えています。

◆**取得免許&資格**　幼稚園教諭二種免許、保育士。

前年度　選抜方法

●**推薦**＝書類審査、小論文、面接
●**一般（入試科目・配点）**
（Ⅰ～Ⅲ期共通）
◇**全学科（200点満点）**＝国数理外〈国総〔除く古・漢〕、数Ⅰ・A、生基、コミュ英Ⅰ・Ⅱ・英表Ⅰ→２〉(各100)
ただし数・理の組み合せは不可。
◉**2025年度の募集要項は８月上旬に配布予定**

かなざわせいりょうだいがくじょし

金沢星稜大学女子短期大学部

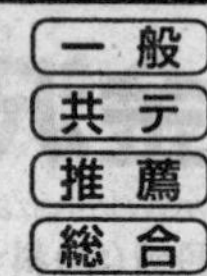

www.seiryo-u.ac.jp/c/

設置(学)科＝経営実務

CAMPUS GUIDE

●所在地　〒920-8620　石川県金沢市御所町丑10の１　☎(076)253-3922

●交通　ＪＲ金沢駅から兼六園口(東口)5番のりばよりＪＲバスで星稜高校下車、徒歩1分。または鳴和下車、徒歩10分。ＪＲ金沢駅から兼六園口(東口)1番のりばより北陸鉄道バスで鳴和下車、徒歩10分。または金沢星稜大学・高校下車、徒歩1分。ＩＲ東金沢駅から徒歩20分。

●設立　昭和54年

●学生総数　女233人

▼要項請求先＆問合せ先　入学課

特別選抜 帰国	特別選抜 社会人	学外試験会場	授業料減免 免除	授業料減免 減額	奨学金制度 給付	奨学金制度 貸与	学生寮 男子	学生寮 女子	海外留学	海外研修	編入制度	専攻科
×	○	5	×	×	○	×	×	×	×	○	○	×

※以下、定員は2025年予定。

経営実務科

定員(専攻名・定員)／修業年限

98人／２年

社会に出て即戦力として活躍できる地域社会のキーパーソンの育成を目指し、４年制大学に負けない濃く充実した学びを通じて、「２年で４年を超える」納得のいく進路を見出します。多くの卒業生が社会で輝く女性（ひと）として、未来に羽ばたいています。

経営学の知識や簿記･会計能力、Word、Excel、PowerPointなどのITスキルや接遇能力、さらに語学力を磨き、ビジネスの現場で生かされる経営実務能力の育成をカリキュラムの中心に据えています。

ビジネスや社会で生きるマナーや立ち居振る舞いを修得する特有のカリキュラムを設定しています。実務だけでなく一人の社会人として豊かな知性や感性を磨き、社会・企業から必要とされる人材を育成します。

「CDP（キャリア・ディベロップメント・プログラム）」は、公務員や会計のプロを目指す学生に向け、ダブルスクールをせずに学内で計画的に合格を目指す独自のプログラムです。外務省などの国家公務員や地方公務員などに合格者を輩出しています。

前年度　選抜方法

●推薦＝書類審査、基礎学力検査（国総〈除く古・漢〉、コミュ英Ⅰ、数Ⅰ→２〈高得点の２科目〉）のほか、試験区分により面接を課す

●一般（入試科目･配点）

（Ａ日程・Ｂ日程共通）

◇経営実務(100点満点)＝国数外〈国総・国表〔除く古・漢〕、数Ⅰ・Ａ、コミュ英Ⅰ・Ⅱ・英表Ⅰ・Ⅱ→１〔高得点の１科目〕〉

◉2025年度の募集要項は６月上旬に配布予定

⇩「資格別 取得可能な短大・学科」「就職状況」「大学への編入」「学費」は巻末データ集に収録

金城大学短期大学部

一般　共テ　推薦　総合

www.kinjo.ac.jp/kjc/

設置(学)科＝ビジネス実務、美術、幼児教育

CAMPUS GUIDE

●**所在地**　〒924-8511　石川県白山市笠間町1200
☎(076)276-5175（入試広報部直通）
●**交通**　ＪＲ北陸本線加賀笠間駅下車、徒歩10分。
●**設立**　昭和51年
●**学生総数**　男53人・女434人
▼**要項請求先＆問合せ先**　入試広報部

特別選抜 帰国	特別選抜 社会人	学外試験会場	授業料減免 免除	授業料減免 減額	奨学金制度 給付	奨学金制度 貸与	学生寮 男子	学生寮 女子	海外留学	海外研修	編入制度	専攻科
×	○	3	×	○	×	×	×	×	×	○	○	×

ビジネス実務学科

定員（専攻名・定員）／修業年限
95人／2年

デジタルコミュニケーション、フードビジネス、ビジネス総合、メディカル秘書、ホテル・観光の５コースを設置しています。

フィールド・ユニット制を導入した「カフェテリア履修」により、多彩な科目から、自分の希望や興味に合わせて科目を選び、学ぶことができます。一般事務、医療事務、介護事務、IT・デジタル、金融・ビジネス、ホテル・観光、ブライダル、フードビジネス、情報・メディア、公務員、ビューティー・ファッション、女子力アップにつながる科目などを用意し、「なりたい自分」を目指します。専門科目は資格・検定の内容と直結しているため、資格取得につながるカリキュラムになっています。

◆**取得免許＆資格**　ビジネス実務士、秘書士、情報処理士、観光実務士、社会福祉主事〈任用〉など。

美術学科

定員（専攻名・定員）／修業年限
65人／2年

油画・日本画、マンガ・キャラクター、デザイン・ビジネス、ゲーム・映像、ファッション・スタイリスト、染色・陶芸、インテリア・コーディネートの７コース。

1年前期に全てのコースを体験した上でコース選択。月曜から金曜の午前中は全て演習時間なので、創作活動にたっぷり時間を使うことができます。2年間で十分な実力を身につけるために、「深く狭く研究する」ことを重視。外部審査員を招いて行う公開オーディションを通して、構想力、提案力、問題解決能力、発信力、プレゼンテーション力を磨きます。

◆**取得免許＆資格**　Illustratorクリエイター能力認定試験、インテリアコーディネーターなど。

幼児教育学科

定員（専攻名・定員）／修業年限
90人／2年

45年以上の歴史と実績があり、多数の先輩が現場で活躍しています。公務員試験（保育士）には過去3年で23名が現役合格するなど、就職支援、公務員試験対策も充実しています。また、2024年度「こどものあそび」を学ぶ新しいカリキュラムがスタート！「健康・環境」「人間関係」「言葉・造形」「身体・音楽」の4つのフィールドから遊びを探求し、保育現場との関わりを通して、現場で役立つ力を身につけます。

◆**取得免許＆資格**　幼稚園教諭二種免許、保育士。

前年度　選抜方法

●**推薦**＝書類審査、面接、実技・創作文・作品持参より選択（美術のみ）
●**一般（入試科目）（Ａ日程）**
◇**ビジネス実務、幼児教育**＝国外〈国総〔除く古・漢〕、コミュ英Ⅰ・Ⅱ〔除くリスニング〕→1〉
◇**美術**＝①実技（鉛筆デッサン、鉛筆イラスト→1）、②創作文、③作品持参
※①②③から1つを選択
〈**注**〉他に面接（全学科）あり
◉**2025年度の募集要項は９月上旬に配布予定**

中部 私立 金城大学短期大学部 金沢星稜大学女子短期大学部

仁愛女子短期大学

一般 共テ 推薦 総合

www.jin-ai.ac.jp/

設置(学)科＝生活科学、幼児教育

CAMPUS GUIDE

●**所在地** 〒910-0124 福井市天池町43の1の1 ☎(0776)56-1133
●**交通** ＪＲ北陸本線森田駅から徒歩15分。
●**設立** 昭和40年
●**学生総数** 女392人
▼**要項請求先＆問合せ先**
入学・地域支援課

特別選抜 帰国	社会人	学外試験会場	授業料減免 免除	減額	奨学金制度 給付	貸与	学生寮 男子	女子	海外留学	海外研修	編入制度	専攻科
×	○	×	×	×	○	×	×	×	×	○	○	×

生活科学学科

定員(専攻名・定員)／修業年限
100人／２年

ICT＋デザイン思考でこれからの社会で輝く人材を育成します。将来の進路を見据えた３つのコースで、希望の進路に対応する学びを深めます。

地域ビジネス実践コースでは、ビジネススキル、マーケティングなどを学び、フィールドワークでコミュニケーション能力と実践力を身につけます。公務員、金融、観光・ホテル、営業・販売、サービス、広報、企画など幅広い分野への就職を目指します。

オフィス実務コースでは、ITスキル、秘書実務、簿記・会計、語学など、オフィスでの実務能力を身につけます。さまざまな企業の事務職や医療事務への就職を目指します。

デジタル表現コースでは、WebやSNSなどのメディアを活用し、情報を伝えるための視覚的な表現方法を身につけます。グラフィックデザイナー、Webデザイナー、プログラマーなどを目指します。

また、「Jin-tanDX 人材育成プログラム」で資格取得を強力にサポート。資格に対応した授業や対策講座、報奨金の支給など、資格取得を応援します。

◆**取得免許&資格** 情報処理士、ビジネス実務士、秘書士、ウェブデザイン実務士、Microsoft Office Specialist、秘書検定、サービス接遇検定、FP技能検定、医療事務、日商PC検定（文書作成)、販売士、色彩検定、ITパスポート、インテリアコーディネーターなど。

幼児教育学科

定員(専攻名・定員)／修業年限
100人／２年

２年間で幼稚園教諭二種免許と保育士資格を取得し、高い実践力を身につけた保育者を養成します。他にも保育業界で活躍するために役立つ認定絵本士、保育心理士（二種)、レクリエーション・インストラクターなどの資格取得が可能です。附属幼稚園や保育園がキャンパス内にあり、園児たちと触れ合いながら将来、保育者として活躍するための知識や技術を身につけていきます。

幼稚園や保育所での実習は、２年間に10週間以上と豊富で、実習の事前・事後でのサポート体制を設けるなど、安心して実習を行うことができます。卒業生の90％以上が保育者のプロとして、保育所や幼稚園、認定こども園に就職しています。公務員試験に合格して公務員の保育士になる人もいます。

◆**取得免許&資格** 幼稚園教諭二種免許、保育士、レクリエーション・インストラクター、リトミック２級指導資格、認定絵本士、保育心理士二種。

前年度 選抜方法

●**推薦**＝書類審査、面接、基礎力検査（国語〈除く古・漢〉)
●**一般（入試科目・配点)（A日程)**
◇**全学科(100点満点)**＝国数〈国総〔除く古・漢〕、数Ⅰ・A→1〉(90)／調査書(10)
◉**2025年度の募集要項は５月中旬に発表予定**

⇩「資格別 取得可能な短大・学科」「就職状況」「大学への編入」「学費」は巻末データ集に収録

帝京学園短期大学

一般 推薦 総合

teikyo-gjc.ac.jp/
設置(学)科＝保育

CAMPUS GUIDE

●所在地　〒405-0018　山梨市上神内川1150の1
☎(0553)23-1240
●交通　ＪＲ中央本線山梨市駅下車、徒歩５分。
●設立　昭和42年
●学生総数　男１人・女70人
▼要項請求先＆問合せ先　入試広報担当

特別選抜 帰国	特別選抜 社会人	学外試験会場	授業料減免 免除	授業料減免 減額	奨学金制度 給付	奨学金制度 貸与	学生寮 男子	学生寮 女子	海外留学	海外研修	編入制度	専攻科
×	×	×	○	○	○	×	×	×	×	○	○	×

保育科

定員(専攻名・定員)／修業年限
50人／２年

専門科目を中心に少人数制の授業を行っています。学生の能力に応じたきめ細かな個別指導を通して、保育の現場に必要な技術や知識を学ぶことができます。

実習に向けての事前指導をはじめ、各教科では模擬授業を多く取り入れ、教材研究も盛んに行っています。そして実習後は、個人面談を行い、今後の課題を再確認し、次の実習につなげていきます。

地域の子育て支援活動に学生も参加し、手作り紙芝居の読み聞かせや、エプロン型シアター・パネル型シアターの発表などを行っています。地域の子どもたちとふれあう体験を通して、多くのことを学ぶことができます。

また、海外研修旅行を実施しています。現地の幼稚園・保育所の子どもたちとの交流を行い、その国での幼児教育のあり方について講義を受け、保育者としての国際的視野を広げていきます。

乳幼児教育に必要な技術と知識を学ぶため実践的なカリキュラムを編成しています。

「自然観察」は、豊かな自然環境を生かした授業です。自然物を活用した遊びなどを活動的に学んでいきます。また「保育技術研究」など、保育者としての技術力や表現力を高めるための授業も多く開講しています。

◆**取得免許&資格**　幼稚園教諭二種免許、保育士、社会福祉主事〈任用〉、児童厚生二級指導員、ピアヘルパー認定試験受験資格、自然体験活動指導者など。

前年度　選抜方法

●**推薦**＝書類審査、面接、小論文
●**一般（入試科目）**
◇**保育**＝国語
〈注〉他に面接あり
◎**2025年度の募集要項は７月中旬に配布予定**

山梨学院短期大学

一般
推薦

www.ygjc.ac.jp
設置(学)科＝食物栄養、保育

CAMPUS GUIDE

●**所在地** 〒400-8575 山梨県甲府市酒折2丁目4の5 ☎(055)224-1400
●**交通** JR中央本線酒折駅下車、徒歩約3分。またはJR身延線善光寺駅下車、徒歩約12分。
●**設立** 昭和21年
●**学生総数** 男41人・女399人
●**専攻科** 保育25人・2年
▼**要項請求先&問合せ先**
事務局

特別選抜 帰国	特別選抜 社会人	学外試験会場	授業料減免 免除	授業料減免 減額	奨学金制度 給付	奨学金制度 貸与	学生寮 男子	学生寮 女子	海外留学	海外研修	編入制度	専攻科
○	○	×	○	○	×	×	×	×	×	×	○	○

「食物栄養科の2コース」と「保育科＋専攻科保育専攻」で、学生それぞれの夢の実現をサポートしています。

大学と共通の、広くてきれいなキャンパスには、総合図書館や情報プラザ、メモリアルホール、丸善キャンパスショップなど、充実した施設・設備が整っています。

食物栄養科パティシエコースの実習棟「山梨学院スイーツスタジオ」では、洋菓子・和菓子・製パンとレストランサービスの実習を行います。

食物栄養科

定員（コース名・定員）／修業年限
70人（栄養士50・パティシエ20）／2年

食物栄養科では、理論と実践を重ね合わせて学べるように、多くの専門教育科目で、講義と実験・実習が組み合わされています。以下の2コースを設置しています。

栄養士コースでは、栄養士資格を取得し、食分野から人びとの健康を支えるスペシャリストを目指します。食に関わる専門的な知識・技能・実践力を幅広く身につけることができます。

卒業後は、栄養士などの専門職として、事業所・病院・学校などに就職します。

パティシエコースでは、卒業までに製菓衛生師資格を取得し、パティシエやパン職人などを目指します。洋菓子・和菓子・製パンの技術習得だけでなく、食品衛生の知識も深めていきます。山梨県ケーキショーをはじめ、さまざまなコンテストにも参加します。

◆**取得免許&資格** 栄養士コース－栄養士。パティシエコース－製菓衛生師国家試験受験資格。両コース－レストランサービス技能士3級受検資格、スイーツマイスター（短大独自の認定資格）など。

保育科

定員（専攻名・定員）／修業年限
130人／2年

子どもたちを健やかに育む「幼児教育・児童福祉のプロ」を目指す保育科では、実践を通して学び、教育・福祉分野で社会に貢献できる力を身につけます。

保育科を卒業後、専攻科保育専攻に進学し、幼稚園教諭一種免許や小学校教諭一種免許などの上位資格を取得することもできます。

教育と福祉のリーダーを目指す専攻科では、少人数教育によりさらに専門性を深めます。現場実習では週に1回、年間を通じて保育・教育の現場で実務に就き、実践力を高めます。

◆**取得免許&資格** 保育士、幼稚園教諭二種免許、小学校教諭二種免許、社会福祉主事〈任用〉、ピアヘルパーなど。

前年度 選抜方法

●**推薦**＝書類審査、面接、自己表現文試験
●**一般（入試科目・配点）（一般A）**
◇**全科（200点満点）**＝国数理外〈国総〔除く古・漢〕、数Ⅰ・A、化基、生基、コミュ英Ⅰ・Ⅱ・英表Ⅰ→2。数と理、理2科目の組合せ不可〉（各100）
◉**2025年度の募集要項は7月上旬に配布予定**

⇩「資格別 取得可能な短大・学科」「就職状況」「大学への編入」「学費」は巻末データ集に収録

飯田短期大学

一般　推薦　総合

www.iida.ac.jp

設置(学)科＝生活科学、幼児教育、看護

CAMPUS GUIDE

●所在地　〒395-8567　長野県飯田市松尾代田610
☎（0265）22-9700（入試事務局直通）
●交通　ＪＲ飯田線伊那八幡駅下車、徒歩約15分。または中央自動車道飯田インターチェンジから車で約８分。
●設立　昭和42年
●学生総数　男24人・女403人
●専攻科　地域看護学15人・１年、助産学５人・１年、養護教育10人・２年
▼要項請求先＆問合せ先
入試事務局

特別選抜 帰国	特別選抜 社会人	学外試験会場	授業料減免 免除	授業料減免 減額	奨学金制度 給付	奨学金制度 貸与	学生寮 男子	学生寮 女子	海外留学	海外研修	編入制度	専攻科
×	○	×	×	×	×	○	×	×	×	×	○	○

「うつくしく生きる」を建学の精神に、専門職業人として社会に貢献できる人間（ひと）育成を目指しています。

キャンパスは、東京と名古屋を結ぶ中央自動車道のほぼ中間、飯田インターチェンジの近くにあり、キャンパス内には、学科、専攻、コース別に充実した教育設備が整っています。

健康・福祉・教育関係の資格を取得できる学科構成で、基礎教養科目から専門科目へ、また学外実習へと、段階的に実力を高められるカリキュラムを編成しています。

生活科学学科

定員(専攻名・定員)／修業年限

130人（生活科学40・介護福祉40・食物栄養50）／２年

生活科学専攻は、伝統と実績に加えて、きめ細かな学生支援を行うことで定評があります。

そのような環境のなかで、衣食住を学び、養護教諭の養成、医療事務資格の取得が可能です。

また、イラスト、ファッション、染織などのデザイン系科目も充実しており、「好きなこと」に没頭できる環境で、関連のある各種資格の取得が可能です。

多彩な分野から科目を選択し、自分の目指す将来の職種へ向けて、着実に力のつくカリキュラム編成ができます。

短大卒業後、専攻科養護教育専攻へ進むと、養護教諭一種免許と学士（教育学）も取得できます。

介護福祉専攻では、介護を受ける一人ひとりの「その人らしい生活」を合言葉に、専門的技術と知識を持つ介護福祉士を養成します。

食物栄養専攻では、人びとの健康に携わる、実力ある食生活の専門家を育成します。

卒業後、栄養士として３年以上の実務経験を積めば、管理栄養士国家試験の受験資格が得られます。

◆取得免許&資格　全専攻－社会福祉主事〈任用〉。生活科学専攻－養護教諭二種免許、医療事務（ドクターズクラーク等全６資格）、色彩検定２・３級など。介護福祉専攻－介護福祉士国家試験受験資格、福祉住環境コーディネーター２・３級など。食物栄養専攻－栄養士、栄養教諭二種免許、フードスペシャリスト受験資格、准学校心理士など。

幼児教育学科

定員(専攻名・定員)／修業年限

60人／２年

一人ひとりの子どもの興味・関心を、豊かな遊びへと展開していくことができる「保育の力」を育てます。歌う、踊る、演じる、創作するなどの表現力を磨くことで、子どもとともに生き、育つことができます。

子どもを取り巻く生活や社会環境を学び、実習を重ねることで、保護者からも信頼される保育者を目指します。

また、心理学の学習を通して、悩みや障がいのある子どもたちを援助する能力を身につけます。ケースワークやカウンセリングに関する実習を行い、人を勇気づけ、支えていくことができる力を身につけます。

姉妹園である慈光幼稚園、慈光保育園、慈光松尾保育園で実習を行い、経験豊かな幼稚園教諭や保育士の教育活動に触れることができます。

◆取得免許&資格　幼稚園教諭二種免許、保育士、保育心理士（二種）、幼稚園・保育園のためのリトミック指導資格１・２級、保健児童ソーシャルワーカー、社会福祉主事〈任用〉、ピアヘルパーなど。

看護学科

定員(専攻名・定員)／修業年限

60人／３年

看護師は人の誕生から死に至る「いのち」の生老病死の全てに関わります。それだけに、教育理念では看護者として必要な豊かな人格と識見を養うことを大切にしています。

また、相手を尊重し、寄り添うことのできる看護師を目指し、相手の立場で、今何が必要で何ができるかを考え実行するために、自ら学び高めていける人材を育成します。

１年次に看護の基礎を身につけ、２年次に学んだ知識と技術を応用して演習や実習に臨みます。

３年次には５月から11月にわたり領域別実習を行うほか、12月に卒業研究発表会を実施します。

国家試験対策は、少人数グループに分かれ、担当教員一人ひとりが親身に指導を行い、全員合格を目指します。

併設されている専攻科の地域看護学専攻と助産学専攻は、４年制大学と同等の看護学の学士号が得られる認定専攻科です。

◆取得免許&資格　看護師国家試験受験資格、保健師・助産師学校と養護教諭養成課程の受験資格。

前年度 選抜方法

●推薦＝書類審査、小論文、面接
●一般（入試科目）（Ａ・Ｂ共通）
◇生活科学、幼児教育＝国数理外〈国総〔除く古・漢〕、数Ⅰ〔除くデータ分析〕、生基、コミュ英Ⅰ→１〉
◇看護＝国総〈除く古・漢〉／数Ⅰ〈除くデータ分析〉／理外〈生基、コミュ英Ⅰ→１〉
〈注〉他に面接あり
◎2025年度の募集要項は６月中旬に配布予定

上田女子短期大学 (2025年4月から上田短期大学に名称変更予定)

一般 推薦 総合

www.uedawjc.ac.jp/

設置(学)科＝幼児教育、総合文化

CAMPUS GUIDE

●所在地　〒386-1214　長野県上田市下之郷乙620　☎(0120)375901

●交通　ＪＲ・しなの鉄道上田駅から上田電鉄別所線で大学前駅下車、徒歩6分。

●設立　昭和42年

▼要項請求先＆問合せ先　入試事務室

特別選抜 帰国	特別選抜 社会人	学外試験会場	授業料減免 免除	授業料減免 減額	奨学金制度 給付	奨学金制度 貸与	学生寮 男子	学生寮 女子	海外留学	海外研修	編入制度	専攻科
○	○	1	○	○	○	○	×	×	×	○	○	×

※2025年4月、男女共学化、校名変更予定。

幼児教育学科

定員（専攻名・定員）／修業年限

100人／2年

保育者としての基礎を固めるとともに、自分の興味に沿ったコース（自然保育、福祉社会、表現文化）を選択することにより、基礎力＋αの知識と技術を養います。ピアノの授業は習熟度に合わせたクラス編成とカリキュラムを用意しており、初心者も安心して学ぶことができます。

また、附属幼稚園が隣接しているため、実践の場が豊富にあります。プレ実習や園行事の手伝いを通し、生きた保育を学び、保育者としての資質を高めます。

◆取得免許&資格　幼稚園教諭二種免許、保育士など。

総合文化学科

定員（専攻名・定員）／修業年限

80人／2年

日本語学、日本文学、創作・表現、文化学、ブライダル、心理・人間関係、ビジネス・医療事務、図書館司書の多種多様な８つの分野を展開しています。学生は自らの興味・関心や将来の目標に沿って、自分だけのカリキュラムを編成できます。

また、インターンシップなど、就職活動へ向けた研修体験の場や学びを生かし実践する場を豊富に用意しています。資格・検定に対応した授業科目も設置し、資格取得に向けたサポートを行います。

◆取得免許&資格　司書、メディカルクラーク、ピアヘルパー、秘書検定、ブライダルコーディネート技能検定など。

前年度　選抜方法

●推薦＝書類審査、面接

●一般（入試科目）

（A・B・C日程）

◇全学科＝小論文

〈注〉他に面接（全学科）あり

◉2025年度の募集要項は6月中旬に配布予定

佐久大学信州短期大学部

一般 共テ 推薦 総合

www.saku.ac.jp/tanki_daigakubu/

設置(学)科＝福祉

CAMPUS GUIDE

●所在地　〒385-0022　長野県佐久市岩村田2384　☎(0267)68-6680

●交通　ＪＲ北陸新幹線・小海線佐久平駅下車、徒歩15分／スクールバス5分。

●設立　昭和63年

●学生総数　男27人・女49人

▼要項請求先＆問合せ先　入試広報課

特別選抜 帰国	特別選抜 社会人	学外試験会場	授業料減免 免除	授業料減免 減額	奨学金制度 給付	奨学金制度 貸与	学生寮 男子	学生寮 女子	海外留学	海外研修	編入制度	専攻科
○	○	×	×	○	○	○	×	×	×	×	○	×

福祉学科

定員（専攻名・定員）／修業年限

50人（介護福祉25・子ども福祉25）／2年

地域包括ケア先進地「佐久」の特性を生かし、充実した実習施設や地域の福祉資源を体験できる環境を用意。併設の佐久大学の教員や地域の現場で実際に働く専門職による実践的な授業もあり、福祉を総合的に学ぶことができます。

介護福祉専攻では、高齢者や障がいを持つ人を対象とした福祉・介護の専門職としての責任と役割を自覚し、尊厳のあるケアを実践できる介護福祉士を育成。介護技術の基本を習得し、豊富な実習先で実践的な経験を重ね、専門職としての実践力とマネジメント力を養います。

子ども福祉専攻では、子どもの健やかな成長や子育てを見守るため、保育・福祉の本質を理解し、幅広い福祉ニーズに対応した相談援助のできる保育士を育成。保健・医療・福祉に関する多様な科目を学び、実践的な保育技術と指導力を身につけ、多職種との連携にも対応できる力を養います。

少人数教育に加え、各専門分野にキャリア豊富な教員を配置。学生と教員との距離が近く、一人ひとりに目が行き届きます。学修や資格取得のサポートはもちろん、対人関係や心身の悩みなど、何でも相談できる窓口を複数用意しています。

◆取得免許＆資格　介護福祉士国家試験受験資格、保育士、社会福祉主事〈任用〉など。

前年度　選抜方法

●推薦＝書類審査、論述試験、面接

●一般(入試科目)

(前期・後期共通)

◇福祉＝国総（近代以降の文章）

〈注〉他に書類審査、面接あり

◉2025年度の募集要項は6月下旬に配布予定

⇩「資格別 取得可能な短大・学科」「就職状況」「大学への編入」「学費」は巻末データ集に収録

しんしゅうほうなん 信州豊南短期大学

一般 推薦 総合

www.honan.ac.jp/

設置(学)科＝言語コミュニケーション、幼児教育

CAMPUS GUIDE

●所在地 〒399-0498 長野県辰野町中山72 ☎(0120)100-405
●交通 JR辰野駅下車、徒歩約25分。またはJR宮木駅下車、徒歩約15分。
●設立 昭和58年
●学生総数 男49人・女126人
▼要項請求先＆問合せ先 入試広報室

特別選抜 帰国	社会人	学外試験会場	授業料減免 免除	減額	奨学金制度 給付	貸与	学生寮 男子	女子	海外留学	海外研修	編入制度	専攻科
○	○	1	○	○	○	×	×	○	○	○	○	×

言語コミュニケーション学科

定員(専攻名・定員)／修業年限
100人／2年

以下の５つのフィールドから、科目を自由に選択できます。

図書館司書フィールドでは、司書資格の取得を目指します。心理・医療福祉フィールドでは、心理学や福祉、医療事務などについて学びます。サブカル・日本文学フィールドでは、日本のアニメ・マンガ・ゲームなどを研究します。英語・国際文化フィールドでは、英語を学び、国際文化の理解を深めます。情報・地域フィールドでは、情報活用能力を備えた地域に貢献できる人材を育成します。

◆取得免許&資格 司書、ピアヘルパー受験資格など。

幼児教育学科

定員(専攻名・定員)／修業年限
100人／2年

子どもたちに伝えたい感動体験、たとえば言葉や音楽などの表現活動や、自然の持つすばらしさなどについて学生自らが体験することで、感動体験を伝えるスキルと、豊かな心を養います。

「保育内容の指導法（表現・音楽)」では、２年間の総まとめとして、２年生全員が音楽劇を発表します。音楽の持つ力を体得しながら、指導力も身につけます。また、「子どもの英語」の授業では、英語での遊びの説明、指導ができるよう、英語力を養います。

◆取得免許&資格 幼稚園教諭二種免許、保育士など。

前年度 選抜方法

●推薦＝書類審査、基礎学力試験、小論文（奨学生〈学業〉のみ)、面接
●一般(入試科目・配点)（Ⅰ～Ⅳ期共通)
◇**全学科（100点満点)** ＝国外〈国総〔除く古・漢〕、コミュ英Ⅰ・Ⅱ・英表Ⅰ→１〉
〈注〉 他に面接あり
◉2025年度の募集要項は６月上旬に配布予定

清泉女学院短期大学（2025年４月から清泉大学短期大学部に改称予定)

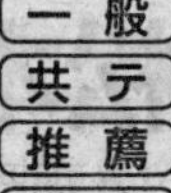

一般 共テ 推薦 総合

www.seisen-jc.ac.jp/

設置(学)科＝こども(2025年名称変更予定)

CAMPUS GUIDE

●所在地 〒381-0085 長野市上野２丁目120の８
☎(026)295-1310(入試広報部直通)
●交通 しなの鉄道北しなの線三才駅下車、徒歩約13分。
●設立 昭和56年
●学生総数 女260人
●専攻科 人間学５人・１年、助産学５人・１年
▼要項請求先＆問合せ先 入試広報部

特別選抜 帰国	社会人	学外試験会場	授業料減免 免除	減額	奨学金制度 給付	貸与	学生寮 男子	女子	海外留学	海外研修	編入制度	専攻科
○	○	×	×	×	○	○	×	×	×	○	○	○

※2025年4月、男女共学化、校名変更予定。幼児教育科をこども学科に名称変更予定。国際コミュニケーション科は募集停止予定。以下の内容は2025年予定。

こども学科

定員(専攻名・定員)／修業年限
100人／2年

幼児教育科の42年の歴史を踏まえて大幅にアップデートし、旧来の「幼児教育」の枠組みを超えた「近未来の保育者」の育成を目指します。

１年次は保育理論と実践を基礎から学び、清泉独自の「初年次教育プログラム」でさまざまな体験を通して、社会人基礎力、コミュニケーション力をしっかり身につけます。２年次は、担当教員のもと、興味のあるテーマについて、さらに専門的な保育理論と実践を深める「卒業研究セミナー」で、保育者に必要な力とこころを高めていきます。

2024年春には、保育実践をよりリアルに学ぶ施設「クリスティーナ館」が完成。充実した設備の保育演習室・乳児演習室、ピアノ30台完備のミュージックラボラトリ、スタジオとしてダンスやお遊戯の練習など多用途に対応可能な表現系自由教室など、保育実践のための充実した施設になっています。

◆取得免許&資格 幼稚園教諭二種免許、保育士、自然体験活動指導者（NEALリーダー)、児童厚生二級指導員、認定絵本士。

前年度 選抜方法

●推薦＝書類審査、面接
●一般(入試科目)（A日程)
◇**幼児教育**＝国外実〈国総〔除く古・漢〕、コミュ英Ⅰ・Ⅱ〔除くリスニング〕、実技〔音楽〕→１〉
〈注〉 他に面接あり
◉2025年度の募集要項は６月末日にホームページで公開予定

長野短期大学（旧称／長野女子短期大学）

一般
推薦
総合

www.naganojc.ac.jp

設置(学)科＝食物栄養、幼児教育

CAMPUS GUIDE

●**所在地** 〒380-0803 長野市三輪９丁目11の29
☎(026)241-0308
●**交通** ＪＲ長野駅から、長野電鉄で本郷駅下車、徒歩約５分。
●**設立** 昭和42年
▼**要項請求先＆問合せ先**
入試広報課

特別選抜 帰国	社会人	学外試験会場	授業料減免 免除	減額	奨学金制度 給付	貸与	学生寮 男子	女子	海外留学	海外研修	編入制度	専攻科
×	○	×	×	○	×	×	×	×	×	×	○	×

食物栄養学科

定員（専攻名・定員）／修業年限
50人／２年

国家資格である「栄養士」をはじめ「フードスペシャリスト」､「健康管理士一般指導員」等の資格を目指します。

校外実習では、こどもカフェをはじめ、ボランティア活動などを通して社会的視野を広げ専門性を磨きます。また、地域社会に貢献する経験をすることもできます。「栄養士」は、厚生労働省から指定された栄養士養成施設で学び、必要な知識と技術を修得します。

◆**取得免許&資格** 栄養士、フードスペシャリスト、健康管理士一般指導員など。

幼児教育学科

定員（専攻名・定員）／修業年限
50人／２年

地域のニーズに応え「幼稚園教諭」および「保育士」を目指します。幅広い教養と汎用的技能および社会の一員としての心構えや、自ら学び続ける姿勢とともに、幼稚園教諭、保育士に必要なスキルを身につけます。

幼稚園教諭、保育士の養成課程で差が出るのは実習先です。地元「信学会」の全面協力のもと、数多くの実習先を確保しています。

また、少人数制授業で学生をサポートします。さらに充実した教授陣を揃え、幼稚園教諭、保育士を目指す皆さんを強力にバックアップします。

◆**取得免許&資格** 幼稚園教諭二種、保育士

前年度 選抜方法

●**推薦**＝書類審査、面接、小論文
●**一般（入試科目）（A期・B期共通）**
◇**食物栄養**＝小論文
◇**幼児教育**＝書類審査、国外〈国総〔除く古・漢〕、コミュ英Ⅰ・Ⅱ→1〉
〈注〉 他に面接あり
◉**2025年度の募集要項は５月中旬に配布予定**

松本短期大学

一般
推薦
総合

www.matsutan.jp

設置(学)科＝幼児保育、介護福祉

CAMPUS GUIDE

●**所在地** 〒399-0033 長野県松本市笹賀3118 ☎(0263)58-4417
●**交通** ＪＲ村井駅から徒歩約25分。またはスクールバス約10分。
●**設立** 昭和47年
●**学生総数** 男46人・女174人
▼**要項請求先＆問合せ先**
事務局入試広報室

特別選抜 帰国	社会人	学外試験会場	授業料減免 免除	減額	奨学金制度 給付	貸与	学生寮 男子	女子	海外留学	海外研修	編入制度	専攻科
×	○	×	×	○	×	×	×	×	×	×	○	×

幼児保育学科

定員（専攻名・定員）／修業年限
100人／２年

豊かな人間性を育むため、幅広い教養を身につけ、専門的な知識や技能を高めます。

教養基礎科目では、「健康と運動」「キャリア形成」「暮らしの中の憲法」などを学びます｡実習では､講義だけでは得られない知識と技能､教育者として望ましい態度などを､実践を通して身につけます｡専門科目には､教育原理､保育原理､保育者論などがあります。

◆**取得免許&資格** 幼稚園教諭二種免許､保育士､社会福祉主事〈任用〉。

介護福祉学科

定員（専攻名・定員）／修業年限
40人／２年

社会で求められる良質な介護サービスを提供できる介護福祉士を養成します｡将来､介護の現場で働く者にふさわしい人間性を養います。知識としてだけでなく、自らの体験を通して、介護の抱える諸問題を認識できるように工夫されたカリキュラム編成です。

「介護の基本」「生活支援技術」「介護過程」「こころとからだのしくみ」「人間の理解」「社会の理解」などを学び、総合的な知識を身につけます。

学外で行われる実習科目に、介護実習があります｡介護実習では､実際に現場で介護や社会福祉に携わる人たちによる指導が十分に受けられます。

◆**取得免許&資格** 介護福祉士国家試験受験資格､社会福祉主事〈任用〉。

前年度 選抜方法

●**推薦**＝書類審査、小論文、面接
●**一般（入試科目）**
（一期・二期共通）
◇**全学科**＝国語〈除く古・漢〉
〈注〉 他に面接（全学科）あり
◉**2025年度の募集要項は６月下旬に配布予定**

⇨「資格別 取得可能な短大・学科」「就職状況」「大学への編入」「学費」は巻末データ集に収録

松本大学松商短期大学部

一般 共テ 推薦 総合

www.matsumoto-u.ac.jp/
設置(学)科＝商、経営情報

CAMPUS GUIDE

●所在地 〒390-1295 長野県松本市新村2095の1
☎(0120)507-200（入試広報室直通）
●交通 ＪＲ松本駅から松本電鉄上高地線で北新・松本大学前駅下車、徒歩２分。
●設立 昭和28年
●学生総数 男133人・女269人
▼要項請求先＆問合せ先 入試広報室

特別選抜 帰国	特別選抜 社会人	学外試験会場	授業料減免 免除	授業料減免 減額	奨学金制度 給付	奨学金制度 貸与	学生寮 男子	学生寮 女子	海外留学	海外研修	編入制度	専攻科
○	○	4	○	○	×	○	×	×	○	○	○	×

商学科

定員(専攻名・定員)／修業年限
100人／２年

経済・経営・金融などを学び、企業組織で実践的に活躍するための知識と技術を身につけます。
◆取得免許&資格 司書、FP技能検定など。

経営情報学科

定員(専攻名・定員)／修業年限
100人／２年

社会のIT化に対応できる人材の育成を目指します。経営・法律・マーケティング・情報システムなどの専門知識を学びます。
◆取得免許&資格 司書、情報処理技能検定、ITパスポートなど。
※両学科共通カリキュラム
ビジネス系の短大の学びとして３つの大きなフィールド内に、自由に選択できるバラエティに富んだ17のフィールドを設置。
「基本フィールド」の「松商ブランド基礎フィールド」では、簿記・コンピュータの基礎を固め、ビジネス・ツールとして基礎的な英語力を身につけます。
「松商ブランド形成フィールド」では、より高度な簿記・コンピュータの技術の習得とともに、「経済・金融」や、「ITビジネス」などのフィールドから国際的なビジネス感覚を身につけます。
「オプショナル・フィールド」では、医療事務、図書館司書、スポーツ・健康などの分野を学べる多彩なフィールドを設定。フィールドの組み合わせにより自由自在な学び方が可能です。

前年度 選抜方法
●推薦＝書類審査、面接
●一般（入試科目・配点）（一般A）
◇全学科（100点満点）＝国数外商〈国総〔近代以降の文章〕、数Ⅰ・A〔図図図から２分野〕、コミュ英Ⅰ・Ⅱ、簿記→１〉
〈注〉他に面接あり
◉2025年度の募集要項は６月下旬にホームページで公開予定

中京学院大学短期大学部

一般 推薦 総合

www.chukyogakuin-u.ac.jp/
設置(学)科＝保育

CAMPUS GUIDE

●所在地 〒509-6192 岐阜県瑞浪市土岐町2216
☎(0572)68-4555
●交通 ＪＲ中央本線瑞浪(みずなみ)駅下車、無料スクールバスで約５分。
●設立 昭和41年
▼要項請求先＆問合せ先 入試広報部

特別選抜 帰国	特別選抜 社会人	学外試験会場	授業料減免 免除	授業料減免 減額	奨学金制度 給付	奨学金制度 貸与	学生寮 男子	学生寮 女子	海外留学	海外研修	編入制度	専攻科
○	○	1	○	○	×	×	○	×	×	×	○	×

保育科

定員(専攻名・定員)／修業年限
70人／２年

専門知識と技術の修得に加え、特にコミュニケーション能力の育成を目指した授業が行われます。専門科目では、保育の現場でよくあるさまざまな問題を各グループで話し合いながら解決へと導くワーク形式や、ディスカッションを取り入れた授業を導入しています。ピアノレッスンは先生との個人レッスンなので初心者も安心です。さらに、保育科専用の音楽棟には練習室とレッスン室を完備しているので、思う存分に練習に打ち込むことができます。
地域社会と連携した学外学習も充実し、地元の保育園や幼稚園での実習をはじめ、イベント参加、ボランティア活動を通して現場で役立つ実践力を養います。
２年間で学んだ保育の知識や技術は「保育科発表会」で発表します。ミュージカル、器楽演奏や、各ゼミが手掛けた研究発表展示が行われ、学生たちのアイデアが光るワークショップも見どころです。また、2024年にオンデマンド学習と対面授業を組み合わせた３年間の長期履修制度を設置しました。
創設50年以上となる本学科は、手厚い就職支援で長く地域から信頼されており、高い就職率を誇っています。加えて、メンタルケアカウンセラー資格を持つ教員や学生支援部職員などが、安定した学生生活をサポートしています。
◆取得免許&資格 幼稚園教諭二種免許、保育士、社会福祉主事〈任用〉、子育て支援員など。

前年度 選抜方法
●推薦＝書類審査、事前課題による口頭試問
●一般（入試科目）
（小論文面接型）
◇保育＝書類審査、小論文
〈注〉他に面接あり
◉2025年度の募集要項は配布中

大垣女子短期大学

一般 推薦 総合

www.ogaki-tandai.ac.jp/

設置(学)科＝幼児教育、デザイン美術、音楽総合、歯科衛生

CAMPUS GUIDE

●所在地 〒503-8554 岐阜県大垣市西之川町１丁目109
☎(0584)81-6819
●交通 ＪＲ大垣駅から名阪近鉄バスで大垣女子短大前下車。
●設立 昭和44年
▼要項請求先&問合せ先
教務・入試広報課

特別選抜 帰国	特別選抜 社会人	学外試験会場	授業料減免 免除	授業料減免 減額	奨学金制度 給付	奨学金制度 貸与	学生寮 男子	学生寮 女子	海外留学	海外研修	編入制度	専攻科
×	○	×	○	○	○	○	×	×	×	○	○	×

全学科で実施するアカデミック・アドバイザー制度により、学生一人ひとりの状況を常に把握し、夢の実現に向けてきめ細かな指導を行っています。また、学科の垣根を越えて一緒に学ぶ(教養科目)スタイルは総合女子短期大学の魅力です。

幼児教育学科

定員(専攻名・定員)／修業年限

50人／３年

保育実習や幼稚園教育実習などのほか、３年次に行う「保育実務研修」では、長期にわたって同じ園での研修を行います。現場では季節の行事や日々の取り組み、子どもとの関わりをはじめ、社会人としての基礎なども体験的に学びます。学内では教員からのアドバイスや学生同士での振り返りを行い、課題解決やスキルアップに取り組みます。また自分らしさが輝く保育者へと成長できるよう、特別支援教育、レクリエーション、音楽、造形など、多岐にわたる分野の専修科目を用意しています。保育現場で生かせる専門性の高い保育技術を身につけるとともに、関連の資格取得を目指すことができます。

◆取得免許&資格 幼稚園教諭二種免許、保育士、認定ベビーシッター、社会福祉主事〈任用〉、母子支援員〈任用〉、准学校心理士、音楽療法士２種、レクリエーション・インストラクター、初級パラスポーツ指導員など。

デザイン美術学科

定員(専攻名・定員)／修業年限

50人／２年

１年次前期はマンガ・コミックイラスト、ゲーム・CG、メディアデザインとさまざまな表現形式がある３つのコースを横断的にできるだけ体験し、自分の適性や、やりたいことを考え、後期にコースを決定します。新しいものを創り出し、社会で役立てられる表現技能を身につけるため、個人の特性に合わせた丁寧な指導を行い、一人ひとりの表現力を最大限に伸ばします。

デザイン美術学科受験希望者を対象として、毎年「ガールズクリエイターコンペティション」を開催しています。入賞者には入学実技試験免除や授業料免除の特典があります。

音楽総合学科

定員(専攻名・定員)／修業年限

50人／２年

ウィンド・リペア、管打楽器リペア、ウインドアンサンブル、ピアノ、電子オルガン、音楽療法の６コースを設置し、各コースに応じた専門の施設・設備を整え、技術力向上に専念できる環境を用意しています。

2025年からウインドアンサンブルコースと管打楽器リペアコースを同時に学べるウインド・リペアコースを新たに開設します。

管打楽器リペアコースでは、各楽器に応じた高度な修理技術を修得します。

ウインドアンサンブルコースでは、公務員音楽隊採用試験の対策に力を入れています。

ピアノコース、電子オルガンコースでは、音楽教室の講師を目指した学びができます。

音楽療法コースでは、子どもから高齢者、精神科までさまざまな分野の音楽療法を身につけます。

◆取得免許&資格 ウインドアンサンブルコース、ピアノコース、電子オルガンコース、音楽療法コース－音楽療法士２種、レクリエーション・インストラクター、社会福祉主事〈任用〉など。

歯科衛生学科

定員(専攻名・定員)／修業年限

50人／３年

モニター付ユニットチェアを使用して、実践的な知識・技術を修得します。２年次後期の「臨床・臨地実習」では、歯科医院や総合病院で歯科医師や歯科衛生士から直接指導を受け、即戦力となる技術を磨きます。また、幼稚園などで行う歯磨き指導の実習や、社会福祉施設などでの高齢者や障がい者と触れ合いを通じ、訪問歯科診療と口腔ケアの技術を身につけます。

歯科衛生士の国家資格全員取得を目指したカリキュラムで多彩な経歴をもつ教授陣が徹底したサポートをしています。

◆取得免許&資格 歯科衛生士国家試験受験資格、社会福祉主事〈任用〉、ピアヘルパー。

前年度 選抜方法

●公募推薦＝書類審査に加えて幼児教育、歯科衛生は小論文・面接、デザイン美術は実技（マンガ制作または鉛筆デッサン）または作品審査、音楽総合のピアノ、電子オルガン、ウインドアンサンブルは実技・面接、管打楽器リペアは適性検査・面接、音楽療法は実技または小論文・面接

●一般（入試科目・配点）

◇幼児教育、歯科衛生（200点満点）＝国外〈国総〔除く古・漢〕、コミュ英Ⅰ→1〉(100)／面接(50)／書類審査(50)

◇デザイン美術（100点満点）＝国総〈除く古・漢〉(30)／実技〈マンガ制作または鉛筆デッサン〉または作品審査（50）／書類審査（20）

◇音楽総合〈ピアノ、電子オルガン、ウインドアンサンブル、音楽療法〉（100点満点）＝国総〈除く古・漢〉(20)／実技（40)／面接（20）／書類審査（20）

◇音楽総合〈管打楽器リペア〉（100点満点）＝国総〈除く古・漢〉(20)／適性検査(40)／面接(20)／書類審査(20)

◉2025年度の募集要項は６月上旬に配布予定

⇨「資格別 取得可能な短大・学科」「就職状況」「大学への編入」「学費」は巻末データ集に収録

しょうげん
正眼短期大学

一般　推薦　総合

www.shogen.ac.jp　設置(学)科＝禅・人間

CAMPUS GUIDE

●所在地　〒505-0008　岐阜県美濃加茂市伊深町876の10
☎(0574)29-1372
●交通　ＪＲ高山線美濃太田駅下車、車で約20分、またはあい愛バスさとやま線「正眼短期大学」下車(所要時間25分)。
●設立　昭和30年
●学生総数　男15人・女18人
▼要項請求先&問合せ先
事務局入試係

特別選抜 帰国	特別選抜 社会人	学外試験会場	授業料減免 免除	授業料減免 減額	奨学金制度 給付	奨学金制度 貸与	学生寮 男子	学生寮 女子	海外留学	海外研修	編入制度	専攻科
○	○	×	○	○	×	○	○	○	×	×	○	×

禅・人間学科

定員(専攻名・定員)／修業年限
25人／2年

「行学一体」の教育理念のもと、学問と実践の両方から禅を学びます。仏教の専門科目、禅文化科目、坐禅などの実践科目など、特色あるカリキュラムを設置しています。一人ひとりが主役の教育を行い、幅広い年齢層の学生や留学生がともに学び、生きるために必要な力を身につけます。

前年度　選抜方法

●推薦＝書類審査、作文、面接
●一般（入試科目）
（B日程・C日程共通）
◇禅・人間＝国公作〈国総〔除く古・漢〕、倫理、作文→１〉
〈注〉他に面接あり
◉2025年度の募集要項は６月上旬に配布予定

私立　中部

正眼短期大学／中部学院大学短期大学部　大垣女子短期大学

中部学院大学短期大学部

一般　共テ　推薦　総合

www.chubu-gu.ac.jp/
設置(学)科＝幼児教育、社会福祉

CAMPUS GUIDE

●所在地　関キャンパス：幼児教育、社会福祉（介護福祉）ー〒501-3993　岐阜県関市桐ヶ丘２丁目１
☎(0575)24-2213（入試広報課直通）
各務原キャンパス：社会福祉（医療事務、ビジネスデザイン）ー〒504-0837　岐阜県各務原市那加甥田町30の１
●交通　関キャンパスーJR岐阜駅・JR美濃太田駅・JR多治見駅・名鉄犬山駅・名鉄新鵜沼駅・JR那加駅などからスクールバス（無料）。名鉄三柿野駅から岐阜バス倉知線で関商工前下車、徒歩１分。各務原キャンパスーJR那加駅から徒歩15分。または名鉄各務原市役所前駅から徒歩５分。
●設立　昭和42年
●学生総数　男37人・女256人
▼要項請求先&問合せ先　入試広報課

特別選抜 帰国	特別選抜 社会人	学外試験会場	授業料減免 免除	授業料減免 減額	奨学金制度 給付	奨学金制度 貸与	学生寮 男子	学生寮 女子	海外留学	海外研修	編入制度	専攻科
×	○	4	○	○	○	○	×	×	○	○	○	×

※以下、定員は2025年予定。

幼児教育学科

定員(専攻名・定員)／修業年限
80人／2年

乳幼児教育および保育に必要な基礎理論と技術について教授、研究し、幅広い教養および深い専門的知識を習得した保育者を養成します。

関キャンパス内には桐が丘幼稚園、各務原キャンパス内にはラ・ルーラ(子ども家庭支援センター)があるなど、子どもと関わる環境が充実しています。

多彩な幼児教育・福祉関係の附属・関連施設で、保育者として幅広い実践の場を経験することができます。

「あそびすとコース」「障がい児支援コース」「子育て支援コース」の３コースがあります。２年次から将来の目標に合わせてコースを選択し、より専門的に学んでいきます。

◆取得免許&資格　幼稚園教諭二種免許、保育士、社会福祉主事〈任用〉、児童厚生２級指導員、レクリエーション・インストラクター、認定ベビーシッターなど。

社会福祉学科

定員(専攻名・定員)／修業年限
100人／2年

介護福祉コースでは、認知症ケアや医療的ケアなど一人ひとりの心身の状態に応じた介護を、充実した学内の施設・設備で演習し、学外の実習で実践することで学びます。災害時の介護や介護施設の運営・管理など社会的貢献度の高い実践力も身につけます。

また、介護福祉士国家試験に向けて対策講座や模擬試験などの支援体制も充実しています。

医療事務コースでは、事務能力をしっかりと磨きながら、一生の支えとなる「資格」取得を目指します。

ビジネスデザインコースでは、「人が美しく輝くときの感動を体験し、なりたい自分を見つける」をテーマに、幸せで美しい人生を提案・実現する力を養います。有給インターンシップで就業力を養うことも可能です。

◆取得免許&資格　介護福祉コースー介護福祉士国家試験受験資格、レクリエーション・インストラクター、社会福祉主事〈任用〉など。介護福祉コース以外ーネイリスト技能検定、秘書検定、医療事務技能士資格検定、歯科助手乙種第一、歯科助手乙種第二など。

前年度　選抜方法

●推薦(一般)＝書類審査、小論文、面接
●一般（入試科目・配点）（一般）
◇全学科（100点満点）＝国地歴数理外〈国総〔除く古・漢〕、世B、日B、数Ⅰ・A、物基、化基、生基、コミュ英Ⅰ・Ⅱ・英表Ⅰ→１〉
◉2025年度の募集要項は７月下旬に配布予定

高山自動車短期大学

一般
推薦
総合

www.takayamacollege.ac.jp　設置(学)科＝自動車工

CAMPUS GUIDE

●所在地　〒506-8577　岐阜県高山市下林町1155　☎(0577)32-4440
●交通　JR高山駅下車、車で約5分。
●設立　昭和50年
●学生総数　男117人・女1人
●専攻科　自動車工学（一級自動車整備士課程）20人・2年
▼要項請求先&問合せ先　入試広報課

特別選抜 帰国	特別選抜 社会人	学外試験会場	授業料減免 免除	授業料減免 減額	奨学金制度 給付	奨学金制度 貸与	学生寮 男子	学生寮 女子	海外留学	海外研修	編入制度	専攻科
○	○	6	×	○	○	×	○	×	×	×	×	○

自動車工学科

定員(専攻名・定員)／修業年限
145人／2年

豊富な実習と講義により、基本的なクルマの知識と技術を習得します。さらに、オートバイ、ボディー・リペア、電気・電子などのより深い知識と技術を身につけ、二級自動車整備士の資格取得を目指します。

二級自動車整備士の資格取得後は、一級自動車整備士の資格取得を目指し、さらなる高度な技術と知識を習得します。

◆**取得免許&資格**　二級自動車整備士国家試験受験資格など。

前年度　選抜方法

●**推薦**＝書類審査、面接
●**一般（入試科目・配点）**
（後期A日程・B日程共通）
◇**自動車工（100点満点）**＝国数外〈国総〔除く古・漢〕、数学、英語→1〉
◉**2025年度の募集要項は6月中旬に配布予定**

中日本自動車短期大学

一般
推薦
総合

www.nakanihon.ac.jp/
設置(学)科＝自動車工、モータースポーツエンジニアリング

CAMPUS GUIDE

●所在地　〒505-0077　岐阜県加茂郡坂祝町深萱1301　☎(0574)26-7121　☎(0120)500-885
●交通　名鉄犬山線新鵜沼駅下車、スクールバスで約15分。
●設立　昭和42年
●専攻科　一級自動車整備20人・2年、車体整備40人・1年
▼要項請求先&問合せ先
広報課

特別選抜 帰国	特別選抜 社会人	学外試験会場	授業料減免 免除	授業料減免 減額	奨学金制度 給付	奨学金制度 貸与	学生寮 男子	学生寮 女子	海外留学	海外研修	編入制度	専攻科
×	○	3	×	○	○	×	○	○	○	○	○	○

自動車工学科

定員(専攻名・定員)／修業年限
200人／2年

1年次では教養科目と専門科目を学びながら、自動車に触れる実習も行います。2年次では実習を重点的に行い、自動車に関する高度な知識と技術を身につけます。

さまざまな種類の実車と実際に車検整備もできる設備の整った施設で、エンジン、車体整備、点検などの各種技術を修得します。

専門科目には、自動車の力学、自動車材料科学、機械要素・図面、機構学、材料力学、流体力学、自動車と環境などがあります。

資格取得や将来の目標・夢など、学生個人の希望や熱意に合わせて学べるよう、二級自動車整備士、一級自動車整備士、車体整備士の3つのコースを設置しています。

二級自動車整備士コースは、卒業時に二級自動車整備士試験受験資格が得られる中日本自動車短期大学の基本的なコースです。資格取得のためのカリキュラムだけでなく、一般教養、自動車の科学や先進技術なども学ぶことにより、社会人としての資質や将来のキャリアアップに向けた力も養います。卒業後、専攻科に進学し、より深く学ぶこともできます。

一級自動車整備士コースは2年制の専攻科一級自動車整備専攻へ進み、一級自動車整備士国家資格取得を目指します。自動車整備の基礎に加え、電子制御など最新技術にも対応できる技術と知識、実践的な接客応対法を修得します。

車体整備士コースは、1年制の専攻科車体整備専攻へ進み、二級自動車整備士と自動車車体整備士の国家資格取得を目指します。

◆**取得免許&資格**　二級自動車整備士試験受験資格など。

モータースポーツエンジニアリング学科

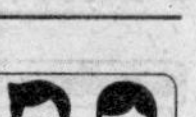

定員(専攻名・定員)／修業年限
30人／3年

自動車メーカーの開発エンジニアや国内外のモータースポーツの現場でプロのメカニックとして活躍できる人材を育てます。自動車電子制御工学、モータースポーツ概論などの授業科目があります。

教材としてフォーミュラレースの登竜門であるスーパーFJマシンを用意。学生が主体的にメンテナンス、セッティングを行い「走る実習室」としてレースに参加し、「自動車を走らせる」ための科学技術を学びます。また、国内の有力チームとパートナーシップを締結し、スーパーGT、スーパーフォーミュラと鈴鹿8時間耐久ロードレースに、学生がピットクルーとして参加します。

◆**取得免許&資格**　二級自動車整備士試験受験資格など。

前年度　選抜方法

●**推薦**＝書類審査、小論文、面接
●**一般（入試科目）**
（2月期・3月期共通）
◇**全学科**＝数学
〈注〉他に面接あり
◉**2025年度の募集要項は配布中**

⇩「資格別 取得可能な短大・学科」「就職状況」「大学への編入」「学費」は巻末データ集に収録

平成医療短期大学

一般 推薦 総合

www.heisei-iryou.ac.jp

設置(学)科＝看護、リハビリテーション

CAMPUS GUIDE

●**所在地** 〒501-1131 岐阜市黒野180
☎(058)234-3324
●**交通** ＪＲ・名鉄岐阜駅バスターミナルから岐阜バス黒野線で折立・平野総合病院前下車、徒歩２分。
●**設立** 平成21年
●**学生総数** 男177人・女472人
▼**要項請求先＆問合せ先** 入試広報課

特別選抜 帰国	特別選抜 社会人	学外試験会場	授業料減免 免除	授業料減免 減額	奨学金制度 給付	奨学金制度 貸与	学生寮 男子	学生寮 女子	海外留学	海外研修	編入制度	専攻科
×	○	×	×	×	○	×	×	×	×	×	×	×

母体である医療法人社団誠広会が、岐阜県内におけるリハビリテーション充実のため、1984年に開校した「岐阜リハビリテーション専門学院」をルーツとします。

以来、時代が求める医療分野のスペシャリスト育成機関として地域に貢献し、その伝統と実績を継承しつつ、さらに施設設備や講師陣を充実させて2009年に開学した短期大学です。

看護学科

定員(専攻名・定員)／修業年限
80人／３年

高齢社会、医療の高度化、価値観の多様化など、医療現場を取り巻く環境が激しく変化するなか、一人ひとりの患者を大切に考えて常に心に寄り添い、最善の看護を提供できる人材を育成します。それには専門的な知識や技術だけでなく、心の温かい豊かな人間性を養うことも大切であるため、幅広い教養や想像力、優れたコミュニケーション能力を養います。

◆**取得免許&資格** 看護師国家試験受験資格。

リハビリテーション学科

定員(専攻名・定員)／修業年限
160人(理学療法80・作業療法40・視機能療法40)／３年

３専攻を設置しています。

理学療法専攻では、医療や福祉の現場で求められる、患者や介護保険などのサービス利用者に「人」として信頼される人材を育成します。そのため、豊富な知識を習得する学習に加え、自ら学ぶ力を養います。理学療法士の国家資格を得るだけでなく、社会に必要とされる「人材」としての理学療法士の育成を目指し、カリキュラムにさまざまな工夫を施しています。

作業療法専攻では、病気やケガによってそれまでのような生活が送れなくなってしまった人に対する機能回復・環境調整・精神面での支援を行い、家庭や社会復帰を支援する専門職に必要な知識と技術を身につけます。さらに、患者との良好なコミュニケーションスキルを重視した教育システムを取り入れています。

視機能療法専攻では、眼や視覚機能の検査・弱視斜視の訓練治療、視覚低下者のリハビリ指導等を行う専門職としての専門知識と技能を身につけます。さらに、これからの医療人に必要な幅広い教養に裏打ちされた感受性豊かな人間性、洞察力、社会ルールについての理解、論理的思考力、自己問題提起と解決能力を身につけます。

◆**取得免許&資格** 理学療法専攻－理学療法士国家試験受験資格、初級パラスポーツ指導員。作業療法専攻－作業療法士国家試験受験資格。視機能療法専攻－視能訓練士国家試験受験資格。

前年度 選抜方法

●**推薦**＝書類審査、小論文、面接
●**一般（入試科目・配点）**
（１次・２次共通）
◇**全学科（250点満点）**＝国総〈除く古・漢〉(100)／コミュ英Ⅰ(100)／面接(50)
◉**2025年度の募集要項は６月中旬に配布予定**

東海学院大学短期大学部

一般 共テ 推薦 総合

www.tokaigakuin-u.ac.jp/

設置(学)科＝幼児教育

CAMPUS GUIDE

●**所在地** 〒504-8504 岐阜県各務原市那加桐野町２丁目43 ☎(0120)373-072
●**交通** JR岐阜駅から岐阜バスで東海学院大学前下車、徒歩５分。
●**設立** 昭和38年
●**学生総数** 男６人・女136人
▼**要項請求先&問合せ先** 入学試験課

特別選抜 帰国	特別選抜 社会人	学外試験会場	授業料減免 免除	授業料減免 減額	奨学金制度 給付	奨学金制度 貸与	学生寮 男子	学生寮 女子	海外留学	海外研修	編入制度	専攻科
○	○	×	○	○	×	×	○	○	×	×	○	×

幼児教育学科

定員(専攻名・定員)／修業年限
100人／２年

乳幼児の子どもの成長・発達の科学的理解およびその理解に基づく心身の健やかな成長・発達を支援する専門的知識と技能を学ぶ４つの履修モデルがあります。

「子ども医療・心理」では、子どもの健康問題を学び、病気や事故の予防、処置法を身につけ、子どもの健康と安全な生活に貢献できる人材を育成します。また、子どもの心の発達とメカニズム、心のトラブルなどについての知識を習得し、体験的に学びます。

「子どもスポーツ」では、子どもの発育に関する知識を学ぶほか、スポーツの実践を通して正しいコーチの仕方を身につけた、人間性豊かなスポーツ指導者を育てます。

「子ども音楽」では、楽譜の読み書きや演奏、リトミックなどを学び、子どもたちの豊かな感性を磨き笑顔をつくる指導者育成のための科目を用意しています。

「子ども造形」では、子どもたちの造形活動のねらいや意味を考えます。子どもたちがより美しい環境で過ごせるように教室を飾ったり衣装を作ったりなど、造形の多様な方法を身につけます。

また、２年分の学費で通学し、３年間で卒業する「３年LaLa履修制度」があります。

◆**取得免許&資格** 幼稚園教諭二種免許、保育士、こども音楽療育士、レクリエーション・インストラクター、ピアヘルパー受験資格など。

前年度 選抜方法

●**推薦**＝書類審査、面接のほか、口頭試問または資格・スポーツ戦績評価から選択
●**一般(入試科目・配点)(前期・後期共通)**
◇**幼児教育(100点満点)**＝国語（現代文のみ）
◉**2025年度の募集要項は６月下旬に配布予定**

静岡英和学院大学短期大学部

一般 共テ 推薦 総合

www.shizuoka-eiwa.ac.jp/

設置(学)科＝現代コミュニケーション、食物栄養

CAMPUS GUIDE

●**所在地** 〒422-8545 静岡市駿河区池田1769 ☎(054)261-9322（英和入試センター直通）
●**交通** ＪＲ静岡駅北口からバスで約20分、またはＪＲ東静岡駅南口からバスで約10分、ともに英和学院大学下車。
●**設立** 昭和41年
●**学生総数** 男27人・女201人
▼**要項請求先&問合せ先** 英和入試センター

特別選抜 帰国	特別選抜 社会人	学外試験会場	授業料減免 免除	授業料減免 減額	奨学金制度 給付	奨学金制度 貸与	学生寮 男子	学生寮 女子	海外留学	海外研修	編入制度	専攻科
×	○	×	○	○	○	×	×	×	○	×	○	×

現代コミュニケーション学科

定員(専攻名・定員)／修業年限
100人／２年

将来進みたい業界や取得を目指す資格に合わせて、医療事務、ファッション・ビューティー、観光・ブライダル、ビジネス・マネジメント、ライフ・デザイン、イングリッシュ・コミュニケーション、フード・ビジネスの７つのユニットから選択し、幅広い分野を学びます。

授業で身につけた知識や技術を実践するフィールドワークを行うほか、希望する進路に進むため秘書検定や医療事務管理士技能検定などの資格取得も目指します。

食物栄養学科

定員(専攻名・定員)／修業年限
80人／２年

メニュー開発や食のコーディネイト、販売促進などを行う栄養士・フードスペシャリストコースと、食品関連の技術者として社会へ安全を届ける栄養士・フードサイエンティストコースがあります。卒業と同時に取得できる栄養士の免許に加え、選択したコースで資格を取得するダブルライセンスにより、より広い視野をもって「食」の分野で活躍することができます。

◆**取得免許&資格** 栄養士、管理栄養士国家試験受験資格（要実務経験３年以上)、フードスペシャリスト、フードサイエンティスト、日本茶アドバイザーなど。

前年度 選抜方法

●**推薦**＝書類審査、小論文（食物栄養のみ)、面接
●**一般（入試科目）**
◇**全学科**＝国外〈国語〔近代以降の文章〕、英語〔除くリスニング〕→１〉*／面接
*２科目受験可。その場合は面接を課さない
◉**2025年度の募集要項は６月下旬に配布予定**

⇩「資格別 取得可能な短大・学科」「就職状況」「大学への編入」「学費」は巻末データ集に収録

とこはだいがく

常葉大学短期大学部

一般　共テ　推薦　総合

info.tokoha-u.ac.jp/

設置(学)科＝日本語日本文、保育、音楽

CAMPUS GUIDE

●**所在地　静岡草薙キャンパス（日本語日本文学、保育）**－〒422-8581　静岡市駿河区弥生町６の１
☎(054)263-1126（入学センター直通）
静岡瀬名キャンパス（音楽）－〒420-0911　静岡市葵区瀬名１丁目22の１

●**交通　静岡草薙キャンパス**－ＪＲ草薙駅下車、徒歩４分。
静岡瀬名キャンパス－ＪＲ静岡駅または草薙駅からバスで西奈中学・常葉大学静岡瀬名キャンパス入口下車、徒歩約５分。

●**設立**　昭和41年

●**学生総数**　男37人・女418人

●**専攻科**　音楽10人・２年

▼**要項請求先&問合せ先**　入学センター

特別選抜 帰国	特別選抜 社会人	学外試験会場	授業料減免 免除	授業料減免 減額	奨学金制度 給付	奨学金制度 貸与	学生寮 男子	学生寮 女子	海外留学	海外研修	編入制度	専攻科
×	○	7	○	○	×	×	×	○	×	×	×	○

日本語日本文学科

定員（専攻名・定員）／修業年限

65人／２年

日本語や日本文学の学びを通して、日本の文化について理解や関心を深めていきます。自分で考えて自分で行動を起こす「自主独行」の精神を大切にし、コミュニケーション能力を身につけます。

カリキュラムは独自のユニット制で編成し、「文学と創作」「伝統と現代」「日本語と社会」「子どもと文化」「出版と情報」の５つのテーマを設定しています。さらに、キャスト・アイテムという11の専門教育科目群を用意しています。

◆**取得免許&資格**　司書（科目等履習コースを利用）、実践キャリア実務士、プレゼンテーション実務士など。

保育科

定員（専攻名・定員）／修業年限

150人／２年

幼稚園教諭二種免許と保育士資格の両方を同時に取得できるカリキュラムを構成しています。

教育・福祉・心理・健康など、さまざまな角度から「保育」を学びます。また、知識を得るだけでなく、実際に子どもと接するなかで、多くの発見や感動に出会います。このような学びを通して、保育者として、また人として豊かな感性と人間性を培います。

◆**取得免許&資格**　幼稚園教諭二種免許、保育士、レクリエーション・インストラクター、児童厚生二級指導員、小児救命救急法（小児MFA）、ネイチャーゲームリーダーなど。

音楽科

定員（専攻名・定員）／修業年限

25人／２年

作編曲、総合音楽、声楽、ピアノ、管弦打楽器の５専攻を設けています。さらに声楽、ピアノ、管弦打楽器の専攻には演奏、専門の２コースを用意しています。演奏コースは演奏家として活躍できるよう指導していきます。専門コースは音楽関連の職業に対応できる学生を育てます。

◆**取得免許&資格**　リトミック指導１級・２級（外部試験）。

前年度　選抜方法

●**推薦**＝書類審査、面接。さらに日本語日本文学は国語基礎力調査、保育は国語基礎力調査またはピアノ実技、音楽は専攻別実技

●**一般（入試科目・配点）**

◇**日本語日本文、保育（200点満点）**＝国総〈除く古・漢〉(100)／地歴公数理外〈世B、日B、政経、数Ⅰ・A、数Ⅰ・A・Ⅱ・B〔図・因〕、物基・化基、物基・生基、化基・生基、コミュ英Ⅰ・Ⅱ・英表Ⅰ→1〉(100)

◇**音楽（300点満点）**＝国地歴公外〈国総〔除く古・漢〕、世B、日B、政経、コミュ英Ⅰ・Ⅱ・英表Ⅰ→1〉(100)／音楽実技（200）

◉**2025年度の募集要項は６月以降に大学Webサイトで公表予定**

日本大学短期大学部（三島）

一般　共テ　推薦　総合

www.ir.nihon-u.ac.jp/
設置(学)科＝ビジネス教養

CAMPUS GUIDE

●**所在地**　〒411-8555　静岡県三島市文教町２丁目31の145
☎(055)980-0821（入試係直通）
●**交通**　ＪＲ東海道新幹線・東海道本線、伊豆箱根鉄道三島駅下車、徒歩10分。
●**設立**　昭和25年
●**学生総数**　男73人・女38人
▼**要項請求先&問合せ先**　入試係

特別選抜		学外試験会場	授業料減免		奨学金制度		学生寮		海外留学	海外研修	編入制度	専攻科
帰国	社会人		免除	減額	給付	貸与	男子	女子				
○	○	1	×	○	○	×	×	×	×	×	○	○

ビジネス教養学科

定員(専攻名・定員)／修業年限
100人／２年

国際社会で即戦力となる実践的なビジネススキルを養い、専門知識を系統的に学べる以下の８つの分野を組み合わせて履修します。

経済学分野では、ミクロ経済学とマクロ経済学、両方の概念を理解した上で経済動向を考えます。

マーケティング分野では、企業のマーケティング戦略や消費行動への影響、小売業の流通の仕組みを学びます。

経営学分野では、経営管理や組織運営など企業のマネジメント法に加え、企業経営の法律問題や国際経営のマネジメントも扱います。

国際関係分野では、戦争と平和に関する主要な理論を学び、多様な価値観や考え方を理解する能力を養います。

会計学分野では、企業の経営活動を会計的側面から理解し、原価意識の重要性を学びます。

情報分野では、情報技術が社会へ与える影響を考えます。また、ビジネス文書の作成技術を習得します。

ビジネススキル分野では、事務処理能力、ビジネスマナー、法律実務基礎知識を養います。

観光ビジネス分野では、社会の仕組みと共に観光ビジネスを学びます。国家資格試験に関連する法規や観光実務も扱います。

１年次科目の「キャリアデザイン」で進路イメージを明確にし、個性・適性に合わせたキャリア支援で、多彩な進路の実現をサポートします。

2025年度、定員等変更予定です。

前年度　選抜方法

●**推薦**＝書類審査、小論文、面接
●**一般（入試科目・配点）**
（Ａ個別方式第１期・第２期）
◇**ビジネス教養（200点満点）**＝小論文（100）／面接（100）
◉**2025年度の募集要項は６月上旬に配布予定**

浜松学院大学短期大学部

一般　推薦　総合

www.hamagaku.ac.jp/hamatan
設置(学)科＝幼児教育

CAMPUS GUIDE

●**所在地**　〒430-0906　静岡県浜松市中央区住吉２丁目３の１☎(053)473-6100
●**交通**　ＪＲ浜松駅から遠鉄バスで浜松学院大住吉西下車。
●**設立**　昭和26年
●**学生総数**　男10人・女221人
▼**要項請求先&問合せ先**
入試・広報グループ

特別選抜		学外試験会場	授業料減免		奨学金制度		学生寮		海外留学	海外研修	編入制度	専攻科
帰国	社会人		免除	減額	給付	貸与	男子	女子				
×	○	×	○	○	×	○	×	×	×	×	○	×

幼児教育科

定員(専攻名・定員)／修業年限
140人／２年

２年間で幼稚園教諭二種免許と保育士資格の両方を同時に取得できるカリキュラムを設け、講義や演習、さらに実技や実演を行う科目で、知識や技術を身につけ、それらを教育実習や保育実習において実践し、幼稚園教諭・保育士としての力量を高めます。

また、ピアヘルパー、ネイチャーゲームリーダーといった資格も取得可能です。

キャンパスの近くには浜松学院大学付属幼稚園があり、日常的に子どもや保護者と接することで、学生の段階から生きたコミュニケーションを学び、さまざまな体験をすることができます。

毎年卒業生のほとんどが免許・資格を生かした保育者として就職しています。１年次から就職ガイダンスや就職講座を実施することで学生の就職活動をサポートしています。２年次では、採用試験直前の対策講座を開講し、並行して個人面談を随時行い、一人ひとりの適性に応じた親身な指導を行っています。

自主性を重んじる自由な雰囲気と多くの体験から、幅広い知識の修得や行動力が育つことを重視しています。歴史と伝統を土台に、やさしさと思いやり、仕事への誇り、確かな力を身につけた保育者の養成を目指しています。

◆**取得免許&資格**　幼稚園教諭二種免許、保育士。

前年度　選抜方法

●**推薦**＝書類審査、適性検査（日本語の基礎力）、口頭試問
●**一般（入試科目・配点）**
（Ａ日程）
◇**幼児教育（200点満点）**＝国総〈除く古・漢〉（100）／コミュ英Ⅰ・Ⅱ・英表Ⅰ〈リスニングは除く〉（100）
〈注〉他に面接あり
◉**2025年度の募集要項は６月下旬に配布予定**

⇩「資格別 取得可能な短大・学科」「就職状況」「大学への編入」「学費」は巻末データ集に収録

愛知学院大学短期大学部

一般　共テ　推薦　総合

www.agu.ac.jp/
設置(学)科＝歯科衛生

CAMPUS GUIDE

●所在地　〒464-8650　愛知県名古屋市千種区楠元町１の100　☎(052)751-2561
●交通　地下鉄東山線・名城線本山駅下車、徒歩約５分。
●設立　昭和25年
●学生総数　女316人
●専攻科　口腔保健学10人・１年
▼要項請求先＆問合せ先　〒470-0195 愛知県日進市岩崎町阿良池12　愛知学院大学入試センター　☎(0561)73-1111

特別選抜 帰国	特別選抜 社会人	学外試験会場	授業料減免 免除	授業料減免 減額	奨学金制度 給付	奨学金制度 貸与	学生寮 男子	学生寮 女子	海外留学	海外研修	編入制度	専攻科
○	○	2	○	×	○	×	×	×	×	×	×	○

歯科衛生学科

定員(専攻名・定員)／修業年限
100人／３年

最先端の歯科医療に触れながら技術を磨き、即戦力として活躍できるよう３年間のうち約１年間、臨床・臨地実習を行います。

臨床実習は、愛知学院大学歯学部附属病院で行います。口腔衛生科や小児歯科、矯正歯科などの診療科で、歯科医師や歯科衛生士の指導を受けて専門的な力を養います。臨地実習は、地域の歯科診療所での実習に加え、市町村保健センター、特別養護老人ホーム、小学校などに出向き、口腔ケアやブラッシング指導などに取り組みます。

幅広い知識を持つ歯科衛生士を養成するため、語学をはじめとする一般教養も充実しています。

１年次は「英語会話」、２年次は「歯科英語」や「歯科臨床英語会話」など実務を行う上で必要なコミュニケーション能力や現場で役立つ英語力を身につけます。

さらに、学生が主体となって調査、研究、発表を行うワークショップ形式の授業もあり、アイデアを出し、議論を交わすことにより自主性を養います。なお、短大卒業後の進路として専攻科を設置しています。口腔ケアに関する高度な知識を身につけ、４年制大学卒と同じ「学士」を取得することができます。

◆**取得免許&資格**　歯科衛生士国家試験受験資格。

前年度　選抜方法

●**推薦**＝書類審査、小論文（課題文設問型）、面接
●**一般(入試科目・配点)(前・中・後期共通)**
◇**歯科衛生(100点満点)**＝国外〈国総〔除く漢〕・国表・現代文Ａ・Ｂ、コミュ英Ⅰ・Ⅱ・英表Ⅰ→１〉
◉**2025年度の募集要項は、総合型が８月上旬、推薦が９月上旬、一般が10月上旬に配布予定**

愛知学泉短期大学

一般 共テ 推薦 総合

www.gakusen.ac.jp/t/

設置(学)科＝生活デザイン総合、食物栄養、幼児教育

CAMPUS GUIDE

●**所在地** 〒444-8520 愛知県岡崎市舳越町上川成28
☎(0564)34-1215（学生募集室直通）
●**交通** 名鉄名古屋本線東岡崎駅からスクールバスで約20分。

●**設立** 昭和25年
●**学生総数** 男12人・女566人
▼**要項請求先＆問合せ先**
学生募集室

特別選抜 帰国	特別選抜 社会人	学外試験会場	授業料減免 免除	授業料減免 減額	奨学金制度 給付	奨学金制度 貸与	学生寮 男子	学生寮 女子	海外留学	海外研修	編入制度	専攻科
×	○	2	×	○	○	×	×	○	○	○	○	×

生活デザイン総合学科

定員（専攻名・定員）／修業年限
130人／2年

カフェテリア方式によって、学生の興味や目標に合わせて、自由に科目を選択できます。たとえば、デザインに興味がある学生は、デザイン関連の科目を多く選択することが可能です。また、将来の夢が決まっていない学生は、さまざまな分野の科目を学ぶことで興味や適性を探ることができます。学べるフィールドはビジネス、ファッション、デザイン、インテリア、調理、語学（韓国語など）、図書館司書、医療事務、メイク・ネイル、アニメ、スポーツなどです。約160科目から自由に選択でき、自分だけのカリキュラムを作ることが可能です。

◆**取得免許&資格** ビジネス実務士、情報処理士、ウェブデザイン実務士、上級秘書士（メディカル秘書）、司書、介護職員初任者研修修了者、レクリエーション・インストラクター、スポーツインストラクター、フードスペシャリスト、ピアヘルパー、健康管理士一般指導員。

食物栄養学科

定員（専攻名・定員）／修業年限
70人／2年

栄養に関する専門知識と技能を修得することで、実践型の栄養士を養成します。食物アレルギー関連科目や、スポーツ栄養、食介護に関する科目も学ぶことができます。また、医療関係のカリキュラムも採用しており、「医事管理士」と「医療管理秘書士」の資格取得が可能です。

◆**取得免許&資格** 栄養士、医事管理士受験資格、医療管理秘書士受験資格。

幼児教育学科

定員（専攻名・定員）／修業年限
120人／2年

子ども一人ひとりを理解し、豊かな感性を伸ばしていく幼児教育者を育成します。卒業と同時に幼稚園教諭二種免許、保育士資格とレクリエーション・インストラクターが取得できるほか、准学校心理士、認定絵本士の資格取得も可能です。

ピアノは個々の能力に応じた個別レッスンを行い、初心者にも対応しています。また、公務員採用試験対策にも力を入れており、教員による指導のもと学生全員が公務員採用試験に挑戦します。

◆**取得免許&資格** 幼稚園教諭二種免許、保育士、レクリエーション・インストラクター、准学校心理士、認定絵本士。

前年度 選抜方法

●**推薦**＝書類審査、面接、常識テスト（小論文的要素を含む）、特技資格等（課外活動・検定合格などの評価）
●**一般（入試科目・配点）（前期）**
◇**全学科（200点満点）**＝国総〈除く古・漢〉・現代文B（100）／地歴理外〈日B、生基、コミュ英Ⅰ・Ⅱ→1〉（100）
◉**2025年度の募集要項は5月上旬から順次ホームページで公開予定**

⇩「資格別 取得可能な短大・学科」「就職状況」「大学への編入」「学費」は巻末データ集に収録

愛知工科大学自動車短期大学

一般 共テ 推薦 総合

www.autjc.ac.jp/
設置(学)科＝自動車工業

CAMPUS GUIDE

●**所在地** 〒443-0047 愛知県蒲郡市西迫町馬乗50の2
☎(0533)68-1135
●**交通** ＪＲ東海道本線三河塩津駅下車、徒歩15分。または蒲郡駅下車、無料スクールバスで12分。
●**設立** 昭和62年
●**学生総数** 男153人・女11人
▼**要項請求先＆問合せ先**
入試広報センター

特別選抜 帰国	特別選抜 社会人	学外試験会場	授業料減免 免除	授業料減免 減額	奨学金制度 給付	奨学金制度 貸与	学生寮 男子	学生寮 女子	海外留学	海外研修	編入制度	専攻科
×	○	×	×	○	○	×	○	×	×	×	○	×

自動車工業学科

定員(専攻名・定員)／修業年限
100人／2年

複雑化、高度化する自動車技術社会において、多様な業種に対応できる人材を養成します。自動車を構成する各装置の結びつきを段階的に理解し、自動車全体を一つのシステムとして把握できるようカリキュラムを構成しています。主な授業科目には、ガソリン・エンジン工学、自動車電装、自動車工学実習などがあります。

マルチメディア教材を活用した理論学習と実車を使った実習を繰り返し行うことにより、短期間で自動車整備の専門知識・技術を修得します。高度に進化するカーテクノロジーを深く追究し、インテリジェント化する自動車に対応することのできるカーエンジニアを目指します。

２級自動車整備士（総合）を取得した学生には、同じキャンパスにある愛知工科大工学部機械システム工学科の３年次から設置されている１級自動車整備士養成課程への編入の道があります。編入し、２年間の専用カリキュラムを修めることで、卒業時に１級自動車整備士の受験資格と実技試験免除の特典が得られます。「学士(工学)」の学位も授与されます。

◆**取得免許&資格** ２級自動車整備士試験受験資格（認定講習により実技試験が免除)。

前年度 選抜方法

●**推薦**＝書類審査、面接(口頭試問〈数学、理科〉を含む)
●**一般（入試科目・配点）（前期・中期・後期共通）**
◇**自動車工業（150点満点）**＝国語〈現代文〉(50)／数Ⅰ〈数と式、図形と計量、二次関数、データの分析〉・A〈図形・場合・整数〉(50)／面接(50)
〈注〉他に自己アピール書(任意提出)あり
◉**2025年度の募集要項は５月下旬に公表予定**

愛知大学短期大学部

一般 共テ 推薦 総合

www.aichi-u.ac.jp/college/juni
設置(学)科＝ライフデザイン総合

CAMPUS GUIDE

●**所在地** 〒441-8522 愛知県豊橋市町畑町１の１
●**交通** 豊橋鉄道渥美線「愛知大学前」駅隣接。
●**設立** 昭和34年
●**学生総数** 女140人
▼**要項請求先＆問合せ先**
〒461-8641 愛知県名古屋市東区筒井２丁目10の31 愛知大学企画部入試課
☎(052)937-8112・8113

特別選抜 帰国	特別選抜 社会人	学外試験会場	授業料減免 免除	授業料減免 減額	奨学金制度 給付	奨学金制度 貸与	学生寮 男子	学生寮 女子	海外留学	海外研修	編入制度	専攻科
○	○	1	×	○	○	○	×	×	○	○	○	×

ライフデザイン総合学科

定員(専攻名・定員)／修業年限
100人／2年

文学、芸術などの教養から、ビジネスマナー、情報などの実務まで120以上の科目からなるカリキュラムを編成しています。これらを柔軟に学べる仕組みを整えることで、将来の方向性をすでに定めている学生には、より専門性を高める機会を設けています。将来像をこれからじっくり考えたい学生には、世の中について幅広く学び、自分が本当に進みたい方向性に気づく機会を提供しています。

４年制大学を併設していることで、文系総合大学ならではの充実した学びの環境や学生サポートを得られるようになっています。特に進路選択では、そのメリットが大きく、資格取得講座や企業セミナーなどの就職サポートを４年制大学と合同で行うことにより、選択の幅が拡大します。

その結果、東海地方を中心とする優良企業や自治体への就職率が高くなっており、2022年度の就職率は95.7%でした。

また、進学については、愛知大学全学部への編入学推薦枠を設けているほか、２年次に特別聴講生として学部の授業を履修することができ、例年卒業生の30%程度が愛知大学に進学しています。2023年度の愛知大学への編入学者は25人でした。

◆**取得免許&資格** 司書など。

前年度 選抜方法

●**推薦**＝書類審査、国語または英語、面接（専願制のみ）
●**一般（入試科目・配点）（前期Ａ）**
◇**ライフデザイン総合（200点満点）**＝国総〈現代文のみ〉・国表（100）／コミュ英Ⅰ・Ⅱ・英表Ⅰ〈リスニングを除く〉（100）
◉**2025年度の募集要項は推薦・総合は７月中旬、一般は11月中旬に配布予定**

愛知文教女子短期大学

一般 共テ 推薦 総合

www.ai-bunkyo.ac.jp/

設置(学)科＝幼児教育第１部、幼児教育第３部、生活文化

CAMPUS GUIDE

●所在地　〒492-8521　愛知県稲沢市稲葉２丁目９の17　☎(0587)32-5169
●交通　名鉄国府宮駅、岩倉駅、JR稲沢駅から無料スクールバス。
●設立　昭和26年
●学生総数　女302人
▼要項請求先＆問合せ先
入試・広報センター

特別選抜 帰国	特別選抜 社会人	学外試験会場	授業料減免 免除	授業料減免 減額	奨学金制度 給付	奨学金制度 貸与	学生寮 男子	学生寮 女子	海外留学	海外研修	編入制度	専攻科
×	○	×	×	×	○	×	×	○	×	○	○	×

幼児教育学科 第１部

幼児教育学科 第３部

定員(専攻名・定員)／修業年限
第１部＝80人／２年
第３部(半日制)＝70人／３年

３つのコースで、保育士・幼稚園教諭二種の２つの国家資格とプラスαの資格取得を目指します。「こども音楽コース」では、こども音楽療育士、「こどもとおもちゃコース」では、地域子育て支援士二種とおもちゃインストラクター、「こどもスポーツ・レクリエーションコース」では、レクリエーション・インストラクターの資格取得が可能です。また、学内の子育て支援施設「文教おやこ園」や、３つの系列幼稚園で子どもと触れ合う時間が豊富で、地域の子どもたちを招いて開催する「文教こどもフェスタ」や、ニュージーランドでの保育研修など、学んだ成果を実践する場が多く、実践力と共に人間力を育成します。

◆取得免許&資格　保育士、幼稚園教諭二種免許、こども音楽療育士、レクリエーション・インストラクターなど。

生活文化学科

定員(専攻名・定員)／修業年限
70人(食物栄養40・生活文化30)／２年

食物栄養専攻では「フードビジネスコース」、「食育コース」、「スポーツ栄養コース」の３つのコースで学び、栄養士・栄養教諭二種のダブルライセンス取得を目指します。豊富な実習で調理技術を磨き、食物アレルギーについても専門的に学びます。アレルギー対応のフルコース料理を提供する「みんないっしょのクリスマス」など、学んだ知識を発表するイベントも豊富です。さらに企業と連携したレシピコンテストへの参加で実践力を磨き、食と栄養のプロを目指します。

生活文化専攻には「情報デザインコース」と「総合ビジネスコース」の２つのコースがあります。「情報デザインコース」ではITパスポートや情報セキュリティマネジメント、「総合ビジネスコース」ではファイナンシャル・プランニング技能士などの資格取得を目指します。さらにITリテラシー、ビジネス実務、プレゼンテーションなど、ビジネスに必要とされるスキルを身につけ、インターンシップや語学・海外研修など、幅広い教養教育で人間力を育成します。

◆資格免許&資格　食物栄養専攻－栄養士、栄養教諭二種免許、管理栄養士国家試験受験資格（要実務経験３年以上）など。生活文化専攻－ITパスポート、情報セキュリティマネジメント、ファイナンシャル・プランニング技能士、秘書技能検定など。

前年度　選抜方法

●推薦＝書類審査、小論文、面接
●一般（入試科目・配点）
（前期）
◇全学科（200点満点）＝国総〈除く古・漢〉(100)／コミュ英Ⅰ・Ⅱ〈除くリスニング〉(100)
◉2025年度の募集要項は配布中

⇩「資格別 取得可能な短大・学科」「就職状況」「大学への編入」「学費」は巻末データ集に収録

愛知みずほ短期大学

一般 共テ 推薦 総合

www.aichi-mizuho.jp/
設置(学)科＝生活、現代幼児教育

CAMPUS GUIDE

●所在地　〒467-0867　愛知県名古屋市瑞穂区春敲町２の13
☎(052)882-1135（入試広報室直通）
●交通　名鉄神宮前駅下車、東口から徒歩約10分。
●設立　昭和25年
●学生総数　女220人
▼要項請求先＆問合せ先　入試広報室

特別選抜		学外試験会場	授業料減免		奨学金制度		学生寮		海外留学	海外研修	編入制度	専攻科
帰国	社会人		免除	減額	給付	貸与	男子	女子				
×	○	×	×	×	○	×	×	×	×	○	○	×

生活学科

定員(専攻名・定員)／修業年限
70人（食物栄養40・生活文化30）／２年

食物栄養専攻では、「食」のすばらしさ、大切さを理解し、栄養士としての実践的調理技術と総合力を養います。１年次に、食品や栄養に関する基礎知識を学びます。２年次からは実践力を身につけるための実験や実習を中心に学び、栄養士を目指します。

生活文化専攻は、養護教諭とオフィス総合の２コース制です。養護教諭コースでは、実際の保健室を想定した「学校保健実習室」での実習・演習で、けがや病気の処置、子どもが抱える心の健康問題への向き合い方を学びます。オフィス総合コースでは、ビジネス社会で活躍するための基礎能力を修得。パソコン技術を学び、インターンシップなどを通してビジネススキルの向上を目指します。

◆**取得免許&資格**　食物栄養専攻－栄養士、栄養教諭二種免許など。生活文化専攻－養護教諭二種免許、情報処理士、秘書士など。

現代幼児教育学科

定員(専攻名・定員)／修業年限
50人／２年

保育者としての基礎知識をベースに、実践的な知識・スキルを身につけます。さらに、長年の研究や指導実績を生かした「栄養」「食育」「健康」に関する授業で、多様化する保育現場で求められる広い視点と知識を修得します。

◆**取得免許&資格**　保育士、幼稚園教諭二種免許など。

前年度　選抜方法

●**推薦**＝書類審査、レポート、面接
●**一般（入試科目・配点）（前期）**
◇**全学科（200点満点）**　＝国総〈除く古・漢〉(100)／数理保健〈数Ⅰ、生基、保健→1〉(100)
〈注〉他に面接あり
◉**2025年度の募集要項は６月上旬に配布予定**

岡崎女子短期大学

一般 共テ 推薦 総合

www.okazaki.ac.jp
設置(学)科＝幼児教育第一部、幼児教育第三部

CAMPUS GUIDE

●所在地　〒444-0015　愛知県岡崎市中町１丁目８の４
☎(0120)351018
●交通　名鉄名古屋本線東岡崎駅から名鉄バスで岡崎げんき館前下車、徒歩５分。
●設立　昭和40年
▼要項請求先＆問合せ先　入試広報課

特別選抜		学外試験会場	授業料減免		奨学金制度		学生寮		海外留学	海外研修	編入制度	専攻科
帰国	社会人		免除	減額	給付	貸与	男子	女子				
×	○	×	○	○	○	×	×	×	×	○	○	×

幼児教育学科 第一部

幼児教育学科 第三部

定員(専攻名・定員)／修業年限
第一部＝172人／２年
第三部（昼間定時制）＝80人／３年

保育・幼児教育の理論を学ぶ授業と豊富な実習により、幼稚園教諭、保育士を目指します。

幼児教育学科第一部は、月～金の午前・午後を使った２年間の短期集中の授業で、同じ夢を目指す仲間たちと支え合いながら学びます。幼児教育学科第三部は、月～土の午前中のみの授業で、３年間かけて学びます。午後は保育現場でのアルバイトなどに活用でき、自分に合った学び方を選べます。

第一部は２年次、第三部は３年次より自分の「好き」を伸ばすコース制で「心理・発達コース」「遊び・実践コース」「表現・実技コース」に分かれて学びを深めます。地域の施設や団体、付属幼稚園、保育所、幼稚園、こども園、「子ども好適空間研究所（hyggeLab）」での保育実践を通して、実際に子どもたちと関わりながら学びます。

また、学生が時間を有効活用して実際の現場で学べるように学内認定資格「オカタン子どもサポーター」を創設し、協定市などの保育所や幼稚園、こども園などの保育現場で働くこと（アルバイト）を通して、子どもたちと関わる経験を積むことができます。

指導にあたる教授陣は第一部と第三部で変わることはなく、取得資格も同じです。

◆**取得免許&資格**　幼稚園教諭二種免許、保育士、ピアヘルパー。

前年度　選抜方法

●**推薦**＝書類審査、小論文、面接
●**一般（入試科目・配点）（全日程）**
◇**幼児教育（205点満点）**＝書類審査(５)／国総（近代以降の文章）(100)／コミュ英Ⅰ・Ⅱ・英表Ⅰ(100)
◉**2025年度の募集要項は６月上旬に配布予定**

修文大学短期大学部

一般　共テ　推薦　総合

www.shubun.ac.jp

設置(学)科＝生活文化、幼児教育第一部、幼児教育第三部

CAMPUS GUIDE

●**所在地**　〒491-0938　愛知県一宮市日光町6　☎(0586)45-2101
☎(0120)138158（広報入試課直通）
●**交通**　ＪＲ東海道本線尾張一宮駅、名鉄名古屋本線名鉄一宮駅下車、徒歩15分。または名鉄一宮駅バスターミナルから起方面行きバスで繊維センター前下車、徒歩５分。（朝夕は修文学院行き直行バスあり）
●**設立**　昭和30年
●**学生総数**　男11人・女320人
▼**要項請求先&問合せ先**　広報入試課

特別選抜 帰国	特別選抜 社会人	学外試験会場	授業料減免 免除	授業料減免 減額	奨学金制度 給付	奨学金制度 貸与	学生寮 男子	学生寮 女子	海外留学	海外研修	編入制度	専攻科
○	○	2	○	○	×	×	×	○	×	○	○	×

※2025年４月、男女共学化の予定。以下の内容および定員は2025年予定。

生活文化学科

定員（専攻名・定員）／修業年限
80人／２年

　生活・医療事務コースでは、医療の現場で事務職員として活躍できるように、医療事務の基礎知識から高度な資格の取得までを目指します。さらに、ビジネスマナー、介護の技術も学び、医療事務の資格のなかから自分に合った資格が取得できるようサポートし、病院やクリニック、福祉施設などで活躍できる人材を育てます。

　インターンシップは、地元の病院や福祉施設などで行います。学生一人ひとりの希望を最優先し、就職へとつなげていきます。

　オフィスキャリアコースでは、ビジネスに不可欠なパソコンの知識・技術とビジネスノウハウを基礎からしっかり学ぶ一方で、仕事に直結する資格の取得と社会人基礎力の養成により、高いビジネススキルを持ち即戦力として活躍できる人材を育成します。

　インターンシップは、企業での事務職以外にも、ホテルや結婚式場などでも行うことができます。学生一人ひとりの希望に合わせて行う貴重な経験を、就職へとつなげていきます。

　製菓コースでは、将来自分の店舗を開店することを見据えたカリキュラムを展開。在学中に、製菓衛生師の資格取得を視野に入れた学びで、毎年高い合格率を誇っています。また、多彩な製菓機器をそろえた実習室で製菓の基礎から応用までを学び、２年間で1,000時間を超える実習を行います。

　加えて、フードビジネスに求められるノウハウやスキル、接客マナー、ラッピング、ディスプレイ、さらにはショップのマネジメントや店舗経営なども学び、製菓のプロに必要な多彩な能力を養うので、卒業後は即戦力として活躍できます。

　このほか、ブライダル科目や、ウエディングケーキを彩るシュガークラフトを本格的に学ぶことも可能です。

◆**取得免許&資格**　生活・医療事務コース－上級秘書士（メディカル秘書）、介護職員初任者研修修了、メディカルクラーク、医療事務管理士、診療報酬請求事務能力認定試験、医療秘書技能検定、登録販売者など。

　オフィスキャリアコース－上級秘書士（メディカル秘書）、秘書士、情報処理士、秘書技能検定、マイクロソフト オフィス スペシャリスト（MOS）、サービス接遇検定、ITパスポート、ファイナンシャル・プランニング技能検定、宅地建物取引士など。

　製菓コース－製菓衛生師国家試験受験資格（在学中に受験可能）、菓子製造技能士国家試験受験資格、パン製造技能士国家試験受験資格、フードコーディネーター、食生活アドバイザー®検定、商業ラッピング検定など。

幼児教育学科 第一部

幼児教育学科 第三部

定員（専攻名・定員）／修業年限
第一部＝40人／２年
第三部(昼間定時制)＝70人／３年

　子どもの“こころ”を見つめられる先生になるため、「考える力」「表現する力」「協働する力」をお互いに伸ばし合い実践力を育みます。

　自分だけの「強み」や、音楽や造形のスキルアップを目指すために充実した施設が用意されており、授業での丁寧な指導はもちろん、自主学習にも利用できます。

　現場に強い保育者を養成するため、入学直後から附属幼稚園での実習を通した保育の現場体験、子どもとの触れ合いを重視します。実習は、授業で学んだことを保育の現場で実践できる貴重な機会です。「事前学習」「実習」「事後学習」の学びのサイクルにより、保育実践力を確実に身につけます。保育者になるために必要な資格取得のほか、准学校心理士や、幼児教育・保育英語検定など、プラスアルファの能力を持つ保育者になるための資格取得もサポートします。

　第三部では、授業は毎日午前２コマ（90分×２）のみ。２年間で卒業する第一部と基本的に同じカリキュラムを３年間かけて学ぶため、取得できる資格は第一部と同じです。時間にゆとりがあるため、公務員試験対策の勉強やピアノの練習に時間を充てたりと、自分のペースでゆっくり・じっくり学べるのが特長です。学費の負担が第一部に比べて軽いのも魅力です。

◆**取得免許&資格**　幼稚園教諭二種免許、保育士、准学校心理士など。

前年度　選抜方法

●**推薦(公募制)**＝書類審査、小論文、面接
●**一般（入試科目・配点）（前期）**
◇**全学科（100点満点）**＝国外〈国総〔除く古・漢〕・現代文Ａ・Ｂ、コミュ英Ⅰ・Ⅱ・英表Ⅰ→1〉
◉**2025年度の募集要項は、総合型は６月頃、その他の入試は８月中旬に配布予定**

⇩「資格別 取得可能な短大・学科」「就職状況」「大学への編入」「学費」は巻末データ集に収録

豊橋創造大学短期大学部

一般　共テ　推薦　総合

www.sozo.ac.jp/
設置(学)科＝幼児教育・保育、キャリアプランニング

CAMPUS GUIDE

●**所在地**　〒440-8511　愛知県豊橋市牛川町松下20の1
☎(0532)54-9725
●**交通**　ＪＲ豊橋駅から豊鉄バスで豊橋創造大学正門下車。
●**設立**　昭和58年
●**学生総数**　男10人・女186人
▼**要項請求先＆問合せ先**
入試センター

特別選抜 帰国	特別選抜 社会人	学外試験会場	授業料減免 免除	授業料減免 減額	奨学金制度 給付	奨学金制度 貸与	学生寮 男子	学生寮 女子	海外留学	海外研修	編入制度	専攻科
×	○	4	○	○	○	×	×	×	×	×	○	×

幼児教育・保育科

定員(専攻名・定員)／修業年限
100人／2年

幼稚園教諭と保育士の育成を目指し、豊かな感性や人間性を育むとともに、保育理論に基づいた知識や技能の修得はもちろんのこと、子どもとのふれあいを通じた学びを重視しています。障がい児教育に対応するため、福祉関連の科目も豊富に設けています。

また、先生から教わるだけではなく、学生自ら研究や創作を行い、学びあいながら進める「セミナー科目」を配置しています。

1年次からさまざまな現場実習(保育実習、教育実習など)や多彩なイベントを体験し、実践的な保育力や想像力、表現力を養います。

さらに、現場で役立つパソコン教育にも力を入れており、2年間でコンピュータの基本操作から、パソコンを使って園だよりや電子紙芝居を作成できる力を身につけます。

学びの集大成として「青い空コンサート」を毎年開催しています。学生たちは表現について試行錯誤し、積極的に練習や制作を行っています。授業での準備のほか、実習や就職活動の合間にも練習に励みます。当日は地域の子どもたちに見てもらっています。

◆**取得免許&資格**　幼稚園教諭二種免許、保育士、ピアヘルパー、ネイチャーゲームリーダー、認定絵本士、准学校心理士、おもちゃインストラクター。

キャリアプランニング科

定員(専攻名・定員)／修業年限
60人／2年

可能性を引き出して未来へとつなげる2年間です。短大卒業資格のほか、プラスアルファの「資格取得」によって、女子力アップ。入学と同時に始まるキャリア教育で、将来就きたい「職業」や、なりたい「職種」を見極めます。一人ひとりのさまざまな目標に合わせて、3つのコース（公務員、医療事務、ビジネス・秘書）と5つの履修モデル（公務員、医療事務、オフィス秘書、販売士、国際・観光）をそろえています。さらに、選択したコースや履修モデルに関わらず学べる就業力育成コアユニットによって、社会人・職業人としての基礎的な能力を身につけることができます。

これからの時代を生きる女性にふさわしい職業観や人生設計を考え、自分だけの最適なモデルを組み立てて、専門知識や技術を修得していきます。

◆**取得免許&資格**　ビジネス実務士、診療報酬請求事務能力認定試験、秘書技能検定など。

前年度　選抜方法

●**推薦（一期）**＝書類審査、面接、基礎教養テスト（国総〈現代文のみ〉）
●**一般（入試科目・配点）（前期）**
◇**全科(220点満点)**＝国総〈現代文のみ〉(100)／コミュ英Ⅰ・Ⅱ〈除くリスニング〉(100)／調査書(20)
◉**2025年度の募集要項は7月下旬にホームページで公開予定**

名古屋短期大学

一般 共テ 推薦 総合

www.nagoyacollege.ac.jp
設置(学)科＝保育、現代教養

CAMPUS GUIDE

●所在地　〒470-1193　愛知県豊明市栄町武侍48
☎(0562)97-6311(入試広報課直通)
●交通　名鉄名古屋本線中京競馬場前駅下車、徒歩10分。
●設立　昭和30年
●学生総数　女476人
●専攻科　保育40人・2年
▼要項請求先＆問合せ先
入試広報課

特別選抜 帰国	特別選抜 社会人	学外試験会場	授業料減免 免除	授業料減免 減額	奨学金制度 給付	奨学金制度 貸与	学生寮 男子	学生寮 女子	海外留学	海外研修	編入制度	専攻科
○	○	×	×	×	○	○	×	×	○	○	○	○

1955年の開学以来、建学精神「心豊かで、気品に富み、洗練された近代女性の育成」のもとで教育を実践。2024年からは男女共学化をスタートさせています。

保育科

定員(専攻名・定員)／修業年限
200人／2年

保育を学ぶ基本姿勢と幅広い教養を身につけ、理論と実践の両方を重視したカリキュラムと、現場経験豊富な教員による指導で、「現場に強い」保育者を目指します。

1年次から保育者としての資質向上に欠かせない集団活動に、ゼミ活動を通じて積極的に取り組みます。また少人数の研究グループによる共同研究で「自己研究能力」「発表・討論・表現能力」「相互協力・協働能力」を身につけます。

最初の実習は大学構内の付属幼稚園で行います。子どもに接する保育者の姿を常に思い浮かべながら学ぶ2年間は、卒業後に現場で活躍する際の指針にもなります。

専攻科（保育専攻）があり、短大2年で卒業するか、さらに2年間学びを深めるか、在学中に進路を検討することができます。専攻科1年次の7か月間の実習では、すでに免許・資格を取得した上での実習として、保育者さながらの実践的な実習を行います。また、所定の単位を修得して修了することで、4年制大学卒業と同等の学士（教育学）の学位が授与されます。深い学びと実践力を身につけることにより、卒業後の進路の選択肢が広がります。

◆取得免許&資格　幼稚園教諭二種免許、保育士。

現代教養学科

定員(専攻名・定員)／修業年限
50人／2年

韓国、心理・人間文化、健康・医療、デジタル・メディア、ビジネスの5フィールドに設けられた多数の科目から自分の興味や関心に応じて自由に組み合わせて履修できます。

5フィールドの一つ「韓国フィールド」では、韓国語はもちろん、ネイティブの教員から最新の韓国文化や社会について学べる科目をたくさん用意しています。さらに、長期休暇を利用して、名古屋短期大学が交流協定を結んでいる海外の大学で語学研修などを受けることも可能です。

授業をはじめ、国内外の研修やインターンシップなど体験型の学びを重視し、専門知識や自主性、コミュニケーション力を身につけ、社会で生かせる力を修得します。また、資格取得にも挑戦し、将来の可能性を広げます。

◆取得免許&資格　上級秘書士、上級ビジネス実務士、情報処理士、社会福祉主事〈任用〉など。

前年度　選抜方法

●推薦（現代教養学科）＝書類審査、発表・面接
●一般（入試科目・配点）
（Ⅰ・Ⅱ）
◇全学科(200点満点)＝国語〈国総〔除く古・漢〕・現代文Ｂ〉(100)／英語〈コミュ英Ⅰ・Ⅱ・英表Ⅰ。外部試験利用可〉(100)
◉2025年度の募集要項は7月上旬に配布予定

⇩「資格別 取得可能な短大・学科」「就職状況」「大学への編入」「学費」は巻末データ集に収録

名古屋経営短期大学

一般　共テ　推薦　総合

www.jc.nagoya-su.ac.jp/
設置(学)科＝未来キャリア、子ども、介護福祉

CAMPUS GUIDE

●所在地　〒488-8711　愛知県尾張旭市新居町山の田3255の5
☎(0120)066-758（入試広報室直通）
●交通　名鉄瀬戸線尾張旭駅下車、徒歩7分。
●設立　昭和40年
▼要項請求先＆問合せ先
入試広報室

特別選抜 帰国	特別選抜 社会人	学外試験会場	授業料減免 免除	授業料減免 減額	奨学金制度 給付	奨学金制度 貸与	学生寮 男子	学生寮 女子	海外留学	海外研修	編入制度	専攻科
×	×	5	○	○	○	×	×	×	×	○	○	×

未来キャリア学科 

定員(専攻名・定員)／修業年限
70人／2年

総合教育科目と4つのフィールドから自由に選んで学べます。総合教育科目では課題解決能力、自らの将来のキャリアを考え学修を継続する能力を高めます。

ビジネス情報フィールドでは、デジタル映像制作などパソコンを使用した技術や知識を学びます。

観光フィールドでは、観光や旅行を仕事にするための実践的な技術や知識を学びます。

医療事務フィールドでは、医療に関わる事務作業で必要な知識と技術を学びます。

ビューティフィールドでは、メイク・エステ・ネイル・アロマセラピーや肌の仕組みなどを学びます。

◆取得免許&資格　実践キャリア実務士、MOS検定、秘書技能検定、ITパスポート、国内旅行業務取扱管理者、医科医療事務管理士、AEA認定エステティシャンなど。

子ども学科 

定員(専攻名・定員)／修業年限
50人／3年

3年間で保育士＋幼稚園教諭＋小学校教諭の免許・資格の同時取得を目指します。

保育・初等教育のプロになるため、多様化する保育や教育現場に必要な特色ある授業を展開しており、専門性を磨くことができます。陶芸や農業体験など多彩な授業が学べるほか、地域の児童館などでのボランティア活動や、地域の子どもたちとのふれあいで実践力を養います。

海外研修では、日本の外国人保育の現状や、アジアなどの保育を学びます。

◆取得免許&資格　幼稚園教諭二種免許、小学校教諭二種免許、保育士、初級パラスポーツ指導員など。

介護福祉学科

定員(専攻名・定員)／修業年限
28人／2年

介護福祉士国家試験受験資格のほか、多様な資格を取得することができます。

資格を生かして福祉への関わり方を選べるため、介護福祉士としてはもちろんのこと、福祉系の事務職や相談員なども目指すことが可能です。

また、デイサービスやグループホームなどでの豊富な介護実習で実践力を養います。

◆取得免許&資格　介護福祉士国家試験受験資格、社会福祉主事〈任用〉、准福祉心理士、介護予防運動員、初級パラスポーツ指導員など。

前年度　選抜方法

●推薦＝書類審査、小論文、面接
●一般（入試科目・配点）（前期A）
◇全学科2教科受験（100点満点）＝国総〈除く古・漢〉／コミュ英Ⅰ・Ⅱ・英表Ⅰ
◇全学科1教科受験（100点満点）＝国外〈国総〔除く古・漢〕、コミュ英Ⅰ・Ⅱ・英表Ⅰ→1〉
〈注〉 2教科受験は、得点の高い教科で判定する
◉2025年度の募集要項は配布中

私立　中部　名古屋経営短期大学

名古屋文化短期大学

一般 推薦 総合

www.nfcc-nagoya.com

設置(学)科＝生活文化第１部

CAMPUS GUIDE

●所在地 〒461-8610 愛知県名古屋市東区葵１丁目17の８ ☎(0120)037-122
●交通 地下鉄東山線で新栄町駅下車、徒歩２分。
●設立 昭和25年
●専攻科 生活文化30人・１年、生活学60人・２年
▼要項請求先＆問合せ先
入学部

特別選抜		学外試験会場	授業料減免		奨学金制度		学生寮		海外留学	海外研修	編入制度	専攻科
帰国	社会人		免除	減額	給付	貸与	男子	女子				
○	○	×	×	○	×	×	×	×	○	○	○	○

生活文化学科 第１部 

定員(専攻名・定員)／修業年限
290人(ビジネス100・服飾美容100・フードビジネス90)／２年

ビジネス、服飾美容、フードビジネスの３専攻制。さらに、観光、ビジネス、インテリア、ブライダル、ファッション、美容、ダンス、フードなど、幅広い専門スキルと知識を習得できる11のコースを設置しています。グローバル留学コース、観光コミュニケーションコース、ビジネスキャリアコース、ライフデザインコース、インテリアデザインコース、ブライダルコース、テーマパークダンス・バレエコース、ファッションビジネスコース、メイクアップ・コスメティックコース、美容文化コース、フードビジネスコースの11コースで、学生一人ひとりの個性と可能性を引き出します。

他コース履修制度、マルチトライアル制度は、１年次春学期を中心に他コースの授業にチャレンジできる制度です。「美容」×「ファッション」や「ブライダル」×「ビジネス」など進学が決定したコースの専門分野に＋αの技術や知識を習得することにより、将来新たな事業展開へ繋げる可能性を広げます。また、将来の進路を再確認する時期となるため、受験時の選択において複数のコースで悩む方は、実際に授業を受けた上で、入学後にコースを変更することもできます。

前年度 選抜方法

●推薦（公募A）＝書類審査、面接
●一般（入試科目・配点）
(前・中・後期共通)
◇生活文化第１部(100点満点)＝国数外〈国総〔除く古・漢〕、数Ⅰ、コミュ英Ⅰ・Ⅱ・英表Ⅰ・Ⅱ→１*〉
＊２科目選択も可。高得点科目を採用する
◉2025年度の募集要項は配布中

名古屋文理大学短期大学部

一般 共テ 推薦 総合

www.nagoya-bunri.ac.jp/COL/

設置(学)科＝食物栄養

CAMPUS GUIDE

●所在地 〒451-0077 愛知県名古屋市西区笹塚町２丁目1 ☎(052)521-2251
●交通 名古屋駅から市バス名駅11系統名西橋(左回り)名古屋駅行きで堀越町下車、徒歩１分。
●設立 昭和41年
●学生総数 男７人・女166人
▼要項請求先＆問合せ先 学務課入試係

特別選抜		学外試験会場	授業料減免		奨学金制度		学生寮		海外留学	海外研修	編入制度	専攻科
帰国	社会人		免除	減額	給付	貸与	男子	女子				
○	○	5	×	○	○	×	×	○	×	○	○	×

食物栄養学科 

定員(専攻名・定員)／修業年限
150人(栄養士120・製菓30)／２年

栄養士専攻では、栄養バランスや調理法など、食と健康についての幅広い視野と専門知識を持つ、食生活管理のスペシャリストを育成します。

２年次には、栄養指導コース、健康管理コース、食品・調理コースから希望のコースを選択します。

カリキュラムは、理論と実践をバランスよく取り入れ、専門教科の講義と豊富な実験・実習と理論を積み重ねることで、応用技術を合理的に修得できるように編成されています。

専門科目の給食管理実習では、約15人で決められた時間内におよそ150食分を作り上げる課題を通して、調理・配膳のコツやスピード、衛生への気配りなど、多くの注意事項や時間厳守の緊張感を体感します。

製菓専攻では、製菓衛生師としての知識や技術を持ち、食文化に新しい感覚を注ぎ込むことができる人材を育成します。専門科目の製菓実習では、製菓理論をもとにして、和菓子から洋菓子、製パン、応用調理まで幅広い製菓技術を身につけます。

◆取得免許&資格 栄養士専攻－栄養士、栄養教諭二種免許、管理栄養士国家試験受験資格(要実務経験３年以上)、フードスペシャリスト受験資格、食育インストラクター(３級)受験資格。製菓専攻－製菓衛生師国家試験受験資格、菓子製造技能士国家試験受験資格、パン製造技能士国家試験受験資格、フードコーディネーター(３級)。

前年度 選抜方法

●推薦＝書類審査、面接
●一般（入試科目）（一般選抜A）
◇食物栄養＝国数理外〈国総〔除く古・漢〕、数Ⅰ・A、化基、生基、コミュ英Ⅰ・Ⅱ・英表Ⅰ→２〉／調査書
◉2025年度の募集要項は５月上旬に配布予定

⇩「資格別 取得可能な短大・学科」「就職状況」「大学への編入」「学費」は巻末データ集に収録

なごやりゅうじょう
名古屋柳城短期大学

一般 共テ 推薦 総合

www.ryujo.ac.jp
設置(学)科＝保育

CAMPUS GUIDE

●**所在地** 〒466-0034 愛知県名古屋市昭和区明月町２の54
☎(052)848-8281（アドミッションセンター直通）
●**交通** 地下鉄鶴舞線・桜通線御器所駅下車、４番出口から南へ徒歩５分。
●**設立** 昭和28年
●**学生総数** 男６人・女189人
▼**要項請求先＆問合せ先** アドミッションセンター

特別選抜 帰国	特別選抜 社会人	学外試験会場	授業料減免 免除	授業料減免 減額	奨学金制度 給付	奨学金制度 貸与	学生寮 男子	学生寮 女子	海外留学	海外研修	編入制度	専攻科
○	○	×	×	○	○	○	×	×	×	×	○	×

保育科

定員(専攻名・定員)／修業年限
100人／２年

キリスト教の精神に沿った教育を目的とし、教育・保育実習に重点を置いています。子どもたちに寄り添い、生きる力を育み、成長を見守る保育者を育成します。保育者としての自覚や責任感を形成しながら、少人数制ならではの人との交流により、知識と教養を育みます。

人間形成の重要な時期に携わる教育者、保育者となるための専門的な理論と実践を学びます。

保育各分野の科目により、保育のニーズに応えることのできるカリキュラムを編成しています。

教育原理などの科目では、保育・教育の本質を理解。音楽や幼児の体育などの科目では、保育者としての素養・技術を高めます。

障がい児保育や乳児保育などの科目では、保育の内容・方法を探究します。総合演習や教職実践演習では、学生各自の関心のある課題などの提起と、その課題の解決方法について学びます。

また、３か所の附属幼稚園をはじめ、幼稚園や保育園、児童福祉施設などで実施する実習では、子どもたちとの触れ合いを通して保育を体感。卒業までに５回の実習を通して、即戦力として活躍するための保育力・実践力を養っていきます。

◆**取得免許&資格** 幼稚園教諭二種免許、保育士、認定絵本士。

前年度 選抜方法

●**推薦**＝書類審査、質疑応答（面接）
●**一般（入試科目・配点）**
（A入試）
◇**保育（200点満点）**＝国総〈除く古・漢〉・現代文（100）／コミュ英Ⅰ・Ⅱ・英表Ⅰ・Ⅱ（100）
◉**2025年度の募集要項は６月上旬に配布予定**

高田短期大学

一般 推薦 総合

www.takada-jc.ac.jp/

設置(学)科＝子ども、キャリア育成

CAMPUS GUIDE

●所在地　〒514-0115　三重県津市一身田豊野195　☎(059)232-2310
●交通　ＪＲ紀勢本線一身田駅下車、徒歩15分。
●設立　昭和41年
●学生総数　男31人・女444人
▼要項請求先＆問合せ先
入試広報課

特別選抜 帰国	特別選抜 社会人	学外試験会場	授業料減免 免除	授業料減免 減額	奨学金制度 給付	奨学金制度 貸与	学生寮 男子	学生寮 女子	海外留学	海外研修	編入制度	専攻科
○	○	×	×	×	○	×	×	×	×	×	○	×

子ども学科

定員（専攻名・定員）／修業年限
150人／２年

「夢と笑いのある学びの場」をモットーに、子どもに寄り添い、援助できる「保育のスペシャリスト」の養成を目指します。

子どもの健やかな成長と、一人ひとりの個性を伸ばせる保育観・専門知識、保育技術を身につけ、心豊かで感性豊かな人間教育を実践できる保育者を養成します。

子育て支援など、多様な現代の保育ニーズに対応できる専門的知識と技術を身につけ、幼児教育・児童福祉の幅広い分野で活躍できる保育者を目指します。

教育実習・保育実習は、実際の幼稚園や保育の現場で行います。多くの子どもたちと関わるなかで子どもへの理解を深め、体験・実践を通して学びます。

また、自然保育を学ぶ場として、「たかたんフォレスト」がキャンパスの中にあります。

◆取得免許＆資格　幼稚園教諭二種免許、保育士、社会福祉主事〈任用〉、自然体験活動指導者（NEALリーダー）。

キャリア育成学科

定員（専攻名・定員）／修業年限
100人／２年

以下の２コースがあります。

オフィスワークコースでは、社会人として必要なヒューマンスキルや社会人基礎力、専門的な実務能力を身につけます。

学生一人ひとりへのキャリアサポートをさらに強化し、職業を通して豊かな人生を実現させる支援体制を提供します。また、オフィスで活躍するための、実践的なビジネス実務の専門知識・技術を指導し、資格検定合格を支援します。

社会体験学習、キャリアデザイン、ビジネスマナーなどの、一人ひとりのキャリア形成とチームで働くための能力向上を目指した科目を充実させています。

介護福祉コースでは、介護現場を牽引するリーダーとなる介護福祉士を養成します。

三重県内の福祉施設を活用した実習を行うなど、現場にも強い介護福祉士を養成します。さらに、福祉に関わる資格が取得できるカリキュラムも用意しています。

また、介護される人の心を理解できる人間性の向上、社会福祉に関する知識の修得を目指し、徹底した少人数教育を行っています。

◆取得免許＆資格　オフィスワークコース－医療事務管理士、秘書検定、サービス接遇検定など。
介護福祉コース－介護福祉士国家試験受験資格、社会福祉主事〈任用〉、レクリエーション・インストラクター、ピアヘルパー受験資格。

前年度　選抜方法

●**推薦**＝書類審査、小テスト（一般教養・作文）、面接
●**一般（入試科目）**
（Ⅰ期・Ⅱ期共通）
◇**全学科**＝小論文
〈注〉他に面接あり
◉**2025年度の募集要項は５月上旬配布予定**

⇩「資格別 取得可能な短大・学科」「就職状況」「大学への編入」「学費」は巻末データ集に収録

ユマニテク短期大学

一般 推薦 総合

www.jc-humanitec.ac.jp/
設置(学)科＝幼児保育

CAMPUS GUIDE

●**所在地** 〒510-0066 三重県四日市市南浜田町4の21 ☎(059)356-8170
●**交通** 近鉄四日市駅下車、徒歩8分。
●**設立** 平成29年
●**学生総数** 男17人・女101人
▼**要項請求先＆問合せ先** 入試係

特別選抜 帰国	特別選抜 社会人	学外試験会場	授業料減免 免除	授業料減免 減額	奨学金制度 給付	奨学金制度 貸与	学生寮 男子	学生寮 女子	海外留学	海外研修	編入制度	専攻科
×	○	×	×	○	○	×	×	×	×	×	×	×

幼児保育学科

定員(専攻名・定員)／修業年限
100人／2年

幼児教育や保育についての専門的な知識・技能を修得し、使命感と責任感を持って、共助や共栄・寛容の精神で他者と関わることができる「人間性豊かな教育力と保育力を併せ持つ専門職業人材」の養成を目標としています。

保育（子育て支援）と幼児教育（就学前教育）双方の機能を持つ「認定こども園」への就業には、幼稚園教諭・保育士の両方の資格取得が求められます。同学科では、この幼稚園教諭二種免許と保育士のWライセンスの取得を目指したカリキュラムを設定しています。１年次前期から少人数のゼミナールを実施し、２年次の専門ゼミナールでは、乳幼児保育、障がい児支援、地域連携の３プログラムから選択して学びを深め、専門性を高めます。

キャンパスは、三重県の主要ターミナルである近鉄四日市駅から徒歩８分の場所にあり、幼児教育を学ぶための工夫を随所に取り入れています。保育用品やおもちゃがそろった保育実習室のほか、ピアノの個人レッスン室６室を用意。また、ピアノはグループ（習熟度別）分けをして一人ひとりの演奏能力に応じたレッスンを展開します。造形表現では、身近な材料で季節感を大切にしたものづくりを体得します。

◆**取得免許＆資格** 幼稚園教諭二種免許、保育士、社会福祉主事〈任用〉、児童厚生二級指導員、准学校心理士、初級パラスポーツ指導員、介護福祉士実務者研修など。

前年度 選抜方法

●**推薦**＝書類審査、小論文、面接
●**一般（入試科目・配点）**
（Ⅰ期・Ⅱ期・Ⅲ期共通）
◇**幼児保育(100点満点)**＝国数〈国総、数Ⅰ→1〉(50)／小論文(30)／書類審査(20)
◉**2025年度の募集要項は配布中**

滋賀文教短期大学

一般 推薦 総合

www.s-bunkyo.ac.jp/
設置(学)科＝国文、子ども

CAMPUS GUIDE

●**所在地** 〒526-0829 滋賀県長浜市田村町335 ☎(0749)63-5815
●**交通** ＪＲ田村駅下車、徒歩７分。
●**設立** 昭和27年
●**学生総数** 男10人・女98人
▼**要項請求先＆問合せ先** 入試広報課

特別選抜 帰国	特別選抜 社会人	学外試験会場	授業料減免 免除	授業料減免 減額	奨学金制度 給付	奨学金制度 貸与	学生寮 男子	学生寮 女子	海外留学	海外研修	編入制度	専攻科
×	○	×	○	○	○	×	×	○	×	○	○	×

国文学科

定員(専攻名・定員)／修業年限
50人／２年

日本文学コースがあります。日本文学などについて学ぶことを通して、柔軟な思考力や豊かな表現力、課題解決力などを身につけ、自立した社会人になることを目標としています。古代から現代までの日本文学・文化、日本語学、書道などを専門的に学びます。

司書の資格を取得できるのも、同学科の特長です。図書館について学ぶとともに、情報の獲得・分析などの力を身につけ、公共図書館への就職を目指します。

◆**取得免許&資格** 司書、認定絵本士、実践キャリア実務士。

子ども学科

定員(専攻名・定員)／修業年限
50人／２年

保育士養成、小学校教諭養成の２コースがあります。心豊かで実践力を備えた保育者・教育者を目指します。施設も充実しており、『翠湖館』には、保育実習室「あすなろホール」、音楽実習室、個室のピアノレッスン室が設置されています。また、子育て支援の取り組みとして、地域の乳幼児や保護者を招き、「ぶんぶんひろば」を実施しています。学生が主体的に計画し、実際に子どもと関わることで実践力を養います。

◆**取得免許&資格** 保育士養成コース－幼稚園教諭二種免許、保育士、認定絵本士。小学校教諭養成コース－小学校教諭二種免許、学校図書館司書教諭〈任用〉、認定絵本士。

前年度 選抜方法

●**推薦**＝書類審査(志望理由書を含む)、面接
●**一般（入試科目）（前期・後期共通）**
◇**全学科**＝小論文
〈**注**〉他に面接あり
◉**2025年度の募集要項は配布中**

滋賀短期大学

一般 共テ 推薦 総合

www.sumire.ac.jp/tandai/

設置(学)科＝デジタルライフビジネス(2025年再編予定)、幼児教育保育

CAMPUS GUIDE

●**所在地** 〒520-0803 滋賀県大津市竜が丘24の４ ☎(077)524-3848
●**交通** ＪＲ膳所駅・京阪電車京阪膳所駅下車、徒歩約15分。
●**設立** 昭和45年
●**学生総数** 男75人・女395人
▼**要項請求先&問合せ先**
入試広報課

特別選抜 帰国	特別選抜 社会人	学外試験会場	授業料減免 免除	授業料減免 減額	奨学金制度 給付	奨学金制度 貸与	学生寮 男子	学生寮 女子	海外留学	海外研修	編入制度	専攻科
×	○	×	×	×	○	×	×	×	×	○	○	×

それぞれの分野での高い専門性とデジタル社会に的確に対応できる人材を育成し、地域社会の発展に貢献します。短期大学士としての教養・専門性とともに、免許・資格の取得も全面サポートします。効率的なカリキュラムによって、社会から求められる知識・技能や教養を２年間で身につけることができます。また、学生一人ひとりを大切にした親身な指導が図れる体制を整えています。
※2025年４学科９コースから２学科６コースに再編予定。それにともない、生活学科、ビジネスコミュニケーション学科は募集停止予定。以下の内容は2025年予定。

デジタルライフビジネス学科

定員(専攻名・定員)／修業年限
150人／２年

Society5.0において、生活やビジネスを改善していくために必要な知識やスキルを学びます。

全てのコースで、コンピュータリテラシーやデータサイエンスの基礎などを学び、新時代に即したライフデザインを描く能力の獲得を目指します。入学時から４つのコースに分かれて学び、それぞれの分野の高い専門性や資格を手にします。学科共通科目と専門科目のベストミックスは、新しい時代にふさわしい学びを提供します。

食健康コース(栄養士養成課程)では、栄養士関連の専門知識と技術を、講義と実験・実習・演習を通して修得するとともに、地域の食文化を継承できる食の専門家を目指します。学内で行う実習のほか、病院や事業所などで給食経営管理学外実習を行い、そこで働く栄養士の指導を受けながら、栄養士業務について学びます。

製菓マイスターコース（製菓衛生師養成課程）では、製菓・製パンの理論と技術を講義と実習を通して修得し、菓子や食品製造の場において活躍できる実践力を身につけることを目指します。１年次で製菓衛生師試験の受験資格が得られるので、２年次で国家試験を受けることが可能です。実習では、実務経験が豊富な教員から卒業までに200種類を超えるお菓子・パン作りの指導を受け、多くの卒業生がパティシエやブーランジェとして現場で活躍しています。

総合医療事務コースでは、チーム医療を支える医療事務のスペシャリストを目指します。医療の基礎知識や診療報酬請求能力、法規知識から患者への対応まで、幅広い知識や専門的な技能とコミュニケーション力を身につけることができます。近畿の大学・短大では、唯一、日本医師会認定医療秘書資格の取得を目指すことができます。

医療秘書実習室や秘書実習室などの設備を活用し、医療機関での受付・窓口業務を実践的に学びます。

デジタルビジネスコースでは、ビジネス実務やコンピュータリテラシーを学び、インターンシップ等を通してビジネス分野や地域社会での実践力を身につけます。

OA室には、学生が一人一台使用できる数のコンピュータを設置。授業はもちろん、休憩時間にも自由に使用することができます。また、DLBスタジオでは、写真や動画の撮影に必要な機材や撮影ブースを用意。本格的な環境で、撮影技術を学ぶことも可能です。

◆**取得免許&資格** 食健康－栄養士、フードスペシャリスト受験資格など。製菓マイスター－製菓衛生師国家試験受験資格、パティスリーラッピングなど。総合医療事務－医療秘書（日本医師会認定）、医療秘書実務士、医事実務士など。デジタルビジネス－ＩＴパスポート、ウェブデザイン実務士、秘書検定など。

幼児教育保育学科

定員(専攻名・定員)／修業年限
100人／２年

幼児教育保育に関する専門の知識と技術を授け、時代や社会の要請に応え得る幼稚園教諭や保育士等の人材を育成します。子どもたちのいのちと心を豊かに育むために必要な資質と能力を磨きます。隣接する附属幼稚園で、子どもたちと交流しながら、より実践的な学びを深めます。経験豊富な教員の丁寧な指導とフォローで実習を振り返り、個々の課題に向き合います。

音楽や造形・身体表現を通して感性や創造力、表現力を磨きます。

音楽の担当教員がピアノ未経験者を対象に、基礎的なピアノ練習と歌唱練習を実施しています。ピアノに触れたことがない人も、安心して保育者を目指すためにスタートできます。

電子ピアノが31台設置されている音楽教室や子育て支援教育プレイルームなどの設備で、学生一人ひとりのスキルを高める環境を完備しています。

２年次から「子どもの表現コース」と「子ども理解コース」の２コースに分かれ、学生一人ひとりの得意分野を生かした保育力を高めます。

◆**取得免許&資格** 幼稚園教諭二種免許、保育士、社会福祉主事〈任用〉、准学校心理士。

前年度 選抜方法

●**推薦（前期・後期）**＝書類審査、基礎テスト（国語）、面接
●**一般（入試科目・配点）（Ⅰ期）**
◇**全学科(225点満点)**＝国外〈国総〔除く古・漢〕(100)／コミュ英Ⅰ・Ⅱ・英表Ⅰ〉(100)／調査書(25)
◉**2025年度の募集要項は５月上旬に配布予定**

⇩「資格別 取得可能な短大・学科」「就職状況」「大学への編入」「学費」は巻末データ集に収録

びわこ学院大学短期大学部

一般
共テ
推薦
総合

www.biwakogakuin.ac.jp
設置(学)科＝ライフデザイン

CAMPUS GUIDE

●**所在地**　〒527-8533　滋賀県東近江市布施町29
☎(0748)22-3388
●**交通**　ＪＲ琵琶湖線近江八幡駅下車、スクールバスで約18分。または、近江鉄道大学前駅下車、徒歩１分。
●**設立**　平成２年
●**学生総数**　男41人・女95人
▼**要項請求先＆問合せ先**
入学センター

特別選抜 帰国	特別選抜 社会人	学外試験会場	授業料減免 免除	授業料減免 減額	奨学金制度 給付	奨学金制度 貸与	学生寮 男子	学生寮 女子	海外留学	海外研修	編入制度	専攻科
×	○	×	×	○	○	×	×	×	×	×	○	×

ライフデザイン学科

定員(コース名・定員)／修業年限
80人(児童学30・健康福祉30・キャリアデザイン20)／２年

児童学コースでは、幼稚園教諭二種免許と保育士資格の取得を目指せます。

キャンパス内に大学附属こども園があるので、実習以外でも子どもとふれあう機会があり、実践的に学べます。また、一人ひとりのレベルに合わせたピアノ指導を行うなど、ピアノ実技対策にも力を入れています。

健康福祉コースでは、介護の知識や技術を習得し、医療的ケアや健康分野についても学ぶことで、広い視野と高い専門性を兼ね備えた介護福祉士を養成します。

キャリアデザインコースでは、ITやビジネス系の実用的な資格を取得し、公務員や一般企業など地元での就職を目指します。豊富な資格取得サポート科目や東京アカデミーと連携した対策講座など、支援プログラムが充実しています。

◆**取得免許&資格**　児童学コース－幼稚園教諭二種免許、保育士、准学校心理士、社会福祉主事〈任用〉など。健康福祉コース－介護福祉士国家試験受験資格、社会福祉主事〈任用〉、健康管理士一般指導員受験資格、福祉住環境コーディネーターなど。キャリアデザインコース－ITパスポート試験、DTP検定、ファイナンシャル・プランニング技能士、販売士など。

前年度　選抜方法

●**推薦**＝書類審査、面接、小論文または教養問題（国語の基本的な問題）
●**一般(入試科目・配点)(前期・後期共通)**
◇**ライフデザイン（220点満点）**＝国総〈除く古・漢〉(100)／コミュ英Ⅰ・Ⅱ・英表Ⅰ(100)／調査書(20)
◉**2025年度の募集要項は５月下旬に配布予定**

京都外国語短期大学

一般
推薦
総合

www.kufs.ac.jp/
設置(学)科＝キャリア英語〈夜〉

CAMPUS GUIDE

●**所在地**　〒615-8558　京都市右京区西院笠目町６
☎(075)322-6035（入試広報部直通）
●**交通**　阪急京都線西院駅下車、徒歩約15分。
●**設立**　昭和25年
●**学生総数**　男47人・女75人
▼**要項請求先＆問合せ先**　入試広報部

特別選抜 帰国	特別選抜 社会人	学外試験会場	授業料減免 免除	授業料減免 減額	奨学金制度 給付	奨学金制度 貸与	学生寮 男子	学生寮 女子	海外留学	海外研修	編入制度	専攻科
×	○	10	×	○	○	×	×	×	×	○	○	×

キャリア英語科

定員(専攻名・定員)／修業年限
70人(夜間)／２年

ライフスタイルに合わせた多様な学びを展開。月曜日から金曜日の平日17時50分以降の授業を履修することで卒業が可能なため、昼間の時間を有効活用できます。

日中にはアルバイトやボランティア活動などさまざまな活動に取り組めます。

海外からの観光客や留学生が多い京都という地の利を生かして、英語を使用する活動に取り組む学生もいます。

また、「長期履修制度（出願時に申請）」により、２年分の学費で最長４年まで履修期間の延長が可能です。

さらに、留学制度も充実しています。オーストラリアでさまざまな国の学生と英語を学ぶ「夏期英語研修」、カナダに１学期間留学する「交換留学プログラム（派遣留学A)」など、多様な留学プログラムから自分に合ったものを選択できます。

授業は、専門必修科目の多くが20人程度の少人数で行われています。「聴く」「話す」「読む」「書く」の４技能をバランスよく伸ばすように作られ、全クラス合同で発表の場を設ける「Graduation Project Ⅱ」での英語プレゼンテーションを最終目標として学びます。これらを通じて、英語で自分の考えを述べ、相手からの質問に答えることができる学生の育成を目指します。

前年度　選抜方法

●**推薦(公募制)**＝適性検査（英語）
●**一般（入試科目・配点）**
(Ａ日程・Ｂ日程１教科型)
◇**キャリア英語(180点満点)**＝コミュ英Ⅰ・Ⅱ・英表Ⅰ・Ⅱ〈リスニングは課さない〉
◉**2025年度の募集要項は総合型が８月中旬、その他の入試が９月中旬に配布予定**

かちょう
華頂短期大学

一般
共テ
推薦
総合

www.kacho-college.ac.jp/
設置(学)科＝幼児教育

CAMPUS GUIDE

●**所在地**　〒605-0062　京都市東山区林下町３の456
☎(075)551-1211（入学広報課直通）
●**交通**　市営地下鉄東西線東山駅下車、徒歩４分。または、京阪電鉄祇園四条駅下車、徒歩10分。
●**設立**　昭和28年
●**学生総数**　女323人
●**専攻科**　介護専攻20人・１年
▼**要項請求先＆問合せ先**　入学広報課

特別選抜 帰国	特別選抜 社会人	学外試験会場	授業料減免 免除	授業料減免 減額	奨学金制度 給付	奨学金制度 貸与	学生寮 男子	学生寮 女子	海外留学	海外研修	編入制度	専攻科
×	×	×	×	×	×	×	×	○	×	○	○	○

乳幼児期は生涯にわたる人間形成の基礎を培う大切な時期です。子育て全体への視野を大切に、今日的な課題を把握し、自分なりの教育観、保育観を持てる幼児教育者・保育者の育成を目指します。

子どもの心身の発達や教育について広い角度から学び、子ども一人ひとりの個性と感性、創造力を引き出すための知識や実践力を培います。また、「学生一人ひとりの顔が見える教育」を基本にした密度の濃い指導を行うことで、自らが考え行動できる力を引き出し、人間としての豊かさを育みます。

※2025年４月、総合文化学科は募集停止予定。

幼児教育学科

定員(専攻名・定員)／修業年限
150人／２年

幼稚園教諭二種免許と保育士資格を卒業と同時に取得することができます。幼児教育・保育のプロフェッショナルを目指すために、現場に近い実践的な学びの環境を整えています。講義・実技をバランスよく履修し、実習に必要な知識と技能を身につけます。講義では「教育原理」「発達心理学」「小児栄養」など基本的な要素を、実技では「音楽」「図画工作」「小児体育」など、より実践的な要素の習得を目指します。

キャンパス内には「華頂短期大学附属幼稚園」が併設されており、毎日子どもたちを身近に感じられる環境になっています。また、附属幼稚園との連携プログラムも充実しているため、保育の現場を知る機会やボランティアなど、多彩な関わりを通して実践力を培うことができます。

華頂のピアノの授業は、初心者でも安心です。入学者の約６割はピアノ歴２年未満の初心者ですが、一人ひとりのレベルに応じた少人数制のレッスンにより、卒業時までには保育現場で通用する実力を身につけることができます。

造形教育の一環として、１回生が行う「子どもデパート」という行事があります。この行事は、学園祭で子どもたちが遊ぶことができるおもちゃやゲームを学生たちが企画し、制作、運営まで携わります。訪れる子どもは200人以上となるため、大勢の子どもたちと実際に触れ合うことで、子どもとの関わり方や子どもの興味・関心事を学ぶ機会となっています。

保育実習にさきがけ、実習事前指導を徹底して行います。学生の実習をより実りあるものにするため、基本的なことから保育の企画・実施に至るまで丁寧な指導を行います。元幼稚園教諭、保育士の方々がチームとなり、実習に取り組むための姿勢や心構えなどを学びます。

◆**取得免許&資格**　幼稚園教諭二種免許、保育士など。

前年度　選抜方法

●**推薦**＝指定校制
●**一般（入試科目・配点）（Ⅰ・Ⅱ・Ⅲ期）**
◇**全学科（150点満点）**＝国語〈現代文のみ〉(100)／書類審査(50)
◉**2025年度の募集要項は総合型（AOタイプ）は配布中、その他は６月下旬に配布予定**

⇩「資格別 取得可能な短大・学科」「就職状況」「大学への編入」「学費」は巻末データ集に収録

京都経済短期大学

一般 推薦 総合

www.kyoto-econ.ac.jp/
設置(学)科＝経営情報

CAMPUS GUIDE

●所在地 〒610-1195 京都市西京区大枝東長町３の１
☎(075)331-2377（入試情報センター直通）
●交通 阪急桂駅・JR桂川駅からバスで8分、国道中山または中山下車、すぐ。
●設立 平成５年
●学生総数 男250人・女266人
▼要項請求先＆問合せ先
入試情報センター

特別選抜 帰国	特別選抜 社会人	学外試験会場	授業料減免 免除	授業料減免 減額	奨学金制度 給付	奨学金制度 貸与	学生寮 男子	学生寮 女子	海外留学	海外研修	編入制度	専攻科
×	○	×	○	○	○	×	×	×	×	×	○	×

経営情報学科

定員(専攻名・定員)／修業年限
200人／２年

将来の夢や目標に合わせて効果的・効率的に学ぶために、７コース（経済システム、経営・マーケティング、会計ファイナンス、国際ビジネス、情報システム、ビジネス心理、総合デザイン）、２ユニット（資格就職ユニット、大学編入ユニット）を開設。

資格就職ユニットでは、ECC・大原簿記・TAC・東京アカデミー・ヒューマンアカデミーなど多様な有名専門学校との提携により、プロ講師による公務員・ホテル・ブライダル・医療事務・登録販売者・秘書・簿記・販売士・FP技能士・宅建士・日商PC・MOS・ITパスポート・基本情報技術者・情報セキュリティマネジメント・ウェブデザイン技能士・TOEICなど、豊富な対策講義を開講しています。

大学編入ユニットは、ECC編入学院・TACとの提携でさらに強化。国公立大・難関私大・指定校推薦など、目標の実現に最適なカリキュラムを用意し、４年制大学や専門学校と一線を画した教育体制が特長です。

教育の特色は、１学年定員200名という少人数制を最大限に生かした個別フルサポート体制です。学生と教職員の距離が近く、教職員が全学生の名前や顔、適性を把握した上で一人ひとりに対し丁寧な指導にあたっています。

また、資格取得に直結した科目が数多く開講されており、ビジネス専門学校の機能も兼備。完全無料の学内ダブルスクールを実現しています。公的資格の「ビジネス実務士、秘書士、情報処理士」を取得できる制度もあります。

就職サポートでは、対策科目も充実しており、授業がそのまま就職活動に直結しています。週１回の進路ガイダンスをはじめ、個々の長所や希望、適性に応じた就職先の紹介など、きめ細かな個別指導を行うことで毎年高い就職実績を実現しています。

大学編入では、関西大、京都産業大、龍谷大など多くの編入指定校推薦枠があるほか、ECC編入学院やTACとの提携による徹底指導で、愛媛大・香川大・滋賀大・三重大・和歌山大など国公立大や難関私大への編入を数多く果たすなど、国内屈指の実績を誇ります。

◆取得免許&資格 日商PC検定、ビジネス文書検定、医科２級医療事務、ビジネス実務マナー検定、秘書士、登録販売者、秘書検定、ビジネス実務士、販売士検定、情報処理士、MOS、FP技能士、宅建士、基本情報技術者、ITパスポート、ウェブデザイン技能士など。

前年度 選抜方法

●推薦＝書類審査、面接（口頭試問）
●一般（入試科目・配点）
（前期・中期・後期 1教科型）
◇経営情報(100点満点)＝国数外〈国総〔除く古・漢〕、数Ⅰ・A、コミュ英Ⅰ・Ⅱ・英表Ⅰ→1〉
◉2025年度の募集要項は５月中下旬に配布予定

京都光華女子大学短期大学部

一般 共テ 推薦 総合

www.koka.ac.jp/

設置(学)科＝ライフデザイン、歯科衛生

CAMPUS GUIDE

●**所在地** 〒615-0882 京都市右京区西京極葛野町38
☎(075)312-1899（入学･広報センター直通）
●**交通** 阪急電車京都線西京極駅下車、北へ徒歩約７分。
●**設立** 昭和25年・
●**学生総数** 女128人
▼**要項請求先＆問合せ先**
入学・広報センター

特別選抜 帰国	特別選抜 社会人	学外試験会場	授業料減免 免除	授業料減免 減額	奨学金制度 給付	奨学金制度 貸与	学生寮 男子	学生寮 女子	海外留学	海外研修	編入制度	専攻科
×	○	4	×	×	○	×	×	○	○	○	○	×

ライフデザイン学科

定員（専攻名・定員）／修業年限
85人／２年

現代社会で求められている､「周囲と協力してプロジェクトを進められる協調性」や「目標に向かって真っすぐ自分から積極的に行動できる能動性」など、学習成績や試験では見えにくい力を育成する独自プログラムを通して社会で活躍するために必要な力を身につけます。

◆**取得免許&資格** 上級情報処理士、情報処理士、ビジネス実務士、プレゼンテーション実務士、観光実務士、インテリアコーディネーター、ピアヘルパーなど。

歯科衛生学科

定員（専攻名・定員）／修業年限
70名／３年

幅広い年代の人びとと接する機会が多い歯科衛生士に必要なコミュニケーション能力を身につけるためアクティブ・ラーニングを取り入れた学びを実施。現代社会で活躍できる教養とコミュニケーション力を養います。

小児歯科、咀嚼、口腔外科などを専門分野とする研究力の高い教員による専門的な学びを通して、口腔保健の専門家としての基礎をつくります。

◆**取得免許&資格** 歯科衛生士国家試験受験資格、メディカルクラーク、ドクターズクラークなど。

前年度 選抜方法

●**推薦（公募制前期・後期共通）（全学科）**＝書類審査、学科試験〈国総〔除く古・漢〕、コミュ英Ⅰ･Ⅱ･Ⅲ･英表Ⅰ･Ⅱ→1〉
●**一般（入試科目･配点）**
（前期・後期共通）
◇**全学科（100点満点）**＝国外〈国総〔除く古・漢〕、コミュ英Ⅰ・Ⅱ・Ⅲ・英表Ⅰ・Ⅱ→1〉
◉**2025年度の募集要項は５月上旬に配布予定**

きょうとせいざん
京都西山短期大学

一般 推薦 総合

seizan.ac.jp/

設置(学)科＝共生社会

CAMPUS GUIDE

●**所在地** 〒617-0811 京都府長岡京市粟生西条26
☎(075)951-0023
●**交通** ＪＲ長岡京駅・阪急長岡天神駅からスクールバス。または、両駅から阪急バスで光明寺下車、徒歩５分。
●**設立** 昭和25年
●**学生総数** 男40人・女30人
▼**要項請求先＆問合せ先**
入試広報課

特別選抜 帰国	特別選抜 社会人	学外試験会場	授業料減免 免除	授業料減免 減額	奨学金制度 給付	奨学金制度 貸与	学生寮 男子	学生寮 女子	海外留学	海外研修	編入制度	専攻科
×	○	×	×	○	○	○	×	×	×	○	○	×

共生社会学科

定員（コース名･定員）／修業年限
90人（メディアIT･ビジネス45、こども教育45）／２年

2024年度より､共生社会学科（仏教学科から名称変更）として、新たにスタートしました。これからの多様性の社会で必要とされるSDGsを中心とした社会学と人格形成のための人文学を核とし、経営、情報、保育の専門的な学びがあります。

メディアIT・ビジネスコースでは、ホテルのコンシェルジュが教えるホテル学や、動画編集の演習など、実社会で働く実務家教員から「実学」が学べます。

こども教育コースでは、こどものあそびについて学ぶ「こどもあそび学」やウクレレ演奏、オリジナル絵本の作成・出版、オーストラリアの幼稚園への海外研修などの特徴があります。

また、４年制大学への３年次編入の際の読み替え可能な科目がしっかりと整備されています。資格についても、保育士、幼稚園教諭二種のほか、秘書士、ビジネス実務士、情報処理士などの単位取得で取得できる資格や、ITパスポート、簿記、証券外務員、販売士の取得を目指せます。就職はキャリアサポーターが、編入学対策はアカデミックサポーターが個別に指導し、特にTOEICのスコアアップを強力にサポートします。

◆**取得免許&資格** メディアIT･ビジネスコース－ITパスポートなど。こども教育コース－保育士、幼稚園教諭二種免許など。

前年度 選抜方法

●**推薦**＝指定校制
●**一般（入試科目･配点）**
◇**共生社会（150点満点）**＝国総〈除く古･漢〉(100)／調査書(50)
◉**2025年度の募集要項は６月中旬に配布予定**

⇩「資格別 取得可能な短大・学科」「就職状況」「大学への編入」「学費」は巻末データ集に収録

京都文教短期大学

一般
推薦
総合

www.kbu.ac.jp/kbjc/
設置(学)科＝ライフデザイン総合、幼児教育

CAMPUS GUIDE

●**所在地**　〒611-0041　京都府宇治市槇島町千足80
☎(0774)25-2488（入試広報課直通）
●**交通**　近鉄京都線向島駅下車、スクールバスで約５分。
●**設立**　昭和35年
●**学生総数**　男15人・女360人
▼**要項請求先&問合せ先**　入試広報課

特別選抜 帰国	特別選抜 社会人	学外試験会場	授業料減免 免除	授業料減免 減額	奨学金制度 給付	奨学金制度 貸与	学生寮 男子	学生寮 女子	海外留学	海外研修	編入制度	専攻科
○	○	5	×	×	○	×	×	×	○	×	○	×

ライフデザイン総合学科

定員（コース名・定員）／修業年限
100人（ライフデザイン60・栄養士40）／2年

健康で豊かな生活と社会に関わる分野の学びを通して、なりたい自分を発見し、次の２コースで自分らしく学びます。

ライフデザインコースには、「ビジネス」「ファッションとインテリア」「フード」「セルフデザイン」の４つの学べる分野があります。１つの分野を重点的に学習したり、複数の分野を組み合わせて幅広く学んだりできます。目指す進路に応じた専門知識を身につけられます。

栄養士コースでは、少人数体制で一人ひとりに合わせてサポートします。調理の実践力を磨く設備と栄養に関する幅広い知識を身につけるカリキュラムを設けています。保育園、学校、病院、福祉施設、カフェ・レストランなどで活躍できる栄養士を目指します。

◆**取得免許&資格**　ライフデザインコース－上級情報処理士、上級ビジネス実務士、食空間コーディネーター、医事管理士受験資格など。栄養士コース－栄養士、社会福祉主事〈任用〉、情報処理士、食空間コーディネーター、医事管理士受験資格など。

幼児教育学科

定員（専攻名・定員）／修業年限
150人／2年

質の高い実践力を備えた保育者を養成するための「実践力育成プログラム」を設定しています。幼稚園教諭二種免許と保育士資格の２つを取得できるカリキュラムになります。卒業後も保育の現場で成長し続けるために必要な３つの力を身につけます。

表現力：保育の現場では、音楽表現・造形表現・身体表現・言語表現を融合させながら、子どもたちと表現活動を楽しみます。さまざまな表現の世界に触れて感性を磨き、のびやかに表現する力を高めます。

子育て支援力：保育者は、子どもだけでなく保護者や地域の人びとなど多くの人と関わる仕事です。社会のなかでさまざまな人とつながり、子ども・子育てを支える力を身につけます。

デザイン力：保育を行うには、多様な分野の知識と技術が必要です。保育学・教育学・心理学・福祉学・保健学・栄養学・仏教学などを幅広く学び、魅力的な保育を考えるための土台を作ります。

◆**取得免許&資格**　幼稚園教諭二種免許、保育士、認定絵本士、レクリエーション・インストラクター、こども音楽療育士、社会福祉主事〈任用〉。

前年度　選抜方法

●**推薦**＝書類審査、基礎学力検査
●**一般（入試科目・配点）**
（A日程　学科試験判定方式）
◇**全学科(200点満点)**＝国数外〈国総〔除く古・漢〕・現代文B、数Ⅰ・A、コミュ英Ⅰ・Ⅱ・Ⅲ・英表Ⅰ・Ⅱ→2〉(各100)、または国総〈除く古・漢〉・現代文B(100)／英語の資格・スコア（100）
◉**2025年度の募集要項は６月下旬頃に大学ホームページに掲載**

嵯峨美術短期大学

一般 / 共テ / 推薦 / 総合

www.kyoto-saga.ac.jp
設置(学)科＝美術

CAMPUS GUIDE

●**所在地**　〒616-8362　京都市右京区嵯峨五島町１　☎(075)864-7878（入学広報グループ直通）
●**交通**　ＪＲ嵯峨嵐山駅下車、徒歩15分。
●**設立**　昭和46年
●**学生総数**　男39人・女340人
●**専攻科**　美術12人・２年、デザイン18人・２年
▼**要項請求先&問合せ先**
入学広報グループ

特別選抜 帰国	特別選抜 社会人	学外試験会場	授業料減免 免除	授業料減免 減額	奨学金制度 給付	奨学金制度 貸与	学生寮 男子	学生寮 女子	海外留学	海外研修	編入制度	専攻科
○	○	1	×	○	○	×	×	×	×	○	○	○

美術学科

定員(専攻名・定員)／修業年限
150人／２年

美術分野（日本画／洋画・現代アート）では、伝統的な美意識の追究から最先端のアートまで、個人の目標設定に応じて学べます。素材などの知識、描写力を基礎から学習し、絵画や写真、映像、立体、インスタレーションなど、幅広い表現を展開します。

美術系短期大学におけるアート教育としては、西日本最長の歴史を持つ伝統分野であり、その基本は２年間でこなす膨大な作画量にあります。

デザイン分野（グラフィックデザイン／イラストレーション／アニメーション／暮らしのグッズデザイン）において、１年次では、美しさと実用性を併せ持つ、デザインの基本を学習します。

２年次では、さまざまな問題を発見し、解決しながら、社会で即戦力となる能力を身につけます。

マンガ・コミックアート分野では、基礎から個別指導を行い、在学中のデビューも視野に入れた作品の持ち込みや投稿指導も行っているマンガ領域と、ストーリー性を持つキャラクターを１枚の絵で表現するビジュアルアートを学ぶコミックアート領域の２領域編成です。どちらの領域も現役で活躍中の講師陣から個別指導を受けられます。

卒業後には、芸術家、企業への就職、個人での起業、４年制大学の３年次編入や専攻科への進学などの進路が開かれています。

前年度　選抜方法

●**推薦**＝指定校制
●**一般（入試科目・配点）**
（前期）
◇**美術（200点満点）**＝実技(200)、面接(200)、実技+共通テスト(200)→１
◉**2025年度の募集要項は配布中**

藍野大学短期大学部

一般 / 推薦 / 総合

col.aino.ac.jp/
設置(学)科＝第一看護、第二看護

CAMPUS GUIDE

●**所在地**　**大阪茨木キャンパス 第一看護学科**＝〒567-0018　大阪府茨木市太田３丁目９の25　☎(072)627-1766
大阪富田林キャンパス 第二看護学科＝〒584-0076　大阪府富田林市青葉丘11の１　☎(072)366-1106
●**交通**　**第一看護**＝ＪＲ摂津富田駅下車、スクールバス。　**第二看護**＝大阪狭山市駅下車、徒歩約５分。
●**設立**　昭和60年
●**学生総数**　男64人・女450人
●**専攻科**　地域看護学40人・１年
▼**要項請求先&問合せ先**　入試広報グループ

特別選抜 帰国	特別選抜 社会人	学外試験会場	授業料減免 免除	授業料減免 減額	奨学金制度 給付	奨学金制度 貸与	学生寮 男子	学生寮 女子	海外留学	海外研修	編入制度	専攻科
×	○	2	×	×	○	×	×	×	×	×	×	○

※2025年4月、大阪市阿部野区へキャンパス移転（構想中）

第一看護学科

第二看護学科

定員(専攻名・定員)／修業年限
第一看護学科=100人／２年
第二看護学科=80人／３年

大阪茨木キャンパスにある第一看護学科は、准看護師免許取得(見込み）者が対象で、２年間で准看護師から看護師免許の取得を目指すことができます。藍野グループの関連病院との連携による質の高い実習や、病院の新人看護師の教育にも使用される“eナーストレーナー”の導入、クラス担任制によるきめ細やかな指導など、充実の教育体制で支援します。

大阪富田林キャンパスにある第二看護学科は、高校生や社会人から最短の３年間で看護師免許の取得を目指します。

また、専攻科（地域看護学専攻）へ内部進学（希望者・選考有）することにより、保健師・養護教諭二種などの資格も取得可能です。４年間で２つの国家試験受験資格が取得でき、大卒資格の「学士」も取得可能です。

◆**取得免許&資格**　看護師国家試験受験資格。

前年度　選抜方法

●**推薦**＝書類審査、面接のほかに第一看護は小論文、第二看護は国語
●**一般（入試科目・配点）（前期）**
◇**第一看護（200点満点）**＝小論文(100)／看護専門科目(100)
◇**第二看護（200点満点）**＝面接(100)／国数理〈国総〔古・漢除く〕、数Ⅰ、生基から選択〉(100)。
※２科目方式は２科目選択、面接方式は面接と２科目選択から高得点の１科目の採用
◉**2025年度の募集要項は6月上旬に配布予定**

⇩「資格別 取得可能な短大・学科」「就職状況」「大学への編入」「学費」は巻末データ集に収録

大阪音楽大学短期大学部

一般 推薦 総合

daion.ac.jp
設置(学)科＝音楽

CAMPUS GUIDE

●**所在地**　〒561-8555　大阪府豊中市庄内幸町１丁目１の８
☎(06)6334-2507(入試センター直通)
●**交通**　阪急宝塚線庄内駅下車、西口から約700メートル。
●**設立**　昭和26年
●**専攻科**　音楽15人・１年
▼**要項請求先＆問合せ先**
入試センター

特別選抜 帰国	特別選抜 社会人	学外試験会場	授業料減免 免除	授業料減免 減額	奨学金制度 給付	奨学金制度 貸与	学生寮 男子	学生寮 女子	海外留学	海外研修	編入制度	専攻科
×	×	×	×	○	×	×	×	○	×	×	○	○

音楽科

定員（専攻名・定員）／修業年限
100人／２年

作曲デザイン・コースでは、DAWでの音楽制作や楽譜での作曲、電子オルガンでの作曲・編曲・演奏、サウンドデザインなど、あらゆる音楽ジャンルの作編曲技法を学びます。

音響照明コースでは、PAエンジニア、照明オペレーターなどの音楽エンジニアの育成を目指し、実習カリキュラムを中心に学びます。クリエイターとしてステージを総合演出できる力を身につけます。

声楽コースでは、日本、イタリア、ドイツなどの楽曲を通して、歌唱法の基本を身につけます。マンツーマンレッスンも週２回実施しています。

ピアノ・コースでは、ピアノの構造から、演奏技術や音楽表現、楽曲や作曲家の研究を通して、多面的な音楽解釈を学びます。基礎はもちろん、研究から指導まで幅広く学べます。

管楽器コースでは、吹奏楽からオーケストラまで、あらゆる編成をカバーするカリキュラムです。楽器の演奏技術とその演奏解釈に必要な理解力を養います。

弦楽器コースでは、専門合奏などで実技を鍛え、幅広い音楽系科目で理論を深めます。組み合わせ自由な個人レッスンが週２回受けられます。

打楽器コースでは、アンサンブルを軸に、さまざまな合奏系科目で、セッションの感覚、メイン奏者とサブ奏者における演奏技術の使い分けなど打楽器奏者に欠かせない技術を養います。

ギター・マンドリン・コースでは、基礎技術を磨きながら、独奏者としての音楽作りのほかアンサンブルなどにも取り組みます。また、編曲や指導方法も身につけます。

邦楽コースでは、箏、三弦、尺八から選択し、独奏やさまざまな合奏形態を経験しながら、邦楽演奏の技術を身につけます。楽器の歴史など、文化的背景についても学びます。

ジャズ・コースでは、ビッグバンドなどのジャズアンサンブルを主軸に技術を磨きます。個人指導で「感性の成熟」を目指します。ジャズの歴史や理論なども学びます。

ポピュラーエンターテインメント・コースは、シンガーソングライティング、ヴォーカルパフォーマンス、ポピュラーインストゥルメントの３クラスを設置しています。

ミュージカル・コースでは、ミュージカルを演じるための歌・ダンス・演技の技術を修得します。カリキュラムは実技レッスン中心で体験型授業を重視しています。

◆**取得免許&資格**　中学校音楽教諭二種免許。

前年度　選抜方法

●**推薦（公募）**＝書類審査、専門課題、小論文、面接
●**一般（入試科目・配点）**
◇**音楽（10点満点）**＝国総〈除く古・漢〉(1)／コミュ英Ⅱ程度(1)／専門課題(7)／面接(1)
◎**2025年度の募集要項は６月上旬に配布予定**

大阪学院大学短期大学部

一般 共テ 推薦 総合

www.ogu.ac.jp
設置(学)科＝経営実務

CAMPUS GUIDE

●所在地 〒564-8511 大阪府吹田市岸部南２丁目36の１ ☎(06)6381-8434
●交通 JR京都線岸辺駅または阪急京都線正雀駅下車、徒歩約５分。
●設立 昭和37年
●学生総数 女54人
▼要項請求先＆問合せ先
入試広報課

特別選抜 帰国	社会人	学外試験会場	授業料減免 免除	減額	奨学金制度 給付	貸与	学生寮 男子	女子	海外留学	海外研修	編入制度	専攻科
×	×	11	○	○	×	×	－	○	×	×	○	×

経営実務科

定員(専攻名・定員)／修業年限
50人／２年

高度なビジネス実務能力を身につけ、仕事の現場や実生活に必要な実践的な知識、即戦力として活躍できるスキルを育てます。世の中の動きに関心を持ち、主体的に問題解決に取り組む力も磨きます。

１年間が４つの期間と２セッションからなる４学期制を採用しています。履修する科目を２か月間に集中して学ぶことにより、知識を着実に身につけることができます。また、規定の科目（選択必須）を履修することで全国大学実務教育協会が認定する実践キャリア実務士ともう１資格（秘書士、ビジネス実務士、情報処理士のいずれか）を取得することができます。

複数の教員による担任制を採用し、学修成果や適性を定期的に評価し、履修計画や指導に反映するなど、一人ひとりの成長をきめ細かくサポートしています。定期的な面談では、学修や４年制大学への編入学、就職だけでなく、健康や悩みの相談にも応じます。

全員が１年次にインターンシップを体験します。企業で就業体験を行うことは、新たな自分の発見と職業観の養成につながり、将来の目標を定める上で役立ちます。

◆取得免許&資格　実践キャリア実務士、秘書士、ビジネス実務士、情報処理士など。

前年度 選抜方法

●推薦(公募推薦)＝書類審査のほか、「学科試験（国語、数学、英語各２題の計６題から４題選択）」「小論文・面接」からいずれかを選択
●一般(入試科目・配点)(２教科選択〈前期、中期、後期〉)
◇経営実務(200点満点)＝国数外〈国総〔除く古・漢〕・現代文Ｂ、数Ⅰ・Ａ、コミュ英Ⅰ・Ⅱ・Ⅲ・英表Ⅰ・Ⅱ→２〉（各100）。他に活動報告書による追加点（30）あり
◉2025年度の募集要項は９月上旬に配布予定

大阪キリスト教短期大学

一般 推薦 総合

www.occ.ac.jp/
設置(学)科＝幼児教育

CAMPUS GUIDE

●所在地 〒545-0042 大阪市阿倍野区丸山通１丁目３の61 ☎(06)6652-2091
●交通 JR・地下鉄天王寺駅下車、徒歩17分。
●設立 昭和27年
●学生総数 298人
▼要項請求先＆問合せ先
入試・広報課

特別選抜 帰国	社会人	学外試験会場	授業料減免 免除	減額	奨学金制度 給付	貸与	学生寮 男子	女子	海外留学	海外研修	編入制度	専攻科
×	○	×	○	○	×	×	×	×	×	○	○	×

キャンパスは「あべのハルカス」「あべのキューズモール」から徒歩圏にあり、友達との食事・ショッピングなどにも便利です。
※2024年４月、男女共学化。

幼児教育学科

定員(専攻名・定員)／修業年限
167人／２年・３年

３年間でゆとりを持って資格を取得できる長期履修制度を導入しています。さらに、ITを楽しく学んで、広く教育ビジネス業界での活躍を目指す「教育テックコース」を設けています。もちろん、保育士資格、幼稚園教諭二種免許の取得を目指す「子ども学コース」も選べます。

幼児音楽プログラムと国際保育プログラムを用意しています。希望者は通常のカリキュラムに加え、プラスアルファの学びにチャレンジできます。

幼児音楽プログラムは、幼児教育に音楽を生かすことを目指します。国際保育プログラムは、日本と世界の子どもたちのために貢献することを目指します。

同じ敷地内に付属の幼稚園・保育園があり、キャンパスにはいつも、子どもの声があふれています。この特色を生かし、最初の実習は付属園で実施しており、安心して取り組めます。

教養の幅を広げる学びとして、「幼児教育ヨーロッパ研修ツアー」(希望者のみ)を実施しています。

◆取得免許&資格　幼稚園教諭二種免許、保育士、社会福祉主事〈任用〉、認定ベビーシッター、認定絵本士、小学校教諭二種免許（長期履修生のみ）。

前年度 選抜方法

●推薦＝指定校制
●一般(入試科目・配点)
(１期・２期共通)
◇幼児教育(150点満点)＝小論文(100)／面接(50)
◉2025年度の募集要項は４月中旬に配布予定

⇩「資格別 取得可能な短大・学科」「就職状況」「大学への編入」「学費」は巻末データ集に収録

大阪芸術大学短期大学部

一般　共テ　推薦　総合

osaka-geitan.jp/

設置(学)科＝メディア・芸術、デザイン美術、保育

CAMPUS GUIDE

●所在地　伊丹学舎（メディア・芸術学科、デザイン美術学科）
〒664-0001　兵庫県伊丹市荒牧４丁目８の70
☎(072)777-1842
大阪学舎（保育学科）
〒546-0023　大阪市東住吉区矢田２丁目14の19
☎(06)6691-2883
●交通　伊丹学舎＝ＪＲ宝塚線中山寺駅下車、徒歩12分。または、阪急宝塚線山本駅下車、徒歩18分。
大阪学舎＝ＪＲ・地下鉄御堂筋線長居駅から大阪シティバス鷹合４丁目下車、徒歩３分。または、近鉄南大阪線矢田駅下車、徒歩３分。
●設立　昭和26年
●学生総数　男139人・女633人
▼要項請求先&問合せ先
伊丹学舎の事務室　入試

特別選抜 帰国	特別選抜 社会人	学外試験会場	授業料減免 免除	授業料減免 減額	奨学金制度 給付	奨学金制度 貸与	学生寮 男子	学生寮 女子	海外留学	海外研修	編入制度	専攻科
×	×	×	○	○	○	×	×	×	×	○	○	×

天神川のほとりにある伊丹学舎は、広がる緑の芝生とピンク色の校舎が特徴的で開放感のある環境と、テレビスタジオや芸術ホールなど本格的な機材設備が創造性を育みます。静かな住宅街にある大阪学舎は、子どもの目線になれる学生ホールをはじめ、模擬乳児保育室、ピアノレッスン室、工作室など、保育教育のための施設を備え、実習先でもある附属幼稚園も隣接しています。各分野に対応した充実の施設と設備で、専門スキルを身につけることができます。

学費全額免除や特待生奨学金制度、大阪芸術大学への内部推薦編入制度など、学びを支える制度も整っています。

※2025年４月、デザイン美術学科のグラフィックデザイン・イラストレーションコースをグラフィックデザインコース、イラストレーションコースの２コースに改編予定、アニメーション・デジタルデザイン・ゲームコースをアニメーション・デジタルクリエイションコースに名称変更予定。以下の内容は2025年予定。

メディア・芸術学科

定員（専攻名・定員）／修業年限

160人／２年

メディア、舞台芸術、ポピュラー音楽、声優、ポピュラーダンスの５コースを設置。

メディアコースは、先端メディア、広告、放送、映像の４分野に分かれ、企画から取材、編集、制作と、あらゆるフィールドの表現を学びます。

舞台芸術コースは、演じるための「身体表現」と、舞台を裏で支える「舞台制作」の分野に分かれます。学内外で開催するミュージカル公演や戯曲などを通じて、経験を積みます。

ポピュラー音楽コースは、ヴォーカル、ギター、ベース、ドラム、キーボードなどパートごとの専門授業のほか音楽理論なども学び、作詞・作曲・演奏する力を総合的に身につけます。

声優コースは、アフレコやナレーションだけでなく、演劇やダンス、ヴォーカルなどの基礎的な身体表現を高めることで、多角的に“声の演技力”を学びます。

ポピュラーダンスコースでは、姿勢や呼吸法など、踊るための基礎となる体力づくりとジャズ、ロック、ヒップホップといった多彩なジャンルのダンスを基本から学びます。

それぞれの専門性を追求した授業とコースを超えて他ジャンルも選択できるカリキュラムで、総合的に学べる構成が魅力です。実習や演習が中心の授業で経験を重ね、現場での協調性、判断力、責任感などを培います。

デザイン美術学科

定員（専攻名・定員）／修業年限

220人／２年

グラフィックデザイン、イラストレーション、空間演出デザイン、アートサイエンス、ドローンクリエイターズ、アニメーション・デジタルクリエイション、キャラクター・マンガ・フィギュア、絵画・版画、工芸・立体デザインの９コースを設置。１年次前期に３コース以上の基礎演習を選択することができるので、デザイン系、アート系、クリエイティブ系といろいろなジャンルに挑戦できます。自分に合ったやりたいことを、じっくりと見極め、１年次後期に専攻するコースを決めます。

また、２年次後期には、創作の幅を広げる授業「クリエイティブ研究」を開講。自分が専攻するコースだけでなく、他コースの先生の指導を受け創作手法を学ぶことで、自身の作品をグレードアップすることができます。「何を創造し、伝えたいのか」を模索しながら、感性を磨き、さまざまな知識や技術を修得していきます。

保育学科

定員（専攻名・定員）／修業年限

40人／２年

「子どもを育むことの大切さ」を自らが自覚して行動する保育者を養成します。現場経験豊かな教員や大学に隣接する附属幼稚園のもと実践や実習を重ね、いま子どもたちに何が必要かを考え、卒業後すぐに保育の現場で動ける判断力や行動力を身につけることができます。

また、高校生や子どもたちの前で手遊びや体操などをするイベントが数多くあり、参加することで自然と子どもたちの先生として生き生きと活動する力がつきます。

◆取得免許&資格　幼稚園教諭二種免許、保育士、社会福祉主事〈任用〉、こども音楽療育士。

前年度　選抜方法

●推薦＝指定校制
●一般（入試科目・配点）
（１期・２期・３期共通）
◇全学科(200点満点)＝実技〈メディア・芸術は自己表現プレゼンテーション、デザイン美術はデッサン、保育はピアノ〉(100)／口頭試問(100)
◎2025年度の募集要項は５月下旬に配布予定

大阪健康福祉短期大学

一般 推薦 総合

www.kenko-fukushi.ac.jp/

設置(学)科＝子ども福祉、介護福祉、保育・幼児教育、地域総合介護福祉

CAMPUS GUIDE

●**所在地　堺・泉ヶ丘キャンパス（子ども福祉、介護福祉）**　〒590-0117　大阪府堺市南区高倉台1丁2の1
☎（072）292-6625
松江キャンパス（保育・幼児教育）
〒690-0823　島根県松江市西川津町4280
安来キャンパス（地域総合介護福祉）
〒692-0404　島根県安来市広瀬町広瀬753の15

●**交通　堺・泉ヶ丘キャンパス**　泉北高速鉄道泉ヶ丘駅下車、徒歩約９分
松江キャンパス　ＪＲ松江駅からバスで学園通り中央下車、徒歩５分
安来キャンパス　ＪＲ安来駅・荒島駅からスクールバス
●**設立**　平成14年
●**学生総数**　男33人・女175人
▼**要項請求先＆問合せ先**
入試係

特別選抜 帰国	社会人	学外試験会場	授業料減免 免除	減額	奨学金制度 給付	貸与	学生寮 男子	女子	海外留学	海外研修	編入制度	専攻科
×	○	×	×	○	×	○	○	○	×	×	○	×

子ども福祉学科

定員（専攻名・定員）／修業年限
50人／２年

２年次から将来の進路希望に応じたコース別の履修を行います。どのコースも保育士資格と幼稚園教諭二種免許状が取得できます。さらに、将来の進路を見据えてそれに応じた科目を選択します。

保育・幼児教育コースでは、保育園・幼稚園・認定こども園や乳児院での就職を目指します。資格に必要な科目に加えて、さらに乳幼児の保育に必要な実践的な知識や技能を習得します。

病児・障がい児ケアコースは、障がいのある子どもの保育や病児（体調を崩している子どもや回復途中の子ども）の保育に関心のある人のためのコースです。障がい児施設での実習を行います。

児童ケアコースでは、放課後児童クラブ（学童保育）や児童養護施設、児童館などで、小学生以上の子どもたちにも関わる職業を目指します。小学生を対象にした遊びや児童のケアに関する専門的な科目を学びます。

◆**取得免許&資格**　保育士、幼稚園教諭二種免許、認定絵本士、社会福祉主事〈任用〉、児童厚生二級指導員、准学校心理士。

介護福祉学科

定員（専攻名・定員）／修業年限
20人／２年

専門職としての基本的な姿勢や必要な知識・技術を身につけ、介護福祉士国家資格の取得はもちろん、自分の介護に自信を持ち、働き続けられる力を育てることを目指しています。

介護福祉士に求められる基本的な知識・技術を身につけるためのプログラムを用意しています。校内での授業や、介護現場での実習のほか、さまざまな機会を通して知識・技術を身につけていきます。また、介護福祉士には介護現場でリーダーとしての役割を担うことが期待されるため、リーダーに求められる力を身につけるプログラムも用意しています。

国家試験対策も重視しています。基礎知識を確認し、試験形式で問題を解き、確実に合格できる水準に到達できるようにサポートします。

◆**取得免許＆資格**　介護福祉士国家試験受験資格、社会福祉主事〈任用〉。

保育・幼児教育学科

定員（専攻名・定員）／修業年限
40人／２年

子どもを取り巻く社会的課題を解決し、子どもの育ちを保障するために、社会を科学的に見る目、情報分析の正確さ、根拠を明確にした保育・教育力を養うことを目指しています。子どもたちの発達を支える環境や家族を含む生活問題の解決に向けたニーズの把握や課題解決技能を養います。

音楽・身体・言語・造形など、さまざまな表現活動を学び、それを基礎に学生自らが総合的な創作活動を展開していきます。さらに、実習先や近隣の保育現場と連携して、学生が創造した児童文化を子どもたちの前で発表・発信していきます。

保育基礎ゼミや保育研究ゼミなど、ゼミ形式の授業が充実しています。少人数のゼミ学習では、学習への不安や悩みを指導教員や仲間と共有でき、アットホームな環境のなかで安心して学ぶことができます。学生一人ひとりの学習能力や理解度に応じてきめ細かい学習サポートを行っています。

◆**取得免許&資格**　保育士、幼稚園教諭二種免許、社会福祉主事〈任用〉。

地域総合介護福祉学科

定員（専攻名・定員）／修業年数
10人／２年

介護の必要な人の尊厳が守られた生活を実現・創造できる介護福祉士を育てるために、さまざまな学問領域からアプローチできる力、それらの情報を正確に分析できる力を養います。

さらに、介護を取り巻く社会的環境への働きかけができる介護福祉士を育てるために、社会的な視点を持ち、物事を客観視できる力と社会的課題を解決するための知識と方法を養います。

◆**取得免許＆資格**　介護福祉士国家試験受験資格、社会福祉主事〈任用〉。

前年度　選抜方法

●**推薦**＝書類審査、小論文、面接
●**一般（入試科目・配点）**
◇**子ども福祉、介護福祉（400点満点）**＝国語〈現代文〉(100)／公〈現社〉(50)／記述式総合問題(50)／面接(100)／書類審査(100)
◇**保育・幼児教育（100点満点）**＝国公〈国語〔現代文〕、現社→１〉(50)／面接(30)／書類審査(30)
〈注〉合計110点を100点満点に換算
◇**地域総合介護福祉（320点満点）**＝国語〈現代文〉(50)／公〈現社〉(50)／小論文(50)／面接(100)／書類審査(70)
◉**2025年度の募集要項は配布中**

⇨「資格別 取得可能な短大・学科」「就職状況」「大学への編入」「学費」は巻末データ集に収録

大阪国際大学短期大学部

一般
推薦
総合

www.oiu.ac.jp/oic/

設置(学)科＝幼児保育、栄養、ライフデザイン

CAMPUS GUIDE

●**所在地**　〒570-8555　大阪府守口市藤田町６丁目21の57
☎(06)6907-4310（入試・広報部直通）
●**交通**　京阪本線大和田駅または萱島駅下車、徒歩約８分。
●**設立**　昭和37年
●**学生総数**　男33人・女454人
▼**要項請求先＆問合せ先**　入試・広報部

特別選抜 帰国	特別選抜 社会人	学外試験会場	授業料減免 免除	授業料減免 減額	奨学金制度 給付	奨学金制度 貸与	学生寮 男子	学生寮 女子	海外留学	海外研修	編入制度	専攻科
×	○	3	○	○	×	×	×	×	○	○	○	×

幼児保育学科

定員（専攻名・定員）／修業年限
100人／２年

保育を専門的に学ぶカリキュラムにより、幼稚園教諭二種免許と保育士資格の取得を目指します。実践的な授業や学外実習、さまざまな行事を用意しています。特に音楽、体育、美術の授業は、実践的で豊富な内容の専門カリキュラムとなっています。また、キャンパス内の幼保連携型認定こども園と密接な連携をとり、園児とふれあいながら学ぶことができます。

◆**取得免許&資格**　幼稚園教諭二種免許、保育士、レクリエーション・インストラクター、認定ベビーシッターなど。

栄養学科

定員（専攻名・定員）／修業年限
40人／２年

栄養士を目指して、さまざまなプログラムと実践的な学修を通し、社会に貢献できるスキルを身につけます。

少人数で行う調理実習など、学生一人ひとりに合った指導を通して、栄養士免許取得に必要な専門知識を学びます。病気治療や給食実務に役立つ食事のあり方についても、バランスよく学びます。

◆**取得免許&資格**　栄養士など。

ライフデザイン学科

定員（コース名・定員）／修業年限
100人（観光・英語50、キャリアデザイン50）／２年

２コースからなり、それぞれのコースのコア科目に加えて９分野（ビジネス分野、英語分野、情報分野、エアライン分野、医療・福祉分野、ホテル分野、旅行分野、ブライダル分野、生活分野）から自分に合った分野を見つけて、自分のしたいことを自由に学べます。

観光・英語コースは、業界の専門家による授業や独自の研修を通して、各業界の実務や専門性を養い、エアライン、旅行、ホテル、ブライダル業界や、国際企業での活躍を目指すことができます。

キャリアデザインコースは、学生一人ひとりの興味や資格取得などの目的に合わせて科目選択ができ、自分自身のキャリアをデザインします。多様な授業を通して職業意識を高め、自分の人生を設計し将来の進路につなげることができます。

どちらのコースに所属していても９分野について学ぶことができ、さまざまな資格の取得にもチャレンジすることが可能です。

◆**取得免許&資格**　コースにより、上級秘書士、情報処理士、国内旅行業務取扱管理者など。

前年度　選抜方法

●**推薦**＝Ａ方式－書類審査、基礎学力調査（国語〈除く古・漢〉もしくは英語）、Ｂ方式－基礎学力調査（国語〈除く古・漢〉もしくは英語）、Ｃ方式－書類審査、面接
●**一般（入試科目・配点）**
（前期・中期・後期日程共通）
◇**全学科（100点満点）**＝国外〈国語〔除く古・漢〕、英語→１〉
◉**2025年度の募集要項は８月下旬にホームページで公開予定**

大阪城南女子短期大学

(2025年４月から大阪総合保育大学短期大学部に改称予定)

一般
推薦
総合

tandai.jonan.jp

設置(学)科＝総合保育、現代生活

CAMPUS GUIDE

●所在地 〒546-0013 大阪市東住吉区湯里６丁目４の26
☎(06)6702-7601(入試広報課直通)
●交通 ＪＲ・地下鉄御堂筋線長居駅から市バス湯里６丁目下車すぐ。または近鉄南大阪線矢田駅下車、徒歩約15分。
●設立 昭和40年
▼要項請求先＆問合せ先
入試広報課

特別選抜 帰国	特別選抜 社会人	学外試験会場	授業料減免 免除	授業料減免 減額	奨学金制度 給付	奨学金制度 貸与	学生寮 男子	学生寮 女子	海外留学	海外研修	編入制度	専攻科
×	×	×	×	×	×	×	×	×	×	×	○	×

※2025年４月、男女共学化、校名変更を予定。

総合保育学科

定員(専攻名・定員)／修業年限
160人／２年

保育士や幼稚園の先生を育てる学科です。

子どもたちにとって、最良の保育士・幼稚園教諭となるための訓練と学習を積み上げます。独自のインターンシップ制度によって、「毎週子どもに会える短期大学」として、週に１度、子どもと関わります。この学びは、大阪城南女子短大ならではのものです。子どもとの関わりは自分に足りないものを教えてくれます。

毎週子どもと接することと、短大での授業で保育者にとって必要な力を知り、そこで身につけた力を、その後の子どもとの触れ合いに生かしていきます。この繰り返しが「素敵な先生」へと学生を成長させます。

また、保育士資格や幼稚園教諭免許取得のほか、特別支援についても深く学び、子ども一人ひとりに合った適切な教育支援ができる力を育成します。

◆取得免許＆資格 幼稚園教諭二種免許、保育士、社会福祉主事〈任用〉、認定ベビーシッターなど。

現代生活学科

定員(専攻名・定員)／修業年限
80人／２年

ライフデザイン、調理製菓デザイン、福祉デザインの３コースがあります。

ライフデザインコースでは、ビジネスマナー学習はもちろん、今のビジネスに必要なコミュニケーション、プレゼンテーション力をアクティブラーニングで育成します。図書館司書、ビジネス実践、文学教養、エンタメ・スポーツエリアから、興味・関心のある学びを選択できます。

調理製菓デザインコースには、調理スペシャリストとスイーツアートの２エリアがあります。

調理スペシャリストエリアでは食材に応じた調理スキルを、スイーツアートエリアではパティシエとしての技術を修得します。

福祉デザインコースでは、高齢者施設で働くためのスキルの修得のほか、高齢者向けの在宅ビジネスや健康ビジネスについても学びます。

◆取得免許＆資格 ライフデザインコース－司書、ITパスポート試験など。調理製菓デザインコース－調理師、フードスペシャリスト受験資格など。福祉デザインコース－介護福祉士実務者研修、社会福祉主事〈任用〉、福祉住環境コーディネーターなど。

前年度 選抜方法

●推薦＝書類審査、課題作文、面接、歌唱〈総合保育のみ〉
●一般(入試科目・配点)
(Ａ日程・Ｂ日程共通)
◇全学科(総合保育200点満点、現代生活170点満点)＝国総〈除く古・漢〉・国表Ⅰ(100)／面接(70)／歌唱〈総合保育のみ〉(30)
◉2025年度の募集要項の配布時期は未定

⇩「資格別 取得可能な短大・学科」「就職状況」「大学への編入」「学費」は巻末データ集に収録

大阪女学院短期大学

一般 共テ 推薦 総合

www.oj-navi.net
設置(学)科＝英語

CAMPUS GUIDE

●所在地 〒540-0004 大阪市中央区玉造２丁目26の54
☎(06)6761-9369
●交通 ＪＲ大阪環状線玉造駅下車、西へ約700m。地下鉄長堀鶴見緑地線玉造駅下車、西へ約300m。
●設立 昭和43年
●学生総数 女92人
▼要項請求先&問合せ先
アドミッションセンター

特別選抜 帰国	特別選抜 社会人	学外試験会場	授業料減免 免除	授業料減免 減額	奨学金制度 給付	奨学金制度 貸与	学生寮 男子	学生寮 女子	海外留学	海外研修	編入制度	専攻科
×	○	×	×	○	○	○	×	×	○	○	○	×

英語科

定員(専攻名・定員)／修業年限
60人／２年

平和・人権・文化・環境など世界の課題を英語「で」学ぶ、課題達成型学習が特色です。

徹底した少人数制で、先生と学生の距離が近く、ネイティブの先生や留学生の存在も身近に感じられます。カリキュラムには、韓国語をメインに学ぶ「韓国語プログラム」があり、在学中に長期留学も可能です。そのほかに、英語と併せて韓国語を学ぶ「トライリンガルプログラム」もあります。

また、プレゼンテーションやディスカッションなど自分の考えを発表する機会も多く設けられているため、考える力、聴く力、伝える力が養われます。

２年間の学びによって、社会で役立つ「社会人基礎力」が自然と身につくので、高い就職率にもつながっています。編入学希望の学生は、多様な専門分野を選択し、４年制大学へ進学しています。在学中だけでなく卒業後も留学を希望する学生は、さまざまな海外の大学へ進学しています。

英語で学び、韓国語で学び、人としても大きく成長でき、多くの学生・卒業生が「どんな場所でもやっていける力がついた」「新しい自分に出会えた」と感じられる充実した学びを展開しています。

◆取得免許&資格 中学校英語教諭二種免許など。

前年度 選抜方法

●推薦＝書類審査、筆記試験(英語)
●一般(入試科目・配点)
◇**英語(200点満点)**＝国外〈国総〔近代以降の文章〕・現代文Ｂ、コミュ英Ⅰ・Ⅱ・Ⅲ・英表Ⅰ・Ⅱ〔読解・語法〕→１〉(100)／コミュ英Ⅰ・Ⅱ・Ⅲ・英表Ⅰ・Ⅱ〈読解・語法・作文〉(100)
◉2025年度の募集要項は８月上旬頃にホームページで公開予定

大阪千代田短期大学

一般 推薦 総合

www.chiyoda.ac.jp/
設置(学)科＝幼児教育

CAMPUS GUIDE

●所在地 〒586-8511 大阪府河内長野市小山田町1685 ☎(0721)52-6666(アドミッション・オフィス直通)
●交通 南海高野線千代田駅または近鉄長野線河内長野駅からバスで東峯口下車、すぐ。短大直行バスもある。
●設立 昭和40年
●学生総数 男女計144人
▼要項請求先&問合せ先
アドミッション・オフィス

特別選抜 帰国	特別選抜 社会人	学外試験会場	授業料減免 免除	授業料減免 減額	奨学金制度 給付	奨学金制度 貸与	学生寮 男子	学生寮 女子	海外留学	海外研修	編入制度	専攻科
○	○	○	×	○	○	×	×	×	×	×	○	×

幼児教育科

定員(専攻名・定員)／修業年限
100人／２年

人として豊かな成長を目的とした人間形成に力を入れ、知識・技術の修得をはじめ、何より保育者として「魅力的な人間性」を育んでいきます。

ゼミは10人前後の少人数制で行い、またチューター制（担任制）により、学生一人ひとりと教員がつながる教育を行います。

付属幼稚園をはじめとする多くの園や施設での実習を通して、知識と技術を身につけます。

「子どものあそび」を科学するため、「ちよたんの森」「冒険あそび場」「ちよたんルーム」を設け、子どもと遊んで幼児教育について学びます。

幼児期に十分に遊ぶことが、好奇心や探求心を育て、主体性やがんばる力、学ぶ意欲につながるため、子どもたちと一緒に遊ぶなかで子どもたちの成長の芽を見つけ、それを伸ばす方法を学びます。また、子ども同士が遊びのなかで、相手の気持ちを理解したり、自分の気持ちを伝えたりすることで協力できるような力を育てる方法を学びます。

ほぼ同じ学費で２年コース、３年コースが選べます。取得できる資格は両コースとも同じです。３年コースは、こども園でのアルバイトができ、実践力を身につけながら学びにつなげられます。

◆取得免許＆資格 幼稚園教諭二種免許、保育士、社会福祉主事〈任用〉、こども音楽療育士など。

前年度 選抜方法

●推薦＝書類審査、学力テスト、面接
●一般(入試科目・配点)(１・２期共通)
◇**幼児教育（200点満点）**＝国総〈除く古・漢〉(100)／数Ⅰ (50)／面接 (50)
◉2025年度の募集要項は４月中に配布予定

大阪成蹊短期大学

一般 共テ 推薦 総合

tandai.osaka-seikei.jp

設置(学)科＝幼児教育、栄養、調理・製菓、生活デザイン、観光、経営会計、グローバルコミュニケーション

CAMPUS GUIDE

●**所在地** 〒533-0007 大阪市東淀川区相川3丁目10の62
☎(06)6829-2554
●**交通** 阪急京都線相川駅下車、徒歩約5分。地下鉄今里筋線井高野駅とＪＲ京都線吹田駅からスクールバス。
●**設立** 昭和26年
●**学生総数** 男67人・女944人
▼**要項請求先＆問合せ先**
広報統括本部

特別選抜 帰国	特別選抜 社会人	学外試験会場	授業料減免 免除	授業料減免 減額	奨学金制度 給付	奨学金制度 貸与	学生寮 男子	学生寮 女子	海外留学	海外研修	編入制度	専攻科
×	○	6	×	○	×	×	×	×	○	○	○	×

大阪梅田からわずか17分。共学で全国有数の規模を誇る総合短期大学です。個別・早期の就職支援体制で、学生一人ひとりに合わせたキャリアサポートを行っています。7学科と多彩な分野の幅広い学びを通して、将来の「なりたい自分」を実現できます。

幼児教育学科

定員(専攻名・定員)／修業年限
150人／2年

保育園児や幼稚園児の視線に立ち、幼児の成長を見守る感性と、個性を伸ばす専門的な技術を身につけます。学びには以下の3つのポイントがあります。

一つ目は、保育現場での経験を持つ教員の指導により、教育について考察する講義科目と、保育者としての技能を高める実技科目をバランスよく学びます。二つ目は、1年次からさまざまな学外実習を実施し、幼児教育の現場に触れることができます。三つ目は、ピアノ教育に特化した「音楽教育センター」が設置されており、「大阪成蹊学園ピアノグレード認定制度」によるレベルに合わせた指導を受けることができます。

なお、幼稚園などでの教育実習は10日間を2回実施し、また、保育所・児童福祉施設などでの保育実習は10日間を3回実施します。

◆**取得免許&資格** 幼稚園教諭二種免許、保育士、社会福祉主事〈任用〉、こども音楽療育士、司書など。

栄養学科

定員(専攻名・定員)／修業年限
70人／2年

講義、実験、実習の3つを柱としたカリキュラムが編成されており、栄養士としての知識と技術をバランスよく学びます。

たとえば、多様な生命現象を栄養学の知識をベースに学ぶ生化学実験や、大量調理を通して給食に関する業務を体験する給食管理実習などのほか、解剖生理学や食品衛生学、臨床栄養学実習などの科目も学びます。

◆**取得免許&資格** 栄養士、栄養教諭二種免許、司書など。

調理・製菓学科

定員(専攻名・定員)／修業年限
100人／2年

以下の3コースがあります。

調理コースでは、調理師の免許が取得できます。調理実習は基礎技術から徐々にレベルを上げ、2年次には、高度な技術を必要とする専門的なメニューやレストラン形式の実習や製菓実習、カフェ実習なども行います。

製菓コースでは、基礎から応用まで豊富な実習科目を用意しており、高度な製菓技術と食品衛生の知識を身につけたプロのパティシエを目指します。

フードコーディネートコースでは、調理の技術を学ぶとともに、フードマネジメント論や販売論など、フードビジネスに関するカリキュラムが充実しています。

◆**取得免許&資格** 調理コース－調理師免許、家庭料理技能検定など。製菓コース－製菓衛生師免許、2級菓子製造技能士など。フードコーディネートコース－フードコーディネーター3級、レストランサービス技能検定3級、食空間コーディネーター3級など。全コース－サービス接遇検定、色彩検定、司書など。

生活デザイン学科

定員(専攻名・定員)／修業年限
60人／2年

以下の2コースがあります。

アパレル・ファッションコースでは、ファッションの根幹を学び、イメージを形にするための知識と技術を身につけるとともに、豊かな感性を養います。

イラスト・アニメ・デザインコースでは、1年次にデザインの基礎を学び、2年次からデザイン、イラストレーション、アニメーションの3分野に分かれ、専門的な学習を進めます。

◆**取得免許&資格** アパレル・ファッションコース－2級衣料管理士、司書など。イラスト・アニメ・デザインコース－カラーコーディネーター検定、色彩検定など。

観光学科

定員(専攻名・定員)／修業年限
60人／2年

観光サービス産業で活躍できる人材の育成を目指しています。

少人数制による恵まれた教育環境のもと、観光に関する専門知識はもちろん、国際コミュニケーションに不可欠な英語や英会話をはじめ、秘書技能、情報処理技術など、幅広い知識と教養を修得できるようなカリキュラムが構成されています。

語学教育では少人数クラスによる授業を行い、高い語学力と国際的な感性を育てます。また、観光の実務に触れることのできるホテルなどでの学外研修や、海外への語学研修旅行を実施しています。

さらに、実用英語技能検定や国内旅行業務取扱管理者などの各種検定試験の合格も目指しています。なかでも、旅行総合ネットワークシステムの端末機を操作する技能「AXESS（アクセス）オペレーションスペシャリスト検定試験」では、高い合格率を誇っています。

◆**取得免許&資格** 秘書士、国内旅行業務取扱管理者、サービス接遇検定、観光実務士、司書など。

⇩「資格別 取得可能な短大・学科」「就職状況」「大学への編入」「学費」は巻末データ集に収録

経営会計学科

定員（専攻名・定員）／修業年限

70人／2年

簿記・会計、コンピュータ技能、ビジネスマナー、経営知識、医療事務知識、コミュニケーション能力に焦点を当て、理論と技術がバランスよく学べるカリキュラムを構成しています。

一貫性を持った科目を学ぶことによって、無理や無駄なく社会人として必要な知識を身につけることができます。簿記やコンピュータ、医療関連に関する資格取得を積極的に支援しており、学生一人ひとりの特性と希望に応じたサポート体制が整っています。

経営会計コース、医療事務コースの2コースがあります。

◆取得免許&資格　経営会計コースー上級ビジネス実務士、ファイナンシャル・プランニング技能検定、秘書技能検定、サービス接遇検定、司書など。医療事務コースー上級秘書士（メディカル秘書）、診療報酬請求事務能力認定試験、医事コンピュータ技能検定など。

グローバルコミュニケーション学科

定員（専攻名・定員）／修業年限

20人／2年

選択科目を主とするカリキュラム構成により、英語、日本語、基礎発声法、舞台パフォーマンスなど、各自の興味や関心、将来設計に合わせて授業を選択できます。それぞれの選択科目で身につけた表現力に磨きをかけるため、コミュニケーションやプレゼンテーション、文章表現を総合的に学ぶ必修科目を用意しています。実践的な授業を通して、世界で活躍できる幅広い視点を育んでいきます。

また、英語力を高めるため、英会話を中心とした、各自のレベルに応じた内容の授業を多数設けているほか、希望者を対象に長期休暇を利用した海外語学研修も実施しています。

◆取得免許&資格　小学校英語指導者資格（J-SHINE資格）など。

前年度　選抜方法

●推薦＝A・B・C日程とも、いずれかの型を選択。面接型－書類審査、面接。1科目型－書類審査、国または英、面接。2科目型－A・C日程は国・数・英から2、B日程は国と英

●一般（入試科目・配点）

（A・B日程）

◇全学科（面接型と1科目型100点満点、2科目型200点満点、3科目型300点満点）＝いずれかの型を選択。面接型－面接（100）。1科目型－国または英（100）。2科目型－国・世・日・数・英から2科目。ただし世・日・数からは1科目（各100）。3科目型－国と英、世・日・数から1科目の計3科目（各100）

（C日程）

◇全学科（面接型と1科目型100点満点、2科目型200点満点）＝いずれかの型を選択。面接型－面接（100）。1科目型－国または英（100）。2科目型－国と英（各100）

（D・E日程）

◇全学科（A・B日程に同じ）＝いずれかの型を選択。面接型－面接（100）。1科目型－国または英（100）。2科目型－国・数・英から2科目（各100）。3科目型－国と数と英（各100）

◉2025年度の募集要項は6月中旬に配布予定

関西外国語大学短期大学部

一般　共テ　推薦

www.kansaigaidai.ac.jp/

設置（学）科＝英米語、未来キャリア英語

CAMPUS GUIDE

●所在地　〒573-1001　大阪府枚方市中宮東之町16の1　☎(072)805-2855

●交通　京阪電車枚方市駅からバスで、関西外大中宮キャンパス下車。

●設立　昭和28年

●学生総数　男330人・女810人

▼要項請求先＆問合せ先

入試部

特別選抜 帰国	特別選抜 社会人	学外試験会場	授業料減免 免除	授業料減免 減額	奨学金制度 給付	奨学金制度 貸与	学生寮 男子	学生寮 女子	海外留学	海外研修	編入制度	専攻科
○	○	×	○	○	○	×	○	○	○	○	○	×

英米語学科

定員（専攻名・定員）／修業年限

550人／2年

確かな英語力を養うとともに、幅広い教養科目やPBL（課題解決型授業）、サービス・ラーニング（経験型学習）を通して、豊かな人間力を育みます。2年間で「なりたい自分」を発見し、その実現に向けて「進学」「就職」など、次のステップへの歩みをサポートし、一人ひとりの可能性を広げます。

留学や実社会での活用を見据え、1年次から実践的かつ高度な英語力を少人数制クラスで徹底的に強化します。またネイティブ教員がオールイングリッシュで授業する「IES プログラム」など、2年間で実用的な英語力、思考力、表現力を身につけます。

◆取得免許&資格　中学校英語教諭二種免許、司書、秘書士。

未来キャリア英語学科

定員（専攻名・定員）／修業年数

150人／2年

社会での活用を見据えた実用的な英語コミュニケーション力を、少人数の習熟度別クラスで学びます。時事問題やビジネスの現場で使用される英語を扱いながら、英語の4技能をはじめ、思考力や表現力も育みます。

多彩な留学プログラムに挑戦できます。文化や価値観が異なる環境で学び、体験することで、将来の可能性を大きく広げます。

◆取得免許&資格　秘書士、ビジネス実務士、観光実務士、ブライダルコーディネーターなど。

前年度　選抜方法

●推薦＝書類審査、基礎学力検査（英語）

●一般（入試科目・配点）

（前期日程A方式）

◇全学科（300点満点）＝国総〈除く漢〉・現代文B（100）／コミュ英Ⅰ・Ⅱ・Ⅲ・英表Ⅰ・Ⅱ〈リスニング含む〉（200）

◉2025年度の募集要項は8月ごろに配布予定

大阪夕陽丘学園短期大学

一般
推薦
総合

www.oyg.ac.jp/js/
設置(学)科＝食物栄養、キャリア創造

CAMPUS GUIDE

●**所在地**　〒543-0073　大阪市天王寺区生玉寺町７の72
☎(06)6775-2951（入試広報課直通）
●**交通**　地下鉄谷町線四天王寺前夕陽ケ丘駅下車、徒歩３分。
●**設立**　昭和25年
▼**要項請求先＆問合せ先**
入試広報課

特別選抜 帰国	特別選抜 社会人	学外試験会場	授業料減免 免除	授業料減免 減額	奨学金制度 給付	奨学金制度 貸与	学生寮 男子	学生寮 女子	海外留学	海外研修	編入制度	専攻科
○	○	×	×	○	○	×	○	○	×	○	○	×

食物栄養学科

定員(専攻名・定員)／修業年限
120人／２年

大阪の中心部に位置し、栄養士の養成校として関西でも有数の伝統を誇ります。健康の維持や増進のため、栄養の働き、食物のとり方を基礎から学び、栄養士になるためのスキルを身につけます。

必要単位を修得すれば、卒業と同時に、栄養士資格や栄養教諭二種免許を取得できます。調理実習をはじめ給食管理や臨床栄養、栄養指導、大量調理など学内外での実習が充実しており、「調理に強い栄養士」を育成します。さらに、管理栄養士を目指す卒業生のために国家試験対策講座も開講し、毎年高い合格実績を誇っています。

◆**取得免許&資格**　栄養士、栄養教諭二種免許、管理栄養士国家試験受験資格(要実務経験３年以上)、家庭料理技能検定など。

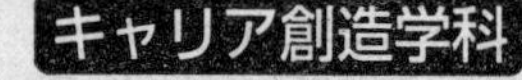

キャリア創造学科

定員(コース名・定員)／修業年限
100人(製菓クリエイト40、ファッションデザイン、ブライダルデザイン、ビューティーデザイン計60)／２年

以下の４コースがあります。

製菓クリエイトコースでは、製菓理論の修得とベテランパティシエによる実習を通じて技術を磨き、製菓衛生師資格の在学中の取得を目指します。ファッションデザインコースでは、デザイン・造形・スタイリング・販売などを業界のプロから学ぶことで総合力を養い、ファッション業界で即戦力として活躍できる人材を育成します。ブライダルデザインコースでは、ブライダル業界で活躍する講師から企画、演出、ドレス、テーブルコーディネートなどを学び、ブライダル全般に強い総合プロデューサーを目指します。ビューティーデザインコースでは、メイク、ネイルからカラー、ヘアアレンジまで専門的に学習し、さらにマネジメントなども学ぶことで美しさをキーワードにしたビジネススキルを身につけます。

どのコースも先生と学生の距離が近いアットホームな少人数制教育で、専門知識・ビジネス能力・資格・仕事へ直結するスキルを養い、それぞれの業界で活躍できる能力を身につけます。さらに、他コースの科目も履修でき、幅広い学びが可能となっています。

◆**取得免許＆資格**　製菓衛生師国家試験受験資格、商品装飾展示技能検定、ファッション販売能力検定、ブライダルコーディネート技能検定、パーソナルカラリスト検定、色彩検定、メイクセラピー検定、ネイリスト技能検定、日本メイクアップ技術検定、ビジネス実務士、リテールマーケティング(販売士）検定、サービス接遇検定、秘書検定など。

前年度　選抜方法

●**推薦**＝書類審査のほか、Ａ日程は基礎学力テスト(国語〈除く古・漢〉)、Ｂ日程は小論文、Ｃ日程は面接
●**一般(入試科目・配点)（１次)**
◇**全学科(100点満点)**＝国語〈除く古・漢〉
◉**2025年度の募集要項は配布中**

⇩「資格別 取得可能な短大・学科」「就職状況」「大学への編入」「学費」は巻末データ集に収録

関西女子短期大学

一般 共テ 推薦 総合

www.kwc.ac.jp/

設置(学)科＝保育、養護保健、歯科衛生、医療秘書

CAMPUS GUIDE

●**所在地** 〒582-0026 大阪府柏原市旭ヶ丘３丁目11の１
☎(072)978-0640（入試広報部直通）
●**交通** 近鉄大阪線河内国分（関西福祉科学大学前）駅下車、徒歩12分。または、JR大和路線高井田駅、近鉄南大阪線古市駅からスクールバスあり。
●**設立** 昭和40年
●**専攻科** 口腔保健学５人・１年
●**学生総数** 女452人
▼**要項請求先＆問合せ先**
入試広報部

特別選抜 帰国	特別選抜 社会人	学外試験会場	授業料減免 免除	授業料減免 減額	奨学金制度 給付	奨学金制度 貸与	学生寮 男子	学生寮 女子	海外留学	海外研修	編入制度	専攻科
○	○	1	×	×	○	○	×	○	×	○	○	○

保育学科

定員(専攻名・定員)／修業年限

120人／２年

コースの選択は２年次からになります。

総合保育コースでは、教育のプロフェッショナルである幼稚園教諭、また、子育て支援ニーズに対応し子どもの成長を支える保育士を養成します。

臨床保育コースでは、子育てに関するさまざまな問題を臨床心理学的に解決し、子どもにも保護者にも信頼される保育者を育成します。

2024年に３年間で学べる「長期履修制度」を導入しました。

◆**取得免許&資格** 幼稚園教諭二種免許、保育士、児童厚生二級指導員資格、幼稚園・保育園のためのリトミック指導資格２級、こども音楽療育士、准学校心理士資格、社会福祉主事〈任用〉。

養護保健学科

定員(専攻名・定員)／修業年限

40人／２年

子どもたちが抱えているあらゆる問題に向き合い、心身の両面からしっかりと守り育てるため､小･中学校での養護実習や教育実習、病院での看護臨床実習などの体験を積み重ねることができる環境を整えています。保健に関わる幅広い知識と技術、高い専門性を持つ養護教諭を育成します。

◆**取得免許&資格** 養護教諭二種免許、准学校心理士資格、社会福祉主事〈任用〉。

歯科衛生学科

定員(専攻名・定員)／修業年限

100人／３年

歯科衛生士としての知識や技能を身につけるとともに、生活習慣病など医学全般に関わる基礎知識を学びます。口や歯だけを見るのではなく、身体全体の健康状態から口腔の状態をとらえる広い視野と専門性を育みます。専攻科(口腔保健学専攻)も設置しています。

◆**取得免許&資格** 歯科衛生士国家試験受験資格、社会福祉主事〈任用〉。

医療秘書学科

定員(専攻名・定員)／修業年限

40人／２年

医療に関わる知識・技術や豊かな教養とマナーを備え、医療現場で活躍できる医療従事者を育てます。１年次の春休みに２週間(希望者のみ)、２年次の夏休みに４週間の病院実習があります。

2025年に、３年間で学ぶ「長期履修制度」を導入予定です。

◆**取得免許&資格** 医療秘書士、秘書士、情報処理士など。

前年度 選抜方法

●**推薦(公募)**＝書類審査、作文または基礎能力(国総〈近代以降の文章〉)または資格取得、面接
●**一般(入試科目・配点)**
◇**全学科(100点満点)**＝学力検査〈国総〔近代以降の文章〕、コミュ英Ⅰ〉(90)／面接(10)
◉**2025年度の募集要項は配布中**

近畿大学短期大学部

一般
共テ
推薦

www.kindai.ac.jp/jc/
設置(学)科＝商経〈二部〉

CAMPUS GUIDE

●所在地　〒577-8502　大阪府東大阪市小若江３丁目４の１
☎(06)6730-1124（入学センター直通）
●交通　近鉄大阪線長瀬駅下車、徒歩10分。
●設立　昭和25年
●学生総数　男94人・女86人
▼要項請求先＆問合せ先
近畿大学入学センター

特別選抜 帰国	特別選抜 社会人	学外試験会場	授業料減免 免除	授業料減免 減額	奨学金制度 給付	奨学金制度 貸与	学生寮 男子	学生寮 女子	海外留学	海外研修	編入制度	専攻科
×	○	30	×	×	×	×	×	×	×	×	○	×

商経科

定員(専攻名・定員)／修業年限
80人〔二部〕／２年

70年以上の歴史を持ち、抜群の編入実績を誇る短期大学です。

多様な学びのスタイルに対応するため、講義時間帯は13時15分から19時55分までで、そのなかで講義を自由に選択できます。

教育目標は、現代の社会で求められる高度な教養と専門的な知識・技術を身につけた人材を育成することです。そのために以下の３コースが設置されています。

情報管理コースでは、豊富な情報関連科目でコンピュータの基礎から応用までを体系的に学び、実社会で必要とされる高度な情報処理の方法を修得し、実践力を養います。

秘書コースでは、秘書実務やオフィススタディなど、あらゆるビジネスシーンで役に立つ実践的な知識とスキルを修得します。秘書士の資格を取得することを目指します。

英語コミュニケーションコースでは、ネイティブ教員の指導により、実践的な英語を習得できます。１年次にはスピーキング、リスニング、リーディングの能力を高め、基礎力を身につけます。２年次には実践的なスキルや資格の取得を目標にさらに発展した科目を学びます。TOEICのスコアアップや観光英語検定の取得を目指し、実力を伸ばしていきます。

◆**取得免許&資格**　中学校社会教諭二種免許、司書、秘書士など。

前年度　選抜方法

●**推薦**＝書類審査、国語または英語
●**一般(入試科目・配点)**
(前期A日程・前期B日程・後期共通)
◇**商経(100点満点)**＝国地歴公数外〈国総・現代文B・古典B〔除く漢〕、世B、日B、地理B、政経、数Ⅰ・Ⅱ・A・B〔図〕、コミュ英Ⅰ・Ⅱ・Ⅲ・英表Ⅰ・Ⅱ→1〉
◉**2025年度の募集要項は８月下旬に配布予定**

堺女子短期大学

一般
推薦
総合

www.sakai.ac.jp
設置(学)科＝美容生活文化

CAMPUS GUIDE

●所在地　〒590-0012　大阪府堺市堺区浅香山町１丁目２の20
☎(072)227-8814
●交通　ＪＲ阪和線浅香駅下車、徒歩約５分。または、地下鉄御堂筋線北花田駅からバス約７分。
●設立　昭和40年
▼要項請求先＆問合せ先
入試係

特別選抜 帰国	特別選抜 社会人	学外試験会場	授業料減免 免除	授業料減免 減額	奨学金制度 給付	奨学金制度 貸与	学生寮 男子	学生寮 女子	海外留学	海外研修	編入制度	専攻科
○	○	×	×	○	×	○	×	×	×	○	○	×

美容生活文化学科

定員(専攻名・定員)／修業年限
150人／２年

美容文化、ビューティーメイク、舞台芸術、幼児教育、キャリア教養の５コースがあります。

美容文化コースでは、美容師に必要な専門技術と教養を併せて習得し、美容師国家試験の受験資格が得られます。

ビューティーメイクコースでは、現場さながらの実習を数多く用意しています。メイクアップアーティスト・ネイリストとしての技術と高い教養を身につけます。

舞台芸術コースでは、「自分」という個性をプロデュースします。自己表現するための主なカリキュラムとして、演技、声優などの授業があります。また、それに付随する表現者としての演出に必要な舞台メイク、照明・音響やネイルなどの授業もあります。

幼児教育コースでは、チャイルドヘアメイクなど、保育と美容を融合させた学びで、新しいスタイルの保育士を育成します。また、早期学習に貢献できる語学能力も習得します。

キャリア教養コースでは、現代女性の生き方をはじめ、外国語、心理学、情報処理や社会福祉など、実社会で役立つ科目を中心に学びます。

◆**取得免許&資格**　美容師国家試験受験資格、保育士、社会福祉主事〈任用〉、IBF国際メイクアップアーティストライセンス認定試験、アシスタントウェディングプランナー検定など。

前年度　選抜方法

●**推薦**＝書類審査、課題作文、面接
●**一般(入試科目・配点)(A・B共通)**
◇**美容生活文化(150点満点)**＝小論文(100)／面接(50)
◉**2025年度の募集要項は６月中旬に配布予定**

⇩「資格別 取得可能な短大・学科」「就職状況」「大学への編入」「学費」は巻末データ集に収録

しじょうなわてがくえん
四條畷学園短期大学

一般　推薦　総合

jc.shijonawate-gakuen.ac.jp/
設置(学)科＝保育、ライフデザイン総合

CAMPUS GUIDE

●所在地　本部（入試課）・保育学科－〒574-0001　大阪府大東市学園町６の45　☎(072)879-7231（入試課直通）
ライフデザイン総合学科－〒574-0011　大阪府大東市北条４丁目10の25　☎(072)876-6171
●交通　本部・保育学科－ＪＲ学研都市線四条畷駅下車、徒歩約１分。
ライフデザイン総合学科－ＪＲ学研都市線四条畷駅下車、徒歩約10分。
●設立　昭和39年
●学生総数　男11人・女273人
▼要項請求先＆問合せ先
入試課

特別選抜 帰国	特別選抜 社会人	学外試験会場	授業料減免 免除	授業料減免 減額	奨学金制度 給付	奨学金制度 貸与	学生寮 男子	学生寮 女子	海外留学	海外研修	編入制度	専攻科
×	○	×	×	○	○	×	×	×	×	×	○	×

キャンパスは市街地にありながら、豊かな自然に囲まれています。パソコン室、調理実習室、家政実習室、講義室など、各種設備が充実しています。

保育学科

定員(専攻名・定員)／修業年限
100人／２年

音楽・造形・リズム・視聴覚教育などの情操教育に力を入れています。NHK Eテレの工作指導をしていた講師による造形美術、有名絵本作家による講演や指導などにより、保育の現場で役に立つ知識と技術を修得します。

学生の実践力を養うため、幼稚園、保育所、福祉施設などで、さまざまな実習を行います。「総合表現」では、学園幼稚園の子どもたちと保護者を招いて授業の成果発表会を行います。

さまざまな専門科目により、豊かな感受性と表現力を身につけます。「乳児保育」では、遊具の製作と活用法などを学ぶことにより、保育技術を身につけます。「発達心理学」では、乳幼児から児童期までの子どもの心理的発達に関して学び、保育者として必要な知識を修得します。「子どもの保健」では、集団保育での健康生活維持のための具体的な方法と技術を学びます。

ピアノ実技は優秀な教授陣による、進度に合わせた丁寧な完全個人レッスンで、初心者でも確実に力をつけることができます。

◆取得免許&資格　幼稚園教諭二種免許、保育士、社会福祉主事〈任用〉、こども音楽療育士など。

ライフデザイン総合学科

定員(専攻名・定員)／修業年限
80人／２年

学びたい分野や希望する資格・称号・免許を、医療事務、食・健康、心理学、ダンスパフォーマンス、IT、ビジネス、ファッションビジネスの７つのエリアから自由に選択し取得することができます。

最初に、社会人に求められる基礎学力や教養、コミュニケーション力やユニバーサルマナーといった全ての社会人に求められるベーシックな力を身につけます。

次に、前述の各エリアから、興味・関心に従って学びたい科目を自由に選択して、自分だけの学びをデザインすることができます。

それぞれのエリアでは、さまざまな資格を取得するためのバックアップ体制が整っています。

◆取得免許&資格　上級情報処理士、実践キャリア実務士、診療情報管理実務士、医療秘書実務士、介護保険実務士、ビジネス実務士、社会福祉主事〈任用〉など。

前年度　選抜方法

●推薦＝指定校制
●一般（入試科目・配点）
（Ａ日程・Ｂ日程）
◇**全学科（150点満点）**＝国小〈国総〔除く古・漢〕、小論文→１〉(100)／入学志望レポート・調査書（各25）
◎2025年度の募集要項は４月頃に配布予定

四天王寺大学短期大学部

一般 共テ 推薦 総合

www.shitennoji.ac.jp/ibu/

設置(学)科＝保育、ライフデザイン

CAMPUS GUIDE

●所在地 〒583-8501 大阪府羽曳野市学園前３丁目２の１
☎(072)956-3183（入試・広報課直通）
●交通 近鉄南大阪線藤井寺駅または古市駅下車、四天王寺大学行き近鉄バスで約15分。
●設立 昭和32年
●学生総数 男12人・女284人
▼要項請求先&問合せ先 入試・広報課

特別選抜 帰国	特別選抜 社会人	学外試験会場	授業料減免 免除	授業料減免 減額	奨学金制度 給付	奨学金制度 貸与	学生寮 男子	学生寮 女子	海外留学	海外研修	編入制度	専攻科
○	○	12	×	×	○	×	○	○	×	○	○	×

※以下、定員は2025年予定。

保育科

定員(専攻名・定員)／修業年限

40人／2年

充実した実習と実践的な学びで、保育現場で即戦力として活躍できる保育者の養成を目指します。

1・2年次合同で学ぶ「保育実践演習」中心のカリキュラムを構成し、2年次からは野外活動、多文化保育などの６分野で構成される「保育探究演習」を通して、保育を深く探究し、より高度な保育実践力と豊かな保育観を培います。

また、入学前からキーボードの貸出やピアノ初心者向け講座を実施し、サポートを行っています。

◆取得免許&資格 幼稚園教諭二種免許、保育士、認定ベビーシッター、社会福祉主事〈任用〉など。

ライフデザイン学科

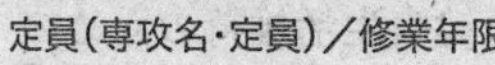

定員(専攻名・定員)／修業年限

40人／2年

「ファッション」「ビジネス・ICT」「インテリア」「医療事務」「トータルビューティ」「ブライダル」「フード」「グローバルカルチャー」の８フィールドから適性を見つけ、将来の目標にあわせて自由に授業を組み合わせることができます。

また、実習・演習を重視し、多数の資格に対応したカリキュラムを編成しており、２年間の学びを通して、さまざまな資格の取得を目指すこともできます。

◆取得免許&資格 上級秘書士（メディカル秘書）、社会福祉主事〈任用〉、ビジネス実務士など。

前年度 選抜方法

●推薦(基礎)＝書類審査、課題作文
●一般（入試科目・配点）
◇**全学科（100点満点）**＝国外〈国総〔除く古・漢〕・現代文Ｂ、コミュ英Ⅰ・Ⅱ・Ⅲ→1〉
◎2025年度の募集要項は8月下旬からホームページで公表予定（Web出願）

ときわかい

常磐会短期大学

（2025年4月から大阪常磐会大学短期大学部に改称予定）

一般 推薦 総合

www.tokiwakai.ac.jp

設置(学)科＝幼児教育

CAMPUS GUIDE

●所在地 〒547-0031 大阪市平野区平野南４丁目６の７
☎(06)4302-8881（入試広報課直通）
●交通 地下鉄谷町線出戸駅下車、徒歩約10分。または地下鉄谷町線平野駅下車、徒歩15分。
●設立 昭和39年
●学生総数 女303人
▼要項請求先&問合せ先 入試広報課

特別選抜 帰国	特別選抜 社会人	学外試験会場	授業料減免 免除	授業料減免 減額	奨学金制度 給付	奨学金制度 貸与	学生寮 男子	学生寮 女子	海外留学	海外研修	編入制度	専攻科
×	○	×	○	○	○	×	×	×	○	○	○	×

※2025年4月、男女共学化、校名変更予定。さらに、幼児教育科を乳幼児教育学科に名称変更予定。

幼児教育科

定員(専攻名・定員)／修業年限

200人／2年・3年

乳幼児教育ひとすじに歩んだ半世紀以上の歴史のなかで磨かれたカリキュラムで、保育者に必要な知識と教養、あらゆる場面で的確に対応できる実践力を高めます。

社会人として必要な基礎的な教養をベースに、保育者としての専門知識と実技力、現場で必要不可欠な実践力を体系的に組み合わせた独自メソッドを構築し、基礎科目から専門的な必修科目へ、さらに現場力を培う実践科目の３ステップ方式を採用しています。

なかでも保育の目的意識を養う実技科目や保育計画の授業を重視し、就職に向けた多岐にわたる対応力を強化します。

保育所（園）、幼稚園、福祉施設など環境を変えて２年間で全５回の実習を実施します。実習指導の現場経験が豊富な教員がしっかりとサポートします。実習前のガイダンスや付属園でのプレ実習、期間中のフォロー、実習後の反省と振り返りなど、きめ細かな指導により、長期的な視点で実習を有意義なものにしています。

また、通常の２年コースに加え、３年間で計画的に履修し卒業する３年コース（長期履修制度）の２コースから選択して学べます。

◆取得免許&資格 幼稚園教諭二種免許、保育士、社会福祉主事〈任用〉。

前年度 選抜方法

●推薦＝書類審査、小論文、面接
●一般（入試科目・配点）
◇**幼児教育(200点満点)**＝国総〈除く古・漢〉(100)／面接(50)／書類審査(50)
◎2025年度の募集要項は6月下旬に配布予定

⇩「資格別 取得可能な短大・学科」「就職状況」「大学への編入」「学費」は巻末データ集に収録

東大阪大学短期大学部

一般 推薦 総合

www.higashiosaka.ac.jp/

設置(学)科＝実践食物、実践保育、介護福祉

CAMPUS GUIDE

●**所在地** 〒577-8567 大阪府東大阪市西堤学園町３丁目１の１
☎(06)6782-2884（入試広報部直通）
●**交通** JR高井田中央駅または地下鉄中央線高井田駅下車、徒歩14分。
●**設立** 昭和40年
●**学生総数** 男63人・女204人
▼**要項請求先＆問合せ先** 入試広報部

特別選抜 帰国	特別選抜 社会人	学外試験会場	授業料減免 免除	授業料減免 減額	奨学金制度 給付	奨学金制度 貸与	学生寮 男子	学生寮 女子	海外留学	海外研修	編入制度	専攻科
○	○	×	×	○	○	×	×	○	×	×	○	×

実践食物学科

定員（コース名・定員）／修業年限

70人（栄養士40・製菓衛生師30）／２年

毎日の食を通して、健康で幸せな生活をサポートできる食物に関する専門家の育成を目指します。

栄養士コースでは、健康に関する正しい知識を豊富な実験・実習を通して身につけます。確かな専門知識・技術と実践力を併せ持つ栄養士を目指します。

製菓衛生師コースでは、お菓子作りの基本技術と食品衛生の専門知識を学びます。パティシエ業界で活躍できる製菓衛生師を目指します。

◆**取得免許&資格** 両コース－フードサイエンティスト（食品科学技術認定証）、テーブルコーディネート初級、社会福祉主事〈任用〉。栄養士コース－栄養士、中学校家庭教諭二種免許、栄養教諭二種免許。製菓衛生師コース－製菓衛生師国家試験受験資格、パティスリーラッピング資格認定証。

実践保育学科

定員（専攻名・定員）／修業年限

80人／２年

未来の社会をつくる子どもたちを健やかな成長へと導く保育者を育てます。

園長やベテラン保育士など現場経験の豊富な教員、音楽・美術・工芸分野では現役アーティストの教員が指導にあたるなど、実技科目の内容が充実しています。

2024年から長期履修制度（３年）制度がスタートしました。２年制の学費で３年間在籍でき、資格・免許も２年制と同じように取得できます。授業は基本的に午前中に集約され、午後の時間帯を自由に使えるため、働きながら学ぶことも可能です。

◆**取得免許&資格** 幼稚園教諭二種免許、保育士、社会福祉主事〈任用〉、認定ベビーシッター。

介護福祉学科

定員（専攻名・定員）／修業年限

80人／２年

国際的な環境、経験豊かな教授陣の指導で、国際化していく介護業界を牽引（けんいん）していける介護福祉士を養成します。

高齢者施設から児童関連施設まで、約100か所の実習施設が準備されています。全ての学生が、多様な施設での実習と先端技術を用いた学内実習を経験することができます。演習と実習を通して、確かな介護力を身につけます。

多くの留学生が在籍しており、さまざまな国の学生とともに学びあう国際的環境です。

◆**取得免許&資格** 介護福祉士国家試験受験資格、社会福祉主事〈任用〉。

前年度 選抜方法

●**推薦**＝書類審査、学科試験（国総〈除く古・漢〉、英語コミュニケーション、小論文→１）、面接
●**一般（入試科目・配点）（Ⅰ・Ⅱ・Ⅲ共通）**
◇**全学科（100点満点）**＝国外小〈国総、英語コミュニケーション、小論文→１〉
◉**2025年度の募集要項は６月中旬に配布予定**

大手前短期大学

一般 共テ 推薦 総合

college.otemae.ac.jp/

設置(学)科＝ライフデザイン総合、医療事務総合、歯科衛生

CAMPUS GUIDE

●**所在地** 〒662-8552 兵庫県西宮市御茶家所町６丁目42
☎(0798)36-2532（アドミッションズオフィス直通）
●**交通** JRさくら夙川駅、阪急神戸線夙川駅、阪神本線香櫨園駅下車、徒歩約７分。
●**設立** 昭和26年
●**学生総数** 男女計529人
▼**要項請求先＆問合せ先**
アドミッションズ オフィス

特別選抜 帰国	特別選抜 社会人	学外試験会場	授業料減免 免除	授業料減免 減額	奨学金制度 給付	奨学金制度 貸与	学生寮 男子	学生寮 女子	海外留学	海外研修	編入制度	専攻科
○	○	×	○	○	○	×	○	○	×	○	○	×

ライフデザイン総合学科

定員(専攻名・定員)／修業年限
100人／2年

「デジタル・デザインコース」「ビジネスキャリアコース」「ファッションビジネスコース」「建築・インテリアコース」「アカデミックブリッジコース」*の５つのコースを「自由選択制」で自由に組み合わせて学ぶことができます。

さらに、「英語コミュニケーションプログラム」を正規のカリキュラムの一部として開講。能力別の４段階クラスを編成し、実際に使える英語力を身につけることができます。

＊アカデミックブリッジコースは、四年制大学への編入学を目指すコース。入学後のプレースメントテストで一定の成績をとった学生が履修できます。

◆**取得免許&資格** 二級建築士国家試験受験資格、ファイナンシャルプランニング技能検定、ビジネス実務士、情報処理士、ITパスポート、ブライダルコーディネート技能検定など。

医療事務総合学科

定員(専攻名・定員)／修業年限
50人／2年

医療の事務分野で必要となる知識・技能を身につけ、これからの医療現場のニーズに応える医療事務のスペシャリストを育成します。

また、関西の大学附属病院や総合病院での実践・実習を正課プログラムとして取り入れ、チーム医療での即戦力を養います。

◆**取得免許&資格** 医科２級医療事務実務能力認定試験、医師事務作業補助者実務能力認定試験、調剤事務認定実務者試験など。

歯科衛生学科

定員(専攻名・定員)／修業年限
80人／3年

兵庫県内唯一の歯科衛生学科を保有する短期大学として、高い専門知識と技術を修得し、幅広く活躍できる歯科衛生士の育成を目指しています。大学の附属病院や大型クリニックなどでの実習も充実。

セミナーや学内試験などの歯科衛生士国家試験受験に向けた試験対策や少人数クラス担任制など、きめ細やかなサポートも充実。歯科衛生士国家試験全員合格に向けた体制も整えられています。

◆**取得免許&資格** 歯科衛生士国家試験受験資格。

前年度 選抜方法

●**推薦（公募）**＝書類審査、科目試験
●**一般（入試科目・配点）（A日程）**
◇**全学科（１科目選択方式は100点満点、２科目選択方式は200点満点）**＝
１科目選択方式－国数外〈国総〔除く古・漢〕・現代文Ｂ、数Ⅰ・Ａ〔場図〕、コミュ英Ⅰ・Ⅱ・Ⅲ・英表Ⅰ・Ⅱ→１〉(100)。２科目選択方式－コミュ英Ⅰ・Ⅱ・Ⅲ・英表Ⅰ・Ⅱ(100)／国数〈国総〔除く古・漢〕・現代文Ｂ、数Ⅰ・Ａ〔場図〕→１〉(100)
◉**2025年度の募集要項は５月上旬に配布予定**

⇩「資格別 取得可能な短大・学科」「就職状況」「大学への編入」「学費」は巻末データ集に収録

甲子園短期大学

一般
推薦
総合

www.koshien-c.ac.jp/
設置(学)科＝生活環境、幼児教育保育

CAMPUS GUIDE

●所在地　〒663-8107　兵庫県西宮市瓦林町４の25
☎(0798)65-3300
●交通　ＪＲ甲子園口駅下車、徒歩７分。または阪急西宮北口駅下車、徒歩15分。
●設立　昭和39年
●学生総数　女62人
▼要項請求先＆問合せ先
入試部

特別選抜 帰国	特別選抜 社会人	学外試験会場	授業料減免 免除	授業料減免 減額•	奨学金制度 給付	奨学金制度 貸与	学生寮 男子	学生寮 女子	海外留学	海外研修	編入制度	専攻科
×	○	×	×	○	○	×	×	○	×	×	○	×

生活環境学科

定員（専攻名・定員）／修業年限
30人／２年

多彩な教養科目と各分野のエキスパートである教員の指導のもとで専門科目を学び、豊かな知性と教養、コミュニケーション力、人間性などを磨き、インターンシップの体験を通して実践力を身につけ、社会で活躍できる人材を育成します。これからの情報化社会では、データやAIの活用が生きるうえで欠かせないスキル。本学では、全学生が修得できる「AI・デジタル社会と活用」教育プログラムを実施し、ビジネス文書の作成、データ整理、魅力的な資料づくり動画制作、ウェブデザインやプログラミングなどICTを活用するための基礎力を育てます。データ分析やグループディスカッションを通してデータサイエンスやAIの知識を仕事や暮らしに活用し、身近な課題を解決する力を養います。ICT関連および医療事務関係をはじめとした多くの資格を取得することが可能です。

◆**取得免許＆資格**　ITパスポート、社会福祉主事任用資格、初級園芸福祉士、医療管理秘書士・診療実務士（１～３級）、保健医療ソーシャルワーカー、調剤秘書士、レセプト点検実務士、日商プログラミング検定、Illustratorクリエイター、Photoshopクリエイター、Webクリエイター、ウェブデザイン技能検定、色彩検定。

幼児教育保育学科

定員（専攻名・定員）／修業年限
40人／２年

保育者として必要な知識と技能を、２年間でしっかりと学習していきます。卒業時に、幼稚園教諭二種免許と保育士資格のダブル取得が可能です。子どもの発達支援のための知識と技術を身につけ、実践力を養います。また、コミュニケーション力、展開力、プレゼンテーション力の育成に重点を置き、ICTの活用をはじめ、社会の多様なニーズに柔軟に対応できる社会人力も養います。専門科目には、幼児音楽基礎、保育カリキュラム論、特別支援教育・保育概論などがあり、保育総合表現などの実践教育にも力を入れています。

◆**取得免許＆資格**　幼稚園教諭二種免許状、保育士、幼稚園・保育園のためのリトミック指導資格（１・２級）、認定絵本士、初級園芸福祉士、社会福祉主事任用資格、ITパスポート、日商プログラミング検定、Illustratorクリエイター、Photoshopクリエイター、Webクリエイター、ウェブデザイン技能検定、色彩検定。

前年度　選抜方法

●**推薦**＝調査書、面接。
●**一般（入試科目）**
◇**全学科**＝筆記検査方式または、資格方式のいずれかを出願時に選択。調査書、面接のほか、筆記検査方式は国語（除く古・漢）を課す
◉**2025年度の募集要項は４月上旬にホームページで公表予定**

神戸教育短期大学

一般　推薦　総合

www.shukugawa-c.ac.jp/

設置(学)科＝こども

CAMPUS GUIDE

●所在地　〒653-0862　兵庫県神戸市長田区西山町２丁目３の３
☎0120-007-816

●交通　神戸高速線高速長田駅または地下鉄西神・山手線長田駅下車、徒歩約13分

●設立　昭和40年

●学生総数　男女計403人

▼要項請求先＆問合せ先
入試広報課

特別選抜 帰国	特別選抜 社会人	学外試験会場	授業料減免 免除	授業料減免 減額	奨学金制度 給付	奨学金制度 貸与	学生寮 男子	学生寮 女子	海外留学	海外研修	編入制度	専攻科
×	○	×	×	○	○	×	×	×	×	○	○	×

こども学科

定員（専攻名・定員）／修業年限

130人／２年

児童教育において60年近い歴史があり、多くの卒業生が保育所、幼稚園、小学校の教育現場で活躍しています。

多くの優秀な人材を育成してきたノウハウと、豊富な実習・演習を行う教育環境を充実させることで､時代のニーズに合った保育者･教育者の育成を目指しています。

子どもの教育に必要な「音楽」「造形」「体育」の基本３技能を、豊富な実習で身につけます。

保育士資格、幼稚園教諭二種免許などの国家資格・免許の取得を目指すことができます。自分の希望や適性に合わせて、取得する資格・免許を選ぶことができます。

修学期間を１年延ばし、３年間でじっくり勉強したい人向けの制度として、長期履修制度を設けています。通学コースは資格取得のための授業は午前中のみです。オンラインコース（オンライン＋通学）は、原則週１回の通学での対面授業と、オンデマンドとオンライン授業で資格・免許状の取得が可能です。空いた時間をその他の勉強や保育アルバイトなどにあてることができます。

◆取得免許&資格　保育士、幼稚園教諭二種免許、小学校教諭二種免許*、特別支援学校教諭二種免許*、社会福祉主事〈任用〉、こども音楽療育士、ピアヘルパー、幼児体育指導員など。

＊星槎大学との通信教育・教育連携により取得可能

前年度　選抜方法

●推薦＝書類審査、国総〈除く古・漢〉
●一般（入試科目）
（Ⅰ期・Ⅱ期共通）
◇**こども**＝国総〈除く古・漢〉
◉2025年度の募集要項は配布中

⇩「資格別 取得可能な短大・学科」「就職状況」「大学への編入」「学費」は巻末データ集に収録

神戸女子短期大学

一般
共テ
推薦
総合

www.yg.kobe-wu.ac.jp/jc/
設置(学)科＝総合生活、食物栄養、幼児教育

CAMPUS GUIDE

●所在地　ポートアイランドキャンパス＝〒650-0046　兵庫県神戸市中央区港島中町４丁目７の２
●交通　ＪＲ三ノ宮駅、阪急・阪神・地下鉄の三宮駅からポートライナーでみなとじま駅下車、徒歩約５分。
●設立　昭和25年
●学生総数　女243人
▼要項請求先＆問合せ先　須磨キャンパス＝〒654-8585　兵庫県神戸市須磨区東須磨青山２の１　神戸女子短期大学入試広報課　☎(078)737-2329

特別選抜 帰国	特別選抜 社会人	学外試験会場	授業料減免 免除	授業料減免 減額	奨学金制度 給付	奨学金制度 貸与	学生寮 男子	学生寮 女子	海外留学	海外研修	編入制度	専攻科
×	○	12	×	○	○	×	×	×	○	×	○	×

キャンパスは、都心でありながら閑静で眺めもよいポートアイランドに設置されています。ターミナル駅である三宮からのアクセスもよく、落ち着いた環境で学ぶことができます。

総合生活学科

定員(専攻名・定員)／修業年限
40人／２年

「キャリアデザイン」「服飾デザイン」「住居デザイン」「フードデザイン」「情報・ビジネス」「心理」「コミュニケーション」の日常生活に身近な７つのグループで、実習を中心とした実践的・専門的な学びを展開しています。そのなかから、興味・関心のある科目を自由に組み合わせて幅広い分野から学ぶことができます。

自分に合わせた時間割が作成できる、柔軟なカリキュラムを用意しています。選択したグループは、２年進級時に変更ができます。また、所属グループ以外の授業を受けることも可能です。将来の目標や興味に合わせて、自分だけの時間割で学習を進められます。

生活学の基礎からビジネス・コンピュータスキルまで、多彩な授業を展開しています。一つのテーマを深く掘り下げる、または生活学をトータルで学ぶなど、個人の希望に沿って授業を受けることもできます。

生活の全てを対象とした高い知識と技術を身につけた同学科の学生は、卒業後、幅広いフィールドで活躍しています。専門知識が役立つ職場への就職や、取得した各種資格を生かす仕事に就くほか、さらに学びを深めるために４年制大学に編入するなど、さまざまな進路があります。

◆取得免許＆資格　秘書士、プレゼンテーション実務士、二級建築士・木造建築士受験資格、フードコーディネーター３級、ブライダルプランナー、社会福祉主事〈任用〉。

食物栄養学科

定員(専攻名・定員)／修業年限
40人／２年

子どもの食育やメタボリックシンドロームなどが社会問題となっている現在、食や健康に関心が高まっています。健康と食に関する幅広い知識とともに、教育・指導方法も学習し、人びとの健康を「食」の面からサポートするスペシャリストを育成しています。

また、実験・実習を重視しており、調理実習室には電磁調理器やハロゲンヒーターなどの機器も完備しています。２年次には病院や施設などで校外実習を行い、社会で役立つ実践力を身につけることができます。

高校での履修状況にばらつきのある化学や生物は、学生の足並みを揃えるため、１年次前期に「やさしい化学」「やさしい生物」の授業を開講しています。学生のニーズに応えるための、きめ細かなカリキュラムが特徴です。

管理栄養士を目指す意欲的な学生のために、併設校である神戸女子大学家政学部管理栄養士養成課程に、学園内編入の定員枠を特別に設けています。さらに、在学生から卒業生までを対象に管理栄養士国家試験対策講座も開講しています。

校外実習では、病院、事業所、学校、福祉施設などでの業務体験から栄養士としての素養を身につけます。学内で学んだ知識や技能が実際の仕事でどのように生かされるかを観察します。

◆取得免許＆資格　栄養士、管理栄養士国家試験受験資格(卒業後、３年間の実務経験が必要)、食品衛生責任者、社会福祉主事〈任用〉。

幼児教育学科

定員(専攻名・定員)／修業年限
40人／２年

50年以上の歴史と実績のある初等教育学科を受け継いでいます。少人数のクラス制を導入しており、一人ひとりに合ったきめ細かな指導を受けることができます。子どもの生活スタイルに柔軟に対応できる保育者の育成を目指します。また、地域の幼稚園や保育園との交流も行っています。

２年間で、幼稚園教諭二種免許と保育士資格を取得することができるため、学費や時間的な負担を抑えて、効率的に学ぶことができます。

専門科目には、音楽、図画工作、乳児保育、保育内容の指導法などをはじめ、子どもたちが成長する上で欠かすことができない「食」について学ぶ食育論（子どもと食生活）の授業を開講しています。

◆取得免許＆資格　幼稚園教諭二種免許、保育士、社会福祉主事〈任用〉。

前年度　選抜方法

●推薦＝書類審査、基礎学力試験（科目数は方式により異なる）
●一般（入試科目・配点）（前期Ａ）
◇全学科（スタンダード型〈200点満点〉、１科目型〈100点満点〉）＝国地歴数理外〈国総〔除く漢〕、世Ｂ、日Ｂ、数Ⅰ・Ａ、化基、生基・生〔除く④⑤〕、コミュ英Ⅰ・Ⅱ・英表Ⅰ→スタンダード型は２（各100）、１科目型は１（100）〉。ただし、食物栄養学科は上記科目のうち国数理外→スタンダード型は２、１科目型は１。
◉2025年度の募集要項は５月中旬に配布予定

私立　近畿
神戸女子短期大学
神戸教育短期大学

【理科の出題範囲】記号の意味…物理＝①様々な運動、②波、③電気と磁気、④原子／化学＝①物質の状態と平衡、②物質の変化と平衡、③無機物質の性質と利用、④有機化合物の性質と利用、⑤高分子化合物の性質と利用／生物＝①生命現象と物質、②生殖と発生、③生物の環境応答、④生態と環境、⑤生物の進化と系統／地学＝①地球の概観、②地球の活動と歴史、③地球の大気と海洋、④宇宙の構造

産業技術短期大学

一般
推薦
総合

www.sangitan.ac.jp/

設置(学)科＝機械工、電気電子工、情報処理工

CAMPUS GUIDE

●所在地 〒661-0047 兵庫県尼崎市西昆陽１丁目27の１
☎(06)6431-7022(入試広報課直通)
●交通 阪急電鉄神戸線武庫之荘駅から阪神バスで常陽中学校下車、またはＪＲ・阪急伊丹駅から市バスで昆陽里下車。
●設立 昭和37年
●学生総数 男302人・女27人
▼要項請求先＆問合せ先
入試広報課

特別選抜 帰国	特別選抜 社会人	学外試験会場	授業料減免 免除	授業料減免 減額	奨学金制度 給付	奨学金制度 貸与	学生寮 男子	学生寮 女子	海外留学	海外研修	編入制度	専攻科
×	○	×	○	○	○	×	×	×	×	×	○	×

産業技術短期大学は、1962年に日本製鉄・JFEスチール・神戸製鋼所などの鉄鋼業界によって設立されました。

産業界のニーズをカリキュラムに取り入れ、多くの授業で「わかりやすい」内容にするためのアンケートを実施するなど、安心・丁寧な指導で、専門性の高い知識とスキルが身につきます。

また、企業から派遣された社会人学生との交流があり、幅広い年代の人たちと接することでコミュニケーション力も鍛えられます。

卒業後は大手企業への就職や国公立大学への編入学を目指すことができる、全国屈指の工学系短期大学です。

機械工学科

定員(専攻名・定員)／修業年限

90人／2年

ロボットやIoTなど産業界は新たな時代を迎えています。時代の変化に対応するため、機械工学の基礎を身につけ、新たな価値を生み出し、時代を切り開く機械エンジニアを育成します。

機械工学のベースとなる、材料の強さや耐久性について学ぶ「材料力学」、水や空気の流れについて学ぶ「流体力学」、熱やエネルギーについて学ぶ「熱力学」の3力学を柱に学びます。さらに、ロボットや自動車の動きの基礎となる「機構学」、機械や装置の部品の寸法を決める「機械設計」、機械の動きをコントロールする「自動制御」など、ものづくりに必要なさまざまな内容を幅広く習得していきます。

また、最新のIT（情報技術）をツールとして最大限活用します。３次元CAD（コンピュータ支援設計）やCAE（コンピュータ支援工学）について扱い、機械工学のベースである３力学に応用する技術を養います。

◆取得免許&資格 エネルギー管理士、機械設計技術者、CAD利用技術者、トレース技能検定、技術士補など。

電気電子工学科

定員(専攻名・定員)／修業年限

55人／2年

電気エネルギーに関する技術と情報社会を支えるディジタル技術、これら２つの柱をカリキュラムの中心とし、ハイレベルな電気エネルギー技術者およびディジタル技術者の育成、さらには４年制大学への編入学を目指します。

入学直後の１年次に、高校までの学習とスムーズに移行できるように、専門の基礎となる数学、物理学、電気の基礎を中心に学びます。電磁気学は重要な基礎概念であり、微分積分学は重要な科目の１つです。

１年前期・後期はこれらを連携させながら学びます。演習では、互いに学び合い、教え合いができるグループ学習を実施しています。２年次には、電気エネルギー技術、ディジタル技術の科目から興味のある科目、将来のために必要な科目などを選択して学びます。少人数による実験・実習を豊富に取り入れた授業で体験的に学び、理論の理解と技術の習得を図ります。

◆取得免許&資格 実務経験を経て第二種または第三種電気主任技術者資格、第二種電気工事士（筆記試験免除）、第二級陸上・第三級海上特殊無線技士(卒業後に申請のみで取得可）、電気通信主任技術者、エネルギー管理士、電気工事施工管理技士など。

情報処理工学科

定員(専攻名・定員)／修業年限

90人／2年

情報通信技術（ICT）の基礎を学び、自ら考え問題を解決する力をつけることで、ICT業界で活躍できるソフトウェアエンジニアになるための力を育みます。

今の時代に対応できるICT技術者を育成するために、情報技術全般に関する基礎的な知識を学ぶ「コア科目群」を設けています。その上で、自ら考え問題解決できるソフトウェアエンジニアを目指す人のために「ITエンジニア科目群」を、また、情報処理技術を「ものづくり」に適応させ、コンピュータの高度な活用技術の習得を目指す人のために「ITスキル科目群」を用意しています。

１年次では、情報処理工学の基礎を学びます。ICT業界で活躍できる力を確実に身につけるため、さまざまな講義や実験を中心にカリキュラムを編成しています。

２年次では、ICT業界での多岐にわたる仕事に対応するために、情報セキュリティやコンピュータグラフィックスなどの科目から演習を中心とした知識の習得を行います。演習を豊富に行うことで、応用力を身につけ、社会で生き抜く力を養うことができます。

CGエンジニア検定、画像処理エンジニア検定、マルチメディア検定、CGクリエイター検定、ウェブデザイン検定などの資格取得を目指すこともできます。

◆取得免許&資格 ITパスポート試験、基本情報技術者試験など。

前年度 選抜方法

●推薦＝書類審査、面接
●一般（入試科目・配点）
（Ⅰ期・Ⅱ期・Ⅲ期共通）
◇全学科(100点満点)＝数外〈数Ⅰ・Ⅱ、コミュ英Ⅰ・Ⅱ・英表Ⅰ→1〉
◉2025年度の募集要項は５月上旬に配布予定

⇩「資格別 取得可能な短大・学科」「就職状況」「大学への編入」「学費」は巻末データ集に収録

関西学院短期大学（旧称／聖和短期大学）

一般　推薦　総合

jc.kwansai.ac.jp
設置（学）科＝保育

CAMPUS GUIDE

●**所在地**　〒662-0827　兵庫県西宮市岡田山７の54
☎(0798)54-6504
●**交通**　阪急今津線門戸厄神駅下車、徒歩約13分。
●**設立**　昭和25年
●**学生総数**　男女計237人
▼**要項請求先＆問合せ先**　短大事務室

特別選抜 帰国	特別選抜 社会人	学外試験会場	授業料減免 免除	授業料減免 減額	奨学金制度 給付	奨学金制度 貸与	学生寮 男子	学生寮 女子	海外留学	海外研修	編入制度	専攻科
×	○	3	×	○	○	○	×	○	×	×	○	×

保育科

定員（専攻名・定員）／修業年限
150人／２年

本学は、関西学院大学教育学部と同じ西宮聖和キャンパスにあり、教育学部の学生とともに教員を目指して学んでいます。

学びの特徴は、参観実習、施設実習、幼稚園・保育所実習、児童館実習などの実習を重視していることです。これらの実習を通して、保育者のイメージをより具体的にするとともに、体系的に経験を積み重ねることで、実践力を身につけることができます。

また、講義で学んだ知識や技術を保育現場でさらに深めるため、実習の前後の授業では記録や指導案の書き方、教材研究などについても丁寧に指導しています。

学生のさまざまな学びをサポートする２号館には、グループ学習やイベント開催に最適な「ラーニングコモンズ」、ミュージックラボと呼ばれる「ピアノ室」、学生の心身の健康をサポートする「保健館」などがあります。また、学生たちに人気の施設として「おもちゃとえほんのへや」があります。この施設には、おもちゃ約2,000点、国内外の絵本約12,000冊、紙芝居約1,800点のほか、パペットやパネルシアターなどを所蔵しています。

◆**取得免許&資格**　幼稚園教諭二種免許、保育士、児童厚生二級指導員、認定ベビーシッター、社会福祉主事〈任用〉など。

前年度　選抜方法

●**推薦**＝書類審査、面接のほか、以下の通り。専願Ａ・併願は国総（除く古・漢）、専願Ｂは全体の学習成績の状況、専願Ｃはピアノ実技、専願Ｄは資格取得
●**一般（入試科目・配点）（一般A・B）**
◇**保育（100点満点）**＝国総〈除く古・漢〉
〈**注**〉他に面接あり
◉**2025年度の募集要項は５月中旬に配布予定**

頌栄（しょうえい）短期大学

一般　推薦　総合

www.glory-shoei.ac.jp
設置（学）科＝保育

CAMPUS GUIDE

●**所在地**　〒658-0065　兵庫県神戸市東灘区御影山手１丁目18の１
☎(078)842-2543（入試広報室直通）
●**交通**　阪急神戸線御影駅下車、徒歩約10分。
●**設立**　昭和25年
▼**要項請求先＆問合せ先**
入試広報室

特別選抜 帰国	特別選抜 社会人	学外試験会場	授業料減免 免除	授業料減免 減額	奨学金制度 給付	奨学金制度 貸与	学生寮 男子	学生寮 女子	海外留学	海外研修	編入制度	専攻科
×	◔	×	×	×	○	×	×	×	×	×	○	×

保育科

定員（専攻名・定員）／修業年限
100人／２年

キリスト教学や心理学、生物学、社会学などの基礎的な学問のほか、情操面の教育にも力を入れています。

専門教育科目である「保育内容指導法（言葉）」の演習では、指人形や言葉遊びなどが、子どもの言葉の発達にどんな意味を持つかを理解します。

「子ども理解と相談援助」では、子どもの育ちについて理解を深め、保育者としての援助などの基本を学びます。

子ども一人ひとりの心身の発達や養護・教育の一体的な展開を学び、子どもを理解するための方法や態度を身につけます。また、保護者や家庭への支援などについて理解することを目指します。

「音楽Ⅰ」では、表現する喜びを子どもたちに伝え、より豊かな表現活動へと導けるよう、ピアノの基礎的技術と豊かな音楽性を身につけます。授業はグループレッスン形式で行い、お互いの演奏を学びに生かします。

教育実習・保育実習では、保育のあり方や幼児との接し方をより深く学び、保育観を確立します。実習は、数回にわたるオリエンテーション、ガイダンス、観察実習、本実習、事後指導と段階的に進め、現場で役立つ知識や技術、マナーを着実に身につけます。

◆**取得免許&資格**　幼稚園教諭二種免許、保育士、社会福祉主事〈任用〉、ピアヘルパー、准学校心理士など。

前年度　選抜方法

●**推薦**＝書類審査、面接のほか、①国総のみ②歌唱③ピアノから選択
●**一般（入試科目・配点）（全期共通）**
◇**保育（100点満点）**＝作文（50）／面接（50）
◉**2025年度の募集要項は４月下旬に配布予定**

東洋食品工業短期大学

一般
推薦

www.toshoku.ac.jp/
設置(学)科＝包装食品工

CAMPUS GUIDE

●所在地　〒666-0026　兵庫県川西市南花屋敷４丁目23の２
☎(072)759-4221
●交通　阪急宝塚線雲雀丘花屋敷駅下車、徒歩約７分。またはJR宝塚線川西池田駅下車、徒歩約10分。
●設立　昭和36年
●学生総数　男40人・女24人
▼要項請求先＆問合せ先
事務室

特別選抜 帰国	特別選抜 社会人	学外試験会場	授業料減免 免除	授業料減免 減額	奨学金制度 給付	奨学金制度 貸与	学生寮 男子	学生寮 女子	海外留学	海外研修	編入制度	専攻科
×	○	×	×	×	○	×	○	×	×	○	×	×

包装食品工学科

定員(専攻名・定員)／修業年限
35人／２年

　缶詰、ペットボトル飲料、レトルトパウチ食品などの研究開発・製造・品質管理・衛生管理の技術者の育成を目指します。容器詰め食品の加工技術と包装容器の密封・保存技術を学べる日本で唯一の短期大学です。少人数教育を生かして高い人間力を養うと同時に、充実した設備と教育内容によって高い専門技術力を養います。カリキュラムは、実験・実習に重点を置いた構成となっています。
　１年次は、専門科目を学ぶ上で必要不可欠な数学、物理学、化学、生物学などを学びます。また、食品を学ぶ土台となる食品加工、食品衛生学、食品微生物学などの講義があり、食品製造実習、密封機械の操作実習などを通して知識や技術を深めていきます。
　２年次からは、品質管理、食品分析学、食品法規などの講義、食品分析実験、微生物実験、アセプティック飲料製造実習、実践フードプロセス実習などの実験・実習があり、就職を見据えて、専門的な知識と技術を修得します。
◆取得免許&資格　缶詰主任技術者(巻締、品質管理、殺菌管理)、食品衛生管理者、食品衛生監視員〈任用〉、フードサイエンティストなど。

前年度　選抜方法

●推薦＝書類審査、学力試験(「国総〈除く古・漢〉、コミュ英Ⅰから１科目」、数Ⅰ、「物基、化基、生基から１科目」から２科目選択)、面接
●一般(入試科目)（Ⅰ期・Ⅱ期共通）
◇包装食品工＝国数理外〈国総〔除く古・漢〕、数Ⅰ、化基・化、コミュ英Ⅰ→2〉＊
＊ただし、国・外の２科目選択は不可
〈注〉他に面接あり
◉2025年度の募集要項は６月上旬に配布予定

豊岡短期大学

一般
共テ
推薦
総合

koutoku.ac.jp/toyooka/
設置(学)科＝こども

CAMPUS GUIDE

●所在地　豊岡キャンパス＝〒668-8580　兵庫県豊岡市戸牧160
☎(0796)22-6367(教務学生課直通)
姫路キャンパス＝〒671-0101　兵庫県姫路市大塩町2042の2
☎(079)287-9321
●交通　豊岡キャンパス＝ＪＲ山陰本線豊岡駅下車、徒歩約20分。
姫路キャンパス＝山陽電鉄大塩（姫路大学前）駅からスクールバスで約1分。
●設立　昭和42年
▼要項請求先＆問合せ先
教務学生課

特別選抜 帰国	特別選抜 社会人	学外試験会場	授業料減免 免除	授業料減免 減額	奨学金制度 給付	奨学金制度 貸与	学生寮 男子	学生寮 女子	海外留学	海外研修	編入制度	専攻科
×	○	×	×	○	×	×	×	×	×	×	○	×

こども学科

定員(専攻名・定員)／修業年限
40人／２年

　幼稚園、保育園、児童福祉施設などで活躍できる「子どもを育む力」を身につけた人材の育成を目指しています。子どもの健全な成長・発達の援助にとどまらず、子育て支援にも対応できる保育者を養成するため、子どもを取り巻く環境や子どもの心身の発達を理解し、子育て中の家庭も支援できる知識、方法、技術を修得するカリキュラムを編成しています。
　講義内容は、ピアノレッスン室をはじめとする充実した施設での実技や、絵本の読み聞かせ、リズム遊びなど、保育技術向上を図るための指導となります。さらに保育所実習、施設実習、幼稚園実習などの実践的なプログラムを設定し、実際に子どもたちと接しながら、子どもたちを豊かに育むための専門的知識を身につけます。
　キャリア教育にも力を入れており、総合科目として「キャリアアップ」を開講し、社会人・保育者として求められるマナーや一般教養、文章表現などを身につけます。
　また、２キャンパス制で、豊岡キャンパスもしくは2019年４月に開学した姫路キャンパスのどちらかを選ぶことができます。
◆取得免許&資格　幼稚園教諭二種免許、保育士、社会福祉主事〈任用〉、ピアヘルパー。

前年度　選抜方法

●推薦＝書類審査、小論文、面接
●一般（入試科目・配点）
（前期）
◇こども(200点満点)＝国外〈国総〔除く古・漢〕、コミュ英Ⅰ〔リスニングを除く〕→1〉(100)／面接(100)
◉2025年度の募集要項は５月上旬に配布予定

⇩「資格別 取得可能な短大・学科」「就職状況」「大学への編入」「学費」は巻末データ集に収録

兵庫大学短期大学部

一般
推薦
総合

www.hyogo-dai.ac.jp/

設置(学)科＝保育第一部、保育第三部

CAMPUS GUIDE

●**所在地**　〒675-0195　兵庫県加古川市平岡町新在家2301
☎(079)427-1116（入学部入学課直通）
●**交通**　ＪＲ東加古川駅下車、徒歩約12分。またはJR東加古川駅、山陽電鉄高砂駅・別府駅、市営地下鉄名谷駅・学園都市駅からスクールバス。
●**設立**　昭和30年
●**学生総数**　男７人・女324人
▼**要項請求先&問合せ先**　入学部入学課

特別選抜 帰国	特別選抜 社会人	学外試験会場	授業料減免 免除	授業料減免 減額	奨学金制度 給付	奨学金制度 貸与	学生寮 男子	学生寮 女子	海外留学	海外研修	編入制度	専攻科
×	○	×	×	×	○	×	×	×	×	×	○	×

※以下、定員は2025年予定。

保育科第一部

保育科第三部

定員(専攻名・定員)／修業年限

第一部＝50人／２年

第三部＝80人／３年

豊かな人間性に基づく質の高い保育者を養成すること。これは、約70年にわたって卒業生を送り出してきた伝統を持つ、保育科の教育目標です。保育の本質や目的などの基礎的な理論を学んだ上で、観察実習から指導実習まで、合計３か月間の豊富な実習を行います。子どもたちとのふれあいを通し現場でしか学べない、保育者としての豊かな心を育みます。

ピアノや幼児体育、リズム表現、造形などの実践的な授業で保育のさまざまな手法や技術を身につけます。なかでも、ピアノの個人レッスンなどの音楽教育に力を入れています。授業では一人一台の電子ピアノを使用します。

キャンパス内には附属幼稚園を併設しているので、授業の一環として実際に子どもたちと接することで日々の学修成果を発揮できます。卒業と同時に、保育士と幼稚園教諭二種免許を取得可能です。

◆**取得免許&資格**　保育士、幼稚園教諭二種免許、社会福祉主事〈任用〉。

前年度　選抜方法

●**推薦**＝指定校制
●**一般（入試科目・配点）（前期）**
◇**保育第一部・第三部（３科目型〈300点満点〉、２科目型〈200点満点〉）**＝国数理外〈国総〔除く古・漢〕、数Ｉ・Ａ、化基、生基・生（生態と環境、生物の進化と系統を除く）、コミュ英Ｉ・Ⅱ・英表Ｉ→３科目型は３、２科目型は２〉（各100）
※２科目型は３科目を受験した場合、高得点２科目で合否判定を行う。
◉**2025年度の募集要項は６月頃に配布予定**

みなとがわ
湊川短期大学

一般
推薦
総合

www.minatogawa.ac.jp

設置(学)科＝人間生活、幼児教育保育

CAMPUS GUIDE

●**所在地**　〒669-1342　兵庫県三田市四ツ辻1430
☎(079)568-1750（短大事務室・入試係直通）
●**交通**　ＪＲ福知山線相野駅下車、徒歩３分。
●**設立**　昭和27年
●**学生総数**　男13人・女170人
●**専攻科**　健康教育10人・２年、生活福祉10人・１年
▼**要項請求先&問合せ先**
短大事務室・入試係

特別選抜 帰国	特別選抜 社会人	学外試験会場	授業料減免 免除	授業料減免 減額	奨学金制度 給付	奨学金制度 貸与	学生寮 男子	学生寮 女子	海外留学	海外研修	編入制度	専攻科
×	○	×	×	○	○	○	×	○	×	×	○	○

人間生活学科

定員(専攻名・定員)／修業年限

40人／２年

「養護教諭」「医療秘書事務コンピュータ」「食育健康」「心理デザイン」の４つのコースがあり、さまざまな角度から、心とからだの健康について専門的に学びます。授業料は変わらずに複数のコースを選択することができます。短期大学で養護教諭免許が取得できるのも大きな特長です。

◆**取得免許&資格**　養護教諭二種免許、社会福祉主事〈任用〉、准学校心理士、ピアヘルパー、医療管理秘書士、ドクターズクラーク、メディカルクラーク、上級秘書士（メディカル秘書）など。

幼児教育保育学科

定員(専攻名・定員)／修業年限

60人／２年

2024年度から２年次に進路を選択できる２コース制になります。あそびのスペシャリストを目指す「保育研究」、発達支援のスペシャリストを目指す「インクルーシブ」です。また、附属幼稚園が５つと附属保育所が２つあり、実習の場が充実しています。ピアノは個人のスキルに合わせた指導を受けることが可能で、初心者でも安心です。

◆**取得免許&資格**　幼稚園教諭二種免許、保育士資格、社会福祉主事〈任用〉、ピアヘルパー、幼稚園・保育園のためのリトミック指導資格２級など。

前年度　選抜方法

●**推薦（公募）**＝書類審査、小論文、面接
●**一般（入試科目）**
（Ｉ期・Ⅱ期・Ⅲ期共通）
◇**全学科**＝総合問題
〈注〉他に面接あり
◉**2025年度の募集要項は５月に配布予定**

やまとだいがくはくほう

大和大学白鳳短期大学部

一般
推薦
総合

www.hakuho.ac.jp

設置(学)科＝総合人間

CAMPUS GUIDE

●**所在地** 〒636-0011 奈良県王寺町葛下１丁目７の17
☎(0745)32-7890
●**交通** ＪＲ・近鉄王寺駅下車、バス５分、または徒歩約15分。
●**設立** 平成10年
●**学生総数** 男90人・女744人
●**専攻科** リハビリテーション学（言語聴覚学課程20人・理学療法学課程10人・作業療法学課程10人）・１年、地域看護学40人・１年、助産学40人・１年
▼**要項請求先＆問合せ先**
入試広報室

特別選抜 帰国	特別選抜 社会人	学外試験会場	授業料減免 免除	授業料減免 減額	奨学金制度 給付	奨学金制度 貸与	学生寮 男子	学生寮 女子	海外留学	海外研修	編入制度	専攻科
×	○	×	×	×	×	×	×	×	×	○	○	○

総合人間学科

定員（専攻名・定員）／修業年限

270人（こども教育100・リハビリテーション学70・看護学100）／３年（こども教育のみ２年）

こども教育専攻では、２年間で保育士資格、幼稚園教諭二種免許、小学校教諭二種免許の３つの国家資格の取得が可能です。また大学編入コースがあり、教育系学部など、４年制大学への編入を強力にサポートします。学びに関しては、遊びを通して心身の健康を目指すキッドビクスインストラクターライセンス、リズムから想像力や表現力を養うリトミック指導員、子どもへの救護技術を修得する国際小児MFAの資格取得を目指せます。さらに、ピアノ教育では、初心者から上級者まで、レベルに合わせ個別に指導を行います。保育・教育の充実を求める社会のニーズに応えるべく、未来の社会を支える尊い職業に携わる使命感、責任感、そして愛情を持った良質な保育者・教育者を育成します。

リハビリテーション学専攻には、理学療法学課程と作業療法学課程があります。各課程では、３年間で理学療法士または作業療法士の国家試験受験資格を取得でき、さらには専攻科（１年課程）への内部進学により、言語聴覚士の国家試験受験資格と学士の取得が可能です。

看護学専攻では、看護師の資格を取得するだけでなく、専攻科（１年課程）への内部進学により、保健師・養護教諭、助産師、言語聴覚士の各国家試験受験資格を取得できます。それぞれの専門分野に関する複数の資格を取得することで、専門的な知識・技術を総合的に身につけることができます。

◆**取得免許&資格** こども教育－保育士、幼稚園教諭二種免許、小学校教諭二種免許。リハビリテーション学－理学療法士・作業療法士国家試験受験資格のほか、専攻科１年への内部進学により言語聴覚士国家試験受験資格。看護学－看護師国家試験受験資格のほか、専攻科１年への内部進学により、助産師・保健師・言語聴覚士国家試験受験資格、養護教諭二種免許。

前年度 選抜方法

●**推薦**＝書類審査、面接、基礎教養試験（国数外〈主に国総〔除く古・漢〕、主に数Ⅰ・A、主にコミュ英Ⅰ・英表Ⅰ〉からこども教育は１教科選択、リハビリテーション学・看護学は２教科選択）
●**一般（入試科目・配点）（前期A・B）**
◇**こども教育（150点満点）**＝国数外小論文〈国総〔除く古・漢〕・現代文B、数Ⅰ・A、コミュ英Ⅰ・Ⅱ・Ⅲ・英表Ⅰ・Ⅱ、小論文→１〉(100)／面接(50)
◇**リハビリテーション学、看護学（250点満点）**＝国数理外〈国総〔除く古・漢〕・現代文B、数Ⅰ・A、物基・物、化基・化、生基・生、コミュ英Ⅰ・Ⅱ・Ⅲ・英表Ⅰ・Ⅱ→２。ただし理は１科目のみ選択可〉(各100)／面接(50)
◉**2025年度の募集要項は７月下旬頃配布予定**

⇩「資格別 取得可能な短大・学科」「就職状況」「大学への編入」「学費」は巻末データ集に収録

奈良芸術短期大学

一般　推薦　総合

www.naragei.ac.jp/
設置(学)科＝美術

CAMPUS GUIDE

●所在地　〒634-0063　奈良県橿原市久米町222　☎(0744)27-0625
●交通　近鉄南大阪線・橿原線橿原神宮前駅下車、西出口から徒歩約８分。
●設立　昭和41年
●学生総数　男31人・女257人
●専攻科　美術20人・２年
▼要項請求先＆問合せ先　教務課

特別選抜 帰国	特別選抜 社会人	学外試験会場	授業料減免 免除	授業料減免 減額	奨学金制度 給付	奨学金制度 貸与	学生寮 男子	学生寮 女子	海外留学	海外研修	編入制度	専攻科
×	○	×	×	×	○	×	×	○	×	×	×	○

美術科

定員(専攻名・定員)／修業年限
130人／２年

制作実習中心のカリキュラムを編成しています。少人数制指導により、個々の進度に合わせた個別指導が可能で、それぞれの学生の意欲・能力を確認し、個性を伸ばしながら表現力を向上させるきめ細かい指導を行います。

表現者としての知識と技術を修得する以下の６コース制です。

洋画コースでは、デッサンと油彩の基礎的な絵画表現を行い、さまざまな表現技法を身につけます。

日本画コースでは、日本画独特の材料と用具を使い、伝統的な表現技法を身につけます。

デザインコースでは、グラフィックデザイン、メディアデザイン、イラストレーションの３つのデザイン領域でアナログ・デジタルの両面から、メッセージをわかりやすく美しく表現できる人材を育成します。

陶芸コースでは、土・釉（うわぐすり）・炎を多彩に展開し、感性を形に表現する「心の豊かさ」と「生きる力」を養います。

染織コースでは、平面造形（デッサン力）を重視した基礎から、個性的な作品づくりまで、アートとしてのテキスタイルの知識・技術を幅広く学びます。

クラフトデザインコースでは、メタル・テキスタイル・ウッド・ガラス・アートジュエリー・レザーの６つのメディア（素材）から感性に応じて２つを専攻します。

◆取得免許&資格　中学校教諭二種免許（美術）。

前年度　選抜方法

●推薦＝書類審査、小論文、面接、実技
●一般(入試科目)
◇美術＝国総〈除く古・漢。小論文を含む〉／実技〈鉛筆デッサン〉
〈注〉他に面接あり
◉2025年度の募集要項は５月中旬に配布予定

和歌山信愛女子短期大学

一般　共テ　推薦　総合

www.shinai-u.ac.jp/
設置(学)科＝生活文化、保育

CAMPUS GUIDE

●所在地　〒640-0341　和歌山市相坂702の２　☎(073)479-3330
●交通　ＪＲ和歌山駅から和歌山電鐵貴志川線岡崎前駅下車、徒歩約15分。
●設立　昭和21年
●学生総数　女275人
▼要項請求先＆問合せ先　入試事務室

特別選抜 帰国	特別選抜 社会人	学外試験会場	授業料減免 免除	授業料減免 減額	奨学金制度 給付	奨学金制度 貸与	学生寮 男子	学生寮 女子	海外留学	海外研修	編入制度	専攻科
×	○	×	×	○	○	×	×	×	×	×	○	×

生活文化学科

定員(コース名・定員)／修業年限
90人(ビジネス実践40・食物栄養50)／２年

ビジネス実践コースでは、ビジネスマナーやコミュニケーション能力を基本に、情報処理や医療事務などを学びます。情報コミュニケーション／ビジネスコミュニケーション／医療事務／公務員の４つのユニットを設置。イメージするキャリアや興味に沿って、いずれかのユニットを基盤に授業を選択し履修することで、目標とする資格取得を目指すことができます。

食物栄養コースでは、少人数制により、現代の食の現場が求める高度な専門技能と豊かな人間性を備えた栄養士を育成します。

◆取得免許&資格　ビジネス実践コース－医療事務、登録販売者、上級情報処理士、上級秘書士など。食物栄養コース－栄養士、医療秘書実務士など。

保育科

定員(専攻名・定員)／修業年限
80人／２年

「子どもを尊重する温かい心」「創造的な保育のできる保育者を育てる」という理念のもと、幼稚園教諭二種免許と保育士資格を同時に取得できるカリキュラムを編成しています。また、幼児体育指導者検定２級の取得も目指すことができます。

保育の専門的な知識や技能の修得はもちろん、カトリック精神に基づく豊かな人間性を目指した保育者教育を実践します。

◆取得免許&資格　幼稚園教諭二種免許、保育士、准学校心理士、社会福祉主事〈任用〉など。

前年度　選抜方法

●推薦＝書類審査、小論文、面接
●一般(入試科目)
(Ⅰ期・Ⅱ期・Ⅲ期共通)
◇全学科＝国総〈現代文のみ〉
〈注〉他に面接あり
◉2025年度の募集要項は６月上旬に配布予定

鳥取短期大学

一 般　推 薦　総 合

www.cygnus.ac.jp/
設置(学)科＝地域コミュニケーション、生活、幼児教育保育

CAMPUS GUIDE

●**所在地**　〒682-8555　鳥取県倉吉市福庭854
☎(0858)26-9171（入試広報課直通）
●**交通**　ＪＲ倉吉駅下車、スクールバスで約5分。
●**設立**　昭和46年
●**学生総数**　男170人・女336人
●**専攻科**　国際文化10人・2年、経営情報5人・1年、住居・デザイン10人・1年、食物栄養10人・1年、幼児教育20人・1年
▼**要項請求先&問合せ先**
入試広報課

特別選抜 帰国	特別選抜 社会人	学外試験会場	授業料減免 免除	授業料減免 減額	奨学金制度 給付	奨学金制度 貸与	学生寮 男子	学生寮 女子	海外留学	海外研修	編入制度	専攻科
×	×	×	×	×	○	×	×	○	×	○	○	○

地域コミュニケーション学科

定員(専攻名・定員)／修業年限
40人／2年

多文化共生の実現に必要な「文化の多様性に対する深い理解」や「自分の考えや文化を伝える表現力」に加え、言語スキル、丁寧に接するホスピタリティを身につけます。さらに、地域で学ぶプロジェクト型の学習などを通じてコミュニケーション力を高め、自信が持てる自分づくり、多様な人びととの関係づくり、希望が持てる地域づくりに取り組みます。

◆**取得免許&資格**　司書、プレゼンテーション実務士、ビジネス実務士など。

生活学科

定員(専攻名・定員)／修業年限
120人（情報・経営40、住居・デザイン30、食物栄養50）／2年

次の３専攻があります。

情報・経営専攻では、経営や経済など、コンピュータ、ビジネス実務について学びます。

住居・デザイン専攻では、建築・インテリア、デザイン・アートの各分野にわたる科目を自主的に組み合わせて選択して学び、建築やデザインの知識を身につけます。

食物栄養専攻では、「食」について栄養学、健康科学、食品学など、さまざまな分野から学びます。

◆**取得免許&資格**　情報・経営専攻－上級情報処理士、情報処理士、ウェブデザイン実務士、ビジネス実務士、実践キャリア実務士、司書など。住居・デザイン専攻－一級建築士国家試験受験資格（免許登録には実務経験４年が必要）、二級建築士国家試験受験資格、木造建築士国家試験受験資格、ビジネス実務士、司書、福祉住環境コーディネーターなど。食物栄養専攻－栄養士、栄養教論二種免許、医療秘書実務士、フードスペシャリスト（要認定試験合格）など。

幼児教育保育学科

定員(専攻名・定員)／修業年限
140人／2年

幼児教育や福祉の分野で求められる熱意と能力、豊かな応用力を持つ人材を育成します。地域の子育ての中心となる幼稚園や保育所で子どもの成長を助けるだけでなく、保護者や地域の住民にも信頼される専門職として、役割を果たせる力を身につけていきます。

実習では附属こども園をはじめ、学外の保育所、施設などで教育と福祉の現場を体験します。

◆**取得免許&資格**　幼稚園教論二種免許、保育士、レクリエーション・インストラクターなど。

前年度 選抜方法

●**推薦**＝書類審査、小論文、面接
●**一般（入試科目）**
（A日程・B日程）
◇**全学科**＝国外〈国総〔除く古・漢〕、コミュ英Ⅰ・Ⅱ→1〉
（C日程）
◇**全学科**＝小論文
〈注〉他に面接（A・B・C日程）あり
◉**2025年度の募集要項は6月上旬に配布予定**

岡山短期大学

一 般　推 薦　総 合

owc.ac.jp/　**設置(学)科＝幼児教育**

CAMPUS GUIDE

●**所在地**　〒710-8511　岡山県倉敷市有城787　☎(086)428-2651
●**交通**　ＪＲ倉敷駅からバスで、岡山学院大学・岡山短期大学前下車。
●**設立**　昭和26年
●**専攻科**　幼児教育10人・1年
▼**要項請求先&問合せ先**
入試事務室

特別選抜 帰国	特別選抜 社会人	学外試験会場	授業料減免 免除	授業料減免 減額	奨学金制度 給付	奨学金制度 貸与	学生寮 男子	学生寮 女子	海外留学	海外研修	編入制度	専攻科
×	○	2	×	○	×	×	×	×	×	○	×	○

幼児教育学科

定員(専攻名・定員)／修業年限
70人／2年

豊かな人間性、人間関係力と、人命尊重の考えを身につけ、子どもたちの個性や可能性を発見し、それらを伸ばす手助けができる保育者の育成を目指します。

救命救急法の専門家から学ぶ「救命救急講習」、保育所や幼稚園、児童福祉施設で行う「保育実習」、オペレッタやゼミで学んだダンス、演劇などを披露する「子どもといっしょに発表会」など、体験を重視する学習を行います。

◆**取得免許&資格**　幼稚園教論二種免許、保育士、司書、社会福祉主事〈任用〉。

前年度 選抜方法

●**推薦**＝書類審査、面接
●**一般（入試科目・配点）（Ⅰ～Ⅳ期共通）**
◇**幼児教育（100点満点）**＝国外〈国総・現代文B、コミュ英Ⅰ・Ⅱ→1〉
◉**2025年度の募集要項は6月ごろに配布予定**

⇩「資格別 取得可能な短大・学科」「就職状況」「大学への編入」「学費」は巻末データ集に収録

川崎医療短期大学

一般 推薦 総合

j.kawasaki-m.ac.jp/

設置(学)科＝看護、医療介護福祉

CAMPUS GUIDE

●所在地 〒700-0821 岡山市北区中山下２丁目１の70
☎(086)201-5333（事務室直通）
●交通 ＪＲ山陽本線岡山駅から徒歩約17分、または路面電車（清輝橋線）で田町（川崎医大総合医療センター前）電停下車、徒歩約１分。
●設立 昭和48年
●学生総数 男26人・女357人
▼要項請求先＆問合せ先 事務室

特別選抜 帰国	特別選抜 社会人	学外試験会場	授業料減免 免除	授業料減免 減額	奨学金制度 給付	奨学金制度 貸与	学生寮 男子	学生寮 女子	海外留学	海外研修	編入制度	専攻科
×	×	10	○	○	○	○	○	○	×	○	○	×

2022年4月に岡山市中心部にキャンパスを移転。川崎医科大学総合医療センターと川崎医科大学高齢者医療センターに隣接し、医療福祉教育に絶好の立地環境です。

看護学科

定員(専攻名・定員)／修業年限

120人／３年

より的確で柔軟に判断・対応できる、高い能力を身につけた看護師を養成するため、講義と臨地実習による総合的な学習を行います。

臨地実習では、３年間を通して段階的に川崎医科大学の附属病院や総合医療センター・高齢者医療センターを中心に、老人福祉施設や訪問看護ステーションなどでも実習を行い、学内での学習と連動させ看護実践能力を育成します。

幅広い教養とともに生命の尊重や倫理について考えるための基礎的能力を養い、最新機能を備えたシミュレーションモデルを用いて実践的なスキルを身につける教育にも力を入れています。また、少人数でのグループワークなども講義に組み入れています。さらに、助産師・保健師・養護教諭などを目指し進学を希望する人に対する個別支援も行っています。

◆取得免許&資格 看護師国家試験受験資格、BLS（一次救命処置）プロバイダー、認定看護師資格（卒業後の実務経験と講習が必要）など。

医療介護福祉学科

定員(専攻名・定員)／修業年限

50人／３年

超高齢社会において医療と介護の連携は必須であり、医療知識を備えた「医療に強い介護福祉士」が求められています。病院から地域、福祉施設まで、その力を発揮できるよう、専門知識、技術を備えた介護福祉士を養成します。

介護福祉士養成施設として、全国に先駆けて病院実習を導入しました。川崎医科大学附属病院、同総合医療センター、同高齢者医療センターで活躍する同学科卒業生の医療介護福祉士が実習指導を担当することで、実習を通して病院で働く介護福祉士の役割を学ぶことができます。また、ほかの専門職と連携する上で必要となる医療の知識を基本から学べるよう、医療福祉系科目を多く開講しており、就職後にすぐに役立つ知識と技術を身につけることができます。

◆取得免許&資格 介護福祉士国家試験受験資格、社会福祉主事〈任用〉、介護予防運動指導員など。

前年度 選抜方法

●推薦＝書類審査、基礎学力確認テスト（国語、数学、英語の総合科目型）、面接

●一般（入試科目・配点）
（前期Ａ日程・Ｂ日程共通）

◇全学科（220点満点）＝国地歴数理外〈国総〔除く古典〕、日Ｂ、数Ⅰ、物基、化基、生基、物、化、生、コミュ英Ⅰ・Ⅱ→2〉（各100）。理科は基礎、発展とも２科目（１科目50、組合せ自由）で１科目(100)として扱う／面接(15)／調査書(５)

◉2025年度の募集要項は６月頃にホームページで公開予定

作陽短期大学

www.ksu.ac.jp
設置(学)科＝音楽

一般 共テ 推薦 総合

CAMPUS GUIDE

●**所在地** 〒710-0292 岡山県倉敷市玉島長尾3515 ☎(0120)911-394
●**交通** JR新倉敷駅下車、徒歩15分。
●**設立** 昭和26年
●**学生総数** 男14人・女106人
●**専攻科** 音楽10人・1年
▼**要項請求先&問合せ先**
入試広報室

特別選抜 帰国	特別選抜 社会人	学外試験会場	授業料減免 免除	授業料減免 減額	奨学金制度 給付	奨学金制度 貸与	学生寮 男子	学生寮 女子	海外留学	海外研修	編入制度	専攻科
×	×	6	×	○	○	×	×	×	×	×	○	○

音楽学科

定員(専攻名・定員)／修業年限
80人(音楽40・幼児教育40)／2年

音楽と幼児教育の2専攻を設置しています。

音楽専攻には以下の7専修があります。ピアノ、声楽、管楽器・打楽器（吹奏楽指導を含む)、弦楽器の各専修では、高い演奏技術と音楽知識を身につけます。

邦楽（箏曲）専修では、箏をはじめ日本の伝統音楽を継承する演奏家や指導者を育成します。

音楽総合専修は、音楽の基礎的な知識の修得からスタート。個々のレベルに合わせたレッスンによって、理想の自分を目指します。

音楽デザイン専修は、充実したレコーディングスタジオとコンピュータ設備を駆使し、作曲や編曲、本格的なスタジオレコーディング演習などを行います。

幼児教育専攻は、充実した音楽環境のなかで、ピアノ初心者も安心して学ぶことができます。幼児教育と保育、子育て支援に関する質の高い教育を行います。キャンパスの一角に認定こども園があり、実習やボランティアを通じて子どもと関わることができます。

◆**取得免許&資格** 音楽(管楽器・打楽器<吹奏楽指導を含む>)－日本マーチングバンド協会指導者ライセンス3～1級。幼児教育－保育士、幼稚園教諭二種免許。

前年度 選抜方法

●**推薦**＝書類審査・面接のほか、音楽専攻は専修実技等、幼児教育専攻は国総（現代文)
●**一般(入試科目・配点)(Ⅰ期・Ⅱ期共通)**
◇**音楽(各科目に一定の基準を設け、それを満たした者について専修実技の成績により判定)**＝国総〈現代文〉(100)〉／専修実技(200)／楽典〈除く邦楽〔箏曲〕、音楽総合、音楽デザイン〉(100)
◇**幼児教育**＝国実〈国総〔現代文〕、ピアノ実技→1〉
◉**2025年度の募集要項は6月中旬に配布予定**

⇩「資格別 取得可能な短大・学科」「就職状況」「大学への編入」「学費」は巻末データ集に収録

山陽学園短期大学

一般　共テ　推薦　総合

www.sguc.ac.jp/
設置（学）科＝健康栄養、こども育成

CAMPUS GUIDE

●所在地　〒703-8501　岡山市中区平井1丁目14の1
☎(086) 272-4024（入試部直通）
●交通　JR岡山駅からバスで約25分。
●設立　昭和44年
●学生総数　男24人・女339人
▼要項請求先＆問合せ先
入試部

特別選抜 帰国	特別選抜 社会人	学外試験会場	授業料減免 免除	授業料減免 減額	奨学金制度 給付	奨学金制度 貸与	学生寮 男子	学生寮 女子	海外留学	海外研修	編入制度	専攻科
○	○	7	○	○	○	○	×	○	×	○	○	×

長期履修制度を活用した３年コースを設置しています。２年コースとの２コース制です。
３年コースは、午前中の授業が中心で、午後は自分の時間として自由に活用できるのが特徴です。また、学費は２年コースと同額を３年間で分割して納めるので、１年ごとの負担が軽減されます。

健康栄養学科

定員（専攻名・定員）／修業年限
80人／２年・３年

人体、栄養、食品、調理、給食管理、栄養指導などの幅広い分野を体系的に学びます。
カリキュラムは、栄養・栄養指導・給食の運営などの学習を軸に、食品学、食料経済、社会学、心理学、人間学、社会福祉概論など、さまざまな分野にわたる科目で編成しています。
２年次に行う附属幼稚園での給食管理実習では、ひじき入りのハンバーグや、すり下ろしたニンジン入りのスープなど、好き嫌いをなくすための料理を学びます。
また、少人数グループで行う自由な研究・討論など、ユニークな授業も行っています。
栄養教諭や調理師、製菓衛生師の資格取得を望む学生に対し、国家試験対策を含む課外指導が充実しています。こうした「栄養士プラスワン資格」は就職を考える上で非常に強みになります。
◆**取得免許&資格**　栄養士、栄養教諭、社会福祉主事〈任用〉など。

こども育成学科

定員（専攻名・定員）／修業年限
100人／２年・３年

子どもの可能性を十分に伸ばし、また、地域社会で活躍できる幼稚園・保育所・認定こども園・児童福祉施設などの保育者を育成します。
保育・教育学系、心理学系、社会福祉学系、芸術学系の科目により、感受性を養うとともに、子どもの心を理解します。
「子どもと環境」では、附属幼稚園児と一緒に行う夏野菜の栽培などを通して、自然とのふれあいの効果や食育について学びます。
「子どもと表現Ｂ」では、季節に応じた保育室の室内装飾を目的とした「壁面装飾」を作ります。作品は学内で展示され、附属幼稚園の園児たちも鑑賞し、同園で実際の壁面装飾として活用されます。
「教育心理学」では、子どもの行動の仕方や知識の身につけ方、大人になっていく過程について学びを深めます。
◆**取得免許&資格**　幼稚園教諭二種免許、保育士、社会福祉主事〈任用〉、認定絵本士。

前年度　選抜方法

●**推薦**＝書類審査、面接のほか、小論文または自己推薦書
●**一般（入試科目・配点）**
（Ⅰ期）
◇**全学科（125点満点）**＝国地歴数理外〈国総〔除く古・漢〕、日Ｂ、数Ⅰ・Ａ、化基・生基（生物と遺伝子、生物の体内環境の維持）、コミュ英Ⅰ・Ⅱ・英表Ⅰ・Ⅱ→１〉(100)／調査書（25）
◉**2025年度の募集要項は６月中旬に配布予定**

中国短期大学

一般 共テ 推薦 総合

www.cjc.ac.jp/

設置(学)科＝総合生活、保育、情報ビジネス

CAMPUS GUIDE

●**所在地**　〒701-0197　岡山市北区庭瀬83
☎(086)293-0541（入試広報部直通）
●**交通**　JR庭瀬駅下車、徒歩13分。
●**設立**　昭和37年
●**学生総数**　男32人・女333人
▼**要項請求先&問合せ先**
入試広報部

特別選抜 帰国	特別選抜 社会人	学外試験会場	授業料減免 免除	授業料減免 減額	奨学金制度 給付	奨学金制度 貸与	学生寮 男子	学生寮 女子	海外留学	海外研修	編入制度	専攻科
○	○	4	○	○	○	×	×	○	○	×	○	×

キャンパスは、緑豊かでゆったりとした落ち着いた環境です。学びや、くつろぎの空間として、学生たちがのびのびと活用しています。冷暖房完備の体育館や、およそ14万冊の蔵書を誇る図書館、最新の機器がそろった実習室や演習室など、安全で快適な施設・設備を整えています。

総合生活学科

定員(専攻名・定員)／修業年限
85人／2年

「生活創造」「医療事務」「生活福祉（介護福祉士養成）」の3コースを設置しています。衣食住、健康・医療、福祉・介護、環境、デザイン、情報、コミュニケーションなど、生活していく上で必要な生活学の基礎を幅広く学び、生活者の視点を身につけます。さらに希望する分野の専門的知識・技術を修得し、総合力のある人材を育成します。また、資格取得を強力にサポートし、「医事管理士」など、授業に加え対策講座も実施しています。

◆**取得免許&資格**　介護福祉士国家試験受験資格、介護職員初任者研修修了者、医事管理士、介護保険事務管理士、社会福祉主事〈任用〉、フードコーディネーター3級、ビジネス実務士など。

保育学科

定員(専攻名・定員)／修業年限
120人／2年

充実した演習と実習により、乳幼児一人ひとりの発達に即した指導ができ、実践力を有した質の高い保育士・幼稚園教諭を養成します。子育て支援活動、地域のボランティア活動などを通して、子どもの世界をじっくり体験し、さまざまな感動や発見と出会うなかで、保育者にふさわしい心豊かな人格を形成していきます。

◆**取得免許&資格**　保育士、幼稚園教諭二種免許、母子支援員〈任用〉、児童生活支援員〈任用〉、社会福祉主事〈任用〉など。

情報ビジネス学科

定員(専攻名・定員)／修業年限
80人／2年

高度情報化社会で求められる、ITやビジネスに関する専門知識とスキルを持ち、課題解決力を備えた人材を育成します。「経営・会計」「ビジネス・キャリア」「情報」「メディア」の4つの専門フィールドと「心理学」「データサイエンス」の2つの共通フィールドから、興味のある科目を選択し、基礎から応用まで幅広く効率的に学びます。映像制作のスキルやクロスリアリティ（XR）などの先端技術を学ぶことができます。

◆**取得免許&資格**　上級情報処理士、上級ビジネス実務士、社会調査アシスタント、プレゼンテーション実務士、医事管理士、社会福祉主事〈任用〉など。

前年度　選抜方法

●**推薦**＝書類審査、作文、面接
●**一般（入試科目・配点）（Ⅰ期）**
◇**全学科(150点満点)**＝国数外〈国総〔除く古・漢〕、数Ⅰ・A、コミュ英Ⅰ・Ⅱ・英表Ⅰ→1〉(100)／書類審査(50)
◉**2025年度の募集要項は配布中**

⇨「資格別 取得可能な短大・学科」「就職状況」「大学への編入」「学費」は巻末データ集に収録

山陽女子短期大学

一般 共テ 推薦 総合

www.sanyo.ac.jp/
設置(学)科＝人間生活、食物栄養、臨床検査

CAMPUS GUIDE

●**所在地** 〒738-8504 広島県廿日市市佐方本町１丁目１
☎(0829)32-0909
●**交通** 広島電鉄宮島線山陽女学園前駅下車、徒歩３分。
●**設立** 昭和38年
●**学生総数** 女220人
▼**要項請求先&問合せ先** 入試広報部

特別選抜 帰国	特別選抜 社会人	学外試験会場	授業料減免 免除	授業料減免 減額	奨学金制度 給付	奨学金制度 貸与	学生寮 男子	学生寮 女子	海外留学	海外研修	編入制度	専攻科
×	○	×	○	×	○	×	×	○	×	○	○	×

人間生活学科

定員(専攻名・定員)／修業年限
40人／２年

医療事務とビジネスのスキルと資格を身につける医療事務ビジネスコース、人のこころについて学ぶ人間心理コースの２コースがあります。いずれのコースも専門分野を極めるとともに、人間としての総合的な力を養い、社会のなかで自立した生き方ができる人材になるための知識と技能を修得します。２年次の「特論」では、興味があるテーマを調査・研究し、その成果を発表します。

◆**取得免許&資格** 医療事務ビジネスコース－医療秘書実務士、診療情報管理実務士、医師事務作業補助実務士、秘書士、ビジネス実務士、情報処理士など。人間心理コース－秘書士、カウンセリング実務士、ビジネス実務士、情報処理士、社会福祉主事〈任用〉など。

食物栄養学科

定員(専攻名・定員)／修業年限
60人／２年

「摂る」「創る」「拓く」のバランスが取れたカリキュラム編成で食に関する幅広い知識と技術を身につけます。栄養管理コースでは、実践的な授業で栄養士を目指します。栄養調理コースでは、調理師の専門知識と技術を身につけます。また、両コースとも食品開発の科目を履習でき、開発や食品検査分野も目指せます。

◆**取得免許&資格** 栄養管理コース－栄養士、フードサイエンティスト、こども食物アレルギー実務課程など。栄養調理コース－調理師、フードコーディネーター３級、フードサイエンティストなど。

臨床検査学科

定員(専攻名・定員)／修業年限
40人／３年

医師の診断や治療に関わる大切なデータとなる血液や細胞などの検査を通して、医療を支える臨床検査技師を養成します。豊富な学外研修を行うほか、病院での臨地実習で現場での体験を積み、検査法やシステムを理解します。

専門科目として、血液疾患に関わる基礎的知識などを学ぶ血液検査学、呼吸機能検査や心臓超音波検査などの手技を学ぶ生理機能検査学実習などがあります。

◆**取得免許&資格** 臨床検査技師国家試験受験資格、社会福祉主事〈任用〉。

前年度 選抜方法

●**推薦**＝書類審査、小論文、面接。臨床検査のみ、小論文に代わり基礎学力検査（３科目総合問題。数〈数Ⅰ〉、理〈化基・生基〉）
●**一般(入試科目・配点)**
(Ⅰ期・Ⅱ期共通)
◇**人間生活、食物栄養(100点満点)**＝国数理外小〈国総〔近代以降の文章〕、数Ⅰ、化基、生基、コミュ英Ⅰ・Ⅱ・英表Ⅰ、小論文→1〉(70)／調査書(30)
◇**臨床検査(100点満点)**＝国数外〈国総〔近代以降の文章〕、数Ⅰ、コミュ英Ⅰ・Ⅱ・英表Ⅰ→1〉／理〈化基、生基→1〉(２科目で90)／調査書(10)
◉**2025年度の募集要項は５月中旬に配布予定**

私立 中国・四国
山陽女子短期大学 中国短期大学

ひじやまだいがく
比治山大学短期大学部

www.hijiyama-u.ac.jp/
設置(学)科＝総合生活デザイン、幼児教育、美術

一般
共テ
推薦
総合

CAMPUS GUIDE

●所在地　〒732-8509　広島市東区牛田新町4丁目1の1
☎(082)229-0150（入試広報課直通）
●交通　JR広島駅からバスで牛田新町四丁目下車、徒歩約3分。または、アストラムラインで不動院前下車、徒歩約5分。
●設立　昭和41年
●学生総数　男31人・女408人
●専攻科　美術15人・1年
▼要項請求先＆問合せ先
入試広報課

特別選抜 帰国	特別選抜 社会人	学外試験会場	授業料減免 免除	授業料減免 減額	奨学金制度 給付	奨学金制度 貸与	学生寮 男子	学生寮 女子	海外留学	海外研修	編入制度	専攻科
○	○	6	×	○	○	×	×	×	×	○	○	○

総合生活デザイン学科

定員（専攻名・定員）／修業年限
70人／2年

複雑化する現代生活そのものを総合的に学び、さまざまな学修を通して、自ら問題を解決する力を養います。

衣・食・住の特定の分野の学びを深化させるだけではなく、複数の分野からなる横断的な学びのほか、「キャリア領域」や、「情報発信領域」も加えたバリエーション豊かな学びが可能です。

実際のビジネス現場を体験し、社会で活躍できる人材を育成します。さらに、企業と連携して社会人力を身につけるための「生活達人チャレンジプログラム」も設置しています。

◆取得免許&資格　中学校家庭教諭二種免許、秘書士、上級秘書士、フードコーディネーター3級など。

幼児教育科

定員（専攻名・定員）／修業年限
100人／2年

幼児教育に携わるための専門的な知識・技術を学ぶとともに、保育・幼児教育・福祉の分野で活躍するための力を身につけます。

2年間を通して、キャンパス内にある付属幼稚園や保育所、児童福祉施設などで多くの実習を行うことにより、実践と理論を結びつけて学ぶことができます。

音楽、体育、造形的な実技科目のほか、幼児理解や援助方法など、保育技術を裏づける理論を修得します。

主な専門科目には、保育原理、教育課程論、保育者論、子ども家庭福祉、教育心理学、教育方法論などがあります。

◆取得免許&資格　幼稚園教諭二種免許、保育士。

美術科

定員（専攻名・定員）／修業年限
70人／2年

1年次前期では、ものづくりの基礎として、絵画、立体、デザイン、工芸という多様な表現を体験します。

1年次後期からは、日本画、洋画、工芸デザイン、グラフィックデザイン、映像・アニメーション、マンガ・キャラクターの6コースに分かれます。

2年次後期からは、専門的な学びを卒業制作につなげていきます。

色彩学、美術史などの講義から創造活動を深める知識を身につけます。また、各コースでCG関連の科目を取り入れています。

◆取得免許&資格　中学校美術教諭二種免許、色彩検定など。

前年度　選抜方法

●推薦（公募制・専願）＝書類審査、基礎適性検査、面接（幼児教育のみ）
●一般（入試科目・配点）（前期A日程）
◇総合生活デザイン、幼児教育（200点満点）＝国総〈除く古・漢〉(100)／コミュ英Ⅰ・Ⅱ・英表Ⅰ(100)
◇美術（200点満点）＝国総〈除く古・漢〉(100)／実技(100)
◉2025年度の募集要項は7月上旬に配布予定

⇩「資格別 取得可能な短大・学科」「就職状況」「大学への編入」「学費」は巻末データ集に収録

広島文化学園短期大学

一般　共テ　推薦　総合

www.hbg.ac.jp/

設置(学)科＝コミュニティ生活、食物栄養、保育

CAMPUS GUIDE

●**所在地**　〒731-0136　広島市安佐南区長東西３丁目５の１
☎(082)239-5171
●**交通**　JR可部線安芸長束駅から約800m、またはJR広島駅からバスで約30分、広島文化学園下車。
●**設立**　昭和39年
●**学生総数**　男15人・女348人
▼**要項請求先＆問合せ先**
長束キャンパス入試室

特別選抜 帰国	特別選抜 社会人	学外試験会場	授業料減免 免除	授業料減免 減額	奨学金制度 給付	奨学金制度 貸与	学生寮 男子	学生寮 女子	海外留学	海外研修	編入制度	専攻科
×	○	×	○	○	○	×	×	×	○	×	○	×

一人ひとりが、より成長を実感できるように「学習者中心の教育」を重視しています。

「何になりたいか」「何を学びたいか」をはっきりさせるための多様なカリキュラム、そのカリキュラムから興味や適性に合わせて自由に選択することができるフィールド＆ユニット制、文部科学省から「地域総合科学科」として認定を受けたコミュニティ生活学科など、独自の教育システムを設置しています。

コミュニティ生活学科

定員(専攻名・定員)／修業年限
90人／２年

「生活学」をベースに、「ファッション」や「フード」を好きなだけ学ぶことができます。また、充実のキャリア支援で、地域や職場で活躍する力を養います。

カリキュラムは、「フィールド＆ユニット制」を採用し、希望の進路に合わせて、科目を自由に選択することができます。

中学校家庭教諭二種免許、フードコーディネーター３級の資格が取得できるほか、医療事務をはじめとした各種資格・検定試験の合格を支援する科目も充実しています。

これらの学びの集大成として、「ファッションショー」と「パーティー」を行います。この２大イベントは、学生が企画・運営するので、自分自身の成長を実感できる、貴重な体験の場になっています。

卒業後は、ファッションアドバイザー、ビューティーアドバイザー、フードコーディネーター、ブライダルコーディネーターのほか、一般企業や福祉関係への就職、４年制大学への編入学など、多彩な進路があります。

◆**取得免許&資格**　中学校家庭教諭二種免許、フードコーディネーター３級、秘書技能検定、食生活アドバイザー検定、メディカルクラーク、サービス接遇技能検定、ファッション販売能力検定、パーソナルカラー検定、アソシエイト・ブライダル・コーディネーター認定資格など。

食物栄養学科

定員(専攻名・定員)／修業年限
50人／２年

「健康で安全な食生活づくり」に貢献できる栄養士を育成します。「おいしい食事を届けたい。だから、調理のできる栄養士になる！」を掲げ、確かな調理技術と正しい栄養知識、豊かな心を併せ持つ栄養士を目指します。

栄養士に必要な専門科目での学びはもちろんのこと、１クラス25人編成のきめ細かな実験・実習や豊富な校外実習を行うなど、体験型カリキュラムを重視しています。調理実習や給食実習では、基礎から応用までを幅広く学びます。校外実習では、病院や老人ホームにおいて栄養指導や給食管理を学びます。さらに、一人暮らし高齢者へのお弁当配食やクリスマス会などの地域貢献活動を通じて、実践力を養います。

栄養士、フードスペシャリスト資格、栄養教諭二種免許などの複数の資格を同時に取得することも可能です。

１年次から所属するセミナーでは、生活指導、研究指導、進路（就職・進学）指導を行うほか、ボランティア活動への参加で、社会性豊かな人間性を育み、社会人として必要な力を養います。

◆**取得免許&資格**　栄養士、栄養教諭二種免許、フードスペシャリスト受験資格、登録販売者など。

保育学科

定員(専攻名・定員)／修業年限
70人／２年

保育・幼児教育に関する専門的知識と技能を養うとともに、社会の多様な保育ニーズに対応できる実力と、豊かな人間性を備えた保育者を養成します。

幼稚園教諭と保育士養成のための国の基準に対応した体系的なカリキュラム、幅広く深い教養を培い、豊かな人間性を養うための教養科目など、充実した科目を取り入れ、現代の子どもが抱えるさまざまな問題にアプローチできる能力、保育指導技術や子育て支援、子どもの可能性を引き出し伸ばすことのできる実力を養います。

ピアノは一人ひとりのレベルに合わせた個人レッスンで、初心者から丁寧に指導します。また、幼稚園や保育所で行われる運動会や発表会などをシミュレーション的に行う「体験学習」により、実践的な指導力を養います。

多彩な領域の教員スタッフをそろえるほか、ピアノレッスン室や保育実習室、子ども・子育て支援研究センターなどの施設を備えており、充実した教育環境のもとで学ぶことができます。

◆**取得免許&資格**　幼稚園教諭二種免許、保育士、社会福祉主事〈任用〉、赤十字幼児安全法支援員、リトミック指導資格、文書デザイン検定、幼児体育指導者検定２級など。

前年度　選抜方法

●**推薦**＝書類審査、小論文、面接
●**一般(入試科目・配点)**
(前期)
◇**全学科(150点満点)**＝国数外〈国総〔近代以降の文章〕、数Ⅰ・A、コミュ英Ⅰ・Ⅱ→1〉(100)／調査書(50)
◉**2025年度の募集要項は４月下旬に配布予定**

岩国短期大学

一般
推薦
総合

www.iwakuni.ac.jp/
設置(学)科＝幼児教育

CAMPUS GUIDE

●**所在地** 〒740-0032 山口県岩国市尾津町２丁目24の18 ☎(0827)31-8141
●**交通** JR山陽本線南岩国駅下車、徒歩７分。
●**設立** 昭和46年
●**学生総数** 男８人・女106人
▼**要項請求先&問合せ先**
入試広報センター

特別選抜 帰国	特別選抜 社会人	学外試験会場	授業料減免 免除	授業料減免 減額	奨学金制度 給付	奨学金制度 貸与	学生寮 男子	学生寮 女子	海外留学	海外研修	編入制度	専攻科
×	○	×	×	○	×	○	×	×	×	×	○	×

幼児教育科

定員(専攻名･定員)／修業年限
70人／２年

豊かな人間性と使命感にあふれ、確かな保育観・幼児観に基づく保育技術を身につけた優れた保育者の育成を目指します。

健康、人間関係、環境、言葉、表現の領域において、学生自身がそれぞれ正しい基礎能力を養うとともに、現代の幼児教育理論の成果を踏まえた専門的技術を身につけます。それと同時に、広い教養教育を通じて、正しい人生観、広い社会性を持ち、幼児教育に携わることに誇りを持った人材を育成します。

２年間で学生全員が幼稚園教諭二種免許、保育士資格の２つの国家資格を取得することを目的にカリキュラムが組まれています。保育に必要な知識や子どもについての理解を深め、実践に必要な技術を身につけます。認定こども園の増加や幼保一元化への対応を見据えて、両方の資格取得を勧めています。

教育実習・保育実習は現場で授業の成果が試され、学生たちは子どもとのふれあいのなかで、人間的に大きく成長していきます。実際の保育現場を体験することで、保育者としての自覚をはぐくんでいきます。

卒業後の進路については、学生一人ひとりのキャリアプランについてきめ細かい指導を行います。

◆**取得免許&資格** 幼稚園教諭二種免許、保育士、社会福祉主事〈任用〉、レクリエーション・インストラクターなど。

前年度 選抜方法

●**推薦**＝書類審査、小論文、面接
●**一般(入試科目)(A･B･C･D日程)**
◇**幼児教育**＝国総(B・C・D日程は小論文)／適性検査
〈**注**〉他に面接あり
◉**2025年度の募集要項は配布中**

⇩「資格別 取得可能な短大・学科」「就職状況」「大学への編入」「学費」は巻末データ集に収録

宇部フロンティア大学短期大学部

一般
推薦
総合

www.ube-c.ac.jp/
設置(学)科＝保育、食物栄養

CAMPUS GUIDE

●**所在地** 〒755-0805 山口県宇部市文京台２丁目１の１
☎(0120)38-0507（入試広報課直通）
●**交通** JR山陽本線宇部駅から市営バスで10分、フロンティア大学下車。
●**設立** 昭和35年
●**学生総数** 男19人・女143人
▼**要項請求先&問合せ先** 入試広報課

特別選抜 帰国	特別選抜 社会人	学外試験会場	授業料減免 免除	授業料減免 減額	奨学金制度 給付	奨学金制度 貸与	学生寮 男子	学生寮 女子	海外留学	海外研修	編入制度	専攻科
○	○	1	×	○	○	×	×	○	○	○	○	×

独自のカリキュラムにより、幅広い教養、理解力、表現力、応用力を養い、現代社会を生き抜くための知恵を身につけていきます。実生活や社会にある問題を自分で見つけ、解決するための力～「考える力」～を学んでいきます。

保育学科

定員(専攻名・定員)／修業年限
50人／２年

現代社会の多様なニーズに応えられるように、子どもをよく理解して、教育や援助の方法を身につけていきます。

付属幼稚園で、子どもたちと毎日ふれあうことができます。

授業では、児童施設や幼児教育の考え方や仕組み、子どもの心理や健康などについて学びます。

子どもの豊かな成長に必要な音楽や造形表現などの実技科目も多く設置しています。

専門科目では、子育て支援演習、社会的養護、保育原理、教育原理、教育と保育の心理学、音楽、造形表現、小児体育などを学びます。

少人数教育を重視し、自ら考え、行動できる保育者を養成します。

◆**取得免許&資格** 幼稚園教諭二種免許、保育士、社会福祉主事〈任用〉、認定ベビーシッター、児童厚生二級指導員。

食物栄養学科

定員(専攻名・定員)／修業年限
50人／２年

安全で安心な食生活を営むために必要な知識を身につけます。

食べ物から健康な身体がつくられる仕組みを知ることから始まり、一人ひとりの適切な栄養量を知り、食品を選択・組み合わせて、おいしく調理することを目指しています。

そのためグループワークや実験・実習を豊富に盛り込んだカリキュラムになっています。

専門科目には、生活化学、製菓演習、食品鑑別論、食品流通論などがあります。

人が元気で豊かな生活を送るための、健康のあり方を「栄養」の視点から探究します。さまざまな状況に置かれた人たちの健康維持・増進のために貢献できる栄養士の養成を目指しています。

また、卒業後３年以上の実務経験で管理栄養士国家試験の受験が可能です。

食環境、食文化、製菓関連などの知識を深め、食に関するさまざまな環境や場面で総合的にコーディネートを行うフードコーディネーターやフードスペシャリストの養成も目指します。

編入学希望者には一人ひとりに個別のサポートを行っており、進学の道も開けています。

◆**取得免許&資格** 栄養士、フードスペシャリスト受験資格、フードコーディネーター３級。

前年度 選抜方法

●**推薦**＝書類審査、小論文、面接
●**一般（入試科目・配点）**
（A日程・B日程共通）
◇**全学科（150点満点）**＝国語〈除く古・漢〉(100)／面接(20)／調査書(30)
◉**2025年度の募集要項は６月上旬に配布予定**

下関短期大学

一般　推薦　総合

www.shimotan.jp/

設置(学)科＝栄養健康、保育

CAMPUS GUIDE

●**所在地**　〒750-8508　山口県下関市桜山町１の１
☎(083)223-0339
●**交通**　JR下関駅下車、徒歩約18分。

●**設立**　昭和37年
●**学生総数**　男20人・女97人
▼**要項請求先&問合せ先**
広報室

特別選抜 帰国	特別選抜 社会人	学外試験会場	授業料減免 免除	授業料減免 減額	奨学金制度 給付	奨学金制度 貸与	学生寮 男子	学生寮 女子	海外留学	海外研修	編入制度	専攻科
×	○	×	○	○	○	×	×	×	×	○	○	×

栄養健康学科

定員(専攻名・定員)／修業年限

20人／２年

飽食や栄養過多による生活習慣病の増加をはじめとした、食物と健康に関わる新たな問題に的確に対応するため、食物・栄養・人体の仕組みについて学びます。高齢者や乳幼児に対する思いやりが特に大切と考え、介護食・食育に力を入れています。

栄養士の免許取得を核に、きめ細かな教育と豊富な実習を通して、食の専門家を目指します。

◆**取得免許&資格**　栄養士、管理栄養士国家試験受験資格（要実務経験３年）など。

保育学科

定員(専攻名・定員)／修業年限

40人／２年

現場での人間関係能力や保護者への対応能力などを身につけた、心豊かな保育者を育成します。

授業の主要内容のうち、保育者の基礎技能として必須であるピアノは、毎週のレッスンのなかで、個々の能力に合わせた個人指導を行っています。

また、保育者に必要な専門科目「造形表現」「体育」などでは、演習を数多く取り入れ、実践に基づく技術を体得できます。

◆**取得免許&資格**　幼稚園教諭二種免許、保育士、レクリエーション・インストラクター。

前年度　選抜方法

●**推薦**＝書類審査、面接、口頭試問
●**一般（入試科目・配点）**
（Ⅰ期・Ⅱ期共通）
◇**栄養健康（200点満点）**＝国総〈除く古・漢。作文を含む〉(50)／数外〈数Ⅰ〔数と式、図形と計量、データの分析から出題〕、コミュ英Ⅰ→１〉(50)／面接・口頭試問（100）
◇**保育（200点満点）**＝国総〈除く古・漢。作文を含む〉(50)／外音〈コミュ英Ⅰ、音楽Ⅰ〔指定曲の歌唱〕→１〉(50)／面接・口頭試問（100）
◉**2025年度の募集要項は配布中**

⇩「資格別 取得可能な短大・学科」「就職状況」「大学への編入」「学費」は巻末データ集に収録

山口短期大学

一般 推薦 総合

www.yamaguchi-jc.ac.jp/

設置(学)科＝児童教育、情報メディア

CAMPUS GUIDE

●所在地 〒747-1232 山口県防府市台道11346の2
☎(0835)32-0138
※一部のコースは以下のキャンパスで履修 博多キャンパス＝〒812-0013 福岡市博多区博多駅東1丁目19の18
(JR博多駅下車、徒歩7分)
●交通 ＪＲ山陽本線大道駅下車、徒歩7分。
●設立 昭和42年
●学生総数 男65人・女105人
▼要項請求先&問合せ先 入試係

特別選抜 帰国	特別選抜 社会人	学外試験会場	授業料減免 免除	授業料減免 減額	奨学金制度 給付	奨学金制度 貸与	学生寮 男子	学生寮 女子	海外留学	海外研修	編入制度	専攻科
×	○	3	×	×	○	×	○	○	×	○	○	×

児童教育学科

定員(専攻名・定員)／修業年限

80人（幼児教育学50・初等教育学30)／2年

幼児教育学専攻では、子どもたちの喜びに共感できる保育士の養成を目指します。保育所や幼稚園など、保育現場で働くための実践力を養う「保育者養成コース」、保育実践力をさらに磨くため編入学や進学を目指す人を支援する「四年制大学編入コース」、子どもから高齢者、障がいがある人への支援について学び、実践力を身につける「ヒューマンサポートコース(人間支援者育成コース)」、少人数教育を通して即戦力となる保育者を育成する「(博多) 保育者養成コース」があります。

初等教育学専攻では、社会的責任を自覚しつつ、教科指導を中核とした実践的要素を身につけた小学校教諭を養成しています。小学校や教育現場で働くための実践力を育成する「小学校・幼稚園免許取得コース」、教育課題をさらに追究するために編入学や進学を目指す人を支援する「四年制大学編入コース」、地域社会や子育て支援に貢献する人材を目指す「教育教養コース」、教育現場で活躍できる即戦力となる小学校教員を育成する「福岡県小学校教員養成コース」があります。

福岡県小学校教員養成コースと(博多) 保育者養成コースは、博多キャンパスで学びます。

◆取得免許&資格 保育士（幼児教育学専攻のみ)、小学校教諭二種免許（初等教育学専攻のみ)、幼稚園教諭二種免許（初等教育学専攻福岡県小学校教員養成コースを除く)、ピアヘルパーなど。

情報メディア学科

定員(専攻名・定員)／修業年限

40人／2年

今日の情報化社会を支える通信技術を学び、それを応用する力を養います。先端的な専門知識や技術を駆使し、豊かな心を持って社会に貢献できる人材を育成します。

Society5.0コースでは、データサイエンス・AI・IoTの知識について学びます。

IT実践コースでは、ゲームやスマホアプリ開発用のプログラミング言語などを学びます。

四年制大学編入コースでは、情報系・工学系大学への編入学をサポートします。博多キャンパスで学びます。

◆取得免許&資格 上級情報処理士、ウェブデザイン実務士など。

前年度 選抜方法

●推薦＝書類審査、小論文、面接（口頭試問を含む)

●一般（入試科目・配点)
(1期・2期・3期共通)

◇**全学科(200点満点)**＝国数〈国総〔除く古典〕、数Ⅰ→1〉(100) ／小論文（20) ／面接〈口頭試問を含む〉(50) ／書類審査（30)

◉2025年度の募集要項は6月に配布予定

山口芸術短期大学

一般　共テ　推薦　総合

www.yamaguchi-jca.ac.jp/
設置(学)科＝保育、芸術表現

CAMPUS GUIDE

●**所在地**　〒754-0032　山口市小郡みらい町1丁目7の1
☎(083)972-2880
●**交通**　ＪＲ山口線上郷駅下車、徒歩８分。
●**設立**　昭和43年
●**学生総数**　男17人・女215人
●**専攻科**　デザイン10人・1年
▼**要項請求先&問合せ先**　入試広報課

特別選抜 帰国	特別選抜 社会人	学外試験会場	授業料減免 免除	授業料減免 減額	奨学金制度 給付	奨学金制度 貸与	学生寮 男子	学生寮 女子	海外留学	海外研修	編入制度	専攻科
×	○	×	×	×	○	×	×	×	×	○	○	○

保育学科

定員（コース名・定員）／修業年限
80人／２年

正しい子ども観を基盤とした保育に関する専門的知識・技術、芸術的表現力、指導力を持ち、保護者の育児相談や地域の子育て支援にも対応できる保育者を育成します。２年間で保育士資格と幼稚園教諭二種免許が取得できます。芸術を基盤とした教育を重視し、感性や表現力を磨くとともに、保育現場で必要な音楽や造形能力を身につけます。

また、短大での授業だけでなく、実習を軸に子どもと関わる機会を重視しています。保育所などの保育現場における充実した実習により、確かな保育実践力を養います。

開設以来、幼稚園、保育園など、専門職への高い就職率を保持しており、多くの卒業生が山口県内の保育現場で活躍しています。

◆**取得免許&資格**　幼稚園教諭二種免許、保育士、幼稚園・保育園のためのリトミック指導資格（1級、2級）、社会福祉主事〈任用〉。

芸術表現学科

定員（専攻名・定員）／修業年限
40人／２年

基盤となる共通の学びを軸として学生一人ひとりの興味と関心に合わせて「デザイン」「ビジネス」「音楽」の３つの分野から柔軟に幅広く科目を選択することで、学びながら将来について考えることができます。現役クリエイターや企業経験者の専門的な指導で、実践力を身につけます。

デザイン分野では、色彩論からWeb、映像、広告、編集、イラスト、ファッションと多岐にわたり効果的なデザインについて学びます。

ビジネス分野では、キャリアデザイン、情報処理、簿記、ビジネスマナーからマーケティングまで幅広く学び、ビジネス実務や情報処理能力を高めます。

音楽分野では、音楽理論をしっかりと学んだ上で、ピアノ、電子オルガン、吹奏楽、合唱の演奏法、伴奏の技術を高めるための学びを行います。

さらに、情報・ビジネス系の検定を中心に計画的、積極的に資格の取得に挑戦することで、就職活動に挑む力を蓄えます。

◆**取得免許&資格**　色彩検定、Illustratorクリエイター能力認定試験、Photoshopクリエイター能力認定試験、Webクリエイター能力認定試験、DTP検定、日商PC検定、日商簿記検定、MOS検定、ビジネス著作権検定、ビジネス実務マナー検定、ビジネス文書検定、サービス接遇検定、秘書検定、販売士検定など。

前年度　選抜方法

●**推薦**＝書類審査、面接、学科別実技または小論文、自己PR文（保育のみ）、入学希望理由書（芸術表現のみ）
●**一般（入試科目・配点）**
（1期・2期・3期共通）
◇**全学科（150点満点）**＝国総〈現代文〉(100)／面接(50)
◉**2025年度の募集要項は7月下旬に配布予定**

⇨「資格別 取得可能な短大・学科」「就職状況」「大学への編入」「学費」は巻末データ集に収録

四国大学短期大学部

一般 共テ 推薦 総合

www.shikoku-u.ac.jp/

設置(学)科＝ビジネス・コミュニケーション、人間健康、幼児教育保育、音楽

CAMPUS GUIDE

●**所在地**　〒771-1192　徳島市応神町古川字戎子野123の1
☎(0120)65-9906（広報課直通）
●**交通**　ＪＲ徳島駅からバスで四国大学前下車、徒歩３分。
●**設立**　昭和36年
●**学生総数**　男92人・女238人
▼**要項請求先＆問合せ先**　広報課

特別選抜 帰国	社会人	学外試験会場	授業料減免 免除	減額	奨学金制度 給付	貸与	学生寮 男子	女子	海外留学	海外研修	編入制度	専攻科
○	○	14	○	○	○	×	○	○	○	○	○	×

専門的な知識・技術に加え、幅広い教養と豊かな人間性を身につけます。１年次からキャリアデザインの科目を開設し、実学教育の充実を図るとともに、就職に直結する資格・検定対策にも力を入れています。また、学生支援機能を集約した学生サポートセンターや約44万冊を収蔵する附属図書館など、各種施設が整っています。

ビジネス・コミュニケーション科

定員（専攻名・定員）／修業年限
75人／２年

職場や地域社会のなかにある課題を自主的に見つけ、分析し、具体的な解決策を提案し、発信する力を養うことを目標とした授業を実践します。

「ビジネスにおけるコミュニケーション能力」をベースに、社会人基礎力や実務能力といった実社会で必要な各分野の専門知識と技術を修得します。

以下の３コース制です。

公務員コースは、公務員養成に重点を置いたコースで、授業以外にも多彩な支援プログラムを開設しています。

ビジネス実務コースでは、あらゆる職種に対応できるように国家試験（ファイナンシャル・プランニング技能検定、知的財産管理技能検定）や各種検定試験（日商PC検定、日商簿記検定など）合格を目指します。

医療事務コースでは、医療事務の資格取得を中心に、さまざまな分野に対応できる実務能力を修得します。

◆**取得免許&資格**　メディカルクラーク、調剤報酬請求事務技能審査試験、日商PC検定（文書作成、データ活用）３級・２級、MOS検定、FP技能検定３級など。

人間健康科

定員（専攻名・定員）／修業年限
50人（食物栄養25・介護福祉25）／２年

２専攻を設置しています。

食物栄養専攻では、栄養士養成に加え、食品関連企業で活躍できる人材を養成します。栄養学・食品学・調理学の専門知識とともに、高度な情報処理技術も身につけます。以下の２コース制です。

食品ビジネスコースでは、食品の衛生管理と栄養・調理技術をベースに、食品衛生管理者・フードサイエンティスト資格に加え、栄養士の免許を取得できます。

健康栄養コースでは、栄養の知識と確かな調理技術をベースに、栄養士免許やフードコーディネーターの資格取得を目指します。

介護福祉専攻では、実践的な教育を重視し、社会福祉、衣食住、レクリエーションおよび人間理解に関する理論と技術の修得と併せ、尊厳ある自立した生活を支援できる介護福祉士を養成します。

◆**取得免許&資格**　食物栄養専攻－栄養士、食品衛生管理者〈任用〉および食品衛生監視員〈任用〉、フードサイエンティスト、フードコーディネーター、食生活アドバイザー。介護福祉専攻－介護福祉士国家試験受験資格、社会福祉主事〈任用〉。

幼児教育保育科

定員（専攻名・定員）／修業年限
60人／２年

一人ひとりの子どもの個性に応じた指導ができる豊かな人間性と高い専門性を養います。

入学直後から高い実践力を養うことができるよう、正課の実習のほかに、四国大学附属保育所や附属認定こども園などの実際の現場で保育体験ができます。

「保育方法」「児童文化」などの授業では、少人数クラスで絵本の読み聞かせ、手作り紙芝居、パネルシアターの実演、玩具の製作など、保育現場ですぐに役立つ実践力を養っていきます。

◆**取得免許&資格**　幼稚園教諭二種免許、保育士、社会福祉主事〈任用〉、児童指導員〈任用〉、特別支援学校教諭二種免許（知的障害者・肢体不自由者・病弱者）、ピアヘルパー、児童厚生二級指導員、幼児教育・保育英語検定準一級など。

音楽科

定員（専攻名・定員）／修業年限
15人／２年

演奏力や知識だけでなく、コンサートやライブの企画力・実務力を身につけ、音楽によって社会に貢献できる人材を育成します。

以下の３コース制です。

演奏コースでは、充実した個人レッスンを軸にアカデミックな音楽知識と高度な技術を身につけます。ポピュラー系とクラシック系の２系からなります。

音楽制作コースには、ボーカロイドが本格的に学べるボーカロイド系と、音響や照明を専門的に学ぶ音響・照明系があります。

音楽療法コースでは、音楽療法についての専門的な知識・技能を修得します。

◆**取得免許&資格**　音楽療法士（２種）、音楽インストラクター（四国大学短期大学部認定資格）。

前年度　選抜方法

●**推薦**＝書類審査、面接のほか、科別に次の通り。音楽以外－国数外〈国総〔除く古典〕、数Ⅰ、コミュ英Ⅰ・Ⅱ→1〉。音楽－実技・作品等・作文（コースにより異なる）から選択
●**一般（入試科目・配点）**
（Ⅰ期・Ⅱ期・Ⅲ期共通）
◇**全科（100点満点）**＝国数外〈国総〔除く古典〕、数Ⅰ、コミュ英Ⅰ・Ⅱ→1〉(100)
◉**2025年度の募集要項は６月上旬に配布予定**

徳島文理大学短期大学部

一般 / 共テ / 推薦 / 総合

wwwt.bunri-u.ac.jp/tandai/

設置(学)科＝商、言語コミュニケーション、生活科学、保育、音楽

CAMPUS GUIDE

●**所在地** 〒770-8514 徳島市山城町西浜傍示180
☎(0120)60-2455（入試広報部直通）
●**交通** ＪＲ徳島駅下車、スクールバスで10分。
●**設立** 昭和36年
●**学生総数** 男12人・女128人
▼**要項請求先&問合せ先** 入試広報部

特別選抜 帰国	特別選抜 社会人	学外試験会場	授業料減免 免除	授業料減免 減額	奨学金制度 給付	奨学金制度 貸与	学生寮 男子	学生寮 女子	海外留学	海外研修	編入制度	専攻科
○	○	21	×	×	○	×	×	○	○	○	○	×

学生一人ひとりが望む進路を実現できるよう、5科2専攻11コースを設置しています。

入学後すぐに始まるキャリア教育や、インターンシップによって、職業観を養うだけでなく、自分の適性や取り組むべき課題を確認することができます。他コースの科目も自由に学ぶことができるコース制度になっているので、専門領域以外の幅広い教養を養うことができます。

外部のさまざまな資格試験には、検定料の補助や合格者への奨励金制度があります。

商科

定員（専攻名・定員）／修業年限

40人／2年

ビジネス実務コースと医療事務コースの2コースがあり、さまざまな資格取得も積極的にサポートしています。

ビジネス実務コースでは、コンピュータや簿記に関する資格や検定の合格を視野に入れて学び、さまざまな業界や官公庁、各種団体などで活躍できるビジネスの実務能力を身につけます。主なコース科目には、経済学、経営学、簿記論、会計学、ビジネス実務演習、秘書学概論、秘書実務、PC文書作成実習、PCデータ活用実習、商業学、マーケティング、商品学、金融論、広告論、くらしと税、中小企業経営論などがあります。

医療事務コースでは、病院管理の仕組みをはじめ、薬や公衆衛生、看護などの基礎を学ぶことによって、医療機関で働くための知識を修得します。医療事務の社会的ニーズは高まっており、活躍の分野も広がっています。

主なコース科目としては、医療秘書概論、医療実務総論、医療事務各論、医学一般、医事コンピュータ実務、電子カルテ事務、介護保険事務概論、経済学、経営学、簿記論、会計学、PC文書作成実習、PCデータ活用実習、ホスピタリティ入門などがあります。

◆**取得免許&資格** 司書、情報処理士、ビジネス実務士、プレゼンテーション実務士、秘書士、上級秘書士、医療秘書技能検定など。

言語コミュニケーション学科

定員（専攻名・定員）／修業年限

20人／2年

英語コミュニケーションコースと観光ビジネスコースの2コースを設置しています。豊かなコミュニケーション能力と高い専門知識、実践的なスキルを身につけ、将来の進路につなげていきます。

英語コミュニケーションコースでは、相手の立場に立った情報発信ができることが目標です。語学力だけでなく、英語を使ったプレゼンテーション能力を身につけます。さらに、現場で役立つ実践的な英語についても学びます。

観光ビジネスコースは、旅行会社やホテル業など、観光の現場で活躍する力を修得するコースです。観光業界で役立つスキルを身につけ、旅行のプランニングについても学びます。楽しみながら学ぶ参加型の演習や、接客シーンで必要な正しい日本語や実践的な英会話など、ユニークで実践的な授業が特色となっています。

主なコース科目には、観光総論、エアラインサービス論、旅行業務入門、ホテル・エアライン英会話、プレゼンテーション演習、情報機器演習などがあります。

◆**取得免許&資格** プレゼンテーション実務士、中学校教諭二種免許（国語・英語）、司書、秘書士、情報処理士など。

生活科学科

定員（専攻名・定員）／修業年限

80人（生活科学40・食物40）／2年

生活科学専攻には、興味・関心や目指す進路に応じて選べる、ブライダル・ファッションコース、デザイン・アートワークコース、パティシエコースの3コースがあります。専門的な知識と技術を身につけるとともに、実践的な授業を通して、センスと創造力を磨いていきます。

ブライダル・ファッションコースでは、色彩、ファッションの知識・技術を学びます。デザイン・アートワークコースでは、デザインの基礎となる感性を磨き、実践力を養います。パティシエコースでは、多彩なカリキュラムで、洋菓子と和菓子の確かな製造技術を身につけます。

食物専攻では、多彩な実習・実験を通して、栄養士として現場で対応できる実践力を養います。幅広く、かつ深く学ぶことができ、“食のプロフェッショナル”を目指す人にふさわしい環境となっています。栄養教諭やフードスペシャリストなどの資格取得にも対応しています。主な専門科目には、栄養学総論、栄養学各論、臨床栄養学、公衆栄養学、公衆衛生学、食品衛生学、食品加工学、調理学、栄養カウンセリング論、生化学、解剖生理学などがあります。

◆**取得免許&資格** 生活科学専攻－カラーコーディネーター検定、菓子製造技能検定（受験資格一部免除）、ファッション販売能力検定など。食物専攻－栄養士、栄養教諭二種免許、食品科学技術認定、フードスペシャリスト、食品衛生管理者〈任用〉など。

保育科

定員（専攻名・定員）／修業年限

70人／2年

地域の保育所や幼稚園などで子

⇩「資格別 取得可能な短大・学科」「就職状況」「大学への編入」「学費」は巻末データ集に収録

どもと触れ合う時間・機会を多く設け、実践力を強化し、併せて子どもの心に寄り添うことができる人間性も養います。また、習熟度別のピアノ指導、ミュージカルなどを演じる手作りイベントの開催など、実体験から多くを学ぶカリキュラムを用意しています。

保育所・児童福祉施設・幼稚園での計10週間にわたる実習に加え、近隣の子育て支援施設を訪問し、子どもたちと過ごす「子育て支援体験」を行っています。

ピアノ指導については、経験に応じたクラス分けをしています。それによって、全ての学生が童謡などピアノの弾き歌いができるようなカリキュラムになっています。ピアノ未経験者も安心して受講することができます。

主な専門科目には、保育内容総論、音楽、乳児保育、保育の心理学、家庭支援論、子どもの保健、子どもの食と栄養、保育原理、社会福祉、社会的養護、障害児保育、図画工作などがあります。

◆取得免許&資格　保育士、幼稚園教諭二種免許、レクリエーション・インストラクター、社会福祉主事〈任用〉、赤十字幼児安全法支援員。

音楽科

定員(専攻名・定員)／修業年限

20人／2年

個性や希望進路に応じた、演奏コース、ニューサウンドコース、音楽療法コース、総合音楽コースの４コースがあります。世界の名門校・先進校の教授による指導、日本有数の規模を誇る音楽ホールなど、充実した学習環境で、演奏技術の向上と芸術的なセンスのブラッシュアップを図ります。

演奏コースでは、個人レッスンやアンサンブルを中心に演奏技術を高めます。ピアノ専修、声楽専修、管弦打楽器専修、電子オルガン専修の４専修で、それぞれの演奏技術と感性を育むきめ細かな指導体制を実現しています。

ニューサウンドコースでは、コンピュータを活用した音楽制作や作詞作曲のテクニックを学び、あらゆる音楽シーンでの活躍を目指します。

音楽療法コースでは、高齢者を対象とした音楽療法の効果や理論、活用方法などについて理解した上で、演習や病院・福祉施設などの臨床の現場での実習を通して、就職現場での即戦力となる知識と技術を修得します。

総合音楽コースでは、音楽を基礎から学びます。演奏テクニックや理論を身につけ、総合的な音楽能力の向上を目指します。

◆取得免許&資格　中学校音楽教諭二種免許、社会福祉主事〈任用〉、音楽療法士２種など。

前年度　選抜方法

●推薦＝書類審査、面接、音楽以外－筆記試験（国総〈除く古・漢〉、現社、数Ⅰ、物基、化基、生基、コミュ英Ⅰ・英表Ⅰ→1）、音楽－実技

●一般（入試科目）（Ⅰ期Ａ日程）

◇**商、言語コミュニケーション、生活科学、保育**＝国数外〈国総〔除く古・漢〕、数Ⅰ、コミュ英Ⅰ・Ⅱ・英表Ⅰ→1〉

◇**音楽**＝小論文／実技

〈注〉他に面接（音楽のみ）あり

◉2025年度の募集要項は総合型選抜は配布中、その他の入試は配布時期未定

徳島工業短期大学

一般　推薦　総合

www.tokuco.ac.jp/

設置(学)科＝自動車工業

CAMPUS GUIDE

●所在地　〒779-0108　徳島県板野郡板野町犬伏蓮花谷100
☎(0120)23-1198（入試課直通）

●交通　ＪＲ高徳線板野駅下車、徒歩約15分。

●設立　昭和48年

●学生総数　男96人・女６人

●専攻科　自動車工学５人・２年

▼要項請求先&問合せ先　入試課

特別選抜 帰国	特別選抜 社会人	学外試験会場	授業料減免 免除	授業料減免 減額	奨学金制度 給付	奨学金制度 貸与	学生寮 男子	学生寮 女子	海外留学	海外研修	編入制度	専攻科
×	○	1	×	×	○	○	○	×	×	×	○	○

自動車工業学科

定員(専攻名・定員)／修業年限

80人／2年

コンピュータ技術と整備技術の両方を理解できる自動車整備士を育成します。自動車工学に必須のエンジン、シャシ、電気装置などについての実践的教育を行うとともに、オートマチックの故障診断、電気自動車の研究なども行われています。

多数の実習には、輸出仕様の左ハンドル車の分解、自動車検査実習、走行性能実習、エンジン噴射波形の測定実習、シャシの検査実習、ロータリーエンジンの整備実習、ハイブリッド実習などがあります。実習ではさまざまなことにチャレンジし、一つひとつの貴重な体験を積み上げて、資格試験や社会に出てから即戦力となる力を身につけます。

また、一般教養科目も充実しています。インターネットを使った演習や外国人講師による英会話教育、道徳教育を基盤とした論理学、社会学やキャリアデザイン、文章表現の講義を設定して、社会人としての教養やスキルを身につけることができます。学生に対してより細やかな指導を行えるように、クラス担任制を導入し、学業や生活指導、就職活動などを全面的に支援しています。

◆取得免許&資格　自動車整備士２級国家試験受験資格（実技試験免除、実務経験免除）など。

前年度　選抜方法

●推薦＝書類審査、小論文、面接、口頭試問

●一般（入試科目・配点）（一～二次共通）

◇**自動車工業（300点満点）**＝基礎的数学(50)／一般知識(50)／小論文(50)／面接(50)／調査書・活動報告書(100)

◉2025年度の募集要項は配布中

香川短期大学

一般
推薦
総合

www.kjc.ac.jp/
設置(学)科＝生活文化、子ども第Ⅰ部、子ども第Ⅲ部、経営情報

CAMPUS GUIDE

●**所在地** 〒769-0201 香川県綾歌郡宇多津町浜一番丁10
☎(0877)49-8033（入試センター直通）
●**交通** JR宇多津駅下車、北へ徒歩10分。
●**設立** 昭和42年
●**学生総数** 男68人・女385人
▼**要項請求先&問合せ先**
入試センター

特別選抜 帰国	特別選抜 社会人	学外試験会場	授業料減免 免除	授業料減免 減額	奨学金制度 給付	奨学金制度 貸与	学生寮 男子	学生寮 女子	海外留学	海外研修	編入制度	専攻科
○	○	×	×	×	○	×	×	×	×	○	×	×

生活文化学科

定員（専攻名・定員）／修業年限
50人／2年

食物栄養専攻には、食生活を通して健康を学ぶ栄養管理コースと、幅広い分野で食のスペシャリストを目指す食品栄養コースの2コースがあります。

栄養管理コースでは、健康に関する知識と実践力を身につけ、給食会社、保育所、福祉施設、学校、病院などで働く、実践力のある栄養士を養成しています。

食品栄養コースでは、食に関する知識と技術を身につけ、食品製造・加工・品質管理・商品開発、ホテル、レストランなどの幅広い分野で活躍できる栄養士を養成します。

◆**取得免許&資格** 栄養士、栄養士実力認定試験、フードサイエンティスト、フードスペシャリスト、社会福祉主事〈任用〉、家庭料理技能検定など。

子ども学科 第Ⅰ部

子ども学科 第Ⅲ部

定員（専攻名・定員）／修業年限
Ⅰ部＝55人／2年
Ⅲ部〔半日授業制〕＝40人／3年

多様な保育ニーズに対応できる、即戦力となる保育者の養成を行っています。さまざまな講義や実習を通して、いち早く現場で活躍することができるとともに、短大ならではの教養を身につけることができます。

第Ⅲ部は、第Ⅰ部と同じ学習内容を主に午前半日の授業で学ぶため、修業年限は3年です。空き時間を学習や趣味などに活用することができます。

◆**取得免許&資格** 幼稚園教諭二種免許、保育士、こども音楽療育士、社会福祉主事〈任用〉、児童厚生二級指導員など。

経営情報科

定員（専攻名・定員）／修業年限
70人／2年

情報ビジネスコースでは、経営知識をベースに、情報・ビジネス・観光など、意図的に学びたい分野を選びながら、多様な領域で活躍できる力を身につけます。また、充実したコンピュータ環境のなか、少人数ゼミで研究を行います。

デザイン・アートコースでは、新しい価値をつくり出す技術や感性を培います。考えを形にして表現するための基礎知識やCG・デジタル画像処理など、創造的技能を修得するとともに、企画・広報など、ビジネス分野まで幅広く学べるのも強みです。

◆**取得免許&資格** 全コースー観光実務士、日商PC検定試験、色彩士検定、社会福祉主事〈任用〉など。情報ビジネスコースー司書、二等無人航空機操縦士（ドローン）など。

前年度 選抜方法

●**推薦（前期）**＝書類審査、面接、筆記試験〈国総〔除く古・漢〕〉
●**一般（入試科目）（前期）**
◇**全学科**＝国総〈除く古・漢〉／総合問題〈数外〔数Ⅰ、コミュ英Ⅰ〕を含む〉
〈**注**〉他に面接あり
◉**2025年度の募集要項は5月中旬に配布予定**

⇩「資格別 取得可能な短大・学科」「就職状況」「大学への編入」「学費」は巻末データ集に収録

高松短期大学

一般
共テ
推薦
総合

www.takamatsu-u.ac.jp/
設置(学)科＝保育、ビジネスデザイン

CAMPUS GUIDE

●**所在地**　〒761-0194　香川県高松市春日町960
☎(0120)78-5920(入学センター直通)
●**交通**　ＪＲ高松駅からバスで春日川下車、500m。
●**設立**　昭和44年
●**学生総数**　男５人・女171人
●**専攻科**　幼児教育学５人・１年
▼**要項請求先&問合せ先**
入学センター

特別選抜 帰国	特別選抜 社会人	学外試験会場	授業料減免 免除	授業料減免 減額	奨学金制度 給付	奨学金制度 貸与	学生寮 男子	学生寮 女子	海外留学	海外研修	編入制度	専攻科
×	○	5	×	×	○	×	×	×	×	○	○	○

保育学科

定員（専攻名・定員）／修業年限
40人／２年

子どもの立場で考え、気持ちに寄り添うことのできる保育者、幼児教育者の育成を目指しています。幼児教育、保育、福祉関連の授業に力を入れています。

キャンパスに隣接する認定こども園で、１年次後期から２年次にかけての長期間にわたる観察参加や教育実習を行います。子どもたちと触れ合い、子どもへの理解を深め、保育士・幼稚園教諭としての心と知識を育みます。事前事後指導では、それぞれの実習の振り返りと実習段階に応じた講義や演習でスキルアップを図ります。

実習、研究室活動、卒業研究などでは、日常的に教員と対話できる恵まれた環境が整っています。
◆**取得免許&資格**　幼稚園教諭二種免許、保育士。

ビジネスデザイン学科

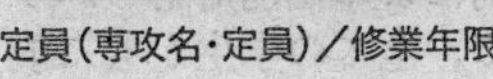

定員（専攻名・定員）／修業年限
50人／２年

１年次から所属する少人数の研究室では、担当教員が学生一人ひとりの個性を把握し、就職活動も徹底的に支援します。礼儀作法や対人業務能力の向上にも注力し、幅広い分野で活躍する人材を育成します。

新たなビジネスシーンに対応できるスキルをデザインするため、総合ビジネスコース、医療事務コース、グローバルビジネスコース、ヒューマンITコースの４コースが設けられています。そのなかから自分に合ったコースを選択し、必要な専門知識とビジネス実践力を身につけます。

総合ビジネスコースでは、オフィスワークの実力派を目指し、ビジネススキル、接客、電話対応などのビジネスマナーを身につけます。

医療事務コースでは、ホスピタリテイ精神を持った実力派を目指し、医療事務に関する実務能力と、患者接遇などの実践的なビジネスマナーを身につけます。

グローバルビジネスコースでは、グローバルな視野を持ったビジネスパーソンを目指し、語学などを学ぶとともに、インバウンド対応などの力を身につけます。

ヒューマンITコースでは、一般事務等での情報分野のエキスパートを目指し、ITやヒューマンコミュニケーションなどのさまざまなスキルを身につけます。
◆**取得免許&資格**　上級秘書士、上級秘書士（メディカル秘書）、上級ビジネス実務士、上級ビジネス実務士（国際ビジネス）、プレゼンテーション実務士、実践キャリア実務士など。

前年度　選抜方法

●**推薦**＝書類審査、面接（プレゼンテーションを含む）
●**一般（入試科目・配点）**
（前期）
◇**全学科（200点満点）**＝国総〈除く古・漢〉・現代文Ｂ(100)／公数理外〈現社、数Ⅰ、生基、コミュ英Ⅰ・Ⅱ→１〉(100)
〈注〉他に面接あり（調査書20%、面接20%、学科試験60%の比率で判定）
◉**2025年度の募集要項は６月上旬に配布予定**

いまばりめいとく
今治明徳短期大学

一般 | 共テ | 推薦 | 総合

www.meitan.ac.jp/
設置(学)科＝ライフデザイン、幼児教育

CAMPUS GUIDE

●所在地 〒794-0073 愛媛県今治市矢田甲688
☎(0898)22-7279
●交通 ＪＲ今治駅から菊間・星之浦行きバスで約８分、明大前下車。
●設立 昭和41年
▼要項請求先＆問合せ先 入試課

特別選抜 帰国	特別選抜 社会人	学外試験会場	授業料減免 免除	授業料減免 減額	奨学金制度 給付	奨学金制度 貸与	学生寮 男子	学生寮 女子	海外留学	海外研修	編入制度	専攻科
×	○	×	×	○	○	×	○	○	×	×	○	×

ライフデザイン学科

定員（専攻名・定員）／修業年限
100人／２年

介護福祉コースでは、高齢化と少子化が同時進行し、福祉をめぐる問題が大きく変化しているいま、専門知識と実践能力を兼ね備えた介護福祉士を養成します。

食物栄養コースでは、栄養や食品だけでなく、給食や公衆衛生など、食を取り巻くさまざまな学問を通して、体によい食生活のあり方や栄養指導の方法を学びます。

調理ビジネスコースでは、料理人に限らず、広く調理や給食関連業界で求められる知識・技術を修得します。個人対応の丁寧な指導とレシピ開発などの実践を通して、個々の持つ可能性を２年間で柔軟に伸ばします。

スイーツ・カフェの関連分野も学び、専門分野をより深く学ぶと同時に、就職を見据えた社会人のスキルも高めます。

少人数制による個別対応のバックアップで、全ての学生が共に成長し、資格取得を目指します。

国際観光ビジネスコースでは、社会経済のグローバル化に対応し、日本の自然と文化を慈しみ、歓待の心を育む教育を通して、旅行・観光産業やビジネスの分野で活躍できる人材を育成します。

◆取得免許&資格 介護福祉コース－介護福祉士国家試験受験資格、社会福祉主事〈任用〉など。食物栄養コース－栄養士、フードコーディネーターなど。調理ビジネスコース－調理師、食育インストラクター、ふぐ取扱者など。国際観光ビジネスコース－国内・総合旅行業務取扱管理者など。

幼児教育学科

定員（専攻名・定員）／修業年限
30人／２年

児童文化や障害児保育、児童福祉などの学習を通して、豊かな教養と保育指導技術を身につけた幼稚園教諭・保育士を育成します。

専門科目には、保育内容総論、子どもの食と栄養、教育原理、社会福祉、乳児保育などがあります。

「保育内容（健康）の指導法」では、子どもが健康な体と心を育み、自ら健康で安全な生活を作り出す力を養うことを目指し、その方法を模擬保育や実践を通して身につけます。

「保育内容（環境）の指導法」では、環境に対する基本的な理論を踏まえ、幼稚園・保育所・認定こども園など、集団の場における実践の展開を学びます。

「保育の心理学」では、乳幼児の発達の過程や子どもの理解に基づく保育者の関わりについて、心理学の知見から学びます。

◆取得免許&資格 幼稚園教諭二種免許、保育士、児童厚生二級指導員、社会福祉主事〈任用〉、ピアヘルパー。

前年度 選抜方法

●推薦＝指定校制
●一般（入試科目・配点比率）
◇**全学科**＝書類審査（30%）／基礎学力テスト（70%）
◉2025年度の募集要項は６月中旬に配布予定

⇩「資格別 取得可能な短大・学科」「就職状況」「大学への編入」「学費」は巻末データ集に収録

聖カタリナ大学短期大学部

一般 共テ 推薦 総合

www.catherine.ac.jp/
設置(学)科＝保育

CAMPUS GUIDE

●所在地　〒799-2496　愛媛県松山市北条660
☎(0120)24-4424（入試課直通）
●交通　ＪＲ予讃線伊予北条駅下車、徒歩約10分。
●設立　昭和41年
●学生総数　男21人・女90人
▼要項請求先＆問合せ先　入試課

特別選抜 帰国　社会人	学外試験会場	授業料減免 免除　減額	奨学金制度 給付　貸与	学生寮 男子　女子	海外留学	海外研修	編入制度	専攻科
×　○	×	○　○	○　×	×　○	×	○	○	×

保育学科

定員（専攻名・定員）／修業年限
80人／2年

乳幼児期は、子どもの人格形成においてもっとも重要な時期です。その大切な時期に関わる「保育のプロ」を養成するために、子どもの発達や教育などの専門知識はもちろん、子どもの感性を豊かに広げる科目や、保護者との良好な関係を築く手法を学ぶ環境を整えます。また、クラス担任制を導入し、学生一人ひとりの個性に応じた学習支援を行っています。

１年次前期には、乳幼児教育の基礎を講義と実技によってバランスよく学び、後期には幼稚園教育実習や保育実習が始まります。

２年次では、１年次での実習を発展させた本格的な実習に取り組み、これまでに学んだ理論と実践の融合を図ります。同時に、グループ演習などを行い、卒業後の進路を意識しながら、学びの総まとめに入ります。

学内には附属幼稚園や、カタリナ子育て支援ひろば「ぽけっと」が併設されています。幼稚園児を招いて授業を行ったり、「ぽけっと」に学生がスタッフとしてボランティアに入ったりと、日常的に子どもたちとふれあう機会を持つことができます。さらに、幼稚園や保育園、障害児施設、児童厚生施設など、さまざまな場所で実習を行うことによって、保育者としての自覚や責任を培います。

◆取得免許&資格　幼稚園教諭二種免許、保育士、社会福祉主事〈任用〉、レクリエーション・インストラクター、児童厚生二級指導員。

前年度　選抜方法

●推薦＝書類審査、小論文、面接
●一般（入試科目・配点）
（A日程・B日程・C日程共通）
◇保育（100点満点）＝国総〈除く古・漢〉(80)／調査書(20)
◉2025年度の募集要項は６月上旬に配布予定

松山短期大学

一般 推薦

www.matsuyama-u.ac.jp/juniorcollege/
設置(学)科＝商第２部

CAMPUS GUIDE

●所在地　〒790-8578　愛媛県松山市文京町４の２　☎(089)925-7111
●交通　ＪＲ松山駅から伊予鉄道市内電車環状線鉄砲町下車、徒歩5分。
●設立　昭和27年
●学生総数　男103人・女45人
▼要項請求先＆問合せ先
事務室

特別選抜 帰国　社会人	学外試験会場	授業料減免 免除　減額	奨学金制度 給付　貸与	学生寮 男子　女子	海外留学	海外研修	編入制度	専攻科
×　○	×	×　×	○　×	×　×	×	×	○	×

商科 第2部

定員（専攻名・定員）／修業年限
100人（夜間）／２年

合理的、能率的な事務処理能力と商業・経済に関わる専門知識を身につけた実践力のある人材を育成します。

授業は、平日午後６時から２時限（１時限：90分）で行います。

カリキュラムは、共通教育、言語文化、健康文化、教養教育の科目と専門教育科目で構成されています。専門教育科目は、専門基礎科目と経営学、経済学、法律学の関係科目で成り立っています。

基礎教育科目の「一般基礎演習」では、短期大学での学習にもっとも基礎となる学力やコミュニケーション能力、社会人としての基礎力を身につけます。

現代社会のニーズに対応するために、コンピュータや周辺機器の種類や仕組みを理解し、さまざまなアプリケーションを活用する基礎技術を修得する科目の「ITスキルズ」やITパスポートなどの資格を目指す科目として「情報処理論」などを開講しています。

教授陣は、公認会計士や弁護士、会社役員経験者などの各界の第一線で活躍していた先生が多く、実践的な講義を行っています。

松山短大の４年制大学への指定校推薦枠については、松山大学をはじめ、例年10数校の大学から依頼があります。

本学の単位互換制度は、30単位まで協定校である他大学の授業を履修できる制度です。併設の松山大学および愛媛大学の授業については無料で履修できます。ただし、松山大学で取得した単位は卒業所要単位数に含まれません。

前年度　選抜方法

●推薦＝書類審査、小論文、面接
●一般（入試科目・配点）
◇商（100点満点）＝国総〈除く古・漢〉
◉2025年度の募集要項は６月上旬に配布予定

まつやましののめ
松山東雲短期大学

college.shinonome.ac.jp

設置(学)科＝保育、現代ビジネス、食物栄養

一般 共テ 推薦 総合

CAMPUS GUIDE

●**所在地** 〒790-8531 愛媛県松山市桑原3丁目2の1
☎(0120)874044（入試課直通）
●**交通** ＪＲ松山駅または伊予鉄道松山市駅から、いずれも伊予鉄バス10番線久米駅前行きで短大前下車。
●**設立** 昭和39年
●**学生総数** 女420人
▼**要項請求先＆問合せ先**
入試課

特別選抜 帰国	社会人	学外試験会場	授業料減免 免除	減額	奨学金制度 給付	貸与	学生寮 男子	女子	海外留学	海外研修	編入制度	専攻科
○	○	×	○	○	○	×	×	×	○	○	○	×

保育科

定員（専攻名・定員）／修業年限
100人／2年

保育科が目指す保育者養成は、子どもの発達がわかる実践者です。学内に保育施設、子育て広場がある恵まれた環境のなかで、子どもの発達や遊びについて学ぶことができます。

より素敵な保育者になってほしいという思いから、通常の養成課程に加え、プラスアルファの取り組みを行っています。

また、50年以上にわたって松山において保育者養成を行ってきた保育科ならでは取り組みもたくさんあります。

◆**取得免許＆資格** 保育士、幼稚園教諭二種免許、社会福祉主事〈任用〉、児童厚生二級指導員、レクリエーション・インストラクター、キャンプインストラクター。

現代ビジネス学科

定員（専攻名・定員）／修業年限
70人／2年

ビジネスに関する知識とスキルを身につけ、ICT運用能力と協調性、創造性、主体性を発揮し、地域社会に貢献できる女性を育成します。キャリア関連科目で職業観を育み、ビジネス基礎科目でビジネスの基本的な知識とスキルを身につけた後、ビジネス専門科目での系統的な学びを通して専門性を高めます。問題解決型のゼミナールで創造的思考力を身につけ、目標達成のために必要なコミュニケーション能力を養成。さまざまな資格取得のサポートにも力を入れています。

◆**取得免許＆資格** ITパスポート、日商PC検定（文章作成、データ活用、プレゼン資料作成）、FP技能検定、メディカルクラーク、リテールマーケティング、情報セキュリティマネジメント試験、マーケティング検定、レクリエーション・インストラクターなど。

食物栄養学科

定員（専攻名・定員）／修業年限
80人／2年

食を通じて地域に貢献できる食のスペシャリストを育成することが食物栄養学科の目的です。「食べ物、栄養、健康」を科学する幅広い専門知識と優れた技能を習得するカリキュラムで、人びとの心と体を元気にする食についての理論を学びます。また、現場のプロから直接学べる校外実習や地域と連携した授業や各種プロジェクトへの参画などを通して、知識や技能、実践力を高めます。

◆**取得免許＆資格** 栄養士、食品衛生責任者、社会福祉主事〈任用〉、レクリエーション・インストラクター。

前年度 選抜方法

●**推薦**＝書類審査、面接、小論文
●**一般(入試科目)(A日程・B日程)**
◇**全学科**＝国総〈近代以降の文章〉（B日程のみ記述式総合問題との選択式）／書類審査
◉**2025年度の募集要項は5月頃に配布予定**

⇩「資格別 取得可能な短大・学科」「就職状況」「大学への編入」「学費」は巻末データ集に収録

高知学園短期大学

一般　推薦　総合

www.kochi-gc.ac.jp/

設置(学)科＝幼児保育、歯科衛生、看護

CAMPUS GUIDE

●所在地　〒780-0955　高知市旭天神町292の26
☎(088)840-1664（学生支援課直通）
●交通　ＪＲ土讃線旭駅下車約0.7㎞。

●設立　昭和42年
●専攻科　地域看護学20人・１年
▼要項請求先＆問合せ先
学生支援課

特別選抜 帰国	特別選抜 社会人	学外試験会場	授業料減免 免除	授業料減免 減額	奨学金制度 給付	奨学金制度 貸与	学生寮 男子	学生寮 女子	海外留学	海外研修	編入制度	専攻科
×	○	×	×	○	×	×	×	○	×	×	○	○

幼児保育学科

定員(専攻名・定員)／修業年限
80人／2年

子どもたちの「生きる力の基礎」を育むために、豊かな人間性に加え、情報を適切に収集し、選択・活用する能力、知識を有機的に結びつけ構造化する力、組織的・協同的に諸活動に取り組む力などを身につけます。

時代の変化や自らのキャリアステージに応じて求められる資質能力を生涯にわたって主体的に高めていくことのできる幼稚園教諭、保育士、保育教諭を養成します。

キャンパス内に高知短期大学附属高知幼稚園があり、日常的に実践的な学習を行うことができます。実習の事前指導だけでなく、学習内容を真の理解に発展させる機会になっています。

◆取得免許&資格　幼稚園教諭二種免許、保育士。

歯科衛生学科

定員(専攻名・定員)／修業年限
40人／3年

歯と口の健康と全身の関連について総合的に学びます。

幅広い教育を深めるための基礎分野では、豊かな人間性と倫理観、異文化を理解するグローバルな視点を培います。

多様な講義・演習・実習の専門分野では専門的職業人として主体性をもち、持続的な口腔衛生管理および食支援をすることができる知識と技術を習得します。

生涯にわたり自己研鑽を重ねる志とコミュニケーション力を兼ね備えた歯科衛生士を養成します。

実習室には、歯科医院と同じ設備が整然と整備されており、知識や技術を身につけ、安心・安全な実践力を育成しています。

◆取得免許&資格　歯科衛生士国家試験受験資格。

看護学科

定員(専攻名・定員)／修業年限
60人／3年

平和と友愛の精神を基盤に、豊かな人間性と倫理観を備え、学習した専門的知識・技術を用いて、根拠に基づいた看護が実践できる能力、他所と協働した人びととの健康と生活の質の向上に貢献できる能力、そして研鑽を継続していく能力を身につけます。

人びとの生活を健康の視点から支えられるよう、健康や看護について学びます。社会のニーズの多様化や医療技術の進歩する中で活躍できる看護師を養成します。

◆取得免許&資格　看護師国家試験受験資格、養護教諭二種免許。

前年度　選抜方法

●推薦(公募制)＝書類審査、面接、基礎学力検査、音楽実技（幼児保育のみ）
●一般（入試科目）
(入学試験Ａ)
◇**幼児保育**＝国語〈除く古・漢〉／音楽実技
◇**歯科衛生**＝国数理外〈国語〔除く古・漢〕、数Ⅰ、化基、生基、英語→1〉
◇**看護**＝国数理外〈国語〔除く古・漢〕、数Ⅰ、化基、生基、英語→1〉／小論文
〈注〉他に面接あり
◉2025年度の募集要項は６月下旬に配布予定

私立　中国・四国　高知学園短期大学　松山東雲短期大学

おりおあいしん
折尾愛真短期大学

一般 推薦 総合

www.orioaishin.ac.jp/tandai/
設置(学)科＝経済

CAMPUS GUIDE

●**所在地** 〒807-0861 福岡県北九州市八幡西区堀川町11の1
☎(093)602-2105
●**交通** ＪＲ折尾駅下車，徒歩５分。
●**設立** 昭和42年
●**学生数** 男94人・女103人
▼**要項請求先＆問合せ先**
入試広報課

特別選抜 帰国	特別選抜 社会人	学外試験会場	授業料減免 免除	授業料減免 減額	奨学金制度 給付	奨学金制度 貸与	学生寮 男子	学生寮 女子	海外留学	海外研修	編入制度	専攻科
○	○	×	×	○	×	×	×	×	○	×	○	×

経済科

定員(専攻名・定員)／修業年限
100人／２年

商業、観光ビジネス、経営情報、スポーツマネジメントの４コースがあります。

商業コースでは、生活の知恵や文化、教養を学び、社会の福祉に関する知識を深め「生きる力」を修得します。社会の仕組みを理解し、ビジネス社会における市場とは何かを知ることにより、職業やビジネスに役立つ基礎知識・専門知識が得られます。

観光ビジネスコースでは、旅行・ホテル・航空などの観光ビジネスに関する基礎知識・専門知識に加え、それに必要な技術と実務能力の養成を目標とします。国内外の旅と観光に関わる分野で活躍できる人材の育成を目指します。旅行者をもてなすホスピタリティの精神などを学び、観光に関する全般的な知識を身につけます。

経営情報コースでは、コンピュータや通信ネットワークを活用できる知識や技術を身につけ、多くの情報のなかから有益な情報を読み取る情報処理能力を高めていきます。

スポーツマネジメントコースでは、スポーツ関連ビジネスに必要な知識やスキルを身につけます。また、スポーツが人びとに喜びや感動を与える仕組みを学びます。

◆**取得免許&資格** 上級情報処理士、情報処理士、ビジネス実務士、秘書士、ITパスポート、メディカルクラーク、国内旅程管理主任者、基本情報技術者、サービス接遇検定、JATI認定トレーニング指導者など。

前年度 選抜方法

●**推薦**＝書類審査、面接、小論文
●**一般(入試科目)(A・B日程共通)**
◇**経済**＝国総〈現代文〉／外商〈英語、簿記→１〉
◉**2025年度の募集要項は６月初旬に配布予定**

⇩「資格別 取得可能な短大・学科」「就職状況」「大学への編入」「学費」は巻末データ集に収録

九州大谷短期大学

一般
推薦
総合

www.kyushuotani.ac.jp/

設置(学)科＝幼児教育、表現、仏教

CAMPUS GUIDE

●**所在地** 〒833-0054 福岡県筑後市蔵数495の1
☎(0942)53-9900
●**交通** ＪＲ鹿児島本線西牟田駅下車、徒歩約20分。または、西鉄久留米駅からバスで九州大谷短大前下車。
●**設立** 昭和45年
●**専攻科** 福祉30人・１年
▼**要項請求先＆問合せ先** 教務係

特別選抜 帰国	特別選抜 社会人	学外試験会場	授業料減免 免除	授業料減免 減額	奨学金制度 給付	奨学金制度 貸与	学生寮 男子	学生寮 女子	海外留学	海外研修	編入制度	専攻科
×	○	×	×	○	○	○	×	×	×	○	○	○

緑豊かなキャンパスの中央には、学びの中心となる本館があります。本館には、保育室を想定した実践演習を行う保育演習室、防音効果に優れたピアノ練習室、専門的にカウンセリングを受けることのできる学生相談室や、自己実現に向けた歩みを支援する学生支援センターオアシスなど、学生のための施設がそろっています。キャンパスにはほかにも、高度な音響や照明設備を完備した大谷講堂、演劇専用のホール「小劇場」や録音スタジオを持つ演劇放送館、８万冊以上の蔵書を有する図書館、学生たちの学びの場にもなる桜保育所、九州大谷幼稚園などを設置しています。

幼児教育学科

定員(専攻名・定員)／修業年限

100人／２年

子どもたちの個性が一人ひとり違うように、保育者にもさまざまな個性や特技があります。それを最大限に生かして保育者として活躍できるよう、４つのコースに分かれて学びを深めます。

こども教育コースでは、子どもの発育や発達を支える「あそび」を創造（想像）できる企画力や運営力、実践力を磨きます。子どもが自発的な活動としてのあそびを生み出すために必要な環境を整え、子ども一人ひとりの資質・能力を育む力を身につけます。

こどもドラマコースでは、「子どもの日常はドラマだ！」ととらえ、「なってみることで学ぶ」ドラマ教育の基礎を学びます。また、ダンスや歌唱の基礎、表現するための豊かな感性と表現力を身につけ、子どもとのやり取りや創作を楽しめる保育者を目指します。

グローバル保育コースでは、外国籍や外国からの移住など、多様な背景を持つ子どもや保護者に対応する力を身につけます。国や地域による幼児教育･保育の違いや、その背景となる文化を学び、グローバルな視点を持って子どもの育ちを支援する保育者を目指します。

こども心理コースでは、子どもの発達や心理に関する学びを通して、子どもや保護者の心の問題に取り組む知識と技術を身につけます。心理療法、カウンセリングの基本について学ぶ科目や、保育所などで実際に子どもの支援を行う実習科目などがあり、保育心理士（二種）の資格取得を目指せます。

全コースで、キャンパスに隣接する系列園での実習や演習を通して、子どもの姿や反応から体験的に学びを深められるほか、具体的に「子ども」や「保育」のイメージを持って学ぶことができます。

◆**取得免許&資格** 保育士、幼稚園教諭二種免許、保育心理士（二種）、こども音楽療育士、社会福祉主事〈任用〉、カラーコーディネーターなど。

表現学科

定員(専攻名・定員)／修業年限

65人／２年

情報デザインコース、演劇表現コースの２つのコースに分かれて学びを深めます。

情報デザインコースでは、Webでの情報発信の方法やSNS活用のスキルを修得することで、企業や地域の魅力を発見・発信する力を養います。地域で活躍できる人の育成を目標に、地域社会に出向き、魅力を発見、再発見するフィールドワークを行います。また、地域や企業をヒアリングし、協同で新たな発想や価値を生み出す学びを、グローカルな観点で実践します。

演劇表現コースでは、実践的な演劇・表現教育で身につけた、豊かな人間力と高度なコミュニケーション能力を生かし、個性を発揮し社会で活躍できる力を養います。卒業後は俳優、声優、劇場スタッフのみならず、一般企業で活躍できる人を目指します。

◆**取得免許&資格** 情報処理士、ウェブデザイン実務士、司書、MOS検定（Word、Excel)、日商簿記検定３級以上、ITパスポート、マナープロトコール検定３級など。

仏教学科

定員(専攻名・定員)／修業年限

10人／２年

仏教の歴史の中の偉大な先人たちの生涯、歩み、言葉を通して、仏教（浄土真宗）の専門知識を学びます。また、11月に行われる秋の研修では、京都にある東本願寺で、法要参拝・講義・座談・清掃奉仕・諸殿拝観などを行います。現地の人びとの生活にふれ、実践的に学べる海外研修もあり、机上の学習では得られない貴重な体験を得ることができます。

授業はさまざまな世代の学生と教員の対話形式で行われます。そして、人権論や人間学など、現代社会が抱える問題について語り合い、人間の本質を探究します。

◆**取得免許＆資格** 真宗大谷派教師資格（律師)、社会福祉主事〈任用〉など。

前年度 選抜方法

●**推薦**＝書類審査、作文、面接、実技（表現〈演劇表現〉のみ）
●**一般（入試科目)（１期・２期共通）**
◇**表現（演劇表現)**＝国実〈国総〔除く古・漢〕、実技〔30秒以内の自己PR、歌・ことば・うごきなどによる１分以内の表現〕→１〉
◇**表現（演劇表現）以外**＝国総〈除く古・漢〉
〈**注**〉他に書類審査、面接（全学科）あり
◉**2025年度の募集要項の配布時期は未定**

九州産業大学造形短期大学部

一般 推薦 総合

www.zokei.kyusan-u.ac.jp/

設置(学)科＝造形芸術

CAMPUS GUIDE

●**所在地** 〒813-8503 福岡市東区松香台2丁目3の1 ☎(092)673-5151

●**交通** ＪＲ鹿児島本線九産大前駅下車、徒歩1分。または、西鉄バスで唐の原下車、徒歩3分。

●**設立** 昭和43年

●**学生総数** 男81人・女205人

▼**要項請求先＆問合せ先** 入試部入試課

特別選抜 帰国	特別選抜 社会人	学外試験会場	授業料減免 免除	授業料減免 減額	奨学金制度 給付	奨学金制度 貸与	学生寮 男子	学生寮 女子	海外留学	海外研修	編入制度	専攻科
○	○	15	×	×	○	×	○	○	×	○	○	×

造形芸術学科

定員(専攻名・定員)／修業年限

150人／2年

絵画、グラフィックデザインのほか、アニメーション・映像、ファッションデザイン、インテリアデザインなどのさまざまな系列を有する福岡市の芸術系短大です。バラエティ豊富な科目から自由に受講できるカリキュラムにより、自身の興味や進路に応じて系列を選択できます。経験の少ない人には基礎から段階的に、経験のある人にはさらにステップアップできるよう、きめ細かく対応します。

必修科目「学外アートプロジェクト」は、地域自治体や企業から依頼を受け、学生が課題に取り組む授業で、学内で身につけた知識や技術を学外に還元します。

短大部で開講されていない授業は併設校である九州産業大で受講できるほか、図書館やキャリア支援センター、食堂などの施設も利用できます。サークルや学園祭などにおいても短大部と同大学の学生の交流が盛んです。就職活動では、同大学と合同の企業説明会やセミナーへの参加など、さまざまな面から学生を支援します。

卒業後、「さらに専門性を深めたい」という学生に向けて編入学クラスを設け、志望大学に応じた指導を行います。九州産業大のほか、さまざまな大学へ編入で進学し、多くの先輩たちがステップアップを目指して挑戦しています。

前年度 選抜方法

●**推薦**＝書類審査、面接（口頭試問含む）、指定作品評価（プレゼンテーション含む）または基礎テスト（国語、数学、英語→1）

●**一般（入試科目・配点）（Ⅰ期総合型）**

◇**造形芸術（200点満点）**＝国〈国総〔除く古・漢〕〉（100）／実作〈石膏デッサン、器物デッサン、書道実技、造形芸術に関する小論文→1〉（100）

◉**2025年度の募集要項は5月下旬に配布予定**

⇩「資格別 取得可能な短大・学科」「就職状況」「大学への編入」「学費」は巻末データ集に収録

九州女子短期大学

一般 共テ 推薦 総合

www.kwuc.ac.jp/
設置(学)科＝子ども健康

CAMPUS GUIDE

●所在地　〒807-8586　福岡県北九州市八幡西区自由ケ丘１の１
☎(093)693-3277(入試広援課直通)
●交通　ＪＲ折尾駅下車、徒歩10分。
●設立　昭和35年
●専攻科　子ども健康学20人・２年
●学生総数　女211人
▼要項請求先＆問合せ先
入試広報課

特別選抜 帰国	特別選抜 社会人	学外試験会場	授業料減免 免除	授業料減免 減額	奨学金制度 給付	奨学金制度 貸与	学生寮 男子	学生寮 女子	海外留学	海外研修	編入制度	専攻科
○	○	9	○	○	○	×	×	○	○	○	○	○

子ども健康学科

定員(専攻名・定員)／修業年限
150人／２年

子どもの健康をしっかりと支えられる保育者・教育者を育てます。基礎科目として、「子ども」「保育」「健康」に関連する科目を充実させています。

また基幹科目として、次の２つの領域があり、学生はいずれか一方の領域を将来の進路に応じて重点的に学びます。

発達支援領域では、保育・教育および心理の分野を中心に編成したカリキュラムで、子どもの心身の健やかな成長・発達を支援する知識・技能を体系的に修得します。保育内容指導法(表現)、音楽(器楽)、図画工作、教育課程・保育計画総論、保育所実習などの科目があり、主に保育士、幼稚園教諭を目指す人向けの領域となっています。学生が主体となり、地域のさまざまな施設で模擬保育を行い、実践力を磨きます。

健康支援領域では、学校保健および看護・医療の分野を中心に編成したカリキュラムで、子どもの心身の健康の維持増進に関する知識・技能を体系的に修得します。精神保健、衛生・公衆衛生学、生理・解剖学、薬理学、臨床医学、看護学実習などの科目があり、主に養護教諭や医療関係の職を目指す人向けの領域となっています。

◆取得免許&資格　幼稚園教諭二種免許、保育士、養護教諭二種免許、准学校心理士など。

前年度　選抜方法

●推薦＝書類審査、作文、面接
●一般（入試科目・配点）
（Ａ・Ｂ日程）
◇子ども健康(100点満点)＝国数理外〈国総〔除く漢〕、数Ⅰ·Ａ、生基、コミュ英Ⅰ·Ⅱ·Ⅲ→１〉
◉2025年度の募集要項は５月中旬にホームページで公開予定

近畿大学九州短期大学

www.kjc.kindai.ac.jp
設置(学)科＝生活福祉情報、保育

CAMPUS GUIDE

●**所在地**　〒820-8513　福岡県飯塚市菰田東１丁目５の30　☎(0948)22-5726
●**交通**　ＪＲ福北ゆたか線飯塚駅下車、徒歩３分。
●**設立**　昭和41年
●**学生総数**　男45人・女122人
▼**要項請求先＆問合せ先**
教学課

特別選抜 帰国	特別選抜 社会人	学外試験会場	授業料減免 免除	授業料減免 減額	奨学金制度 給付	奨学金制度 貸与	学生寮 男子	学生寮 女子	海外留学	海外研修	編入制度	専攻科
×	○	×	○	○	×	×	×	×	×	×	○	×

生活福祉情報科

定員(専攻名・定員)／修業年限
50人／２年

超高齢社会における情報・デザイン、医療・福祉の分野それぞれに精通した人材を育成するための実践的なカリキュラムを設定しています。

将来どのような進路を選択しても社会人として通用する「人間力」を養い、「知識」「技術」「人間力」の３つを併せ持つ人材を育成することを目標としています。

◆**取得免許&資格**　社会福祉主事〈任用〉、介護職員初任者研修修了者、ケアクラーク、病歴記録管理士、医療管理秘書士、秘書技能検定など。

保育科

定員(専攻名・定員)／修業年限
70人／２年

子どもを取り巻く環境が変化するなか、多様な保育のニーズに応えられる、プロの保育者を育成します。そのため、学生の好奇心や探究心を育て、学習意欲が高まるよう支援します。経験豊富な教員や、実践力を培う附属幼稚園での実習など、恵まれた環境のなかで学べます。

子どもたちと一緒に楽しめる運動遊びのレパートリーを増やすための「生涯スポーツ」、幼児の造形活動における発達過程と特徴についての理解を深める「造形表現(指導法)」などの授業があります。

◆**取得免許&資格**　幼稚園教諭二種免許、保育士、社会福祉主事〈任用〉。

前年度　選抜方法

●**推薦**＝書類審査、小論文、面接（ただし、学業推薦は小論文に代えて筆記試験〈国語・英語〉を課す）
●**一般（入試科目）（Ⅰ期・Ⅱ期共通）**
◇**全科**＝小論文
〈**注**〉他に面接あり
◉**2025年度の募集要項は６月上旬に配布予定**

⇩
「資格別 取得可能な短大・学科」「就職状況」「大学への編入」「学費」は巻末データ集に収録

こうらんじょし
香蘭女子短期大学

一般 推薦 総合

www.koran.ac.jp/
設置(学)科＝ファッション総合、食物栄養、保育、ライフプランニング総合

CAMPUS GUIDE

●**所在地** 〒811-1311 福岡市南区横手1丁目2の1 ☎(092)581-1585（アドミッションオフィス直通）
●**交通** 西鉄天神大牟田線大橋駅から西鉄バスで約5分、香蘭短大下車。
●**設立** 昭和33年
●**学生総数** 女654人
●**専攻科** テクニカル15人・1年
▼**要項請求先＆問合せ先** アドミッションオフィス

特別選抜 帰国	特別選抜 社会人	学外試験会場	授業料減免 免除	授業料減免 減額	奨学金制度 給付	奨学金制度 貸与	学生寮 男子	学生寮 女子	海外留学	海外研修	編入制度	専攻科
○	○	×	×	×	○	×	×	○	×	○	○	○

2024年が創立66年目となる伝統校です。「創意・自立・敬愛」を学訓とし、教養と実務に優れた女性を育成します。就職指導にも力を入れており、毎年高水準の就職率を達成。「S特待奨学生」などの独自奨学生制度やキャンパスアメニティに配慮した施設設備も充実しています。

ファッション総合学科

定員(専攻名・定員)／修業年限
80人／2年

人間形成やファッションの基礎を学ぶベーシックフィールドに加え、専門領域のデザイン、ファッションビジネス、生活スタイリング、ファッション造形、体験の5つのフィールドから、将来目指す職種、興味ある分野に応じて科目を選択できる「フィールド制」を導入しています。

学びたいファッション分野、目指す職種に合わせて自由にそして適性を見ながら科目を選択できます。洋服づくりの一連のプロセスを実践的に学び、センスや感性を磨くとともに、パターン起こしやCADなどアパレルに必要な技術をしっかり修得することができます。将来は、デザイナー、パタンナー、ファッションアドバイザー、縫製職などファッションのプロとして活躍します。

▲1号館（本館）

食物栄養学科

定員(専攻名・定員)／修業年限
60人／2年

栄養士に必要とされる知識、技能、態度および考え方の総合的能力と、栄養の指導や給食の運営を行うために必要な実践的な能力を養います。食と健康の専門科目の学習を通して、自活力や生活力を兼ね備えた社会に貢献できる教養ある人を育成します。

学外実習では、保育園や事業所、病院など現場を体験することで社会性を育み、仕事に対する心構えを身につけます。

◆**取得免許&資格**　栄養士、フードスペシャリスト、アスリートフードマイスターなど。

保育学科

定員(専攻名・定員)／修業年限
80人／2年

保育者や幼児教育者として必要な知識や技術だけでなく、子どもたちの個性や創造力を限りなく伸ばせるような人材の育成を目指します。カリキュラムは、講義、演習、実技や技能に関する実習の3つに分けられています。概論や原理、福祉や心理などの理論から、ピアノ、幼児体育、創作活動といった実技・技能に関するもの、保育内容の理解や研究など幅広く開講し、実力を養成していきます。

また、2つの附属幼稚園と1つの附属幼保連携型認定こども園と系列の保育園を設置しているメリットを生かし、学んだ知識を実際の現場で体験的に理解し、実践力を養成する実習にも力を入れています。

人を育てるためには、自分自身を育ててほしいという願いから、人形劇鑑賞や命と子育てについての講演など専門教育のための催しも行い、質の高い文化に触れる機会を多く設けています。

◆**取得免許&資格**　幼稚園教諭二種免許、保育士、准学校心理士など。

ライフプランニング総合学科

定員(専攻名・定員)／修業年限
130人／2年

一般事務(金融・会計)、医療事務、観光、ブライダル、ファッション・ビューティー、インテリア、CG・Webデザインの7つのメジャー(専攻)を設けています。学びたい内容や取得したい資格に合わせて科目を選択し、目標とする職業への就職を目指します。エアラインビジネス科目やブライダル科目を充実させ、さらには診療報酬請求事務能力認定試験も取得可能です。

また、4学期（2年で8期）制を採用しており、1・2期のエントリー期で社会人基礎・汎用力を学習しながらメジャー選択、3～6期のチャレンジ期で専門性を高めると同時に学外での活動（インターンシップなど）を通して実践力を養成します。そして、7・8期の振り返り期で社会人としてはばたく準備を行うことで確実にステップアップできます。

◆**取得免許&資格**　証券外務員、診療報酬請求事務能力認定試験、リビングスタイリスト、ファイナンシャルプランニング技能士、3級ブライダルコーディネート技能士、ピアヘルパー、秘書技能検定など。

前年度　選抜方法

●**推薦**＝書類審査、小論文、面接
●**一般（入試科目・配点）**
（前期）
◇**ファッション総合、保育、ライフプランニング総合(100点満点)**＝国外〈国総〔除く古・漢〕・現代文B、コミュ英Ⅰ・Ⅱ・英表Ⅰ→1〉
◇**食物栄養（100点満点)**＝国理外〈国総〔除く古・漢〕・現代文B、生基、コミュ英Ⅰ・Ⅱ・英表Ⅰ→1〉
◉**2025年度の募集要項は6月中旬に配布予定**

精華女子短期大学

一般
推薦
総合

www.seika.ac.jp/

設置(学)科＝幼児保育、生活科学

CAMPUS GUIDE

●**所在地**　〒812-0886　福岡市博多区南八幡町２丁目12の１
☎(092)582-8145(入学広報課直通)
●**交通**　ＪＲ鹿児島本線南福岡駅下車、徒歩約12分。西鉄天神大牟田線雑餉隈(ざっしょのくま)駅下車、徒歩約12分。
●**設立**　昭和42年
●**専攻科**　保育福祉35人・1年(男女共学)
▼**要項請求先&問合せ先**
入学広報課

特別選抜 帰国	特別選抜 社会人	学外試験会場	授業料減免 免除	授業料減免 減額	奨学金制度 給付	奨学金制度 貸与	学生寮 男子	学生寮 女子	海外留学	海外研修	編入制度	専攻科
○	○	○	×	○	○	×	×	○	○	×	×	○

幼児保育学科 

定員(専攻名・定員)／修業年限
100人／２年

乳児、障がい児（者)、高齢者までを視野に入れたライフサイクルを考慮し、福祉の心と人間性・専門性を兼ね備えた保育者を育成します。学外の実習は２年間を通して行われ、丁寧な指導のもと、実践力を身につけます。

◆**取得免許&資格**　幼稚園教諭二種免許、保育士、社会福祉主事〈任用〉、レクリエーション・インストラクター、こども音楽療育士など。

生活科学科 

定員(専攻名・定員)／修業年限
120人（食物栄養70・生活総合ビジネス50）／２年

食物栄養専攻では、食や健康についての専門知識を学び、人びとの健康維持・増進や病気治療・予防に携わる栄養士を育成します。

生活総合ビジネス専攻では、ホスピタリティとマネジメント力を相乗効果的に学修します。医療、観光・ホテル・ブライダルの分野で活躍できる人材を育成します。

◆**取得免許&資格**　食物栄養専攻－栄養士、栄養教諭二種免許、秘書技能検定(実務)、フードスペシャリスト、管理栄養士国家試験受験資格(要実務経験３年以上)など。生活総合ビジネス専攻－医療管理秘書士、医事管理士、情報処理士、上級情報処理士、ビジネス実務士、上級ビジネス実務士、社会調査アシスタント、登録販売者、国内旅程管理主任者など。

前年度　選抜方法

●**推薦**＝書類審査、小論文、面接
●**一般（入試科目)**
(一期・二期共通)
◇**全学科**＝国理外〈国総〔除く古・漢〕、化基、生基、コミュ英Ⅰ→1〉
◉**2025年度の募集要項は６月に配布予定**

⇩「資格別 取得可能な短大・学科」「就職状況」「大学への編入」「学費」は巻末データ集に収録

中村学園大学短期大学部

一般 共テ 推薦 総合

www.nakamura-u.ac.jp/

設置(学)科＝食物栄養、キャリア開発、幼児保育

CAMPUS GUIDE

●所在地 〒814-0198 福岡市城南区別府５丁目７の１
☎(092)851-6762(入試広報部直通)
●交通 JR博多駅から地下鉄七隈線別府駅まで14分、別府駅１番出口から徒歩1分、西鉄バス中村大学前下車、すぐ。
●設立 昭和32年
●学生総数 男96人・女740人
▼要項請求先＆問合せ先
入試広報部

特別選抜 帰国	特別選抜 社会人	学外試験会場	授業料減免 免除	授業料減免 減額	奨学金制度 給付	奨学金制度 貸与	学生寮 男子	学生寮 女子	海外留学	海外研修	編入制度	専攻科
×	○	7	○	○	○	○	×	○	○	○	○	×

食物栄養学科

定員(専攻名・定員)／修業年限
80人／２年

健康管理のための栄養・調理の知識、技術が修得できるカリキュラムを編成し、２年間で300種類以上の調理に取り組むことで、社会のニーズに応える調理に強い栄養士を養成します。

調理実習の一環である食堂の運営を通して、大量調理の技術を向上させるほか、レシピ開発、集客方法の検討、接客、チームワーク、仕入れにかかる予算管理など、食に携わる者として必要なスキル・実践力も強化。栄養士はもちろん、栄養士としての知識や技術を生かした関連企業への就職や、毎年４人に１人の学生が大学に編入学するなど、さまざまな道にチャレンジすることができます。

◆取得免許&資格 栄養士、フードスペシャリスト資格認定試験受験資格、専門フードスペシャリスト資格認定試験受験資格。

キャリア開発学科

定員(専攻名・定員)／修業年限
120人／２年

実社会で即戦力になるビジネススキルを修得できます。インターンシップや地域貢献に取り組むフィールドワーク、韓国の学生との国際交流など学内外での活動による実体験を通した学びが充実しています。また、学園マナー「Nakamura Style」を徹底し、社会人として必要なマナーを学生のときから習慣化します。さらに、秘書・簿記・パソコンに関する公的資格の取得を支援する「キャリアサポート講座」を無料で開講しており、毎年多くの学生が３種類以上の資格を取得し、希望の業界、職種への就職を実現しています。

幼児保育学科

定員(専攻名・定員)／修業年限
190人／２年

保育に関する知識・技能・態度を修得し、保育のプロフェッショナルとして子どもたちの健やかな心身の成長を支える保育者を養成。少人数のゼミ形式の授業や、幼稚園・保育所・施設における豊富な実習機会と丁寧な実習事前・事後指導で実践的な学びを積みます。56室のピアノ・エレクトーン練習室（個別）を備え、ピアノ経験のない学生も日々練習に励んでいます。ほとんどの学生が保育士資格と幼稚園教諭二種免許を取得し、幼稚園・保育所を中心に高い就職率を誇っています。

◆取得免許&資格 幼稚園教諭二種免許、保育士。

前年度 選抜方法

●推薦(公募)＝書類審査、小論文、面接
●一般（入試科目・配点）
◇食物栄養（200点満点）＝国理外〈国総〔除く古・漢〕、化基、生基、コミュ英Ⅰ・Ⅱ→２〉(各100)
◇キャリア開発、幼児保育(200点満点)＝国総〈除く古・漢〉(100)／コミュ英Ⅰ・Ⅱ (100)
◉2025年度の募集要項は７月以降に配布予定

西日本短期大学

一 般
推 薦
総 合

www.nishitan.ac.jp/

設置(学)科＝ビジネス法、緑地環境、社会福祉、保育、健康スポーツコミュニケーション、メディア・プロモーション

CAMPUS GUIDE

●**所在地** **福浜キャンパス**＝〒810-0066
福岡市中央区福浜１丁目３の１
☎(092)721-1152（学務課入試係直通）
二丈キャンパス（実習場）＝〒819-1601
福岡県糸島市二丈深江2324の２
●**交通** **福浜キャンパス**＝地下鉄天神駅下車、天神１Ｂ乗り場からバスで福浜下車、徒歩１分。
二丈キャンパス＝ＪＲ筑前深江駅下車、徒歩30分。
●**設立** 昭和23年
●**学生総数** 男127人・女249人
▼**要項請求先＆問合せ先**
学務課入試係

特別選抜 帰国	特別選抜 社会人	学外試験会場	授業料減免 免除	授業料減免 減額	奨学金制度 給付	奨学金制度 貸与	学生寮 男子	学生寮 女子	海外留学	海外研修	編入制度	専攻科
×	○	1	×	○	×	×	×	×	×	×	○	×

福浜キャンパスは福岡PayPayドームから徒歩10分のところに位置しています。また、自然に触れながら演習を行える二丈キャンパス（実習場）があります。

ビジネス法学科

定員(専攻名・定員)／修業年限
50人／２年

法律と経営の分野を中心に学ぶビジネス法学科では、学生の希望に応じた３つのコースで希望進路の実現を目指すとともに、その先を見据えた教育を行っています。

公務員コースでは、公務員採用試験で出題される科目に対応した試験対策科目を設置し、正課授業として行っています。筆記試験のみならず、受験戦略や面接試験・集団討論などの二次試験対策を総合的に行う科目も設置し、公務員試験受験指導の経験豊富な専任教員の指導のもと、警察官・消防官、市役所などの職員、国家公務員などの合格を目指します。また、採用後を見据え、憲法・行政法や刑法などの法律知識も身につけます。

民間企業への就職を目指す商経ビジネスコースでは、簿記やファイナンシャルプランナーをはじめ、秘書検定や各種パソコン資格、宅建などの資格・検定の取得を目指すとともに、就職活動のノウハウについて少人数体制で徹底した指導を受けることができます。また、就職後を見据え、企業人として求められるビジネススキルやマナーを習得します。

外国人留学生を対象としたアジアビジネスコースでは、アジアを中心とする諸外国へ進出している日系企業などへの就職を目指し、日本と諸外国との懸け橋となる人材の育成を目指しています。

いずれのコースでも、四年制大学への編入学を希望する学生には、編入後を見据えた履修指導と、編入学試験対策としての徹底した個別指導を行っています。

緑地環境学科

定員(専攻名・定員)／修業年限
50人／２年

造園・ランドスケープを学ぶことができる希少な学科です。都心の福浜、自然豊かな二丈の２つのキャンパスを活用して、“緑”に関する仕事に就くための実践的な教育を行っています。福浜キャンパスでは、緑の計画・設計やICT技術を中心に学び、二丈キャンパスでは、植物や生物の姿を実感しながら多くの実習を中心に学びます。

同学科には３コースがあります。

造園芸術コースでは、植物について幅広く学び、日本の伝統技術を継承しながら、専門性の高い技術で、環境時代を切り拓く人材を育成します。

ガーデンデザインコースでは、草花を知り、育て、デザインすることで、暮らしを豊かにし、環境を考える創造性豊かな人材を育成します。草花園芸、フラワーデザイン、園芸福祉、ガーデンデザインなど、植物に直接ふれながら知識や技術を修得します。

自然環境デザインコースでは、自然と人間との共生を主軸に自然環境の保全や創出、およびビオトープなどについて学び、持続可能な地域社会を創造する人材を育成します。

◆**取得免許＆資格** 造園技能士、造園施工管理技士（要実務経験）、樹木医補、自然再生士補、フラワー装飾技能士、ビオトープ計画管理士など。

社会福祉学科

定員(専攻名・定員)／修業年限
50人／２年

障がい児・者から認知症高齢者まで、全ての人の気持ちに寄り添える「心と体のケア」のスペシャリストを養成します。

「障がい者介護」では、障がいのある人や現場実践者・研究者を招いた講義を取り入れ、リアルでより深く、専門的に学びます。

「実践的演習」では、実践的な体験を重視した演習を行います。学生の能力や希望に応じた少人数制での演習をサポートします。

「高齢者介護」では、現代にもっとも求められている、認知症高齢者へのより高度な生活支援技術を修得し、介護支援ロボットの使用方法なども学びます。

「障がい児療育」では、自閉症児療育キャンプをはじめ、さまざまな療育活動に参加します。

「癒しのケア」では、音楽療法や園芸療法、福祉セラピーメイク、アロマセラピー、セラピューティックケアなどを学びます。

就職対策の一環として、模擬面接指導を実施し、受け答えの仕方や立ち振る舞いの指導を行うなど、就職決定まできめ細かなサポートを行います。

◆**取得免許&資格** 介護福祉士国家試験受験資格、社会福祉主事〈任用〉など。

保育学科

定員(専攻名・定員)／修業年限
90人／２年

建学の精神である「宇宙精神」「報恩感謝」に基づき、広い視野で物事をとらえ、受けている恩に感謝して力を発揮する「思いやりの保育力」を養う全人教育を行っています。

専門的知識、スキルを学ぶほか、心豊かな保育者となるために、授

⇩「資格別 取得可能な短大・学科」「就職状況」「大学への編入」「学費」は巻末データ集に収録

業、実習、日常の学生生活を通して、人と関わる力や楽しんで学ぶ姿勢、主体性、さらに社会人に求められるマナーや文章、会話の表現力なども身につけていきます。独自科目として、「保育園芸」や「子どもの遊び実践」「茶道文化」も開講し、ここでしか学べない多彩なカリキュラムを編成しています。高等教育の場でありながら、クラスやゼミでの少人数での学びを通して、一人ひとりの持つ力を発揮できるよう丁寧な指導を行います。

◆取得免許&資格　幼稚園教諭二種免許、保育士、児童厚生二級指導員、レクリエーション・インストラクター、社会福祉主事〈任用〉など。

健康スポーツコミュニケーション学科

定員（専攻名・定員）／修業年限

30人／2年

「支える」をキーワードに、「アスリートの競技力向上をはじめ、成人・高齢者の健康づくり、子どものたくましさ」をつくる、スポーツインストラクター・スポーツトレーナーの養成を目指します。

フィットネストレーナー、キッズスポーツの2コースがあり、なりたい自分に合わせて専門的なスキルを身につけることが可能です。

四年制大学と同等の資格が2年間で取得でき、より早くスポーツ・医療・幼児体育・福祉の分野で活躍することができます。

スイミングクラブの現場で有利とされる競泳コーチ3の資格取得が目指せるほか、全国の短大で唯一国家資格である第一種衛生管理者を試験免除で取得できます。

高校3年間の実績によって選考される特待生制度もあります。

◆取得免許&資格　健康運動実践指導者、トレーニング指導者、ジュニアスポーツ指導員、コーチングアシスタント、第一種衛生管理者、パラスポーツ指導員、レクリエーション・インストラクター、競泳コーチ3、社会福祉主事〈任用〉など。

メディア・プロモーション学科 

定員（専攻名・定員）／修業年限

40人／2年

女優、モデル、タレント、レポーター、声優などへの道を確保し、デビューに向けたアプローチ方法を提供します。

知性・教養と専門技能をバランスよく修得します。オーディション受験から業界デビューまで、組織化されたプログラムでステップアップを図ります。

また、話し方、歩き方、立ち居振る舞いなど、自分を磨き、新たな自分を発見するため、卒業後の進路は、芸能界に限らず、さまざまな分野での活動が期待されます。

メイク技法や歌唱力、ダンスなど、それぞれの職業を目指す上で不可欠な専門スキルを、実際に活躍中のプロが直接指導します。

主な専門科目には、「ジャーナリズム論」「メディアと政治」など、主な実務科目には、「モデルストリート」「アフレコ」などがあります。

前年度　選抜方法

●推薦＝書類審査、面接
●一般（入試科目）
（Ⅰ期・Ⅱ期共通）
◇**全学科**＝国総〈現代文のみ〉
〈注〉他に面接あり
◉2025年度の募集要項は5月上旬に配布予定

ひがしちくし
東筑紫短期大学

一般　共テ　推薦　総合

www.hcc.ac.jp/
設置(学)科＝保育、食物栄養

CAMPUS GUIDE

●所在地　〒803-8511　福岡県北九州市小倉北区下到津5丁目1の1
☎(093)561-2060(教務課入試係直通)
●交通　ＪＲ小倉駅前から西鉄バスで金田陸橋西下車、徒歩2分。
●設立　昭和25年
●学生総数　男28人・女333人
●専攻科　介護福祉30人・1年
▼要項請求先&問合せ先
教務課入試係

特別選抜 帰国	特別選抜 社会人	学外試験会場	授業料減免 免除	授業料減免 減額	奨学金制度 給付	奨学金制度 貸与	学生寮 男子	学生寮 女子	海外留学	海外研修	編入制度	専攻科
×	○	×	○	○	×	×	×	×	×	○	○	○

保育学科 

定員（専攻名・定員）／修業年限

150人／2年

キャンパス内に附属幼稚園があるため、授業はもちろん、普段の学生生活のなかでも幼児教育の現場を体験できます。心豊かで感性あふれる幼児教育者や保育者を育成していく環境が整っています。

幼稚園や保育所だけでなく、児童養護施設や特別養護老人ホームなどで活躍することも目指せます。

◆取得免許&資格　幼稚園教諭二種免許、保育士、社会福祉主事〈任用〉、レクリエーション・インストラクター、認定ベビーシッター、こども音楽療育士。

食物栄養学科 

定員（専攻名・定員）／修業年限

70人／2年

栄養士免許に加えて医療秘書実務士資格を取得できます。栄養士としての仕事だけでなく、病院や医院などで医療事務スタッフとしての仕事を兼務する専門職を目指すこともできます。

学外実習として行う現場での実習は、適性に合った職場を考える機会となっています。病院、高齢者施設、保育所などから選択する給食実習や小学校での給食実習、栄養教諭としての教育実習や医療事務の実習が組まれています。

◆取得免許&資格　栄養士、栄養教諭二種免許、社会福祉主事〈任用〉、医療秘書実務士、フードスペシャリスト受験資格など。

前年度　選抜方法

●推薦＝書類審査、面接
●一般（入試科目）
（前期）
◇**全学科**＝国外〈国総〔除く古・漢〕、コミュ英Ⅰ・Ⅱ・英表Ⅰ〔リスニングを除く〕→1〉
〈注〉他に面接あり
◉2025年度の募集要項は6月下旬に配布予定

福岡医療短期大学

一般　推薦　総合

www.fdcnet.ac.jp/jcol/

設置(学)科＝歯科衛生

CAMPUS GUIDE

●**所在地**　〒814-0193　福岡市早良区田村２丁目15の１
☎(092)801-0439
●**交通**　地下鉄七隈線次郎丸駅下車、徒歩約８分。または藤崎駅から西鉄バスで約20分、次郎丸団地下車、徒歩８分。
●**設立**　平成９年
●**学生総数**　女183人（2023年）
●**専攻科**　口腔保健衛生学20人・１年
▼**要項請求先＆問合せ先**　入試係

特別選抜 帰国	特別選抜 社会人	学外試験会場	授業料減免 免除	授業料減免 減額	奨学金制度 給付	奨学金制度 貸与	学生寮 男子	学生寮 女子	海外留学	海外研修	編入制度	専攻科
×	○	×	×	×	○	×	×	×	×	×	×	○

歯科衛生学科

定員(専攻名・定員)／修業年限

80人／３年

高齢者や在宅要介護者が歯科治療を受ける機会が増えています。加齢や疾患によって口腔の機能が低下し、日常生活に支障をきたす要介護者に対応して、口腔内を清潔に保つための指導と援助を行うことができる歯科衛生士を目指します。

１年次から３年次へと体系的・順序性を考慮して、基礎分野、専門基礎分野、専門分野、選択必修分野、選択科目に分けてカリキュラムを編成し、講義、実習を組み合わせた授業を開講していることが特色です。

専門分野では、生涯を通じた継続的な口腔保健管理を理解し、疾病やライフステージ別の予防法や予防システムの構築を学んでいきます。それとともに、生活環境や全身状態の多様な個人および集団に対して、専門的立場から歯科保健指導を実践する能力を身につけます。

臨床実習は、福岡歯科大学医科歯科総合病院の総合歯科・高齢者歯科、保存（むし歯）・歯周病科、口腔外科、矯正歯科、小児歯科、障害者歯科などの10の診療科と口腔医療センター、さらに学外の開業歯科医院での実習が行われ、臨床経験をより深く実践できます。

◆**取得免許&資格**　歯科衛生士国家試験受験資格、介護職員初任者研修修了資格。

前年度　選抜方法

●**推薦**＝書類審査、小論文、面接
●**一般（入試科目）**
（Ａ・Ｂ日程共通）
◇**歯科衛生**＝国数理外〈国総〔除く古・漢〕、数Ⅰ、生基・生、英語→１〉／小論文
〈注〉他に面接あり
◉**2025年度の募集要項の配布時期は未定**

福岡工業大学短期大学部

一般　共テ　推薦　総合

www.fit.ac.jp/jc/

設置(学)科＝情報メディア

CAMPUS GUIDE

●**所在地**　〒811-0295　福岡市東区和白東３丁目30の１
☎(092)606-0634（入試広報課直通）
●**交通**　ＪＲ鹿児島本線福工大前駅下車、福工大口から直結。
●**設立**　昭和35年
●**学生総数**　男283人・女75人
▼**要項請求先＆問合せ先**　入試広報課

特別選抜 帰国	特別選抜 社会人	学外試験会場	授業料減免 免除	授業料減免 減額	奨学金制度 給付	奨学金制度 貸与	学生寮 男子	学生寮 女子	海外留学	海外研修	編入制度	専攻科
○	×	×	○	○	○	×	○	○	○	○	○	×

情報メディア学科

定員(専攻名・定員)／修業年限

160人／２年

情報教育を中心とした教育プログラムにより、IT化された社会において即戦力となる高度な情報活用能力を、コンピュータやプログラミング、情報メディアに関する知識の取得や実践的な取り扱い方法から身につけます。

特にプログラミング教育に関しては50年以上の教育実績を有しており、情報活用能力の柱として位置づけています。

情報メディア学科の学修分野は１年次後期より「情報工学」または「メディアコミュニケーション」の２つのコースに分かれ、それぞれの分野に特化した専門知識を身につけます。

「情報工学」の分野においては計算機工学へつながるハードウェア領域を中心に学びます。「メディアコミュニケーション」の分野においてはコンピュータを用いたデザインの基礎やWebなどのメディア領域、ビジネスに関する領域について学びます。「ゲームソフトウェア開発」「デザイン実践」「ビジネスプラン実践」などの問題解決型学習科目では、情報技術を活用して社会の具体的な課題を解決できる人材を養成し、MDASHプログラムに準じた教育課程で「データサイエンス・AI」に関する科目も学べます。

◆**取得免許&資格**　基本情報技術者試験、ITパスポート試験、CG-ARTS検定など。

前年度　選抜方法

●**推薦**＝書類審査、面接、自己アピール文、基礎能力試験（数Ⅰ／数Ａ、数Ⅱ→１）
●**一般（入試科目・配点）**
（一期Ａ・一期Ｂ・二期共通）
◇**情報メディア（130点満点）**＝数Ⅰ・Ａ（100）／自己アピール文（30）
◉**2025年度の募集要項は７月上旬に配布予定**

⇩「資格別 取得可能な短大・学科」「就職状況」「大学への編入」「学費」は巻末データ集に収録

福岡こども短期大学

一般 推薦 総合

www.fukuoka-kodomo.ac.jp/　**設置（学）科＝こども教育**

CAMPUS GUIDE

●**所在地**　〒818-0197　福岡県太宰府市五条３丁目11の25
☎(0120)183-433（アドミッションオフィス直通）
●**交通**　西鉄天神大牟田線二日市駅下車、徒歩約13分。またはＪＲ鹿児島本線二日市駅下車、徒歩約25分。
●**設立**　昭和50年
▼**要項請求先&問合せ先**
アドミッションオフィス

特別選抜		学外試験会場	授業料減免		奨学金制度		学生寮		海外留学	海外研修	編入制度	専攻科
帰国	社会人		免除	減額	給付	貸与	男子	女子				
○	○	4	×	×	×	×	○	○	×	○	○	×

こども教育学科

定員（専攻名・定員）／修業年限
220人／２年

専門科目で、「子どもの保育」の専門知識を身につけるとともに、保育現場に直結する実技も学び、実践力を養い、社会に貢献できる幼稚園教諭、小学校教諭、保育士、養護教諭を目指します。

附属幼稚園のほか、学生の出身地の幼稚園・保育所・施設などで実習（帰郷実習）を行います。

◆**取得免許&資格**　幼稚園教諭二種免許、養護教諭二種免許、小学校教諭二種免許、保育士、社会福祉主事〈任用〉、レクリエーション・インストラクターなど。

前年度　選抜方法

●**推薦（１期・２期）**＝書類審査、保育ノート（口頭試問を含む）、面接
●**一般（入試科目）（１期・２期共通）**
◇**こども教育**＝保育ノート／論作文／調査書
〈**注**〉他に面接あり
◉**2025年度の募集要項は配布中**

福岡女子短期大学

一般 共テ 推薦 総合

www.fukuoka-wjc.ac.jp/
設置(学)科＝健康栄養、音楽、文化教養、子ども

CAMPUS GUIDE

●**所在地**　〒818-0193　福岡県太宰府市五条４丁目16の１
☎(092)922-1491（入試広報課直通）
●**交通**　西鉄太宰府線西鉄五条駅下車、徒歩約10分。
●**設立**　昭和41年
●**学生総数**　女245人
●**専攻科**　音楽30人・１年
▼**要項請求先&問合せ先**　入試広報課

特別選抜		学外試験会場	授業料減免		奨学金制度		学生寮		海外留学	海外研修	編入制度	専攻科
帰国	社会人		免除	減額	給付	貸与	男子	女子				
○	○	×	○	×	○	×	×	○	×	×	○	○

健康栄養学科

定員（専攻名・定員）／修業年限
50人／２年

食から健康を支える実践力のある栄養士を育成。技術面では調理の基礎から応用を段階的に学び、知識面では食品の成分と人体の機能・栄養の関係を知り、各人に応じた栄養ケアを提供できるようになります。また、SDGsの課題にも積極的に取り組んでいます。

◆**取得免許&資格**　栄養教諭二種免許、栄養士、フードスペシャリスト、健康管理士、家庭料理技能検定３級など。

音楽科

定員（専攻名・定員）／修業年限
50人／２年

「演奏コース」「音楽総合コース」の２コースを設置しています。音楽の学びのなかでメインとなる個人レッスンでは、演奏の第一線で活躍する講師陣がそれぞれの学生に今一番必要なことを各人のレベル、そして個性をも加味した上で指導します。また、中学校教諭二種免許や音楽療法士の資格取得も目指すことができます。

◆**取得免許&資格**　中学校音楽教諭二種免許、音楽療法士（２種）、カワイ演奏・指導グレード（６級）など。

文化教養学科

定員（専攻名・定員）／修業年限
70人／２年

司書、公務員、教員という職業には、情報利活用力、コミュニケーション力が不可欠です。また、その業務内容から幅広い知識が求められます。文化教養学科では、司書、公務員、教員を養成するために、授業での効果的なICT活用、アクティブ・ラーニングを通して、幅広い教養を身につけることができます。

◆**取得免許&資格**　中学校国語教諭二種免許、司書、学校図書館司書教諭〈任用〉、情報処理士など。

子ども学科

定員（専攻名・定員）／修業年限
70人／２年

歴史と文化の街・太宰府に位置し、四季おりおりの美しさを誇るキャンパスや保育現場に近い教育環境を活用し、保育者として求められる感性・知識・実践的技術を育てます。少人数での指導により、一人ひとりの学生の個性を重視し、きめ細かな指導・アドバイスを行うことで、将来にわたって学び続ける実践力のある保育者の育成を目指します。

◆**取得免許&資格**　保育士、幼稚園教諭二種免許、幼児体育指導者検定２級、こども音楽療育士など。

前年度　選抜方法

●**推薦**＝書類審査、面接。音楽は他に楽典（演奏コースピアノ専修のみ）、実技
●**一般(入試科目)（A日程）**
◇**健康栄養、文化教養、子ども**＝国外〈国総〔近代以降の文章〕、コミュ英Ⅰ・Ⅱ→１〉
◇**音楽**＝国外〈国総〔近代以降の文章〕、コミュ英Ⅰ・Ⅱ→１〉／楽典〈演奏コースピアノ専修のみ〉／実技
◉**2025年度の募集要項は６月下旬に配布予定**

佐賀女子短期大学

一般 共テ 推薦 総合

www.asahigakuen.ac.jp/sajotan/

設置(学)科＝こども未来、地域みらい

CAMPUS GUIDE

●所在地 〒840-8550 佐賀市本庄町本庄1313 ☎(0952)23-5145
●交通 ＪＲ佐賀駅からバスで佐賀女子短大・高校前下車。
●設立 昭和41年
●学生数 女308人
▼要項請求先＆問合せ先 入試広報・グローバル教育センター

特別選抜 帰国	特別選抜 社会人	学外試験会場	授業料減免 免除	授業料減免 減額	奨学金制度 給付	奨学金制度 貸与	学生寮 男子	学生寮 女子	海外留学	海外研修	編入制度	専攻科
×	○	×	○	○	○	×	○	○	○	○	○	×

目まぐるしく変化する社会を生き抜くために、社会・地域連携活動を取り入れた授業を展開しています。マンツーマンのキャリア支援により、教職員と学生の距離が近い支援体制を整備しています。

グローバル社会で活躍する人材を目指し、海外研修・留学制度が充実しており、希望に合った教育プログラムを選択できます(韓国・タイ・台湾・イギリスなど)。韓国協定校へ１年間留学して２つの大学を卒業する、ダブルディグリー・プログラムを実施しています。また、全コースで韓国留学ができます。

※2024年4月、地域みらい学科は男女共学化。以下、定員は2025年予定。

こども未来学科

定員(専攻名・定員)／修業年限

70人／2年

豊富な現場実習のプログラムから、子どもの保育・教育の基本を徹底追究していきます。こども養護、こども教育、こども保育の３コースがあります。

こども養護コースでは、子どもについて多面的に学び、深く寄り添う知識と技術を学びます。０歳から18歳までの発達と段階ごとの特徴を理解し、さらに保健・看護の知識と技術を身につけます。1年次には、子どもに寄り添うために保健と保育の基礎を学びます。2年次には、保健と保育の専門家を目指して知識と経験を重ねていきます。

こども教育コースでは、乳幼児期から児童期までの子どもの育ちを幅広く学び、発達段階に合わせて適切にサポートする力を養います。また、個人指導や学力向上のための補習授業などきめ細かな指導を徹底し、理論とともに現場に即した実践指導に力を入れています。基礎科目と専門科目をバランスよく組み合わせ、教育や保育の第一線で活躍できる人材を育成します。さらに、土・日を利用して、発達支援についての学びを実践的に深めることもできます。

こども保育コースでは、子どもに寄り添える保育士の育成を目指し、机上の学習だけでなく、実際に子どもたちと触れ合いながら保育士に必要な実践力を高めていきます。２年間を通じて毎週１時間の実習指導により、子どもたちとのコミュニケーション能力も身につけます。また、子育て支援・発達支援についての学びも充実しています。子育てサポート基礎資格を導入し、子育て支援ができる保育者を養成します。

◆取得免許&資格 全コース－幼稚園教諭二種免許、保育士。こども養護コース－養護教諭二種免許など。こども教育コース－小学校教諭二種免許、ピアヘルパー受験資格など。こども保育コース－認定絵本士など。

地域みらい学科

定員(専攻名・定員)／修業年限

100人／2年

情報デザイン・コミュニケーション、司書アーカイブズ、韓国語文化、福祉とソーシャルケアの４コース制です。

情報デザイン・コミュニケーションコースでは、多文化共生社会に必要な知識を幅広く学び、生きた語学力、表現力を身につけることのできるカリキュラムを編成しています。ITデザイン分野では、デザイン思考力を身につけ、技術だけでなく、場面に応じた表現手法を使いこなす人を育てます。ITデザインや英語などの学びのなかから、自分のスキルアップを図り、社会を作り、デザイン、コーディネートしていく人を育成します。

司書アーカイブズコースでは、司書資格取得のための専門知識や技術の獲得はもちろん、図書館でのレファレンスや読み聞かせなどにもすぐに対応できるよう実践的に学びます。さらに、近年重要性が高まるアーカイブズに関する基礎知識を身につけて、活躍の場を広げます。

韓国語文化コースでは、語学と文化を理解して研修や留学で不可欠なスキルを養います。韓国語で意思疎通ができるように「話す・聞く・読む・書く」の分野から学びます。学生のレベルに合わせたクラス分けにより、安心して学ぶことができます。２年次には、ダブルディグリー・プログラムで韓国の協定大学へ１年間留学し、２つの大学を同時に卒業できます。また、韓国語能力試験(TOPIKⅠ、Ⅱ)、ビジネス系検定などの資格取得も目指すことができます。

福祉とソーシャルケアコースでは、地域が抱える福祉問題に対応できる基礎力を養います。本学認定資格の福祉メイクや複数の関連資格を取得し、地域に暮らす人びとの自立した生活を支援できる人材を育成します。また、介護福祉士国家試験の合格を目指し、徹底した個別指導も行います。

◆取得免許&資格 情報デザイン・コミュニケーションコース－ITパスポートなど。司書アーカイブズコース－司書など。福祉とソーシャルケアコース－介護福祉士国家試験受験資格、社会福祉主事〈任用〉など。

前年度 選抜方法

●推薦＝書類審査、自己アピール文、面接

●一般(入試科目・配点)(A・B日程)

◇全学科(100点満点)＝国語〈除く古・漢〉

◉2025年度の募集要項は5月上旬に配布予定

⇩「資格別 取得可能な短大・学科」「就職状況」「大学への編入」「学費」は巻末データ集に収録

西九州大学短期大学部

一般　共テ　推薦　総合

www.nisikyu-u.ac.jp/junior_college/

設置(学)科＝地域生活支援、幼児保育

CAMPUS GUIDE

●**所在地**　〒840-0806　佐賀市神園3丁目18の15
☎(0952)37-9616（入試広報課直通）
●**交通**　ＪＲ長崎本線佐賀駅下車、バスセンターまたは駅北口バス停から市営バス若楠・佐賀記念病院線で西九大神園前下車、または卸センター・佐賀大学病院線で西九大神園南下車。
●**設立**　昭和38年
●**学生総数**　男43人・女248人
▼**要項請求先&問合せ先**
入試広報課

特別選抜 帰国	特別選抜 社会人	学外試験会場	授業料減免 免除	授業料減免 減額	奨学金制度 給付	奨学金制度 貸与	学生寮 男子	学生寮 女子	海外留学	海外研修	編入制度	専攻科
○	○	×	×	○	○	×	×	○	○	○	○	×

地域生活支援学科

定員(専攻名・定員)／修業年限
100人／2年

「食分野での支援」「福祉と介護分野での支援」に、「多文化を理解し支援する分野」を加えた学びを通して、地域の人びとの生活を支えます。豊かな人間性を育む教養教育とともに、次の3つのコースを設置しています。

食健康コースでは、食に関する専門的な知識と技術を身につけ、栄養士の資格取得を目指します。

介護福祉コースでは、専門的な学びを土台とし、人や地域の力となれる介護福祉士などの専門家として、介護を必要とする人たちの自己実現と福祉の未来を考える人材を育成します。

多文化コースでは、グローバルな視野を持ち、地域の活性化に貢献する人材を育成します。さまざまな体験学修の機会を設け、新しい時代に必要とされる語学力やコミュニケーション力を磨きます。

◆**取得免許&資格**　全コース－社会福祉主事〈任用〉。食健康コース－栄養士、食育アドバイザー、スイーツクリエイターなど。介護福祉コース－介護福祉士国家試験受験資格、介護予防支援員、レクリエーション･インストラクター、日本赤十字社救急法救急員など。多文化コース－プレゼンテーション実務士、(国内）旅程管理主任者など。

幼児保育学科

定員(専攻名・定員)／修業年限
90人／2年

子どもたちの表現力を高め、世界観を広げるために、手遊びやダンス、歌や音楽の技法を学びます。

実技発表会では、舞台に立って「ミュージカル」「器楽アンサンブル」など、身につけた表現力を披露します。

また、子どもたちを取り巻く生活環境（家族・自然・遊び）についても学びます。

地域に出向いて学習する機会を設けており、学内の施設での子育て支援活動に参加したり、地域の実情や子ども・子育て支援のニーズを体験的に学んだりすることで社会の一員としての自覚を高めていきます。子どもたちの豊かな感性を育てることのできる保育者を目指します。

◆**取得免許&資格**　保育士、幼稚園教諭二種免許、幼稚園・保育園のためのリトミック指導資格2級、レクリエーション・インストラクターなど。

前年度　選抜方法

●**推薦**＝書類審査、面接
●**一般(入試科目)**
(Ⅰ期A方式)
◇**全学科**＝国地歴公数理外〈国総〔除く古・漢〕、世B、日B、現社、数Ⅰ・A、化基、生基、コミュ英Ⅰ・Ⅱ→2〉
(Ⅱ期A方式)
◇**全学科**＝総合問題／数Ⅰ･A
〈**注**〉Ⅰ期・Ⅱ期とも、他に面接あり
◉**2025年度の募集要項は7月上旬に配布予定**

長崎短期大学

一般 共テ 推薦 総合

www.njc.ac.jp
設置（学）科＝地域共生、保育

CAMPUS GUIDE

●所在地　〒858-0925　長崎県佐世保市椎木町600番
☎(0956)47-5566
●交通　JR佐世保駅から、市営・西肥バスで長崎短期大学前下車。
●設立　昭和41年
●学生総数　男85人・女378人
●専攻科　保育10人・2年
▼要項請求先＆問合せ先
入試募集課

特別選抜 帰国	特別選抜 社会人	学外試験会場	授業料減免 免除	授業料減免 減額	奨学金制度 給付	奨学金制度 貸与	学生寮 男子	学生寮 女子	海外留学	海外研修	編入制度	専攻科
×	○	1	○	○	○	×	×	○	○	○	○	○

地域共生学科

定員（コース名・定員）／修業年限
135人（国際コミュニケーション60・食物栄養35・製菓20・介護福祉20）／2年

国際コミュニケーション、食物栄養、製菓、介護福祉の4コースを設置しています。

国際コミュニケーションコースでは、語学力とキャリアを身につけた、グローバルな人材を育成します。語学教育、異文化理解教育をベースに、キャリア教育、社会人基礎力教育などから、実社会で役立つ学びを追究します。

ビジネス系、語学系など多様な資格対応科目を開講しており、目指す職業や目標にあわせてブラッシュアップしていくことが可能です。さらに、ニュージーランドなどでの海外有給インターンシップを通じて、語学力や国際就業力を高めることができます。

食物栄養コースでは、たしかな調理技術と幅広い専門知識を修得し、多様なジャンルで活躍できる栄養士を養成します。

また、スポーツ栄養を学べるカリキュラムが特長です。調理実習、課外活動、インターンシップを充実させ、実践的な調理技能、献立作成能力を身につけます。

さらに、系列校の長崎国際大学への編入により、管理栄養士を目指すことも可能です。

製菓コースでは、洋菓子、和菓子、製パンの3分野にわたって製菓の全てを学び、現場で即戦力となる人材を育成します。製菓実習では、和・洋菓子、製パン製造の基礎から応用まで、一人ひとりが作品の全工程を手がけ、製菓過程を実践的に理解します。

介護福祉コースでは、介護実践能力、判断能力、応用能力を育みます。ボランティア活動や地域交流のほか、茶道文化などを取り入れ、人の心や体をいやすことができる人材を育成します。

◆取得免許＆資格　食物栄養コース－栄養士など。製菓コース－製菓衛生師国家試験受験資格など。介護福祉コース－介護福祉士国家試験受験資格など。

保育学科

定員（専攻名・定員）／修業年限
100人／2年

充実した実践教育により、乳幼児期の保育、教育、心理、保健、芸術、福祉などの知識や技術を修得します。

保育・教育現場が抱える問題への対応力を養い、子どもとの豊かなコミュニケーションを実現するための応答力、実践的な保育技能の修得を目指します。

◆取得免許＆資格　幼稚園教諭二種免許、保育士など。

前年度　選抜方法

●**推薦**＝書類審査、面接、小論文
●**一般（入試科目）（1期・2期共通）**
◇**地域共生（介護福祉）、保育**＝国語〈近代以降の文章〉
◇**地域共生（介護福祉以外）**＝国外〈国語〔近代以降の文章〕、英語→1〉
◉**2025年度の募集要項は6月上旬に配布予定**

⇩「資格別 取得可能な短大・学科」「就職状況」「大学への編入」「学費」は巻末データ集に収録

長崎女子短期大学

一般
共テ
推薦
総合

www.nagasaki-joshi.ac.jp/
設置(学)科＝生活創造、幼児教育

CAMPUS GUIDE

●所在地　〒850-8512　長崎市弥生町19の1　☎(095)826-5344
●交通　ＪＲ長崎駅から早坂（長崎女子短大）行きバスで終点下車。または長崎インターチェンジから車で約５分。
●設立　昭和41年
●学生総数　女260人
▼要項請求先＆問合せ先　入試広報室

特別選抜 帰国	特別選抜 社会人	学外試験会場	授業料減免 免除	授業料減免 減額	奨学金制度 給付	奨学金制度 貸与	学生寮 男子	学生寮 女子	海外留学	海外研修	編入制度	専攻科
×	○	9	×	○	○	×	×	○	×	×	○	×

生活創造学科

定員（コース名・定員）／修業年限
70人（栄養士40、ビジネス・医療秘書30）／2年

以下の２コースがあります。

栄養士コースでは、「子どもの食と栄養」「高齢者の食と栄養」に関する授業を設け、地域に貢献できる栄養士を育成します。特に、「長崎食育学」の授業では、カステラ、大村寿司、パスティなどの長崎の伝統料理について学びます。卒業後の管理栄養士国家試験対策も充実しています。

ビジネス・医療秘書コースには、総合ビジネス科目群や医療事務科目群などがあり、あらゆるビジネスシーンにおいて活躍できる人材を育てます。１年次から企業や官公庁でのインターンシップなどを取り入れ、実践力を育成しています。

◆取得免許&資格　栄養士コース－栄養士、登録販売者、社会福祉主事〈任用〉。ビジネス・医療秘書コース－秘書士、医療管理秘書士、診療実務士、登録販売者、社会福祉主事〈任用〉など。

幼児教育学科

定員（専攻名・定員）／修業年限
100人／２年

子どもたちの感性を受け止めて、やさしい心を育む保育者を養成します。実践を重視したカリキュラムで、隣接する附属幼稚園などでの実習によって仕事への理解を深めていきます。

◆取得免許&資格　幼稚園教諭二種免許、保育士、社会福祉主事〈任用〉など。

前年度　選抜方法

●推薦（一般）＝書類審査、小論文、面接
●一般（入試科目）
（１期）
◇**全学科**＝国総〈除く古·漢〉／数外〈数Ⅰ、コミュ英Ⅰ→1〉
〈注〉他に面接あり
◉2025年度の募集要項は６月上旬に配布予定

しょうけいだいがく
尚絅大学短期大学部

一般 共テ 推薦 総合

www.shokei-gakuen.ac.jp/

設置(学)科＝総合生活、食物栄養、幼児教育

CAMPUS GUIDE

●所在地　武蔵ヶ丘キャンパス（幼児教育）＝〒861-8538　熊本県菊池郡菊陽町武蔵ヶ丘北2丁目8の1
☎(096)338-8840
九品寺キャンパス（入試センター・総合生活・食物栄養）＝〒862-8678　熊本市中央区九品寺２丁目６の78
☎(096)273-6300(入試センター直通)

●交通　武蔵ヶ丘キャンパス＝ＪＲ豊肥本線武蔵塚駅下車、徒歩20分。または熊本電鉄バスで尚絅大学前下車。
九品寺キャンパス＝ＪＲ熊本駅から市電で九品寺交差点下車、徒歩５分。

●設立　昭和27年

▼要項請求先＆問合せ先　入試センター

特別選抜 帰国	特別選抜 社会人	学外試験会場	授業料減免 免除	授業料減免 減額	奨学金制度 給付	奨学金制度 貸与	学生寮 男子	学生寮 女子	海外留学	海外研修	編入制度	専攻科
×	○	3	○	×	○	×	×	○	○	○	○	×

総合生活学科

定員(専攻名・定員)／修業年限

65人／２年

医療事務・情報ビジネスフィールドでは、コンピュータや医療事務について基本から学ぶとともに、ビジネスやオフィスワークの知識も学びます。

福祉ウェルネスフィールドでは、子どもから障がい者・高齢者までの福祉や健康分野の実践力と問題解決力を身につけ、同時に地域貢献のノウハウを学びます。

生活デザインフィールドでは、アパレルやインテリアを中心に、生活に根ざした美しいデザインの知識・手法を学びます。

◆取得免許&資格　情報処理士、秘書士、上級秘書士、社会福祉主事〈任用〉、介護職員初任者研修修了者、レクリエーション・インストラクター、食生活製菓マスター。

食物栄養学科

定員(専攻名・定員)／修業年限

80人／２年

食物と栄養についての知識を身につけ、正しく指導できる栄養士を目指します。

１年次には、化学と生物学などを学びます。２年次では、病院や事業所などでの学外実習を行います。

卒業後、実務を経験しながら管理栄養士の国家試験を目指す人のためには、毎年研修会などによりサポートを続けています。

◆取得免許&資格　栄養士、食品衛生監視員〈任用〉、食品衛生管理者〈任用〉、フードサイエンティスト、社会福祉主事〈任用〉、栄養製菓マスター。

幼児教育学科

定員(専攻名・定員)／修業年限

100人／２年

幼児期の保育、教育、心理、保健、造形、音楽、福祉などの分野を学び、人間性豊かな幼稚園教諭、保育士を養成します。乳児保育、小児保健、児童福祉などの理論から、音楽、図画工作、体育などの実技まで幅広く学びます。

２年間で10週間、幼稚園や保育所、社会福祉施設などでの実習があります。

◆取得免許&資格　幼稚園教諭二種免許、保育士、社会福祉主事〈任用〉。

前年度　選抜方法

●推薦＝書類審査、小論文、面接
●一般（入試科目・配点）
（第１回・第２回共通）
◇総合生活、食物栄養（100点満点）＝国理外家〈国総〔除く古・漢〕、化基、生基、コミュ英Ⅰ・Ⅱ・英表Ⅰ、食品製造、家庭基礎→２〉(高得点科目60、他科目20)／調査書(20)
◇幼児教育（220点満点）＝国総〔除く古・漢〕(100)／コミュ英Ⅰ・Ⅱ・英表Ⅰ(100)／調査書(20)
※英語資格のみなし得点制度利用の場合は、英語試験の受験免除可。
◉2025年度の募集要項は６月上旬に配布予定

大分短期大学

一般 推薦 共テ 総合

www.oitatandai.ac.jp/　　**設置(学)科＝園芸**

CAMPUS GUIDE

●所在地　〒870-8658　大分市千代町３丁目３の８　☎(097)535-0201

●交通　ＪＲ大分駅下車、徒歩15分。

●設立　昭和39年

●学生総数　男31人・女25人

▼要項請求先＆問合せ先　入試係

特別選抜 帰国	特別選抜 社会人	学外試験会場	授業料減免 免除	授業料減免 減額	奨学金制度 給付	奨学金制度 貸与	学生寮 男子	学生寮 女子	海外留学	海外研修	編入制度	専攻科
×	○	×	×	○	○	○	×	×	×	×	×	×

園芸科

定員(専攻名・定員)／修業年限

40人／２年

花と緑のスペシャリストを養成します。

植物のプロとなるために、フラワーデザイン、花、野菜、果樹、作物、園芸療法、造園、バイオ、畜産、ガーデニング、ガーデンデザイン、樹木医学などを学べるカリキュラムを編成しています。

また、毎年４年制国立大学の農学部へ多くの学生が編入学しています。

◆取得免許&資格　樹木医補、園芸装飾技能士（２級、３級）、造園技能士（２級、３級）、フラワー装飾技能士（２級、３級）、生活園芸士、園芸療法士など。

前年度　選抜方法

●推薦＝書類審査、面接、小論文
●一般（入試科目）
（１期・２期共通）
◇園芸＝国総〈含む作文、除く古・漢〉
〈注〉他に面接あり
◉2025年度の募集要項は６月上旬に配布予定

⇩「資格別 取得可能な短大・学科」「就職状況」「大学への編入」「学費」は巻末データ集に収録

東九州短期大学

一般
推薦
総合

www.higashikyusyu.ac.jp/
設置(学)科＝幼児教育

CAMPUS GUIDE

●所在地　〒871-0014　大分県中津市一ツ松211
☎(0979)22-2425
●交通　ＪＲ中津駅下車、徒歩約30分。

●設立　昭和42年
●学生総数　男11人・女56人
▼要項請求先＆問合せ先
学生支援センター入試係

特別選抜 帰国	特別選抜 社会人	学外試験会場	授業料減免 免除	授業料減免 減額	奨学金制度 給付	奨学金制度 貸与	学生寮 男子	学生寮 女子	海外留学	海外研修	編入制度	専攻科
×	○	2	○	○	○	×	×	×	×	×	○	×

幼児教育学科

定員(専攻名･定員)／修業年限
40人／2年

　人間形成において、もっとも基礎的かつ重要な意味を持つ幼児期にある人間の全人的成長を支える保育者、教育者を養成します。
　1年次は、実践に向けて、基礎理論と技能を段階的に身につけます。専門職としての自覚や責任感を育て、保育者としての高い資質を養います。ゼミナールⅠの「保育者養成基礎講座」では、保育における環境整備の大切さや保育者としてのマナーや身だしなみなどについて学習します。
　2年次には、講義などで学んだ理論と実習で得た専門的な知識や技能を連動させて学習します。「附属幼稚園実習」では、子どもたちの様子や先生方の保育を観察することからはじまり、その後、学生一人ひとりが実際の保育を行います。子どもたちとともに成長し、それぞれの地域で貢献できる保育者になれるよう支援をしています。
　保育の現場では保護者の悩みを共有し、いじめや虐待といった社会的な問題についてのアドバイスをする「ソーシャルワーク」が必要となっています。こうした時代のニーズに対応するために、幼稚園教諭と保育士に加えて、保健児童ソーシャルワーカーの受験資格を取得することができます。
◆**取得免許&資格**　幼稚園教諭二種免許、保育士、保健児童ソーシャルワーカー（協会認定資格)、社会福祉主事〈任用〉、おもちゃインストラクター。

前年度　選抜方法

●**推薦**＝書類審査、小論文、面接
●**一般（入試科目)**
(A日程・B日程共通)
◇**幼児教育**＝小論文
〈**注**〉他に面接あり
◉**2025年度の募集要項は5月下旬に配布予定**

別府大学短期大学部

一般 共テ 推薦 総合

www.beppu-u.ac.jp/
設置(学)科＝食物栄養、初等教育

CAMPUS GUIDE

●**所在地** 〒874-8501 大分県別府市北石垣82
☎(0977)66-9666（入試広報課直通）
●**交通** ＪＲ日豊本線別府大学駅下車、徒歩10分。または、ＪＲ日豊本線別府駅から鉄輪(かんなわ)行きバスで別府大学前下車、すぐ。
●**設立** 昭和29年
●**学生総数** 男72人・女435人
●**専攻科** 初等教育15人・2年
▼**要項請求先＆問合せ先**
入試広報課

特別選抜 帰国	特別選抜 社会人	学外試験会場	授業料減免 免除	授業料減免 減額	奨学金制度 給付	奨学金制度 貸与	学生寮 男子	学生寮 女子	海外留学	海外研修	編入制度	専攻科
○	○	8	○	○	×	×	○	○	×	○	○	○

※以下、定員は2025年予定。

食物栄養科

定員(専攻名・定員)／修業年限
40人／2年

食品や調理の基礎、人体の仕組みと栄養素の働き、疾病予防・治療のための栄養管理など幅広い分野について学びます。

実験・実習を多く取り入れた授業を展開し、保育園、病院、福祉施設、学校などで活躍できる栄養士の育成を目指しています。また、創造的な研究会活動ができるように、子育て支援や食育活動などの学外行事に積極的に参加し、地域貢献を実践しています。

◆**取得免許&資格** 栄養士、中学校家庭教諭二種免許、栄養教諭二種免許、フードスペシャリスト受験資格など。

初等教育科

定員(専攻名・定員)／修業年限
200人／2年

小学校教諭、幼稚園教諭、保育士の３つの免許・資格が同時に取得でき、将来、各教育分野の担い手となる豊かな人間性と知性・技能を身につけた人材を育成します。

年齢や生活時間などが多様な子どもに対応できる教育・保育を学べるカリキュラムを編成しています。また、研究会活動や子育て支援などのボランティア活動を支援する科目も設置しています。

◆**取得免許&資格** 小学校教諭二種免許、幼稚園教諭二種免許、保育士、社会福祉主事〈任用〉、認定絵本士など。

前年度 選抜方法

●**推薦**＝書類審査、小論文、面接
●**一般(入試科目・配点)（Ａ・Ｂ日程）**
◇**全科(100点満点)**＝国総〈現代文のみ〉(50) ／コミュ英Ⅰ・Ⅱ(50)
〈**注**〉他に面接あり
◉**2025年度の募集要項は７月中旬に配布予定**

⇩「資格別 取得可能な短大・学科」「就職状況」「大学への編入」「学費」は巻末データ集に収録

別府溝部学園短期大学

一般　共テ　推薦　総合

www.mizobe.ac.jp/

設置(学)科＝ライフデザイン総合、食物栄養、幼児教育、介護福祉

CAMPUS GUIDE

●**所在地**　〒874-8567　大分県別府市亀川中央町29の10　☎(0977)66-0224
●**交通**　ＪＲ亀川駅下車、徒歩10分。
●**設立**　昭和39年
●**学生総数**　男103人・女236人
▼**要項請求先&問合せ先**　入試広報課

特別選抜 帰国	特別選抜 社会人	学外試験会場	授業料減免 免除	授業料減免 減額	奨学金制度 給付	奨学金制度 貸与	学生寮 男子	学生寮 女子	海外留学	海外研修	編入制度	専攻科
○	○	1	○	○	×	×	○	○	○	○	○	×

教職員と学生の距離が近いため、双方向でコミュニケーションを取りながら、楽しく学ぶことができるのが特徴です。

就職支援や進路指導にも力を入れており、卒業後も相談を受け付けるなど、充実したバックアップ体制が整っています。

ライフデザイン総合学科

定員(専攻名・定員)／修業年限
60人／２年

以下の３つのコースで構成されており、高い専門性を育みます。興味に合わせて他コースのカリキュラムも履修することができるので、幅広い知識を身につけることも可能です。

ファッションブライダルコースでは、ファッションやメイクなどの技術を修得し、アパレル販売やブライダル業界などを目指します。

グラフィックデザインコースでは、ビジュアル表現を学び、グラフィックデザイナーやDTPデザイナーなどを目指します。

医療事務コースでは、医療秘書、介護事務など、コンピュータを使って医療情報の管理を学び、病院や福祉施設の事務スタッフを目指します。

◆**取得免許&資格**　ファッションアドバイザー、ファッションビジネス能力検定、DTPデザイナー、医療秘書実務士、診療情報管理実務士、ビジネス実務士、情報処理士、社会福祉主事〈任用〉など。

食物栄養学科

定員(専攻名・定員)／修業年限
40人／２年

食のプロフェッショナルとして、“自分の健康は自分で守る”を合言葉に、栄養・食品・健康・調理などの専門科目の基礎知識を学び、給食業務（献立作成・発注・調理など）の即戦力として活躍できる栄養士を目指します。

また、同学科には３コースを設置しており、就職に有利になるよう複数の免許・資格を同時に取得するために、多数の講座を開講しています。

保育健康コースでは、栄養士の資格に加え、児童への栄養指導、栄養に関する教育を行う栄養教諭二種免許が取得できます。

医事健康コースでは、栄養士とともに、医療秘書実務士、介護保険実務士など、医療・福祉の事務分野の資格も取得できます。

温泉コンシェルジュコースでは、国際観光温泉文化都市・別府の学びを通して、温泉の効果・効能に関する知識を修得し、温泉をベースとした総合世話係として活躍できる人材を目指します。

◆**取得免許&資格**　栄養士、栄養教諭二種免許、社会福祉主事〈任用〉、健康アドバイザー、医療秘書実務士、介護保険実務士、介護職員初任者研修修了者、温泉コンシェルジュ修了証など。

幼児教育学科

定員(専攻名・定員)／修業年限
70人／２年

子どもに寄り添い、子どものことばや気持ちを受けとめられる保育者・幼児教育者を養成します。

保育現場で指導する運動あそびや体操、レクリエーションなどを数多く体験し、自信を持った指導ができるまでの独自のカリキュラムが準備されています。

幼児にとって、図画工作や造形はことばであり、自己表現の手段です。保育者として必要な美術的教養と技術を修得できます。

また、保育者にとって、ピアノや楽器の基礎的技術の修得も必要なものの１つといえます。そのため、いつでも自由に練習できる部屋を数多く準備しています。

実習は、系列の幼稚園や保育園などで行い、実践力を養います。

◆**取得免許&資格**　幼稚園教諭二種免許、保育士、社会福祉主事〈任用〉、准学校心理士など。

介護福祉学科

定員(専攻名・定員)／修業年限
30人／２年

基本理念に「元気よく生活支援ができ､人の気持ちに寄り添える、礼儀正しい介護福祉士」を掲げ、高齢者・障がい者と円滑なコミュニケーションを取ることができ、人権に配慮した生活支援・生活支援技術をしっかりと身につけた介護福祉士を養成します｡たとえば、障がい者の車いすへの移動についても､表面的な手順だけではなく､その方法の一つひとつを理解しながら技術を学びます。

卒業後、即戦力として活躍するために、多種多様な介護実習施設において実習ができるように配慮しています。さらに、食物栄養学科の施設を使用し、高齢者や障がい者のための栄養や調理の技術も身につけます。また、高齢者との関わりを学ぶために、毎年秋に地域の高齢者を招待する逆デイサービスという形をとった会を催し、楽しみながら高齢者と交流する機会を設けるなど、生きた介護福祉教育を実践しています。

◆**取得免許&資格**　介護福祉士国家試験受験資格、社会福祉主事〈任用〉、介護保険実務士、福祉レクリエーション・ワーカー、レクリエーション・インストラクター、福祉住環境コーディネーターなど。

前年度　選抜方法

●**推薦**＝書類審査、小論文、面接
●**一般(入試科目)**
(試験Ａ・Ｂ・Ｃ共通)
◇**全学科**＝小論文
〈注〉他に面接あり
◉**2025年度の募集要項は５月中旬に配布予定**

南九州大学短期大学部

一般 共テ 推薦 総合

www.mkjc.ac.jp
設置(学)科＝国際教養

CAMPUS GUIDE

●所在地 〒880-0032 宮崎市霧島５丁目１の２ ☎(0120)3739-20
●交通 ＪＲ日豊本線宮崎神宮駅下車、徒歩約20分。または宮崎交通バスで霧島４丁目下車、徒歩約１分。
●設立 昭和40年
●学生総数 女102人
▼要項請求先＆問合せ先 入試広報課

特別選抜 帰国	特別選抜 社会人	学外試験会場	授業料減免 免除	授業料減免 減額	奨学金制度 給付	奨学金制度 貸与	学生寮 男子	学生寮 女子	海外留学	海外研修	編入制度	専攻科
○	○	2	○	×	×	×	×	×	○	○	○	×

国際教養学科

定員(専攻名・定員)／修業年限
100人／２年

あこがれの職業や目標に近づくための６コースがあります。

ビジネス・キャリアコースでは幅広い分野が学べ、現代社会で必要なビジネス知識と資格を身につけることができます。また、進路決定を確実にするためのキャリア教育が充実しています。

グローバル・コミュニケーションコースでは異文化理解を深め、全員が学校の内外でさまざまなグローバルな体験をします。また、１週間程度の海外研修や希望者を対象にした単位認定留学制度があります。

ホテル・観光コースでは、宮崎県内外の大型リゾートホテルや旅館で職務体験をしながら学び、国家資格（国内旅行業務取扱管理者など）の取得を目指します。

オフィス情報コースでは、コンピュータや簿記などを基礎から学び、ビジネス社会で即戦力となる人材を育成します。個別指導で難易度の高い国家資格にも挑戦できます。

医療事務・医療秘書コースでは、医療機関で求められる事務職や秘書業務を学び、医療業界への就職を目指して専門の資格を目指します。

大学編入コースでは、大学編入学試験を突破するため一人ひとりの目標に合わせて手厚い指導やアドバイスを行い、国公立大学や難関私立大学への編入を目指します。

◆**取得免許&資格** 上級情報処理士、秘書士、実践キャリア実務士、観光実務士、上級秘書士（メディカル秘書）など。

前年度 選抜方法

●**推薦**＝書類審査、小論文、面接
●**一般（入試科目・配点）**
（Ⅰ期・Ⅱ期共通）
◇**国際教養（100点満点）**＝国数外〈国総〔除く古・漢〕・国表、数Ⅰ、コミュ英Ⅰ・Ⅱ→1〉
◉2025年度の募集要項は６月上旬に配布予定

⇩「資格別 取得可能な短大・学科」「就職状況」「大学への編入」「学費」は巻末データ集に収録

宮崎学園短期大学

一般 共テ 推薦 総合

www.mgjc.ac.jp/

設置(学)科＝保育、現代ビジネス

CAMPUS GUIDE

●**所在地** 〒889-1605 宮崎市清武町加納丙1415 ☎(0985)85-0146
●**交通** ＪＲ日豊本線清武駅下車、徒歩15分。
●**設立** 昭和40年
●**学生総数** 男34人・女371人
●**専攻科** 福祉50人・1年
▼**要項請求先＆問合せ先**
入試広報部
☎(0120)310-796

特別選抜 帰国	特別選抜 社会人	学外試験会場	授業料減免 免除	授業料減免 減額	奨学金制度 給付	奨学金制度 貸与	学生寮 男子	学生寮 女子	海外留学	海外研修	編入制度	専攻科
○	○	×	○	○	○	×	×	○	×	×	○	○

※2024年４月、保育科に３年制コースを新設。2025年４月、現代ビジネス科を従来の４コース制から８コース制に改編予定。以下、内容は2025年予定。

保育科

定員(専攻名・定員)／修業年限

180人／２年または３年

豊かな人間性と教養を備えた保育士・幼稚園教諭を育成します。幼児教育・児童福祉・社会福祉など幅広い分野で活躍できる力を身につけ、広く地域に貢献する人材の育成を目標としています。

カリキュラムは社会福祉論、臨床心理学といった理論学習はもとより、保育実習や幼稚園での教育実習、児童養護施設や知的障害児（者）施設といった福祉施設での実習など、専門知識を実践で生かせるような体制が整っています。参加型学習を通して、福祉の心を持った保育者を育成します。

主な科目として、あそびと音楽、器楽、図画工作、小児体育、教育原理、社会福祉論、子どもの食と栄養、子ども家庭支援論、子どもの健康と安全、身体表現及び即興演奏法、幼児教育相談などがあります。

◆**取得免許&資格** 保育士、幼稚園教諭二種免許、社会福祉主事〈任用〉、こども音楽療育士、音楽療法士（２種）、認定絵本士など。

現代ビジネス科

定員(専攻名・定員)／修業年限

50人／２年

2025年から「ソーシャルメディアデザインコース」「情報クリエイティブコース」「観光・ホスピタリティコース」「司書・オフィスワークコース」「メディカルマネジメントコース」「経営・マーケティングコース」「異文化コミュニケーションコース」「グローバルコミュニケーションコース」の８つのコースを設置。このなかから、入学後に学びたい分野をチョイス（選択）し、重点的に専門知識を学びます。

学生一人ひとりの興味・関心に沿って、ほかのコースの学びたい授業をブレンド（組み合わせ）することで、自分だけの強みを作り出すことができるほか、学びのなかで興味の幅が広がり、やりたいことが変わっても、コースをシフト（変更・ステップアップ）することができるようなシステムも整えています。

さらに、「地域創生」「大学編入対策」「公務員対策」「海外研修セミナー」「メタバースゼミ」など、スキルアップのためのユニットも準備し、多様な人材を育てます。

◆**取得免許&資格** 上級ビジネス実務士、ファイナンシャルプランニング技能士、ウェブデザイン技能士、国内旅程管理主任者、司書、メディカルクラークなど。

前年度 選抜方法

●**推薦**＝書類審査、小論文、面接
●**一般(入試科目)（一期・二期共通）**
◇**全科**＝小論文
〈**注**〉他に面接あり
◉**2025年度の募集要項は６月上旬に配布予定**

鹿児島純心女子短期大学

一般　共テ　推薦　総合

www.k-junshin.ac.jp/juntan/
設置(学)科＝生活、英語

CAMPUS GUIDE

●**所在地**　〒890-8525　鹿児島市唐湊４丁目22の１　☎(099)253-2677
●**交通**　ＪＲ郡元駅下車、徒歩10分。
●**設立**　昭和35年
●**学生総数**　女303人
▼**要項請求先＆問合せ先**　入試広報課

特別選抜 帰国	特別選抜 社会人	学外試験会場	授業料減免 免除	授業料減免 減額	奨学金制度 給付	奨学金制度 貸与	学生寮 男子	学生寮 女子	海外留学	海外研修	編入制度	専攻科
○	○	×	○	○	○	×	×	○	○	○	○	×

生活学科

定員(専攻名・定員)／修業年限
145人（生活学55・こども学50・食物栄養40)／２年

生活学専攻では、ビジネス・ICT等の実務・情報活用能力やデザイン・ファッション等の表現力が身につきます。

こども学専攻では、心をケアできる保育士と幼稚園教諭を養成します。充実した体験的な学びを通して高度な実践力を養います。

食物栄養専攻では、「食と健康」について指導的役割を果たすことのできる栄養士を養成します。

◆**取得免許&資格**　生活学専攻－社会福祉主事〈任用〉、上級秘書士など。こども学専攻－幼稚園教諭二種免許、保育士、社会福祉主事〈任用〉など。食物栄養専攻－栄養士、栄養教諭二種免許、フードサイエンティスト、社会福祉主事〈任用〉、管理栄養士国家試験受験資格（要実務経験３年）など。

英語科

定員(専攻名・定員)／修業年限
40人／２年

外国人による英語だけの授業や英語ミュージカルの制作・上演、海外研修や留学などの恵まれた環境のなか、生きた英語を修得します。実務能力や社会人基礎力を養い、グローバルな視点で地域の発展に貢献する国際性豊かな女性を育てます。

◆**取得免許&資格**　中学校英語教諭二種免許、上級秘書士（国際秘書)、社会福祉主事〈任用〉など。

前年度　選抜方法

●**推薦(公募)**＝書類審査、小論文、面接
●**一般(入試科目・配点)**
(Ａ日程)
◇**生活(250点満点)**＝国総〈近代以降の文章〉(100)／数外〈数Ⅰ・Ａ、コミュ英Ⅰ・Ⅱ〔含むリスニング〕→１〉(100)／調査書(50)
◇**英語(250点満点)**＝国総〈近代以降の文章〉(100)／コミュ英Ⅰ・Ⅱ〈含むリスニング〉(100)／調査書(50)
◉**2025年度の募集要項は６月中旬に配布予定**

⇩「資格別 取得可能な短大・学科」「就職状況」「大学への編入」「学費」は巻末データ集に収録

鹿児島女子短期大学

一般 共テ 推薦 総合

www.jkajyo.ac.jp
設置(学)科＝児童教育、生活科学、教養

CAMPUS GUIDE

●所在地　〒890-8565　鹿児島市高麗町6の9
☎(099)257-1754(入試・広報課直通)
●交通　ＪＲ鹿児島中央駅下車、徒歩約10分。
●設立　昭和40年
●学生総数　女634人
▼要項請求先&問合せ先　入試・広報課

特別選抜 帰国	特別選抜 社会人	学外試験会場	授業料減免 免除	授業料減免 減額	奨学金制度 給付	奨学金制度 貸与	学生寮 男子	学生寮 女子	海外留学	海外研修	編入制度	専攻科
○	○	1	○	○	○	×	×	○	×	×	○	×

児童教育学科

定員(専攻名・定員)／修業年限
210人／２年

教育・保育・福祉に関する専門的知識を学び、実践や研修で実践的能力を養います。37部屋ある個室のピアノ練習室を含め計57台の練習用ピアノがあります。小・幼・保コースでは小学校教育を見通した保育者、幼児教育・保育を理解した小学校教諭を養成し、幼・保コースでは、保育・幼児教育と児童福祉に精通した保育者を育成します。

◆取得免許&資格　小・幼・保－小学校教諭二種免許、幼稚園教諭二種免許、保育士、図書館司書教諭〈任用〉など。幼・保－幼稚園教諭二種免許、保育士、認定絵本士など。

生活科学科

定員(専攻名・定員)／修業年限
80人(生活福祉20・食物栄養学60)／２年

生活福祉専攻では、福祉・保健医療の現場で活躍する介護福祉士を養成します。学内で基礎を学び、２年間で10週間の学外実習を通して実践力を身につけます。

食物栄養学専攻では、学内施設での充実した専門科目や大量調理実習などで、給食実務に強く、的確な栄養指導と食教育ができる栄養士を養成します。

外食産業だけでなく、栄養士として給食を管理する病院や保育所などで活躍できる知識・技術を身につけます。

◆取得免許&資格　生活福祉－介護福祉士国家試験受験資格、レクリエーション・インストラクター、医事実務士など。食物栄養学－栄養士、栄養教諭二種免許など。

教養学科

定員(専攻名・定員)／修業年限
80人／２年

リベラルアーツと以下の３つのフィールドの組み合わせで、自分の希望と進路に合わせて学びます。「ビジネス・コミュニケーション」では、ビジネスマナーや接客接遇の実践から、観光に関する知識、医療事務などを学びます。

「メディア・クリエイティブ」では、ICT能力を活かした仕事を目指すため、ソフトウェア操作やデザイン、HP・データ管理などを学びます。図書館情報学を学び司書資格の取得も目指せます。

「キャリア・アドバンス」では、一般企業や公務員、４年制大学への編入を目指します。ライフデザイン論、観光論、プロジェクト演習など多彩な授業に加え、インターンシップなどで職業体験の機会も豊富です。

◆取得免許&資格　上級ビジネス実務士、情報処理士、ウェブデザイン実務士、上級秘書士（メディカル秘書）、司書、ピアヘルパー受験資格、認定絵本士など。

前年度　選抜方法

●推薦＝書類審査、小論文、面接
●一般（入試科目・配点）
（一期Ａ方式）
◇全学科（100点満点）＝国外〈国語〔除く古・漢〕、英語→１〉
◉2025年度の募集要項は６月上旬に配布予定

第一幼児教育短期大学

一般 推薦 総合

jc.tsuzuki-edu.ac.jp/　設置(学)科＝幼児教育

CAMPUS GUIDE

●所在地　〒899-4395　鹿児島県霧島市国分中央１丁目10の２
☎(0120)47-2072(アドミッションオフィス直通)
●交通　ＪＲ日豊本線国分駅下車、徒歩10分。
●設立　昭和41年
●学生総数　男14人・女114人
▼要項請求先&問合せ先　アドミッションオフィス

特別選抜 帰国	特別選抜 社会人	学外試験会場	授業料減免 免除	授業料減免 減額	奨学金制度 給付	奨学金制度 貸与	学生寮 男子	学生寮 女子	海外留学	海外研修	編入制度	専攻科
○	○	4	×	○	×	×	○	○	×	×	×	×

幼児教育科

定員(専攻名・定員)／修業年限
100人／２年

専門的知識、高い知性と感性豊かな観察力、優れた指導力を兼ね備えた保育者を目指し、幼児教育のスペシャリストを育成します。

１年次から附属幼稚園での観察・参加実習を行うなど、徹底した実習指導の態勢を整えています。

音楽表現、図画工作なども組み込まれ、なかでもピアノは、個人指導や個人レッスン室の開放など、十分に配慮されています。

◆取得免許&資格　幼稚園教諭二種免許、保育士など。

前年度　選抜方法

●推薦＝書類審査、事前課題、面接
●一般（入試科目）（前期・後期共通）
◇幼児教育＝小論文／調査書
〈注〉他に面接あり
◉2025年度の募集要項は６月初旬に配布予定

沖縄キリスト教短期大学

一般 推薦 総合

www.ocjc.ac.jp/

設置(学)科＝地域こども保育

CAMPUS GUIDE

●**所在地** 〒903-0207 沖縄県中頭郡西原町字翁長777
☎(098)945-9782(入試課直通)
●**交通** 那覇バスターミナルからバスで、キリスト教短大入口下車、徒歩5分。
●**設立** 昭和34年
●**学生総数** 男32人・女192人
▼**要項請求先&問合せ先** 入試課

特別選抜 帰国	特別選抜 社会人	学外試験会場	授業料減免 免除	授業料減免 減額	奨学金制度 給付	奨学金制度 貸与	学生寮 男子	学生寮 女子	海外留学	海外研修	編入制度	専攻科
○	○	×	×	○	○	×	×	×	○	○	○	×

地域こども保育学科 

定員(専攻名・定員)／修業年限
100人／2年

地域こども保育学科では、「地域」「こども」「保育」をポイントとしたさまざまな学びを提供しています。キリスト教精神に基づき、実践力・応用力を身につけ、創造的で行動力のある感性豊かな幼稚園教諭や保育士を育てます。

保育者は幼い子どもたちの個性や感性を豊かにし、生まれてきたいのちを育む、とてもやりがいのある仕事です。そのためには、専門的な知識と技術はもちろん、豊かな感性を備えなければなりません。

カリキュラムは、保育者としての土台をつくりあげるために、子どもたちの心に寄り添った保育を行うための専門知識が身につけられるよう、理論系の科目、実践系の科目をバランスよく配置しています。

特色ある科目として、地域子育て支援実習、海外幼児教育研究、キリスト教保育、幼児の生活、児童文化財研究、飼育栽培などがあります。

また、福祉施設、保育所(園)、幼稚園や認定こども園での実習も重視しています。2年間で4回(希望者は5回)の実習を通して、保育・幼児教育のスペシャリストを目指すための実践力を身につけていきます。

◆**取得免許&資格** 幼稚園教諭二種免許、保育士、社会福祉主事〈任用〉、認定絵本士、児童厚生2級指導員など。

前年度 選抜方法

●**推薦**＝書類審査、小論文、面接
●**一般(入試科目・配点)**
(前期)
◇**地域こども保育(240点満点)**＝国総〈除く古・漢〉(100)／数外〈数Ⅰ、コミュ英Ⅰ・Ⅱ・英表Ⅰ→1〉(100)／面接(20)／調査書(20)
◉**2025年度の募集要項は6月中旬に配布予定**

⇩「資格別 取得可能な短大・学科」「就職状況」「大学への編入」「学費」は巻末データ集に収録

沖縄女子短期大学

一般
推薦
総合

www.owjc.ac.jp/
設置(学)科＝総合ビジネス、児童教育

CAMPUS GUIDE

●所在地　〒901-1304　沖縄県島尻郡与那原町東浜1　☎(098)882-9002
●交通　東陽バス泡瀬東線で与原下車、徒歩8分。
●設立　昭和41年
●学生総数　男35人・女475人
▼要項請求先＆問合せ先
入試広報課

特別選抜 帰国	特別選抜 社会人	学外試験会場	授業料減免 免除	授業料減免 減額	奨学金制度 給付	奨学金制度 貸与	学生寮 男子	学生寮 女子	海外留学	海外研修	編入制度	専攻科
×	○	×	×	×	○	×	×	×	×	○	○	×

※以下、定員は2025年予定。

総合ビジネス学科

定員(専攻名・定員)／修業年限
60人／2年

ビジネス心理、観光ホスピタリティの2コースがあります。

ビジネス心理コースは、一人の人間、一人の社会人として、相手の心を理解するコミュニケーション能力と、ビジネスで必要とされる総合的知識や技能を修得した人間的魅力に満ちあふれる人材の育成を目指します。

専門知識から教養・実務技能まで、幅広く学べる総合的なカリキュラムを用意しており、ビジネス心理学を中心に、経済、経営、法律、簿記、コンピュータスキルやビジネスマナーなどを学びます。

観光ホスピタリティコースでは、沖縄観光の国際的発展を志向し、沖縄の観光関連産業や地域振興への従事を目指す人材を育成します。カリキュラムは、観光関連に特化した科目を中心に、日本で古くから重んじられてきた「おもてなしの心（ホスピタリティ）」をしっかりと身につけることができるようになっています。

◆**取得免許&資格**　観光実務士、秘書士、医事管理士受験資格、医療管理秘書士受験資格、秘書技能検定、情報処理技能検定など。

児童教育学科

定員(専攻名・定員)／修業年限
190人／2年

初等教育、心理教育、福祉教育の3つのコース制です。

小学校教諭を目指す初等教育コースは、沖縄県で小学校教諭免許が取得できる唯一の短大です。厳選したカリキュラムと教育内容で、教員に求められる資質や能力、柔軟な適応力を兼ね備えた小学校教員を養成します。

心理教育コースでは、子どもの心を理解し、子どもと保護者に寄り添うことができる幼稚園教諭、保育士を養成します。

カウンセリングや教育心理学、発達心理学などを学び、子どもや保護者を支援するための専門知識や技術を身につけます。

福祉教育コースでは、保育士や幼稚園教諭の養成を中心に、さらに児童厚生員（児童館の先生）を養成します。子どもを「児童（18歳未満）」ととらえることによって、保育所、幼稚園、児童館を利用する子どもの発達の連続性を学ぶことができます。

◆**取得免許&資格**　小学校教諭二種免許(初等教育コース)、幼稚園教諭二種免許、保育士、認定絵本士(心理教育コース、福祉教育コース)、児童厚生二級指導員（福祉教育コース)、ピアヘルパー受験資格(初等教育コース、心理教育コース)。

前年度　選抜方法

●**推薦**＝書類審査、小論文、面接
●**一般（入試科目）(A日程)**
◇**総合ビジネス、児童教育（心理教育、福祉教育)**＝国総〈除く古・漢〉
◇**児童教育(初等教育)**＝国総〈除く古・漢〉／数Ⅰ
〈注〉他に面接あり（全学科）
◉**2025年度の募集要項は6月に配布予定**

専門職短期大学

2019年、新しい高等教育機関「専門職大学」と「専門職短期大学」が創設されました。その特徴は、これまでの大学・短大が学問的色彩の強い教育を重視するのに対し、産業界と連携した、より実践的な職業教育に重点が置かれ、特定の職業分野において高度な実践力と豊かな創造力を持った人材育成を目的としているところです（医学・歯学・薬学［6年制］・獣医学を除いて職業分野は限定されていません）。

静岡県立農林環境専門職大学短期大学部

●所在地　〒438-8577 静岡県磐田市富丘678の1
●TEL　(0538) 31-7905
●交通　JR磐田駅からバスで図書館前下車、徒歩約10分
●設立　2020年
●設置学科（入学定員／修業年限）
生産科学科（男女100人／2年）
▼要項請求先＆問合せ先　学生課

「農林業生産」のプロフェッショナルを養成

静岡県立農林大学校を前身とした、農林業分野では全国初の専門職大学および専門職短期大学。実習・演習を中心とした「実学」重視の教育研究を展開し、農林業のプロフェッショナルを養成する。

2年制の短期大学部生産科学科では、生産物の品質や生産性向上を図るための専門的な知識・技術に加え、ICTなどの先端技術を生産現場へ導入する能力を身につける。1年次後半からは「栽培」「林業」「畜産」の3コース※に分かれて、各分野の専門的な科目を履修する。

※各分野に関連・共通する科目については、1年次後半以降も共通で履修。

ヤマザキ動物看護専門職短期大学

●所在地　〒150-0046 東京都渋谷区松濤2-3-10
●TEL　0120-840512
●交通　京王井の頭線神泉駅から徒歩8分
●設立　2019年
●設置学科（入学定員／修業年限）
動物トータルケア学科（男女80人／3年）
▼要項請求先＆問合せ先　入試広報課

産業界とともにつくる新制度の職業教育

人と動物が高齢化を迎えた社会からの要請に対して、訪問看護と在宅ケアに対応した、動物の生から死までをトータルケアできる愛玩動物看護師を養成する。また、専門的な獣医療を含むペット関連産業界からの要望に応えるため、動物看護の知識をもって飼い主に商品や情報提供を行い、消費者と企業をつなぐことのできる人材を養成する。動物看護師を国家資格とする「愛玩動物看護師法」が2019年6月に成立した。「愛玩動物看護師」の資格取得を目指し、受験資格として必要なカリキュラムに対応する。

せとうち観光専門職短期大学

●所在地　〒761-0113 香川県高松市屋島西町2366の1
●TEL　(087) 899-7011
●交通　JR高松駅からバスでせとうち観光専門職短大下車すぐ
●設立　2021年
●設置学科（入学定員／修業年限）
観光振興学科（男女40人／3年）
▼要項請求先＆問合せ先　広報課

観光と社会や人類との関わりを探究

日本初となる、観光の学びに特化した専門職短期大学として2021年度に設置された。観光振興と観光による地域創生に貢献し、イノベーションの創出や地域社会の魅力を発見・発信することができる、観光振興のエキスパートの養成を目的とする。

これまでの大学観光教育を超えて、観光の理論と実践の両方をしっかり学べる仕組みを生かし、「豊かな創造力」と「高度な実践力」を育てる。また、計15週に及ぶ3回の長期企業内実習（臨地実務実習）を行い、思考力・実践力・協働力を身につける。

志望校を決める参考に!

短大データ集

短大で取れる資格や卒業後の就職状況、学費などの
各種データを一覧表にまとめました。
志望校選びの際の比較・検討の資料としてご活用ください。

資格と就職 短大で資格を取って就職につなげよう

**短大に入学してから資格を取得し、就職につなげる先輩は多い。
資格と就職は密接に関わっているので、その特徴を把握しておこう。**

＊国家資格を目指す短大生は多い

保育士や看護師、介護福祉士、栄養士などといった国家資格は、保育園や病院・介護施設などへの就職に直結している。そのためか、昨年、短大に入学した３万５千人以上の学生をみてみると、実に半数以上の学生が「教育」、「看護･介護福祉」、「栄養」といった分野で学び、保育士、幼稚園教諭免許、看護師、介護福祉士、栄養士などの国家資格の取得を目指している。

国家資格さえあれば、短大卒も四年制大卒も関係なく、就職に対して同じスタートラインに並ぶことができる。さらに、国家資格を短大の２年間で取得できれば、四年制大学に比べて学費の負担も軽く済むなど、対費用面でのメリットも大きい。

これらの理由から、国家資格取得を目指すために短大進学を目標にする人は数多い。

＊ビジネス関係の資格にも注目しよう

パソコン系の資格や日商簿記や秘書検定など、会社業務で役立つ資格を取得して就職につなげている人も多い。ビジネス関係の資格を持っていると、仕事への目的意識が高いこと、入社後即戦力となれることをアピールでき、就職活動に有利に働く可能性も高い。

＊４年制大学に編入する道もある

かつては、短大といえば資格取得・就職に強いというイメージが一般的だったが、最近は専攻科へ進学、大学への編入など、卒業後の進路選択の幅が広がっている。編入を例にとると、昨年、短大卒業生のうち、約１割程度は大学に進学・編入している。短大によっては４年制大学へ毎年、何十人も編入・進学している場合もあり、有名私立大の短大部から、その大学の３年次に編入するといった例も少なくない。なかには、短大の園芸学科から国立大の農学部に毎年何人も進学・編入するなど、特徴あるルートもある。

このように、短大から４年制大学への編入というのも進路選択の一つとして、頭に入れておいてほしい。

●次ページ以降では、「各資格の取得可能な短大・学科一覧」「資格を取るためのルートマップ」「就職実績」「編入実績」「学費」を掲載している。短大ではどのような資格が取得できるのかを把握し、就職に向けた流れをイメージしておきたい。

あの資格、どの短大で取れる？

資格別 取得可能な短大・学科一覧

★短大卒業後に取れる資格は「無試験で取得できるもの」「受験資格が得られるもの」などさまざまです。それらのうち主な 19 種類について、資格別に、どの短大・学科で取得できるかを掲載しました。
★学科名の次の（　）は専攻またはコース名、さらに分かれる課程などは〈　〉で記載しています。
★掲載した情報は短大からのアンケート回答に基づいた 2024 年 3 月 22 日現在のデータです。
★短大別に取得できる資格・免許を知りたい場合は、71 ページからの「全国短大インフォメーション」の各短大の「取得免許＆資格」の項目を参照してください。

短大卒業後に無試験で取得できる免許・資格

小学校教諭二種

◆私　立
國學院大北海道短大部－幼児・児童教育（児童教育）
北翔大短大部－こども
國學院大栃木短大－人間教育（子ども教育〈小学校・幼稚園〉）
川口短大－こども
千葉経済大短大部－こども（初等教育）
有明教育芸術短大－子ども教育
東京女子体育短大－こどもスポーツ教育
鎌倉女子大短大部－初等教育
山梨学院短大－保育
名古屋経営短大－子ども
滋賀文教短大－子ども（小学校教諭養成）
神戸教育短大－こども
大和大白鳳短大部－総合人間（こども教育）
山口短大－児童教育（初等教育学）
福岡こども短大－こども教育
佐賀女子短大－こども未来（こども教育）
別府大短大部－初等教育
鹿児島女子短大－児童教育（小・幼・保）
第一幼児教育短大－幼児教育
沖縄女子短大－児童教育（初等教育）

幼稚園教諭二種

◆公　立
旭川市立大短大部－幼児教育
会津大短大部－幼児教育・福祉
静岡県立大短大部－こども
島根県立大短大部－保育
倉敷市立短大－保育
◆私　立
帯広大谷短大－社会福祉（子ども福祉）
釧路短大－幼児教育
光塩学園女子短大－保育
國學院大北海道短大部－幼児・児童教育
札幌大谷大短大部－保育
札幌国際大短大部－幼児教育保育
函館短大－保育
函館大谷短大－こども
北翔大短大部－こども
青森明の星短大－子ども福祉未来（保育）
青森中央短大－幼児保育
柴田学園大短大部－保育
八戸学院大短大部－幼児保育
修紅短大－幼児教育
盛岡大短大部－幼児教育
聖和学園短大－保育
仙台青葉学院短大－こども
東北生活文化大短大部－生活文化（子ども生活）
宮城誠真短大－保育
聖霊女子短大－生活文化（生活こども）
聖園学園短大－保育
羽陽学園短大－幼児教育
東北文教大短大部－子ども
いわき短大－幼児教育
郡山女子大短大部－幼児教育
桜の聖母短大－生活科学（福祉こども〈こども保育〉）
福島学院大短大部－保育
茨城女子短大－こども
つくば国際短大－保育
常磐短大－幼児教育保育
國學院大栃木短大－人間教育（子ども教育）
作新学院大女子短大部－幼児教育
佐野日本大短大－総合キャリア教育（こども）
育英短大－保育
共愛学園前橋国際大短大部－生活（こども学）
新島学園短大－コミュニティ子ども
秋草学園短大－幼児教育第一部、幼児教育第二部、地域保育
川口短大－こども

国際学院埼玉短大－幼児保育
埼玉純真短大－こども
埼玉東萌短大－幼児保育
武蔵野短大－幼児教育
山村学園短大－子ども
昭和学院短大－人間生活(こども発達)
聖徳大短大部－保育１部、保育２部
清和大短大部－こども
敬愛短大－現代子ども
千葉経済大短大部－こども(保育、初等教育)
千葉明徳短大－保育創造
有明教育芸術短大－子ども教育
駒沢女子短大－保育
白梅学園短大－保育
帝京短大－こども教育
貞静学園短大－保育
東京家政大短大部－保育
東京女子体育短大－こどもスポーツ教育
東京成徳短大－幼児教育
東京立正短大－現代コミュニケーション(幼児教育)
フェリシアこども短大－国際こども教育
和泉短大－児童福祉
小田原短大－保育
鎌倉女子大短大部－初等教育
湘北短大－保育
洗足こども短大－幼児教育保育
鶴見大短大部－保育
横浜女子短大－保育
新潟青陵大短大部－幼児教育
新潟中央短大－幼児教育
富山短大－幼児教育
富山福祉短大－幼児教育
金沢学院短大－幼児教育
金城大短大部－幼児教育
仁愛女子短大－幼児教育
帝京学園短大－保育
山梨学院短大－保育
飯田短大－幼児教育
上田女子短大－幼児教育
信州豊南短大－幼児教育
清泉女学院短大－幼児教育
長野短大－幼児教育
松本短大－幼児保育
大垣女子短大－幼児教育
中京学院大短大部－保育
中部学院大短大部－幼児教育
東海学院大短大部－幼児教育
常葉大短大部－保育
浜松学院大短大部－幼児教育
愛知学泉短大－幼児教育
愛知文教女子短大－幼児教育１部、幼児教育３部
愛知みずほ短大－現代幼児教育
岡崎女子短大－幼児教育一部、幼児教育三部
修文大短大部－幼児教育一部、幼児教育三部
豊橋創造大短大部－幼児教育・保育
名古屋短大－保育
名古屋経営短大－子ども
名古屋柳城短大－保育
高田短大－子ども
ユマニテク短大－幼児保育
滋賀短大－幼児教育保育
滋賀文教短大－子ども(保育士養成)
びわこ学院大短大部－ライフデザイン(児童学)
華頂短大－幼児教育
京都西山短大－共生社会(こども教育)
京都文教短大－幼児教育
大阪キリスト教短大－幼児教育
大阪芸術大短大部－保育
大阪健康福祉短大－子ども福祉、保育・幼児教育
大阪国際大短大部－幼児保育
大阪城南女子短大－総合保育
大阪成蹊短大－幼児教育
大阪千代田短大－幼児教育
関西女子短大－保育
四條畷学園短大－保育
四天王寺大短大部－保育
常磐会短大－幼児教育
東大阪大短大部－実践保育
関西学院短大－保育
甲子園短大－幼児教育保育
神戸教育短大－こども
神戸女子短大－幼児教育
頌栄短大－保育
豊岡短大－こども
兵庫大短大部－保育一部、保育三部
湊川短大－幼児教育保育
大和大白鳳短大部－総合人間(こども教育)
和歌山信愛女子短大－保育
鳥取短大－幼児教育保育
岡山短大－幼児教育
作陽短大－音楽(幼児教育)
山陽学園短大－こども育成
中国短大－保育
比治山大短大部－幼児教育
広島文化学園短大－保育
岩国短大－幼児教育
宇部フロンティア大短大部－保育
下関短大－保育
山口短大－児童教育(初等教育学〈福岡県小学校教員養成〉を除く)
山口芸術短大－保育
四国大短大部－幼児教育保育
徳島文理大短大部－保育
香川短大－子どもⅠ部、子どもⅢ部
高松短大－保育
今治明徳短大－幼児教育
聖カタリナ大短大部－保育
松山東雲短大－保育
高知学園短大－幼児保育
九州大谷短大－幼児教育
九州女子短大－子ども健康
近畿大九州短大－保育
香蘭女子短大－保育
精華女子短大－幼児保育
中村学園大短大部－幼児保育
西日本短大－保育
東筑紫短大－保育
福岡こども短大－こども教育
福岡女子短大－子ども
佐賀女子短大－こども未来
西九州大短大部－幼児保育
長崎短大－保育
長崎女子短大－幼児教育
尚絅大短大部－幼児教育
東九州短大－幼児教育
別府大短大部－初等教育
別府溝部学園短大－幼児教育
宮崎学園短大－保育
鹿児島純心女子短大－生活(こども学)
鹿児島女子短大－児童教育
第一幼児教育短大－幼児教育
沖縄キリスト教短大－地域こども保育
沖縄女子短大－児童教育

養護教諭二種

◆私　立
國學院大栃木短大－人間教育(生活健康)
帝京短大－生活科学(生活科学〈養護教諭〉)
飯田短大－生活科学(生活科学)
愛知みずほ短大－生活(生活文化〈養護教論〉)
関西女子短大－養護保健
湊川短大－人間生活
高知学園短大－看護

九州女子短大－子ども健康
福岡こども短大－こども教育
佐賀女子短大－こども未来(こども養護)

学校図書館司書教諭(任用)

◆公　立
山形県立米沢女子短大－国語国文、英語英文、日本史
鹿児島県立短大－文学、生活科学(生活科学)
◆私　立
滋賀文教短大－子ども(小学校教諭養成)
福岡女子短大－文化教養
鹿児島女子短大－児童教育(小・幼・保)

司書

◆公　立
山形県立米沢女子短大－国語国文、英語英文、日本史、社会情報
島根県立大短大部－文化情報
◆私　立
釧路短大－生活科学(生活科学)
國學院大北海道短大部－国文、総合教養
札幌国際大短大部－総合生活
北海道武蔵女子短大－教養
青森中央短大－食物栄養
聖和学園短大－キャリア開発総合(司書系)
郡山女子大短大部－地域創成
桜の聖母短大－キャリア教養
茨城女子短大－表現文化
國學院大栃木短大－日本文化(日本文学、言語文化)
秋草学園短大－文化表現、地域保育
聖徳大短大部－保育１部、総合文化
千葉経済大短大部－ビジネスライフ、こども(初等教育、キッズビジネス)
大妻女子大短大部－家政(家政総合)
昭和音楽大短大部－音楽
富山短大－経営情報
上田女子短大－総合文化
信州豊南短大－言語コミュニケーション
松本大松商短大部－経営情報、商
常葉大短大部－日本語日本文
愛知学泉短大－生活デザイン総合
愛知大短大部－ライフデザイン総合
滋賀文教短大－国文
大阪城南女子短大－現代生活(ライフデザイン)
大阪成蹊短大－幼児教育、栄養、調理・製菓、生活デザイン、観光、経営会計、グローバルコミュニケーション
関西外国語大短大部－英米語
近畿大短大部－商経
鳥取短大－地域コミュニケーション、生活(情報・経営、住居・デザイン)
岡山短大－幼児教育
徳島文理大短大部－言語コミュニケーション、商
香川短大－経営情報(情報ビジネス)
九州大谷短大－表現(情報司書)
福岡女子短大－文化教養
佐賀女子短大－地域みらい(司書アーカイブズ)
宮崎学園短大－現代ビジネス(ビジネス)
鹿児島女子短大－教養

社会福祉主事(任用)

◆公　立
旭川市立大短大部－食物栄養、幼児教育
会津大短大部－幼児教育・福祉
静岡県立大短大部－社会福祉、こども
三重短大－法経１部、法経２部、生活科学(生活科学〈生活福祉・心理〉)、食物栄養
倉敷市立短大－保育
鹿児島県立短大－商経１部、商経２部
◆私　立
帯広大谷短大－社会福祉
釧路短大－生活科学、幼児教育
光塩学園女子短大－食物栄養、保育
國學院大北海道短大部－国文、総合教養、幼児・児童教育
札幌大谷大短大部－保育
函館短大－食物栄養、保育
函館大谷短大－こども、ビジネス情報
北翔大短大部－こども
青森明の星短大－子ども福祉未来
青森中央短大－食物栄養、幼児保育
八戸学院大短大部－幼児保育、介護福祉
弘前医療福祉大短大部－口腔衛生
修紅短大－幼児教育
盛岡大短大部－幼児教育
聖和学園短大－保育
仙台青葉学院短大－こども、歯科衛生、栄養、救急救命
東北生活文化大短大部－生活文化
宮城誠真短大－保育
秋田栄養短大－栄養
聖霊女子短大－生活文化
日本赤十字秋田短大－介護福祉
羽陽学園短大－幼児教育
東北文教大短大部－子ども
郡山女子大短大部－地域創成
桜の聖母短大－生活科学、キャリア教養
福島学院大短大部－保育
茨城女子短大－こども
つくば国際短大－保育
常磐短大－幼児教育保育
宇都宮短大－人間福祉、食物栄養
作新学院大女子短大部－幼児教育
佐野日本大短大－総合キャリア教育(社会福祉士、介護福祉士)
育英短大－保育、現代コミュニケーション
共愛学園前橋国際大短大部－生活
群馬医療福祉大短大部－医療福祉
新島学園短大－コミュニティ子ども
秋草学園短大－幼児教育第一部、幼児教育第二部、地域保育
埼玉純真短大－こども
埼玉東萌短大－幼児保育
武蔵丘短大－健康生活(健康栄養〈病院・福祉〉)
武蔵野短大－幼児教育
山村学園短大－子ども
昭和学院短大－人間生活(こども発達)
清和大短大部－こども
敬愛短大－現代子ども
千葉経済大短大部－こども(保育、キッズビジネス)
千葉明徳短大－保育創造
愛国学園短大－家政
共立女子短大－文(心理学)
駒沢女子短大－保育
白梅学園短大－保育
東京成徳短大－幼児教育
東邦音楽短大－音楽
フェリシアこども短大－国際こども教育
和泉短大－児童福祉
小田原短大－保育、食物栄養
相模女子大短大部－食物栄養
湘北短大－生活プロデュース、保育
昭和音楽大短大部－音楽
鶴見大短大部－保育
横浜女子短大－保育
新潟青陵大短大部－人間総合、幼児教育
新潟中央短大－幼児教育
日本歯科大新潟短大－歯科衛生
明倫短大－歯科衛生士

富山短大－健康福祉、食物栄養、幼児教育
富山福祉短大－社会福祉、看護、幼児教育
金沢学院短大－食物栄養
帝京学園短大－保育
山梨学院短大－保育
飯田短大－生活科学、幼児教育
佐久大信州短大部－福祉
松本短大－幼児保育、介護福祉
大垣女子短大－幼児教育、音楽総合（ウインドアンサンブル、ピアノ、電子オルガン、音楽療法）、歯科衛生
中京学院大短大部－保育
中部学院大短大部－幼児教育、社会福祉（介護福祉）
修文大短大部－幼児教育一部、幼児教育三部
名古屋短大－現代教養
名古屋経営短大－介護福祉
高田短大－子ども、キャリア育成
ユマニテク短大－幼児保育
滋賀短大－幼児教育保育、ビジネスコミュニケーション
びわこ学院大短大部－ライフデザイン（児童学、健康福祉）
華頂短大－幼児教育
京都文教短大－ライフデザイン総合（栄養士）、幼児教育
大阪キリスト教短大－幼児教育
大阪芸術大短大部－保育
大阪健康福祉短大－子ども福祉、介護福祉、保育・幼児教育、地域総合介護福祉
大阪城南女子短大－総合保育、現代生活（福祉デザイン）
大阪成蹊短大－幼児教育
大阪千代田短大－幼児教育
大阪夕陽丘学園短大－食物栄養、キャリア創造（製菓クリエイト）
関西女子短大－保育、養護保健、医療秘書、歯科衛生
堺女子短大－美容生活文化
四條畷学園短大－保育、ライフデザイン総合
四天王寺大短大部－保育、ライフデザイン
常磐会短大－幼児教育
東大阪大短大部－実践保育、実践食物、介護福祉
関西学院短大－保育
甲子園短大－生活環境、幼児教育保育
神戸教育短大－こども
神戸女子短大－総合生活、食物栄養、幼児教育
頌栄短大－保育
豊岡短大－こども
兵庫大短大部－保育一部、保育三部
湊川短大－人間生活、幼児教育保育
和歌山信愛女子短大－保育
岡山短大－幼児教育
川崎医療短大－医療介護福祉
山陽学園短大－こども育成、健康栄養
中国短大－総合生活、保育、情報ビジネス
山陽女子短大－人間生活、食物栄養、臨床検査
広島文化学園短大－保育
岩国短大－幼児教育
宇部フロンティア大短大部－保育
山口芸術短大－保育
四国大短大部－人間健康（介護福祉）、幼児教育保育
徳島文理大短大部－音楽、保育
香川短大－生活文化、子どもⅠ部、子どもⅢ部、経営情報
今治明徳短大－ライフデザイン（介護福祉）、幼児教育
聖カタリナ大短大部－保育
松山東雲短大－保育、食物栄養
九州大谷短大－幼児教育、仏教
近畿大九州短大－保育、生活福祉情報
精華女子短大－幼児保育
西日本短大－ビジネス法、社会福祉、保育、健康スポーツコミュニケーション
東筑紫短大－保育、食物栄養
福岡こども短大－こども教育
佐賀女子短大－地域みらい（福祉とソーシャルケア）、こども未来
西九州大短大部－地域生活支援、幼児保育
長崎女子短大－生活創造、幼児教育
尚絅大短大部－総合生活、食物栄養、幼児教育
大分短大－園芸
東九州短大－幼児教育
別府大短大部－初等教育
別府溝部学園短大－ライフデザイン総合、食物栄養、幼児教育、介護福祉
宮崎学園短大－保育、現代ビジネス（医療事務・医療秘書）
鹿児島純心女子短大－生活、英語
鹿児島女子短大－児童教育、生活科学、教養
沖縄キリスト教短大－地域こども保育

保育士

◆公　立
旭川市立大短大部－幼児教育
会津大短大部－幼児教育・福祉
静岡県立大短大部－社会福祉（社会福祉）、こども
島根県立大短大部－保育
倉敷市立短大－保育

◆私　立
帯広大谷短大－社会福祉（子ども福祉）
釧路短大－幼児教育
光塩学園女子短大－保育
國學院大北海道短大部－幼児・児童教育（幼児保育）
札幌大谷大短大部－保育
札幌国際大短大部－幼児教育保育
函館短大－保育
函館大谷短大－こども
北翔大短大部－こども
青森明の星短大－子ども福祉未来（保育）
青森中央短大－幼児保育
柴田学園大短大部－保育
八戸学院大短大部－幼児保育
修紅短大－幼児教育
盛岡大短大部－幼児教育
聖和学園短大－保育
仙台青葉学院短大－こども
東北生活文化大短大部－生活文化（子ども生活）
宮城誠真短大－保育
聖霊女子短大－生活文化（生活こども）
聖園学園短大－保育
羽陽学園短大－幼児教育
東北文教大短大部－子ども
いわき短大－幼児教育
郡山女子大短大部－幼児教育
桜の聖母短大－生活科学（福祉こども〈こども保育〉）
福島学院大短大部－保育
茨城女子短大－こども
つくば国際短大－保育
常磐短大－幼児教育保育
國學院大栃木短大－人間教育（子ども教育〈幼稚園・保育〉）
作新学院大女子短大部－幼児教育
佐野日本大短大－総合キャリア教育（こども）
育英短大－保育

共愛学園前橋国際大短大部－生活(こども学)
新島学園短大－コミュニティ子ども
秋草学園短大－幼児教育第一部、幼児教育第二部、地域保育
川口短大－こども
国際学院埼玉短大－幼児保育
埼玉純真短大－こども
埼玉東萌短大－幼児保育
武蔵野短大－幼児教育
山村学園短大－子ども
昭和学院短大－人間生活(こども発達)
聖徳大短大部－保育１部、保育２部
清和大短大部－こども
敬愛短大－現代子ども
千葉経済大短大部－こども(保育)
千葉明徳短大－保育創造
有明教育芸術短大－子ども教育
駒沢女子短大－保育
女子美術大短大部－造形
白梅学園短大－保育
帝京短大－こども教育(専攻科に進学し修了することが必要)
貞静学園短大－保育
東京家政大短大部－保育
東京女子体育短大－こどもスポーツ教育
東京成徳短大－幼児教育
東京立正短大－現代コミュニケーション(幼児教育)
フェリシアこども短大－国際こども教育
和泉短大－児童福祉
小田原短大－保育
鎌倉女子大短大部－初等教育
湘北短大－保育
洗足こども短大－幼児教育保育
鶴見大短大部－保育
横浜女子短大－保育
新潟青陵大短大部－幼児教育
新潟中央短大－幼児教育
富山短大－幼児教育
富山福祉短大－幼児教育
金沢学院短大－幼児教育
金城大短大部－幼児教育
仁愛女子短大－幼児教育
帝京学園短大－保育
山梨学院短大－保育
飯田短大－幼児教育
上田女子短大－幼児教育
佐久大信州短大部－福祉(子ども福祉)
信州豊南短大－幼児教育
清泉女学院短大－幼児教育
長野短大－幼児教育
松本短大－幼児保育
大垣女子短大－幼児教育
中京学院大短大部－保育
中部学院大短大部－幼児教育
東海学院大短大部－幼児教育
常葉大短大部－保育
浜松学院大短大部－幼児教育
愛知学泉短大－幼児教育
愛知文教女子短大－幼児教育１部、幼児教育３部
愛知みずほ短大－現代幼児教育
岡崎女子短大－幼児教育一部、幼児教育三部
修文大短大部－幼児教育一部、幼児教育三部
豊橋創造大短大部－幼児教育・保育
名古屋短大－保育
名古屋経営短大－子ども
名古屋柳城短大－保育
高田短大－子ども
ユマニテク短大－幼児保育
滋賀短大－幼児教育保育
滋賀文教短大－子ども(保育士養成)
びわこ学院大短大部－ライフデザイン(児童学)
華頂短大－幼児教育
京都西山短大－共生社会(こども教育)
京都文教短大－幼児教育
大阪キリスト教短大－幼児教育
大阪芸術大短大部－保育
大阪健康福祉短大－子ども福祉、保育・幼児教育
大阪国際大短大部－幼児保育
大阪城南女子短大－総合保育
大阪成蹊短大－幼児教育
大阪千代田短大－幼児教育
関西女子短大－保育
堺女子短大－美容生活文化(幼児教育)
四條畷学園短大－保育
四天王寺大短大部－保育
常磐会短大－幼児教育
東大阪大短大部－実践保育
関西学院短大－保育
甲子園短大－幼児教育保育
神戸教育短大－こども
神戸女子短大－幼児教育
頌栄短大－保育
豊岡短大－こども
兵庫大短大部－保育一部、保育三部
湊川短大－幼児教育保育
大和大白鳳短大部－総合人間(こども教育)
和歌山信愛女子短大－保育
鳥取短大－幼児教育保育
岡山短大－幼児教育
作陽短大－音楽(幼児教育)
山陽学園短大－こども育成
中国短大－保育
比治山大短大部－幼児教育
広島文化学園短大－保育
岩国短大－幼児教育
宇部フロンティア大短大部－保育
下関短大－保育
山口短大－児童教育(幼児教育学)
山口芸術短大－保育
四国大短大部－幼児教育保育
徳島文理大短大部－保育
香川短大－子どもⅠ部、子どもⅢ部
高松短大－保育
今治明徳短大－幼児教育
聖カタリナ大短大部－保育
松山東雲短大－保育
高知学園短大－幼児保育
九州大谷短大－幼児教育
九州女子短大－子ども健康
近畿大九州短大－保育
香蘭女子短大－保育
精華女子短大－幼児保育
中村学園大短大部－幼児保育
西日本短大－保育
東筑紫短大－保育
福岡こども短大－こども教育
福岡女子短大－子ども
佐賀女子短大－こども未来
西九州大短大部－幼児保育
長崎短大－保育
長崎女子短大－幼児教育
尚絅大短大部－幼児教育
東九州短大－幼児教育
別府大短大部－初等教育
別府溝部学園短大－幼児教育
宮崎学園短大－保育
鹿児島純心女子短大－生活(こども学)
鹿児島女子短大－児童教育
第一幼児教育短大－幼児教育
沖縄キリスト教短大－地域こども保育
沖縄女子短大－児童教育(心理教育、福祉教育)

栄養士

◆公　立

旭川市立大短大部－食物栄養
岩手県立大盛岡短大部－生活科学（食物栄養学）
会津大短大部－食物栄養
岐阜市立女子短大－健康栄養
三重短大－食物栄養
鹿児島県立短大－生活科学（食物栄養）

◆私　立

帯広大谷短大－地域共生（食と栄養）
釧路短大－生活科学（食物栄養）
光塩学園女子短大－食物栄養
函館短大－食物栄養
青森中央短大－食物栄養
柴田学園大短大部－生活
仙台青葉学院短大－栄養
東北生活文化大短大部－生活文化（食物栄養）
秋田栄養短大－栄養
聖霊女子短大－生活文化（健康栄養）
郡山女子大短大部－健康栄養
桜の聖母短大－生活科学（食物栄養）
福島学院大短大部－食物栄養
宇都宮短大－食物栄養
佐野日本大短大－総合キャリア教育（栄養士）
共愛学園前橋国際大短大部－生活（栄養）
国際学院埼玉短大－健康栄養（食物栄養）
武蔵丘短大－健康生活（健康栄養）
昭和学院短大－ヘルスケア栄養
愛国学園短大－家政（食物栄養）
大妻女子大短大部－家政（食と栄養）
女子栄養大短大部－食物栄養
帝京短大－生活科学（食物栄養）
戸板女子短大－食物栄養
東京家政大短大部－栄養
新渡戸文化短大－フードデザイン（栄養士）
小田原短大－食物栄養
相模女子大短大部－食物栄養
富山短大－食物栄養
金沢学院短大－食物栄養
山梨学院短大－食物栄養（栄養士）
飯田短大－生活科学（食物栄養）
長野短大－食物栄養
静岡英和学院大短大部－食物栄養
愛知学泉短大－食物栄養
愛知文教女子短大－生活文化（食物栄養）
愛知みずほ短大－生活（食物栄養）
名古屋文理大短大部－食物栄養（栄養士）
滋賀短大－生活（食健康）
京都文教短大－ライフデザイン総合（栄養士）
大阪国際大短大部－栄養
大阪成蹊短大－栄養
大阪夕陽丘学園短大－食物栄養
東大阪大短大部－実践食物（栄養士）
神戸女子短大－食物栄養
和歌山信愛女子短大－生活文化（食物栄養）
鳥取短大－生活（食物栄養）
山陽学園短大－健康栄養
山陽女子短大－食物栄養（栄養管理）
広島文化学園短大－食物栄養
宇部フロンティア大短大部－食物栄養
下関短大－栄養健康
四国大短大部－人間健康（食物栄養）
徳島文理大短大部－生活科学（食物）
香川短大－生活文化（食物栄養）
今治明徳短大－ライフデザイン（食物栄養）
松山東雲短大－食物栄養
香蘭女子短大－食物栄養
精華女子短大－生活科学（食物栄養）
中村学園大短大部－食物栄養
東筑紫短大－食物栄養
福岡女子短大－健康栄養
西九州大短大部－地域生活支援（食健康）
長崎短大－地域共生（食物栄養）
長崎女子短大－生活創造（栄養士）
尚絅大短大部－食物栄養
別府大短大部－食物栄養
別府溝部学園短大－食物栄養
鹿児島純心女子短大－生活（食物栄養）
鹿児島女子短大－生活科学（食物栄養）

2級衣料管理士（テキスタイルアドバイザー）

◆公　立

岐阜市立女子短大－デザイン環境（ファッション）

◆私　立

新潟青陵大短大部－人間総合
大阪成蹊短大－生活デザイン

短大卒業後、受験資格が得られる資格

介護福祉士※

◆公　立

静岡県立大短大部－社会福祉（介護福祉）

◆私　立

帯広大谷短大－社会福祉（介護福祉）
青森明の星短大－子ども福祉未来（コミュニティ福祉）
八戸学院大短大部－介護福祉
日本赤十字秋田短大－介護福祉
宇都宮短大－人間福祉（介護福祉）
佐野日本大短大－総合キャリア教育（介護福祉士）
群馬医療福祉大短大部－医療福祉
富山短大－健康福祉
富山福祉短大－社会福祉
飯田短大－生活科学（介護福祉）
佐久大信州短大部－福祉（介護福祉）
松本短大－介護福祉
中部学院大短大部－社会福祉（介護福祉）
名古屋経営短大－介護福祉
高田短大－キャリア育成（介護福祉）
びわこ学院大短大部－ライフデザイン（健康福祉）
大阪健康福祉短大－介護福祉、地域総合介護福祉
東大阪大短大部－介護福祉
川崎医療短大－医療介護福祉
中国短大－総合生活
四国大短大部－人間健康（介護福祉）
今治明徳短大－ライフデザイン（介護福祉）
西日本短大－社会福祉
佐賀女子短大－地域みらい（福祉とソーシャルケア）
西九州大短大部－地域生活支援（介護福祉）
長崎短大－地域共生（介護福祉）
別府溝部学園短大－介護福祉
鹿児島女子短大－生活科学（生活福祉）

※2026年度末（2027年3月）までの介護福祉士養成施設（短大・専門学校）卒業者には、特例として卒業後5年間、介護福祉士の資格が付与される。その後も資格を保持するためには卒業後5年以内に国家試験に合格するか、卒業後5年間連続で介護業務に従事する必要がある。

社会福祉士（短大卒業後、実務経験が必要）

◆公 立
会津大短大部－幼児教育・福祉
静岡県立大短大部－社会福祉（社会福祉）
三重短大－生活科学（生活科学〈生活福祉・心理〉）
◆私 立
宇都宮短大－人間福祉（社会福祉〈社会福祉士〉）
佐野日本大短大－総合キャリア教育（社会福祉士）
富山福祉短大－社会福祉

看護師

◆私 立
帯広大谷短大－看護
仙台赤門短大－看護
埼玉医科大短大－看護
神奈川歯科大短大部－看護
富山福祉短大－看護
飯田短大－看護
平成医療短大－看護
藍野大短大部－第一看護、第二看護
大和大白鳳短大部－総合人間（看護学）
川崎医療短大－看護
高知学園短大－看護

歯科衛生士

◆公 立
静岡県立大短大部－歯科衛生
◆私 立
弘前医療福祉大短大部－口腔衛生
仙台青葉学院短大－歯科衛生
東京歯科大短大－歯科衛生
日本歯科大東京短大－歯科衛生
目白大短大部－歯科衛生
神奈川歯科大短大部－歯科衛生
鶴見大短大部－歯科衛生
日本歯科大新潟短大－歯科衛生
明倫短大－歯科衛生士
大垣女子短大－歯科衛生
愛知学院大短大部－歯科衛生
京都光華女子大短大部－歯科衛生
関西女子短大－歯科衛生
大手前短大－歯科衛生
高知学園短大－歯科衛生
福岡医療短大－歯科衛生

歯科技工士

◆私 立
日本歯科大東京短大－歯科技工
明倫短大－歯科技工士

臨床検査技師

◆私 立
帝京短大－ライフケア（臨床検査）
新渡戸文化短大－臨床検査
山陽女子短大－臨床検査

理学療法士

◆私 立
平成医療短大－リハビリテーション（理学療法）
大和大白鳳短大部－総合人間（リハビリテーション学）

作業療法士

◆私 立
平成医療短大－リハビリテーション（作業療法）
大和大白鳳短大部－総合人間（リハビリテーション学）

言語聴覚士

◆私 立
仙台青葉学院短大－言語聴覚

二級建築士

◆公 立
岩手県立大盛岡短大部－生活科学（生活デザイン）
会津大短大部－産業情報（デザイン情報）
岐阜市立女子短大－デザイン環境（建築・インテリア）
三重短大－生活科学（生活科学〈居住環境〉）
鹿児島県立短大－生活科学（生活科学）
◆私 立
日本大短大部（船橋）－建築・生活デザイン
大手前短大－ライフデザイン総合
神戸女子短大－総合生活
鳥取短大－生活（住居・デザイン）
徳島文理大短大部－生活科学（生活科学）

知りたい! 資格取得ルートマップ

資格には、短大で所定の課程や科目を履修して卒業すると無試験で取得できる資格（*1）、短大で所定の課程を修了後、資格試験に合格すると取得できる資格（*2）があります。ここでは、おもな資格の短大経由での取得方法を紹介します。

***1 短大で決められた課程や科目を履修して卒業すると無試験で取得できる資格**
小学校教諭二種免許状　幼稚園教諭二種免許状　保育士
栄養士　司書　秘書士　情報処理士　ビジネス実務士
フードサイエンティストなど

***2 短大で所定の課程を修了後、資格試験に合格すると取得できる資格**
看護師　歯科衛生士　理学療法士など

❶小学校教諭・中学校教諭

免許取得後の採用試験合格が必須

教員養成課程がある学科で所定の単位を修得すれば、教員免許を取得できます。その後、公立学校なら希望する自治体の採用試験、私立学校なら学校独自の試験に合格して採用となります。

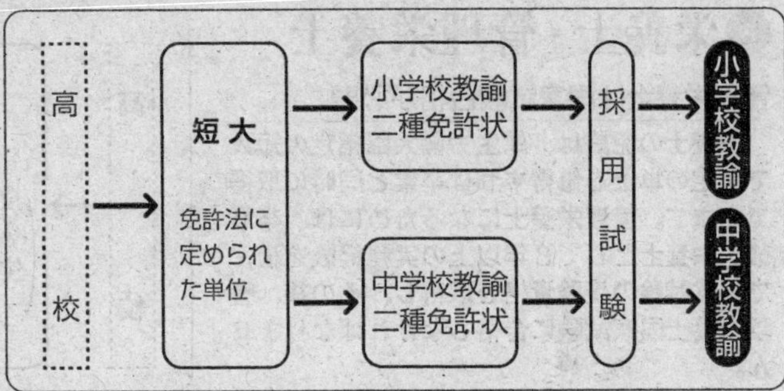

❷幼稚園教諭

文部科学省認定の短大で履修

幼稚園教員養成課程のある学科で所定の単位を修得すれば免許を取得できます（ほかにも保育士としての経験を3年以上積み、「幼稚園教員資格認定試験」に合格すれば取得は可能）。その後、公立なら自治体の採用試験、私立なら学校独自の試験に合格して採用となります。

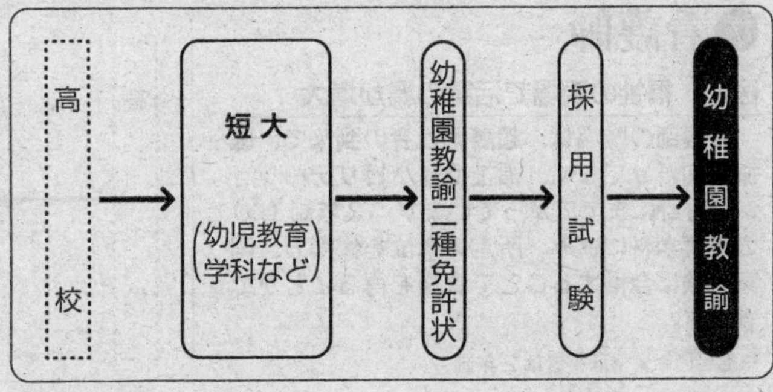

❸保育士

厚生労働省認定の短大で履修

しばしば幼稚園教諭と混同されますが、幼稚園教諭は文部科学省、保育士は厚生労働省の管轄となります。保育士資格は厚生労働省の認定する短大において所定の科目や実習の単位を修得すれば取得できます。その後、採用試験に合格して実務に就きます。

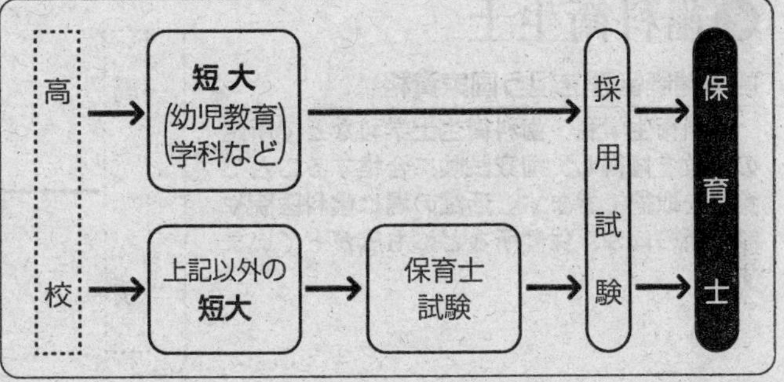

❹社会福祉士

超高齢社会で重要な役割が期待される

社会福祉事務所や各種の福祉施設が、仕事場となります。福祉系の短大で指定科目を履修し、卒業後、所定の施設で2年の実務経験を積むことで国家試験の受験資格が得られます。在学中に基礎科目のみ履修した場合は、実務経験のほか短期養成施設等（6か月以上）を卒業することが必要です。

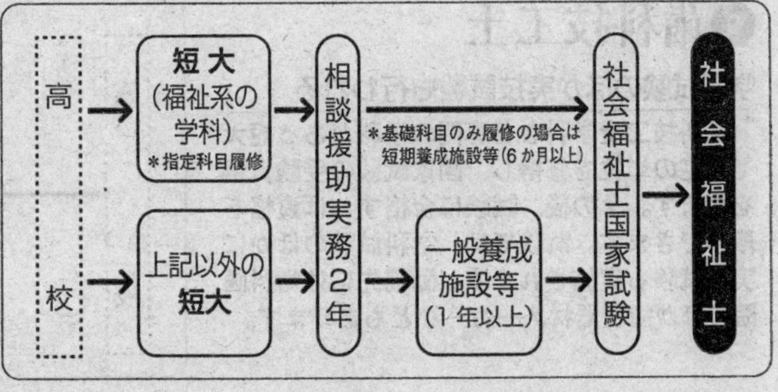

❺司書

資格を得て採用試験に合格することが必要

公共の図書館などで資料の選択、発注及び受け入れ、分類、目録作成、貸出業務、読書案内などを行います。司書の資格は司書課程のある短大の所定の単位修得で取得できますが、司書として活躍するには、各図書館の採用試験に合格し、採用されることが必要です。

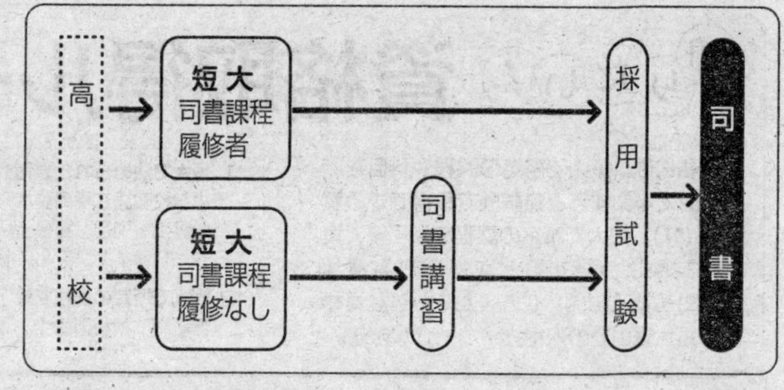

❻栄養士・管理栄養士

管理栄養士は国家試験合格が必要

栄養士の免許は、厚生労働大臣指定の短大で所定の単位を修得すれば卒業と同時に取得できます。管理栄養士になるためには、卒業後、栄養士として３年以上の実務経験を積んで国家試験の受験資格を取得し、その後、管理栄養士国家試験に合格しなければなりません。

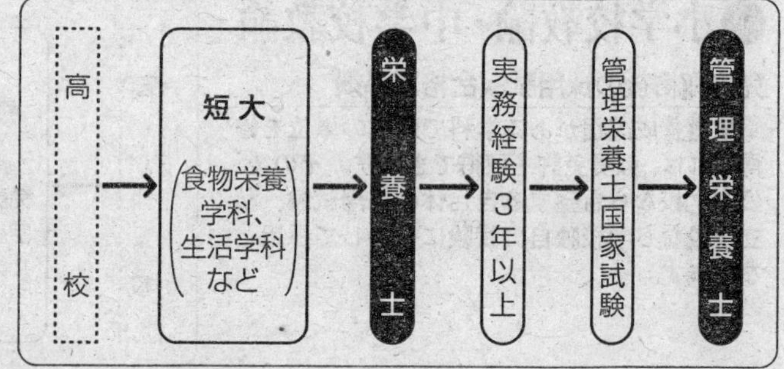

❼看護師

医療・福祉の現場で活躍の場が増大

看護師の職場は、超高齢社会の到来で、医療機関だけでなく、福祉やリハビリテーションの分野にまで広がっています。３年制（※）の看護学科に進み、所定の単位を修得し、国家試験に合格することで資格を得ることができます。

※准看護師資格取得者は２年制

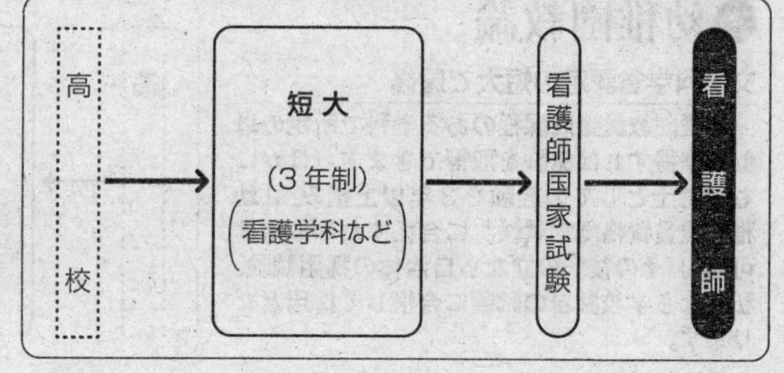

❽歯科衛生士

歯の健康管理を担う国家資格

歯科衛生学科・歯科衛生士学科などで所定の単位を修得し、国家試験に合格することで資格を取得できます。活躍の場は歯科医院や診療所のほか、保健所などにも広がっています。

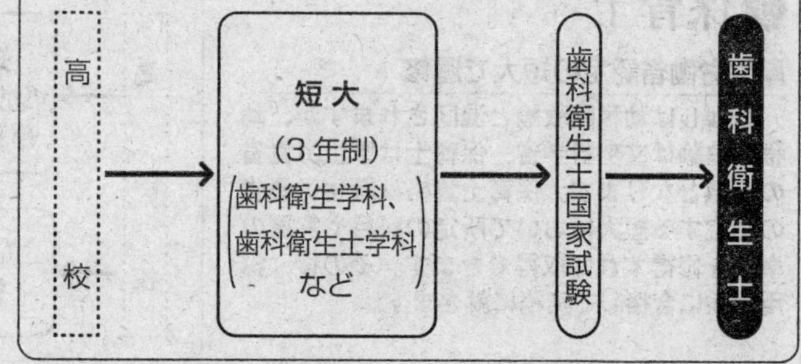

❾歯科技工士

学科試験のほか実技試験も行われる

歯科技工士学科など専門の学科がある短大で所定の単位を修得し、国家試験の受験資格を得ます。その後、試験に合格すれば資格を取得できます。試験では、学科試験のほかに実技試験も実施されます。勤務先には歯科医院のほか歯科器材メーカーなどもあります。

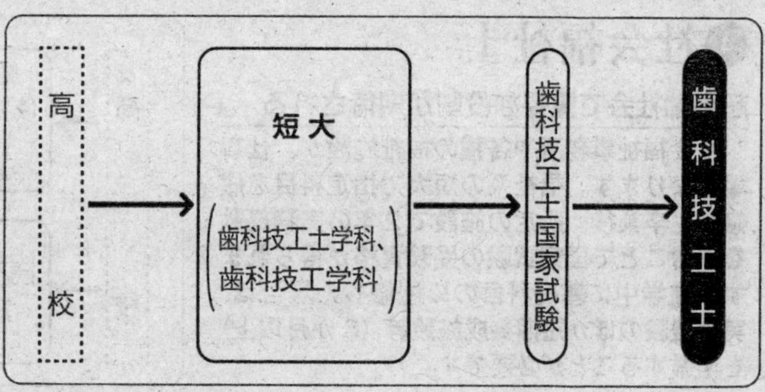

⑩臨床検査技師

3年制の短大で専門知識と技術を修得

臨床検査技師は診療に必要な医学検査を行う専門職です。臨床検査学科など（3年制）で所定の単位を修得すれば国家試験の受験資格が得られます。試験に合格し資格を得た後は、各種医療機関や製薬会社などでの活躍が期待されています。

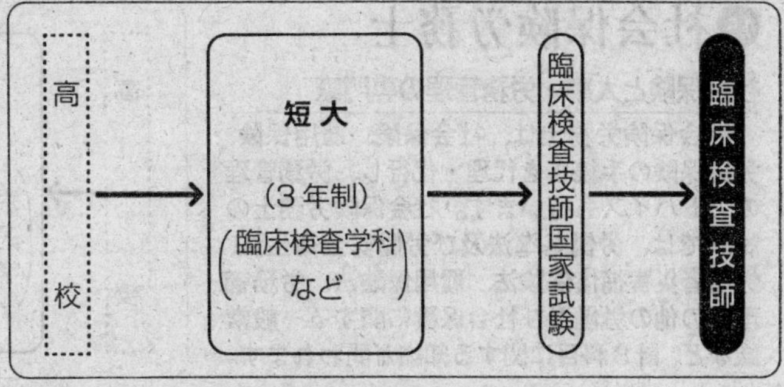

⑪理学療法士

超高齢社会を反映し注目度の高まる資格

病気やけがで体が不自由になった人の運動機能を回復し、社会復帰を助ける専門職です。専門の学科がある短大（3年制）で所定の単位を修得し、国家試験の受験資格を得ます。合格後の就職先として、一般の医療機関や高齢者福祉施設などが挙げられます。

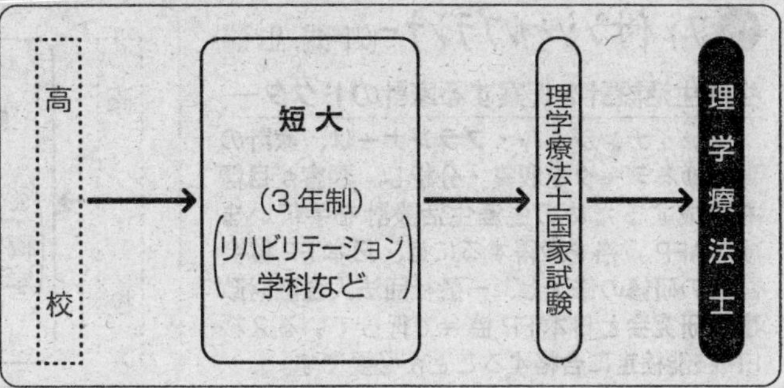

⑫作業療法士

日常動作や社会適応力の回復をはかる専門職

身体や精神に障害がある人、加齢により心身の機能が衰えている人に、工作や手芸、玩具操作などにより日常動作や社会適応力の回復をはかる専門職です。理学療法士同様、専門の学科がある短大（3年制）で所定の単位を修得し、国家試験の受験資格を得ます。

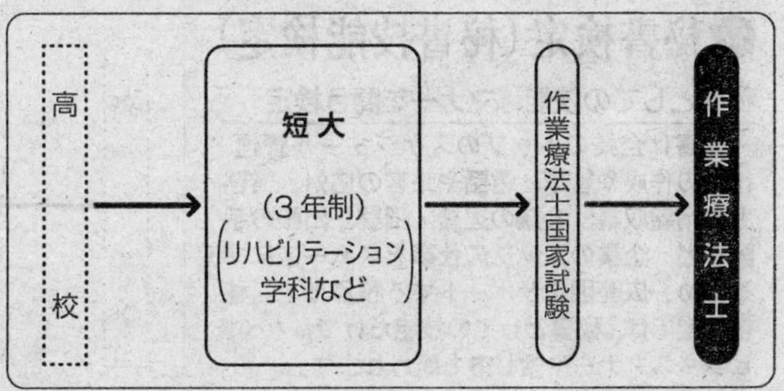

⑬精神保健福祉士

国民の精神保健保持に貢献する仕事

精神障害者の社会復帰のための相談や援助を行う専門職です。福祉系の短大で指定科目を履修し、卒業後、所定の施設で2年の実務経験を積むことで国家試験の受験資格が得られます。在学中に基礎科目のみ履修した場合は、実務経験のほか短期養成施設等（6か月以上）を卒業することが必要です。

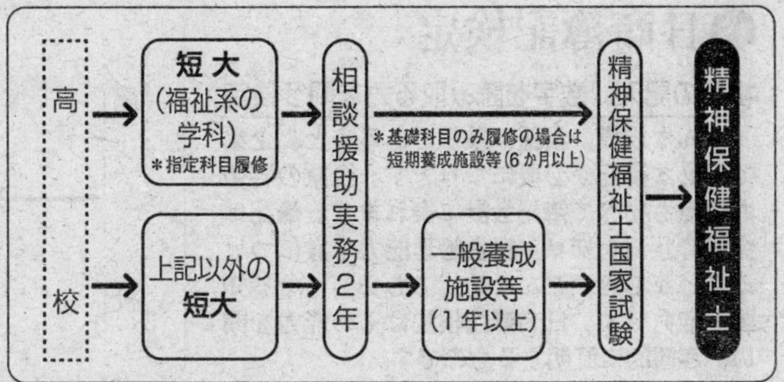

⑭二級建築士

一般的な建築物の設計・施工監理を行う

建築関連の学科で学んだ場合は卒業後に、国家試験の受験資格を得ることができます。資格の取得には、学科試験に合格してからさらに設計製図の試験に合格する必要があります。勤務先には、建設会社や設計事務所、官公庁などがあります。

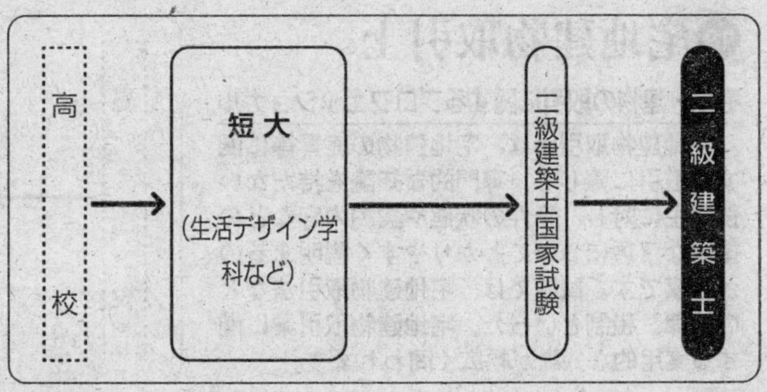

⑮社会保険労務士

社会保険と人事・労務管理の専門家

社会保険労務士は、社会保険、雇用保険、労災保険の手続きを代理・代行し、労務管理のアドバイスも行います。社会保険労務士の試験では、労働基準法及び労働安全衛生法、労働者災害補償保険法、雇用保険法、労務管理その他の労働及び社会保険に関する一般常識など、計８科目に関する知識が問われます。

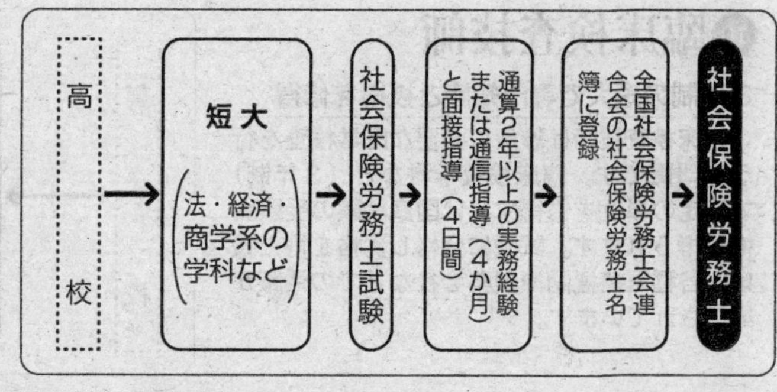

⑯ファイナンシャルプランナー（CFP®資格、AFP資格）

生涯生活設計を提案する家計のドクター

ファイナンシャル・プランナーは、家計のあらゆるデータを収集・分析し、顧客が目標を達成するための生涯生活設計を手伝います。AFP資格を取得するには、日本FP協会認定の研修の修了と、一般社団法人金融財政事情研究会と日本FP協会で行っている２級FP技能検定に合格することが必要です。

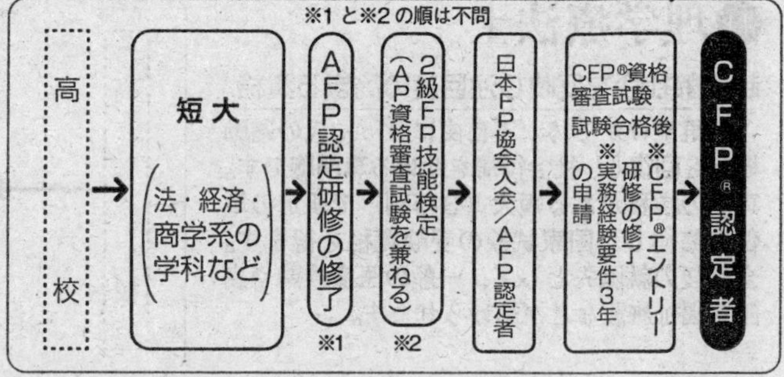

⑰秘書検定（秘書技能検定）

秘書としての技能、マナーを問う検定

秘書は企業のトップのスケジュール管理、書類の作成や管理、電話や来客の応対、業務上の情報収集、会議の連絡・調整、出張の手配など、企業のトップの仕事をスムーズにするため、広範囲にサポートする役目です。秘書検定では、秘書としての技能だけではなく、ビジネスマナーや話し方も問われます。

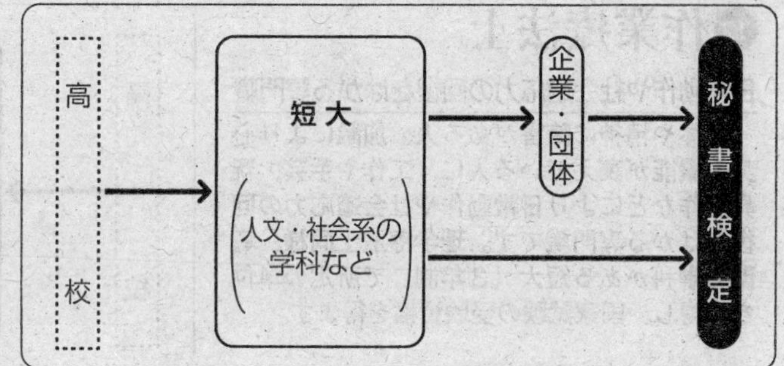

⑱日商簿記検定

帳簿の記入、数字を読み取る力を問う検定

どんな規模、業種、業態であろうと、企業では必ず簿記が必要になります。企業の特徴も弱点もすべて簿記会計に表れます。簿記は会社の状況を知り、経営管理能力を身につけることができ、どんな時代でも必要になる知識・能力です。日商簿記検定はその能力を問い、客観的に証明するものです。

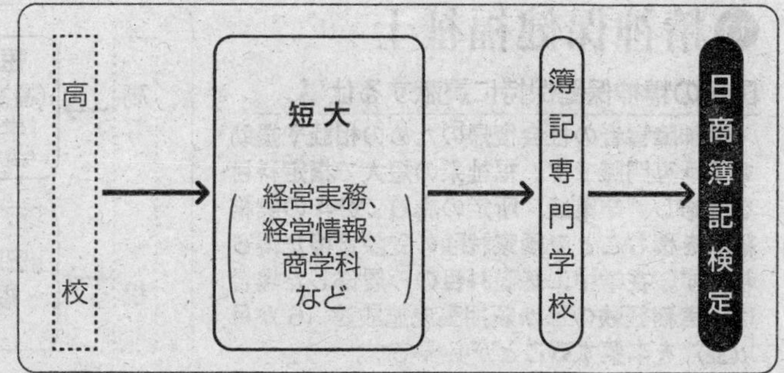

⑲宅地建物取引士

宅地・建物の取引に関するプロフェッショナル

宅地建物取引士は、宅地建物の売買等に関する取引に際して、専門的な知識を持たない依頼主に対し、物件の状態や契約内容などの重要な事項についてわかりやすく説明するのが仕事です。試験では、宅地建物取引法などの法律、税制といった、宅地建物取引業に関する実用的な知識が幅広く問われます。

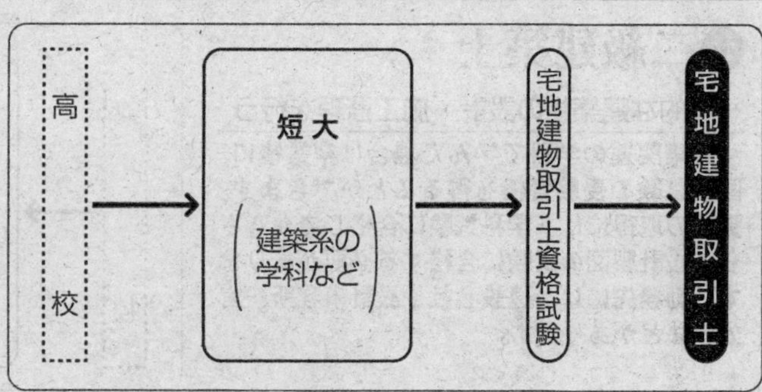

⑳ 情報処理技術者試験 情報処理安全確保支援士試験

情報技術の知識・技能を評価する試験

情報処理技術者とは、情報システムの開発・運用・保守を担える技術者のことです。情報処理技術者試験は、経済産業省が情報処理技術者としての「知識・技能」の水準について、ある水準以上であることを認定する国家試験です。IT 知識レベルの客観的な評価指標として、高く評価されています。

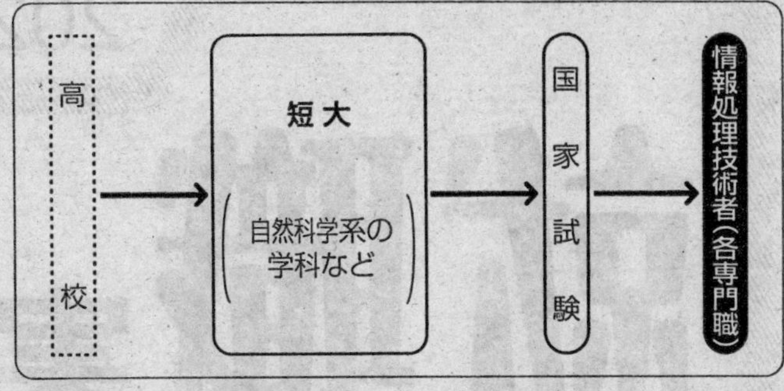

㉑ マイクロソフト オフィス スペシャリスト（MOS）

マイクロソフト オフィスの利用能力を問う試験

マイクロソフト オフィス スペシャリスト（MOS）は、マイクロソフト オフィスの利用能力を証明する資格試験です。MOS を取得することで、就職などの時に実務能力の証明として履歴書に書くことができるようになり、そのスキルを客観的に示せるものとして高い人気を誇っています。

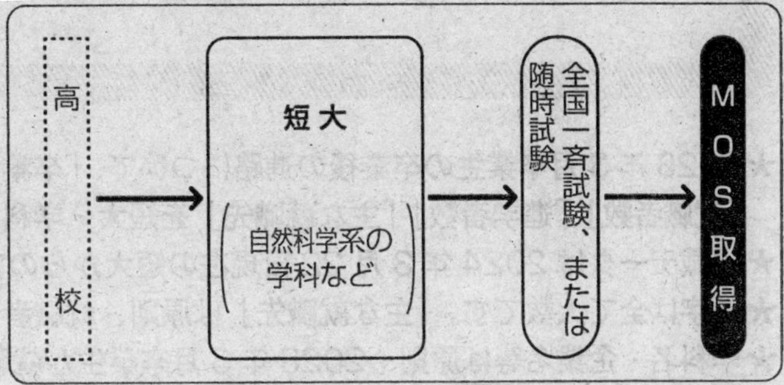

㉒ インテリアコーディネーター

理想の住空間づくりをプロデュースする仕事

幅広い商品知識とセンスを武器に、依頼主が満足する住環境を整えていくのが仕事です。主な活躍の場は、インテリア関連企業、住宅メーカーや住宅設備の企業、小売店や内装業など。試験は一次試験と二次試験からなり、一次試験は解答選択式、二次試験は、プレゼンテーション・論文試験が課されます。

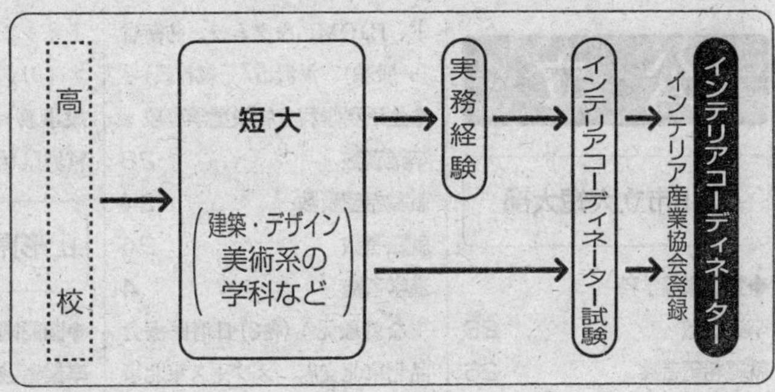

㉓ 色彩検定®

色に関する知識や技能を問う検定

色に関する実践的な知識や技能を問う検定で、省庁に認められた資格として社会的評価も高いです。服飾関係、デザインや広告、住環境、美容など、色についての知識が必要とされる職場では、とくに重要視されています。キャリアアップを目指す社会人や就職活動のために学生が取得する例も増えています。

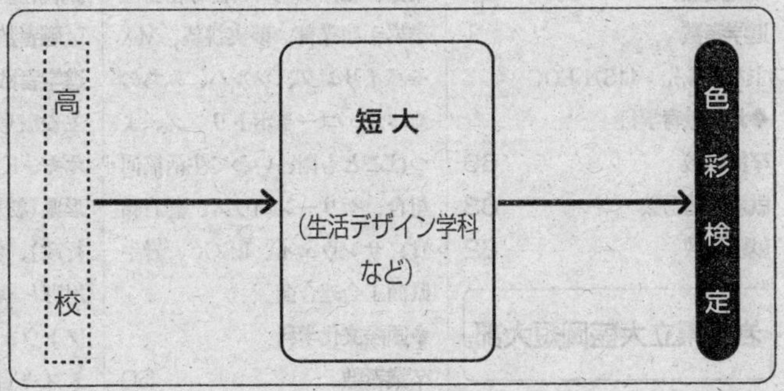

㉔ キャビンアテンダント

機内で乗客へサービスを行い、安全を守る

機内サービスと保安業務がキャビンアテンダントの２大業務です。体力はもちろん、気配り、冷静さ、リーダーシップが求められる仕事だといえるでしょう。キャビンアテンダントの採用試験では筆記試験、面接、英語面接、体力測定などが課されます。英語力はおおよそ TOEIC®600 点前後が目安です。

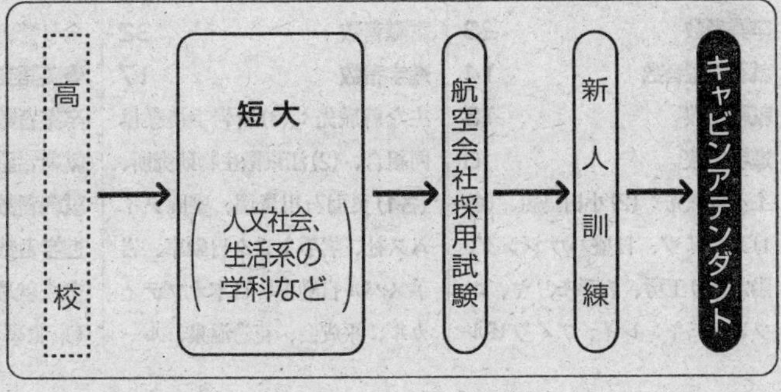

2023年 春 就職実績一覧

★2023年3月卒業生の卒業後の進路について、「卒業者数」「就職希望者数」「就職者数」「進学者数」「主な就職先」を短大・学科別に掲載しました。
★掲載データは2024年3月22日現在の短大からのアンケート回答に基づいています。
★数字は全て人数です。「主な就職先」は原則、就職者の人数の多い順に掲載しています。
★学科名・企業名等は原則、2023年3月卒業生が就職した時点の名称です。

公立

旭川市立大短大部

◆食物栄養学科

卒業者数	28
就職希望者数	25
就職者数	24
進学者数	1

主な就職先：(13)LEOC

◆幼児教育学科

卒業者数	66
就職希望者数	63
就職者数	62

岩手県立大盛岡短大部

◆生活科学科生活デザイン専攻

卒業者数	23
就職希望者数	14
就職者数	13
進学者数	6

主な就職先：(2)小田島組、(各1)スマイヴ、日盛ハウジング、陽だまり工房、岩手モリヤ、エフビー、キンレイ、アイワビルド、IDOM、キタムラ、防衛省(一般職)、湯沢市(一般行政)

◆生活科学科食物栄養学専攻

卒業者数	28
就職希望者数	24
就職者数	24
進学者数	4

主な就職先：(各3)日清医療食品北東北支店、メフォス東北事業部、(2)アレフ、(各1)富士産業岩手事業部、夢実耕望、MXモバイリング、ツルハ、みちのくコカ・コーラボトリング、よつばこども園、いわて生活協同組合、グリーンハウス、碁石給食、サンウェイ、LEOC、岩手県商工会連合会

◆国際文化学科

卒業者数	50
就職希望者数	32
就職者数	32
進学者数	17

主な就職先：(3)新岩手農業協同組合、(2)江東微生物研究所、(各1)奥羽石川農園、盛岡タイムス社、岩手トヨタ自動車、岩手スバル自動車、日本オプティカル、平成会、花巻温泉、ルートインジャパン、渡辺鮮魚店、アイリスオーヤマ、岩手町(一般事務)、宮古市(一般事務)、宮城県(学校事務)

山形県立米沢女子短大

◆国語国文学科

卒業者数	85
就職希望者数	51
就職者数	50
進学者数	18

主な就職先：(各3)クスリのアオキ、KDDIエボルバ、(各1)山形県(初級行政)、米沢市(初級行政)、湯沢市(一般事務)、石川町(一般事務)、エヌ・デーソフトウェア、でん六、ブルボン、スズキ自販山形、山形座瀧波、丸善ジュンク堂書店、良品計画、全日警、緑愛会

◆英語英文学科

卒業者数	49
就職希望者数	21
就職者数	20
進学者数	23

主な就職先：(各1)国家公務員(東北事務)、航空自衛官(一般候補生)、大江町(初級行政)、東根市農業協同組合、会津信用金庫、第一生命保険、エレコン、けんなん、セノン、リロバケーションズ、コスモネット、ナラティブ、アキナイ、ベルパーク、聚楽

◆日本史学科

卒業者数	57
就職希望者数	26
就職者数	26
進学者数	21

主な就職先：(2)東北歴史博物館、(各1)山形県(市町村立学校事務)、福島市(初級行政)、猪苗代町(一般行政)、上越市(司書)、十和田おいらせ農業協同組合、山形県埋蔵文化財センター、舟山病院、ニューメディア、ナウエル、コメリ、日本ホワイトファーム新潟、メディカル・ケア・サービス、会津東山温泉向瀧、青青編集

◆社会情報学科

卒業者数	53
就職希望者数	41
就職者数	41
進学者数	8

主な就職先：(2)山形県(初級

行政)、(各1)米沢市(初級行政)、東根市(初級行政)、河北町(初級行政)、山形おきたま農業協同組合、庄内たがわ農業協同組合、米沢信用金庫、日東ベスト、ニューメディア、福山通運、東京インテリア家具、トヨタカローラ山形、丸松物産、ボディワークホールディングス、セノン

会津大短大部

◆産業情報学科

卒業者数 60
就職希望者数 46
就職者数 44
進学者数 14

主な就職先:〈経営情報コース〉(各1)会津若松市、喜多方市、仙台市、会津商工信用組合、ハイテクシステム、NESI、アルテニカ、インテレクト、会喜地域薬局グループ、会津ガス、若松ガス、あさか保険エイジェンシー、アップコム、クスリのアオキ、リ・ワークショップ、イワキ、YAMADAYA、日産プリンス福島販売、MIDORI、Lotus、東武ホテルマネジメント、〈デザイン情報コース〉(2)アイダ設計、(各1)石井工務店、タマホーム、共同エンジニアリング、日本ハウスホールディングス、福島カラー印刷、TSC、秋田協同印刷、青葉堂印刷、タブレット、北都、イケダ照明、ジェー・シー・スタッフ、松本養蜂総本場、ワタナベ福島ワイヤー加工センター、福島民報社、ジーアンドシーアート箱根クラフトハウス、コプロ・ホールディングス、クスリのアオキ

◆食物栄養学科

卒業者数 31
就職希望者数 25
就職者数 25
進学者数 5

主な就職先:(3)グリーンハウス、(2)竹田健康財団竹田綜合病院、(各1)LEOC、メフォス東日本、メフォス北日本福島第二事業部、富士産業、真栄総業、ミールケア、エームサービス、鳥藤本店 いわき営業所、心愛会、磐城済世会、清和会 船尾保育園、SEI喜羅里きらり保育園塩川ドレミ、あいあい保育園、山形優味、南陽市、小野町、丸三証券会津支店、日研トータルソーシング、秋山ユアビス建設

◆幼児教育学科

卒業者数 50
就職希望者数 48
就職者数 48
進学者数 1

主な就職先:(2)いわき市、中沢学園、南町保育会、青葉福祉会、勿来中野学園なこそ幼稚園、心愛会、(各1)会津若松市、本宮市、会津若松保育協会、啓和会 塩川のびやか保育園、棚倉保育園、共栄会 城山保育園、千葉福祉會、酒田報恩会、WITH GROUP WITH、ライクキッズにじいろ保育園新川崎、中央出版アイン保育園、福島愛育園、白河学園、星総合病院、福島県福祉事業協会、ベストライフジャパン、会津若松市立河東第三幼稚園、会津美里町、金山町、郡山市、白河市、浅川町、一関市、岩手県軽米町、白梅、慈光学園 会津慈光こども園、ザベリオ学園ザベリオ学園こども園、高田幼児幼保連携型認定こども園ひかり、エムポリアム学園 エムポリアムこども園、双葉学園 湯沢よつばこども園、たちばな会、きたはら学園認定こども園泉の森、福島県社会福祉協議会、三篠会、福島さくら農業協同組合(JA福島さくら)

大月短大

◆経済科

卒業者数 171
就職希望者数 80
就職者数 73
進学者数 74

主な就職先:(3)日研トータルソーシング、(各1)八十二システム開発、京王プラザホテル、山梨トヨタ自動車、シャトレーゼ、セイコーエプソン、エノモト、ハイランドリゾート、埼玉県庁、山梨県農業共済組合

岐阜市立女子短大

◆英語英文学科

卒業者数 35
就職希望者数 18
就職者数 18
進学者数 16

主な就職先:(2)岐阜日産自動車、(各1)アピ、岐阜県職員(行政)、近鉄・都ホテルズ(都ホテルズ岐阜長良川)、ケーブルテレビ、ゲンキー、全日本空輸(ANA新千歳空港)、たんぽぽ薬局、TIAD、濃飛倉庫運輸、富士変速機、ホテルニューアワジ、ユニー、ヨツハシ、ルートイングループ、ルートインジャパン、カメヤ不動産

◆国際文化学科

卒業者数 37
就職希望者数 26
就職者数 25
進学者数 6

主な就職先:(3)MTK、(各2)ゲンキー、高山グリーンホテル、(各1)アウトソーシングテクノロジーPRODESK、イエローガーデン石動(社会福祉法人YG)、芋銀、岐阜県職員(小中事務)、岐阜県自動車会議所、岐阜日産自動車、Kiremina、三東テクノスチール、サンデーヒルズ、成和、棚橋鋼材、トーカイ、濃飛倉庫運輸、パナソニックエレクトリックワークス、ファミリーストアさとう、フレスカ、望水、名鉄レストラン

◆食物栄養学科

卒業者数 37
就職希望者数 36
就職者数 35
進学者数 1

主な就職先:(3)LEOC、(2)メフォス東日本、(各1)アピ、ACANext、塩梅、いちい信用金庫、魚国総本社名古屋本部、エームサービス、太田商店、藤田学園、カネ美食品、牛角、技研ウェルネス、九重化成、グランディック、グリーンハウス、さくら歯科、JA岐阜、シダックス、英功会愛松学園、ソシオフードサービス、竹屋、塚本歯科、デリカスイト、日清医療食品関西支店、日清医療食品名古屋支店、日本ゼネラルフード、日本トムソン、葉隠勇進(ソシオークグループ)、富士産業、三重給食センター、三井食品工業

◆生活デザイン学科

卒業者数 40
就職希望者数 34
就職者数 34
進学者数 4

主な就職先:(2)オーツカ、(各1)Itreat、アニバーサリージャパン、イージェーワークス、イトーファッション、宇佐美組、オンワード樫山、加藤木材工業、岐阜市役所(技術)、ぎふ建築住宅センター、GROWTH、サンレジャン、住友林業ホームエンジニアリング、セイフラインズ、千田工務店、玉善、つなぐ不動産、ディマンシェ、鳥取中央有線放送、トヨタホーム岐阜、トリート、日本年金機構岐阜北年金事務所、早野研工、バローホールディングス、ひかりハウジング、ひまわり、フタバ、古川製

材、ブルーメイト、ヤクセル、LAVA International、松本協立銀行、自衛隊(任期付隊員)

静岡県立大短大部

◆歯科衛生学科
卒業者数 37
就職希望者数 36
就職者数 36
進学者数 1
主な就職先：(各2) ASO KIDS DENTAL PARK、ひかり歯科医院、杉山歯科医院、(各1)アップル歯科医院、Naoデンタルクリニック、MI総合歯科クリニック、ニシナ歯科医院、すえのぶクローバー歯科医院、U DENTAL CLINIC、アヒルの子歯科、八木歯科東新田クリニック、石井歯科クリニック、東海リバーサイド歯科、司馬歯科医院、高尾歯科、ほりば歯科、もも歯科、なお歯科クリニック、ふかざわ歯科、岡田歯科医院、デンタルステーションハル歯科医院、オリーブ歯科クリニック、じんお歯科、ホワイトエッセンス、今宮歯科医院(分院：あざみの総合歯科医院)、藤井歯科医院、オリーブ歯科クリニック、美合歯科クリニック、とむ歯科クリニック、つぼい歯科クリニック、富士市立中央病院、静岡県立静岡がんセンター、浜松医科大学医学部附属病院

◆社会福祉学科社会福祉専攻
卒業者数 15
就職希望者数 12
就職者数 11
進学者数 3
主な就職先：(2)静岡手をつなぐ育成の会、(各1)花園会、高麗、ケアハウスあんしんの里、あしたか太陽の丘、東遠学園、赤石寮、リアン文京、うさぎ薬局

◆社会福祉学科介護福祉専攻
卒業者数 24
就職希望者数 23
就職者数 23
進学者数 1
主な就職先：(2)花園会、(各1)ウェルビーイング、沼津フジビューホーム、晃の園、竜爪園、なごみ、こもれび、喜久の園、ハピネスあだち、看護小規模多機能型居宅介護事業所ひより、ききょうの郷、セントケア東千代田小規模多機能、清水松風荘、宮前ロッジ、おおふじ五幸ホーム、伊豆ライフケアホーム、よみうりランド慶友病院、岡谷鋼機、ファーストストーリー、雅心苑

◆こども学科
卒業者数 32
就職希望者数 31
就職者数 31
進学者数 1
主な就職先：(各2)沼津市(保育職)、熱海市(保育職)、静岡市(保育職)、浜松市(保育職)、(各1)ぴっぴーの、静岡ホーム、ふじキンダー学園、富士ふたば幼稚園、はなみずき保育園、足久保こども園、ほのぼの保育園、天林寺こども園、おおぞら保育園、ミアヘルサ、横内幼稚園、日本平幼稚園、島田中央幼稚園、相生南幼稚園、三島市(保育職)、伊東市(保育職)、伊豆の国市(保育職)、長泉町(保育職)、島田市(保育職)、藤枝市(保育職)、小澤歯科クリニック、平山、キタムラ(スタジオマリオ)

三重短大

◆法経科第1部
卒業者数 108
就職希望者数 67
就職者数 65
進学者数 18
主な就職先：(各2)三重トヨタ自動車、岡三証券、酒重、パイロットインキ、三重県警察事務、(各1)百五銀行、ヴァーレ・ジャパン、三重県市町総合事務組合、川崎ハウジング、三重県庁

◆法経科第2部
卒業者数 37
就職希望者数 12
就職者数 12
進学者数 9
主な就職先：(各1)叙々苑、ネッツトヨタ鳥取、クスリのアオキ、大黒天物産、丸和製作所、洞口ルームセレクト、三陽工業、ゴーリキアイランド、マーキュリー、自衛隊

◆食物栄養学科
卒業者数 41
就職希望者数 31
就職者数 30
進学者数 7
主な就職先：(6)日本ゼネラルフード、(各2)ニチダン、メディカルリンク、トモ、(各1)魚国総本社、主体会、岡波総合病院、ヤマモリ、551蓬莱、鈴鹿市役所

◆生活科学科
卒業者数 102
就職希望者数 62
就職者数 62
進学者数 14
主な就職先：(各2)三重県庁、伊丹産業、(各1)三交不動産、津市社会福祉協議会、こころの結、相和福祉会、クラシスホーム、アサヒグローバルホーム、シーキューブ、クロップス

島根県立大短大部

◆保育学科
卒業者数 40
就職希望者数 38
就職者数 38
進学者数 2
主な就職先：(5)ねむの木福祉会、(各2)愛耕福祉会、おおつか福祉会、(各1)松江市保育職、津和野町保育職、隠岐の島町保育職、広島県庄原市保育職、かなで保育園、出雲スマイル保育園、出雲乳児保育所、亀の子たから保育園、出雲サンサン保育園、さとがた保育園、袖師保育所、坪内宝珠会、浜山福祉会、ひらぎの保育園、益田市社会福祉協議会、松江福祉会、瑞穂福祉会、出雲聖園マリア園、津和野幼花園、鳥取福祉会、大元ちどり保育園、坪内朋和学園、せんだん会、あさひ園、出東こども園、光幼保園、勝愛学園、米子聖園ベビーホーム、LIGHT CLUB

◆総合文化学科
卒業者数 39
就職希望者数 30
就職者数 29
進学者数 7
主な就職先：(各2)一畑トラベルサービス、島根銀行、白石家、(各1)島根県職員、松江市職員、隠岐の島町職員、今井書店、キヌヤ、サンプラス、島根トヨタグループ、スターバックスコーヒージャパン、千鳥印刷、ツルハグループドラッグ&ファーマシー西日本、中村茶舗、日新ホールディングス、農協電算センター、原商、前川鋳工造機、マツケイ、みやけ眼科、ウィルオブ・コンストラクション、グリーンホテル・ズ コーポレーション、澤井珈琲、トヨタカローラ広島、丸京製菓、ワールドインテック ファクトリー事業部

倉敷市立短大

◆保育学科
卒業者数 51
就職希望者数 42
就職者数 42
進学者数 9
主な就職先：(22)私立保育所、(11)私立認定こども園、(6)施設ほか、(各1)公務員(正規)、公務員(会計年度)、私立幼稚園

◆服飾美術学科
卒業者数 45
就職希望者数 27
就職者数 25
進学者数 14
主な就職先：(各1)明石被服興業、児島、ビジュピコ岡山店、ミュゼプラチナム、オンワード樫山、ジーンズファクトリー、マツオカコーポレーション、サンエス、パル、水島信用金庫

大分県立芸術文化短大

◆美術科
卒業者数 70
就職希望者数 26
就職者数 25
進学者数 28
主な就職先：(各1)得丸デザイン印刷、フタバ印刷会社、昭和スクリーン、富士製紙企業組合、オノコボデザイン合同会社、NoahDesign、OCAD、熊本県教育委員会、長崎県教育委員会、大分地方法務局
◆音楽科
卒業者数 63
就職希望者数 15
就職者数 15
進学者数 31
主な就職先：(3)大分県警察本部、(各1)カネトウ楽器、共同エンジニアリング、レンブラントホテル大分、ヤマハ音楽振興会、大分県教育委員会、熊本県教育委員会、白川病院、琉球大学病院、大分県立芸術文化短大
◆国際総合学科
卒業者数 102
就職希望者数 79
就職者数 77
進学者数 18
主な就職先：(各2)トキハ、大分銀行、(各1)鹿児島銀行、レゾナック・ホールディングス、パナソニック・エレクトリックワークス社、富士甚醤油、大分航空ターミナル、日立物流九州、星野リゾート、岡山市職員
◆情報コミュニケーション学科
卒業者数 107
就職希望者数 83
就職者数 83
進学者数 15
主な就職先：(4)大分県信用組合、(3)トキハ、(各2)豊和銀行、大分日産自動車、(各1)梅林建設、OBSメディア21、富国生命保険相互会社、サンリオエンターテイメント、国立病院機構九州グループ、大分県職員

鹿児島県立短大

◆文学科
卒業者数 63
就職希望者数 35
就職者数 35
進学者数 8
主な就職先：(4)鹿児島県公立学校教員、(各2)国土交通省九州地方整備局、鹿児島県庁、山形屋、(各1)健康家族、アルファー、明石屋、姶良市役所、宮崎県公立学校教員、ふじリゾート
◆生活科学科
卒業者数 60
就職希望者数 46
就職者数 46
進学者数 7
主な就職先：(各3)一冨士フードサービス、水俣市立総合医療センター、(各2)青雲会病院、鹿児島市役所、(各1)ヤマサハウス、フェスティバロ社、京セラ、山形屋、鹿児島大学職員、シダックス
◆商経学科1部
卒業者数 85
就職希望者数 65
就職者数 65
進学者数 9
主な就職先：(8)鹿児島銀行、(5)鹿児島市役所、(各3)久永コンサルタント、鹿児島県庁、(各2)サツマ酸素工業、Misumi、コーアガス日本、エーコープ鹿児島、コバルト抜建、薩摩川内市役所
◆商経学科2部
卒業者数 51
就職希望者数 32
就職者数 32
進学者数 2
主な就職先：(各2)鹿児島県庁、鹿児島トヨペット、マーキュリー、(各1)インフラテック、鹿児島トヨタ自動車、オーリック不動産、JA食肉かごしま、アダストリア、エム・ディ・エス、ホンダさつま

私立

帯広大谷短大

◆地域教養学科
卒業者数 22
就職希望者数 18
就職者数 18
主な就職先：ホテル日航ノースランド帯広、yu's nail Choette(ユーズネイルシュエット)、帯広日産自動車、勝毎ホールディングス(森のスパリゾート北海道ホテル)、ティー・ワイ、明治十勝工場、川田工業、東洋ワークセキュリティ、十勝浦幌森永乳業、さすがや、日専連ジェミス、十勝信用組合、足寄町(行政)、浦幌町(行政)、音更町(行政)、幕別町(行政)、更別村(社会教育主事)
◆生活科学科
卒業者数 25
就職希望者数 20
就職者数 20
進学者数 2
主な就職先：ネクステージ、宮本商産、北斗十勝リハビリテーションセンター、東洋、トォータルフーズ、五日市、吉井商事、グリーンハウス、日総、慧誠会、日清医療食品、富士産業、十勝清水農業協同組合
◆社会福祉学科子ども福祉専攻
卒業者数 71
就職希望者数 68
就職者数 68
進学者数 1
主な就職先：ドリームポーク、川岸電設、柴多歯科医院、アンビックス(なんぽろ温泉)、士幌町社会福祉協議会、浦幌町(保育)、新得町(保育)、広尾町(保育)、幕別町(保育)、ヨシダホーム、音更暁改園、帯広若光福祉会、清水旭山学園、ポロシリ福祉会、きたのこぐま保育園、帯広葵学園、ぷちとまとほいくえん、池田光寿会、認定こども園中の島スマイル、大谷菩提樹会、音更福祉事業協会、慧誠会、どんぐり保育園、十勝立正福祉事業会、弥生福祉会、竜谷保育会、帯広学園、帯広ひまわり幼稚園、北明やまざと幼稚園、芽室幼稚園、幕別幼稚園、認定こども園なかよし
◆社会福祉学科介護福祉専攻
卒業者数 19
就職希望者数 18
就職者数 18
主な就職先：慧誠会、更葉園、もみじの里、しゃくなげ荘、ロータス音更、刀圭会、普仁会、足寄町(介護)、きらりスマイル音更の会

釧路短大

◆生活科学科生活科学専攻
卒業者数 18
就職希望者数 17
就職者数 17
◆生活科学科食物栄養専攻
卒業者数 14
就職希望者数 12
就職者数 12

◆幼児教育学科
卒業者数 39
就職希望者数 38
就職者数 38

光塩学園女子短大

◆食物栄養科
卒業者数 71
就職希望者数 67
就職者数 65
進学者数 3
主な就職先：日清医療食品、富士産業、LEOC、日総、エムエムピー、グリーンハウス、明日萠、桃の花メイト会、太陽育成会、羊ヶ丘養護園、大槻食材、札幌臨床検査センター
◆保育科
卒業者数 66
就職希望者数 61
就職者数 61
進学者数 1
主な就職先：大藤学園、大蔵学園、光塩学園、西岡学園、華園学園、後藤学園、常徳会、大五京、子どもの家福祉会、札幌みどり福祉会、札幌保育園、プライムツーワン

國學院大北海道短大部

◆国文学科
卒業者数 58
就職希望者数 15
就職者数 14
進学者数 39
主な就職先：(各1)芦別スターライトホテル、かんぽ生命保険、北いぶき農業協同組合、日糧製パン、ピンネ農業協同組合、滝川市役所、芦別市役所、ベネッセスタイルケア、滝川市立図書館、小平町立小平中学校
◆総合教養学科
卒業者数 76
就職希望者数 4
就職者数 4
進学者数 72
主な就職先：(2)北門信用金庫、(各1)北いぶき農業協同組合、アールスペース
◆幼児・児童教育学科
卒業者数 44
就職希望者数 27
就職者数 26
進学者数 14
主な就職先：(2)砂川市役所、(各1)砂川天使幼稚園、芦別市役所、赤平市役所、芦別みどり幼稚園、大谷さくら幼稚園、滝川市社会福祉事業団、滝川白樺幼稚園、滝川市立滝川第二小学校

札幌大谷大短大部

◆保育科
卒業者数 69
就職希望者数 56
就職者数 56
進学者数 10
主な就職先：(4)おおぞら幼稚園、(各2)札幌白ゆり幼稚園、西野桜幼稚園、天使幼稚園、認定こども園もりのひだまり、幼保連携型認定こども園しらゆき夢、(各1)認定こども園ピッコリーノ学院、幼保連携型認定こども園せいめいのもり、はらっぱ保育園、カトリック聖園こどもの家

札幌国際大短大部

◆総合生活キャリア学科
卒業者数 39
就職希望者数 30
就職者数 28
進学者数 3
主な就職先：(各2)アイングループ、ナカジマ薬局、なの花北海道(なの花薬局)、北海道マツダ販売、(各1)北洋銀行、北海道信用金庫
◆幼児教育保育学科
卒業者数 77
就職希望者数 70
就職者数 70
進学者数 2
主な就職先：(各3)清明学園、里塚幼稚園、(各2)大藤学園、清田幼稚園、美晴幼稚園、東月寒認定こども園、札幌ゆたか幼稚園、札幌北野保育園

函館短大

◆食物栄養学科
卒業者数 40
就職希望者数 38
就職者数 38
進学者数 2
主な就職先：(各6)日清医療食品、富士産業、LEOC、(2)シダックス、(各1)なるかわ病院、エームサービス、メフォス、ろうふく会、くるみ学園、函館脳神経外科病院
◆保育学科
卒業者数 58
就職希望者数 55
就職者数 52
進学者数 1
主な就職先：(4)函館共愛会、(各1)函館三育認定こども園、国の子保育園、双葉認定こども園、札幌白樺幼稚園、七飯南幼稚園、カトリック湯の川幼稚園、国の華幼稚園、太陽の子幼稚園、函館上湯川保育園

函館大谷短大

◆コミュニティ総合学科
卒業者数 21
就職希望者数 18
就職者数 18
進学者数 1
主な就職先：(2)石垣電材、(各1)北海道職員、函館日産自動車、HDフラワーホールディングス、大庚会、めもるホールディングス、函館五稜郭病院、MYG、きくち電工舎、鴻人会
◆こども学科
卒業者数 40
就職希望者数 38
就職者数 38
進学者数 1
主な就職先：(4)函館大谷学園、(各3)侑愛会、ネス・コーポレーション、(各2)聖樹の杜、函館龍谷学園、(各1)函館めぐみ幼稚園、七飯南幼稚園、厚沢部町認定こども園はぜる、認定根崎こども園、神山保育園

北翔大短大部

◆こども学科
卒業者数 93
就職希望者数 78
就職者数 78
進学者数 5
主な就職先：千歳市(保育士)、根室市(保育士)、岩内町(保育士)、小樽市立稲穂小学校、釧路市立鳥取小学校、千歳市立千歳小学校、札幌第一幼稚園、岩見沢天使幼稚園、宮の森幼稚園、山王幼稚園、江別大谷幼稚園、札幌自由の森幼稚園、千歳みどりの保育園、当別夢の国幼稚園、開成いちい認定こども園、幌南学園幼稚園、網走若葉幼稚園、美原つくし幼稚園、まごころ保育園、幼保連携型認定こども園ひかりのこいしかり、札内南保育園、もみじ台北保育園、中標津泉保育園、北ひろしま福祉会、AIAI Child Care、アートチャイルドケア、ちゅうわ発寒保育園、札幌時計台雲母保育園、日本仮設

青森明の星短大

◆子ども福祉未来学科
卒業者数 68
就職希望者数 64
就職者数 55
進学者数 1

主な就職先：〈保育専攻〉(3)青森幼稚園、(各2)藤聖母園、ネスコーポレーション、(各1)ねむのき保育園、小柳保育園、白ゆり幼稚園、星美幼稚園、白百合保育園、〈コミュニティ福祉専攻 介護福祉コース〉(2)青森県すこやか福祉事業団、(各1)平元会、愛成会、津麦園、にこにこプラザみさわ、丸正デイサービス雅・華美、グループホーム港町、青山荘、さくらの里山科、〈コミュニティ福祉専攻 キャリアビジネスコース〉(各1)青森市役所、野辺地町役場、十和田商工会議所、青森県商工会連合会、青森県信用組合、グットタイムホーム鍛冶

青森中央短大

◆食物栄養学科

卒業者数	54
就職希望者数	52
就職者数	50
進学者数	2

主な就職先：(11)日清医療食品、(6)グリーンハウス、(3)富士産業、(各2)エームサービス、金浜療護園、(各1)メフォス、中央歯科クリニック、魚国総本社、木の実園、まつしま団地こども園、認定こども園やすた、エム・ティー・フード、豊友会、光田寺保育園、千草保育園

◆幼児保育学科

卒業者数	50
就職希望者数	46
就職者数	45
進学者数	4

主な就職先：(3)コビーソシオ、(各2)認定こども園青空ひかり、浦町保育園、白ゆり幼稚園、仙台元氣保育園、(各1)ひまわり乳児院、認定こども園さんない、つばさ保育園、にじいろ保育園、ネス・コーポレーション、クラ・ゼミ篠田校、あすなろ幼稚園、アイグラン、放課後等デイサービスきらら、後潟保育園

柴田学園大短大部

◆生活科

卒業者数	43
就職希望者数	40
就職者数	37
進学者数	3

主な就職先：(各2)LEOC、テック

◆保育科

卒業者数	58
就職希望者数	58
就職者数	58

主な就職先：(4)つくし会、(各3)睦会、あおもり愛育会、五倫会、(各2)WITH、さくらさくみらい、チャイルドステージ、鹿角子ども未来事業団、富沢学園、厚生会

八戸学院大短大部

◆幼児保育学科

卒業者数	82
就職希望者数	77
就職者数	68
進学者数	1

主な就職先：(各3)城下保育園、八戸学院幼稚園、(各2)はまゆりこども園、ひばり保育園こども園、やまと幼稚園、心羽えみの保育園石神井台、(各1)さつき幼稚園、青葉保育園、放課後等デイサービスはずる、ほうりん保育園

◆介護福祉学科

卒業者数	17
就職希望者数	15
就職者数	15

主な就職先：(各2)ファミリー、ホームハピネスやくら、(各1)ひばり苑、リハビリタウンくじ、妙水苑、光葉園、青森県社会福祉振興団、八戸素心苑、楽晴会、臥牛苑

弘前医療福祉大短大部

◆救急救命学科

卒業者数	37
就職希望者数	37
就職者数	33

主な就職先：(6)青森地域広域事務組合消防本部、(各3)弘前地区消防事務組合消防本部、東京消防庁、(各1)北部上北広域事務組合消防本部、十和田地域広域事務組合消防本部、五所川原地区消防事務組合消防本部、二戸地区広域行政事務組合消防本部、大崎地域広域行政事務組合消防本部、北秋田市消防本部、大曲仙北広域市町村圏組合消防本部

修紅短大

◆幼児教育学科

卒業者数	41
就職希望者数	41
就職者数	41

◆食物栄養学科

卒業者数	25
就職希望者数	23
就職者数	21
進学者数	1

盛岡大短大部

◆幼児教育科

卒業者数	80
就職希望者数	73
就職者数	73
進学者数	7

主な就職先：(各3)天昌寺福祉会、アンジェリカ、(各2)福振会、宮古泉学園、矢巾親和会、杉の子会、野田村保育会、暖光福祉会、あしたばマインド

聖和学園短大

◆キャリア開発総合学科

卒業者数	165
就職希望者数	145
就職者数	144
進学者数	7

主な就職先：(5)エイジェック、(4)ニチイ学館、(各3)光丘泉国際ゴルフクラブ、オオノ、(各2)アイリスオーヤマ、アルプスアルパイン、石巻商工信用組合、旭陽電気、仙台国際ホテル、仙台農業協同組合、ホテルモントレ、エービーシー・マート、小泉、杜の都信用金庫、トベ

◆保育学科

卒業者数	117
就職希望者数	115
就職者数	115

主な就職先：(7)柏松会、(各3)はるかぜ福祉会、仙慈会、東北外語学園、(各2)ろりぽっぷ学園、気仙沼市会計年度、喬希会、たちばな会、たちばな学園、寿なとり学園、菅原学園、曽根学園、柏木学園、YMCA福祉会、どろんこ会

仙台赤門短大

◆看護学科

卒業者数	76
就職希望者数	70
就職者数	70
進学者数	1

主な就職先：(8)宮城厚生協会、(各5)大崎市民病院、仙台厚生病院、(各4)みやぎ県南中核病院、総合南東北病院、松田病院、(3)石巻赤十字病院、(各2)東北公済病院、宮城県立がんセンター、岩手県立病院

仙台青葉学院短大

◆ビジネスキャリア学科

卒業者数	155
就職希望者数	139
就職者数	139
進学者数	4

主な就職先：松本、相双五城信用組合、TBCグループ、アイリスオーヤマ、ブランクリニック仙台院、マクサムコミュニケーションズ、みやざきクリニック、たかき、エーシーネクスト、ホンダ四輪販売 南・東北、エリクソン・ジャパン、第一生命保険、名取デンタルクリニック、北海道旅客鉄道、プレステージ・インターナショナル 岩手BPO一関ブランチ、スズキ自販岩手、NX仙台塩釜港運、aohana 京都フルーツ大福 果寿庵、コスモ工機、鈴勇商店、亘理町職員、みやぎ生活協同組合、あすと長町デンタルクリニック、ちば鷹歯科医院、サマンサタバサジャパンリミテッド、仙台にしむら、アインホールディングス、パナソニックハウジングソリューションズ、宮城ダイハツ販売、グリーンハウザー、大潟村あきたこまち生産者協会、せんだい総合健診クリニック、コプロ・エンジニアード、東仙台歯科クリニック、八竜興産、宮城県職員、JR東日本ステーションサービス、十和田第一病院、ライクスタッフィング、ニッセーデリカ、楽天カード、青森銀行、国分東北、東洋電設ES、柏松会、APパートナーズ、東和薬品、スズキ自販福島、アミーゴ、ヤマザワ、東ソー・クォーツ、新座志木中央総合病院、アイティ・コミュニケーションズ、スタッフサービス、ニチイ学館、サカタのタネ、多賀城市民スポーツクラブ、ウジエスーパー、ALSOK宮城、クスリのアオキ、アクトブレーン、メディアステーション、秋田県商工会連合会、サンドラッグ、ヨークベニマル、古川電気工業、ウエルシア薬局、東京海上日動火災保険、ハウスコム、つるがにしきた農業協同組合、刑務官(東北)、高山歯科医院、日本郵便、東洋ワーク、岩手中央農業協同組合、トヨタ自動車東日本、キャン、メディカルコンフォート まんまる薬局、みちのくジャパン、羽後信用金庫、新庄信用金庫、西仙台病院、ヤマダホールディングス、富国設備工業、スターダストシステム、新みやぎ農業協同組合、宮城第一信用金庫、平城苑、ワールドコンストラクション、でん六、宮古信用金庫、三友堂病院、フーレイ、かんぽ生命保険、粧苑すきや、日専連ライフサービス、住友生命保険、マーキュリー、宮城県警察官、エフエルシープレミアム、明治安田生命保険、ネッツトヨタ岩手、セイスドゥ、スズキ自販山形、ルネッサンス ルパン、会津中央病院、みちのく村山農業協同組合、パナソニック テクノサービス、カメイ、アサヒペット、秋田県職員、クリア、TSUNAGU、夢テクノロジー、イオン東北、ベガスベガス、エヌケイ商事、日東イシダ、JR東日本東北総合サービス、ZEN PLACE、青木商店、ゲオホールディングス、アイ・ティー・エックス、宮城日産自動車、J2P

◆観光ビジネス学科

卒業者数	60
就職希望者数	53
就職者数	53
進学者数	3

主な就職先：山形トヨタ自動車、JR東日本サービスクリエーション、イナムラ歯科医院、MXモバイリング、共立メンテナンス、TBCグループ、P-UP World、奥州秋保温泉 蘭亭、ホテル京阪マネジメント、ニッポンレンタカー東北、ディンプル、アルファクラブ、新光堂、福島銀行、松島国際観光、ホテルグローバルビュー新潟、ワタベウェディング、KDDIエボルバ、日本通運 仙台航空支店、アパホテル、エコーパートナーズ、トヨタレンタリース山形、清月記、東北電化工業、岩手ホテルアンドリゾート、一條旅舘、東横イン、バロックジャパンリミテッド、グッドワークコミュニケーションズ、全日警、楽天カード、マルズ・ジョイフード、はとバス、宮城交通、ハウスM21、ウェスティンホテル横浜、日産サティオ秋田、トライエ、新栄観光バス、セノン、ニューアート・シーマ、旅館古窯、アイティ・コミュニケーションズ、JR東日本東北総合サービス、ブリーズベイホテル、物語コーポレーション、横手開発興業

◆現代英語学科

卒業者数	25
就職希望者数	16
就職者数	16
進学者数	5

主な就職先：東洋ワークセキュリティ、求人ジャーナル、フォーシーズンズホテル東京大手町、空港ターミナルサービス、ホテル東日本、メディアステーション、Gleeful、アコモデーションファースト、トヨタレンタリース宮城、共立メンテナンス、全日警、利久、仙台リサイクルセンター、OWNDAYS、全農ライフサポート山形

◆歯科衛生学科

卒業者数	61
就職希望者数	55
就職者数	55

主な就職先：Y's DENTAL CLINIC、櫻場デンタルクリニック、東照宮さくらファミリー歯科、仙台イーストデンタル、泉MK歯科クリニック、スウェーデンデンタル仙台、五橋デンタルクリニック、杜の都中央歯科クリニック、夏堀デンタルクリニック、富沢西EBデンタルクリニック、東海大学医学部付属病院、ふくだ歯科クリニック、マサキデンタルオフィス歯科・矯正歯科、坂井おとなこども歯科、あわの歯科、仙台ファースト歯科、仙台おとなこども歯科・矯正歯科、うえき歯科クリニック、ヒロシ歯科クリニック、泉中央おとなこども歯科・矯正歯科、勾当台デンタルクリニック、穂積歯科医院、北四番丁神田歯科、ゆうデンタル北仙台クリニック、加茂谷矯正歯科、佐藤歯科医院、あべ長歯科医院、細川ファミリー歯科クリニック、宮内歯科医院、英士デンタルクリニック、くまがみ歯科医院、ぷらす矯正歯科、ママとこどものはいしゃさん 仙台上杉院、十日町デンタルクリニック、表参道高柳矯正歯科、イノマタデンタルクリニック、宮町歯科医院、さくら歯科、北仙台山口デンタルクリニック、仙台リボン・矯正歯科、東仙台ファミリー歯科、石巻赤十字病院、みどり歯科医院、仙台キュア矯正歯科、すがや歯科、よこや歯科、高橋歯科医院、市ヶ谷歯科クリニック、ながまち・えがお歯科矯正歯科、ホワイトエッセンス麻布十番M'sデンタルクリニック、あやこ歯科クリニック

◆栄養学科

卒業者数	75
就職希望者数	67
就職者数	67
進学者数	1

主な就職先：シダックス、藤江、ティーズデンタルオフィス、LEOC、山王こども園、緑愛会、みらい会介護医療院、青森トヨタ自動車、東洋食品、日清医療食品、グリーンハウス、アウル宮前保育園、白山福祉会、認定保育園 キッズカン、若竹幼稚

園、メフォス、富士産業、養護老人ホーム ひばり園、第二コスモ保育園、六丁の目マザーグースこども園、リエイ、夢みの里 インターナショナルプリスクール、るり幼稚園、ウジエ調剤薬局、あそびまショー保育園、山形給食センター、中嶋病院、一冨士フードサービス、アリスこども園、マルヒ食品、あさひ保育園、日本料理うつせみ、青葉西保育所、佐沼保育園、東洋ワーク、生活の木、アズノゥアズ

◆こども学科

卒業者数 99
就職希望者数 93
就職者数 93
進学者数 2

主な就職先：メリー★ポピンズエスパル仙台ルーム、スプーン保育園、太陽の子 不動下保育園、志津川保育所、福島郷野目こども園、大野田幼稚園、三川りっしょう子ども園、中村幼稚園、児童養護施設 関藤の園、明照保育園、なかよし会、ゆりかご認定こども園、仙台荒井雲母保育園、清野学園、岩沼市職員、鶴ヶ谷マードレ保育園、六丁の目こども園、なないろの里こども園、本宮市職員、鹿野なないろ保育園、立華認定こども園、HITOWAキッズライフ、葦の芽星谷幼稚園、ろりぽっぷ泉中央南園、住吉台こども園、八戸小中野幼稚園、葦の芽幼稚園、荒井あおばこども園、西多賀チェリーこども園、ももやま白菊保育園、わらべうた 等々力保育園、アスク八乙女保育園、岩切どろんこ保育園、チャイルドスクエア仙台六丁の目元町、くるみの木保育園、はぐはぐドンキadventure保育園、アスク南仙台保育園、仙台アンパンマンこどもミュージアム&モール、アスクやまとまち保育園、青葉幼稚園、鹿角市子ども未来事業団、立川療護園 はごろもの音、キッズコーポレーション、若竹会、くりの木保育園、泉の杜幼稚園、チャレンジアカデミー愛子Part.2、仙台八乙女雲母保育園、GENKIっこ保育園すてっぷ、LITALICO、扇田保育園、わだつみ保育園、南光台すいせんこども園、宮城県福祉事業協会、福田町あしぐろ保育所、みなみそうまペンギン国際幼児園、千草台保育所、西多賀チェリーこども園、河原町すいせんこども園、ときわベビーハウス、利府聖光幼稚園・保育園、ネクサス・わかば、多賀城高崎幼稚園、たんぽぽこども園、柏幼稚園、名取市会計年度任用職員、こぶたの城おおのだ保育園、北方幼稚園、第一南幼稚園、三育学園、みどり幼稚園、ささやのぞみ保育園、石巻ひまわりこども園、気仙沼市職員、ミッキー北仙台こども園、丘の家子どもホーム、ケヤキッズあゆみの保育園、名取みたぞのこども園、十和田わくわく児童クラブ、やまとまちあから保育園、ちわら菜の花こども園、ベネッセ 川崎新町保育園、柏松会、ぶどうの木保育園、袋原幼稚園、武蔵小杉雲母保育園、梁川保育園

東北生活文化大短大部

◆生活文化学科

卒業者数 61
就職希望者数 54
就職者数 54
進学者数 3

主な就職先：(3)メフォス、(2)杜せきのしためぐみ保育園、(各1)宮城県庁、ますみ幼稚園、アパホテル、ウエルシア薬局、ゼンショーホールディングス、大浦こども園、エコー療育園、LEOC

宮城誠真短大

◆保育科

卒業者数 45
就職希望者数 45
就職者数 45

主な就職先：(34)県内外保育園、(10)県内幼稚園、(1)児童館

秋田栄養短大

◆栄養学科

卒業者数 34
就職希望者数 31
就職者数 31

主な就職先：(7)日清医療食品北東北支店、(4)富士産業東北事業部、(各3)メフォス北日本東北事業部、LEOC、(各2)光風舎、グリーンハウス、シダックス、(各1)秋田県職員、やまばと保育園、ごしょの保育園

聖霊女子短大

◆生活文化科

卒業者数 135
就職希望者数 102
就職者数 100
進学者数 17

主な就職先：(5)翼友会、(各3)秋田県商工会連合会、損保ジャパンキャリアビューロー、日清医療食品北東北支店、メフォス北日本秋田支店、(各2)秋田いなふく米菓、光風舎、太東会、プレステージ・インターナショナル、外旭川わんわんこども園

日本赤十字秋田短大

◆介護福祉学科

卒業者数 19
就職希望者数 19
就職者数 17
進学者数 2

主な就職先：(2)南寿園、(各1)高清水寿光園、雄高園、三楽園、ユートピアやまばと、グループホーム ソフトバンド、池田ライフサポート&システム、なごみ会、秋田県立リハビリテーション・精神医療センター、和幸グループホーム、本荘久寿会、高富製作所

聖園学園短大

◆保育科

卒業者数 102
就職希望者数 98
就職者数 98

主な就職先：(6)男鹿保育会、(各3)四ツ小屋、白百合いずみこども園、加賀谷学園、風の遊育舎、(各2)外旭川わんわんこども園、やどめ保育園、石脇福祉会、大曲保育会、相和会

羽陽学園短大

◆幼児教育科

卒業者数 78
就職希望者数 62
就職者数 62
進学者数 14

主な就職先：以下、専攻科福祉専攻を含む。附属鈴川幼稚園、みなみやまがた幼稚園、天童幼稚園、ひがしね幼稚園、山形市立あたご保育園、嶋ほいくえん、はやぶさ保育園、ながおか保育園、あゆみ保育園、大ケヤキ中央保育園、マアヤ保育園、漆山双葉保育園、にこにこ東園、戸沢村立戸沢保育所、真室川町立安楽城保育所、六郷保育園、古川みなみ保育園、奥州市立前沢保育所、池辺保育園、附属このみ保育園、あおぞら幼稚園、天童みくに幼稚園、天童しぜん幼稚園、つばさのもり愛宕こども園、にこにこ子どもの家、ひかり幼稚園、あおぞらこども園、

認定こども園おだしま、白山こども園、よつばこども園、金沢南保育園、附属大宝幼稚園、ちわら菜の花こども園、天真幼稚園、若草幼稚園・若草ベビーホーム、認定こども園からふる、ろりぽっぷ泉中央南園、乳児院はやぶさ、放課後児童クラブ五葉クラブ、高擶第三児童クラブ、高擶第四児童クラブ、みゆき会病院保育園、新庄徳洲会病院付属ピノキオ保育園、プレステージインターナショナルオランジェリー山形第1保育、学童保育所わかっこクラブ、学童保育所みさとクラブ、児童デイサービス月のひかり、こどもリハビリデイサービスゆめ希、Harmony天笑、Harmonyオー！、山形コロニーうぃる天童、クラ・ゼミ天童中央校、クラ・ゼミ寒河江校、寒河江学園、マックスゼミナール東根、キッズルームチャコ東根第二教室、まなびのへやバンビーナ南陽、双葉荘、七窪思恩園、小規模児童養護施設ひなた、放課後デイサービス事業所rino、放課後デイサービスアルク、県南愛児園ドリームハウス、児童養護施設星美ホーム、ココロネ板橋、児童養護施設すまいる、鈴川敬寿園、明幸園、清幸園、長生園、老人保健施設あかね、横須賀老人ホーム、山形食品

東北文教大短大部

◆子ども学科

卒業者数	95
就職希望者数	89
就職者数	89
進学者数	3

主な就職先：(各3)アートチャイルドケア 保育園、木の実会認定こども園、音羽学園認定こども園、(各2)十坂協会認定こども園、山形市社会福祉協議会認定こども園、金井嶋育成会保育園、米沢仏教興道会保育園、寒河江学園児童養護施設、(1)山形県立やまなみ学園

いわき短大

◆幼児教育科

卒業者数	63
就職希望者数	59
就職者数	59
進学者数	4

主な就職先：(各3)かなや幼稚園、認定こども園りんごの木、(各2)いわき市職員、小名浜白百合幼稚園、さかえ保育園、大倉保育園、明徳舘幼稚園、(各1)郡山市職員、大熊町職員、浪江町職員

郡山女子大短大部

◆健康栄養学科

卒業者数	37
就職希望者数	37
就職者数	37

主な就職先：(各5)メフォス北日本、日清医療食品、(3)クスリのアオキ、(2)グリーンハウス、(各1)メフォス、ソシオフードサービス、福島整肢療護園、松尾病院、フードサービス、筑波メディカルセンター、グリーンハウス、JA福島厚生連、フルーツピークス

◆幼児教育学科

卒業者数	100
就職希望者数	92
就職者数	86
進学者数	7

主な就職先：(各4)千葉福祉会、わかば幼稚園、(各3)希望ヶ丘こども園、緑ヶ丘保育園、(各2)さくらっこ保育園、笑風にこにこ保育園、あさひがおか保育園、本宮市役所、喜多方市役所、(各1)郡山女子大学附属幼稚園、安積幼稚園、福島県福祉事業協会、栄光学園、郡山市役所、田村市役所

◆地域創成学科

卒業者数	76
就職希望者数	62
就職者数	44
進学者数	12

主な就職先：(3)福島さくら農業協同組合、(2)夢みなみ農業協同組合、(各1)ひまわり信用金庫、福島マツダ、日進堂印刷所、星総合印刷、会津ラボ、陸奥テックコンサルタント、会津中央病院、山王東北事業部、日本果実加工白河工場、郡山信用金庫、須賀川信用金庫、コーセー化粧品販売、丸三証券

桜の聖母短大

◆キャリア教養学科

卒業者数	57
就職希望者数	45
就職者数	44
進学者数	7

◆生活科学科

卒業者数	62
就職希望者数	58
就職者数	58
進学者数	3

主な就職先：全学科の合計で、(各4)アートチャイルドケア、メフォス北日本、(各2)ダイユーエイト、福島商事、栄楽館ホテル華の湯、保原シャローム学園、松葉福祉会、北信福祉会、徳真会、ニチイ学館、星総合病院、湖星会、グリーンハウス、LEOC、エームサービス、ミールケア、(各1)高柳電設工業、アイダ設計、パナソニックエレクトリックワークス社、NITTOKU、加賀マイクロソリューション、トモト電子工業、ティエスイー、福島民報社、福島民友新聞社、エス・シー・シー、ITXコミュニケーションズ、福島建機、トヨタモビリティパーツ、クスリのアオキホールディングス、福島ダイハツ販売、エヌ・エス・シー、モリキ、江戸屋、福島信用金庫、郡山信用金庫、福島県商工信用組合、福島銀行、第一生命保険、郡中丸木、福島まちづくりセンター、Jadegreen cafe、シリウス、寿泉堂綜合病院、ニチイ学館郡山支店、東洋ワーク、エイジェック、アイティ・コミュニケーションズ、共同エンジニアリング、ステラ、恵和興業、ルンビニー幼稚園、福島文化学園、ザベリオ学園、おかやま福祉会おかやまこども園、木風会野草舎森の家、サングリーンはなさと保育園、ヒューマニティー幼保学園、福島愛育園、うぐいす拓育会、会津報徳会、さくらさくみらい、聖母愛真会こじか「子どもの家」、学研ココファン・ナーサリー、大生福祉会、のびのび福祉会、空のはね、杉の子会、竹田健康財団、グローバルキッズ、日清医療食品、WITHグループ、スマイルスタッフ、富士産業、おかやま福祉会、福島県(市町村立学校事務職員)、野田市(一般行政職)、相馬市(幼稚園教諭)、浪江町(保育士)、福島市立図書館(会計年度任用職員/司書)、伊達市(会計年度任用職員/学校司書)、本宮市(会計年度任用職員)、郡山市(会計年度任用職員)

福島学院大短大部

◆保育学科

卒業者数	66
就職希望者数	59
就職者数	59
進学者数	1

主な就職先：(各2)飯坂恵泉幼稚園、梁川保育園、カラーズつきのき園、(各1)福島市職員、安積幼稚園、あすなろ保育園、おかやまこども園、さくらんぼ保

育園、三育保育園、白百合幼稚園、ひばりが丘幼稚園、よつば乳児保育園、米沢こども園、岩代幼稚園、のぞみの花こども園

◆食物栄養学科

卒業者数 33
就職希望者数 31
就職者数 31
主な就職先：(6)メフォス北日本、(5)日清医療食品、(各2)福島赤十字病院、LEOC、(各1)国際医療福祉大学病院、北信福祉会、緑風福祉会、亀田総合病院、ほうとくかぶき保育園

◆情報ビジネス学科

卒業者数 38
就職希望者数 32
就職者数 32
進学者数 3
主な就職先：(各2)エイジェック、野田鉄工、(各1)アオバヤ、ALSOK福島、イオン東北、コバックス、ハシドラッグ、薬王堂、大久自動車販売、二本松信用金庫、吉川屋

茨城女子短大

◆表現文化学科

卒業者数 20
就職希望者数 19
就職者数 19
主な就職先：(2)ニチイ学館、(各1)カスミ、伊勢甚本社、大塚カラー、JR水戸鉄道サービス、テクノセンター、ARMK、美野星運送倉庫、AJヒューマンキャピタル、ヒューマンフォーラム

◆保育科

卒業者数 69
就職希望者数 68
就職者数 68
主な就職先：(4)大成幼稚園、(3)ともべ幼稚園、(各2)こばとラブリィ保育園、すみよし保育園、みぎわ保育園、ルミエール保育園、いなだこども園、虹のポケット、誉田養徳園、(1)あかつき保育園

つくば国際短大

◆保育科

卒業者数 64
就職希望者数 61
就職者数 58
主な就職先：つつじが丘ふたばランド保育園、法泉寺保育園、小貝保育園、みなみさくら保育園、香取台どろんこ保育園、つくば国際保育園、なないろ保育園、阿見ふたば幼稚園、天川幼稚園、茨城県道心園

常磐短大

◆キャリア教養学科

卒業者数 46
就職希望者数 36
就職者数 33
進学者数 3
主な就職先：(3)茨日ホールディング、(各2)茨城日産自動車、マルト、常陽銀行、水戸信用金庫

◆幼児教育保育学科

卒業者数 117
就職希望者数 109
就職者数 109
進学者数 1
主な就職先：(各4)旭育会、旭学園、(3)好和福祉会、(各2)土浦愛隣会、親愛会、松英会、秀心会、田村学園、聖母学園、国分寺幼稚園

宇都宮短大

◆音楽科

卒業者数 26
就職希望者数 12
就職者数 12
進学者数 14

◆人間福祉学科

卒業者数 26
就職希望者数 23
就職者数 23
進学者数 1

◆食物栄養学科

卒業者数 37
就職希望者数 36
就職者数 36
進学者数 1

國學院大栃木短大

◆日本文化学科

卒業者数 122
就職希望者数 44
就職者数 32
進学者数 71
主な就職先：(3)図書館司書、(2)公立中学校(教諭)、(各1)公務員(行政事務)、とちぎ建設技術センター、三甲、日本通運、パナソニックハウジングソリューションズ、ファーマシー中山、館林信用金庫

◆人間教育学科

卒業者数 54
就職希望者数 44
就職者数 42
進学者数 6
主な就職先：(18)保育士、(8)養護助教諭、(2)児童福祉施設、(各1)幼稚園教諭、障がい福祉施設、公務員(保育士)、smileブレイブ薬局、栃木日産自動車販売、腎臓・透析クリニックこが、日本健康管理協会とちぎ健診プラザ

作新学院大女子短大部

◆幼児教育科

卒業者数 121
就職希望者数 121
就職者数 116
主な就職先：宇都宮市(保育士)、那須烏山市(保育士)、陸上自衛隊(自衛官候補生)、やいたこども園、国際医療福祉大学金丸こども園、国際医療福祉大学西那須野キッズハウス、聖家幼稚園、認定あけぼのこども園、なでしこ幼稚園、ひかり幼稚園、西那須野幼稚園、那須幼稚園、長畑幼稚園、氏家幼稚園、陽南第二幼稚園、しらさぎ幼稚園、駒生幼稚園、たから幼稚園、さくらんぼ幼稚園、市貝たいよう幼稚園、釜井台幼稚園、真岡ふたば幼稚園、認定すずめこども園、真岡ひかり幼稚園、いずみ幼稚園、にしだ幼稚園、のぶ幼稚園、牧が丘幼稚園、愛泉幼稚園、薬師寺幼稚園、第二薬師寺幼稚園、認定間々田こども園、大平みなみ幼稚園、都賀幼稚園、認定こども園栗の実、楠エンゼル幼稚園、やすづか幼稚園、恵光幼稚園、晃望台幼稚園、ゆたか幼稚園、おおたわら保育園、ひかりのざき保育園、ひまわり保育園、アップル保育園、ふれあい保育園、さかえ保育園、烏山保育園、こひつじ保育園、ぴっころ保育園、空と大地保育園、とようら保育園、宝珠保育園、ひばりヶ丘保育園、小半保育園、陽西保育園、御幸保育園、けいほう保育園、あさひの保育園、西真岡保育園、日吉保育園、清原保育園、やわらぎ保育園、こばと保育園、不動前保育園、瑞穂野保育園、うつのみやなでしこ保育園、ひのおか森のナーサリー、さつきが丘保育園、岩曽保育園、みなみ保育園、あおば保育園、わかば保育園、児童養護施設桔梗寮、つばさ、ちゃれんじ元今泉教室、放課後等デイサービスポコアポコ、こぱんはうすさくら真岡熊倉教室、こどもの広場ぱいん、ウイズ・ユー那須三島、アンジェリカ保育園目黒本町保育園、アンジェリカ保育園田柄保育園

佐野日本大短大

◆総合キャリア教育学科
卒業者数 228
就職希望者数 201
就職者数 196
進学者数 17
主な就職先：(各4)きらら保育園、日成メディカル、(各3)日本栄養給食協会、グリーンハウス、佐野厚生総合病院、(各2)エイジェック、鬼怒川グランドホテル、帝京大学医学部附属病院、すぎのこ会、スカイテック

育英短大

◆保育学科
卒業者数 208
就職希望者数 199
就職者数 198
進学者数 1
主な就職先：(4)大利根育英幼稚園、(各3)ひかりこども園、太陽保育園、(各2)あゆみ保育園、白ばら幼稚園

◆現代コミュニケーション学科
卒業者数 69
就職希望者数 61
就職者数 61
進学者数 4
主な就職先：(4)クスリのマルエ、(3)アイオー信用金庫、(2)群馬日野自動車、(各1)東和銀行、恵愛堂病院

共愛学園前橋国際大短大部

◆生活学科
卒業者数 58
就職希望者数 51
就職者数 50
進学者数 5
主な就職先：〈こども学専攻〉(各1)鴻巣幼稚園、ぐんま幼稚園、のぞみ幼稚園、認定こども園あおぞら総社、上細井保育園、行幸田保育園、つくしんぼ保育園、あゆみ保育園、まなびの森保育園宮崎台、児童養護施設フランシスコの町、児童養護施設桑梓、児童発達支援センターたんぽぽ学園、わたらせ養護園、リーフ歯科クリニック、伊勢崎市第三保育所、佐久市立もちづき保育園、ECCジュニア高崎センター、陸上自衛隊、〈栄養専攻〉(各1)LEOC、斉藤クリエート食品、石本商事、日清医療食品、安田物産、渋川中央病院、篠塚病院、芳賀南保育園、桜ケ丘保育園、広尾上宮保育園、りんでん保育園、おおきくなあれ保育園、介護老人保健施設やまぶき、特別養護老人ホームシンフォニー、特別養護老人ホーム恵風荘、ベストケアレジデンス羽衣、むつぎ幼稚園、ひかりこども園、群馬大学共同教育学部附属小学校、並木路荘、ペヤングホールディングス、タマムラデリカ、グルメフレッシュ・フーズ、赤城山ホテル、アルファルファ、ビッグヒットカンパニー、榛東村保健相談センター、ティップトップ

桐生大短大部

◆アート・デザイン学科
卒業者数 59
就職希望者数 36
就職者数 36
進学者数 10
主な就職先：(2)ペヤングホールディングス、(各1)ファイブシーズン、チュチュル、パソニックホームズ北関東、JOETSU、ステッチ、第二章、パッケージ池島

群馬医療福祉大短大部

◆医療福祉学科
卒業者数 49
就職希望者数 32
就職者数 32
進学者数 17
主な就職先：(各2)上尾中央総合病院、老健たまむら、(各1)あじさい園、須藤病院、よつ葉歯科クリニック、モリ歯科・矯正歯科、泉の園、はるな郷、ひかりの里、愛老園、武尊荘、老健くろさわ、市川ゆうゆう、群馬県アイバンク、孫の手、総合南東北福祉センター

高崎商科大短大部

◆現代ビジネス学科
卒業者数 84
就職希望者数 74
就職者数 73
進学者数 3
主な就職先：以下、過年度卒業生実績を含む。星野リゾート、池の平ホテル&リゾーツ、加賀屋、おちあいろう、天坊、ホテル一井、叶屋旅館、東急リゾーツ&ステイ、ホテルメトロポリタン高崎、白井屋ホテル、木暮旅館、ルートインジャパン、アパホテル、ABアコモ、メモリード、アンジュ、ライフシステム、サンボウ、アルファクラブ武蔵野、イトイ、北群馬信用金庫、あかぎ信用組合、埼玉信用組合、岡三証券、丸三証券、群馬県立心臓血管センター、前橋赤十字病院、黒沢病院、慶仁会城山病院、石井病院、井上病院、舘出張佐藤病院、北関東循環器病院、高崎中央病院、上尾中央総合病院、行田総合病院、静内科、ぐんまスポーツ整形外科、あわしま歯科、石原総合歯科、カワチ薬品ブルーパールデンタルクリニック、ファーマライズホールディングス、ウエルシア薬局、クスリのアオキ、クスリのマルエ、コスモファーマシー、コスモネット、ラジエンスウェア、ケインズ、マーケットエンタープライズ、ヤマダホールディングス、有賀園ゴルフ、ベイシア、コメリ、POLA、ネッツトヨタ群馬、群馬トヨペット、トヨタカローラ群馬、群馬日産、日産サティオ群馬、ビッグモーター、太陽自動車、トヨナガ、ネクステージ、ブリヂストンタイヤ高崎販売、コスメネクストカンダキラット、デリシア、インテリアパレスしらい、虎屋本店、神山物産、沖田不動産鑑定士・税理士事務所、ネクスコ東日本エリアサポート、群馬旅行、トヨタレンタリース群馬、一条工務店群馬、ケイアイスター不動産、ミヤケン、カワナベ工業、細谷工業、富士工営、エム・エス・ケー、群馬総合土地販売、太陽誘電、ヨコオデイリーフーズ、東亜工業、岡部工業、ヨコオプレシジョン、アミイダ、クリハラ、やまひろ、JR東日本ステーションサービス、帝都自動車交通、物流サービス、コメリ流通センター、JA吾妻、JA北群渋川、JAはぐくみ、sukima、伊勢崎市役所、前橋市役所、真岡市役所、甘楽町役場、神奈川県警

新島学園短大

◆キャリアデザイン学科
卒業者数 96
就職希望者数 55
就職者数 54
進学者数 36
主な就職先：(11)太陽誘電、(各2)トヨタモビリティパーツ群馬支社、高崎市農業協同組合、(各1)関東信越国税局、しののめ信用金庫、高崎信用金庫、トヨタカローラ高崎、ネッツトヨタ高崎、パナソニックハウジングソリューションズ、吉野石膏

◆コミュニティ子ども学科
卒業者数 35
就職希望者数 35
就職者数 35
主な就職先：(4)大平台会、(3)希望館、(各2)幼保連携型認定保育園あおぞら北、星の光こども園、(各1)本郷保育園、木崎あおぞら保育園、成田山保育園、ぐんま幼稚園、山王幼稚園、安中二葉幼稚園

秋草学園短大

◆幼児教育学科(第一部)
卒業者数 98
就職希望者数 96
就職者数 96
主な就職先：入間市役所、恵明会、わか竹会、みのり会、いるま保育会、森友会、聖光会、入間福祉会、藤の実会、健生会、桑の実会
◆幼児教育学科(第二部)
卒業者数 37
就職希望者数 34
就職者数 34
主な就職先：所沢文化幼稚園、野澤学園、けいわ会、こどもの森、グローバルキッズ
◆地域保育学科
卒業者数 49
就職希望者数 43
就職者数 43
主な就職先：豊島区役所、戸田市役所、立野みどり福祉会、秀和会、さくら音彩会、埼玉現成会、山口学園、陽明福祉会
◆文化表現学科
卒業者数 54
就職希望者数 38
就職者数 38
主な就職先：ウエルシア薬局、Honda Cars埼玉西、トヨタレンタリース埼玉、ニッポンレンタカーアーバンネット、総合事務サービス、コヤマドライビングスクール、中央コンタクトレンズ

川口短大

◆ビジネス実務学科
卒業者数 111
就職希望者数 96
就職者数 94
進学者数 6
主な就職先：(5)セキ薬品、(2)ウエルシア薬局、(各1)ANAインターコンチネンタルホテル東京、ドームユナイテッド、足立区役所、ネッツトヨタ東埼玉、青木信用金庫、JA埼玉中央農業協同組合、強羅花扇、八潮中央総合病院
◆こども学科
卒業者数 154
就職希望者数 145
就職者数 145
進学者数 1
主な就職先：(4)まあれ恵愛会、(3)うぐす保育園、(各2)どろんこ会、碧凪会、植竹学園、松竹学園、宮原ハーモニー、(各1)取手市役所(公立保育士)、大泉旭出学園、菊地学園

国際学院埼玉短大

◆幼児保育学科
卒業者数 87
就職希望者数 78
就職者数 77
主な就職先：(26)保育園、(22)認定こども園、(20)幼稚園、(5)福祉施設、(2)公務員、(1)一般職
◆健康栄養学科食物栄養専攻
卒業者数 59
就職希望者数 51
就職者数 49
進学者数 3
主な就職先：(各16)給食、福祉施設等、(13)一般職、(2)病院、(各1)食品会社、ホテル・レストラン
◆健康栄養学科調理製菓専攻
卒業者数 12
就職希望者数 10
就職者数 10
主な就職先：(6)ホテル・レストラン等、(3)食品・給食、(1)福祉施設等

埼玉医科大短大

◆看護学科
卒業者数 89
就職希望者数 83
就職者数 83
進学者数 6
主な就職先：(83)埼玉医科大学関連施設

埼玉純真短大

◆こども学科
卒業者数 146
就職希望者数 142
就職者数 142
主な就職先：(5)光彩会、(各3)かつみ会、なでしこ会、大樹会、(各2)富士見会、さくら会、若山学園、しろがね学園、大塚学園、越谷市職員

埼玉女子短大

◆商学科
卒業者数 174
就職希望者数 161
就職者数 159
進学者数 3
主な就職先：(各5)ホンダカーズ埼玉、ウエルシア薬局、(各4)上尾中央総合病院、尚美堂、(各3)アイングループ、愛知病院、TBCグループ、指扇病院、キャン、エイジェック、(各2)ネッツトヨタ埼玉、クラランス、アポクリート、IMSグループ、ストライプインターナショナル
◆国際コミュニケーション学科
卒業者数 150
就職希望者数 137
就職者数 137
進学者数 3
主な就職先：(8)セノン、(6)藤田観光、(各5)日本ホテル、日高カントリー倶楽部、なだ万、LAVA International、(各3)ホンダカーズ、ジェイアール東海パッセンジャーズ、ミリアルリゾートホテルズ、(各2)帝国ホテル、曽我、アール・エス・シー、ANAエアサービス福島、グラテック、TBCグループ

埼玉東萌短大

◆幼児保育学科
卒業者数 74
就職希望者数 68
就職者数 68
進学者数 1
主な就職先：(各3)東萌会、小牧学園、植竹学園、(各2)中又会、邑元会、青育会、ひまわり学園、嶋根学園、さくらいふ

武蔵丘短大

◆健康生活学科
卒業者数 128
就職希望者数 110
就職者数 110
進学者数 2
主な就職先：(各4)エームサービス、光の家療育センター、(3)さいたま市教育委員会、(各2)グリーンハウス、メフォス東日本、ニフス、ジャクパ、スウィン大教スイミングスクール大宮東、森ビルホスピタリティ、新座市教育委員会

武蔵野短大

◆幼児教育学科
卒業者数 79
就職希望者数 74
就職者数 74
主な就職先：(4)こどもの森、

(各3)神愛ホーム、ぽかぽか保育園、(各2)武蔵野学院、入西幼稚園、くれよん保育園、(各1)毛呂山みどり保育園、おおぎ第二こども園、こどものくに保育園、あんず幼稚園、わかばの森幼稚園、入間市職員、白梅幼稚園、まあれ愛恵会、狭山ふじみだい認定こども園、狭山市職員、祇園風の光保育園、堀兼みつばさ保育園、しいのみ幼稚園、かぴら幼稚園、坂戸さくら保育園、あさば保育園、美原幼稚園、不二レーベル、太陽園、泉町保育園、所沢文化幼稚園、片山幼稚園、光保育園、川越公立保育園、川越あさひ幼稚園、川越ひばり幼稚園、ニチイ学館川越支店、川越なのはな保育園、with、アケボノ保育園、大畑こども園、秩父ふたばこども園、つくし幼稚園、第二はちの巣保育園、日高ふじみだい認定こども園、白鳥幼稚園、すぎのこ保育園、聖神学園、高坂ひまわり保育園、ふくろうの森保育園、キャンディパーク保育園、若草保育園、ten kids アークヒルズ園、どろんこ会、新宿区職員、ケア21、南光幼稚園、志村さかした保育園、子供の家、今寺保育園、多摩みどり幼稚園、村山苑、武蔵みどり幼稚園、牛浜幼稚園、如意輪幼稚園、境杉の子幼稚園、SPIN TECHNOLOGY

昭和学院短大

◆人間生活学科

卒業者数	98
就職希望者数	90
就職者数	90
進学者数	5

主な就職先：〈キャリア創造専攻〉(各4)トランジットジェネラルオフィス、リクルートスタッフィング情報、(各2)リクルートキャリアウィンク、公立中学校、PVHジャパン、(各1)公立小学校、ホテル日航成田、ナイスクラップ、リーガルコーポレーション、タリーズコーヒージャパン、〈こども発達専攻〉(36)保育園、(16)幼稚園、(各1)ササキスポーツ、LUFV

◆ヘルスケア栄養学科

卒業者数	96
就職希望者数	92
就職者数	92
進学者数	3

主な就職先：(11)日清医療食品、(9)東洋食品、(8)協立給食、(各6)グリーンハウス、シダックス、メフォス、(各5)富士フードサービス、東京天竜、(4)富士産業、(3)イムス

聖徳大短大部

◆保育科第1部

卒業者数	81
就職希望者数	78
就職者数	78
進学者数	3

主な就職先：(3)葛飾区役所、柏市役所、(各2)聖徳大学附属幼稚園、こどもの森、(各1)千葉県庁、品川区役所、北区役所、船橋市役所、印西市役所、鴨川市役所、さいたま市役所、川口市役所、草加市役所

◆保育科第2部

卒業者数	8
就職希望者数	8
就職者数	8

主な就職先：(2)ほほえみの会、(各1)もみの木保育園 太子堂、キッズデュオインターナショナル、大金平グレース保育園、かしわたなかこころ保育園、ひらぎし中央第三保育園、みらいく保育園

◆総合文化学科

卒業者数	43
就職希望者数	34
就職者数	34
進学者数	5

主な就職先：(2)菓道、(各1)西武・プリンスホテルズワールドワイド、みずほビジネスサービス、エム・ユー・センターサービス、I&H、オランダ家、ホンダ茨城南、レパスト、日本デイケアセンター、餅工房、茨城乳業、イハシライフ、日本マニュファクチャリングサービス、マッシュスタイルラボ、ランバーカフェレストラン

清和大短大部

◆こども学科

卒業者数	77
就職希望者数	76
就職者数	75
進学者数	1

主な就職先：千葉県保育教諭、鎌ケ谷市保育士、鴨川市保育教諭、南房総市保育士、新宿区職員(福祉)、館山市中央保育園、ときわ保育園、ちはら台保育園、なかごう保育園、木更津社会館保育園、うみまち保育園、ソフィアキッズ保育園、サンライズキッズ保育園君津園、かずさみどりのもり保育園、君津保育園、コスモスの丘南子安保育園、ユーカリ保育園、クニナ袖ヶ浦保育園、美光保育園、松波アーク保育園分園、和光保育園、白鳩保育園、市原ふじ幼稚園、藤谷学園、岩根みどり幼稚園、木更津つくし幼稚園、清和大学附属幼稚園、高柳幼稚園、八幡台幼稚園、久留里カトリック幼稚園、美和幼稚園、袖ヶ浦桜ヶ丘幼稚園、大佐和幼稚園、北部幼稚園、草深こじか保育園、OURS、長須賀保育園、みやまのさくら保育園、ふるさと苑、第2クローバー学園、ふる里学舎、木更津中郷丸、はぐくみの杜君津、千葉市手をつなぐ育成会、槇の木学園、アルムの森、クリーニング専科 木更津市桜町店、生活協同組合コープ

敬愛短大

◆現代子ども学科

卒業者数	119
就職希望者数	110
就職者数	108

主な就職先：(49)私立保育園・保育施設・託児施設、(24)私立認定こども園、(12)児童・社会福祉施設、(11)私立幼稚園、(7)公立保育園、(3)一般企業、(2)公立認定こども園

千葉経済大短大部

◆ビジネスライフ学科

卒業者数	148
就職希望者数	130
就職者数	126
進学者数	10

主な就職先：(各3)広域高速ネット二九六、トヨタレンタリース新千葉、(各2)ウィルオブ・コンストラクション、大木自動車、キャン、千葉日産自動車、日産プリンス千葉販売、ネッツトヨタ千葉、みよの台薬局、銚子信用金庫

◆子ども学科

卒業者数	159
就職希望者数	147
就職者数	147
進学者数	6

主な就職先：(10)千葉市臨時的任用講師、(6)公立保育園、(各5)東京児童協会、どんぐり保育園、(4)HITOWAキッズライフ、(各3)AIAI CHILD CARE、こどもの森、モードプランニング、生活クラブ風の村はぐくみの杜、(各2)木の実幼稚園、草深こじか保育園、長須賀保育園、アークス キッズボンドEX八街、千葉県小学校教諭

千葉明徳短大

◆保育創造学科
卒業者数 116
就職希望者数 109
就職者数 109
進学者数 1

日本大短大部(船橋)

◆建築・生活デザイン学科
卒業者数 106
就職希望者数 8
就職者数 8
進学者数 84
主な就職先：(各1)イマージ、TSUCHIYA、コプロ・ホールディングス、ウィルオブコンストラクション、シー・エス・ランバー、エレフォン、スタッフサービス ミラエール推進部、南日本興業
◆ものづくり・サイエンス総合学科
卒業者数 65
就職希望者数 7
就職者数 6
進学者数 53
主な就職先：(3)JX金属、(各1)王子工芸、ワイエム総合サービス、日本大学理工学部職員

愛国学園短大

◆家政科
卒業者数 36
就職希望者数 28
就職者数 28
進学者数 2
主な就職先：(3)ケア21、(各1)ニチイケアパレス、ソシオフードサービス、メフォス、朝日屋、葉隠勇進、木ノ下保育園、大東青葉、ボディセラピストエージェンシー、オーケー、晴山会、湖星会、GOSSO、JFS、美しが丘保育園、三咲小鳩保育園、サザビーリーグ、ワールドホールディングス、江寿会、藤江、セレブリックス、大和リビング、大志会

有明教育芸術短大

◆子ども教育学科
卒業者数 67
就職希望者数 59
就職者数 57
進学者数 3
主な就職先：(21)保育所(私立)、(17)小学校(公立)、(7)児童福祉施設(私立)、(5)一般企業、(3)保育所(公立)、(2)幼稚園(私立)、(各1)児童館(公立)、芸能事務所所属

上野学園短大

◆音楽科
卒業者数 31
就職希望者数 17
就職者数 10
進学者数 12
主な就職先：(各1)川越白ゆり幼稚園、パル、ジーユー、平山、浜友観光、HITOWAケアサービス、ギフトプラザ、成田市職員、陸上自衛隊

大妻女子大短大部

◆家政科
卒業者数 136
就職希望者数 107
就職者数 106
進学者数 11
主な就職先：(7)グリーンハウス、(6)LEOC、(各2)東洋紡、東京電力ホールディングス、(各1)リンテック、明電舎、IHI、国分グループ本社、全国農業協同組合連合会(JA全農)、富士通ISサービス

共立女子短大

◆生活科学科
卒業者数 110
就職希望者数 72
就職者数 65
進学者数 29
主な就職先：(2)三菱鉛筆、(各1)緑屋電気、ヒロセ電機、明電舎、新明和工業、横浜信用金庫、明治、三井住友トラスト・ビジネスサービス、東京都特別区職員
◆文科
卒業者数 62
就職希望者数 22
就職者数 22
進学者数 31
主な就職先：(各1)キヤノン、湯山製作所、ミリアルリゾートホテルズ、みずほビジネスサービス、神奈川県川崎市職員

国際短大

◆国際コミュニケーション学科
卒業者数 82
就職希望者数 75
就職者数 73
進学者数 5
主な就職先：(各2)ミリアルリゾートホテルズ、帝国ホテル、カトープレジャーグループ、日の丸自動車興業、そごう・西武、システナ、(各1)ANA成田エアポートサービス、スイスポートジャパン、ヒルトングループ、ホテル椿山荘東京、KCJ GROUP(キッザニア)、LEGOLAND JAPAN、トヨタS&D西東京、スズキ自販栃木、立川ブラインド工業、明治安田生命保険、日本生命保険、西武信用金庫、横浜メディカルグループ、シップス、ダイアナ

駒沢女子短大

◆保育科
卒業者数 80
就職希望者数 66
就職者数 66
進学者数 3
主な就職先：幼稚園、保育所、施設

女子栄養大短大部

◆食物栄養学科
卒業者数 109
就職希望者数 70
就職者数 70
進学者数 29

女子美術大短大部

◆造形学科
卒業者数 141
就職希望者数 34
就職者数 27
進学者数 50
主な就職先：(各1)セルタン、ワニマガジン社、ルイ・ヴィトンサービス、ブルマーレ、亀崎染工、東海染工、ヨウジヤマモト、ゴディバジャパン

白梅学園短大

◆保育科
卒業者数 93
就職希望者数 77
就職者数 73
進学者数 12
主な就職先：(45)私立保育園、(16)私立幼稚園、(各5)公立保育園、認定こども園、(各3)福祉施設、一般企業

創価女子短大

◆国際ビジネス学科
卒業者数 136

就職希望者数 70
就職者数 60
進学者数 49
主な就職先：(各2)ジンズホールディングス、日本トラフィックサービス、綜合警備保障、(各1)大林組、関電工、能美防災、大興電子通信、大成建設、ヤマダホールディングス、アインホールディングス

帝京短大

◆生活科学科
卒業者数 109
就職希望者数 73
就職者数 73
進学者数 12
主な就職先：(4)メフォス、(各3)日本保育サービス、東京都公立学校特別支援教室専門員、グリーンハウス、(各2)トモズ、ABC Cooking Studio、エームサービス、LEOC、一冨士フードサービス、HITOWAフードサービス、(各1)帝京大学医学部附属病院、日産物品埼玉販売、エム・ユー・センターサービス東京、東急キッズベースキャンプ
◆こども教育学科
卒業者数 29
就職希望者数 6
就職者数 6
進学者数 20
主な就職先：(各1)三光幼稚園、星が丘幼稚園、ベネック、グリーンライフイノベーション、犬のしつけ教室DOGLY
◆ライフケア学科
卒業者数 75
就職希望者数 57
就職者数 56
進学者数 10
主な就職先：(6)ビー・エム・エル、(各2)東京都立病院機構、東京女子医科大学病院、(各1)東京大学医学部附属病院、土浦協同病院、新百合ヶ丘総合病院、高島平2丁目整形外科、山崎整形外科、花園整形外科内科、川崎接骨院

帝京大短大

◆人間文化学科
卒業者数 38
就職希望者数 12
就職者数 10
進学者数 15
主な就職先：SOMPOケア、大黒屋、東亜商事、日本テレメッセージ、山下歯科医院、UTグループ、リライアブル
◆現代ビジネス学科
卒業者数 42
就職希望者数 13
就職者数 11
進学者数 21
主な就職先：I&H、佐川急便、JR東日本スポーツ、セノン、ハート歯科クリニック、日興システック、日本コンピューター・センター

貞静学園短大

◆保育学科
卒業者数 76
就職希望者数 72
就職者数 72
進学者数 1
主な就職先：(3)文京区(保育士)、(各2)山崎文化学園、所沢文化幼稚園、日本保育サービス、キッズスマイルプロジェクト、東京都社会福祉事業団

戸板女子短大

◆服飾芸術科
卒業者数 185
就職希望者数 162
就職者数 159
進学者数 10
主な就職先：(6)サマンサタバサジャパンリミテッド、(4)小野写真館、(各3)ストライプインターナショナル、マリークヮントコスメチックス、エスクリ、TBC、(各2)アダストリア、ナイスクラップ、バロックジャパンリミテッド、パルグループホールディングス、アルビオン、エヌ・アイ・シー、(各1)目黒雅叙園、東京會舘、タペストリー・ジャパン
◆食物栄養科
卒業者数 149
就職希望者数 131
就職者数 131
進学者数 14
主な就職先：(7)メフォス東日本、(6)ポピンズエデュケア、(5)ライクキッズ、(4)LEOC、(3)エームサービス、(各2)日本保育サービス、トランジットジェネラルオフィス、トモズ、ヤーマン、(各1)小学館アカデミー、ファンケル、マッシュビューティーラボ、ABC Cooking Studio、ファミリーマート、ジャルロイヤルケータリング
◆国際コミュニケーション学科
卒業者数 108
就職希望者数 94
就職者数 93
進学者数 8
主な就職先：(4)森ビルホスピタリティコーポレーション、(3)ANAエアポートサービス、(各2)JALスカイ、AIRDO、住友不動産ヴィラフォンテーヌ、パークタワーホテル、東京會舘、ニチイ学館、パナソニックマーケティングジャパン、(各1)日本トランスオーシャン航空、なの花東日本、日産東京販売、飯田通商、ニチコン、ムラテック販売

東京家政大短大部

◆保育科
卒業者数 78
就職希望者数 71
就職者数 71
進学者数 6
主な就職先：(各2)東京児童協会、つぼみ会、羽生福祉会、片柳幼稚園、板橋区職員、(各1)富士見市職員、神栖市職員、東京都社会福祉事業団、こうほうえん、別所幼稚園
◆栄養科
卒業者数 51
就職希望者数 35
就職者数 32
進学者数 12
主な就職先：(2)日清医療食品、(各1)キサイフーズ工業、山崎製パン、ロック・フィールド、カネ美食品、フジ産業、ひかりのくに、LEOC、豊島区職員、全国農業協同組合連合会

東京交通短大

◆運輸科
卒業者数 98
就職希望者数 81
就職者数 78
進学者数 9
主な就職先：(各6)東京都営交通協力会、JR東日本ステーションサービス、(4)北海道旅客鉄道、(各2)日本貨物鉄道、横浜市交通局、小田急エンジニアリング、京浜急行電鉄、(各1)東日本旅客鉄道、東海旅客鉄道、東京都交通局

東京歯科大短大

◆歯科衛生学科
卒業者数 46
就職希望者数 39
就職者数 37

進学者数 7
主な就職先：大学病院、診療所

東京女子体育短大

◆保健体育学科
卒業者数 28
就職希望者数 12
就職者数 12
進学者数 7
主な就職先：(各1)公立中学校、ルネサンス、石井スポーツ、幼児活動研究会、河合楽器製作所、プラス・スポーツ、保健科学研究所

◆児童教育学科
卒業者数 40
就職希望者数 28
就職者数 27
進学者数 6
主な就職先：(4)湘南やまゆり学園、(2)みんなのひろば、(各1)公立小学校、幼児活動研究会、自然会、ジャクパ、ポピンズエデュケア

東京成徳短大

◆幼児教育科
卒業者数 133
就職希望者数 133
就職者数 125
進学者数 1
主な就職先：(71)公立・私立保育園、(35)公立・私立幼稚園

東京立正短大

◆現代コミュニケーション学科
卒業者数 107
就職希望者数 65
就職者数 63
進学者数 25
主な就職先：〈現代コミュニケーション専攻〉(2)スズキ自販東京、(各1)ソニーセミコンダクタソリューションズ、大平ビルサービス、ヤマダホールディングス、羽田エアポートエンタープライズ、エイブル、内藤電誠町田製作所、アミノ化学工業、明治商工、朝日オリコミ、大新土木、〈幼児教育専攻〉(2)東京立正保育園、(各1)港区(保育士)、富士見市(保育士)、三光幼稚園、やまた幼稚園、みつぎ幼稚園、おだ認定こども園、心身障害児総合医療療育センター

東邦音楽短大

◆音楽科
卒業者数 9
就職希望者数 2
就職者数 2
進学者数 6

桐朋学園芸術短大

◆芸術科
卒業者数 92
就職者数 11
進学者数 41

新渡戸文化短大

◆食物栄養学科
卒業者数 58
就職希望者数 50
就職者数 50
進学者数 3
主な就職先：(8)LEOC、(各3)シダックス、日本保育サービス、(各1)フジ産業、日清医療食品、日清医療食品ヘルスケアフードファクトリー亀岡、メディカルプラント、メフォス、HITOWAフードサービス、一富士フードサービス、アルス、AIAI Child Care、ライクキッズ、WITH、敬愛学園、森の子子ども園、新松戸中央総合病院、埼玉セントラル病院、桐和会、川越リハビリテーション病院、ウエルシア薬局、杉並区会計年度任用職員、藤江、NECライベックス、ゆめ酵母、柑香園、すかいらーくホールディングス、叙々苑、サザビーリーグアイビーカンパニー、INGS、イタダキ、富士薬品、アイリスフォーマ、ぱぱす、亀田総合病院、ユニマットライフ、マミーマート、イオンリテール

◆臨床検査学科
卒業者数 56
就職希望者数 45
就職者数 45
進学者数 1
主な就職先：(各2)東京慈恵医科大学附属病院、昭和大学病院、日本医科大学付属病院、東京逓信病院、春日部中央総合病院、(各1)東北医科薬科大学病院、獨協医科大学病院、北里大学北里研究病院、杏林大学医学部付属病院、聖路加国際病院、東京女子医科大学病院、東京大学医学部附属病院、日本医科大学付属病院(多摩永山病院)、日本医科大学付属板橋病院、聖マリアンナ医科大学病院、国立がん研究センター中央病院、東京都立病院機構、東京都健康長寿医療センター、東京都健康長寿医療センター認知症未来社会創造センター、静岡県立静岡がんセンター、仙台徳洲会病院、上尾中央総合病院(巡回検診技術科)、さやま総合クリニック、戸田中央総合病院、八潮中央総合病院、最成病院、千葉西総合病院、佼成病院、東京西徳洲会病院、練馬光が丘病院、RESM新横浜睡眠呼吸メディカルケアクリニック、相澤病院、佐久平エンゼルクリニック(胚培養士)、千葉細胞病理検査センター、明理会中央総合病院、SRL、メディファーマ、病体生理研究所、健康開発センター、新渡戸文化短期大学

日本歯科大東京短大

◆歯科衛生学科
卒業者数 70
就職希望者数 64
就職者数 64
進学者数 6
主な就職先：(各1)亀田クリニック歯科センター、東京都中野区歯科医師会スマイル歯科

◆歯科技工学科
卒業者数 8
就職希望者数 5
就職者数 5
進学者数 3
主な就職先：(各1)シケン、フィールデンタルラボラトリー、デンタルスペシャリティーズ、伴歯科医院

フェリシアこども短大

◆国際こども教育学科
卒業者数 110
就職希望者数 91
就職者数 73
進学者数 16
主な就職先：(各2)鶴川フェリシア保育園、認定こども園すこやか、ドルスカベビーホーム、アイグラン、こどもの森、めじろ会めじろ保育園、ニチイ学館ニチイキッズ、(各1)ふちのべ美邦こども園、狛江みずほ幼稚園、箱根恵明学園、至誠館ゆりがおか保育園、新宿区立あゆみの家、東平ひまわりこども園、成瀬フェリシア保育園、フェリシア幼稚園

目白大短大部

◆ビジネス社会学科
卒業者数 76
就職希望者数 56
就職者数 53
進学者数 4

主な就職先：パナソニック エレクトリックワークス社、明電舎、山崎製パン、全国農業協同組合連合会、SMC、日本ホテル、エム・ユー・センターサービス東京、マルハニチロ物流サービス関東、京王プラザホテル、福山通運

◆製菓学科

卒業者数	60
就職希望者数	53
就職者数	52
進学者数	1

主な就職先：キルフェボン、新宿高野、千疋屋総本店、ユーハイム、東京ドームホテル、浅野屋、サザビーリーグ アイビーカンパニー、うかい、日本ホテル、ポンパドウル

◆歯科衛生学科

卒業者数	43
就職希望者数	36
就職者数	34

主な就職先：千賀デンタルクリニック、銀座デンタルホワイト、こばやし歯科クリニック、ホワイトエッセンス麻布十番M'sデンタルクリニック、目白歯科矯正歯科、高井戸歯科医院、アース歯科クリニックつくば、成城さくら歯科三鷹医院、船橋デンタルクリニック、白井歯科クリニック

山野美容芸術短大

◆美容総合学科

卒業者数	134
就職希望者数	110
就職者数	110
進学者数	5

主な就職先：(6)パルファン・クリスチャン・ディオール・ジャポン、(各3)ベスト-アニバーサリー、ヤーマン、アートネイチャー、(各2)デコルテ、らかんスタジオ、(各1)LIPPS hair、GOALD、SHIMA、コーセー、アルビオン

和泉短大

◆児童福祉学科

卒業者数	199
就職希望者数	160
就職者数	160
進学者数	22

主な就職先：(各2)中心子どもの家、さくらい保育園、わげん保育園相模原駅前、豊泉幼稚園、平尾わかば幼稚園、はやし幼稚園、城山わかば幼稚園、二本松こども園、むくどりこども園、アメリカ山徳育こども園、高尾幼稚園、(各1)相模原市公立保育所、藤沢市公立保育所、世田谷区公立保育所、目黒区児童発達支援センター（非常勤）、成光学園、白十字会林間学校、心泉学園、箱根恵明学園、聖母愛児園、しゃんぐりらベビーホーム、二葉学園、二葉むさしが丘学園、こどものうち八栄寮、愛恵会乳児院、川奈臨海学園、ナオミホーム、一時保育所オレンジ、カスガダイ凸凹文化教室、七沢学園、アガペセンター、相模福祉村照手、生活介護支援事業所のびやか、リベルテ、藤沢育成会、藤沢北地域福祉部湘南希望の郷、福田の里分場(非常勤)、ル・プリ、光風会、カミヤト凸凹保育園、綾瀬いずみ保育園、虹の子保育園、あゆのこ保育園、登戸ゆりのき保育園、百合丘ルミナス保育園、横浜YMCAたかつ保育園、読売ランド前どろんこ保育園、ももの里保育園、あおいそら保育園、アスク橋本保育園、保育ルームあっぷるきっず、新磯野保育園、保育園アリス、和泉保育園、エポック保育園、大野村いつきの保育園、高見保育園、たけの子保育園、にじいろ保育園古淵、星の子保育園、栗の実保育園、座間すこやか保育園、わかば保育園、にこにこ保育園、南秦野保育園、富士見保育園、金目保育園、花もんもん保育園、二葉保育園、白旗保育園、十六山保育園、保育ルームFelice大和園、保育園まめわかば、かさまの杜保育園、やまゆり保育園、スターチャイルド鴨居ナーサリー、こどもの森（非常勤）、扇こころ保育園、渋谷東しぜんの国こども園、用賀みこころ保育園、めぐみ第二保育園、光明第七保育園、船森保育園、由木あすなろ保育園、栄光保育園、カメリアキッズ成瀬園、なごみ保育園、ハッピードリーム鶴間、高ヶ坂保育園、田園保育園、南つくし野保育園（非常勤）、新井保育園、松岡保育園、ふれあい綾瀬保育園、さがみたんぽぽ保育園、湘南藤沢徳洲会病院かもめ園、富士見わんぱくひろば、伊勢宮幼稚園、伊勢原ひかり幼稚園、柿の実幼稚園、相模栄光幼稚園、相模原みどり幼稚園(契約職員)、虹ヶ丘幼稚園、ばらの花幼稚園、座間孝道幼稚園、相武台幼稚園、のぞみ幼稚園、湘南みどりが丘幼稚園、でんえん幼稚園、ふかみ幼稚園、大和幼稚園、ゆたか幼稚園、八王子白百合幼稚園、日野ひかり幼稚園、桜美林幼稚園、山ゆり幼稚園、川越ひばり幼稚園、大沢幼稚園、クローバー淵野辺保育園、小町通みたけこども園、相模原高等学校附属光明幼稚園、相模ひまわり幼稚園、相模林間幼稚園、新町幼稚園、誠心こども園、相武台新日本こども園、たいようこども園、太陽の子幼稚園、たけのうち幼稚園、田名幼稚園、中央幼稚園、橋本幼稚園、認定こども園ひかりキッズ、ふちのべ美邦こども園、南橋本みたけこども園、寒川さくら幼稚園、聖鳩幼稚園、みなみ幼稚園、二ツ橋あいりん幼稚園、つどいの森もみの木こども園、つながりシェア保育園代々木上原、元八王子幼稚園、カナリヤ幼稚園、きそ幼稚園、正和幼稚園、認定こども園さふらん、花園こども園、ネクステージ

小田原短大

◆保育学科

卒業者数	109
就職希望者数	103
就職者数	103

主な就職先：(各2)エンゼル幼稚園、サンキッズ、ぷらいむキッズ、しらとり台保育園、仁田マーガレット保育園、東中原幼稚園

◆食物栄養学科

卒業者数	77
就職希望者数	71
就職者数	71
進学者数	4

主な就職先：(各7)一冨士フードサービス、日清医療食品、(5)エームサービス、(4)LEOC、(3)安田物産、(2)メフォス

神奈川歯科大短大部

◆歯科衛生学科

卒業者数	69
就職希望者数	68
就職者数	67
進学者	1

主な就職先：(各3)プラザデンタルクリニック、エス歯科クリニック、又吉歯科医院、(各2)神奈川歯科大学附属病院、追浜歯科医院、横浜フォルテ矯正歯科、(各1)神奈川歯科大学附属横浜クリニック、飯田歯科医院、さいとう歯科医院、久里浜駅前歯科

◆看護学科

卒業者数	61

就職希望者数 57
就職者数 57
進学者数 2
主な就職先：(9)横須賀共済病院、(6)横須賀市立うわまち病院、(4)横浜旭中央総合病院、(各3)川崎市立病院局、横浜労災病院、(各2)川崎協同病院、関東労災病院、国際親善総合病院、西横浜国際総合病院、湘南藤沢徳洲会病院、横浜南共済病院

鎌倉女子大短大部

◆初等教育学科
卒業者数 170
就職希望者数 124
就職者数 123
進学者数 36
主な就職先：(60)保育士、(26)幼稚園、(18)認定こども園、(11)小学校、(各1)エイジェック、キャン、パル

相模女子大短大部

◆食物栄養学科
卒業者数 82
就職希望者数 62
就職者数 61
進学者数 15
主な就職先：(各5)LEOC、こどもの森、(各2)グリーンハウスグループ、ジャパンウェルネス、NECライベックス、エイジェック、メフォス東日本、東京天竜、富士産業、(各1)HITOWAキッズライフ、HITOWAフードサービス、JALロイヤルケータリング、JR東日本スポーツ、アダプトリテイリング、アンダンテ、シダックス、ソシオフードサービス、ハーベスト、まいばすけっと、ライクキッズ、らく楽福祉会グループ、ラッシュジャパン、あい歯科クリニック、清智会記念病院、横浜メディカルグループ、CTMサプライ、NECT、エービーシー・マート、すかいらーくホールディングス、ツクイ、ポピンズエデュケア、レパスト、レンブラントホテル厚木、小泉、松屋フーズホールディングス、馬渕商事、小田原福祉会潤生園、千里会、赤枝医院、日清オイリオグループ、日本給食、芳雄会みのり保育園、市場ポケット保育園、横浜ヘルシー、富士荘

湘北短大

◆総合ビジネス・情報学科
卒業者数 213
就職希望者数 204
就職者数 196
進学者数 5
主な就職先：(各6)ソニーセミコンダクタソリューションズ、横浜トヨペット、(各5)エスエーアイ、フロンティア、(4)エイブル、(各3)ビックカメラ、ヒロセ電機、さがみ農業協同組合、(各2)西武・プリンスホテルズワールドワイド、神奈川日産自動車

◆生活プロデュース学科
卒業者数 135
就職希望者数 126
就職者数 120
主な就職先：(4)ウエルシア薬局、(各3)日産プリンス神奈川販売、メディカルガーデン、望星薬局、オーケー、わかば、トモズ、(各2)たねや、そごう・西武、アートネイチャー

◆保育学科
卒業者数 120
就職希望者数 119
就職者数 119
主な就職先：(各3)秦野市、厚木田園幼稚園、愛慈会、中央マドカ幼稚園、(各2)小田原市、小田原みどり学園、綾瀬幼稚園、伊勢原山王幼稚園、ちぐさ幼稚園、つるまき幼稚園

昭和音楽大短大部

◆音楽科
卒業者数 74
就職者数 18
進学者数 19

洗足こども短大

◆幼児教育保育科
卒業者数 294
就職希望者数 265
就職者数 265
進学者数 10

鶴見大短大部

◆保育科
卒業者数 107
就職希望者数 90
就職者数 90
進学者数 10
主な就職先：以下、過年度卒業生実績を含む。横浜市保育職員、御前崎市保育職員、川崎市保育職員、すぎの森幼稚園、皐月学園、相模栄光幼稚園、カナリヤ幼稚園、津久井幼稚園、川崎頌和幼稚園、たちばな幼稚園、横浜昭和幼稚園、六郷幼稚園、和敬幼稚園、總持寺保育園、つくしんぼの会、聖徳会、川崎保育会、平作保育園、羽沢保育園、大慈会、多摩保育園、けやき福祉会、大森保育園、どろんこ会、山王台幼稚園、あさひ台幼稚園、湘南やまゆり学園、しらかばこども園、小原台学園、二俣川学園、和順こども園、七沢学園、LITALICO、青い鳥

◆歯科衛生科
卒業者数 111
就職希望者数 97
就職者数 97
主な就職先：以下、過年度実績を含む。海老名総合病院、済生会横浜市東部病院、けいゆう病院、埼玉病院、汐田総合病院、相模原協同病院、平成横浜病院、国保旭中央病院、鶴見大学歯学部附属病院、東海大学医学部付属病院、昭和大学歯科病院、相模原市役所、歯科診療所

横浜女子短大

◆保育科
卒業者数 70
就職希望者数 63
就職者数 63
主な就職先：横浜女子短期大学附属幼稚園、中村愛児園、高風保育園、白峰保育園、高風子供園

新潟工業短大

◆自動車工業科
卒業者数 70
就職希望者数 68
就職者数 68
進学者数 2
主な就職先：(各1)トヨタカローラ新潟、ネッツトヨタ越後、ホンダ四輪販売長岡、ホンダカーズ新潟県央、日産サティオ新潟西、日産プリンス新潟販売、NSホールディングス、新潟ダイハツモーターズ、スズキ自販新潟、新潟マツダ自動車、新潟スバル自動車、新潟いすゞ自動車、新潟ヤナセ、太平興業、UDトラックス新潟

新潟青陵大短大部

◆人間総合学科
卒業者数 202
就職希望者数 170
就職者数 160
進学者数 17
主な就職先：(5)大光銀行、(各4)アスティア、三条信用金庫、新潟ダイハツモータース、アークベル、(各3)ウオロク、クス

リのアオキ、新潟南福祉会、(各2)加茂信用金庫、ミュゼプラチナム

◆幼児教育学科

卒業者数 120
就職希望者数 109
就職者数 109
進学者数 7

主な就職先：(7)金鵄有明学園、(5)新潟市(保育士)、(各3)恵愛学園、弘法児童福祉会、新潟市社会事業協会、(各2)旭が丘幼稚園・旭が丘保育園、小千谷市(保育士)、長岡市(保育士)、藤見学園、大形福祉会

新潟中央短大

◆幼児教育科

卒業者数 68
就職希望者数 65
就職者数 65
進学者数 1

主な就職先：(各2)愛泉こども園、悠みどりこども園、つばくろの里、(各1)つくし保育園、小千谷市職員、妙高市職員、もみの木保育園若葉台、竹の友幼児園、五泉いずみこども園、安野こども園、野の百合こども園、矢代田ひまわりクラブ、聖母乳児院、牡丹山ひかりこども園、栃尾天使幼稚園

日本歯科大新潟短大

◆歯科衛生学科

卒業者数 52
就職希望者数 43
就職者数 43
進学者数 9

明倫短大

◆歯科技工士学科

卒業者数 18
就職希望者数 13
就職者数 12
進学者数 4

主な就職先：(6)シンワ歯研、(2)和田精密歯研、(各1)ワイドデンタル、デンタルクラフト、D・D・LABO、アシスト1

◆歯科衛生士学科

卒業者数 30
就職希望者数 24
就職者数 24
進学者数 4

主な就職先：(2)あさひとう矯正＆こども歯科クリニック、(1)なかじま歯科医院、歯科ニイガタクリニック、高野歯科医院、デンタルオフィスK、羽尾歯科医院春日山、あおば歯科クリニック、よつ葉会、東円寺コムリセ歯科クリニック、すぎ矯正歯科クリニック

富山短大

◆食物栄養学科

卒業者数 87
就職希望者数 85
就職者数 85
進学者数 1

主な就職先：(8)メフォス、(5)日清医療食品、(各4)日本海給食、富山城南会、(各3)アルペン会、射水万葉会、(各2)千里山荘、源、三協興産、シダックス、LEOC、厚生連高岡病院、光風会、誠心会、早川福祉会、(各1)長七製麺、ちんぱんじー、なかしま、フレッシュダイナー、北陸フレッシュフーズ、アルビス、大阪屋ショップ、金森藤平商事、神島リビング、フレッシュ佐武、ボン・リブラン、魚国総本社、エームサービス、ケービーエフ、コンパスグループ・ジャパン、日本ゼネラルフード、富士産業、ミールケア、レパスト、アップライト、宇奈月延対寺荘、オークス、道の駅新湊レストラン、常盤台保育園、新川児童福祉会、宇奈月福祉会、オーエルシー、上関保育園、喜寿会、丘生会、継和会、三福、小杉福祉会、五省会、秀愛会、宣長康久会、立野福祉会、富山赤十字病院、富山大学附属病院、まちかどふれあいほーむ一休庵

◆幼児教育学科

卒業者数 79
就職希望者数 79
就職者数 78

主な就職先：(8)となみ中央福祉会、(6)わかば福祉会、(4)富山市職員、(各3)富山国際学園福祉会、わかくさ福祉会、射水万葉会、能町児童福祉会、(各2)ジェイエイ氷見みどり会、富山城南会、富山聖マリア会、東山福祉会、双葉保育園、萌黄福祉会、和敬会、高岡市職員、南砺市職員、ルンビニ園、(各1)北陸フレッシュフーズ、富山グラウジーズ、あおぞらこども福祉会、奥田福祉会、秀愛会、勝福寺学園、白藤学園、清泉学園、高原福祉会、ちいさな花の福祉会、常盤台保育園、新川児童福祉会、西加積学園、萩浦学園、みつば福祉会、めぐみ福祉会、立正幼稚園、射水市職員、氷見市職員、上市町職員、育三会、かづみ野、毅行福祉会、くるみ、恵風会、けやき会、西光苑、セーナー苑、富山市社会福祉事業団

◆経営情報学科

卒業者数 105
就職希望者数 96
就職者数 95
進学者数 7

主な就職先：(6)プレステージ・インターナショナル富山BPOタウン、(4)クスリのアオキ、(各3)千里山荘、YKK AP、中部薬品、(各2)富山スガキ、キタノ製作、三協立山、YKK、タカノギケン、東洋通信工業、大阪屋ショップ、たんぽぽ薬局、富山ダイハツ販売、トヨタモビリティ富山、(各1)石友ホーム、碓井建設、オリバー、SHOEIグループ、ワイエス・ワン、タイヨーパッケージ、池田模範堂、八尾キタノ製作、志貴野メッキ、北陸アルミニウム、立山マシン、テクノプラス、東洋電制製作所、富山村田製作所、北陸電気工業、エムダイヤ、富山技研、山田工業、大建工業、富士安全硝子工業、アスプコミュニケーションズ、エクストリンク、コムテックス、フィットワークス、トナミ運輸、伏木海陸運送、山田商会、MXモバイリング、コメリ、サンエツ、SHIMARS、チューリップ調剤、トヨタカローラ富山、ネッツトヨタ富山、ヒラキストア、北陸スバル自動車、ホンダ四輪販売北陸、ボン・リブラン、光岡自動車、メガネハウス、ワシントン靴店、新湊信用金庫、富山第一銀行、にいかわ信用金庫、北陸カード、北陸銀行、ハイエストホーム、アップライト、ホテルグランテラス富山、オークス、オフィスキューキュー、クールエステティック富山、ザ・フォウルビ、新川児童福祉会、なのはな農業協同組合、アルト、富山県職員

◆健康福祉学科

卒業者数 25
就職希望者数 23
就職者数 23
進学者数 2

主な就職先：(各2)富山県社会福祉総合センター、梨雲福祉会、(各1)八尾キタノ製作、アインホールディングス、ウエルシア薬局、あかね会、射水万葉会、小矢部市社会福祉協議会、秋桜、けやき苑、光風会、五省会、七徳会、城端敬寿会、誠心会、藤聖会、伯真会、北陸メディカルサービス、メディカルケア、陽光福祉会、緑寿会

富山福祉短大

◆社会福祉学科

卒業者数 25
就職者数 22
進学者数 2
主な就職先：〈社会福祉専攻〉(2)ユニマット リタイアメント・コミュニティ、(各1)風乃里水戸田、特別養護老人ホームアルテン赤丸、若葉会、八尾老人保健施設風の庭、中野工業、サンショウ、〈介護福祉専攻〉(各2)とやま虹の会、サンバリー福岡病院、(各1)光ヶ丘病院、風乃里水戸田、障害者支援施設野積園、特別養護老人ホームあさひ苑アネックス、いま泉病院、介護老人保健施設みどり苑、特別養護老人ホーム椿寿荘、介護老人保健施設城端うらら、ふらっと、光風会

◆看護学科

卒業者数 85
就職者数 69
進学者数 4
主な就職先：(13)富山県厚生農業協同組合連合会(厚生連高岡病院)、(6)富山赤十字病院、(4)黒部市民病院、(各3)西能病院、谷野呉山病院、亀田総合病院、(各2)埼玉石心会病院、南砺市民病院、富山県済生会高岡病院、金沢市立病院、富山西総合病院、富山大学附属病院、富山県済生会富山病院、地域医療振興協会東京北医療センター、高島平中央総合病院、(各1)高岡市民病院、金沢赤十字病院、公立穴水総合病院、横浜市南部病院、川崎市職員(看護師)、板橋中央総合病院、公立学校共済組合北陸中央病院、射水市民病院、野村病院、国立病院機構富山病院、公立能登総合病院、東邦大学医療センター大橋病院、明理会中央総合病院、かみいち総合病院、光ヶ丘病院、高岡整志会病院、金沢医療センター、長野松代総合病院、近畿大学付属病院

◆幼児教育学科

卒業者数 45
就職者数 45
主な就職先：(各2)わかくさ福祉会、認定こども園いずみ幼稚園、かみいいの認定こども園、となみ中央福祉会、野村保育園、富山市職員(保育士)、(各1)堀川幼稚園、同朋認定こども園、常盤台保育園、わかば福祉会、新生苑、射水おおぞら保育園、かづみ認定こども園、桜谷保育園、ポポラー富山山室園、あいうえおん、ニチイ学館、サンライズキッズ保育園名古屋港園、さみどり認定こども園、おおひろたこども園、認定宮川こども園、ちいさな花の福祉会、浦山学園福祉会、あゆみの郷、南砺市職員(保育士)、放課後デイサービスそら、BUZZBUZZ、スマイル・ハートキッズハウスのぞみ、ふらっと、早月認定こども園、ジェイエイ氷見みどり会、ルンビニ園、天神保育園、児童養護施設育松園、とよた保育園、ヴィスト、スマイル・ハート、松本青い鳥幼稚園

金沢学院短大

◆現代教養学科

卒業者数 51
就職希望者数 44
就職者数 44
進学者数 6
主な就職先：(4)オークラニッコーホテルマネジメント、(各1)石川県庁、自衛隊、ITX、ヤマト運輸、オリバー、スパーテル、北陸カード

◆食物栄養学科

卒業者数 40
就職希望者数 31
就職者数 31
進学者数 5
主な就職先：(4)日清医療食品、(3)シダックス、(各2)メフォス、やわたメディカルセンター、(各1)LEOC、ニチダン、つくしんぼ保育園、新村病院

◆幼児教育学科

卒業者数 41
就職希望者数 41
就職者数 41
主な就職先：(各2)こすもす保育園、聖霊愛児園、バウデア学舎、馬場幼児園、(各1)富山市役所、上越市役所、わかばこども園、あけぼの保育園

金沢星稜大女子短大部

◆経営実務科

卒業者数 130
就職希望者数 114
就職者数 114
進学者数 12
主な就職先：(各3)石川県庁、裁判所事務官、日本通運、富山村田製作所、澁谷工業、(各2)チューリップ調剤、西日本旅客鉄道、中部薬品、シブヤパッケージングシステム、恵寿総合病院

金城大短大部

◆ビジネス実務学科

卒業者数 100
就職希望者数 96
就職者数 94
主な就職先：(3)EIZO、(各2)ホテルアローレ、おまめ舎、そのだ歯科医院、森下耳鼻咽喉科医院、クスリのアオキ、匠歯科医院、(各1)フラワーガーデン、澁谷工業、西日本旅客鉄道

◆美術学科

卒業者数 76
就職希望者数 52
就職者数 43
進学者数 15
主な就職先：(各2)ミュージッククラブ、ミヤモト家具、グランゼーラ、(各1)EIZO、イーストバイウエスト、オリバー、富山スガキ、園田産業、クスリのアオキ、アントール

◆幼児教育学科

卒業者数 91
就職希望者数 87
就職者数 86
進学者数 1
主な就職先：(3)千里浜保育園、(各2)南陽幼保園、林中こども園、見真こども園、かほく市、ほのみこども園、わかたけの森こども園、ミドリの杜こども園、すえひろこども園、ひがしやまこども園

仁愛女子短大

◆生活科学学科

卒業者数 133
就職希望者数 123
就職者数 123
進学者数 1
主な就職先：(各3)ネッツトヨタ福井、リフレ、(各2)セーレン、ナカニシビジョン、福井村田製作所、福井県農業協同組合、川﨑物流、太谷、イワタニセントラル北陸、福井スズキ自動車販売

◆幼児教育学科

卒業者数 87
就職希望者数 82
就職者数 82
主な就職先：(各5)さくら会、和楽園、(各3)専照会、六条厚生会、竹伸会、(各2)わかたけ共済部、日光福祉会、鯖岳園、いなやま保育園、高明会

帝京学園短大

◆保育科

卒業者数 40
就職希望者数 36

就職者数 34
進学者数 1

飯田短大

◆生活科学学科
卒業者数 100
就職希望者数 88
就職者数 88
進学者数 6
主な就職先：(6)メフォス、(各3)萱垣会、日清医療食品、(各2)ツルヤ、ひだまりの郷あなん、上伊那福祉協会、喬木村社会福祉協議会、(各1)北川製菓、JA松本ハイランド、伊那市職員、乾光精機
◆幼児教育学科
卒業者数 38
就職希望者数 37
就職者数 36
主な就職先：(各3)伊那市役所、塩尻市役所、慈光幼稚園、松川町役場、吉田河原保育園、(各2)阿智村役場、上郷なかよし保育園、風越乳児院、聖クララ幼稚園、鼎あかり保育園
◆看護学科
卒業者数 42
就職希望者数 38
就職者数 38
進学者数 4
主な就職先：(9)飯田病院、(4)飯田市立病院、(各2)伊那中央病院、下伊那厚生病院、健和会病院、(各1)信州大学医学部附属病院、河南病院、輝山会記念病院、相澤病院、昭和伊南総合病院

上田女子短大

◆幼児教育学科
卒業者数 81
就職希望者数 78
就職者数 78
主な就職先：(各2)上田明照会、長野大橋保育園、第三会マリア園、あそびの森あきわ、佳里保育園、山の遊びはらぺこ、(各1)上田女子短期大学附属幼稚園、信学会、佐久市（公務員保育士）、妙高市(公務員保育士)
◆総合文化学科
卒業者数 55
就職希望者数 50
就職者数 50
主な就職先：(4)山洋電気テクノサービス、(3)西武・プリンスホテルズワールドワイド、(各2)音羽の森、アインホールディングス、信州うえだ農業協同組合、(各1)上田プラスチック、真田KOA、ツルヤ、長野計器、小海町(公務員)

佐久大信州短大部

◆福祉学科
卒業者数 42
就職希望者数 34
就職数 33
進学者数 8
主な就職先：(各2)ニチイ学館、長野松代総合病院、佐久学舎、浅間学園、小雀保育園、(各1)ベルポートまるこ、小諸学舎、須坂やすらぎの園、北相木村老人福祉複合センターみどり、さくら苑、ハートフルケアたてしな、敬老園、みゆき福祉会、シルバーランドきしの、ジェイエー長野会さく地域事業本部、ジェイエー長野会多機能型事務所はあーと工房ポッポ、軽井沢治育園、くるまや、岡谷酸素松本営業所、森と木、蓮の音こども園、ワーカーズコープ上田事業所、のぞみ福祉会、杉の子保育園、おおきくなあれ保育園、長野市社会事業協会、オネストリィ、スキップ川口保育園

信州豊南短大

◆言語コミュニケーション学科
卒業者数 60
就職希望者数 56
就職者数 54
進学者数 1
主な就職先：(2)下諏訪町役場、(各1)信州諏訪農業協同組合、日本郵便信越支社、ダイシン、アルピコホテルズ、黒田精工長野工場、東急リゾーツ＆ステイ、メガネのナガタ、ライト光機製作所、医学生物学研究所
◆幼児教育学科
卒業者数 43
就職希望者数 42
就職者数 42
主な就職先：(3)阿南学園、(各2)松本市役所、辰野町役場、中川村役場、信学会、諏訪市役所、りんどう信濃会、(各1)箕輪町役場、長野県社会福祉事業団、つつじが丘学園

清泉女学院短大

◆幼児教育科
卒業者数 107
就職希望者数 102
就職者数 102
進学者数 2
主な就職先：(10)信学会、(各4)長野大橋保育園、信州子育てみらいネット、恵愛、(各3)中野中央幼稚園、聖徳保育園、須坂市(保育士)、(各2)日向幼稚園、大豆島保育園、風間保育園、海野保育園、ミヤヘルサ保育園ひびき(東京)、ライクキッズにじいろ保育園(東京)、ニチイ学館、長野市(保育士)、上田市(保育士)、塩尻市会計年度任用職員(保育士)、(各1)和光幼稚園、あかしや幼稚園、篠ノ井学園、山びこ幼稚園、小諸幼稚園、黒木学園、マリアこども園、朝陽学園、吉田マリア幼稚園、認定こども園ふたご、丹波島こども園、円福学園、中野マリア幼稚園、古牧東部保育園、天竜こども園(静岡)、あさひ幼稚園(岡山)、山の遊び舎はらぺこ、旭幼稚園、須坂双葉幼稚園、みすず幼稚園、芹田東部こども園、かざぐるま保育園、北条保育園、ころぽっくる保育園、フレンドこども園、済生会長野保育園、上高井保育園、黒木学園福祉会、川中島保育園、よしだ保育園、若葉保育園、長野市社会事業協会、まきば保育園、ドン・ボスコ保育園、三輪保育園、秋葉保育園、博愛保育園、おはなし屋保育園、上田さつき保育園、みらい保育園、千曲市(保育士)、東御市(保育士)、飯山学園、三帰寮、松代福祉寮、顕真学院、稲荷山医療福祉センター、昭和商事、大和施設、コスモ・スペース、TBCグループ
◆国際コミュニケーション科
卒業者数 57
就職希望者数 50
就職者数 50
進学者数 2
主な就職先：(各2)東日本旅客鉄道、セイコーエプソン、日産プリンス長野販売、長野ダイハツモータース、(各1)長野信用金庫、長野県信用組合、昭和商事、ながの農業協同組合、信越定期自動車、エスエーエス、飯島建設、SHIグループ、八光、金澤工業、おびなた、新光電気工業、ミヤマ精工、中野プラスチック工業、R&Cながの青果、小泉中部、マルニシ、北陸建材社、デンセン、エムデジ、ながの東急百貨店、コープながの、日産プリンス長野販売、シーシーディ、佐助、和田正通信サービス、ホンダカーズしなの、いろは堂、ITXジャパン、デザートランドりんごの木、マルコ、東西、本久外食事業部、東急リゾーツ＆ステイ、テクノプロ・エンジニアリング社、アネックスインフォメーション、オリオ

ンシステム、ワールドインテック、NOVAホールディングス、アインホールディングス、廣岡歯科医院、湘南鎌倉総合病院、埼玉県市町村立小・中学校

長野短大

◆食物栄養学科

卒業者数	42
就職希望者数	40
就職者数	37
進学者数	2

主な就職先：(16)デリクックちくま、(8)メフォス、(2)水掛冷食、(各1)シダックス、富士産業、ベイシア、サイゼリア、JAグリーンながの、敬老園

松本短大

◆幼児保育学科

卒業者数	93
就職希望者数	91
就職者数	91

主な就職先：(16)松本市、(6)塩尻市、(3)中信社会福祉協会、(各2)茅野市、箕輪町

◆介護福祉学科

卒業者数	33
就職希望者数	31
就職者数	31
進学者数	1

主な就職先：(各3)ツクイ、恵清会、(各2)富士見高原医療福祉センター、サンビジョン、梓の郷

松本大松商短大部

◆商学科

卒業者数	103
就職希望者数	92
就職者数	91
進学者数	6

◆経営情報学科

卒業者数	104
就職希望者数	84
就職者数	81
進学者数	13

主な就職先：全学科の合計で、(11)エイジェック、(5)クスリのアオキ、(各4)上田信用金庫、大和電機工業、サン・ビジョン、(各3)ツルヤ、飯田信用金庫、長野銀行、長野県信用組合、(各2)相澤病院、ウエルシア薬局、北産業、昭和電機産業、ツルハ、(1)セイコーエプソン

大垣女子短大

◆幼児教育学科

卒業者数	41
就職希望者数	40
就職者数	40

主な就職先：(4)大垣市役所、(3)垂井町役場、(2)市橋保育園、(各1)池田町役場、長浜市役所、伊勢市役所、ほづみの森こども園、くるみ幼稚園、大原保育園、大垣ひかり保育園

◆デザイン美術学科

卒業者数	44
就職希望者数	32
就職者数	30

主な就職先：(各1)ピーエーワークス、イートレックトライズ、デザインにこり、コムズ、タカオ、勘吉、昭和企画、矢橋ホールディングス、Animagent、中広

◆音楽総合学科

卒業者数	67
就職希望者数	58
就職者数	57
進学者数	2

主な就職先：(3)河合楽器製作所、(各2)石森管楽器、ヨモギヤ楽器、防衛省陸上自衛隊、(各1)野中貿易、青山ハーブ、ドルチェ楽器、ミルズ、村松フルート製作所、三響楽器、名古屋市消防局消防音楽隊

◆歯科衛生学科

卒業者数	54
就職希望者数	43
就職者数	43
進学者数	2

主な就職先：(各2)にしわき歯科、山口総合歯科、(各1)いながわクリニック、おひさまデンタルクリニック歯科・矯正歯科、しまむら歯科クリニック、スマイルデンタルクリニック、みずたに歯科クリニック、わかば歯科、近藤歯科クリニック、あおば歯科、けやきデンタルクリニック、大垣ひまわり歯科

正眼短大

◆禅・人間学科

卒業者数	11
就職希望者数	4
就職者数	4
進学者数	1

高山自動車短大

◆自動車工学科

卒業者数	70
就職希望者数	70
就職者数	70

主な就職先：(5)日産自動車、(2)トヨタカスタマイジング＆デベロップメント、(各1)いすゞ自動車、ダイハツ工業、SUBARU、アイシン、オートテクニックジャパン

中京学院大短大部

◆保育科

卒業者数	49
就職希望者数	45
就職者数	45

主な就職先：以下、過年度卒業生実績を含む。恵那市役所、多治見市役所、中津川市役所、豊田市役所、杉の子幼稚園、さくら幼稚園、蒲郡東部病院

中部学院大短大部

◆幼児教育学科

卒業者数	80
就職希望者数	72
就職者数	72
進学者数	4

主な就職先：(3)各務原市、(各2)みさとこども園、若葉保育園、下呂市(保育)、川辺町(保育)、みたけ幼稚園、子苑第二幼稚園、郡上市(保育)、土岐市(保育)、美濃ふたばこども園、美濃保育園、(各1)沖の橋認定こども園、中部学院大学・中部学院大学短期大学部附属幼稚園、日本児童育成園、芥見幼稚園、むつみ幼稚園、合歓の木幼稚園、はなぞの北幼稚園、本荘保育園、ながら幼稚園、幼保連携型かようこども園、放課後等デイサービス、うれしの認定こども園、竹鼻保育園、KB、遊々こども園、川辺町第3こども園、大栄幼稚園、すみれ楽園、村の木清福会、合歓の木南幼稚園、蘇原南保育園、新生こどもえん、各務原市福祉事業団、ういんぐきっず保育園、松渓保育園、安桜保育園、小金田保育園、のぞみ第2幼稚園、虹ヶ丘幼稚園、龍華保育園、こま草保育園、多治見市(保育)、市川外科託児所ルンルン、L・E保育園、八百津町(保育)、山手幼稚園、たから幼稚園、松美保育園、レシップホールディングス、豊木認定こども園、大野クローバー幼稚園、あい保育園穂波町、一宮市(保育)、ユープレイス、敦賀市(保育)、福井県美浜町(保育)、佑和保育園、真砂幼稚園、認定こども園なごみの広場

◆社会福祉学科

卒業者数	70
就職希望者数	66
就職者数	66

主な就職先：(4)各務原リハビリテーション介護医療院、(各3)岐阜健康管理センター、優・悠・邑、(各2)大地、さくらの舞、アルトシュタットとみか、DANKE、関市社会福祉協議会、椿野苑、(各1)あんきの家細畑、長良川ビラ、アートジャパンナガヤ設計 うららびより柳津、はなみずき苑、黒野あそか苑、仙寿なごみ野、ひとい木、ケアネットリゾン柳ケ瀬、フォーラム歯科、やまが整形外科、りお歯科クリニック、伊勢久、ジョイフル岐阜駅、ナーシングケア寺田、山田病院、ケアコート徹明通り、下呂市社会福祉協議会、さわやかナーシングさかほぎ、サンシャイン美濃白川、グループホーム耀きの里、可児とうのう病院附属介護老人保健施設、大ちゃん家、チェリーヴィラ広見苑、ナーシングホームケアリール各務原、リバーサイド川島園、集い処笑福、エスライン各務原、グループホームひだまり、菜の花、めぐみの農業協同組合、ゴールドヴィレッジほらど、生駒鍍金工業、巣南リハビリセンター、多治見市シルバー人材センター、伊深の森カントリークラブ、安田内科クリニック、ヨコタエンタープライズ、SORA GROUP、池下さくら歯科、長寿会、シルピス大磯、IS重機、AJU自立の家、TBCグループ

東海学院大短大部

◆幼児教育学科

卒業者数	64
就職希望者数	63
就職者数	62
進学者数	1

主な就職先：(各3)かがしまこども園、日本児童育成園、(各2)明照幼稚園、こばと西幼稚園、(各1)合歓の木幼稚園、黒野こども園、東海第二幼稚園、カンガルー病児保育室、モンテール、木曽路、まなべ歯科クリニック

中日本自動車短大

◆自動車工学科

卒業者数	235
就職希望者数	195
就職者数	195
進学者数	33

◆モータースポーツエンジニアリング学科

卒業者数	20
就職希望者数	16
就職者数	16
進学者数	4

平成医療短大

◆看護学科

卒業者数	78
就職希望者数	73
就職者数	72

主な就職先：(12)大垣市民病院、(11)平野総合病院、(6)揖斐厚生病院、(5)大垣徳洲会病院、(各4)岐阜県総合医療センター、岐阜市民病院、(各3)松波総合病院、中濃厚生病院

◆リハビリテーション学科

卒業者数	127
就職希望者数	114
就職者数	113

主な就職先：(7)中部国際医療センター、(各5)岩砂病院、杏嶺会、関中央病院、(各3)山内ホスピタル、岐阜清流病院、矢田眼科クリニック

静岡英和学院大短大部

◆現代コミュニケーション学科

卒業者数	65
就職希望者数	47
就職者数	46
進学者数	7

主な就職先：小泉、日本通運、明電舎、アインホールディングス、明治安田生命保険、ジェイアール東海ホテルズ、掛川市農業協同組合、パナソニック ハウジングソリューションズ、チュチュアンナ、函南町役場

◆食物栄養学科

卒業者数	42
就職希望者数	33
就職者数	33
進学者数	3

主な就職先：グリーンハウス、シダックス、富士産業、カネセイ食品、さわやか、ニッコクトラスト、保健科学研究所、特別養護老人ホーム 竜爪園、摩耶保育園、前田産婦人科医院

常葉大短大部

◆日本語日本文学科

卒業者数	61
就職希望者数	53
就職者数	48
進学者数	1

主な就職先：(4)エイジェック、(2)イデシギョー、(各1)浜松市役所、東海澱粉、函南町役場、スルガ銀行、ユニー、アクタガワ、ネッツトヨタ静岡、静鉄ストア

◆保育科

卒業者数	153
就職希望者数	152
就職者数	149

主な就職先：(115)県内私立幼稚園・保育園・こども園、(各11)県内公立こども園・保育園・幼稚園、県外保育園、(6)県内児童福祉施設、(各2)県外幼稚園、県外児童福祉施設、(各1)ウエアデプト、静岡駅前歯科クリニック

◆音楽科

卒業者数	18
就職希望者数	5
就職者数	5
進学者数	13

主な就職先：(各1)清水農業協同組合、エス・ティー・シー、コスモネット、岡部文化会館、磐田市教育委員会

日本大短大部(三島)

◆ビジネス教養学科

卒業者数	90
就職希望者数	17
就職者数	16
進学者数	64

主な就職先：(各1)TBCグループ、スルガカード、静清信用金庫、矢崎部品、百年住宅

浜松学院大短大部

◆幼児教育科

卒業者数	115
就職希望者数	115
就職者数	115

主な就職先：(7)天竜厚生会、(各4)こども園ことり、平和こども園、(各3)音の森こども園、そらいろこども園、(各2)青葉幼稚園、ずだじこども園、浜松海の星幼稚園、成子幼稚園、北浜幼稚園、高松保育園、若宮こども園、上池さくらこども園、ルミーナプレスクール、めいわ竜洋保育園

愛知学院大短大部

◆歯科衛生学科

卒業者数	103
就職希望者数	91
就職者数	91
進学者数	7

主な就職先：名古屋大学医学部付属病院、愛知学院大学歯学部附属病院、江南厚生病院、豊田厚生病院、藤田医科大学、愛知健康増進財団、やまむら歯科、たなか歯科クリニック、森川歯科クリニック、RYO JIMBO

DENTAL

愛知学泉短大

◆生活デザイン総合学科
卒業者数 173
就職希望者数 150
就職者数 142
進学者数 8
主な就職先：(4)ソラスト、(各3)エス・エヌ・ビー、三光製作所、(各2)カネ美食品、LEGOLAND Japan、トヨタレンタカーリース愛知、(各1)オンセブンデイズ、ABC Cooking Studio、INGI、木曽町役場、弥生病院

◆食物栄養学科
卒業者数 62
就職希望者数 55
就職者数 53
進学者数 2
主な就職先：(6)日清医療食品、(各5)グリーンハウス、LEOC、(4)日本ゼネラルフード、(2)エームサービス、(各1)希望が丘こども園、聖隷クリストファーこども園、藤田医科大学、マルサンアイ

◆幼児教育学科
卒業者数 60
就職希望者数 55
就職者数 53
進学者数 2
主な就職先：(3)西尾市職員、(各2)刈谷市職員、東浦町職員、(各1)一宮市職員、豊田市職員、新城市職員、碧南市職員

愛知工科大自動車短大

◆自動車工業学科
卒業者数 105
就職希望者数 85
就職者数 85
進学者数 18
主な就職先：(10)ATグループ、(4)愛知ダイハツ、(各3)日本自動車連盟中部本部、東愛知日産自動車、キリックスリース、(各2)日産自動車、岡崎ヤナセプランニング、新明工業、(各1)ヤマハ発動機、いすゞ自動車

愛知大短大部

◆ライフデザイン総合学科
卒業者数 77
就職希望者数 47
就職者数 45
進学者数 27
主な就職先：(2)ひまわり農業協同組合、(各1)あいち中央農業協同組合、愛知東農業協同組合、静岡中央銀行、愛知商銀、豊川信用金庫、イトモル、新東工業、イオインダストリー、シンフォニアテクノロジー、千代田電子工業、ダイドー、イトキン、ウエルシア薬局、ゲンキー

愛知文教女子短大

◆幼児教育学科第1部
卒業者数 66
就職希望者数 62
就職者数 62
進学者数 1

◆幼児教育学科第3部
卒業者数 83
就職希望者数 82
就職者数 82
進学者数 1
主な就職先：幼児教育学科第1部、幼児教育学科第3部の合計で、(各3)常滑市職員、稲沢保育園、(各2)稲沢市職員、弥富市職員、東浦町職員、一宮栽松幼稚園、長寿認定こども園、三和福社会、(1)一宮市職員

◆生活文化学科
卒業者数 56
就職希望者数 52
就職者数 52
進学者数 1
主な就職先：(5)日本ゼネラルフード、(3)トーカイフーズ、(各2)トモ、シダックス、ユニー、(各1)常滑市職員、LEOC、名古屋エアケータリング、富士産業

愛知みずほ短大

◆生活学科
卒業者数 66
就職希望者数 50
就職者数 48
進学者数 2
主な就職先：(4)富士産業、(各2)日清医療食品、トモグループ

◆現代幼児教育学科
卒業者数 41
就職希望者数 36
就職者数 36
進学者数 1
主な就職先：(各2)名古屋ドレミこども園、Bears

岡崎女子短大

◆幼児教育学科
卒業者数 198
就職希望者数 193
就職者数 193
進学者数 2
主な就職先(第一部・第三部共通)：(7)豊田市役所(保育職)、(5)田原市役所(保育職)、(各4)西尾市役所(保育職)、豊川市役所(保育職)、(各3)岡崎市役所(保育職)、安城市役所(保育職)、幸田町役場、(各2)新城市役所(保育職)、半田市役所(保育職)、浜松市役所(保育職)、(各1)刈谷市役所(保育職)、碧南市役所(保育職)、豊橋市役所(保育職)、一宮市役所(保育職)、知多市役所(保育職)

修文大短大部

◆生活文化学科
卒業者数 68
就職希望者数 60
就職者数 58
進学者数 2
主な就職先：(各2)名古屋東急ホテル、江南厚生病院、びさい眼科、(各1)中部眼科、ジャストメディクス、岐阜農業協同組合、岐阜日産自動車、郡上ガス、東海倉庫、カリツー、ユーハイム、エルフラット、タナカ、コジマ、ネクステージ

◆幼児教育学科第一部
卒業者数 23
就職希望者数 23
就職者数 23
主な就職先：(2)一宮市役所(保育士)、(各1)稲沢市役所(保育士)、安城市役所(保育士)、四日市市役所(保育士)、きそがわ幼稚園、一宮幼稚園、あさひ保育園、研修南保育園、笠松保育園、ふたば保育園、日永ハートピア保育園、さつきの森保育園、名港保育園、千成保育園、みのり保育園

◆幼児教育学科第三部
卒業者数 66
就職希望者数 63
就職者数 62
主な就職先：(3)名鉄スマイルプラス保育園、(2)一宮栽松保育園、(各1)一宮市役所(保育士)、揖斐川町役場(保育士)、草平保育園、松操保育園、江南幼稚園、平安幼稚園、明治保育園、大安中央保育園、まさきこども園、住吉こども園、双葉幼稚園、千代田保育園、岐南さくら幼稚園

豊橋創造大短大部

◆幼児教育・保育科
卒業者数 42
就職希望者数 40
就職者数 40
進学者数 2
主な就職先：(5)豊橋市南部保

育事業会、(3)豊橋みなみ福祉会、(各2)育栄会、おかさきこども園、豊橋市職員、むかい山こども園、(各1)希望ヶ丘こども園、たかい丘こども園、聖隷福祉事業団、磐田聖マリア幼稚園、豊橋市福祉事業会

◆キャリアプランニング科

卒業者数	46
就職希望者数	44
就職者数	44

主な就職先：(3)広小路コンタクト、(各2)エムシークロップ&ライフ化成、東海典礼、(各1)愛知県職員、防衛省、海上保安庁、新城市役所、豊川信用金庫、聖隷浜松病院、大同病院、成田記念病院

名古屋短大

◆保育科

卒業者数	234
就職希望者数	173
就職者数	173
進学者数	61

主な就職先：(7)春日井市(保育職)、(各5)一宮市(保育職)、稲沢市(保育職)、(各4)あま市(保育職)、名古屋市(保育職)、(各3)江南市(保育職)、常滑市(保育職)、瀬戸市(保育職)、大山田東保育園、(2)港北幼稚園

◆現代教養学科

卒業者数	65
就職希望者数	55
就職者数	52
進学者数	5

主な就職先：(各2)日本通運、ニチレイ・ロジスティクス東海、名古屋電気、いちい信用金庫、(各1)JA愛知厚生連、明電舎、明治安田生命保険、富士通ISサービス、青山製作所、日本トラフィックサービス

名古屋経営短大

◆未来キャリア学科

卒業者数	56
就職希望者数	51
就職者数	51
進学者数	3

主な就職先：(各1)かずみ内科・消化器内科クリニック、ホンダカーズ岐阜、瀬戸信用金庫、ブリヂストンリテールジャパン、JR東海リテイリング・プラス東京本社、ベストリイム、クスリのアオキ、エイジェック、マーキュリー、パーソナック

◆子ども学科

卒業者数	27
就職希望者数	26
就職者数	26
進学者数	1

主な就職先：(2)AIAI Child Care、(各1)フェアリー保育園、はんのき保育園、豊田市小学校、瀬戸市役所、春日井市役所、青松こども園、上池さくらこども園、桔梗福祉会、桜あおい幼稚園

◆健康福祉学科

卒業者数	31
就職希望者数	28
就職者数	28

主な就職先：(各2)としわ会、名翔会、(各1)愛生福祉会、愛知県厚生事業団、九十九会、上伊那福祉協会、長久手市社会福祉協議会、長寿会、福寿園、名古屋市名東区社会福祉協議会

名古屋文化短大

◆生活文化学科

卒業者数	242
就職希望者数	209
就職者数	198
進学者数	10

主な就職先：(各5)TBCグループ、アーティザン、(4)iDA、(各3)日本セレモニー、ベルクリエイト、プーコニユ

名古屋文理大短大部

◆食物栄養学科

卒業者数	92
就職希望者数	85
就職者数	82
進学者数	3

主な就職先：〈栄養士専攻〉(各5)メフォス、LEOC、(4)東洋食品、(各3)日清医療食品、日本ゼネラルフード、トモHD、エームサービス、(各2)シダックス、メーキュー、(各1)藤田医科大学病院、主体会、紫水会、サニーサイドインターナショナルスクール、田中化成、〈製菓専攻〉(各1)フジパングループ本社、長坂養蜂場、御菓子処芳光、パンの店カッタン、トランジットジェネラルオフィス、DREAM ON、エイムエンタープライズ、仏蘭西風洋菓子シトロンヴェール、フランボワーズ、ブーランジェリーブーブー、ビーンズ

名古屋柳城短大

◆保育科

卒業者数	98
就職希望者数	95
就職者数	95
進学者数	1

高田短大

◆子ども学科

卒業者数	185
就職希望者数	177
就職者数	177

主な就職先：(11)豊津児童福祉会、(9)清泉福祉会、(6)松阪市職員、(各4)洗心福祉会、藤水福祉会、みどり自由学園、若葉福祉会、(各3)里山学院、鈴鹿市職員、津市職員

◆キャリア育成学科

卒業者数	89
就職希望者数	88
就職者数	87
進学者数	1

主な就職先：(4)日本陸送、(各3)あけあい会、伊勢温泉観光、JA共済連三重、(各2)イセット、サイネックス、佐藤病院、中勢ゴム、トヨタレンタリース三重、柳河精機

ユマニテク短大

◆幼児保育学科

卒業者数	64
就職希望者数	60
就職者数	60

主な就職先：大山田東保育園、西浦保育園、サラナ保育園、大山田北保育園、ハートピア保育園、嬉野保育園、ほうりん認定こども園、和順幼稚園、クラ・ゼミ、笹川学童保育所

滋賀短大

◆生活学科

卒業者数	82
就職希望者数	70
就職者数	67
進学者数	1

主な就職先：(5)たねやグループ、(4)日清医療食品、(3)メフォス西日本、(各2)一冨士フードサービス、パレット、満月、(各1)くら寿司、シダックス、ドンク、グルマンマルセ

◆幼児教育保育学科

卒業者数	116
就職希望者数	108
就職者数	107
進学者数	2

主な就職先：(6)檸檬会、(4)くじら、(3)モンチ友愛会、(各2)真愛会、森の子会、純美禮学園、黎明会、湖南学園、唐崎福祉会、

アートチャイルドケア

◆ビジネスコミュニケーション学科

卒業者数 98
就職希望者数 79
就職者数 76
進学者数 7

主な就職先：(各3)滋賀県信用組合、東びわこ農業協同組合、甲南病院、淡海医療センター、ナカザワ、(各2)グリーン近江農業協同組合、たねやグループ、京阪ホテルズ&リゾーツ、モリヤマスポーツ、桜花爛漫

滋賀文教短大

◆国文学科

卒業者数 18
就職希望者数 15
就職者数 14
進学者数 1

主な就職先：(各1)ゲンキー、滋賀テレコム、マツヤスーパー、メガネトップ、エイブル

◆子ども学科

卒業者数 50
就職希望者数 43
就職者数 42
進学者数 3

主な就職先：(6)長浜市立園、(各1)米原市立園、多賀町立園、レイモンド長浜こども園、小谷こども園、大津市立小学校、守山市立小学校

びわこ学院大短大部

◆ライフデザイン学科

卒業者数 56
就職希望者数 51
就職者数 50
進学者数 3

主な就職先：(各3)岡山紫雲こどもみらい園、真寿会、(2)ヴォーリズ学園

華頂短大

◆幼児教育学科

卒業者数 125
就職希望者数 119
就職者数 118
進学者数 5

主な就職先：(各3)京都わかば園、深草保育園、(各2)衣笠幼稚園、あしほ乳児保育園、あさひこども園、なないろこども園、おおがや愛保育園、石山寺こども園、月かげ保育園、真愛保育園、第二本福寺こども園、渚ゆりかご保育園

京都外国語短大

◆キャリア英語科

卒業者数 81
就職希望者数 22
就職者数 17
進学者数 34

主な就職先：(各1)アーバンホテルシステム、シューワ、トランスコスモス、ヤマイチ・ユニハイムエステート、MACオフィス、PCCS、ミュゼプラチナム、大黒商会、南西楽園リゾート、共同エンジニアリング、蔵之助、防衛省自衛隊

京都経済短大

◆経営情報学科

卒業者数 190
就職希望者数 134
就職者数 131
進学者数 41

京都光華女子大短大部

◆ライフデザイン学科

卒業者数 50
就職希望者数 38
就職者数 38
進学者数 5

主な就職先：(各1)近鉄都ホテルズ、ホテルボストンプラザ草津、康生会武田病院、平和堂、マナベインテリアハーツ、セイコーヴィーバス、大阪めいらく、セントラルフルーツ、エア・ウォーター・リンク、甲賀農業協同組合、江綿グループ、ゆうホールディングス、ファルコビジネスサポート、ウッディーハウス、ジョーニシ

京都西山短大

◆仏教学科

卒業者数 26
就職希望者数 25
就職者数 22
進学者数 1

主な就職先：(各2)自坊、井ノ内保育園、(各1)なの花西日本、なかやま医院、ライトホープ長岡京、光明寺、同胞こども園、詩音つばさ保育園、こぐま上野保育園、桂保育園、長岡福祉会、下鳥羽こども園、篠村幼稚園、千代川こども園、ももやま白菊保育園、京都岡本記念病院、睦美幼稚園、さつき保育園、愛光幼稚園

京都文教短大

◆ライフデザイン学科

卒業者数 61
就職希望者数 46
就職者数 46
進学者数 4

主な就職先：LIDGEHAUS、あゆみ歯科クリニック、京都下鴨ライフ歯科矯正歯科小児歯科、徳真会グループ、宇治徳洲会病院、キャスティングロード、三笑堂、スタッフサービス ミラエール推進部、綜合キャリアオプション、ニチイ学館、関西丸和ロジスティクス、京セラ、京都きづ川病院、京都十条駅歯科、たかあき歯科、外市、トヨタモビリティ滋賀、ネッツトヨタヤサカ、ふじおか歯科医院、不動産博士、マンパワーグループM-Shine、よしざわ歯科医院、レーク滋賀農業協同組合、イオンビッグ、茨木春草園、エルアイシー、オートバックス関西販売、サマンサタバサジャパンリミテッド、ショービ、ビームス京都、マーキュリー、満月、キャパトルイシイ、日本ファイバー、千代田工業、ホテルニューアワジ、HPER、シミズオクト、メディビューティー、リロバケーションズ、里湯昔話 雄山荘、イワタニカートリッジガス、f-プランニング

◆幼児教育学科

卒業者数 106
就職希望者数 96
就職者数 96
進学者数 1

主な就職先：大谷大学附属大谷幼稚園、門真めぐみ幼稚園、かもがわ幼稚園、京都先端科学大学附属みどりの丘幼稚園、桂陽幼稚園、光徳幼稚園、滋賀カトリック学園草津カトリック幼稚園、第二早翠幼稚園、芽ばえ幼稚園、山崎幼稚園、龍谷幼稚園、あさひこども園、あゆみこども園、いこまこども園、伊勢田こども園、大津さくらこども園、おおやけこども園、こども園ゆりかご、宇治福祉園、鷹ケ峯友遊福祉会、徳雲会、茶臼山こども園、栂辻こども園、歩学園幼稚園、石津保育園、常葉幼稚園、認定こども園みのり、洛北幼児園、伴谷くじらこども園、ひいらぎこども園、東野こども園、ひまわりこども園、福知山丹陽こども園、みつばちこども園、みどりこども園、南浦幼保連携型認定こども園、めだかこども園、山鳩こども園、幼保連携型認定こども園藍咲学園、幼保連

携型認定こども園木津さくらの森、黎明保育園、安土ののはな保育園、樫原保育園、草津コペル保育園、くずは光の子保育園、くるみ保育園、西福寺幼児園、里の西保育園、清仁福祉会、夢工房、住吉保育園、せんだん保育園、醍醐保育園、たけのこ保育園、玉の浦保育園、稚松保育園、桃嶺保育園、土古おおぞら保育園、西京極保育園、西本願寺保育園、東矢倉保育園、百万遍保育園、広野幼児園、船方保育園、みずほ保育園、宮之阪サクラ保育園、レイモンド大藪保育園、宇治徳洲会病院あおぞら保育園、ニチイキッズ葛野三条保育園、BEIT、日本保育サービス、向日市職員、城陽市職員、米原市職員、草津市職員、若狭町職員、平安養育院、積慶園、和敬学園、京都放課後デイサービスわだち、野洲市社会福祉協議会、フルーツ飴STAND amenone、アートビルディング、As-meエステール、ハピネス、アイビーコンタクト

嵯峨美術短大

◆美術学科

卒業者数 169
就職希望者数 79
就職者数 63
進学者数 58

主な就職先：エビス、鎌倉彫金工房、川面美術研究所、サイドブレイン、朱夏、ダンガン・ピクチャーズ、トッパン・フォームズ東海、ひでみ企画、吉田生物研究所、よんでんメディアワークス、ライフ総合舞台、レザーアート

藍野大短大部

◆第二看護学科

卒業者数 78
就職希望者数 68
就職者数 68
進学者数 7

主な就職先：(10)錦秋会、(5)富永病院、(4)東住吉森本病院、(各3)恒昭会、北野病院、(各2)岸和田徳洲会病院、近大病院、大阪暁明館病院、行岡病院、富田林病院

大阪音楽大短大部

◆音楽科

卒業者数 86
就職希望者数 59
就職者数 49
進学者数 24

主な就職先：(各2)Fucciミュージックスクール、ガイア、(各1)かわかみ音楽教室、開進堂楽器、ロキシー、菊の花幼稚園、ヤマハミュージックレッスン、劇団東俳、宝塚歌劇団、パソナHR HUB、ユー・エス・ジェイ、レオマユニティー、コウキ商事、高槻電装通信、奥村整形外科リウマチ科クリニック、コベル、マーブル、ユニバーサルプレイジャパン、赤ちゃん本舗、キャピタル、バロックジャパンリミテッド、ファミリーマート、ヨドバシカメラ、ONEMAKE、油屋、川勝商事、TOHOシネマズ、アンヌ・マリーカフェ、KONA CAFÉ、HIT、上牧町立上牧小学校、豊中市立第九中学校、泉佐野市内の学校、日本語学校、大阪音楽大学付属音楽幼稚園

大阪学院大短大部

◆経営実務科

卒業者数 39
就職希望者数 27
就職者数 27
進学者数 5

主な就職先：(2)パナソニックハウジングソリューションズ、(各1)ライフコーポレーション、扶洋、マエカワ、新和産業、日本KFCホールディングス、阪急阪神ロジパートナーズ、アゴーラ・ホテルマネジメント堺、いずみの農業協同組合、グルメ杵屋

大阪キリスト教短大

◆幼児教育学科

卒業者数 83
就職希望者数 79
就職者数 79
進学者数 2

主な就職先：(各3)大阪市立保育所、岸和田市立保育所、(各2)茶山台幼稚園、天使保育園、常葉保育園、安治川保育園、あべの幼稚園、双百合幼稚園

大阪芸術大短大部

◆メディア・芸術学科

卒業者数 126
就職希望者数 48
就職者数 39
進学者数 25

主な就職先：(4)ハートス、(各1)東通インフィニティー、エス・シー・アライアンス、アートブレーンカンパニー、turn up、フォーディ、ウッドオフィス、光響社、青二プロダクション、LAVA International

◆デザイン美術学科

卒業者数 141
就職希望者数 56
就職者数 37
進学者数 50

主な就職先：(2)スタジオエイトカラーズ、(各1)Nine、レプラスデザイン、黒谷美術、和気、サンプレジール、studioぱれっと、ミヤプリント、万代、舞鶴市役所

◆保育学科

卒業者数 95
就職希望者数 76
就職者数 76
進学者数 3

主な就職先：(各3)大阪芸術大学附属幼稚園、藤こども園、カリーノ保育園、クオリスキッズ、(2)あおぞら、(各1)太陽保育園、粉浜学園、天宗瓜破東園、南河学園、ペガサス保育園

大阪健康福祉短大

◆子ども福祉学科

卒業者数 43
就職希望者数 40
就職者数 40
進学者数 1

◆介護福祉学科

卒業者数 14
就職希望者数 14
就職者数 12

◆保育・幼児教育学科

卒業者数 34
就職希望者数 34
就職者数 34

大阪国際大短大部

◆幼児保育学科

卒業者数 104
就職希望者数 85
就職者数 84
進学者数 8

主な就職先：(3)認定こども園一乗寺学園、(各2)第二光の峰保育園、寺方幼稚園、こっこ保育園、いまむらこどもえん、津田保育園、船橋保育園、ゆずり葉こども園、三ツ島保育園

◆栄養学科

卒業者数 32
就職希望者数 29
就職者数 28
進学者数 1

主な就職先：(4)グリーンハウス、(各3)富士産業、LEOC、(2)TBCグループ

◆ライフデザイン学科
卒業者数 108
就職希望者数 66
就職者数 63
進学者数 18
主な就職先：(3)スタッフサービス、(各2)オンデーズ、エイチアールワン

大阪女学院短大

◆英語科
卒業者数 67
就職希望者数 36
就職者数 35
進学者数 10
主な就職先：(4)セノン、(各2)パナソニックハウジングソリューションズ、ロイヤルホテル、Kスカイ、ソラーレホテルズアンドリゾーツ、星野リゾート、Centara Osaka Japan、鴻池運輸国際物流関西支店、小西医療器、Gateテクノロジーズ

大阪成蹊短大

◆幼児教育学科
卒業者数 207
就職希望者数 190
就職者数 190
進学者数 1
◆栄養学科
卒業者数 77
就職希望者数 72
就職者数 72
進学者数 3
◆調理・製菓学科
卒業者数 97
就職希望者数 93
就職者数 93
進学者数 2
◆生活デザイン学科
卒業者数 38
就職希望者数 33
就職者数 33
進学者数 1
◆観光学科
卒業者数 67
就職希望者数 60
就職者数 60
進学者数 4
◆経営会計学科
卒業者数 55
就職希望者数 51
就職者数 51
進学者数 2
◆グローバルコミュニケーション学科
卒業者数 29
就職希望者数 20
就職者数 20
進学者数 6

関西外国語大短大部

◆英米語学科
卒業者数 761
就職希望者数 160
就職者数 153
進学者数 452
主な就職先：(4)ロイヤルホテル、(3)東洋紡、(各2)ロイヤルパークホテルズアンドリゾーツ、ザ・リッツ・カールトン・プロパティ・マネジメント・カンパニー京都、ホテルモントレ、紀州農業協同組合、(各1)京セラ、江綿、日本通運、富士通ISサービス

関西女子短大

◆保育学科
卒業者数 77
就職希望者数 73
就職者数 73
主な就職先：(各3)清友学園、幸悠会、若竹福祉会、(各2)桔梗が丘学園、松葉学園、ニチイ学館、くるみ会、あけぼの会、郡戸福祉会、江東会、白ばら学園、ふじ福祉会、(各1)藤井寺市、大和郡山市、三宅町教育委員会
◆養護保健学科
卒業者数 20
就職希望者数 17
就職者数 17
進学者数 2
主な就職先：(2)奈良県教育委員会、(各1)大阪府教育委員会、岐阜県教育委員会、京都市教育委員会、堺市教育委員会、新潟市教育委員会、向日市教育委員会、枚方市教育委員会、守口市教育委員会、紀の川市教育委員会、四国中央市教育委員会
◆歯科衛生学科
卒業者数 86
就職希望者数 75
就職者数 75
進学者数 2
主な就職先：(4)善心会、(各2)雅心会グループ、真歯会、冨森会、藤美会、優心会
◆医療秘書学科
卒業者数 20
就職希望者数 20
就職者数 20
主な就職先：(各3)警和会、藤井会、(各2)天理よろづ相談所、垣谷会

近畿大短大部

◆商経科
卒業者数 86
就職者数 7
進学者数 60
主な就職先：(2)東洋紡、(各1)ウィルオブ・コンストラクション、育星会、プレアデス、アインファーマシーズ薬局

堺女子短大

◆美容生活文化学科
卒業者数 93
就職者数 77
進学者数 69
進学者数 2

四條畷学園短大

◆保育学科
卒業者数 99
就職希望者数 90
就職者数 90
◆ライフデザイン総合学科
卒業者数 64
就職希望者数 48
就職者数 48
進学者数 7
主な就職先：全学科の計で、大阪市公務員、みおつくし福祉会、レバノンホーム、東邦幼稚園、あおぞらこども園、うみのほし幼稚園、御幸幼稚園、第2アカシヤ保育園、秀英幼稚園、交野保育園、野崎徳洲会総合病院、ウェルシア薬局、ホテル京阪マネジメント、ユー・エス・ジェイ、オンワード樫山、ライフコーポレーション、リーガルリテール、ABCマート、コノエ、ソラスト

四天王寺大短大部

◆保育科
卒業者数 77
就職希望者数 65
就職者数 65
進学者数 8
主な就職先：(各2)大阪市立保育所、藤井寺市保育所、はじかみ保育園、新金岡西こども園、高屋保育学園、堺東保育園、ハルナ保育園
◆ライフデザイン学科
卒業者数 93
就職希望者数 77
就職者数 76
進学者 5
主な就職先：(3)江綿グループ、(各2)クボタ機械設計、大阪南農業協同組合、村中医療器、ロイヤルホテル

就職 就職実績一覧

常磐会短大

◆幼児教育科

卒業者数	150
就職希望者数	137
就職者数	137
進学者数	1

主な就職先：(9)大阪市立保育所、(4)椎木会、(各3)豊中市立こども園、なみはや福祉会、たらちね事業会、敬愛会、恵由福祉会、和泉学園、(各2)岸和田市立保育所、八尾市立こども園

東大阪大短大部

◆全学科

卒業者数	141
就職希望者数	128
就職者数	126
進学者数	8

主な就職先：全学科の合計で、大阪府教育委員会、兵庫県教育委員会、長崎県教育委員会、せいか幼稚園、白菊幼稚園、東大阪大学附属幼稚園、鶴見菊水幼稚園、石切山手幼稚園、菊水幼保こども園、西若宮こども園、あい桂こども園、任期付保育士(大阪市・伊勢市)、白浜町立西富田学童保育所、氷野保育園、公徳学園、にじの木保育園、和泉乳児院、なかよしすみれ保育園、日建マネジメントやさしい手東大阪長瀬、由寿会、東寝屋川れんげケアセンター、デイサービス太陽3、フォレストガーデン、オアシス平野、LEOC、テスティパル、シップヘルスケアフード、物語コーポレーション、東洋食品、富士産業、ホテル日航大阪、ホテルマネージメントジャパン、ロイヤルホテル、阪急阪神ホテルズ、ATECアジア人材交流事業団、レジェール、ぱんのいえ、正木牧場、マリリッサ、聖元、ノーベル化学工業、イース精工、nobitel

大手前短大

◆ライフデザイン総合学科

卒業者数	137
就職希望者数	94
就職者数	94
進学者数	25

◆歯科衛生学科

卒業者数	69
就職希望者数	55
就職者数	55
進学者数	8

主な就職先：全学科の計で、JA大阪泉州、JA京都、JA京都にのくに、JA兵庫西、JA兵庫南、JAレーク伊吹、エステム建築事務所、関西不動産販売、パナホーム兵庫、林建設、野島建設、ファースト住建、プランナップ、宮本設計、千住金属工業、豊和、山下印刷紙器、OKK、エーデルワイス、ケーニヒスクローネ、シュゼット・ホールディングス、ユーハイム、上組、西日本エア・ウォーター物流、西日本旅客鉄道、日本チルド物流、日本通運、日本物流センター、横浜冷凍、伊丹産業、日本電気機器、日本電商、富士ゼロックス兵庫、フロンティア、村中医療器、I&H、アイセイ薬局、アインファーマシーズ、アルカ、エービーシー・マート、大阪ダイハツ販売、上新電機、スズキ自販兵庫、日産大阪販売、ネッツトヨタゾナ神戸、兵庫ダイハツ販売、はるやま商事、ヤマダホールディングス、ファーマシィ、ロクシタンジャポン、アダストリア、オンワード樫山、コロンビアスポーツウェアジャパン、ジャヴァコーポレーション、マッシュスタイルラボ、ユナイテッドアローズ、エキップ、花王カスタマーマーケティング、コーセー化粧品販売、資生堂ジャパン、阪急阪神百貨店、尼崎信用金庫、淡路信用金庫、SMBC日興証券、大阪厚生信用金庫、大坂シティ信用金庫、北おおさか信用金庫、きのくに信用金庫、住友生命保険相互会社、大同信用組合、但馬銀行、富山第一銀行、中兵庫信用金庫、西兵庫信用金庫、日新信用金庫、日本生命保険相互会社、姫路信用金庫、エム・ユー・センターサービス大阪、三井住友トラスト・ビジネスサービス、共立メンテナンス、新神戸ホールディング(ANAクラウンプラザホテル神戸)、テルウィンコーポレーション(ウェスティンホテル大観)、ホテルニューアワジグループ、ラスイート、リゾートトラスト、エミュ、KCJ GROUP(キッザニア)、ジェイアール西日本フードサービスネット、ジェイアール東海パッセンジャーズ、トヨタレンタリース大阪、レック、医誠会病院、宝塚第一病院、たまき青空病院、明治橋病院、安藤病院、尼崎中央病院、天理よろず相談所病院「憩の家」、徳州会、淀川キリスト教病院、あかね、池田さつき会、チャーム・ケア・コーポレーション、パナソニックエイジフリー、ベネッセスタイルケア、吹田市職員

関西学院短大

◆保育科

卒業者数	114
就職希望者数	99
就職者数	99
進学者数	7

主な就職先：(3)北六甲幼稚園、(各2)若草幼稚舎、宝塚武庫山幼稚園、あひる保育園、日野の森こども園、すぐり保育園、ニコニコ桜今津灯保育園、夙川おうち保育園

甲子園短大

◆生活環境学科

卒業者数	10
就職希望者数	9
就職者数	6
進学者数	1

主な就職先：(各1)成光苑岩戸ホーム、中内眼科クリニック

◆幼児教育保育学科

卒業者数	27
就職希望者数	27
就職者数	27

主な就職先：(各1)立花うるま保育園、あかるい森保育園、甲子園子ども学舎、やわらぎ保育園、梅花幼稚園、武庫からたち幼稚園、エイジェック

神戸教育短大

◆こども学科

卒業者数	118
就職希望者数	104
就職者数	104

主な就職先：明石市公立保育所、加東市公立保育所、大阪市公立保育所、夙川学院ソレイユ認定こども園、みのり保育園、青葉の森保育館、青山保育園、アイテラス保育園、甲南山手園、平野保育園、memorytree明石保育園、ひとみ保育園、東山保育園、ハンプティダンプティ保育園、はるのみ保育園、キムラタン保育園、スター保育園、みどりこども園、宝殿保育園、りんりん保育園屋敷町、なかよし保育園、松風保育園、鈴ノ音つばさ保育園、志筑保育園、すまいる保育園、こぐまプリスクール板宿、元町オリーブ保育園、ルンビニー愛児園、木下の保育園大開通、ベアズガーデン国際自然こども園、ドリームキューピット保育園、きたおおぎこど

も園、ピュアキューピットこども園、ルナキューピットこども園、やよい幼稚園、神港みどり幼稚園、立正幼稚園、ゆりかごこども園、けやき保育園、東条こども園、玉川ひばりこども園、おおいしこども園、光の子認定こども園、モーツァルト兵庫こども園、おとぎ認定こども園、えいの里保育園、サルビアこども園、のぞみ保育園、勝原保育園、広陵幼稚園、ホザナ幼稚園、神戸華僑幼稚園、いりえ幼稚園、みこころ幼稚園、学園幼稚園、立正学園、明石放課後児童クラブ、広畑学園、清心寮

神戸女子短大

◆総合生活学科

卒業者数	66
就職希望者数	53
就職者数	53
進学者数	10

主な就職先：(2) ネッツトヨタ兵庫、(各1) As-meエステール、ウエルシア薬局、エスフーズ、サフィールリゾート、ハリマ共和物産、ヤクルトロジスティクス、ゆりのきデンタルクリニック、沖物産、加賀電子、アダストリア、キャン、キョクレイ、ザグザグ、シーボン、ジャパンエキスプレス、ツカサ、デューク、ニチイ学館、ニチレイ・ロジスティクス関西、マルハチ、ミュゼプラチナム、ミルク、ライフコーポレーション、ラスイート、吉富運輸、香川銀行、神戸マツダ、東海大阪レンタル、日本電商、立花エレテック、関西メルテック、御国色素、公立八鹿病院組合、国土建設、国分ビジネスエキスパート、国分西日本、阪神電気鉄道、手井デンタルクリニック、新菱工業、多可町自然活用村協会エーデルささゆり、但陽信用金庫、徳川眼科クリニック、南あわじ市役所、日新信用金庫、日本通運、服部テキスタイル、兵庫トヨタ自動車、兵庫県信用組合、味道良、中井工業、来夢来人

◆食物栄養学科

卒業者数	51
就職希望者数	44
就職者数	43
進学者数	6

主な就職先：(4) LEOC、(各3) イフスコヘルスケア、エームサービス、ラフト、(各2) 塩梅、一冨士フードサービス、グリーンハウスグループ、グリーンハウス、メフォス西日本、(各1) アークランドサービスホールディングス、コーベフーズ、コンパスグループ・ジャパン、シダックスグループ、しんきエンジェルハートコスモチャイルド保育園水堂園、ローソン、神戸星城高等学校、幼保連携型認定こども園ブルーノの森保育園、nana菜、Nishiki Foods、ひらまつ、魚国総本社、平和堂、あすなろ会、小野ひまわり保育所、姫路乳児院ピューパホール、第二姫路東こども園、雄岡山福祉会、日清医療食品、富士産業

◆幼児教育学科

卒業者数	42
就職希望者数	40
就職者数	40
進学者数	1

主な就職先：(各2) 勝原保育園、たるみ保育園、パソナフォスター、(各1) エミリアプリスクール、諸口幼稚園、慈愛学園、六甲アイランド幼稚園、ひよどり台幼稚園、八幡幼稚園、湊川短期大学附属幼稚園、キッズコーポレーション、マルアイ、マルハチ、佐和鍍金工業、三豊市公立保育所、幼保連携型みのり認定こども園、第一仏光こども園、泉北園、幼保連携認定こども園ほそだ、河高こども園、エンゼル認定こども園、若草幼稚舎、しあわせの村保育園、神女中山手保育園、正覚坊こども園、東古瀬こども園、大慈幼保連携型認定こども園、瑠璃こども園、すばる保育園、サンチャイルド長久さわらび園、みどりこども園、洲本市公立保育所、赤穂市役所、淡路市公立保育所、企業主導型保育園みのり保育園、姫路市公立保育所

産業技術短大

◆機械工学科

卒業者数	53
就職希望者数	40
就職者数	40
進学者数	10

主な就職先：(4) ダイキン工業、(各2) フジテック、ダイハツ工業、三菱電機通信機製作所、マイスターエンジニアリング、ジャパンペール、カジマメカトロエンジニアリング、カンセツ、(各1) 川崎重工業、金井ホールディングス

◆電気電子工学科

卒業者数	38
就職希望者数	30
就職者数	29
進学者数	7

主な就職先：(各2) オリックスファシリティーズ、阪電工、きんでん、大日電子、(各1) 音羽電機工業、日本製鉄関西製鉄所尼崎地区、パナソニックコンシューマーマーケティング、コベルコ科研、合同製鐵姫路製造所、三菱電機通信機製作所

◆情報処理工学科

卒業者数	48
就職希望者数	30
就職者数	30
進学者数	13

主な就職先：(3) 日本テクニクス、(各2) システムスクエア、WDB工学、旭情報サービス、(各1) グローリーシステムクリエイト、コベルコソフトサービス、パスコ、読売システック、KDDIエボルバ、モラブ阪神工業

頌栄短大

◆保育科

卒業者数	94
就職希望者数	85
就職者数	85
進学者数	9

東洋食品工業短大

◆包装食品工学科

卒業者数	27
就職希望者数	26
就職者数	26
進学者数	1

主な就職先：(3) 東洋製罐、(各2) 森永乳業、本州製罐、(各1) UCC上島珈琲、淡路農産食品、三立製菓、キッコーマン食品、東洋水産、鳥栖キユーピー、三笠産業、東洋製罐グループエンジニアリング、グリコマニュファクチャリングジャパン、四国明治、九州乳業、ネクサスエナジー、はごろもフーズ

兵庫大短大部

◆保育科第一部

卒業者数	59
就職希望者数	55
就職者数	55
進学者数	1

主な就職先：(3) あいむ、(各2) あおぞら保育園、日岡保育園、正蓮寺保育園

◆保育科第三部

卒業者数	78
就職希望者数	75
就職者数	75

主な就職先：(各3) アイグラン、青山保育園、(各2) コスモチャイルド保育園、ゆたか保育園、

認定こども園とみた、姫路若葉保育園

湊川短大

◆人間生活学科

卒業者数 36
就職希望者数 31
就職者数 28
進学者数 3

主な就職先：(各1)京丹後市中学校、大阪市市岡小学校、明石市立明石養護学校、川西市立桜ヶ丘小学校、千里丘北キンダースクール、出雲市立第一中学校、大阪市立西中島小学校、千里丘キンダースクール、兵庫県立特別支援学校、まつもと皮膚科クリニック、福知山市民病院、大塚病院、みのだ整形外科クリニック

◆幼児教育保育学科

卒業者数 69
就職希望者数 55
就職者数 55
進学者数 11

主な就職先：(各2)附属北摂第一幼稚園、附属北摂中央幼稚園、(各1)逆瀬川幼稚園、鳥取第二幼稚園、いずみ幼稚園、青い鳥学園第一幼稚園、高羽幼稚園、あゆみ保育園、ほしのさと保育園、クレア・サン保育園、はなみずき保育園、宝塚さくら保育園、夢の島保育園、有島保育園

奈良芸術短大

◆美術科

卒業者数 102
就職希望者数 54
就職者数 30
進学者数 25

主な就職先：(5)中学校講師、(2)田中刺繍、(各1)中央精版印刷、ハヤシ・ニット、偕拓堂アート、神岡商工会議所、真生印刷、ビジョナリーホールディング、ダイドー、朝日ビル管理社、フジアルテ、共同エンジニアリング、プリントテクニカ、EKLAMPO、サンシーワールド

大和大白鳳短大部

◆総合人間学科

卒業者数 257
就職希望者数 155
就職者数 155
進学者数 102

主な就職先：〈こども教育専攻〉堺市立小学校、大阪府立小学校、上野芝陽だまり保育園、みよし保育園、いずみこども園、會津生駒保育園、くちなし幼稚園、中登美こども園、桜井市立保育園、西大和保育園、なかよしこども園、〈リハビリテーション学専攻〉和歌山県立医科大学附属病院、わかくさ竜間リハビリテーション病院、馬場記念病院、八尾リハビリテーション病院、耳原総合病院、平成記念病院、西宮回生病院、新大阪病院、京都田辺中央病院、阪和記念病院、恵生会病院、〈看護学専攻〉JR大阪鉄道病院、大阪ろうさい病院、近畿大学病院、京都山城病院、京都第一赤十字病院、関西医科大学香里病院、大阪はびきの医療センター、生駒市立病院、PL病院、奈良県総合医療センター、八尾市立病院、ベルランド総合病院、香芝生喜病院

和歌山信愛女子短大

◆保育科

卒業者数 69
就職希望者数 67
就職者数 67
進学者数 1

主な就職先：(5)有田川町保育士会計年度任用職員、(各3)さかえ保育園、たちばな幼稚園、山崎北こども園、(各2)あおば幼稚園、旭学園、紀美町職員(保育士)、つくし幼保園、日前幼稚園、のぞみ保育園、マリア幼稚園、まろみ保育所

◆生活文化学科

卒業者数 71
就職希望者数 65
就職者数 65

主な就職先：〈生活文化専攻〉(5)賃貸住宅センター、(各2)きのしたクリニック、紀陽銀行、(各1)アパホテル、ENEOSジェネレーションズ、ありだ農業協同組合、神戸物産、智辯学園、野上病院、和歌山マツダ、ヤマダホールディングス、〈食物栄養専攻〉(3)日清医療食品、(各2)一富士フードサービス、LEOC、(各1)河北食品、紀和味善、マルタフーズ、悪友会、ネッツトヨタ和歌山、シダックス、さかえ保育園、おく耳鼻咽喉科

鳥取短大

◆国際文化交流学科

卒業者数 25
就職希望者数 20
就職者数 17
進学者数 2

主な就職先：日本郵便、トヨタカローラ、東横イン、新日本海新聞社、澤井珈琲

◆生活学科情報・経営専攻

卒業者数 43
就職希望者数 30
就職者数 29
進学者数 5

◆生活学科住居・デザイン専攻

卒業者数 29
就職希望者数 23
就職者数 23
進学者数 3

◆生活学科食物栄養専攻

卒業者数 51
就職希望者数 47
就職者数 47
進学者数 1

主な就職先：生活学科の合計で、鳥取信用金庫、アクシス、鳥取県生活協同組合、ウッズカンパニー、ヤマタホールディングス、綜合印刷出版、LEOC、メフォス、あすなろ会

◆幼児教育保育学科

卒業者数 105
就職希望者数 104
就職者数 104

主な就職先：米子福祉会、鳥取県職員、日南町職員、北栄町職員、岩美町職員、湯梨浜町職員

岡山短大

◆幼児教育学科

卒業者数 47
就職希望者数 41
就職者数 41

主な就職先：(各2)まこと保育園、あまきこども園、(各1)はやおき保育園、かめやま保育園、広野保育園、わかば保育園、第四吉備保育園、第三ひかり保育園、みちる保育園、清心保育園、弘恵保育園、小谷かなりや第二小規模保育園、紅陽台ちどり保育園、中山保育園、瀬崎保育園、高梁中央保育園、明浄保育園、崎津保育園、わかたけ保育園、みどりのもりようこう保育園、妹尾保育園、遍照こども園、めばえ保育園、宮前こども園、福山あゆみこども園、認定こども園ハイロスハイマ、福山りじょう幼稚園、こども園のとはら、幼保連携型ゆめはうす認定こども園、みなとまちこども園、サムエル幼稚園、一宮幼稚園、小谷かなりや認定こども園、発達・相談支援センターつむぎ、まこと幼稚園、泉寿の里、とみた児童クラブ、アズノゥアズ

川崎医療短大

◆看護学科

卒業者数 119
就職希望者数 112
就職者数 112
進学者数 1
主な就職先：(34)川崎医科大学附属病院、(22)川崎医科大学総合医療センター、(各4)岡山済生会総合病院、倉敷中央病院、(3)倉敷平成病院、(各2)姫路赤十字病院、公立豊岡病院、福山市民病院、香川大学医学部附属病院、松山赤十字病院

作陽短大

◆音楽学科
卒業者数 63
就職希望者数 47
就職者数 47
進学者数 10
主な就職先：(2)武庫庄保育園、(各1)タケシンパッケージ、Bellwindy、穴吹エンタープライズ、城西館、サウンドプロモーション、四国苗販売、やる気スイッチ、泉心学園、かもめ保育園

山陽学園短大

◆健康栄養学科
卒業者数 62
就職希望者数 51
就職者数 50
進学者数 1
主な就職先：(各2)ベネミール、LEOC、シダックス、日清医療食品、(各1)敬親かもがた保育園、魚国総本社、一冨士フードサービス、富士産業、三菱マテリアル、晴れの国岡山農業協同組合、マックスバリュ西日本、日本生命保険、朝日生命保険
◆こども育成学科
卒業者数 73
就職希望者数 65
就職者数 65
進学者数 2
主な就職先：(3)共生保育園、(各2)めぐみ認定こども園、たから保育園、高梁中央保育園、岡山協立保育園、大元ちどり保育園、第二太陽保育園、(各1)瀬戸内市立長船東保育園、久米南町立誕生寺保育園、四国中央市立土居東こども園、天満屋ストア、キタムラ、岡山文化芸術創造、ソフトバンク

中国短大

◆総合生活学科
卒業者数 51
就職希望者数 43
就職者数 42
主な就職先：(各1)岡山医療生活協同組合、ファーマシィ、しげい病院、高畠西眼科、秀明荘、白滝園、星陽、岡山日産自動車、スズキ岡山販売、日産サティオ
◆保育学科
卒業者数 70
就職希望者数 68
就職者数 66
主な就職先：(各2)なかよし会、同心会、富岡保育園、明星幼稚園、めばえ幼稚園、(各1)すみれ保育園、第二すみれ保育園、小谷かなりや認定こども園、堀南かなりや認定こども園、柿の木こども園
◆情報ビジネス学科
卒業者数 48
就職希望者数 41
就職者数 40
進学者数 2
主な就職先：(3)ザグザグ、(各1)ウエルシア薬局、トマト銀行、しまね信用金庫、笠岡信用金庫、ビジネスコム、マクロメイト岡山、ジェイアール西日本フードサービスネット、ネッツトヨタ山陽、東中国スズキ自動車販売

山陽女子短大

◆人間生活学科
卒業者数 32
就職希望者数 28
就職者数 28
主な就職先：(3)中村内科医院、(各2)アスミル、似島学園、広島生活習慣病・がん検診センター大野、(各1)広島大学病院、東広島記念病院、平田内科小児科医院、ニチイ学館、広島調剤センター、日星調剤
◆食物栄養学科
卒業者数 38
就職希望者数 36
就職者数 36
進学者数 1
主な就職先：(7)富士産業、(5)日清医療食品、(各2)アスモフードサービス、ANAクラウンプラザホテル、ハーベストネクスト、メフォス西日本、(各1)阿知須共立病院、野原保育園、モーツアルト、ミールケア周南
◆臨床検査学科
卒業者数 35
就職希望者数 29
就職者数 29
進学者数 2
主な就職先：(各2)県立広島病院、広島県集団検診協会、福山臨床検査センター、日本赤十字社 中四国ブロック血液センター、(各1)広島大学病院、安佐市民病院、マツダ病院、岡山医療センター、島根県立中央病院、山口労災病院

比治山大短大部

◆全学科(総合生活デザイン学科、幼児教育科、美術科の計)
卒業者数 226
就職希望者数 167
就職者数 165
進学者数 25
主な就職先：(4)広島修道院、(各3)アイグラン、IGL学園福祉会、エイジェック、(各2)エディオン、いとや、モーツアルト、asovo、(1)広島市信用組合

広島文化学園短大

◆コミュニティ生活学科
卒業者数 66
就職希望者数 50
就職者数 50
進学者数 2
主な就職先：(各3)アイグラン、エイジェック、(各2)岡田歯科医院、スタジオアイ、ダイヤモンドシライシ、(各1)フラワーショップ雅、広島国際学院中学校、ナイスクラップ、キャン、フランス屋
◆食物栄養学科
卒業者数 38
就職希望者数 33
就職者数 33
進学者数 2
主な就職先：(4)日清医療食品、(3)富士産業、(2)Laugh、(各1)島根県浜田市学校給食、メフォス西日本、LEOC、エポカフードサービス、叙々苑、さくらの杜ひより保育園、エスマイル
◆保育学科
卒業者数 72
就職希望者数 66
就職者数 66
進学者数 1
主な就職先：(4)うすい会、(各2)まちや会、みその児童福祉会、(各1)府中市民病院院内保育所おひさま、中央正聖愛育会、三原のぞみの会、虹山学園、法輪福祉会、アイグラン、IGL

岩国短大

◆幼児教育科
卒業者数 51
就職希望者数 45

就職者数　45
進学者数　1
主な就職先：(20)保育所、(14)認定こども園、(4)幼稚園、(3)民間企業、(各2)施設、小規模・企業型・地域型保育所

宇部フロンティア大短大部

◆保育学科
卒業者数　38
就職希望者数　33
就職者数　33
主な就職先：(各2)宇部鴻城高等学校附属幼稚園、明光幼稚園、清末保育園、須恵保育園、波木保育園、西高泊保育園、丸尾原保育園、るんびに保育園、(各1)阿知須幼稚園、小羽山保育園、新生保育園、みつば園、命信寺保育園、めばえ保育園、夢の星保育園穂積園

◆食物栄養学科
卒業者数　31
就職希望者数　29
就職者数　29
進学者数　1
主な就職先：(4)日清医療食品中国支店、(3)エームサービス、(各2)阿知須共立病院、宇部リハビリテーション病院、LEOC、(各1)宇部協立病院、こぐま保育園、琴崎保育園、柴田病院、ジャパンフード、ダイキョーニシカワ、長門エフシーシー、ハーベストネクスト、山口日産自動車、レナール

下関短大

◆栄養健康学科
卒業者数　14
就職希望者数　13
就職者数　13
進学者数　1
主な就職先：(4)旨楽庵、(2)エームサービス、(各1)日清医療食品、一冨士フードサービス、下関大平学園、安岡病院、三田尻病院、ひびきの保育園、パネックス

◆保育学科
卒業者数　32
就職希望者数　29
就職者数　29
主な就職先：(3)なかべ学院、(各2)くすの園、ひまわり保育園、しおかぜの里こども園、(各1)門司瞳幼稚園、こみね幼稚園、すみれ保育園、みのり保育園、みそら保育園

山口短大

◆児童教育学科
卒業者数　34
就職希望者数　32
就職者数　32
主な就職先：公立小学校(山口県、福岡県、愛知県、北九州市、福岡市)、愛児園乳児保育所、共楽保育園、くぼ保育園、こもれび保育園、すみれ保育園、つばさ保育園、東光保育園、野原保育園、丸尾原保育園、右田保育園、アイグラン(宮市保育所、東広島市内保育園、あい保育園富岡東)、緑ヶ丘保育所、曽根保育園、あおい幼稚園、下松慈光幼稚園、四恩幼稚園、野田学園幼稚園、ふくがわこども園、豊北きらきらこども園

◆情報メディア学科
卒業者数　8
就職希望者数　5
就職者数　5
進学者　1
主な就職先:タイヨードー、アーチ、ワールドインテック、モラブ阪神工業

山口芸術短大

◆保育学科
卒業者数　97
就職希望者数　96
就職者数　96
主な就職先：(60)私立保育所、(18)私立認定こども園、(7)児童福祉施設、(5)私立幼稚園、(各1)山口市保育職、防府市保育職、萩市保育職、オオバクリエイティブ、ナイン、ひで歯科クリニック

◆芸術表現学科
卒業者数　34
就職希望者数　24
就職者数　23
進学者数　3
主な就職先：(各2)高野山スズキ、セイワカンパニー、ストロベリーメディアアーツ、(各1)山口合同ガス、シダックス、花の海、マルニ、オーガランド、ネッツトヨタ山口、山口ホンダ販売

四国大短大部

◆ビジネス・コミュニケーション科
卒業者数　55
就職希望者数　49
就職者数　47
進学者数　2
主な就職先：(各2)田岡病院、徳島日産自動車、森六ケミカルズ、(各1)アイリスオーヤマ、エアトラベル徳島、海部消防組合、神山町役場、JA徳島厚生連、徳島県警察、東洋町役場

◆人間健康科食物栄養専攻
卒業者数　23
就職希望者数　19
就職者数　19
進学者数　1
主な就職先：(3)富士産業四国事業部、(各1)稲次病院、キリン堂、ツツイ、ドラッグストアモリ、ドレミファーマシー、徳島放送企画、日清医療食品、日本酪農協同毎日牛乳、水の都記念病院

◆人間健康科介護福祉専攻
卒業者数　24
就職希望者数　21
就職者数　21
主な就職先：(2)ナーシングホーム智島、(各1)敬愛の家、咲くらデイサービスセンター、すこやか林病院、徳島健生病院、ナーシングホーム伊月、白寿会デイサービスセンター、板東の丘、美摩病院、令和たけのこの里

◆幼児教育保育科
卒業者数　32
就職希望者数　29
就職者数　29
進学者数　1
主な就職先：(3)ソーレ保育園、(各2)エクセレント羽ノ浦こども園、島田おひさま認定こども園、すみれの花保育園、(各1)おおぎ認定こども園、鴨島かもめこども園、田宮シーズ認定こども園、徳島県商工連合会、徳島市職員、森のとらまる保育園

◆音楽科
卒業者数　20
就職希望者数　10
就職者数　10
進学者数　2
主な就職先：(各1)アイミックス、MXモバイリング、学研ココファン、日本工科大学校、マツシマ林工

徳島工業短大

◆自動車工業学科
卒業者数　46
就職希望者数　43
就職者数　41
進学者数　3
主な就職先：(各3)トヨタカローラ徳島、関西マツダ、(各2)徳島トヨタ自動車、徳島ダイハツモータース、徳島日野自動車、ホンダカーズ徳島、トヨタカローラ岡山、(各1)トヨタカローラ大阪、徳島トヨペット、ホン

ダ北徳島、自動車技術総合機構、ヤナセ、岡山トヨペット、ネッツトヨタ岡山、四国三菱ふそう販売

徳島文理大短大部

◆商科

卒業者数 20
就職希望者数 14
就職者数 14
進学者数 2
主な就職先：(各1)阿波市場、日亜化学工業、阿波製紙、森態、ネッツトヨタ徳島、BANKANわものや、リンテック、阿波銀行、四国銀行、岡田企画、田岡病院、西予市立西予市民病院、沖の州病院、たまき青空病院

◆言語コミュニケーション学科

卒業者数 14
就職希望者数 10
就職者数 10
進学者数 1
主な就職先：(各1)イルローザ、ネッツトヨタ徳島、スリーエム、猪之津、神戸ポートピアホテル、帝国ホテル、藤田眼下、蓬莱会、ホテル京阪マネジメント、阿波市役所

◆生活科学科

卒業者数 25
就職希望者数 19
就職者数 19
進学者数 4
主な就職先：生活科学専攻・食物専攻の計で、(各2)イフスコヘルスケア、富士産業、徳島市教育委員会、(各1)大塚製薬、キャン、BIJOUPIKO GROUP、一洋会、カリヨン れもん、いちごマム、タイヨー神戸屋、共同船舶、魚国総本社、げんき・結愛・げんきこども園、こころの医療センター五色台、小松島市役所、花しんばりこども園

◆音楽科

卒業者数 3
就職希望者数 1
就職者数 1
進学者数 2
主な就職先：(1)マーキュリー

◆保育科

卒業者数 14
就職希望者数 14
就職者数 14
主な就職先：(4)ハート福祉会、(2)阿南市役所、(各1)徳島共和薬品、蒼生会、三好市役所、わかば会、ひかり保育園、論田ひまわり保育園、日本保育サービス、児童デイワンハート

香川短大

◆生活文化学科

卒業者数 53
就職希望者数 48
就職者数 46
進学者数 4

◆子ども学科第Ⅰ部

卒業者数 51
就職希望者数 49
就職者数 48

◆子ども学科第Ⅲ部

卒業者数 37
就職希望者数 37
就職者数 37

◆経営情報科

卒業者数 72
就職希望者数 65
就職者数 62
進学者数 3

高松短大

◆保育学科

卒業者数 56
就職希望者数 53
就職者数 53
進学者数 1
主な就職先：(各2)岡野松保育園、こぶし福祉会こぶし今里・花園保育園、高松幼稚園、つくし幼稚園、東かがわこどもアカデミー、三木町立幼稚園、新田幼稚園、よしいけこども園、若葉保育園、(1)高松市立保育所

◆秘書科

卒業者数 60
就職希望者数 53
就職者数 52
進学者数 2
主な就職先：(各2)SMS GROUP、高松ハートクリニック、(各1)JR四国ホテルズ、穴吹興産、スズキ自販香川、高松信用金庫、高松市、香川県農業協同組合、香川県済生会病院、キナシ大林病院

今治明徳短大

◆ライフデザイン学科

卒業者数 50
就職希望者数 41
就職者数 36
進学者数 6
主な就職先：(4)清水物産、(各2)今治福祉施設協会、瀬戸内しまなみリーディング、シルバーステーションオリーブ、(各1)リーガロイヤルホテル新居浜、JAおちいまばり、ココロココ、メリーチョコレートカムパニー、M.YASUHIKO、デイサービスセンターつばき、老人保健施設養老の里

◆幼児教育学科

卒業者数 19
就職希望者数 19
就職者数 18
主な就職先：(各2)ちゃぼとひよこ延喜、古川認定こども園、(各1)今治市役所、今治精華幼稚園、しまなみの杜認定こども園、神拝保育園、小西保育園、新居浜社会福祉事業協会、ふじ保育園、ぷれ・しゅーれ、ナイスほしばら、ほくしんコウル

聖カタリナ大短大部

◆保育学科

卒業者数 47
就職希望者数 43
就職者数 43
進学者数 4
主な就職先：今治市立保育園、砥部町立麻生保育所、愛南町立城辺保育所、松前ひまわり保育所、東温市立幼稚園、大井幼児園、いよてつ保育園松山市駅、どれみ保育園、花園保育園、中川さくら保育園、えひめ乳児保育園、めぐみ保育園、朝倉保育園、中萩保育園、五郎保育園、ロザリオ幼稚園、木の実幼稚園、桃山幼稚園、勝山幼稚園、愛媛帝京幼稚園、若草幼稚園、久枝幼稚園、あい幼稚園、ジャックと豆の木園、慈童保育園、虹のそらこども園、ゆめの森こども園、青葉幼稚園、愛媛幼稚園、花園幼稚園

松山短大

◆商科第2部

卒業者数 66
就職希望者数 21
就職者数 21
進学者数 25
主な就職先：オオノ開発、ちぐさ技研工業、ネッツトヨタ愛媛、ミセコネクティッド、慈愛会梶浦病院、兵頭歯科医院、Empirica、アクサス、アメイズ愛媛伊予店、エイジェック、サニクリーン四国、セブンスター、ノーリツ、フジ・リテイリング、フジデン、ベストライフ中部、ベストライフ愛知、ライト設計コンサルタント、今治・夢スポーツ、檜垣造船、WORLD INTEC

松山東雲短大

◆保育科

卒業者数 105
就職希望者数 99

就職者数 99
進学者数 2
主な就職先：(4)松山市社会福祉事業団、(各3)さくら幼児園、松山中央乳児保育園、ひかり認定こども園、(各2)宇和島市職員、コイノニア協会、めぐみ保育園、愛媛慈恵会、松山隣保館、西予総合福祉会、三島幼稚園、コモドまさき園、(各1)今治市職員、伊予市職員、松山東雲学園附属幼稚園

◆現代ビジネス学科
卒業者数 61
就職希望者数 47
就職者数 46
進学者数 11
主な就職先：(各2)みやわきこどもクリニック、ルナ物産、隻手薬師石川眼科、(各1)松山市農業協同組合、愛媛県警察、愛媛県職員、愛媛信用金庫、愛媛綜合警備保障、松山東雲学園、一宮運輸、ANAエアサービス松山、いよぎんDCカード、ジーユー、オオノ開發、ダイレックス

◆食物栄養学科
卒業者数 58
就職希望者数 56
就職者数 56
進学者数 1
主な就職先：(6)富士産業四国西事業部、(5)東洋食品、(各3)挿桃学園、メフォス、(各2)シダックスグループ、中温、愛媛福祉会、(各1)エームサービス、日清医療食品四国支店、愛媛新聞社、クロス・サービス、四国医療サービス、松山病院、松山市民病院、新居浜給食センター

折尾愛真短大

◆経済科
卒業者数 93
就職希望者数 68
就職者数 59
進学者数 18
主な就職先：(2)福岡銀行、(各1)山口フィナンシャルグループ、遠賀信用金庫、新小文字病院、鞍手共立病院、西鉄ホテルズ、ネッツトヨタ北九州、北九州日産モーター、たかさき薬局、自衛隊

九州産業大造形短大部

◆造形芸術学科
卒業者数 130
就職希望者数 86
就職者数 80
進学者数 16
主な就職先：(4)リディアミックス、(3)エイジェック、(各2)アトム、ヨドバシカメラ、メガネトップ、彩、アド・パスカル、シリウス、共同エンジニアリング、(1)前田組

九州女子短大

◆子ども健康学科
卒業者数 128
就職希望者数 96
就職者数 87
進学者数 32
主な就職先：(18)北九州市内保育所、(16)福岡県内保育所、(8)北九州市内幼稚園、(7)養護教諭(小中高)、(6)福岡県内幼稚園、(4)福岡県内こども園、(3)福岡市内保育所

近畿大九州短大

◆生活福祉情報科
卒業者数 30
就職希望者数 26
就職者数 24
進学者数 3
主な就職先：(各2)福豊帝酸、新生堂薬局、(各1)エコー、山口フィナンシャルグループ、宮田病院、安倍病院、飯塚病院、田川病院、正勇会、新宮町役場

◆保育科
卒業者数 47
就職希望者数 47
就職者数 47
主な就職先：(3)飯塚東保育園、(各2)飯塚らいむ保育園、愛宕幼稚園、新入ひまわりこども園、ちびっこ保育園、(各1)飯塚聖母幼稚園、若宮さくらこども園、穂波学園

香蘭女子短大

◆ファッション総合学科
卒業者数 54
就職希望者数 35
就職者数 31
進学者数 12
主な就職先：(3)キャン、(2)ヤマダヤ、(各1)アダストリアホールディングス、ファーストリテイリング、パル、リブ、フカヤ、東京芸夢、ストライプインターナショナル、アドヴェンチャーグループ

◆食物栄養学科
卒業者数 54
就職希望者数 51
就職者数 51
進学者数 1
主な就職先：保育園・幼稚園のほか以下の通り。(各3)エームサービス、日清医療食品、(各2)グリーンハウスグループ、LEOC、(各1)ドラッグストアモリ、薬隠勇進、東洋食品、福岡県農業協同組合中央会

◆保育学科
卒業者数 91
就職希望者数 90
就職者数 88
主な就職先：保育園、幼稚園、施設

◆ライフプラニング総合学科
卒業者数 119
就職希望者数 112
就職者数 97
進学者数 1
主な就職先：(各2)琉球銀行、オンデーズ、稲尾産業、ブロンコビリー、(各1)西日本シティ銀行、筑邦銀行、十八親和銀行、城山観光、ニューオータニ九州、ハウステンボス、ミナミホールディングス

精華女子短大

◆幼児保育学科
卒業者数 119
就職者数 102
進学者数 12

◆生活科学科食物栄養専攻
卒業者数 57
就職者数 53
進学者数 3

◆生活科学科生活総合ビジネス専攻
卒業者数 71
就職者数 65
進学者数 2

中村学園大短大部

◆食物栄養学科
卒業者数 80
就職希望者数 56
就職者数 56
進学者数 18
主な就職先：(23)保育所(栄養士)、(5)病院・医院(栄養士)、(3)中村学園事業部、(各1)エームサービス、サザビーリーグ、昭和イーティング、富士産業、森永乳業九州、やまやコミュニケーションズ、ロック・フィールド

◆キャリア開発学科
卒業者数 143
就職希望者数 116
就職者数 115
進学者数 18
主な就職先：(各3)福岡中央銀行、サマンサタバサジャパンリミテッド、(各2)パナソニックハウジングソリューションズ、

新生堂薬局、(各1)富士通、ソニーセミコンダクタソリューションズ、パナソニックエレクトリックワークス社、ヒルトングループ、福岡銀行、西日本シティ銀行

◆幼児保育学科

卒業者数 198
就職希望者数 180
就職者数 180
進学者数 10

主な就職先：(93)私立保育所(保育士)、(57)私立幼稚園、(12)私立幼保連携型認定こども園、(5)施設、(3)公務員(保育士)

西日本短大

◆ビジネス法学科

卒業者数 41
就職希望者数 36
就職者数 35
進学者数 5

主な就職先：(各3)マーキュリー、ネクステージ、(各2)九州丸和ロジスティクス、匠宮、(各1)嘉麻赤十字病院、岩田産業、トータル・メディカルサービス、日産サティオ佐賀、東屋敷克則会計事務所、ベリーベスト法律事務所

◆緑地環境学科

卒業者数 36
就職希望者数 33
就職者数 33

主な就職先：(3)古賀緑地建設、(各2)エコマルシェオニヅカ、九州緑化産業、執行茂寿園、太宰府天満宮、花かずF・C、広島市役所、萩市役所、アルスグリーン、小山千緑園

◆社会福祉学科

卒業者数 51
就職希望者数 49
就職者数 49
進学者数 1

主な就職先：(3)原土井病院、(各2)障がい者支援施設綿綾の苑、恵伸会、桜花会、(各1)グループホーム・デイサービスぶどうの樹、ショートステイ潤の杜、介護老人保健施設下山門、グリーンコープ、大洲育成園、北筑前福祉会

◆保育学科

卒業者数 43
就職希望者数 40
就職者数 40
進学者数 1

主な就職先：(各1)あゆみらい保育園、有住コスモス保育園、伊都コスモス保育園、今宿保育園、加布里保育園、きりん幼稚園、ツルタみとま幼稚園、志免中央幼稚園、前原幼稚園、筑後中央幼稚園

◆健康スポーツコミュニケーション学科

卒業者数 12
就職希望者数 12
就職者数 12

主な就職先：(3)河合楽器制作所体育事業本部、(各1)メディカルフィットネススタジオブレーニング、ジェイエスエス、ミカサ、わかばスポーツ&カルチャークラブ、KCJ GROUP キッザニア福岡、長谷エライブネット、シバタ工業、エイジェック

◆メディア・プロモーション学科

卒業者数 20
就職希望者数 12
就職者数 12
進学者数 2

主な就職先：(各1)九州テレ・コミュニケーションズ、三原グループ、コミュニティジャーナル、シェイクハンズ、twelve inc.、オフィス・アイ、Mercury、アル・シェア、エーライツ福岡オフィス、オフィスカメリア

東筑紫短大

◆保育学科

卒業者数 113
就職希望者数 94
就職者数 94
進学者数 11

主な就職先：日の丸幼稚園、でんき幼稚園、東筑紫短期大学附属幼稚園、北九州市福祉事業団、北九州市保育事業協会、北九州市社会事業協会、金田保育園、到津ひまわり学園、キッズ・プランニング

◆食物栄養学科

卒業者数 70
就職希望者数 58
就職者数 58
進学者数 7

主な就職先：北九州病院、八幡厚生病院、ソレイユ中井、年長者の里、清和保育園、西日本フードサービス、大信薬局、ドラッグストアモリ

福岡医療短大

◆歯科衛生学科

卒業者数 40
就職希望者数 16
就職者数 14
進学者数 23

主な就職先：(14)一般開業歯科医院

福岡工業大短大部

◆情報メディア学科

卒業者数 153
就職希望者数 70
就職者数 69
進学者数 64

主な就職先：(各1)富士通、東芝ITサービス、サイバーコム、福岡トヨタ自動車、はせがわ、シスメックス CNA、スミリオン、イズミテクノ、ジャパニアス、福岡スバル、ナビオコンピュータ

福岡女子短大

◆健康栄養学科

卒業者数 18
就職希望者数 17
就職者数 17
進学者数 1

主な就職先：(各2)リアンかしはら保育園、エームサービス、(各1)粕屋町立粕屋東中学校、御幸保育園、仁愛保育園、若竹保育園、小木こども園、さつき保育園、ドラッグストアモリ、サンケア太宰府、日清医療食品、I.W.フォーム九州、マルミヤストア、LAVA International、ゴールデン・エイジ・サービス

◆音楽科

卒業者数 21
就職希望者数 11
就職者数 11
進学者数 7

主な就職先：(各1)福岡市立香椎第2中学校、新宮町立新宮中学校、宗像市立城山中学校、飯塚市立庄内中学校、行橋市立今元中学校、燦宗会デイサービス雅翔、小川楽器、筑後信用金庫、加藤眼科医院、ながす未来館

◆文化教養学科

卒業者数 47
就職希望者数 38
就職者数 36
進学者数 2

主な就職先：(各2)太宰府天満宮、武田メガネ、(各1)粕屋町立粕屋中学校、春日市立春日中学校、うきは市立図書館、糸島市立図書館、九州大学附属図書館、下関市立中央図書館、那珂川市立片縄小学校、宇美町立桜原小学校、宇美町立宇美東小学校、玉名市立玉名町小学校、日田市立桂林小学校、紙与産業、久留米市農業協同組合(JAくるめ)

◆子ども学科

卒業者数 35
就職希望者数 33
就職者数 33
主な就職先：(各2)恵美保育園、星ヶ丘保育園、(各1)ながずみ幼稚園、美和台幼稚園、ダリヤ幼稚園、しらぎく幼稚園、くすの木幼稚園、みかさ幼稚園、三井幼稚園、光の子幼稚園、ひかり保育園、筑紫ヶ丘保育園、茶山保育園、みそら保育園、さくら保育園

佐賀女子短大

◆地域みらい学科
卒業者数 98
就職希望者数 86
就職者数 76
進学者数 8
主な就職先：(4)寿楽園、(3)真心の園、(各2)からつ医療福祉センター、村岡屋、(各1)西鉄エアサービス、航空保安事業センター、山代ガス、佐賀新聞販売店協同組合、スチームシップ、九十九島グループ、マイステイズ・ホテル・マネジメント、朝日I&Rホールディングス

◆こども未来学科
卒業者数 52
就職希望者数 50
就職者数 50
主な就職先：(3)佐賀女子短期大学付属ふたばこども園、(2)福岡県教育委員会、(各1)佐賀県教育委員会、長崎県教育委員会、熊本市教育委員会、嘉瀬こどもの森、布津原幼稚園、鍋島保育園、恵祥保育園、白梅学園、さくらんぼ、小浜こども園

西九州大短大部

◆地域生活支援学科
卒業者数 77
就職希望者数 73
就職者数 71
進学者数 4

◆幼児保育学科
卒業者数 71
就職希望者数 67
就職者数 65
進学者数 2

長崎短大

◆地域共生学科
卒業者数 77
就職希望者数 52
就職者数 52
進学者数 15
主な就職先：(各2)エフ・ジェイ・ホテルズ、ホームラン・システムズ、幼老育成会、日清医療食品、(各1)西鉄エアサービス、ハウステンボス、長崎空港ビルディング、モスフードサービス、九十九島グループ

◆保育学科
卒業者数 71
就職希望者数 64
就職者数 64
進学者数 4
主な就職先：(5)蓮華園、(3)徳和会、(各2)一幸福祉会、とどろき福祉会、とみのはら福祉会、どろんこ福祉会、松原保育園、アソカ学園、古賀学園、佐世保実業学園

長崎女子短大

◆生活創造学科
卒業者数 47
就職希望者数 41
就職者数 40
主な就職先：(4)日清医療食品、(3)LEOC、(2)東洋食品、(各1)ハウステンボス、メットライフ生命、チューリッヒ保険、ニュー琴海病院、長崎県上五島病院、長崎健康事業団、十善会病院、チョーコー醤油、ファンケル

◆幼児教育学科
卒業者数 91
就職希望者数 84
就職者数 84
主な就職先：(3)くるみ幼稚園、(各2)あぜかりこども園、かき道ピノキオこども園、住吉こども園、ざぼんちゃん、(各1)愛宕保育園、桜馬場保育園、光と緑の園向陽寮

大分短大

◆園芸科
卒業者数 28
就職希望者数 13
就職者数 13
進学者数 14
主な就職先：(各1)国家公務員一般職(林業)、JA佐賀、熊本農業共済組合、曽根造園、池部造園、みのり村、大平やさい、美咲、キクチ種苗、葵、こどもデイサービスみつばち、Cuore Farm

東九州短大

◆幼児教育学科
卒業者数 31
就職希望者数 28
就職者数 28
主な就職先：(各2)鶴居保育園、めぐみ幼稚園、普照こども園、なのみこども園、にしきこども園、(各1)たいじゅのつぼみ、如水こども園、めずらこども園、南大分に笑顔咲くえんわらひ、双葉ヶ丘幼稚園

別府大短大部

◆食物栄養科
卒業者数 41
就職希望者数 34
就職者数 33
進学者数 4
主な就職先：アイグラン、うすきこども園、元気な森中央保育園、境川保育園、なかつる保育園、愛の里サンヴィラ、安岐の郷、アップスイング、オーバーグループホームももたろう、エームサービス

◆初等教育科
卒業者数 190
就職希望者数 170
就職者数 167
進学者数 12
主な就職先：保育教諭・保育士(大分市、竹田市、別府市)、幼稚園教諭(竹田市)、小学校教員(大分県、福岡県)、SAKAIみらい保育園、愛保育園、明野しいのみ保育園、石垣保育園、いちご保育園

別府溝部学園短大

◆ライフデザイン総合学科
卒業者数 34
就職希望者数 29
就職者数 28
進学者数 1

◆食物栄養学科
卒業者数 27
就職希望者数 26
就職者数 26
進学者数 1

◆幼児教育学科
卒業者数 49
就職希望者数 49
就職者数 49

◆介護福祉学科
卒業者数 16
就職希望者数 16
就職者数 16
進学者数 1

南九州大短大部

◆国際教養学科
卒業者数 71
就職希望者数 56
就職者数 55
進学者数 2
主な就職先：(5)米良電機産業、(4)宮崎交通、(各2)メモリード宮崎、ホテルマリックス、善仁会、(各1)宮崎大学医学部附属病院、ハンズマン、鹿児島銀行、日本コンピュータ・ダイナミク

ス、日向農業協同組合

宮崎学園短大

◆保育科
卒業者数 173
就職希望者数 137
就職者数 137
進学者数 26
主な就職先：光明保育園、伊達保育園、古城認定こども園、明照福祉会、大坪保育園、ひかり幼稚園、田野カトリック聖母幼稚園、えんぜる保育園、恵愛こども園、天竜学園

◆現代ビジネス科
卒業者数 40
就職希望者数 38
就職者数 38
進学者数 1
主な就職先：神戸ポートピアホテル、トレカ、樹昇、ひろせ本店、JAはまゆう、増田工務店、和田病院、フィットピア、エフオーテクニカ、NPK

鹿児島純心女子短大

◆生活学科
卒業者数 115
就職希望者数 102
就職者数 98
進学者数 11
主な就職先：(11)鹿児島銀行、(7)日清医療食品、(4)錦城幼稚園、(各3)京セラ、九電送配サービス、鹿児島社会事業協会、(各2)公務員(任期付含)、鹿児島トヨタ自動車、(各1)JA鹿児島県連、羽田エアポートセキュリティー

◆英語科
卒業者数 44
就職希望者数 37
就職者数 37
進学者数 4
主な就職先：(5)南国交通(航空事業部)、(4)鹿児島銀行、(3)京セラ、(各1)鹿児島県公立学校教員、陸上自衛隊、JALスカイ、鹿児島空港ビルディング、島津興業、ミリアルリゾートホテルズ、シェラトン鹿児島

鹿児島女子短大

◆児童教育学科小・幼・保コース
卒業者数 46
就職希望者数 43
就職者数 43
進学者数 2
主な就職先：小学校教諭(鹿児島県内小学校、福岡県内小学校、東京都内小学校、千葉県内小学校、熊本県内小学校、宮崎県内小学校他)、鹿児島市社会事業協会、あいぽりー保育園、いまきいれ子ども発達支援センターまぁる、たけのこ保育園、唐湊幼稚園、なかよし認定こども園、めぐみ保育園、ユトリ、安良保育園、鹿児島女子短期大学附属幼稚園、かのや乳児院、清心乳児園、ミュゼプラチナム

◆児童教育学科幼・保コース
卒業者数 138
就職希望者数 134
就職者数 134
主な就職先：鹿児島市社会事業協会、鹿児島県社会福祉事業団、薩摩川内市社会福祉協議会、朝日ヶ丘学園、青山幼稚園、鹿児島おおとり幼稚園、吹上中央こども園、こばと・ゆなの木こども園、千年幼稚園、鹿児島竜谷学園、きら・キラ保育園、錦城幼稚園、星ヶ峯幼稚園、西原幼稚園、あかつき認定こども園、認定こども園野間幼稚園、さみどり幼稚園、聖母幼稚園、鹿屋幼稚園、武幼稚園、太陽の子幼稚園、昭和幼稚園、隼人ひまわりこども園、武岡幼稚園、紫原幼稚園、新光こども園、川上幼稚園、認定こども園あくね園、小林カトリック幼稚園、日当山総合こども園、野間幼稚園、中山バイパス保育園、日本保育サービス、アンジェリカ保育園芝浦園、慈愛会、こどもファースト・ジャパン、双葉保育園、ペコちゃん保育園、綾杉保育園、池島こども園、伊敷保育園、沖田保育園、にじのさと保育園、益山保育園、川野保育所、久遠福祉会、城山保育園、建昌福祉会、城北保育園、おひさまこども園、かじのきこども園、しあわせの星保育園、松青こども園、川尻保育園、第二白百合保育園、新西方保育園、鹿児島女子短期大学附属幼稚園、児童発達支援センター虹の家、常磐会、かすみくらぶ、三州原学あいわの里、子ども療育センター、愛の聖母園、鹿児島乳児院、かのや乳児院、新堂歯科医院、Marimekko鹿児島、ジーユー

◆生活科学科生活福祉専攻
卒業者数 10
就職希望者数 10
就職者数 9
主な就職先：以下、過年度卒業生実績を含む。ビハーラ、オアシスケア清水、旭生会、鹿児島市手をつなぐ育成会、ひなたスマイルケアサポーターズ、敬天会、クオリエ、幸伸会、ひまわり、ガーデンキッズセルク、サンセリテのがた、あさひが丘、徳光苑、川辺みどり園、聖の郷、睦園、さくら苑

◆生活科学科食物栄養学専攻
卒業者数 57
就職希望者数 54
就職者数 54
進学者数 1
主な就職先：以下、過年度卒業生実績を含む。日清医療食品近畿支店、日清医療食品南九州支店、LEOC、一富士フードサービス、ドクターフーヅ、総合人材センター、富士産業、スタッフサービスメディカル、日清医療食品福岡支店、伊田食品、厚生、シダックス、コンパスグループ・ジャパン、栄屋食品九州支店、ココシス、東洋食品、鹿児島徳洲会病院、白男川薬局、愛育病院、にいむら病院、ニチイ学館、日高病院、みつお産婦人科、柿木病院、志布志中央クリニック、守島デンタルクリニック、杉村病院、植村病院、奄美病院、国分中央病院、わくわく紫原中央保育園、興国保育園、山鳩福祉会、坂之上保育園、信愛保育園、錦ヶ丘保育園、高城保育園、浜ヶ城保育園、乗船寺保育園、ライクキッズ、桜島保育園、ひより保育園、あいら認定こども園、ふるえこども園、風の杜こども園、アソカこども園、安良保育園、こどもファースト・ジャパン、ひばりこども園、いちご認定こども園、わくわく鹿児島中央認定こども園、こども園ほしのこ、田上保育園、仁田尾保育園、ゆずり葉の杜保育園、羽島保育園、ぴよぴよ保育園、笹桐福祉会、むれが岡保育園、はなぶさ保育園、下井保育園、串木野保育園、内山田保育園、アイグラン、栄幸保育園、頴娃保育園、光華こども園、辻ヶ丘幼稚園、ルービンの里、参天会、光明童園、慈恵学園、はまかぜ園、あすくーる入来、ことぶき園、おさしお、京セラ鹿児島川内工場、全国和牛登録協会鹿児島県支部、九州保健ラボラトリー、土地家屋調査士法人和田事務所、南日本放送、都城市文化振興財団、靴の尚美堂、なべしま、サングリーンスポーツ、総合医療システム、JA食肉かごしま、アトスフーズ、おおすみ半島スマートエネルギー、ドラッグストアモリ、えびの高原ドライビングスクール、丸山喜之助商店、フードウェイ

◆教養学科
卒業者数 88

就職希望者数 77
就職者数 74
進学者数 4
主な就職先：以下、過年度卒業生実績を含む。自衛官候補生、鹿児島県職員、鹿児島県警察、鹿児島市職員、出水市職員、鹿屋市職員、南国交通、南国殖産、鹿児島銀行、MXモバイリング、ファイブフォックス、健康家族、鹿児島トヨペット、鹿児島トヨタ自動車、スズキ自販鹿児島、鹿児島ダイハツ販売、鹿児島カード、UTグループ、細山田商事、鹿児島県森林組合連合会、エイジェックグループ、霧島市社会福祉協議会、プライムアシスタンス、クリニカルパソロジーラボラトリーグループ、アイオ、カレン商事、玉里自動車学校、城山観光、鹿児島いずみ農業協同組合、鹿児島きもつき農業協同組合、ビューティサロンパリー、クリア、鹿児島市水族館公社、南日本銀行、鹿児島相互信用金庫、タマホーム、明石屋菓子店、光学堂、京セラ鹿児島川内工場、京セラ鹿児島国分工場、マイクロカット、ソフトスタジオ、フォーバル、アルファー、コーアガス日本、日本システム、ITX、マルエーフェリー、トヨタモビリティパーツ鹿児島支社、ストライプインターナショナル、アイエイチジェイ、トヨタカローラ鹿児島、高鍋信用金庫、アルファー、トヨタレンタリース鹿児島、ニッポンレンタカー九州、総広、鹿児島国際観光鹿児島サンロイヤルホテル、九州保健ラボラトリー、JA鹿児島県連、あいら農業協同組合、日本郵政グループ日本郵便、MBCサンステージ、松下運輸、ジェイアール西日本フードサービスネット、九州旅客鉄道、ヤマダヤ、西原商会、山形屋ストア、サマンサタバサグループ、コネクシオ、南給、鹿児島信用金庫、ジャパンホームワンド、アクトコール、高山金属、鹿児島綜合警備保障、丸山喜之助商店、セルモ、アメイズ、ホテルオークラ神戸、三誠、JA食肉かごしま、相良病院、南風病院、あき皮ふ科、池田病院、前原総合医療病院、あおぞら歯科、はやしかわ歯科、船橋デンタルクリニック、健勝会、イシタニ小児・矯正歯科クリニック、和智歯科医院、柿木病院、かわひら歯科クリニック、ミント歯科江古田、やまだホワイトクリニック歯科、参天会、児島歯科医院、南洲整形外科病院、金子歯科医院、上妻・ローズ歯科医院、三州脇田丘病院、高田病院・加治木温泉病院、トリー・メディカルサポート、トリー・コンサルタント、トリー、吉玉リウマチ・内科クリニック、えびす保育園、未来への翼、夢を育む読書の会、TRC図書館流通センター、ナーシングホームひだまり、相和福祉会、誠光園、光陽福祉会、昭和幼稚園、鹿児島国際大学、志學館学園

第一幼児教育短大

◆幼児教育学科
卒業者数 69
就職希望者数 68
就職者数 68
進学者数 1
主な就職先：鹿児島第一幼稚園、国分愛の園幼稚園、国分海の風認定こども園、国分こども園、心悦認定こども園、認定こども園はなぞの、隼人認定こども園、隼人ひまわりこども園、牧之原認定こども園、湊認定こども園、宮内認定こども園、エミールこども園、おひさまこども園、かじのき保育園、かずみ保育園、ひなたぼっこ保育園、あすなろ保育園、光愛こども園、つばき幼稚園、はなぶさ幼稚園、ほぴあこども保育園、青葉保育園、あけぼのこども園、大崎幼稚園、上小原認定こども園、光華こども園、高山こども園、寿敬心保育園、さくら保育園、杉の子保育園、西南保育園、南部幼稚園、日の出幼稚園、みなみのたいよう保育園、きらり園、たちばなこども園、双葉保育園、おおくちたからばこ保育園、さくらの里こども園、心光保育園、みどり保育園、コスモス幼稚園、しもずる保育園、りぼんこども園、輝、きらきらの森、スマイルキッズステーションきらきら、自立支援センターおおすみ、発達相談支援センターコペリ、こども発達相談センターにじいろ、にこにこはうす、大口園、志比田こども園、星空の都ポピー保育園、ななほしキッズ、みなみえびの保育園、つぼみっ子保育園、高取保育園、西新保育園、みやけ保育園、ミアヘルサ保育園ひびき、はぐはぐキッズ、ミルキーホーム

沖縄キリスト教短大

◆保育科
卒業者数 89
就職希望者数 80
就職者数 76
進学者数 3
主な就職先：(各2)にじの色こども園、わかたけ保育園、(各1)この花ナーサリ、よなは保育園、コスモス保育園、花のいろ保育園、パーチェ山里保育園、南城みなみ保育園、童夢認定こども園、馬天保育園、星のしずく保育園、わかたけ北保育園、百合が丘保育園、こばとゆがふ保育園、長嶺こども園

沖縄女子短大

◆総合ビジネス学科
卒業者数 60
就職希望者数 46
就職者数 45
進学者数 4
主な就職先：(5)薬正堂、(各2)オンデーズ、ジーセットメディカル、敬愛会

◆児童教育学科
卒業者数 163
就職希望者数 101
就職者数 101
進学者数 43
主な就職先：(3)虹の色福祉会、(各2)みのり福祉会、愛の園福祉会、わらべ福祉会、真泉福祉会

専門職

静岡県立農林環境専門職大短大部

◆生産科学科
卒業者数 86
就職希望者数 73
就職者数 73
進学者数 1
主な就職先：(3)コメリ、(各2)カクト・ロコ、浜松青果、ミヨシグループ、県研究所技能労務員、豊田肥料

ヤマザキ動物看護専門職短大

◆動物トータルケア学科
卒業者数 84
就職希望者数 73
就職者数 72
進学者数 3
主な就職先：(各2)コジマ、岡部獣医科病院、久米川みどり動物病院、(各1)イオンペット、東京建物リゾート、DOG PARTNERS、プリモ動物病院グループ、宮動物病院、ふく動物病院、フロムパピー

2024年度 大学への編入実績一覧

★掲載データは2024年3月22日現在の短大からのアンケート回答に基づく、原則として2024年度の大学への編入状況です（一部、集計途中経過を含む）。

★[併]＝併設大学、[指]＝編入学指定大学、[他]＝その他の大学を表します。

★丸数字は編入年次（アンケート判明分のみ）を、(　)内の数字は志願者数・合格者数を表します。

★[併]と[他]、[指]と[他]で、同一の大学（学部・学科）が掲載している場合は、[他]には編入指定校制度を利用しない、一般編入試験の合格者を掲載しています。

★志願者がいても合格者がいないなど、編入実績がない場合は掲載を省いています。

★併設大学への編入制度及び編入学指定大学があれば、「＊編入指定校制度のある大学」としてその大学名などを掲載しています（判明分のみ。[指]、[他]の掲載分を除く）。

【公立】

短大名	学科名	編入先大学・学部・学科・年次（志願者数・合格者数）
旭川市立大短大部	幼児教育	[併]**旭川市立大学**－保健福祉学部コミュニティ福祉学科③（1・1）
		＊**編入指定校制度のある大学**　**北翔大学**　**女子栄養大学**－栄養学部食文化栄養学科　**東洋学園大学**－人間科学部人間科学科　**仁愛大学**－人間生活学部健康栄養学科　**兵庫大学**－健康科学部栄養マネジメント学科　**徳島文理大学**－人間生活学部
山形県立米沢女子短大	国語国文	[指]**聖徳大学**－文学部文学科（1・1）　**二松学舎大学**－文学部国文学科（1・1）　**相模女子大学**－学芸学部日本語日本文学科（1・1） [他]**北海道教育大学釧路校**－教育学部地域学校教育実践専攻国語教育実践分野（2・2）　**山形大学**－人文社会科学部人文社会科学科人間文化コース（16・5）　**福島大学**－人文社会学群人間発達文化学類人文科学コース（9・4）、人文社会学群人間発達文化学類教育実践コース（4・1）　**埼玉大学**－教養学部日本・アジア文化専修（10・3）　**新潟大学**－人文学部人文学科言語文化学プログラム（2・1）　**群馬県立女子大学**－文学部国文学科（8・1）　**都留文科大学**－文学部国文学科（5・2）　**宮城学院女子大学**－学芸学部日本文学科（7・7）　**東北公益文科大学**－公益学部公益学科（2・2）　**文教大学**－文学部日本語日本文学科（1・1）　**聖徳大学**－文学部文学科（1・1）　**青山学院大学**－文学部日本文学科（1・1）　**実践女子大学**－文学部国文学科（1・1）　**二松学舎大学**－文学部国文学科（1・1）
	英語英文	[指]**聖徳大学**－心理・福祉学部心理学科（1・1）　**駒澤大学**－文学部英米文学科（1・1） [他]**岩手大学**－人文科学部人間文化課程（1・1）　**山形大学**－人文社会科学部人文社会科学科グローバルスタディーズコース（4・2）　**福島大学**－人文社会学群人間発達文化学類人文科学コース（3・1）、人文社会学群人間発達文化学類特別支援・生活科学コース（1・1）、人文社会学群人間発達文化学類芸術・表現コース（1・1）、人文社会学群行政政策学類（3・3）　**宇都宮大学**－国際学部国際学科（5・2）　**金沢大学**－融合学域先導学類観光デザイン学類（1・1）　**岩手県立大学**－総合政策学部総合政策学科（1・1）　**都留文科大学**－文学部英文学科（1・1）　**神田外語大学**－外国語学部英米語学科（1・1）

[併]＝併設大学　[指]＝編入学指定大学　[他]＝その他の大学

短大名	学科名	編入先大学・学部・学科・年次（志願者数・合格者数）
	日本史	指京都女子大学－文学部史学科（1・1） 他岩手大学－人文科学部人間文化課程（4・1） 山形大学－人文社会科学部人文社会科学科人間文化コース（10・3） 福島大学－人文社会学群行政政策学類（5・3） 埼玉大学－教養学部教養学科日本・アジア文化専修（2・1）、教養学部教養学科哲学・歴史専修（4・2） 千葉大学－文学部人文学科歴史学コース（2・1） 新潟大学－人文学部人文学科社会文化学プログラム（5・1） 香川大学－教育学部学校教員養成課程小学校教育コース（1・1） 高知大学－人文社会科学部人文社会学科（3・3） 岩手県立大学－社会福祉学部社会福祉学科（1・1） 群馬県立女子大学－文学部美学美術史学科（2・2） 駒沢女子大学－人間総合学群人間文化学類（1・1） 神奈川大学－国際日本学部歴史民俗学科（1・1）
	社会情報	指駒澤大学－経済学部経済学科（1・1） 他岩手大学－人文科学部地域政策課程（1・1） 山形大学－人文社会科学部人文社会科学科人間文化コース（1・1）、人文社会科学部人文社会科学科経済マネジメントコース（3・3）、人文社会科学部人文社会科学科地域公共政策コース（4・2） 福島大学－人文社会学群行政政策学類（3・3） 筑波大学－社会・国際学群社会学類（1・1） 岩手県立大学－社会福祉学部社会福祉学科（2・2） 高崎経済大学－地域政策学部観光政策学科（2・2）、地域政策学部地域づくり学科（2・1） 長野大学－社会福祉学部社会福祉学科（1・1） 宮城学院女子大学－現代ビジネス学部現代ビジネス学科（1・1） 東北公益文科大学－公益学部公益学科（2・2） 跡見学園女子大学－文学部現代文化表現学科（1・1）
	＊編入指定校制度のある大学 北翔大学－生涯スポーツ学部健康福祉学科、教育文化学部芸術学科、教育文化学部心理カウンセリング学科 東北文化学園大学－経営法学部経営法学科 東北公益文科大学－公益学部公益学科 東北文教大学－人間科学部人間関係学科グローカルコミュニケーションコース、人間科学部人間関係学科心理総合コース 聖学院大学－人文学部子ども教育学科 川村学園女子大学－文学部国際英語学科、文学部史学科、文学部日本文化学科、生活創造学部観光文化学科 聖徳大学－教育学部児童学科、教育学部教育学科、心理・福祉学部社会福祉学科、音楽学部音楽学科 東京情報大学－総合情報学部総合情報学科 国士舘大学－経営学部経営学科 駒澤大学－文学部歴史学科日本史学専攻、経済学部商学科、経済学部現代応用経済学科、グローバル・メディア・スタディーズ学部グローバル・メディア学科 実践女子大学－文学部国文学科 女子美術大学－芸術学部美術学科芸術文化専攻 東京経済大学－経営学部流通マーケティング学科、現代法学部現代法学科 東洋学園大学－グローバル・コミュニケーション学部グローバル・コミュニケーション学科、グローバル・コミュニケーション学部英語コミュニケーション学科、人間科学部人間科学科、現代経営学部現代経営学科 二松学舎大学－文学部中国文学科 関東学院大学－国際文化学部英語英文学科、国際文化学部比較文化学科、社会学部現代社会学科、経営学部経営学科 相模女子大学－学芸学部英語文化コミュニケーション学科、学芸学部メディア情報学科、人間社会学部社会マネジメント学科、人間社会学部人間心理学科 新潟産業大学－経済学部経済経営学科、経済学部文化経済学科 京都女子大学－文学部国文学科、文学部英文学科 太成学院大学－人間学部子ども発達学科、人間学部健康スポーツ学科、人間学部心理カウンセリング学科 大阪経済法科大学－経済学部経済学科、経営学部経営学科、国際学部国際学科、法学部法律学科 兵庫大学－現代ビジネス学部現代ビジネス学科	
会津大短大部	産業情報	併会津大学－コンピュータ理工学部②（－・1） 他高崎経済大学－地域政策学部③（－・2） 滋賀県立大学－環境科学部環境建築デザイン学科③（－・1） 尾道市立大学－経済情報学部経済情報学科③（－・1）
	食物栄養	他帯広畜産大学－畜産学部畜産科学課程③（－・1） 福島大学－人文社会学群人間発達文化学類スポーツ健康科学コース③（－・1） 宇都宮大学－農学部生物資源科学科③（－・1） 仙台白百合女子大学－人間学部健康栄養学科③（－・3） 女子栄養大学－栄養学部食文化栄養学科③（－・1）
	幼児教育	他福島大学－人文社会学群人間発達文化学類特別支援・生活科学コース③（－・1）、人文社会学群人間発達文化学類芸術・表現コース③（－・1） 盛岡大学－文学部児童教育学科③（－・1） 東北学院大学－教養学部情報科学科③（－・1）

併＝併設大学 指＝編入学指定大学 他＝その他の大学

短大名	学科名	編入先大学・学部・学科・年次（志願者数・合格者数）
大月短大	経済	[指]**杏林大学**－総合政策学部総合政策学科③（2・2） **国士舘大学**－政経学部政治行政学科③（1・1）、経営学部経営学科③（2・2） **駒澤大学**－経済学部経済学科③（1・1）、経済学部商学科③（1・1）、経済学部現代応用経済学科③（1・1） **東京経済大学**－経営学部流通マーケティング学科③（2・2） **東京富士大学**－経営学部イベントプロデュース学科③（1・1） **二松学舎大学**－国際政治経済学部国際政治経済学科③（2・2） **和光大学**－経済経営学部経済学科③（1・1） **関東学院大学**－経営学部経営学科③（1・1）、法学部法学科③（1・1） **山梨英和大学**－人間文化学部人間文化学科③（1・1） [他]**北海道教育大学**－釧路校教育学部教員養成課程③（1・1） **山形大学**－人文社会科学部人文社会科学科③（10・2） **筑波大学**－情報学群知識情報・図書館学類③（1・1） **新潟大学**－農学部農学科③（1・1）、経済科学部総合経済学科③（4・4） **富山大学**－経済学部経済学科③（5・4）、経済学部経営学科③（4・3） **三重大学**－人文学部法律経済学科③（6・5）、生物資源学部資源循環学科③（1・1） **滋賀大学**－経済学部経済学科③（1・1） **高崎経済大学**－地域政策学部②（21・6）・③（10・4） **長野大学**－社会福祉学部社会福祉学科③（2・2）、企業情報学部企業情報学科③（3・1） **下関市立大学**－経済学部経済学科③（3・3）、経済学部国際商学科③（1・1） **文教大学**－国際学部国際理解学科③（1・1） **江戸川大学**－メディアコミュニケーション学部③（1・1） **國學院大学**－文学部哲学科③（1・1） **国士舘大学**－経営学部経営学科③（1・1） **駒澤大学**－経済学部経済学科③（1・1）、経済学部現代応用経済学科③（1・1） **大正大学**－文学部歴史学科③（1・1） **中央大学**－経済学部経済学科③（8・2） **帝京大学**－経済学部経済学科③（1・1）、経済学部地域経済学科③（2・2）、教育学部教育文化学科（1・1）、経済学部経営学科③（4・3） **東京経済大学**－経済学部経済学科③（1・1）、経営学部流通マーケティング学科③（1・1）、現代法学部現代法学科③（1・1）、コミュニケーション学部メディア社会学科③（1・1） **東京工科大学**－メディア学部メディア学科②（1・1） **東京女子大学**－現代教養学部国際社会学科③（1・1） **日本大学**－経済学部経済学科③（2・1） **フェリス女学院大学**－文学部日本文学科③（1・1） **山梨英和大学**－人間文化学部人間文化学科③（1・1） **松本大学**－総合経営学部総合経営学科③（1・1） **愛知大学**－地域政策学部地域政策学科③（1・1） **大阪経済法科大学**－経営学部経営学科③（1・1）
岐阜市立女子短大	英語英文	[指]**南山大学**－外国語学部英米学科③（－・1） **京都女子大学**－文学部英文学科③（－・1） [他]**岐阜大学**－地域科学部③（－・2） **三重大学**－人文学部文化学科③（－・1）
	国際文化	[指]**南山大学**－国際教養学部国際教養学科③（－・1） [他]**岐阜大学**－地域科学部③（－・3）
	食物栄養	[指]**岐阜女子大学**－家政学部健康栄養学科③（－・6） [他]**東京家政大学**－栄養学部管理栄養学科③（－・1）
	生活デザイン	[他]**滋賀県立大学**－環境科学部環境建築デザイン学科③（－・1）
	＊編入指定校制度のある大学 **女子美術大学**－芸術学部デザイン・工芸学科③ **関東学院大学**－国際文化学部英語文化学科③ **仁愛大学**－人間生活学部健康栄養学科③ **東海学院大学**－健康福祉学部管理栄養学科③ **金城学院大学**－文学部英語英米文化学科③ **岡山学院大学**－人間生活学部食物栄養学科③	
静岡県立大短大部	歯科衛生	[他]**新潟大学**－歯学部口腔生命福祉学科③（2・2）
	社会福祉	[他]**日本社会事業大学**－社会福祉学部福祉援助学科③（1・1）、社会福祉学部福祉計画学科③（1・1）
三重短大	法経第1部	[指]**南山大学**－総合政策学部総合政策学科③（1・1） [他]**三重大学**－人文学部法律経済学科③（－・5）
	法経第2部	[指]**南山大学**－総合政策学部総合政策学科③（1・1） **京都産業大学**－法学部法政策学科③（1・1）

[併]＝併設大学　[指]＝編入学指定大学　[他]＝その他の大学

短大名	学科名	編入先大学・学部・学科・年次（志願者数・合格者数）
		他**三重大学**－人文学部法律経済学科③（－・２） **鹿児島大学**－法文学部法経社会学科③（－・１）
	食物栄養	指**岐阜女子大学**－家政学部健康栄養学科③（１・１） 他**島根県立大学**－看護栄養学部健康栄養学科③（－・１）
	生活科学	指**金城学院大学**－人間科学部多元心理学科③（１・１） 他**長野大学**－社会福祉学部社会福祉学科③（－・２）
島根県立大短大部	文化情報	併**島根県立大学**－人間文化学部地域文化学科③（５・５）、地域政策学部地域政策学科③（１・１） 他**島根大学**－法文学部法経学科③（１・１）、法文学部言語文化学科③（１・１） **関西外国語大学**－外国語学部英米語学科③（１・１）
倉敷市立短大	保育	他**香川大学**－経済学部③（１・１）、教育学部学校教育教員養成課程③（１・１）
	服飾美術	他**香川大学**－経済学部③（１・１） **京都ノートルダム女子大学**－現代人間学部生活環境学科③（１・１） **大阪芸術大学**－芸術学部デザイン学科グラフィックデザインコース③（１・１）
大分県立芸術文化短大	音楽	指**国立音楽大学**－音楽学部③（１・１） 他**大阪芸術大学**－芸術学部③（１・１）
	美術	他**女子美術大学**－芸術学部③（１・１）
	国際総合	他**奈良女子大学**－文学部③（１・１）
	情報コミュニケーション	指**活水女子大学**－国際文化学部③（１・１） **別府大学**－国際経営③（２・２） 他**大分大学**－経済学部③（４・４）
鹿児島県立短大	文	指**南山大学**－外国語学部英米学科③（１・１） 他**熊本大学**－文学部文学科（－・１） **鹿児島大学**－法文学部人文学科（－・５） **都留文科大学**－文学部国文学科（－・１） **宮崎公立大学**－人文学部国際文化学科（－・１） **神奈川大学**－外国語学部英語英文学科（－・１） **関西外国語大学**－外国語学部英米語学科（－・１） **西南女学院大学**－人文学部英語学科（－・１）
	生活科学	他**熊本大学**－工学部土木建築学科②（－・１） **鹿児島大学**－教育学部学校教育教員養成課程（－・１） **九州栄養福祉大学**－食物栄養学部食物栄養学科（－・１） **中村学園大学**－栄養科学部栄養科学科（－・１） **長崎国際大学**－健康管理学部健康栄養学科（－・１） **南九州大学**－人間発達学部子ども教育学科（－・１） **鹿児島純心大学**－看護栄養学部健康栄養学科（－・１）
	商経１部	他**鹿児島大学**－法文学部法経社会学科（－・６）、教育学部学校教育教員養成課程（－・１） **下関市立大学**－経済学部国際商学科（－・１） **鹿児島国際大学**－経済学部経済学科（－・２）
	商経２部	指**国士舘大学**－経営学部経営学科③（１・１） 他**大分大学**－経済学部経済学科（－・１） **鹿児島大学**－法文学部法経社会学科（－・１）
光塩学園女子短大	食物栄養	他**札幌保健医療大学**－保健医療学部栄養学科③（１・１）
國學院大北海道短大部	国文	併**國學院大学**－文学部日本文学科③（23・23）、文学部史学科③（13・13）、文学部中国文学科③（１・１）、神道文化学部神道文化学科③（６・６） 指**札幌大学**－地域共創学群日本語・日本文化専攻③（１・１）
	総合教養	併**國學院大学**－文学部哲学科③（９・９）、文学部外国文化学科③（12・12） 指**明海大学**－不動産学部不動産学科③（１・１） **国士舘大学**－政経学部③（１・１） **東洋学園大学**－現代経営学部現代経営学科③（１・１） **関東学院大学**－③（１・１）

併＝併設大学　指＝編入学指定大学　他＝その他の大学

短大名	学科名	編入先大学・学部・学科・年次（志願者数・合格者数）
札幌大谷大短大部		＊編入指定校制度のある大学　札幌大谷大学－芸術学部音楽学科③、芸術学部美術学科③、社会学部地域社会学科③
札幌国際大短大部	幼児教育保育	〔併〕札幌国際大学－人文学部国際教養学科③（1・1）、人文学部心理学科③（3・3）
函館短大	食物栄養	〔他〕北海道教育大学－教育学部教員養成課程釧路校地域学校教育実践専攻②（1・1）、教育学部国際地域学科②（1・1）
	保育	〔他〕北海道教育大学－教育学部国際地域学科②（1・1）
函館大谷短大		＊編入指定校制度のある大学　北翔大学－教育文化学部③　北海学園大学－③　東北文教大学－人間科学部③　駒沢女子大学－③　大谷大学－③
北翔大短大部	こども	〔併〕北翔大学－教育文化学部教育学科③（4・4）
▼青森 青森明の星短大	子ども福祉未来	〔指〕東洋学園大学－現代経営学部現代経営学科③（1・1） 〔他〕青森大学－社会学部社会学科社会福祉コース③（1・1）　仙台白百合女子大学－人間学部人間発達学科子ども発達専攻③（1・1）
青森中央短大	食物栄養	〔他〕青森県立保健大学－健康科学部栄養学科②（1・1）
	幼児保育	〔併〕青森中央学院大学－経営法学部経営法学科②（1・1）
柴田学園大短大部		＊編入指定校制度のある大学　柴田学園大学－生活創生学部健康栄養学科、生活創生学部こども発達学科
八戸学院大短大部	幼児保育	〔他〕十文字学園女子大学－教育人文学部幼児教育学科④（1・1）
▼岩手 修紅短大		＊編入指定校制度のある大学　仙台白百合女子大学－人間学部③　東北文化学園大学－現代社会学部、経営法学部、工学部、医療福祉学部　東北文教大学－人間科学部子ども教育学科　聖徳大学－教育学部、心理・福祉学部、音楽学部　東海学院大学－人間関係学部、健康福祉学部　太成学院大学－人間学部
盛岡大短大部	幼児教育	〔併〕盛岡大学－文学部児童教育学科③（6・6）
▼宮城 聖和学園短大	キャリア開発総合	〔他〕石巻専修大学－理工学部情報電子工学科②（1・1）　東北文化学園大学－経営法学部経営法学科③（1・1）　宮城学院女子大学－現代ビジネス学部現代ビジネス学科③（1・1）
	保育	〔他〕東北福祉大学－総合福祉学部福祉行政学科③（1・1）
仙台青葉学院短大	ビジネスキャリア	〔他〕東北福祉大学－総合マネジメント学部産業福祉マネジメント学科③（1・1）　宮城学院女子大学－現代ビジネス学部現代ビジネス学科③（1・1）
	観光ビジネス	〔他〕東北学院大学－経営学部経営学科③（1・1）
	現代英語	〔他〕都留文科大学－文学部英文学科③（1・1）　東北学院大学－文学部英文学科③（1・1）
東北生活文化大短大部	生活文化	〔併〕東北生活文化大学－家政学部家政学科③（3・3）
▼秋田 聖霊女子短大	生活文化	〔他〕仙台白百合女子大学－人間学部健康栄養学科③（2・2）
▼山形 東北文教大短大部	子ども	〔併〕東北文教大学－人間科学部子ども教育学科③（4・4）
▼福島 いわき短大	幼児教育	〔併〕東日本国際大学－健康福祉学部社会福祉学科③（4・4）
郡山女子大短大部	地域創成	〔併〕郡山女子大学－家政学部生活科学科③（1・1） 〔他〕福島大学－人文社会学群行政政策学類③（1・1）
	幼児教育	〔併〕郡山女子大学－家政学部生活科学科③（1・1）

〔併〕＝併設大学　〔指〕＝編入学指定大学　〔他〕＝その他の大学

短大名	学科名	編入先大学・学部・学科・年次（志願者数・合格者数）
桜の聖母短大	キャリア教養	[他]岩手大学－人文社会学部人間文化学科③（1・1）　福島大学－人文社会学群行政政策学類③（－・2）　高崎経済大学－地域政策学部地域づくり学科③（1・1）
	生活科学	[他]尚絅学院大学－心理・教育学群子ども学類③（1・1）
▼茨城 常磐短大	幼児教育保育	[併]常磐大学－人間科学部コミュニケーション学科③（2・2）
▼栃木 宇都宮短大	人間福祉	[指]東京福祉大学－社会福祉学部社会福祉学科③（1・1）
	音楽	[指]国立音楽大学－音楽学部演奏・創作学科③（1・1）　昭和音楽大学－音楽学部音楽芸術表現学科③（1・1）
	食物栄養	[他]郡山女子大学－家政学部食物栄養学科③（1・1）　桐生大学－医療保健学部栄養学科③（1・1）　女子栄養大学－栄養学部実践栄養学科③（1・1）
		＊編入指定校制度のある大学　東京音楽大学－音楽学部③　武蔵野音楽大学－音楽学部③　洗足学園音楽大学－音楽学部③
國學院大栃木短大	日本文化	[併]國學院大學－文学部日本文学科③（11・11）、文学部史学科③（16・16）、神道文化学部神道文化学科③（3・3）、経済学部経済学科③（6・6）、経済学部経営学科③（6・6） [指]二松学舎大学－文学部国文学科③（1・1）　フェリス女学院大学－文学部日本語日本文学科③（1・1） [他]共立女子大学－文芸学部文芸学科日本語・日本文学専修③（1・1）
	人間教育	[併]國學院大學－人間開発学部初等教育学科③（5・5） [指]埼玉学園大学－人間学部子ども発達学科③（1・1）　聖徳大学－心理・福祉学部心理学科③（1・1）
作新学院大女子短大部		＊編入指定校制度のある大学　作新学院大学－人文学部発達教育学科②、人文学部心理コミュニケーション学科②
佐野日本大短大	総合キャリア教育	[指]聖学院大学－人文学部欧米文化学科③（2・2）　杏林大学－外国語学部英語学科③（1・1）　東京経済大学－経営学部流通マーケティング学科③（1・1）　日本大学－文理学部社会福祉学科③（1・1）
▼群馬 育英短大	保育	[指]群馬医療福祉大学－社会福祉学部社会福祉学科（1・1）
	現代コミュニケーション	[指]群馬医療福祉大学－社会福祉学部社会福祉学科（1・1）、看護学部（1・1）　高崎商科大学－商学部経済学科（1・1）
共愛学園前橋国際大短大部	生活	[併]共愛学園前橋国際大学－国際社会学部国際社会学科③（3・3） [他]女子栄養大学－栄養学部実践栄養学科③（1・1）
		＊編入指定校制度のある大学　東北文教大学－人間科学部子ども教育学科　女子栄養大学－栄養学部食文化栄養学科　聖学院大学－政治経済学部政治経済学科、人文学部子ども教育学科、心理福祉学部心理福祉学科　聖徳大学－教育学部児童学科、教育学部教育学科　駒沢女子大学－人間総合学群人間文化学類、人間総合学群観光文化学類　東京家政大学－子ども支援学部子ども支援学科　東京経済大学－経営学部流通マーケティング学科、現代法学部現代法学科　東京福祉大学－社会福祉学部、保育児童学部、心理学部、教育学部　相模女子大学－学芸学部英語文化コミュニケーション学科、学芸学部子ども教育学科、人間社会学部社会マネジメント学科　仁愛大学－人間生活学部健康栄養学科　松本大学－人間健康学部健康栄養学科　東海学院大学－人間関係学部心理学科、人間関係学部子ども発達学科　太成学院大学－人間学部子ども発達学科、人間学部健康スポーツ学科　兵庫大学－健康科学部栄養マネジメント学科　徳島文理大学－人間生活学部食物栄養学科、人間生活学部児童学科、人間生活学部人間生活学科
群馬医療福祉大短大部	医療福祉	[併]群馬医療福祉大学－社会福祉学部社会福祉学科③（6・6）

[併]＝併設大学　[指]＝編入学指定大学　[他]＝その他の大学

短大名	学科名	編入先大学・学部・学科・年次（志願者数・合格者数）
高崎商科大短大部	現代ビジネス	[併]高崎商科大学－商学部経営学科③（1・1）
新島学園短大	キャリアデザイン	[指]国士舘大学－経営学部経営学科③（－・1）　東京経済大学－経営学部流通マーケティング学科③（－・2）　法政大学－キャリアデザイン学部キャリアデザイン学科②（－・2）　同志社大学－経済学部経済学科③（－・2）、神学部神学科③（－・1） [他]山形大学－人文社会科学部③（－・1）　群馬大学－情報学部③（－・1）　富山大学－経済学部経済学科③（－・2）　群馬県立女子大学－国際コミュニケーション学部②（－・1）　高崎経済大学－地域政策学部②（－・13）
▼埼玉 秋草学園短大		＊編入指定校制度のある大学　明海大学－外国語学部日本語学科③　麗澤大学－経済学部経済学科③　嘉悦大学－経営経済学部③　東京経済大学－経営学部流通マーケティング学科③　目白大学－社会学部地域社会学科③
川口短大	ビジネス実務	[併]埼玉学園大学－経済経営学部経済経営学科③（3・3）
	こども	[併]埼玉学園大学－人間学部子ども発達学科③（1・1）
国際学院埼玉短大	健康栄養	[他]聖学院大学－人文学部日本文化学科（－・1）
埼玉純真短大	こども	[指]東京福祉大学－社会福祉学部社会福祉学科③（1・1）
埼玉女子短大	商学	[指]駒澤大学－経済学部現代応用経済学科③（1・1）
	国際コミュニケーション	[指]東京経済大学－経営学部流通マーケティング学科③（1・1）
武蔵丘短大	健康生活	[指]尚美学園大学－スポーツマネジメント学部③（1・1）　東都大学－管理栄養学部③（1・1） [他]平成国際大学－スポーツ健康学部スポーツ健康学科③（1・1）　聖徳大学－人間栄養学部人間栄養学科③（1・1）　大東文化大学－スポーツ・健康科学部スポーツ科学科③（1・1）
		＊編入指定校制度のある大学　十文字学園女子大学－人間生活学部健康栄養学科③　西武文理大学－サービス経営学部サービス経営学科③　聖徳大学－教育学部児童学科③　駒沢女子大学－人間総合学群人間文化学類③　東洋学園大学－現代経営学部③、人間科学部③　日本女子体育大学－体育学部スポーツ科学科③
▼千葉 昭和学院短大		＊編入指定校制度のある大学　女子栄養大学　聖徳大学　東京経済大学　東京福祉大学　相模女子大学
聖徳大短大部	保育	[併]聖徳大学－教育学部児童学科③（3・3）、教育学部教育学科③（1・1）、心理・福祉学部社会福祉学科③（1・1）
	総合文化	[併]聖徳大学－文学部文学科③（2・2）
清和大短大部		＊編入指定校制度のある大学　清和大学－法学部法律学科②
千葉経済大短大部	ビジネスライフ	[併]千葉経済大学－経済学部経済学科③（－・2）、経済学部経営学科③（－・1） [指]東京情報大学－総合情報学部総合情報学科③（－・1）
	こども	[併]千葉経済大学－経済学部経営学科③（－・1） [他]文教大学－国際学部国際理解学科③（－・1）
日本大短大部（船橋）	建築・生活デザイン	[併]日本大学－理工学部土木工学科③（1・1）、理工学部交通システム工学科③（1・1）、理工学部建築学科③（25・25）、理工学部海洋建築工学科③（24・12）、理工学部まちづくり工学科③（5・3）

[併]＝併設大学　[指]＝編入学指定大学　[他]＝その他の大学

短大名	学科名	編入先大学・学部・学科・年次（志願者数・合格者数）
		指日本大学－生産工学部建築工学科③（6・6）、生産工学部創生デザイン学科③（1・1）　相模女子大学－学芸学部生活デザイン学科③（1・1） 他東京造形大学－造形学部デザイン学科③（1・1）　日本大学－生産工学部建築工学科③（15・1）、工学部建築学科③（4・4）、工学部生命応用化学科②（1・1）、国際関係学部国際総合政策学科②（1・1）
	ものづくり・サイエンス総合	併日本大学－理工学部機械工学科③（7・6）、理工学部電気工学科③（4・2）、理工学部応用情報工学科③（13・10）、理工学部物質応用化学科③（5・3）、理工学部物理学科③（7・7）、理工学部数学科③（3・2） 指日本大学－生産工学部機械工学科③（1・1）、生産工学部電気電子工学科③（1・1）、生産工学部数理情報工学科③（5・5）、薬学部薬学科②（1・1） 他室蘭工業大学－理工学部システム理化学科③（1・1）　東京理科大学－理学部第二部数学科③（1・1）　日本大学－生産工学部機械工学科③（3・1）、生産工学部数理情報工学科③（4・2）
	＊編入指定校制度のある大学	聖徳大学－教育学部児童学科、教育学部教育学科、心理・福祉学部心理学科、心理・福祉学部社会福祉学科、文学部文学科、音楽学部音楽学科　東京情報大学－総合情報学部総合情報学科　女子美術大学－芸術学部デザイン・工芸学科環境デザイン専攻　日本大学－理工学部精密機械工学科③、理工学部航空宇宙工学科③、理工学部電子工学科③、文理学部物理学科、文理学部生命科学科、生物資源科学部バイオサイエンス学科、生物資源科学部動物学科、生物資源科学部海洋生物学科、生物資源科学部森林学科、生物資源科学部環境学科、生物資源科学部アグリサイエンス学科、生物資源科学部食品開発学科、生物資源科学部食品ビジネス学科、生物資源科学部国際共生学科　関東学院大学－建築・環境学部建築・環境学科、人間共生学部共生デザイン学科、理工学部理工学科土木・都市防災コース、理工学部理工学科生命科学コース、理工学部理工学科数理・物理コース、理工学部理工学科応用化学コース、理工学部理工学科先進機械コース、理工学部理工学科電気・電子コース、理工学部理工学科健康・スポーツ計測コース、理工学部理工学科情報ネット・メディアコース　相模女子大学－学芸学部英語文化コミュニケーション学科、学芸学部メディア情報学科、人間社会学部社会マネジメント学科、人間社会学部人間心理学科　大阪経済法科大学－経済学部経済学科、経営学部経営学科、国際学部国際学科、法学部法律学科　神戸芸術工科大学－芸術工学部環境デザイン学科
▼東京 愛国学園短大	家政	指女子栄養大学－栄養学部食文化栄養学科③（1・1）
	＊編入指定校制度のある大学	十文字学園女子大学－人間生活学部健康栄養学科③　愛国学園大学－人間文化学部人間文化学科③　聖徳大学－文学部文学科③　明海大学－不動産学部不動産学科③　駒沢女子大学－人間総合学部人間文化学科③　東京家政大学－家政学部服飾美術学科③
上野学園短大	音楽	指武蔵野音楽大学－音楽学部演奏学科③（1・1）
大妻女子大短大部	家政	併大妻女子大学－家政学部ライフデザイン学科③（13・6）、社会情報学部社会情報学科③（1・1） 他中村学園大学－栄養科学部栄養科学科③（－・1）
	＊編入指定校制度のある大学	東北文教大学－人間科学部人間関係学科グローカルコミュニケーションコース③、人間科学部人間関係学科心理総合コース③　十文字学園女子大学－人間生活学部健康栄養学科③　女子栄養大学－栄養学部食文化栄養学科③　聖学院大学－政治経済学部政治経済学科③、人文学部欧米文化学科③、人文学部日本文化学科③　川村学園女子大学－生活創造学部生活文化学科③　聖徳大学－児童学部児童学科③、心理・福祉学部心理学科③、心理・福祉学部社会福祉学科③、文学部文学科③、音楽学部音楽学科③　嘉悦大学－経営経済学部③　杏林大学－総合政策学部総合政策学科③、総合政策学部企業経営学科③　駒沢女子大学－人間総合学群人間文化学類③、人間総合学群観光文化学類③　実践女子大学－生活科学部生活環境学科③　大正大学－文学部日本文学科③、文学部人文学科③、文学部歴史学科③、社会共生学部社会福祉学科③、心理社会学部人間科学科③、仏教学部仏教学科③　東京家政大学－家政学部服飾美術学科③　東京家政学院大学－現代生活学部現代家政学科③、現代生活学部生活デザイン学科③、現代生活学部食物学科③　東京経済大学－経営学部流通マーケティング学科

併＝併設大学　指＝編入学指定大学　他＝その他の大学

短大名	学科名	編入先大学・学部・学科・年次（志願者数・合格者数）
		③、現代法学部現代法学科③ **東京福祉大学**－社会福祉学部社会福祉学科③、保育児童学部保育児童学科③、心理学部心理学科③、教育学部教育学科③ **目白大学**－社会学部社会情報学科③、社会学部地域社会学科③、外国語学部英米語学科③ **鎌倉女子大学**－教育学部教育学科③ **相模女子大学**－学芸学部日本語日本文学科③、学芸学部英語文化コミュニケーション学科③、学芸学部メディア情報学科③、学芸学部生活デザイン学科③、人間社会学部社会マネジメント学科③、人間社会学部人間心理学科③、栄養科学部健康栄養学科③ **東洋英和女学院大学**－人間科学部人間科学科心理科学専攻③、人間科学部人間科学科教育・人間学専攻③、人間科学部保育子ども学科③、国際社会学部国際社会学科③、国際社会学部国際コミュニケーション学科③ **仁愛大学**－人間生活学部健康栄養学科③ **大阪経済法科大学**－国際学部国際学科③、経済学部経済学科③、経営学部経営学科③、法学部法律学科③ **太成学院大学**－人間学部子ども発達学科③、人間学部健康スポーツ学科③、人間学部心理カウンセリング学科③ **兵庫大学**－健康科学部栄養マネジメント学科③ **徳島文理大学**－人間生活学部食物栄養学科③、人間生活学部人間生活学科③
共立女子短大	生活科学	併**共立女子大学**－家政学部被服学科③（7・4）、家政学部食物栄養学科③（2・2）、家政学部建築・デザイン学科③（4・4）、文芸学部文芸学科③（9・9） 指**女子美術大学**－芸術学部アート・デザイン表現学科③（1・1）
	文	併**共立女子大学**－文芸学部文芸学科③（7・7）、国際学部国際学科③（3・3）
	＊編入指定校制度のある大学　共立女子大学－ビジネス学部ビジネス学科②	
国際短大	国際コミュニケーション	指**西武文理大学**－サービス経営学部サービス経営学科③（1・1） 他**国士舘大学**－経営学部経営学科③（1・1）
	＊編入指定校制度のある大学　国士舘大学－政経学部政治行政学科③、政経学部経済学科③ **大正大学**－社会共生学部社会福祉学科③、心理社会学部人間科学科、心理社会学部臨床心理学科、文学部日本文学科、文学部人文学科、文学部歴史学科、仏教学部仏教学科 **東京経済大学**－経営学部流通マーケティング学科③、コミュニケーション学部コミュニケーション学科③、現代法学部現代法学科③	
女子栄養大短大部	食物栄養	併**女子栄養大学**－栄養学部実践栄養学科③（17・16）、栄養学部食文化栄養学科③（12・11） 他**大妻女子大学**－家政学部ライフデザイン学科③（1・1） **早稲田大学**－人間科学部人間情報科学科③（1・1）
白梅学園短大	保育	併**白梅学園大学**－子ども学部子ども学科③（－・6）、子ども学部家族・地域支援学科③（－・3） 他**明星大学**－教育学部教育学科③（－・1）
創価女子短大	国際ビジネス	併**創価大学**－経済大学経済学科③（1・1）、経営学部経営学科③（3・3）、文学部人間学科③（5・5） 他**名桜大学**－国際学群③（1・1）
帝京短大	こども教育	併**帝京大学**－経済学部経営学科③（1・1） 指**東京家政学院大学**－現代生活学部現代家政学科③（1・1）
	生活科学	併**帝京平成大学**－健康メディカル学部健康栄養学科③（4・3） 指**東京福祉大学**－心理学部心理学科③（1・1） 他**聖心女子大学**－教育学部教育学科②（1・1）
	ライフケア	併**帝京平成大学**－ヒューマンケア学部鍼灸学科③（5・5）
帝京大短大	人間文化	併**帝京大学**－経済学部経営学科③（3・1）、経済学部経済学科③（2・1）、文学部史学科③（1・1）、文学部社会学科③（1・1）、文学部心理学科③（5・2）、文学部日本文化学科③（2・1）

併＝併設大学　指＝編入学指定大学　他＝その他の大学

短大名	学科名	編入先大学・学部・学科・年次（志願者数・合格者数）
	現代ビジネス	併帝京大学－経済学部観光経営学科③（２・２）、経済学部経営学科③（５・５）、経済学部経済学科③（１・１）
貞静学園短大	保育	他日本社会事業大学－社会福祉学部福祉援助学科③（１・１）
	＊編入指定校制度のある大学　聖徳大学－児童学部児童学科③　東京福祉大学－社会福祉学部③、保育児童学部③、心理学部③、教育学部③　相模女子大学－学芸学部子ども教育学科③	
戸板女子短大	食物栄養	指東京家政学院大学－現代生活学部生活デザイン学科③（１・１）、現代生活学部食物学科③（１・１） 他東京家政学院大学－現代生活学部現代家政学科③（１・１）　相模女子大学－栄養科学部管理栄養学科③（２・２）
	国際コミュニケーション	指共立女子大学－文芸学部文芸学科英語・英語圏文学専修③（１・１）
東京家政大短大部	栄養	併東京家政大学－栄養学部栄養学科③（６・６）、栄養学部管理栄養学科③（13・10）、家政学部環境教育学科③（４・４）、家政学部服飾美術学科③（１・１）、人文学部英語コミュニケーション学科③（２・２） 他東京学芸大学－教育学部学校教育教員養成課程中等教育専攻（Ｂ類）家庭コース③（－・１）
	保育	併東京家政大学－児童学部児童学科育児支援専攻③（４・４）、児童学部児童学科児童学専攻③（１・１）、子ども支援学部子ども支援学科③（１・１）
	＊編入指定校制度のある大学　女子栄養大学　杏林大学　東京家政学院大学　東京経済大学　相模女子大学　兵庫大学	
東京交通短大	運輸	指東京経済大学－経営学部流通マーケティング学科（１・１）　東京富士大学－経営学部イベントプロデュース学科（１・１）
東京女子体育短大	こどもスポーツ教育	併東京女子体育大学－体育学部体育学科③（12・12）
東京成徳短大	幼児教育	併東京成徳大学－子ども学部子ども学科③（３・３）
東京立正短大	現代コミュニケーション	指国士舘大学－経営学部経営学科③（２・２）　東京経済大学－経営学部流通マーケティング学科③（１・１）　東洋学園大学－人間科学部人間科学科③（２・２） 他大妻女子大学－人間関係学部人間関係学科③（１・１）
東邦音楽短大	音楽	併東邦音楽大学－音楽学部音楽学科③（１・１）
新渡戸文化短大	食物栄養	指亜細亜大学－経営学部経営学科③（１・１）
フェリシアこども短大	＊編入指定校制度のある大学　聖徳大学　駒沢女子大学　東京家政大学　東京福祉大学　相模女子大学　東洋英和女学院大学	
目白大短大部	ビジネス社会	併目白大学－社会学部社会情報学科③（６・６）、社会学部地域社会学科③（２・２）、経営学部経営学科③（１・１）
	製菓	併目白大学－社会学部社会情報学科③（１・１）、社会学部地域社会学科③（２・２）
	＊編入指定校制度のある大学　東北文教大学－人間科学部人間関係学科グローカルコミュニケーションコース、人間科学部人間関係学科心理総合コース　聖学院大学－政治経済学部政治経済学科、人文学部欧米文化学科、心理福祉学部心理福祉学科　西武文理大学－サービス経営学部サービス経営学科　明海大学－外国語学部日本語学科、不動産学部不動産学科　嘉悦大学－経営経済学部　杏林大学－総合政策学部総合政策学科、総合政策学部企業経営学科　駒沢女子大学－人間総合学群人間文化学類日本文化専攻、人間総合学群人間文化学類人間関係専攻、人間総合学群人間文化学類英語コミュニケーション専攻、人間総合学群観光文化学類　大正大学－心理社会学部人間科学科、心理社会学部臨床心理学科、社会共	

併＝併設大学　指＝編入学指定大学　他＝その他の大学

短大名	学科名	編入先大学・学部・学科・年次（志願者数・合格者数）
		生学部社会福祉学科、文学部日本文学科、文学部人文学科哲学・宗教文化コース、文学部人文学科国際文化コース、文学部歴史学科日本史コース、文学部歴史学科東洋史コース、文学部歴史学科文化財・考古学コース、仏教学部仏教学科仏教学コース、仏教学部仏教学科国際教養コース、仏教学部仏教学科宗学コース　**東京経済大学**－経営学部流通マーケティング学科、コミュニケーション学部コミュニケーション学科、現代法学部現代法学科　**東洋学園大学**－グローバル・コミュニケーション学部グローバル・コミュニケーション学科、グローバル・コミュニケーション学部英語コミュニケーション学科、人間科学部人間科学科、現代経営学部現代経営学科　**相模女子大学**－学芸学部英語文化コミュニケーション学科、学芸学部メディア情報学科、人間社会学部社会マネジメント学科、人間社会学部人間心理学科　**東洋英和女学院大学**－人間科学部人間科学科、人間科学部保育子ども学科、国際社会学部国際社会学科、国際社会学部国際コミュニケーション学科　**大阪経済法科大学**－経済学部経済学科、経営学部経営学科、国際学部国際学科、法学部法律学科　**太成学院大学**－人間学部子ども発達学科、人間学部健康スポーツ学科、人間学部心理カウンセリング学科　**兵庫大学**－現代ビジネス学部現代ビジネス学科
山野美容芸術短大	美容総合	指**聖徳大学**－心理・福祉学部心理学科③（1・1）　**亜細亜大学**－経営学部経営学科③（1・1）　**相模女子大学**－人間社会学部社会マネジメント学科③（1・1）
▼神奈川 和泉短大	児童福祉	指**東京家政学院大学**－現代生活学部児童学科③（1・1）　**ルーテル学院大学**－総合人間学部人間福祉心理学科②（1・1） 他**田園調布学園大学**－人間福祉学部社会福祉学科③（2・2）
小田原短大	食物栄養	他**京都光華女子大学**－健康科学部③（1・1）
鎌倉女子大短大部	初等教育	併**鎌倉女子大学**－児童学部児童学科③（8・8）、児童学部子ども心理学科③（5・3）、教育学部教育学科③（12・12）
相模女子大短大部		＊**編入指定校制度のある大学**　**相模女子大学**－学芸学部子ども教育学科②・③、学芸学部日本語日本文学科③、学芸学部英語文化コミュニケーション学科③、学芸学部メディア情報学科③、学芸学部生活デザイン学科③、人間社会学部③、栄養科学部③
湘北短大	総合ビジネス・情報	指**駒澤大学**－経済学部商学科③（1・1）
	生活プロデュース	指**東京経済大学**－経営学部流通マーケティング学科③（1・1）　**相模女子大学**－人間社会学部社会マネジメント学科③（1・1）
	保育	指**相模女子大学**－学芸学部子ども教育学科③（1・1）
昭和音楽大短大部		＊**編入指定校制度のある大学**　**昭和音楽大学**－音楽学部音楽芸術表現学科③、音楽学部音楽芸術運営学科③
洗足こども短大		＊**編入指定校制度のある大学**　**洗足学園音楽大学**－音楽学部③
▼新潟 新潟工業短大		＊**編入指定校制度のある大学**　**新潟工科大学**－工学部工学科③
新潟青陵大短大部	人間総合	併**新潟青陵大学**－福祉心理子ども学部社会福祉学科③（5・5）、福祉心理子ども学部臨床心理学科③（6・6） 指**新潟青陵大学**－福祉心理子ども学部社会福祉学科③（3・3）、福祉心理子ども学部臨床心理学科③（3・3） 他**関東学院大学**－経営学部経営学科③（1・1）
	幼児教育	併**新潟青陵大学**－福祉心理子ども学部社会福祉学科③（5・4）、福祉心理子ども学部臨床心理学科③（1・1） 指**新潟青陵大学**－福祉心理子ども学部社会福祉学科③（1・1）、福祉心理子ども学部臨床心理学科③（1・1） 他**東北文教大学**－人間科学部子ども教育学科③（1・1）

併＝併設大学　指＝編入学指定大学　他＝その他の大学

短大名	学科名	編入先大学・学部・学科・年次（志願者数・合格者数）
新潟中央短大	幼児教育	[指]**新潟医療福祉大学**－社会福祉学部社会福祉学科③（－・１） [他]**新潟青陵大学**－福祉心理学部福祉心理学科③（－・１）、福祉心理学部臨床心理学科③（－・２）
明倫短大		**＊編入指定校制度のある大学**　**相模女子大学**－学芸学部メディア情報学科③、人間社会学部社会マネジメント学科③　**太成学院大学**－人間学部子ども発達学科③、人間学部健康スポーツ学科③、人間学部心理カウンセリング学科③
▼富山 富山短大	食物栄養	[他]**金沢学院大学**－栄養学部栄養学科③（１・１）
	幼児教育	[併]**富山国際大学**－子ども育成学部子ども育成学科③（１・１）
	経営情報	[併]**富山国際大学**－現代社会学部現代社会学科③（１・１） [指]**京都産業大学**－経営学部マネジメント学科③（２・２） [他]**大阪経済大学**－経営学部経営学科③（１・１）
	健康福祉	[指]**日本福祉大学**－社会福祉学部社会福祉学科③（１・１）
		＊編入指定校制度のある大学　**十文字学園女子大学**－人間生活学部健康栄養学科　**女子栄養大学**－栄養学部食文化栄養学科　**聖学院大学**－人文学部子ども教育学科　**聖徳大学**－教育学部児童学科、教育学部教育学科、心理・福祉学部心理学科、心理・福祉学部社会福祉学科、文学部文学科、音楽学部音楽学科　**東京情報大学**－総合情報学部総合情報学科　**国士舘大学**－政経学部政治行政学科、政経学部経済学科、経営学部　**東京経済大学**－経営学部流通マーケティング学科、現代法学部現代法学科　**東洋学園大学**－グローバル・コミュニケーション学部グローバル・コミュニケーション学科、グローバル・コミュニケーション学部英語コミュニケーション学科、人間科学部人間科学科、現代経営学部現代経営学科　**相模女子大学**－学芸学部英語文化コミュニケーション学科、学芸学部メディア情報学科、人間社会学部社会マネジメント学科、人間社会学部人間心理学科　**東洋英和女学院大学**－人間科学部人間科学科、人間科学部保育子ども学科、国際社会学部国際社会学科、国際社会学部国際コミュニケーション学科　**新潟医療福祉大学**－社会福祉学部社会福祉学科　**新潟産業大学**－経済学部経済経営学科、経済学部文化経済学科　**北陸大学**－経済経営学部マネジメント学科、国際コミュニケーション学部国際コミュニケーション学科　**仁愛大学**－人間学部心理学科、人間学部コミュニケーション学科、人間学部健康栄養学科　**佐久大学**－人間福祉学部人間福祉学科　**松本大学**－人間健康学部健康栄養学科　**岐阜女子大学**－家政学部　**東海学院大学**－人間関係学部心理学科、人間関係学部子ども発達学科、健康福祉学部総合福祉学科、健康福祉学部管理栄養学科　**金城学院大学**－国際情報学部国際情報学科グローバルスタディーズコース、国際情報学部国際情報学科メディアスタディーズコース　**日本福祉大学**－社会福祉学部社会福祉学科行政専修、社会福祉学部社会福祉学科子ども専修、社会福祉学部社会福祉学科医療専修、社会福祉学部社会福祉学科人間福祉専修、経済学部経済学科、国際福祉開発学部国際福祉開発学科　**びわこ学院大学**－教育福祉学部子ども学科　**京都光華女子大学**－健康科学部心理学科、健康科学部医療福祉学科社会福祉専攻　**種智院大学**－人文学部仏教学科、人文学部社会福祉学科　**平安女学院大学**－子ども教育学部子ども教育学科　**大阪経済法科大学**－経済学部経済学科、経営学部経営学科、国際学部国際学科、法学部法律学科　**千里金蘭大学**－生活科学部食物栄養学科　**太成学院大学**－人間学部子ども発達学科、人間学部健康スポーツ学科、人間学部心理カウンセリング学科　**桃山学院大学**－国際教養学部英語・国際文化学科、社会学部社会学科、社会学部社会福祉学科、法学部法律学科、経済学部経済学科、経営学部経営学科　**兵庫大学**－健康科学部栄養マネジメント学科、現代ビジネス学部現代ビジネス学科　**徳島文理大学**－人間生活学部人間生活学科、人間生活学部食物栄養学科、人間生活学部児童学科
▼石川 金沢学院短大	現代教養	[併]**金沢学院大学**－経済学部経営学科③（５・５）、文学部文学科③（１・１）、スポーツ科学部スポーツ科学科③（１・１）
	食物栄養	[併]**金沢学院大学**－栄養学部栄養学科③（５・４）、教育学部教育学科③（１・１）
金沢星稜大女子短大部	経営実務	[併]**金沢星稜大学**－経済学部経営学科③（３・２）
金城大短大部	幼児教育	[併]**金城大学**－人間社会科学部子ども教育保育学科③（１・１）、人間社会科学部社会福祉学科③（１・１）

[併]＝併設大学　[指]＝編入学指定大学　[他]＝その他の大学

	短大名	学科名	編入先大学・学部・学科・年次（志願者数・合格者数）
		ビジネス実務	[併]金城大学－人間社会科学部社会福祉学科③（1・1）
福井	仁愛女子短大		＊編入指定校制度のある大学　聖学院大学－人間学部子ども教育学科　聖徳大学－教育学部児童学科、教育学部教育学科、心理・福祉学部心理学科、心理・福祉学部社会福祉学科、文学部文学科、音楽学部音楽学科　東京経済大学－経営学部流通マーケティング学科、現代法学部現代法学科　東洋英和女学院大学－人間科学部人間科学科、人間科学部保育子ども学科、国際社会学部国際社会学科、国際社会学部国際コミュニケーション学科　仁愛大学－人間学部心理学科、人間学部コミュニケーション学科　東海学院大学－人間関係学部心理学科、人間関係学部子ども発達学科、健康福祉学部総合福祉学科、健康福祉学部管理栄養学科　大谷大学－文学部真宗学科、文学部仏教学科、文学部哲学科、文学部歴史学科、文学部文学科、社会学部現代社会学科、社会学部コミュニティデザイン学科　種智院大学－人文学部仏教学科、人文学部社会福祉学科　平安女学院大学－子ども教育学部子ども教育学科　大阪経済法科大学－経済学部経済学科、経営学部経営学科、国際学部国際学科、法学部法律学科　太成学院大学－人間学部子ども発達学科、人間学部健康スポーツ学科、人間学部心理カウンセリング学科　徳島文理大学－人間生活学部児童学科、人間生活学部人間生活学科
山梨	帝京学園短大	保育	[指]帝京科学大学－教育人間科学部こども学科③（1・1） [他]山梨英和大学－人間文化学部人間文化学科③（1・1）
	山梨学院短大	食物栄養	[併]山梨学院大学－健康栄養学部管理栄養学科③（4・4） [指]松本大学－人間健康学部健康栄養学科③（2・2） [他]山梨英和大学－人間文化学部人間文化学科③（1・1）
長野	飯田短大	生活科学	[指]松本大学－人間健康学部健康栄養学科③（1・1）
	上田女子短大	幼児教育	[指]相模女子大学－学芸学部子ども教育学科③（1・1）
		総合文化	[指]聖徳大学－文学部文学科③（1・1） [他]東亜大学－芸術学部アート・デザイン学科②（1・1）
	佐久大信州短大部		＊編入指定校制度のある大学　長野大学－社会福祉学部社会福祉学科　聖徳大学－心理・福祉学部社会福祉学科　佐久大学－人間福祉学部人間福祉学科③　東海学院大学－健康福祉学部総合福祉学科　聖隷クリストファー大学－社会福祉学部社会福祉学科　種智院大学－人文学部社会福祉学科
	信州豊南短大	幼児教育	[指]長野大学－社会福祉学部社会福祉学科（1・1）
	清泉女学院短大	国際コミュニケーション	[併]清泉女学院大学－人間学部心理コミュニケーション学科③（2・2）、人間学部文化学科③（4・4） [他]宇都宮大学－国際学部国際学科③（1・1）
	松本短大		＊編入指定校制度のある大学　長野大学－社会福祉学部③
岐阜	大垣女子短大		＊編入指定校制度のある大学　金城学院大学－文学部音楽芸術学科③、国際情報学部国際情報学科③　至学館大学－健康科学部こども健康教育学科③　椙山女学園大学－国際コミュニケーション学部国際コミュニケーション学科③、人間関係学部人間関係学科③
	正眼短大		＊編入指定制度のある大学　花園大学－文学部仏教学科③、文学部日本史学科③、文学部日本文学科③
	中京学院大短大部	保育	[併]中京学院大学－経営学部経営学科③（2・2）
	中部学院大短大部	幼児教育	[併]中部学院大学－人間福祉学部人間福祉学科③（2・2）、教育学部子ども教育学科③（1・1）
		社会福祉	[併]中部学院大学－人間福祉学部人間福祉学科③（2・2）
	東海学院大短大部	幼児教育	[併]東海学院大学－人間関係学部子ども発達学科③（2・1）
			＊編入指定校制度のある大学　聖徳大学　東京女子体育大学－体育学部体育学科　東洋学園大学　相模女子大学－学芸学部メディア情報学科③、人間社会学部社会マネジメント学科③　仁愛大学－人間学部

[併]＝併設大学　[指]＝編入学指定大学　[他]＝その他の大学

短大名	学科名	編入先大学・学部・学科・年次（志願者数・合格者数）
▼静岡 静岡英和学院大短大部	現代コミュニケーション	併静岡英和学院大学－人間社会学部人間社会学科③（1・1）
	＊編入指定校制度のある大学 女子栄養大学－栄養学部食文化栄養学科 東京経済大学－コミュニケーション学部コミュニケーション学科 相模女子大学－栄養科学部 東洋英和女学院大学－国際社会学部 岐阜女子大学－家政学部 大阪経済法科大学－経済学部	
常葉大短大部	保育	併常葉大学－保育学部保育学科③（4・4）
	日本語日本文	他駒澤大学－（1・1）
日本大短大部（三島）	ビジネス教養	併日本大学－国際関係学部国際総合政策学科③（17・17）、国際関係学部国際教養学科③（10・10）、経済学部経済学科③（1・1）、経済学部産業経営学科③（1・1）、経済学部金融公共経済学科③（1・1） 指駒澤大学－経済学部商学科③（1・1）
浜松学院大短大	＊編入指定校制度のある大学 浜松学院大学－現代コミュニケーション学部子どもコミュニケーション学科③	
▼愛知 愛知学泉短大	生活デザイン総合	併愛知学泉大学－家政学部ライフスタイル学科③（3・3） 他名古屋芸術大学－芸術学部芸術学科③（1・1）
	食物栄養	併愛知学泉大学－家政学部管理栄養学科③（1・1）
愛知工科大自動車短大	自動車工業	併愛知工科大学－工学部機械システム工学科③（25・19）
	＊編入指定校制度のある大学 愛知工科大学－工学部情報メディア学科③	
愛知大短大部	ライフデザイン総合	併愛知大学－法学部③（3・3）、経済学部③（2・2）、経営学部③（6・6）、現代中国学部③（1・1）、国際コミュニケーション学部③（3・3）、文学部③（8・8）、地域政策学部③（2・2）
愛知文教女子短大	＊編入指定校制度のある大学 愛知文教大学－人文学部人文学科③	
愛知みずほ短大	＊編入指定校制度のある大学 愛知みずほ大学－人間科学部心身健康科学科③	
岡崎女子短大	幼児教育	併岡崎女子大学－子ども教育学部子ども教育学科③（1・1） 他名古屋大学－教育学部③
修文大短大部	＊編入指定制度のある大学 中部学院大学－人間福祉学部人間福祉学科③ 愛知学泉大学－家政学部こども生活学科③ 金城学院大学－国際情報学部国際情報学科③ 至学館大学－健康科学部こども健康・教育学科③	
豊橋創造大短大部	＊編入指定校制度のある大学 豊橋創造大学－経営学部経営学科③	
名古屋短大	保育	指椙山女学園大学－人間関係学部人間関係学科③（1・1）
名古屋文化短大	＊編入指定校制度のある大学 金城学院大学－文学部外国語コミュニケーション学科③、国際情報学部国際情報学科③	
名古屋文理大短大部	食物栄養	併名古屋文理大学－健康生活学部健康栄養学科③（8・7）、健康生活学部フードビジネス学科③（2・2）
	＊編入指定校制度のある大学 岐阜女子大学－家政学部健康栄養学科③ 東海学院大学－健康福祉学部管理栄養学科②・③	

併＝併設大学 指＝編入学指定大学 他＝その他の大学

地域	短大名	学科名	編入先大学・学部・学科・年次（志願者数・合格者数）
	名古屋柳城短大	保育	[他]**名古屋芸術大学**－教育学部子ども学科③（1・1）
▼三重	高田短大	子ども	[指]**同朋大学**－社会福祉学部社会福祉学科②（1・1）
▼滋賀	滋賀短大	生活	[指]**京都文教大学**－総合社会学部総合社会学科③（1・1）　**龍谷大学**－農学部食品栄養学科③（1・1）
		デジタルライフビジネス	[指]**京都産業大学**－経営学部マネジメント学科③（1・1）
			＊**編入指定校制度のある大学**　**びわこ学院大学**－教育福祉学部子ども学科③　**京都光華女子大学**－キャリア形成学部キャリア形成学科③　**京都精華大学**－国際文化学部人文学科③　**平安女学院大学**－国際観光学部国際観光学科③　**千里金蘭大学**－栄養学部栄養学科③　**兵庫大学**－現代ビジネス学部現代ビジネス学科③
	びわこ学院大短大部	ライフデザイン	[併]**びわこ学院大**－教育福祉学部子ども学科③（1・1） [指]**花園大**－社会福祉学部社会福祉学科③（1・1）
▼京都	華頂短大	幼児教育	[併]**京都華頂大学**－現代生活学部こども生活学科③（2・2）
	京都外国語短大	キャリア英語	[併]**京都外国語大学**－外国語学部英米語学科③（9・7） [指]**龍谷大学**－国際学部グローバルスタディーズ学科③（1・1）
			＊**編入指定校制度のある大学**　**京都外国語大学**－外国語学部スペイン語学科③
	京都光華女子大短大部	ライフデザイン	[併]**京都光華女子大学**－健康科学部心理学科③（2・2）
			＊**編入指定校制度のある大学**　**京都光華女子大学**－キャリア形成学部キャリア形成学科③、健康科学部社会福祉学科③
	京都西山短大	仏教	[指]**龍谷大学**－文学部仏教学科③（1・1）
	京都文教短大	全学	[指]**京都光華女子大学**－③（－・1）
			＊**編入指定校制度のある大学**　**大谷大学**　**京都産業大学**－経営学部マネジメント学科　**龍谷大学**－社会学部現代福祉学科　**関西大学**－総合情報学部総合情報学科　**関西福祉科学大学**
	嵯峨美術短大		＊**編入指定校制度のある大学**　**嵯峨美術大学**－芸術学部造形学科③、芸術学部デザイン学科③
▼大阪	大阪学院大短大部		＊**編入指定校制度のある大学**　**大阪学院大学**－商学部商学科③、経営学部経営学科③、経営学部ホスピタリティ経営学科③、経済学部経済学科③、法学部法学科③、外国語学部英語学科③、国際学部国際学科③、情報学部情報学科③
	大阪芸術大短大部	メディア・芸術	[併]**大阪芸術大学**－芸術学部文芸学科③（3・3）、芸術学部放送学科③（5・5）、芸術学部映像学科③（2・2）、芸術学部舞台芸術学科③（4・4）、芸術学部演奏学科③（1・1） [指]**追手門学院大学**－国際学部国際学科③（1・1）　**甲南女子大学**－人間科学部心理学科③（1・1）
		保育	[併]**大阪芸術大学**－芸術学部初等芸術教育学科③（1・1） [他]**大阪教育大学**－教育学部初等教育教員養成課程小学校教育専攻③（1・1）　**京都女子大学**－発達教育学部教育学科③（1・1）
		デザイン美術	[併]**大阪芸術大学**－芸術学部デザイン学科③（20・20）、芸術学部キャラクター造形学科③（11・11）、芸術学部美術学科③（7・7）、芸術学部工芸学科③（4・4）、芸術学部アートサイエンス学科③（1・1） [指]**甲南女子大学**－人間科学部心理学科③（1・1） [他]**佛教大学**－社会福祉学部社会福祉学科③（1・1）

[併]＝併設大学　[指]＝編入学指定大学　[他]＝その他の大学

短大名	学科名	編入先大学・学部・学科・年次（志願者数・合格者数）
大阪国際大短大部		＊編入指定校制度のある大学　**京都産業大学**－経済学部③　**大阪国際大学**－③
大阪女学院短大	英語	[指]**同志社大学**－表象文化学部英語英文学科③（1・1）
		＊編入指定校制度のある大学　**聖徳大学**－児童学部児童学科昼間主、児童学部児童学科夜間主、教育学部教育学科昼間主、教育学部教育学科夜間主、心理・福祉学部心理学科、心理・福祉学部社会福祉学科、文学部文学科、音楽学部音楽学科　**東京経済大学**－経営学部流通マーケティング学科、現代法学部現代法学科　**東京神学大学**－神学部神学科　**東洋学園大学**－現代経営学部現代経営学科、人間科学部人間科学科、グローバル・コミュニケーション学部グローバル・コミュニケーション学科、グローバル・コミュニケーション学部英語コミュニケーション学科　**関東学院大学**－国際文化学部英語文化学科　**相模女子大学**－学芸学部英語文化コミュニケーション学科　**種智院大学**－人文学部仏教学科、人文学部社会福祉学科　**平安女学院大学**－国際観光学部国際観光学科　**大阪国際大学**－国際教養学部国際観光学科、国際教養学部国際コミュニケーション学科　**大阪女学院大学**－国際・英語学部国際・英語学科③　**大阪信愛学院大学**－教育学部教育学科　**関西大学**－総合政策学部総合情報学科　**関西福祉科学大学**－社会福祉学部福祉創造学科、心理科学部心理科学科、健康福祉学部健康科学科　**四天王寺大学**－人文社会学部日本学科、人文社会学部国際キャリア学科、人文社会学部社会学科、人文社会学部人間福祉学科　**太成学院大学**－人間学部子ども発達学科、人間学部健康スポーツ学科、人間学部心理カウンセリング学科　**桃山学院大学**－国際教養学部英語・国際文化学科、社会学部社会学科、社会学部ソーシャルデザイン学科、法学部法律学科、経済学部経済学科、経営学部経営学科　**関西学院大学**－人間福祉学部社会福祉学科　**神戸学院大学**－人文学部人文学科　**兵庫大学**－現代ビジネス学部現代ビジネス学科　**吉備国際大学**－社会学部経営社会学科
関西外国語大短大部	英米語	[指]**駒澤大学**－経済学部現代応用経済学科③（－・1）　**南山大学**－総合政策学部総合政策学科③（－・2）　**京都産業大学**－経営学部マネジメント学科③（－・2）、経済学部経済学科③（－・1）、法学部法律学科③（－・1）　**同志社女子大学**－表象文化学部英語英文学科③（－・1）　**平安女学院大学**－国際観光学部国際観光学科③（－・1）　**龍谷大学**－国際学部国際文化学科③（－・3）、法学部法律学科③（－・1）　**追手門学院大学**－国際学部国際学科③（－・2）　**大阪学院大学**－外国語学部英語学科③（－・1）　**大阪国際大学**－国際教養学部国際観光学科③（－・1）　**大阪女学院大学**－国際・英語学部国際・英語学科③（－・1）　**関西大学**－総合情報学部総合情報学科②（－・2）　**関西福祉科学大学**－心理科学部心理科学科③（－・1）　**阪南大学**－国際コミュニケーション学部国際コミュニケーション学科③（－・1）　**桃山学院大学**－国際教養学部英語・国際文化学科③（－・3） [他]**関西大学**－政策創造学部政策学科③（－・1）　**関西学院大学**－教育学部③（－・1）
		＊編入指定校制度のある大学　**関西外国語大学**－③
近畿大短大部	商経	[併]**近畿大学**－経営学部経営学科③（－・23）、経営学部商学科③（－・13）、経営学部キャリアマネジメント学科③（－・6）、経営学部会計学科③（－・4）、経済学部経済学科③（－・4） [指]**京都産業大学**－経営学部③（－・3）、経済学部③（－・2）　**追手門学院大学**－経営学部③（－・2）　**桃山学院大学**－経営学部③（－・1） [他]**神戸大学**－経営学部③（－・1）　**関西大学**－商学部（－・1）
堺女子短大		＊編入指定校制度のある大学　**京都ノートルダム女子大学**　**大阪産業大学**　**四天王寺大学**　**桃山学院大学**
四條畷学園短大	ライフデザイン総合	[指]**桃山学院大学**－経営学部経営学科③（1・1）　**甲南女子大学**－人間科学部心理学科③（1・1）
四天王寺大短大部	保育	[併]**四天王寺大学**－人文社会学部国際キャリア学科③（2・2）、人文社会学部社会学科③（2・2）、人文社会学部人間福祉学科③（2・2）、教育学部教育学科③（1・1）
	ライフデザイン	[併]**四天王寺大学**－人文社会学部社会学科③（3・3）、経営学部経営学科③（1・1）
常磐会短大		＊編入指定校制度のある大学　**常磐会学園大学**－国際こども教育学部国際こども教育学科③
東大阪大短大部	介護福祉	[併]**東大阪大学**－こども学部国際教養こども学科③（1・1）

[併]＝併設大学　[指]＝編入学指定大学　[他]＝その他の大学

▼兵庫

短大名	学科名	編入先大学・学部・学科・年次（志願者数・合格者数）
大手前短大	ライフデザイン総合	[併]**大手前大学**－国際日本学部国際日本学科③（2・2）、現代社会学部現代社会学科③（6・5）、建築＆芸術学部建築＆芸術学科③（13・11） [指]**追手門学院大学**－社会学部③（1・1） [他]**香川大学**－経済学部経済学科③（1・1）　**龍谷大学**－経済学部現代社会学科③（1・1）　**神戸芸術工科大学**－芸術工学部プロダクト・インテリアデザイン学科③（1・1）
関西学院短大	保育	[指]**関西学院大学**－教育学部教育学科③（－・3）、人間福祉学部社会福祉学科③（－・3）、人間福祉学部社会起業学科③（－・2）、人間福祉学部人間科学科③（－・1） [他]**甲南女子大学**－人間科学部③（－・2）、国際学部③（－・1）
	＊編入指定校制度のある大学　**関西学院大学**－神学部③	
甲子園短大	＊編入指定校制度のある大学　**甲子園大学**－心理学部現代応用心理学科③	
神戸女子短大	総合生活	[併]**神戸女子大学**－家政学部家政学科③（－・3）、文学部日本語日本文学科③（－・1） [指]**神戸学院大学**－経営学部経営学科③（－・2） [他]**京都橘大学**－総合心理学部③（－・1）　**神戸芸術工科大学**－芸術工学部環境デザイン学科③（－・1）
	食物栄養	[併]**神戸女子大学**－家政学部管理栄養士養成課程③（－・2） [指]**千里金蘭大学**－生活科学部食物栄養学科③（－・1）　**兵庫大学**－健康科学部栄養マネジメント学科③（－・1） [他]**大手前大学**－健康栄養学部③（－・1）　**神戸松蔭女子学院大学**－人間科学部都市生活学科食ビジネス専修③（－・1）
	幼児教育	[指]**園田女子大学**－人間教育学部児童教育学科③（－・1）
	＊編入指定校制度のある大学　**女子栄養大学**－栄養学部食文化栄養学科　**聖学院大学**－人文学部子ども教育学科　**聖徳大学**　**関東学院大学**－人間共生学部コミュニケーション学科、人間共生学部共生デザイン学科　**京都光華女子大学**－健康科学部心理学科、キャリア形成学部キャリア形成学科　**平安女学院大学**－子ども教育学部子ども教育学科　**追手門学院大学**－社会学部社会学科、国際教養学部国際日本学科、国際教養学部国際教養学科　**大阪青山大学**－子ども教育学部子ども教育学科　**大阪経済法科大学**　**大阪国際大学**－人間科学部心理コミュニケーション学科、人間科学部人間健康科学科　**大阪産業大学**－経営学部商学科　**大阪信愛学院大学**－教育学部教育学科　**関西福祉科学大学**－社会福祉学部福祉創造学科、心理科学部心理科学科、健康福祉学部健康科学科、健康福祉学部福祉栄養学科　**四天王寺大学**　**千里金蘭大学**－生活科学部児童教育学科　**太成学院大学**－人間学部子ども発達学科、人間学部健康スポーツ学科、人間学部心理カウンセリング学科　**大手前大学**－健康栄養学部　**神戸学院大学**－法学部法律学科、経済学部経済学科　**神戸芸術工科大学**－芸術工学部プロダクト・インテリアデザイン学科、芸術工学部ファッションデザイン学科　**兵庫大学**－現代ビジネス学部現代ビジネス学科　**吉備国際大学**－社会科学部経営社会学科、農学部地域創成農学科　**中国学園大学**－現代生活学部人間栄養学科　**徳島文理大学**－人間生活学部食物栄養学科、人間生活学部児童学科、人間生活学部建築デザイン学科、人間生活学部メディアデザイン学科、人間生活学部心理学科、人間生活学部人間生活学科	
産業技術短大	機械工	[指]**龍谷大学**－先端理工学部機械工学・ロボティクス課程③（1・1）　**大阪産業大学**－工学部交通機械工学科③（1・1）　**関西大学**－総合情報学部総合情報学科②（1・1） [他]**新潟大学**－理学部理学科③（－・1）　**静岡大学**－工学部機械工学科③（－・1）　**龍谷大学**－先端理工学部機械工学・ロボティクス課程②（－・1）　**大阪産業大学**－工学部機械工学科③（－・1）　**近畿大学**－工学部機械工学科③（－・1）
	電気電子工	[指]**龍谷大学**－先端理工学部電子情報通信課程③（1・1）　**大阪産業大学**－工学部電子情報通信工③（2・2） [他]**富山大学**－工学部工学科③（－・1）　**和歌山大学**－システム工学部システム工学科③（－・2）　**徳島大学**－理工学部理工学科③（－・1）　**愛媛大学**－工学部工学科③（－・1）　**東京理科大学**－理学部（第二部）数学科③（－・1）　**大阪工業大学**－工学部電気電子システム工学科③（－・1）　**摂南大学**－理工学部電気電子工学科③（－・1）

[併]＝併設大学　[指]＝編入学指定大学　[他]＝その他の大学

短大名	学科名	編入先大学・学部・学科・年次（志願者数・合格者数）
	情報処理工	[編]龍谷大学－先端理工学部知能情報メディア課程③（1・1） 大阪学院大学－情報学部情報学科③（3・3） 大阪産業大学－デザイン工学部情報システム学科③（2・2） 関西大学－総合情報学部総合情報学科②（1・1） 兵庫大学－現代ビジネス学部現代ビジネス学科③（1・1） [他]和歌山大学－システム工学部システム工学科③（－・1） 大同大学－情報学部情報システム学科③（－・1） 大阪工業大学－情報科学部情報知能学科③（－・1）、情報科学部ネットワークデザイン学科③（－・1） 大阪産業大学－デザイン工学部情報システム学科③（－・3）
頌栄短大	保育	[他]神戸女子大学－文学部教育学科③（2・2）
兵庫大短大部		＊編入指定校制度のある大学 兵庫大学－教育学部教育学科③
湊川短大		＊編入指定校制度のある大学 大阪人間科学大学－人間科学部社会福祉学科
▼奈良 奈良芸術短大	美術	[他]尾道市立大学－芸術文化学部美術学科③（1・1） 大阪芸術大学－芸術学部デザイン学科③（1・1）
大和大白鳳短大部	総合人間（こども教育）	[併]大和大学－教育学部教育学科初等幼児教育専攻③（5・5） [他]大阪教育大学－教育学部学校教育教員養成課程③（2・2）
	総合人間（リハビリテーション学）	[併]大和大学－保健医療学部総合リハビリテーション学科作業療法学専攻③（6・6）、保健医療学部総合リハビリテーション学科理学療法学専攻③（2・2）
▼和歌山 和歌山信愛女子短大		＊編入指定校制度のある大学 女子栄養大学 大阪産業大学 四天王寺大学 千里金蘭大学 桃山学院大学 神戸学院大学
▼鳥取 鳥取短大	国際文化交流	[他]島根大学－法文学部言語文化学科③（1・1） 皇學館大学－文学部神道学科③（1・1）
	生活	[他]島根大学－総合理工学部建築デザイン学科③（2・2）
▼岡山 作陽短大		＊編入指定校制度のある大学 くらしき作陽大学－音楽学部音楽学科③、子ども教育学部子ども教育学科③
山陽学園短大		＊編入指定校制度のある大学 山陽学園大学－総合人間学部言語文化学科③、総合人間学部ビジネス心理学科③
▼広島 山陽女子短大	食物栄養	[編]島根県立大学－看護栄養学部健康栄養学科③（1・1） 広島女学院大学－人間生活学部管理栄養学科③（2・2）
広島文化学園短大	食物栄養	[編]比治山大学－健康栄養学部管理栄養学科③（1・1）
		＊編入指定校制度のある大学 広島文化学園大学－人間健康学部スポーツ健康福祉学科②、看護学部看護学科②、学芸学部子ども学科③
▼山口 下関短大	栄養健康	[併]東亜大学－医療学部健康栄養学科（1・1） [編]東亜大学－医療学部健康栄養学科③（1・1）
		＊編入指定校制度のある大学 東亜大学－人間科学部心理臨床・子ども学科③
山口短大		＊編入指定校制度のある大学 九州情報大学－③
山口芸術短大		＊編入指定校制度のある大学 東京造形大学－造形学部デザイン学科③、造形学部美術学科③ 神戸芸術工科大学－芸術工学部ビジュアルデザイン学科③ エリザベト音楽大学－音楽学部③ 徳島文理大学－音楽学部音楽学科③

[併]＝併設大学 [編]＝編入学指定大学 [他]＝その他の大学

短大名	学科名	編入先大学・学部・学科・年次（志願者数・合格者数）
▼徳島 四国大短大部		＊編入指定校制度のある大学　四国大学－文学部日本文学科、文学部書道文化学科、文学部国際文化学科、経営情報学部経営情報学科、経営情報学部メディア情報学科、生活科学部人間生活科学科、生活科学部健康栄養学科、生活科学部児童学科、看護学部看護学科
徳島文理大短大部	商	併徳島文理大学－人間生活学部メディアデザイン学科③（1・1）
		＊編入指定校制度のある大学　徳島文理大学－人間生活学部食物栄養学科③、人間生活学部児童学科③、人間生活学部建築デザイン学科③、人間生活学部心理学科③、人間生活学部人間生活学科③
▼愛媛 今治明徳短大	ライフデザイン	他松山大学－経済学部経済学科③（3・3）
聖カタリナ大短大部	保育	併聖カタリナ大学－人間健康福祉学部健康スポーツ学科③（1・1）、人間健康福祉学部社会福祉学科③（2・2）
松山短大	商第２部	併松山大学－経済学部経済学科③（6・1）、法学部法学科③（2・2） 指京都産業大学－経済学部経済学科③（2・2）、経営学部マネジメント学科③（1・1）　追手門学院大学－経営学部経営学科③（1・1）　大阪産業大学－経営学部経営学科③（1・1）　松山大学－経済学部経済学科③（8・8）、経営学部経営学科③（3・3）、法学部法学科③（4・4） 他愛媛大学－農学部農学科③（1・1）
松山東雲短大	保育	併松山東雲女子大学－人文科学部心理子ども学科③（1・1）
	現代ビジネス	併松山東雲女子大学－人文科学部心理子ども学科③（4・4） 指松山大学－経営学部経営学科③（1・1） 他松山大学－経営学部経営学科③（3・3）
	食物栄養	併松山東雲女子大学－人文科学部心理子ども学科③（1・1） 指岡山学院大学－人間生活学部食物栄養学科③（1・1）　中国学園大学－現代生活学部人間栄養学科③（3・3） 他松山大学－経営学部経営学科③（1・1）
▼福岡 折尾愛真短大	経済	指九州共立大学－経済学部③（10・10）　西日本工業大学－デザイン学部③（1・1） 他下関市立大学－③（1・1）
九州産業大造形短大部	造形芸術	併九州産業大学－芸術学部芸術表現学科（7・5）、芸術学部写真・映像メディア学科（2・1）、芸術学部生活環境デザイン学科（4・1）、芸術学部ソーシャルデザイン学科（3・1）、経済学部経済学科（2・2）、国際文化学部国際文化学科（1・1） 指聖徳大学　女子美術大学　和光大学　太成学院大学　神戸芸術工科大学　福岡女学院大学　別府大学 他佐賀大学－（－・1）　大阪芸術大学－（－・1）　大阪成蹊大学－（－・1）
近畿大九州短大	生活福祉情報	併近畿大学－産業理工学部経営ビジネス学科③（2・2）、産業理工学部情報学科③（5・5）
香蘭女子短大	ファッション総合	指女子美術大学－芸術学部アート・デザイン表現学科③（1・1）　文化学園大学－服装学部ファッションクリエイション学科③（1・1）
	ライフプランニング総合	指福岡女学院大学－人間関係学部心理学科③（1・1）
		＊編入指定校制度のある大学　久留米大学－経済学部文化経済学科③、経済学部経済学科③　筑紫女学園大学－文学部アジア文化学科③、文学部日本語・日本文学科③、文学部英語学科③　福岡女学院大学－人文学部現代文化学科③　西九州大学－健康福祉学部社会福祉学科③

併＝併設大学　指＝編入学指定大学　他＝その他の大学

短大名	学科名	編入先大学・学部・学科・年次（志願者数・合格者数）
中村学園大短大部	食物栄養	併中村学園大学－栄養科学部栄養科学科③(11・9)、栄養科学部フード・マネジメント学科③(5・5)、流通科学部流通科学科③(3・3)
	キャリア開発	併中村学園大学－流通科学部流通科学科③(17・12) 他新潟産業大学－経済学部経済経営学科③(－・1)
	幼児保育	併中村学園大学－教育学部児童幼児教育学科③(10・8)
西日本短大	社会福祉	指西南学院大学－人間科学部社会福祉学科③(1・1)
	メディア・プロモーション	指東京情報大学－総合情報学部総合情報学科③(1・1)
	＊編入指定校制度のある大学	国士舘大学－経営学部経営学科③　東洋学園大学－現代経営学部現代経営学科③　京都産業大学－法学部法律学科③　大阪産業大学－デザイン工学部建築・環境デザイン学科③　桃山学院大学－社会学部ソーシャルデザイン学科③　久留米大学－法学部法律学科③
東筑紫短大	食物栄養	併九州栄養福祉大学－食物栄養学部食物栄養学科③(9・9)
福岡工業大短大部	情報メディア	併福岡工業大学－情報工学部情報工学科(16・9)、情報工学部情報システム工学科(2・2)、情報工学部システムマネジメント学科(3・3)、社会環境学部社会環境学科③(4・3) 他岐阜大学－工学部電気電子情報工学科(1・1)　豊橋技術科学大学－工学部情報・知能工学課程(1・1)　島根大学－総合理工学部知能情報デザイン学科(1・1)　佐賀大学－理工学部理工学科(3・1)　宮崎大学－工学部工学科(1・1)　下関市立大学－経済学部国際商学科(1・1)　北九州市立大学－国際環境工学部情報システム工学科(2・1)　名桜大学－国際学群国際学類(2・2)　大阪工業大学－情報科学部情報システム工学科(1・1)　九州産業大学－理工学部情報科学科(7・7)、芸術学部ソーシャルデザイン学科(1・1)、商学部流通・マーケティング学科(1・1)、国際文化学部国際文化学科(1・1)　久留米工業大学－工学部情報ネットワーク工学科③(10・10)　中村学園大学－流通科学部流通科学科(3・1)　西日本工業大学－デザイン学部情報デザイン学科(2・2)
福岡女子短大	文化教養	他別府大学－文学部③(1・1)
	音楽	他国立音楽大学－音楽学部③(1・1)　武蔵野音楽大学－音楽学部③(1・1)　産業能率大学－③(1・1)　筑紫女学園大学－人間科学部③(1・1)
▼佐賀 西九州大短大部	地域生活支援	併西九州大学－健康栄養学部健康栄養学科③(1・1)、健康福祉学部社会福祉学科③(2・2)
	幼児保育	併西九州大学－健康福祉学部社会福祉学科③(1・1)
▼長崎 長崎短大	地域共生	指長崎国際大学－健康管理学部健康栄養学科③(4・4)、人間社会学部国際観光学科③(7・7)
	地域共生	他龍谷大学－国際学部国際文化学科③(1・1)　至誠館大学－現代社会学部現代社会学科③(1・1)
長崎女子短大	＊編入指定制度のある大学	活水女子大学－健康生活学部食生活健康学科③
▼大分 大分短大	園芸	他静岡大学－農学部生物資源科学科③(1・1)　島根大学－生物資源科学部農林生産学科③(5・3)、生物資源科学部環境共生学科③(1・1)　愛媛大学－農学部食料生産学科③(9・2)　佐賀大学－農学部生物資源科学科③(3・2)　東海大学－文理融合学部経営学科③(1・1)　奈良大学－文学部文化財学科③(1・1)

併＝併設大学　指＝編入学指定大学　他＝その他の大学

短大名	学科名	編入先大学・学部・学科・年次（志願者数・合格者数）
別府大短大部	食物栄養	併別府大学－食物栄養科学部食物栄養学科③（4・4）、文学部人間関係学科③（1・1）
	初等教育	併別府大学－文学部人間関係学科③（4・4）、文学部国際言語・文化学科③（2・2）、国際経営学部国際経営学科③（1・1）
▼宮崎 宮崎学園短大	保育	指九州医療科学大学－社会福祉学部臨床福祉学科③（1・1）
	現代ビジネス	他鹿児島大学－農学部農学科③（1・1）
▼鹿児島 鹿児島純心女子短大	生活	併鹿児島純心大学－人間教育学部教育・心理学科③（2・2）、看護栄養学部健康栄養学科③（5・5） 他東京家政学院大学－現代生活学部現代家政学科③（1・1）　武蔵野美術大学－造形学部デザイン情報学科②（1・1）　京都芸術大学－芸術学部キャラクターデザイン学科②（1・1）
	英語	他鹿児島大学－法文学部法経社会学科③（1・1）　志學館大学－人間関係学部心理臨床学科③（1・1）
		＊編入指定校制度のある大学　関東学院大学　東洋英和女学院大学　福岡女学院大学
鹿児島女子短大	児童教育	他沖縄国際大学－総合文化学部日本文化学科②（1・1）
	教育	他志學館大学－人間関係学部人間文化学科③（1・1）、法学部法ビジネス学科③（2・2）
▼沖縄 沖縄キリスト教短大	保育	他沖縄国際大学－総合文化学部人間福祉学科②（1・1）
沖縄女子短大	総合ビジネス	指沖縄国際大学－産業情報学部企業システム学科③（1・1）、産業情報学部産業情報学科③（1・1）、法学部地域行政学科③（1・1）
	児童教育	指岐阜女子大学－文化創造学部文化創造学科③（36・36）　沖縄大学－人文学部こども文化学科③（2・2） 他愛知東邦大学－教育学部子ども発達学科③（1・1）
【専門職】 静岡県立農林環境専門職大短大部	生産科学	他岐阜大学（1・1）　島根大学（1・1）
		＊編入指定校制度のある大学　静岡県立農林環境専門職大学－生産環境経営学部生産環境経営学科③

併＝併設大学　指＝編入学指定大学　他＝その他の大学

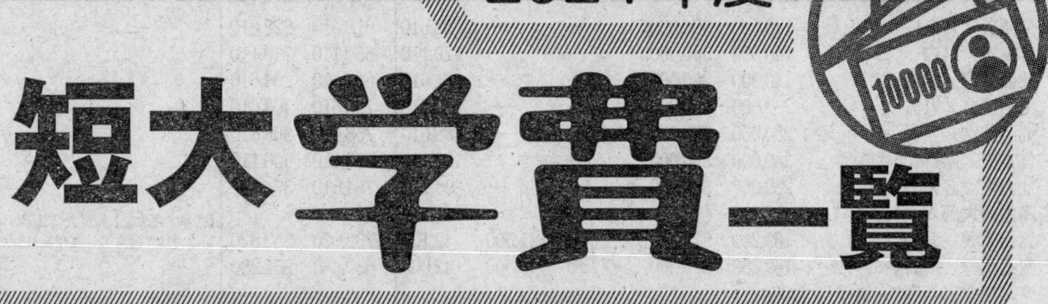

2024年度の全国短大の学費を、各短大の募集要項、入試ガイド等の情報を基に一覧にしました。
学費の納入方法は、入学手続時に「初年度納入金を全学納入」、「入学金と施設費のみ納入」、「入学金のほか、1年次にかかる費用の半額を納入」など、短大によってさまざまです。
また、入学金を含めた「初年度納入金」と「入学時の最小限の納入金」も紹介しましたので、参考にしてください。

一覧の見方

①公立短大において、県内（市内）は県内（市内）出身者、県外（市外）は県外（市外）出身者を示しています。
②全学科共通の短大は1行で示し、異なる場合は別にしてあります。
③学費で「—」印があるものは「付記」を参照してください（付記には実習費や諸会費等を記載してあります）。
④「施設費」には施設費のかわりに教育充実費を記載している場合があります。
⑤「実習費」および「諸会費」には予定金額を示している場合があります（前年度実績を示したケースもあります）。また、「0」と記載されている場合でも、入学後、実習費や諸会費が必要になることがあります。
⑥「入学時最小限納入金」は、入学手続きが完了するまでの納付金を示してあります。原則として、一般入試の第1次募集についての金額を示してあります。
⑦ここで紹介した金額以外にテキスト、教科書代等が必要となる場合があります。
【注1】短大名の「☆」印は2023年度の学費、「*」印は2024年度の予定（見込）の学費を示しています。
【注2】2025年度入試で募集停止予定の短大・学科・専攻等は割愛しました（改組を予定している場合は除く）。
【注3】長期履修制度等の学費については割愛しました。
【注4】ここで示した学費一覧には予定のケースも含まれています。
【注5】各種の資格や免許を取得する場合、ここで示した以外に特別課程履修費等を入学時や入学後に徴収するケースもあります。
※ **2024年度の学費を参考として掲載しています。2025年度の学費は改定されることもありますので、実際の出願に際しては必ず、短大発行の募集要項で確認してください。**

短大名 学科名	入学金	授業料	施設費	実習費	諸会費	初年度納入金	入学時最小限納入金	付記
公立短大								
旭川市立大短大部								【旭川市立大短大部】他に保険料等が必要。
食物栄養／市内	140,000	390,000	100,000	110,000	20,000	760,000	460,000	
幼児教育／市内	140,000	390,000	100,000	88,000	20,000	738,000	449,000	
食物栄養／市外	200,000	390,000	100,000	110,000	20,000	820,000	520,000	
幼児教育／市外	200,000	390,000	100,000	88,000	20,000	798,000	509,000	
岩手県立大宮古短大部☆								【岩手県立大宮古短大部】他に教科書代、各種会費、保険料等が必要。
県内	135,400	390,000	0	—	—	525,400	135,400	
県外	203,000	390,000	0	—	—	593,000	203,000	
岩手県立大盛岡短大部☆								【岩手県立大盛岡短大部】他に教科書代・実習経費（4万円～10万円〈学科・専攻で異なる〉）等が必要。
生活科学／県内	135,400	390,000	0	—	33,120	558,520	168,520	
国際文化／県内	135,400	390,000	0	—	33,080	558,480	168,480	
生活科学／県外	203,000	390,000	0	—	33,120	626,120	236,120	
国際文化／県外	203,000	390,000	0	—	33,080	626,080	236,080	
山形県立米沢女子短大☆								【山形県立米沢女子短大】諸会費には施設拡充費、実験実習費等を含む。
国語国文／県内	140,000	390,000	—	—	123,610	653,610	263,610	

短大名 学科名	入学金	授業料	施設費	実習費	諸会費	初年度納入金	入学時最小限納入金	付記
英語英文／県内	140,000	390,000	—	—	88,610	618,610	228,610	
日本史／県内	140,000	390,000	—	—	120,110	650,110	260,110	
社会情報／県内	140,000	390,000	—	—	94,610	624,610	234,610	
国語国文／県外	280,000	390,000	—	—	123,610	793,610	403,610	
英語英文／県外	280,000	390,000	—	—	88,610	758,610	368,610	
日本史／県外	280,000	390,000	—	—	120,110	790,110	400,110	
社会情報／県外	280,000	390,000	—	—	94,610	764,610	374,610	
会津大短大部＊								【会津大短大部】実習費は２年分の費用（幼児教育は１年分で、２年次に追加徴収することがある）。
食物栄養／県内	169,200	379,200	0	141,500	42,120	732,020	352,820	
産業情報（経営情報）／県内	169,200	379,200	0	40,000	42,080	630,480	251,280	
産業情報（デザイン情報）／県内	169,200	379,200	0	70,000	42,080	660,480	281,280	
幼児教育・福祉／県内	169,200	379,200	0	58,000	42,080	648,480	269,280	
食物栄養／県外	364,000	379,200	0	141,500	42,120	926,820	547,620	
産業情報（経営情報）／県外	364,000	379,200	0	40,000	42,080	825,280	446,080	
産業情報（デザイン情報）／県外	364,000	379,200	0	70,000	42,080	855,280	476,080	
幼児教育・福祉／県外	364,000	379,200	0	58,000	42,080	843,280	464,080	
大月短大 市内	110,000	379,200	90,000	0	56,430	635,630	110,000	
市外	200,000	379,200	90,000	0	56,430	725,630	200,000	
岐阜市立女子短大☆								【岐阜市立女子短大】実習費は２年分の費用。
健康栄養／市内	169,200	390,000	0	20,000	57,000	636,200	169,200	
国際コミュニケーション、デザイン環境／市内	169,200	390,000	0	0	57,000	616,200	169,200	
健康栄養／市外	302,100	390,000	0	20,000	57,000	769,100	302,100	
国際コミュニケーション、デザイン環境／市外	302,100	390,000	0	0	57,000	749,100	302,100	
静岡県立大短大部☆								【静岡県立大短大部】他に教科書代が約６万円～11万円、歯科衛生の被服費・実習材料費約16万円、社会福祉、こどもの学外実習費約５万円～10万円が必要。
歯科衛生／県内	84,600	390,000	0	—	94,382	568,982	178,982	
社会福祉、こども／県内	84,600	390,000	0	—	74,982	549,582	159,582	
歯科衛生／県外	219,900	390,000	0	—	94,382	704,282	314,282	
社会福祉、こども／県外	219,900	390,000	0	—	74,982	684,882	294,882	
三重短大 法経１部／市内	84,600	390,000	0	0	80,350	554,950	164,950	【三重短大】諸会費に実験実習費（食物栄養）、教材教具費（生活科学）を含む。
食物栄養／市内	84,600	390,000	0	—	123,350	597,950	207,950	
生活科学／市内	84,600	390,000	0	—	99,350	573,950	183,950	
法経２部／市内	70,500	150,000	0	0	44,350	264,850	114,850	
法経１部／市外	169,200	390,000	0	0	80,350	639,550	249,550	
食物栄養／市外	169,200	390,000	0	—	123,350	682,550	292,550	
生活科学／市外	169,200	390,000	0	—	99,350	658,550	268,550	
法経２部／市外	141,000	150,000	0	0	44,350	335,350	185,350	
島根県立大短大部☆								
保育／県内	112,800	390,000	0	28,000	59,470	590,270	115,270	
文化情報／県内	112,800	390,000	0	18,000	59,470	580,270	115,270	
保育／県外	169,200	390,000	0	28,000	59,470	646,670	171,670	
文化情報／県外	169,200	390,000	0	18,000	59,470	636,670	171,670	
倉敷市立短大☆ 市内	112,800	390,000	0	—	46,000	548,800	112,800	【倉敷市立短大】他に保険料、テキスト代、教材費、研修費等が必要。
市外	169,200	390,000	0	—	46,000	605,200	169,200	
大分県立芸術文化短大＊								【大分県立芸術文化短大】国際総合、情報コミュニケーションの実習費には研修旅費を含む。
音楽／県内	169,200	390,000	0	36,000	82,000	677,200	287,200	
国際総合／県内	169,200	390,000	0	17,000	82,000	658,200	268,200	
美術／県内	169,200	390,000	0	48,000	82,000	689,200	299,200	
情報コミュニケーション／県内	169,200	390,000	0	48,000	82,000	689,200	299,200	
音楽／県外	282,000	390,000	0	36,000	82,000	790,000	400,000	
国際総合／県外	282,000	390,000	0	17,000	82,000	771,000	381,000	
美術／県外	282,000	390,000	0	48,000	82,000	802,000	412,000	
情報コミュニケーション／県外	282,000	390,000	0	48,000	82,000	802,000	412,000	
鹿児島県立短大☆								【鹿児島県立短大】他に保険料、振興会費、学生自治会費等で約７万円～８万5,000円が必要。また、学科や専攻により、実験実習費、学会費等が必要。
文学、生活科学、商経１部	169,200	390,000	0	—	—	559,200	364,200	
商経２部	71,800	200,800	0	—	—	272,600	172,200	

私立短大

短大名 学科名	入学金	授業料	施設費	実習費	諸会費	初年度納入金	入学時最小限納入金	付記
北海道								
帯広大谷短大 看護	200,000	1,380,000	—	—	19,100	1,599,100	901,100	【帯広大谷短大】授業料に維持費、教育充実費、施設設備費を含む。他にテキスト、教材費代、実習費等が必要。
地域共生	200,000	1,000,000	—	—	19,100	1,219,100	711,100	
社会福祉	200,000	1,025,000	—	—	19,100	1,244,100	731,600	
釧路短大 生活科学(食物栄養)	250,000	990,000	0	—	10,000	1,250,000	755,000	【釧路短大】学外実習費等は実費負担。
生活科学(生活科学)、幼児教育	250,000	960,000	0	—	10,000	1,220,000	740,000	
光塩学園女子短大 保育	200,000	700,000	260,000	130,000	10,470	1,300,470	750,470	【光塩学園女子短大】施設費に維持費を含む。全学給食制により、他に給食材料費(半年4万5,000円)が必要。
食物栄養	200,000	700,000	260,000	120,000	10,470	1,290,470	750,470	
國學院大北海道短大部☆								【國學院大北海道短大部】施設費に維持運営費を含む。
国文、総合教養	180,000	760,000	160,000	0	43,000	1,143,000	688,000	
幼児・児童教育	180,000	790,000	160,000	0	29,000	1,159,000	689,000	
札幌大谷大短大部	200,000	800,000	200,000	0	21,580	1,221,580	721,580	【札幌大谷大短大部】施設費の欄は教育充実費を示す。
札幌国際大短大部								【札幌国際大短大部】実習費の欄は教育充実費を示す。諸会費は前年度実績。
幼児教育保育	230,000	835,000	50,000	75,000	47,250	1,237,250	744,250	
総合生活キャリア	230,000	765,000	50,000	65,000	47,250	1,157,250	704,250	
拓殖大北海道短大	180,000	805,000	200,000	0	24,600	1,209,600	809,600	
函館短大 食物栄養	150,000	940,000	0	75,000	23,000	1,188,000	385,000	【函館短大】他に教科書代等が必要。食物栄養の実習費にはダブルスクールの費用を含む。
保育	150,000	940,000	0	0	23,000	1,113,000	385,000	
函館大谷短大	220,000	930,000	0	20,000	40,000	1,210,000	497,500	【函館大谷短大】他に保険料を徴収。教科書代、教材費等が別途必要。
北翔大短大部	230,000	820,000	250,000	—	47,430	1,347,430	812,430	【北翔大短大部】他に特定科目履修者は実習費等が必要。
北海道武蔵女子短大	145,000	790,000	160,000	8,000	4,480	1,107,480	712,480	
青森県								
青森明の星短大								【青森明の星短大】他に保険料等が必要。
子ども福祉未来(保育)	250,000	580,000	200,000	0	72,500	1,102,500	640,000	
子ども福祉未来(コミュニティ福祉)	250,000	580,000	250,000	0	72,500	1,152,500	665,000	
青森中央短大 食物栄養	250,000	550,000	270,000	—	190,430	1,260,430	850,430	【青森中央短大】施設費の欄は教育充実費、諸会費の欄は諸費(保険料、実験実習費等を含む)を示す。他にテキスト代、ユニフォーム代等が必要。
幼児保育	250,000	550,000	270,000	—	156,580	1,226,580	816,580	
柴田学園大短大部	200,000	550,000	350,000	0	—	1,100,000	650,000	【柴田学園大短大部】施設費に教育充実費を含む。他に諸会費、保険料、教科書代等が必要。
八戸学院大短大部								【八戸学院大短大部】2024年介護福祉入学生の入学金は免除。施設費の欄は教育費、実習費の欄は教材諸経費、実習諸経費等を示す。他に教科書代等が必要。
幼児保育	230,000	570,000	336,000	96,000	80,000	1,312,000	230,000	
介護福祉	0	570,000	336,000	108,550	80,000	1,094,550	0	
弘前医療福祉大短大部								【弘前医療福祉大短大部】施設費の欄は教育充実費を示す。他に教科書、実習着等の費用が必要。
救急救命	220,000	800,000	300,000	100,000	20,000	1,440,000	830,000	
口腔衛生	220,000	500,000	300,000	50,000	20,000	1,090,000	655,000	
岩手県								
修紅短大	250,000	600,000	250,000	0	20,000	1,120,000	770,000	【修紅短大】施設費に教育充実費を含む。他にテキスト代等が必要。
盛岡大短大部☆	250,000	620,000	120,000	100,000	35,400	1,125,400	670,000	【盛岡大短大部】実習費の欄は教育充実費を示す。
宮城県								
聖和学園短大☆ 保育	250,000	500,000	410,000	12,000	70,400	1,242,400	872,400	【聖和学園短大】施設費の金額は教育充実費と教育費の合計。他にテキスト・教材費等が必要。
キャリア開発総合(製菓衛生師養成課程)	250,000	500,000	410,000	330,000	113,700	1,603,700	1,068,700	
キャリア開発総合(製菓衛生師養成課程以外)	250,000	500,000	410,000	0	113,700	1,273,700	903,700	
仙台赤門短大	250,000	1,400,000	0	—	—	1,650,000	250,000	【仙台赤門短大】他に教科書、テキスト代、保険料、教材費等が必要。
仙台青葉学院短大 言語聴覚	250,000	1,400,000	0	30,000	—	1,680,000	250,000	【仙台青葉学院短大】実習費の欄は課外活動費を示す。他に保険料、教科書代等が必要。
歯科衛生、栄養、こども	250,000	1,000,000	0	30,000	—	1,280,000	250,000	
ビジネスキャリア、観光ビジネス、現代英語	250,000	960,000	0	30,000	—	1,240,000	250,000	
救急救命	250,000	1,300,000	0	30,000	—	1,580,000	250,000	
東北生活文化大短大部☆								【東北生活文化大短大部】施設費に教育充実費を含む。他に受講科目等により実習費の諸費を徴収。
生活文化(食物栄養学)	250,000	590,000	325,000	60,000	52,648	1,277,648	779,248	
生活文化(子ども生活)	250,000	590,000	325,000	—	58,148	1,223,148	754,748	
宮城誠真短大☆	270,000	730,000	—	—	82,000	1,082,000	635,000	【宮城誠真短大】諸会費(諸納付金)に施設設備費、実験実習費、同窓会費、保険料等を含む。他に教科書代等が必要。
秋田県								
秋田栄養短大	200,000	588,000	230,000	24,500	92,000	1,134,500	840,500	【秋田栄養短大】実習費の欄は課外活動諸費、諸会費の欄は教育資料等諸費を示す。
聖霊女子短大	200,000	684,000	256,800	78,000	38,430	1,257,230	735,830	【聖霊女子短大】施設費に教育充実費を含む。教科書代等は別途徴収。

【注】短大名の「☆」印は2023年度の学費、「＊」印は2024年度の予定（見込）の学費を示しています。

短大名 学科名	入学金	授業料	施設費	実習費	諸会費	初年度納入金	入学時最小限納入金
日本赤十字秋田短大	300,000	493,300	200,000	150,000	—	1,143,300	300,000
聖園学園短大	280,000	660,000	174,000	60,000	70,000	1,244,000	772,000
山形県							
羽陽学園短大☆	280,000	602,500	294,000	73,500	58,800	1,308,800	801,350
東北文教大短大部☆	280,000	620,000	267,000	70,000	54,590	1,291,590	280,000
福島県							
いわき短大	230,000	680,000	230,000	—	70,000	1,210,000	760,000
郡山女子大短大部 地域創成	220,000	730,000	127,000	234,000	18,000	1,329,000	776,000
健康栄養、幼児教育	220,000	742,000	127,000	234,000	18,000	1,341,000	782,000
桜の聖母短大＊							
キャリア教養	290,000	690,000	380,000	0	34,700	1,394,700	841,700
生活科学（食物栄養）	290,000	690,000	380,000	20,000	34,700	1,414,700	861,700
生活科学（福祉こども）	290,000	690,000	380,000	24,000	34,700	1,418,700	865,700
福島学院大短大部☆ 保育	120,000	780,000	280,000	—	20,000	1,200,000	650,000
食物栄養	120,000	780,000	285,000	—	20,000	1,205,000	652,500
茨城県							
茨城女子短大＊	250,000	660,000	350,000	0	47,000	1,307,000	755,000
つくば国際短大☆	300,000	970,000	174,000	0	60,000	1,504,000	1,019,000
常磐短大	250,000	660,000	320,000	30,000	—	1,260,000	755,000
栃木県							
宇都宮短大 音楽	300,000	760,000	630,000	0	—	1,690,000	995,000
人間福祉（社会福祉）	300,000	600,000	390,000	90,000	37,780	1,417,780	877,780
人間福祉（介護福祉）、食物栄養	300,000	600,000	390,000	110,000	37,780	1,437,780	887,780
國學院大栃木短大☆ 日本文化	370,000	590,000	280,000	0	37,000	1,277,000	879,000
人間教育	370,000	610,000	280,000	0	37,000	1,297,000	899,000
作新学院大女子短大部	300,000	600,000	350,000	90,000	—	1,340,000	1,040,000
佐野日本大短大	250,000	560,000	470,000	40,000	59,750	1,379,750	844,750
群馬県							
育英短大 保育	250,000	610,000	350,000	70,000	—	1,280,000	250,000
現代コミュニケーション	250,000	610,000	350,000	0	—	1,210,000	250,000
共愛学園前橋国際大短大部							
生活（こども学）	250,000	620,000	160,000	70,000	60,000	1,160,000	280,000
生活（栄養）	250,000	620,000	160,000	100,000	60,000	1,190,000	280,000
桐生大短大部	250,000	680,000	465,000	—	104,500	1,499,500	900,000
群馬医療福祉大短大部	150,000	600,000	260,000	90,000	0	1,100,000	800,000
高崎商科大短大部	250,000	618,000	300,000	0	42,500	1,210,500	751,500
新島学園短大							
キャリアデザイン	250,000	620,000	380,000	0	45,000	1,295,000	795,000
コミュニティ子ども	250,000	650,000	380,000	—	45,000	1,325,000	810,000
埼玉県							
秋草学園短大☆ 幼児教育一部	300,000	750,000	250,000	60,000	35,000	1,395,000	865,000
幼児教育二部	180,000	380,000	140,000	40,000	27,000	767,000	487,000
地域保育	300,000	700,000	200,000	40,000	45,000	1,285,000	815,000
文化表現	300,000	700,000	150,000	20,000	35,000	1,205,000	770,000
川口短大	270,000	720,000	300,000	—	32,080	1,322,080	812,080
国際学院埼玉短大 幼児保育	300,000	740,000	200,000	70,000	63,400	1,373,400	868,400
健康栄養	300,000	740,000	200,000	130,000	63,400	1,433,400	898,400
埼玉医科大短大	400,000	700,000	200,000	200,000	26,000	1,526,000	1,526,000
埼玉純真短大	300,000	670,000	296,000	50,000	28,000	1,344,000	836,000
埼玉女子短大	250,000	750,000	390,000	30,000	12,170	1,432,170	862,170
埼玉東萌短大	300,000	680,000	250,000	70,000	—	1,300,000	800,000
武蔵丘短大							
健康生活（健康栄養）	300,000	600,000	350,000	190,000	—	1,440,000	975,000
健康生活（健康スポーツ）	300,000	600,000	350,000	195,000	—	1,445,000	977,500
武蔵野短大	300,000	600,000	180,000	100,000	134,830	1,314,830	944,830
山村学園短大	300,000	695,000	300,000	65,000	—	1,360,000	865,000
千葉県							
敬愛短大	250,000	680,000	255,000	50,000	35,670	1,270,670	810,670
昭和学院短大＊							
ヘルスケア栄養	250,000	620,000	260,000	—	238,240	1,368,240	250,000

付　記

【日本赤十字秋田短大】施設費の欄は維持運営費を示す。他にテキスト代、保険料、諸会費等が必要。

【聖園学園短大】諸会費には積立金を含む。他に教科書、教材費等の経費が必要。

【羽陽学園短大】施設費に維持費を含む。

【東北文教大短大部】施設費に教育充実費を含む。

【いわき短大】施設費に教育充実費を含む。実習費は別途徴収。諸会費は年間諸費と電算機利用登録料の合計。他に保険料、自治会費、同窓会費等（4万7,430円）を徴収。

【郡山女子大短大部】実習費の欄は教育充実費を示す。他に教科書、学外オリエンテーション、保険料等の費用が必要。

【桜の聖母短大】施設費に教育充実費を含む。

【福島学院大短大部】施設費の欄は教育充実費を示す。他に実習費、研修旅行費等が必要。

【茨城女子短大】施設費に教育充実費を含む。

【つくば国際短大】授業料は学費、施設費は諸費を示す。

【常磐短大】入学後に電算機実習費、学友会費、父母会費、保険料等が必要（8万4,030円〈前年度実績〉）。

【宇都宮短大】音楽は他に代理徴収金（保険料等）が必要。

【國學院大栃木短大】施設費に維持費、図書費、冷暖房費を含む。

【作新学院大女子短大部】施設費に教育充実費を含む。他に保険料、学友会費、後援会費等（2万6,430円〈前年度実績〉）が必要。

【佐野日本大短大】施設費に教育充実費を含む。

【育英短大】施設費の金額は教育振興費を示す。保護者会、同窓会、学生会費、後援会費等で約6万円を別途徴収。

【共愛学園前橋国際大短大部】諸会費の金額は課程費。他に保険料、学生自治会費、検査費、教材費等が必要。

【桐生大短大部】施設費の欄は教育充実費（実験・実習費、施設・設備費、図書費等を含む）を示す。他に教科書代等が必要。

【群馬医療福祉大短大部】テキスト代、外部実習費等は別途徴収。

【新島学園短大】施設費に教育研究振興費を含む。他にコミュニティ子どもは実習費を徴収。

【秋草学園短大】他に新入生研修旅行費、学用品費、教材費等が必要。

【川口短大】他に教科書、ノートパソコン購入費用（ビジネス実務の新規購入者）、資格取得希望者は実習登録費等が必要。

【国際学院埼玉短大】他に教科書、学用品費用等が必要。

【埼玉純真短大】教科書、体育着代等が別途必要。

【埼玉東萌短大】他にテキスト代、新入生研修費、保険料、学友会費等が必要。

【武蔵丘短大】施設費に維持費を含む。他に保険料、教科書代、実習費、教材費、学友会費等が必要。

【武蔵野短大】諸会費に含まれる保険料は前年度実績。他に保健衛生費を徴収。

【山村学園短大】他に後援会費、学生会費、教材費等の諸経費が必要。

【敬愛短大】施設費に教育充実費を含む。

【昭和学院短大】諸会費は教育諸費、実験実習費等、研修旅行等の合計。他に教科書代、教材費等が必要。

短大名 学科名	入学金	授業料	施設費	実習費	諸会費	初年度 納入金	入学時 最小限 納入金
人間生活(キャリア創造)	250,000	620,000	260,000	—	246,240	1,376,240	250,000
人間生活(こども発達)	250,000	620,000	260,000	—	247,240	1,377,240	250,000
聖徳大短大部☆ 保育1部	250,000	720,000	—	—	—	1,708,430	994,430
保育2部	180,000	342,000	—	—	—	809,120	266,820
総合文化	250,000	680,000	—	—	—	1,608,430	944,430
清和大短大部	320,000	640,000	290,000	50,000	0	1,300,000	810,000
千葉経済大短大部	300,000	650,000	200,000	60,000	90,000	1,300,000	875,000
千葉明徳短大	300,000	765,000	150,000	130,000	3,000	1,348,000	825,500
日本大短大部(船橋)	260,000	920,000	220,000	100,000	—	1,500,000	880,000
東京都							
愛国学園短大☆							
家政(生活デザイン)	200,000	680,000	360,000	100,000	6,000	1,346,000	776,000
家政(食物栄養)	200,000	680,000	360,000	180,000	6,000	1,426,000	816,000
有明教育芸術短大	280,000	720,000	200,000	80,000	0	1,280,000	780,000
上野学園短大☆	200,000	1,100,000	330,000	0	27,900	1,657,900	450,000
大妻女子大短大部							
家政(家政)	250,000	725,000	430,000	—	34,000	1,439,000	861,500
家政(食物栄養)	250,000	725,000	430,000	28,000	34,000	1,467,000	875,500
共立女子短大 生活科学	150,000	750,000	390,000	50,000	50,000	1,390,000	745,000
文	150,000	750,000	360,000	0	50,000	1,310,000	705,000
国際短大	240,000	760,000	400,000	0	0	1,400,000	820,000
駒沢女子短大	300,000	816,000	200,000	66,000	28,400	1,410,400	869,400
女子栄養大短大部	260,000	754,000	359,000	266,000	—	1,639,000	949,500
女子美術大短大部☆	200,000	1,114,000	473,000	0	7,930	1,794,930	1,001,430
白梅学園短大	310,000	680,000	395,000	0	33,430	1,418,430	1,030,930
創価女子短大	200,000	980,000	0	25,000	35,000	1,240,000	737,500
帝京短大							
生活科学、こども教育	250,000	790,000	149,000	20,000	2,080	1,211,080	731,580
ライフケア(柔道整復)	250,000	830,000	149,000	20,000	3,600	1,252,600	753,100
ライフケア(柔道整復二部)	250,000	830,000	149,000	20,000	2,350	1,251,350	751,850
ライフケア(臨床検査)	250,000	790,000	149,000	170,000	3,650	1,362,650	808,150
帝京大短大	250,000	760,000	189,000	10,000	17,430	1,226,430	741,930
貞静学園短大	250,000	740,000	320,000	60,000	10,000	1,380,000	810,000
戸板女子短大 服飾芸術	250,000	730,000	360,000	—	46,000	1,386,000	841,000
食物栄養	250,000	770,000	380,000	20,000	39,000	1,459,000	884,000
国際コミュニケーション	250,000	700,000	360,000	—	52,000	1,362,000	832,000
東京家政大短大部＊ 保育	240,000	700,000	300,000	50,000	27,500	1,317,500	767,500
栄養	240,000	700,000	300,000	65,000	27,500	1,332,500	767,500
東京交通短大	260,000	610,000	140,000	25,000	20,000	1,055,000	750,000
東京歯科大短大☆	350,000	700,000	400,000	—	0	1,450,000	900,000
東京女子体育短大	230,000	740,000	280,000	60,000	19,000	1,329,000	789,000
東京成徳短大	200,000	860,000	240,000	—	20,000	1,320,000	770,000
東京立正短大	300,000	670,000	355,000	20,000	22,880	1,367,880	852,880
東邦音楽短大☆	200,000	1,000,000	300,000	—	—	1,500,000	1,000,000
桐朋学園芸術短大☆							
芸術(演劇)	330,000	989,000	240,000	222,000	41,000	1,822,000	1,216,500
芸術(音楽)	420,000	1,114,000	250,000	50,200	39,000	1,873,200	1,237,700
新渡戸文化短大☆ 食物栄養	300,000	670,000	260,000	70,000	10,000	1,310,000	805,000
臨床検査	300,000	700,000	260,000	220,000	—	1,480,000	890,000
日本歯科大東京短大 歯科衛生	300,000	750,000	40,000	0	—	1,090,000	715,000
歯科技工	300,000	1,210,000	14,000	0	—	1,524,000	919,000
フェリシアこども短大＊	300,000	940,000	310,000	20,000	0	1,570,000	935,000
目白大短大部＊ ビジネス社会	250,000	804,000	280,000	—	21,930	1,355,930	948,930
製菓	250,000	840,000	280,000	90,000	21,930	1,481,930	1,056,930
歯科衛生	250,000	840,000	200,000	40,000	24,000	1,354,000	929,000
山野美容芸術短大							
美容総合(美容師免許取得)	200,000	780,000	250,000	460,000	45,000	1,735,000	1,095,000
美容総合(美容師免許取得以外)	200,000	780,000	250,000	160,000	45,000	1,435,000	845,000
神奈川県							
和泉短大☆	290,000	730,000	220,000	100,000	18,000	1,358,000	833,000

付記

【聖徳大短大部】初年度納入金、入学時最小限納入金には施設費、教育充実費、学生諸費（オリエンテーション経費、保険料等）を含む。他に実習費、教科書代、各会会費、フォーマルスーツ代等が必要。

【千葉経済大短大部】実習費の欄は教育充実費を示す。こども（保育、初等教育）は入学後に実習費が必要。

【千葉明徳短大】実習費の欄は運営費を示す。

【日本大短大部（船橋）】他に後援会費等が必要。

【愛国学園短大】他に生活安全費、教科書代等が必要。

【有明教育芸術短大】実習費の欄は教育充実費を示す。

【上野学園短大】施設費に一般推持費、諸会費に学生諸費を含む。

【大妻女子大短大部】施設費の欄は教育充実費を示す。他に実験実習の材料費、オリエンテーション旅行費等は実費納入。家政専攻を家政総合コース、食物栄養専攻を食と栄養コースに改変予定。

【女子栄養大短大部】他に諸経費として調理学実習費4万8,800円、各種会費等3万5,000円、学用品費（1年前期分。教科書代を含む）約11万8,000円等が必要。

【白梅学園短大】施設費に教育充実費を含む。

【帝京大短大】施設費に図書費を含む。

【貞静学園短大】他に教科書代等として年額10万円（前・後期分納）が必要。

【戸板女子短大】食物栄養の実習費は栄養士履修費を示す。諸会費に教育充実費を含む。他に実験・実習の材料費等を徴収。

【東京交通短大】施設費の欄は教育拡充費、実習費の欄は学術誌費を示す。

【東京歯科大短大】他に実習費、教科書代、ユニフォーム代等が必要。

【東京女子体育短大】学外実習費は別途納入。

【東京成徳短大】他に教科書代、実習費等が必要。

【東京立正短大】施設費に教育充実費、冷暖房費を含む。

【東邦音楽短大】他に卒業関連諸費積立金、保険料、外部実習費等が必要。

【新渡戸文化短大】施設費は教育充実費を示す（臨床検査は施設・冷暖房費も含む）。食物栄養の諸会費は専攻費を示す。他に各種会費、教科書代等が必要。

【日本歯科大東京短大】施設費に保険料、学生会費を含む。他に教科書・器材・白衣の教材費等（歯科衛生：3年間約30万円、歯科技工：2年間25万円）が必要。

【目白大短大部】諸会費は委託徴収費を示す。

【山野美容芸術短大】施設費には教育充実費、実習費には教材費、諸会費には厚生費をそれぞれ含む。

【和泉短大】施設費の欄は維持費を示す。

【注】短大名の「☆」印は2023年度の学費、「＊」印は2024年度の予定（見込）の学費を示しています。

短大名 学科名	入学金	授業料	施設費	実習費	諸会費	初年度納入金	入学時最小限納入金	付記
小田原短大 保育	340,000	770,000	240,000	—	80,000	1,430,000	910,000	【小田原短大】他に保険料、教材費、実習費等が必要。
食物栄養	340,000	750,000	240,000	—	80,000	1,410,000	900,000	
神奈川歯科大短大部 歯科衛生	300,000	630,000	250,000	170,000	43,000	1,393,000	868,000	【神奈川歯科大短大部】他に教科書、ユニホーム等が必要。
看護	300,000	750,000	350,000	250,000	43,000	1,693,000	1,018,000	
鎌倉女子大短大部＊	380,000	640,000	196,000	180,000	15,000	1,411,000	895,500	【鎌倉女子大短大部】施設費の欄は教育環境充実費を示す。諸会費の欄は文化厚生費をを示す。他に同窓会費、教材費等が必要。
相模女子大短大部☆	300,000	725,000	280,000	55,000	40,000	1,400,000	870,000	
湘北短大 保育	300,000	920,000	230,000	—	10,000	1,460,000	885,000	【湘北短大】他にテキスト代、実習費等が必要。
総合ビジネス・情報、生活プロデュース	300,000	850,000	230,000	—	10,000	1,390,000	850,000	
昭和音楽大短大部	100,000	1,390,000	630,000	0	45,500	2,165,500	1,155,500	【昭和音楽大短大部】他に学生会費、同窓会費等が必要。
洗足こども短大☆	350,000	648,500	337,500	0	51,400	1,387,400	894,400	
鶴見大短大部 保育	350,000	640,000	280,000	120,000	49,430	1,439,430	919,430	
歯科衛生	350,000	640,000	280,000	150,000	51,150	1,471,150	936,150	
横浜女子短大	250,000	810,000	280,000	0	35,000	1,375,000	813,000	
新潟県								
新潟工業短大	210,000	880,000	300,000	109,000	32,430	1,531,430	941,430	【新潟工業短大】実習費の欄は教材費等（教科書、実習服代等）で年度によって変動がある。
新潟青陵大短大部 人間総合	250,000	620,000	275,000	31,000	7,550	1,183,550	723,650	
幼児教育	250,000	620,000	275,000	61,500	7,550	1,214,050	723,650	【新潟青陵大短大部】実習費に資格取得費、パソコン保証料を含む。
新潟中央短大	230,000	590,000	270,000	45,000	15,000	1,150,000	695,000	
日本歯科大新潟短大☆	300,000	640,000	100,000	—	10,000	1,050,000	680,000	【新潟中央短大】諸会費は図書費を示す。他に保険料、学友会費、研修費等が必要。
明倫短大 歯科技工士	200,000	970,000	60,000	270,000	22,000	1,522,000	872,000	【日本歯科大新潟短大】他に教科書代、教材費等が必要。
歯科衛生士	200,000	590,000	40,000	150,000	22,000	1,002,000	612,000	
富山県								【明倫短大】他に教材費として歯科技工士38万4,945円、歯科衛生士27万6,177円（いずれも前年度参考）が必要（1年次）。
富山短大 幼児教育	200,000	630,000	300,000	40,000	20,400	1,190,400	705,400	
食物栄養、健康福祉	200,000	630,000	300,000	60,000	20,440	1,210,440	715,440	
経営情報	200,000	630,000	300,000	10,000	20,400	1,160,400	690,400	【富山短大】施設費の欄は教育環境充実費を示す。他に教科書、実習着等の購入費が必要。
富山福祉短大 看護	200,000	720,000	340,000	100,000	29,500	1,389,500	830,000	
社会福祉、幼児教育	200,000	660,000	270,000	50,000	27,430	1,207,430	715,000	【富山福祉短大】実習費は、実習科目の履修登録者のみが入学後に納入。諸会費は前年度概算。他に諸経費、教科書、ユニフォーム代等が必要。
石川県								
金沢学院短大 現代教養	200,000	600,000	340,000	0	31,380	1,171,380	701,380	
食物栄養	200,000	600,000	380,000	0	31,420	1,211,420	721,420	【金沢学院短大】施設費の欄は教育充実費を示す。
幼児教育	200,000	600,000	360,000	0	31,380	1,191,380	711,380	【金沢星稜大女子短大部】施設費の欄は教育充実費を示す。実習に必要な費用が生じた場合は別途実習費を徴収。
金沢星稜大女子短大部	150,000	660,000	330,000	—	22,500	1,162,500	150,000	
金城大短大部 幼児教育	200,000	620,000	310,000	56,000	53,000	1,239,000	510,000	
ビジネス実務、美術	200,000	620,000	310,000	—	53,000	1,183,000	510,000	【金城大短大部】施設費の欄は教育充実費を示す。他に保険料、研修費、材料費等が必要。
福井県								
仁愛女子短大 幼児教育	200,000	660,000	305,000	24,000	0	1,189,000	706,500	【仁愛女子短大】施設費の欄は教育充実費を示す。他に各種会費、保険料等が必要。
生活科学	200,000	680,000	325,000	0	0	1,205,000	702,500	
山梨県								
帝京学園短大	250,000	620,000	320,000	125,000	20,000	1,335,000	797,500	【帝京学園短大】実習費に図書費を含む。
山梨学院短大 食物栄養	200,000	660,000	300,000	100,000	0	1,260,000	730,000	【山梨学院短大】施設費の欄は教育充実費を示す。
保育	200,000	660,000	300,000	80,000	0	1,240,000	720,000	
長野県								
飯田短大 看護	250,000	1,200,000	0	0	—	1,450,000	850,000	【飯田短大】他に諸経費、保険料、各種会費等が必要。
生活科学（生活科学、介護福祉）	250,000	980,000	0	0	—	1,230,000	740,000	
生活科学（食物栄養）、幼児教育	250,000	1,000,000	0	0	—	1,250,000	750,000	
上田女子短大☆	250,000	660,000	300,000	—	0	1,210,000	730,000	【上田女子短大】他に特別演習費、教材費がかかる場合もある。
佐久大信州短大部	200,000	500,000	480,000	80,000	47,000	1,307,000	777,000	
信州豊南短大 幼児教育	200,000	760,000	210,000	40,000	49,000	1,259,000	200,000	【佐久大信州短大部】施設費の欄は教育充実費を示す。
言語コミュニケーション	200,000	760,000	210,000	0	49,000	1,219,000	200,000	【信州豊南短大】諸会費は学生会費等の依託徴収金を示す。
清泉女学院短大	250,000	670,000	270,000	40,000	0	1,230,000	250,000	
長野短大	200,000	560,000	280,000	100,000	0	1,140,000	480,000	
松本短大	200,000	950,000	60,000	0	0	1,210,000	705,000	【松本短大】施設費の欄は学園維持費を示す。
松本大松商短大部	250,000	740,000	240,000	0	58,000	1,288,000	798,000	
岐阜県								
大垣女子短大 幼児教育	250,000	600,000	280,000	0	48,000	1,178,000	738,000	【大垣女子短大】施設費の欄は教育充実費を示す。音楽総合（管打楽器リペアコース）の実習費欄はリペア教材費。他に保険料等が必要。
デザイン美術	250,000	600,000	450,000	0	42,000	1,342,000	817,000	
音楽総合（管打楽器リペア以外）	250,000	600,000	540,000	0	42,000	1,432,000	862,000	

短大名 学科名	入学金	授業料	施設費	実習費	諸会費	初年度納入金	入学時最小限納入金
音楽総合(管打楽器リペア)	250,000	600,000	540,000	150,000	42,000	1,582,000	937,000
歯科衛生	250,000	600,000	390,000	0	48,000	1,288,000	793,000
正眼短大	250,000	660,000	320,000	180,000	16,750	1,426,750	839,250
高山自動車短大	210,000	840,000	240,000	0	—	1,290,000	750,000
中京学院大短大部	200,000	600,000	320,000	120,000	32,620	1,272,620	720,000
中部学院大短大部☆	280,000	550,000	480,000	—	51,500	1,361,500	826,000
東海学院大短大部	200,000	700,000	300,000	50,000	26,000	1,276,000	751,000
中日本自動車短大 自動車工	200,000	900,000	240,000	—	38,750	1,378,750	770,000
モータースポーツエンジニアリング	200,000	1,000,000	240,000	—	39,600	1,479,600	820,000
平成医療短大	200,000	700,000	200,000	100,000	—	1,200,000	700,000
静岡県							
静岡英和学院大短大部							
食物栄養	280,000	620,000	200,000	74,000	84,080	1,258,080	775,080
現代コミュニケーション	280,000	620,000	200,000	0	84,080	1,184,080	738,080
常葉大短大部＊							
日本語日本文	240,000	720,000	260,000	0	35,000	1,255,000	747,500
保育	240,000	790,000	310,000	50,000	35,000	1,425,000	827,500
音楽	240,000	990,000	400,000	0	41,000	1,671,000	958,500
日本大短大部(三島)	260,000	650,000	150,000	0	—	1,060,000	660,000
浜松学院大短大部	220,000	680,000	320,000	60,000	42,453	1,322,453	783,953
愛知県							
愛知学院大短大部＊	250,000	730,000	420,000	0	49,000	1,449,000	855,000
愛知学泉短大							
食物栄養	260,000	720,000	370,000	25,000	10,930	1,385,930	840,930
幼児教育	260,000	720,000	370,000	28,000	10,930	1,388,930	843,930
生活デザイン総合	260,000	720,000	370,000	0	10,930	1,360,930	815,930
愛知工科大自動車短大	250,000	760,000	200,000	0	45,000	1,255,000	775,000
愛知大短大部	200,000	710,000	210,000	0	20,000	1,140,000	660,000
愛知文教女子短大							
幼児教育1部、生活文化	200,000	600,000	150,000	320,000	—	1,270,000	735,000
幼児教育3部	200,000	330,000	60,000	100,000	—	690,000	445,000
愛知みずほ短大	250,000	665,000	300,000	50,000	20,000	1,285,000	550,000
岡崎女子短大☆							
幼児教育一部	240,000	630,000	285,000	90,000	0	1,245,000	240,000
幼児教育三部	190,000	345,000	90,000	75,000	0	700,000	190,000
修文大短大部 生活文化	200,000	660,000	350,000	—	—	1,210,000	705,000
幼児教育一部	200,000	500,000	250,000	—	—	950,000	575,000
幼児教育三部	200,000	330,000	170,000	—	—	700,000	450,000
豊橋創造大短大部	180,000	650,000	320,000	50,000	0	1,200,000	665,000
名古屋短大 保育	200,000	732,000	352,000	30,000	0	1,314,000	200,000
現代教養	200,000	732,000	352,000	20,000	0	1,304,000	200,000
名古屋経営短大＊							
子ども	280,000	520,000	320,000	40,000	38,000	1,198,000	744,000
未来キャリア	280,000	640,000	320,000	0	38,000	1,278,000	784,000
介護福祉	280,000	640,000	320,000	110,000	38,000	1,388,000	839,000
名古屋文化短大	280,000	720,000	400,000	220,000	—	1,620,000	950,000
名古屋文理大短大部							
食物栄養(栄養士)	210,000	690,000	360,000	70,000	—	1,330,000	210,000
食物栄養(製菓)	210,000	680,000	350,000	70,000	—	1,310,000	210,000
名古屋柳城短大☆	240,000	690,000	330,000	45,000	33,600	1,338,600	240,000
三重県							
高田短大 子ども	280,000	620,000	320,000	40,000	—	1,260,000	280,000
キャリア育成(オフィスワーク)	280,000	620,000	320,000	30,000	—	1,250,000	280,000
キャリア育成(介護福祉)	280,000	620,000	320,000	55,000	—	1,275,000	280,000
ユマニテク短大＊	280,000	600,000	150,000	220,000	—	1,250,000	765,000
滋賀県							
滋賀短大＊	200,000	720,000	300,000	—	—	1,220,000	710,000
滋賀文教短大 国文	220,000	600,000	420,000	0	—	1,240,000	220,000
子ども	220,000	620,000	420,000	—	—	1,260,000	220,000

付記

【正眼短大】 原則として学生寮に入寮のため、他に寮費(入寮費5万円、寮費年額68万円)が必要。

【高山自動車短大】 他に校友会費、保険料、諸費等で約3万4,000円、教科書、物品代で約10万5,000円が必要(いずれも前年実績)。

【中京学院大短大部】 施設費の欄は教育充実費を示す。諸会費は前年度実績。

【中部学院大短大部】 施設費に教育充実費を含む。他に資格取得のための実習費等が必要。

【東海学院大短大部】 施設費の欄は教育充実費を示す。

【中日本自動車短大】 他に実習服、教科書等の費用が必要。

【平成医療短大】 施設費の欄は教育充実費を示す。他に教科書代、実習着代、保護者会費、保険料等が必要。

【常葉大短大部】 実習費の欄は課程費を示す。

【日本大短大部(三島)】 他に後援会費等が必要。

【浜松学院大短大部】 施設費に教育充実費を含む。他に実習関係費が必要

【愛知学院大短大部】 施設費に教育充実費を含む。

【愛知学泉短大】 施設費の欄は教育充実費を示す。生活デザイン総合の授業料は基本授業料25万2,000円と単位授業料46万8,000円の合計。

【愛知工科大自動車短大】 施設費に教育充実費を含む。他に教科書代、実習服代等が必要。

【愛知大短大部】 施設費の欄は教育充実費を示す。諸会費は委託徴収金。

【愛知文教女子短大】 実習費の欄は教育充実費を示す。他に後援会費、実験実習費等を徴収。

【愛知みずほ短大】 施設費の欄は教育充実費、諸会費の欄は厚生費を示す。学外実習費の経費が必要な場合もある。

【岡崎女子短大】 実習費の欄は教育充実費を示す。

【修文大短大部】 施設費の欄は教育充実費を示す。他に履修費用、実習費用、諸経費、後援会費、保険料等が必要。

【豊橋創造大短大部】 施設費の欄は教育充実費を示す。

【名古屋短大】 施設費の欄は教育充実費を示す。他に校外活動費等が必要。

【名古屋経営短大】 施設費の欄は教育充実費を示す。諸会費は委託徴収金。

【名古屋文化短大】 実習費の欄は教育充実費を示す。他に実験実習費、教材費、各種会費等が必要。

【名古屋文理大短大部】 施設費に教育充実費を含む。他に入学前教育プログラム、各種会費、保険料等が必要。

【名古屋柳城短大】 施設費の欄は教育充実費を示す。諸会費に委託徴収金を含む(変動する場合がある)。

【高田短大】 施設費に教育充実費を含む。他に諸経費が必要。

【ユマニテク短大】 実習費の欄は教育充実費を示す。他に教科書代、諸費等が必要。

【滋賀短大】 入学時、他に後援会費、学生自治会費、保険料等が必要。また、生活の製菓・製パンコースは製菓衛生師養成費、食健康コースは栄養士養成費、幼児教育保育は実習・演習材料費が必要。

【滋賀文教短大】 施設費の欄は教育充実費を示す。他に入学後、自治会費、保険料等、子どもは実習経費が必要。

【注】短大名の「☆」印は2023年度の学費、「＊」印は2024年度の予定(見込)の学費を示しています。

短大名 学科名	入学金	授業料	施設費	実習費	諸会費	初年度 納入金	入学時 最小限 納入金
びわこ学院大短大部＊							
ライフデザイン(健康福祉)	200,000	760,000	270,000	65,000	27,000	1,322,000	747,500
ライフデザイン(児童学、キャリアデザイン)	200,000	760,000	270,000	0	27,000	1,257,000	715,000
京都府							
華頂短大＊	200,000	860,000	200,000	0	35,000	1,295,000	865,000
京都外国語短大	150,000	538,000	187,000	0	22,000	897,000	534,500
京都経済短大	220,000	680,000	300,000	60,000	47,600	1,307,600	837,600
京都光華女子大短大部	230,000	990,000	0	0	19,100	1,239,100	744,100
京都西山短大							
共生社会(こども教育)	200,000	760,000	200,000	—	15,000	1,175,000	695,000
共生社会(メディアIT・ビジネス)	200,000	760,000	200,000	0	15,000	1,175,000	695,000
京都文教短大＊							
ライフデザイン総合(栄養士)	200,000	740,000	390,000	15,500	31,630	1,377,130	802,530
ライフデザイン総合(ライフデザイン)、幼児教育	200,000	740,000	390,000	0	31,630	1,361,630	787,030
嵯峨美術短大＊	200,000	1,050,000	200,000	0	38,430	1,488,430	550,930
大阪府							
藍野大短大部 第一看護	250,000	760,000	100,000	340,000	—	1,450,000	1,070,000
第二看護	250,000	1,350,000	0	0	—	1,600,000	925,000
大阪音楽大短大部							
音楽(音響照明)	200,000	1,100,000	500,000	0	—	1,800,000	200,000
音楽(音響照明以外)	200,000	1,210,000	650,000	0	—	2,060,000	200,000
大阪学院大短大部	200,000	928,000	200,000	0	20,430	1,348,430	778,430
大阪キリスト教短大	250,000	800,000	270,000	84,000	5,000	1,409,000	832,000
大阪芸術大短大部＊ 保育	250,000	700,000	300,000	0	40,000	1,290,000	790,000
メディア・芸術、デザイン美術	320,000	720,000	360,000	0	40,000	1,440,000	900,000
大阪健康福祉短大							
保育・幼児教育	200,000	550,000	300,000	100,000	—	1,150,000	875,000
子ども福祉、介護福祉	200,000	750,000	200,000	100,000	50,000	1,300,000	825,000
地域総合介護福祉	200,000	500,000	300,000	100,000	—	1,100,000	850,000
大阪国際大短大部 幼児保育	250,000	830,000	210,000	100,000	45,000	1,435,000	865,000
栄養	250,000	830,000	210,000	78,000	45,000	1,413,000	854,000
ライフデザイン	250,000	830,000	210,000	22,000	45,000	1,357,000	826,000
大阪城南女子短大	300,000	1,020,000	0	—	—	1,320,000	810,000
大阪女学院短大	100,000	970,000	280,000	0	6,000	1,356,000	725,000
大阪成蹊短大 幼児教育	250,000	1,040,000	30,000	58,000	21,930	1,399,930	864,930
栄養	250,000	1,020,000	0	64,000	21,930	1,355,930	845,930
調理・製菓(調理)	250,000	1,020,000	0	189,000	21,930	1,480,930	970,930
調理・製菓(製菓)	250,000	1,020,000	0	194,000	21,930	1,485,930	975,930
調理・製菓(フードコーディネート)	250,000	1,020,000	0	139,000	21,930	1,430,930	920,930
生活デザイン	250,000	1,020,000	0	30,000	21,930	1,321,930	811,930
観光	250,000	1,000,000	0	44,000	21,930	1,315,930	815,930
経営会計	250,000	980,000	0	17,000	21,930	1,268,930	778,930
グローバルコミュニケーション	250,000	960,000	0	15,500	21,930	1,247,430	767,430
大阪千代田短大☆	200,000	700,000	400,000	40,000	78,140	1,418,140	868,140
大阪夕陽丘学園短大＊	250,000	870,000	180,000	—	26,500	1,326,500	801,500
関西外国語大短大部	250,000	770,000	300,000	0	18,750	1,338,750	803,750
関西女子短大＊ 保育	300,000	830,000	200,000	—	76,400	1,406,400	815,000
養護保健	300,000	830,000	200,000	—	83,000	1,413,000	815,000
歯科衛生	300,000	830,000	250,000	—	69,600	1,449,600	840,000
医療秘書	300,000	830,000	200,000	—	54,400	1,384,400	815,000
近畿大短大部	200,000	635,000	0	0	6,500	841,500	524,000
堺女子短大	300,000	700,000	300,000	288,000	112,000	1,700,000	1,006,000
四條畷学園短大 保育	280,000	1,090,000	0	46,600	28,110	1,444,710	865,360
ライフデザイン総合	280,000	1,090,000	0	0	26,860	1,396,860	843,860
四天王寺大短大部	300,000	837,000	320,000	0	28,000	1,485,000	897,500

付記

- 【びわこ学院大短大部】施設費の欄は教育充実費を示す。
- 【京都外国語短大】施設費の欄は教育充実費を示す。
- 【京都経済短大】施設費に教育充実費を含む。
- 【京都西山短大】共生社会（子ども教育）は実習にかかわる費用が別途必要。
- 【京都文教短大】施設費の欄は教育充実費を示す。食物栄養の実習費は栄養士必修科目実習材料費。
- 【嵯峨美術短大】施設費の欄は教育充実費を示す。
- 【藍野大短大部】第一看護の施設費の欄は教育充実費を示す。他に教科書代、実習着代、保険料等が必要。
- 【大阪音楽大短大部】他に同窓会費、学生自治会費、後援会費等が必要。
- 【大阪キリスト教短大】施設費の欄は教育・施設充実費を示す。実習費に運営維持費を含む。諸会費の欄は保健安全衛生費を示す。
- 【大阪健康福祉短大】他に教材費、諸経費等が必要。
- 【大阪国際大短大部】実習費の欄は教育充実費を示す。
- 【大阪城南女子短大】授業料に教育充実費を含む。他にカリキュラムによっては実験実習費が必要。また、後援会費、課外活動費、制服代等の費用も必要。2025年4月から、大阪総合保育大短大部に名称変更予定。
- 【大阪女学院短大】施設費の欄は教育充実費を示す。
- 【大阪成蹊短大】幼児教育の施設費の欄は教育充実費を示す。他に学外授業費、教科書代等が必要。
- 【大阪千代田短大】施設費の欄は教育充実費を示す。
- 【大阪夕陽丘学園短大】他に教材費、テキスト代等が必要。
- 【関西外国語大短大部】施設費の欄は教育充実費を示す。
- 【関西女子短大】施設費の欄は教育充実費を示す。諸会費の欄は教職・資格課程履修費、後援会費、学友会費等の合計を示す（前年度実績）。一覧の入学時最小限納入金には諸会費を含まない。
- 【堺女子短大】施設費に教育充実費を含む。他に教材費（２年間）として１万円～20万円程度（コースにより異なる）、保険料等が必要。
- 【四條畷学園短大】左記の学費は2022年度実績。
- 【四天王寺大短大部】施設費に運営維持費を含む。

短大名 学科名	入学金	授業料	施設費	実習費	諸会費	初年度納入金	入学時最小限納入金	付記
常磐会短大☆	300,000	660,000	400,000	28,000	13,000	1,401,000	420,000	【常磐会短大】施設費に教育充実費を含む。
東大阪大短大部 実践食物	280,000	750,000	200,000	130,000	18,000	1,378,000	829,000	
実践保育	280,000	750,000	200,000	110,000	18,000	1,358,000	819,000	
介護福祉	280,000	750,000	200,000	150,000	18,000	1,398,000	839,000	
兵庫県								
大手前短大 歯科衛生	200,000	750,000	240,000	200,000	0	1,390,000	795,000	
ライフデザイン総合、医療事務総合	200,000	770,000	230,000	40,000	0	1,240,000	720,000	
関西学院短大☆	200,000	856,000	235,000	10,000	54,000	1,355,000	771,500	【関西学院短大】施設費の欄は教育充実費を示す。
甲子園短大☆	300,000	642,000	369,000	55,000	29,600	1,395,600	596,100	【甲子園短大】施設費の欄は教育充実費を示す。他に実習費、研修費、保険料等が必要。
神戸教育短大	200,000	790,000	240,000	85,000	23,430	1,338,430	773,430	【神戸教育短大】実習費の欄は教育充実費を示す。
神戸女子短大 総合生活	200,000	850,000	270,000	—	5,000	1,325,000	760,000	【神戸女子短大】施設費の欄は教育・施設充実費を示す。学外実習費は実習前に別途納入。
食物栄養	200,000	850,000	290,000	—	5,000	1,345,000	770,000	
幼児教育	200,000	850,000	230,000	—	5,000	1,285,000	740,000	
産業技術短大	220,000	870,000	350,000	0	19,430	1,459,430	849,430	
頌栄短大	350,000	780,000	240,000	55,000	40,430	1,465,430	897,430	【頌栄短大】施設費の欄は教育充実費を示す。
東洋食品工業短大	100,000	500,000	0	0	42,430	642,430	642,430	【東洋食品工業短大】諸会費に実習衣代等を含む。他に教科書代等が必要。
豊岡短大☆	200,000	540,000	250,000	50,000	15,000	1,055,000	635,000	【豊岡短大】施設費に学習管理費を含む。
兵庫大短大部 保育一部	200,000	700,000	240,000	130,000	55,750	1,325,750	781,750	【兵庫大短大部】施設費の欄は教育充実費を示す。
保育三部	200,000	480,000	150,000	90,000	49,100	969,100	603,100	
湊川短大＊	150,000	636,000	474,000	—	30,000	1,290,000	735,000	【湊川短大】施設費に教育充実費を含む。実習費は別途徴収。
奈良県								
奈良芸術短大	250,000	600,000	480,000	50,000	8,000	1,388,000	913,000	【奈良芸術短大】施設費に教育充実費を含む。諸会費は図書館費を示す。
大和大白鳳短大部＊								【大和大白鳳短大部】授業料の欄は学費（実習費を含む）を示す。
総合人間（こども教育）	200,000	1,140,000	0	—	6,000	1,346,000	200,000	
総合人間（リハビリテーション学）	200,000	1,540,000	0	—	6,000	1,746,000	200,000	
総合人間（看護学）	200,000	1,480,000	0	—	6,000	1,686,000	200,000	
和歌山県								
和歌山信愛女子短大	250,000	876,000	240,000	0	40,000	1,406,000	370,000	【和歌山信愛女子短大】施設費の欄は教育充実費を示す。入学後に教科書、実習服等の費用が別途必要。
鳥取県								
鳥取短大 幼児教育保育	240,000	690,000	200,000	50,000	28,080	1,208,080	240,000	
地域コミュニケーション、生活（情報・経営、住居・デザイン）	240,000	690,000	200,000	0	28,080	1,158,080	240,000	
生活（食物栄養）	240,000	690,000	200,000	40,000	28,080	1,198,080	240,000	
岡山県								
岡山短大	190,000	620,000	207,000	0	45,000	1,062,000	648,500	【岡山短大】施設費に教育充実費を含む。
川崎医療短大	250,000	600,000	350,000	0	75,000	1,275,000	800,000	【川崎医療短大】施設費の欄は教育充実費を示す。
作陽短大 音楽（音楽）	250,000	760,000	620,000	0	—	1,630,000	940,000	【作陽短大】施設費の欄は教育運営費を示す。他に後援会費、同窓会費、学生会費、保険料等が必要。
音楽（幼児教育）	250,000	500,000	300,000	0	—	1,050,000	650,000	
山陽学園短大	250,000	830,000	0	—	46,430	1,126,430	711,430	【山陽学園短大】他に保険料等が必要。実習に関する費用は別途徴収。
中国短大	250,000	410,000	160,000	220,000	52,000	1,092,000	697,000	【中国短大】実習費の欄は教育充実費を示す。他に実験・実習費等が必要。
広島県								
山陽女子短大☆ 臨床検査	270,000	620,000	230,000	365,000	—	1,485,000	877,500	【山陽女子短大】他に教科書代、学友会費等が必要。
人間生活（医療事務ビジネス）	270,000	620,000	230,000	67,000	—	1,187,000	728,500	
人間生活（人間心理）	270,000	620,000	230,000	46,000	—	1,166,000	718,000	
食物栄養（栄養管理）	270,000	620,000	230,000	77,000	—	1,197,000	733,500	
食物栄養（栄養調理）	270,000	620,000	230,000	108,000	—	1,228,000	749,000	
比治山大短大部 美術	230,000	850,000	200,000	—	25,430	1,305,430	780,430	【比治山大短大部】実験実習費は必要に応じて追加徴収。諸会費に含まれている保険料は前年度実績。
総合生活デザイン、幼児教育	230,000	750,000	200,000	—	25,430	1,205,430	730,430	
広島文化学園短大☆	250,000	650,000	200,000	50,000	22,430	1,172,430	700,000	
山口県								
岩国短大	230,000	680,000	220,000	—	37,000	1,167,000	837,000	【岩国短大】他に制服、教科書、学外実習等の費用が必要。
宇部フロンティア大短大部								【宇部フロンティア大短大部】施設費に教育充実費を含む。実習費に特別課程履修費を含む。
保育	250,000	580,000	375,000	85,000	22,430	1,312,430	809,930	
食物栄養	250,000	580,000	375,000	90,000	22,430	1,317,430	802,430	
下関短大	250,000	620,000	260,000	90,000	0	1,220,000	250,000	【下関短大】他に研修によっては費用が必要。
山口短大 児童教育	200,000	520,000	260,000	100,000	17,500	1,097,500	654,500	【山口短大】他に保険料等を徴収。
情報メディア	200,000	560,000	280,000	140,000	17,500	1,197,500	704,500	

【注】短大名の「☆」印は2023年度の学費、「＊」印は2024年度の予定（見込）の学費を示しています。

短大名 学科名	入学金	授業料	施設費	実習費	諸会費	初年度納入金	入学時最小限納入金	付記
山口芸術短大☆	250,000	620,000	323,000	0	45,000	1,238,000	883,000	【山口芸術短大】施設費に教育充実費を含む。
徳島県								
四国大短大部 人間健康	200,000	630,000	204,000	88,000	90,000	1,212,000	706,000	【四国大短大部】諸会費の欄は学科等特別費を示す。
ビジネス・コミュニケーション、幼児教育保育	200,000	630,000	204,000	88,000	80,000	1,202,000	701,000	
音楽	250,000	700,000	254,000	138,000	170,000	1,512,000	881,000	
徳島工業短大	250,000	840,000	280,000	—	—	1,370,000	810,000	【徳島工業短大】他に教科書、実習服、保険料等の費用が必要。
徳島文理大短大部☆ 音楽	250,000	860,000	300,000	130,000	37,300	1,577,300	914,150	【徳島文理大短大部】諸会費は協力費、研修部費、研修部入会金の合計。他に商、生活科学（食物）、保育は学科特別費として５万2,000円が必要。
商、言語コミュニケーション、生活科学、保育	200,000	630,000	200,000	100,000	37,300	1,167,300	684,150	
香川県								
香川短大 生活文化	240,000	600,000	220,000	50,000	33,000	1,143,000	701,000	【香川短大】他に教科書代、教材費等が必要。
子どもⅠ部	240,000	600,000	220,000	30,000	33,000	1,123,000	691,000	
子どもⅢ部	240,000	384,000	162,000	20,000	26,000	832,000	549,000	
経営情報	240,000	600,000	250,000	0	33,000	1,123,000	691,000	
高松短大	200,000	600,000	200,000	145,000	22,430	1,167,430	694,930	【高松短大】実習費の欄は教育充実費を示す。
愛媛県								
今治明徳短大	240,000	550,000	300,000	—	47,000	1,137,000	240,000	【今治明徳短大】施設費に教育充実費を含む。他に実習費等が必要。
聖カタリナ大短大部	240,000	550,000	250,000	40,000	40,830	1,120,830	660,000	【聖カタリナ大短大部】施設費に教育充実費を含む。
松山短大☆	90,000	330,000	90,000	0	16,930	526,930	300,000	【松山短大】施設費の欄は教育充実費を示す。
松山東雲短大 食物栄養	230,000	550,000	250,000	37,000	—	1,067,000	648,500	【松山東雲短大】他に材料費、テキスト代等が必要。諸会費等は入学後に徴収。
保育、現代ビジネス	230,000	550,000	250,000	32,000	—	1,062,000	646,000	
高知県								
高知学園短大 幼児保育	200,000	770,000	30,000	110,000	39,000	1,149,000	694,000	【高知学園短大】施設費の欄は図書費を示す。
歯科衛生	200,000	770,000	30,000	130,000	39,000	1,169,000	704,000	
看護	200,000	770,000	30,000	180,000	39,000	1,219,000	729,000	
福岡県								
折尾愛真短大	100,000	600,000	300,000	12,000	57,000	1,069,000	597,600	【折尾愛真短大】施設費の欄は教育充実費を示す。
九州大谷短大 仏教	200,000	760,000	350,000	95,300	70,000	1,475,300	827,300	【九州大谷短大】施設費に教育充実費を含む。他に教科書・教材購入費が必要。
表現（演劇表現）	200,000	760,000	400,000	90,300	70,000	1,520,300	881,300	
表現（情報デザイン）	200,000	640,000	310,000	76,300	70,000	1,296,300	772,300	
幼児教育	200,000	640,000	300,000	61,900	70,000	1,271,900	751,400	
九州産業大造形短大部	200,000	710,000	340,000	0	12,200	1,262,200	737,200	【九州産業大造形短大部】施設費の欄は教育充実費を示す。
九州女子短大☆	210,000	650,000	230,000	34,400	39,430	1,163,830	723,830	【九州女子短大】実習費の欄には学外研修費、教育充実費、抗体検査料等を含む。
近畿大九州短大	200,000	650,000	200,000	0	19,500	1,069,500	639,500	【近畿大九州短大】施設費の欄は教育充実費を示す。他に同窓会入会金、教科書代、制服代等が必要。
香蘭女子短大 保育	250,000	630,000	220,000	104,000	30,000	1,234,000	752,000	【香蘭女子短大】食物栄養の諸会費には実習服代２万円を含む。
ファッション総合	250,000	630,000	220,000	105,000	30,000	1,235,000	754,000	
ライフプランニング総合	250,000	630,000	220,000	99,000	30,000	1,229,000	752,000	
食物栄養	250,000	630,000	220,000	115,000	50,000	1,265,000	774,000	
精華女子短大☆								【精華女子短大】施設費は維持費と教育充実費の合計。
生活科学（食物栄養）	210,000	620,000	220,000	110,000	21,000	1,181,000	706,000	
生活科学（生活総合ビジネス）、幼児保育	210,000	620,000	220,000	90,000	21,000	1,161,000	696,000	
中村学園大短大部								【中村学園大短大部】施設費の欄は維持・充実費を示す。
食物栄養	240,000	720,000	340,000	51,000	12,930	1,363,930	808,430	
キャリア開発	240,000	720,000	290,000	51,000	12,930	1,313,930	783,430	
幼児保育	240,000	720,000	290,000	39,000	12,930	1,301,930	777,430	
西日本短大 ビジネス法	220,000	610,000	280,000	40,000	44,000	1,194,000	771,000	【西日本短大】施設費に教育充実費を含む。
緑地環境	220,000	610,000	434,000	60,000	44,000	1,368,000	798,000	
社会福祉、メディア・プロモーション	220,000	610,000	280,000	100,000	44,000	1,254,000	741,000	
保育	220,000	610,000	280,000	100,000	49,500	1,259,500	746,500	
健康スポーツコミュニケーション	220,000	610,000	280,000	60,000	44,000	1,214,000	721,000	
東筑紫短大☆	230,000	630,000	220,000	80,000	—	1,160,000	695,000	【東筑紫短大】施設費の欄は教育充実費、実習費の欄は実験実習維持費を示す。予納金・実験実習材料費等は別途徴収。他に教科書代、委託徴収金（学友会費、後援会費、保険料等）が必要。
福岡医療短大	300,000	420,000	300,000	150,000	30,000	1,200,000	765,000	【福岡医療短大】他に教科書、教材費等が必要。
福岡工業大短大部	170,000	670,000	160,000	100,000	67,750	1,167,750	692,750	【福岡工業大短大部】諸会費に図書費、学生厚生費を含む。
福岡こども短大	250,000	640,000	247,000	102,000	36,750	1,275,750	781,750	【福岡こども短大】施設費に教育充実費を含む。他に教科書、制服等の購入費が必要。
福岡女子短大 音楽	210,000	780,000	500,000	—	26,000	1,516,000	876,000	【福岡女子短大】施設費に教育充実費を含む。他に学内・学外の実習費が必要。
健康栄養、子ども	210,000	600,000	340,000	—	26,000	1,176,000	706,000	
文化教養	210,000	600,000	320,000	—	26,000	1,156,000	696,000	

短大名 学科名	入学金	授業料	施設費	実習費	諸会費	初年度納入金	入学時最小限納入金	付記
佐賀県								
佐賀女子短大								【佐賀女子短大】施設費の欄は施設運営費と教育充実費の合計。実習費は選択を含む(入学時最小限納入金には含まない)。他に教科書代、教材費等が必要。グローバル共生ＩＴコースは情報デザインコミュニケーションコースに名称変更予定。
こども未来(こども教育)	200,000	620,000	300,000	25,000	62,000	1,207,000	722,000	
こども未来(こども保育)	200,000	620,000	300,000	15,000	62,000	1,197,000	722,000	
こども未来(こども養護)	200,000	620,000	300,000	27,000	62,000	1,209,000	722,000	
地域みらい(福祉とソーシャルケア)	200,000	620,000	300,000	80,000	62,000	1,262,000	722,000	
地域みらい(韓国語文化)	200,000	620,000	300,000	30,000	62,000	1,212,000	722,000	
地域みらい(グローバル共生ＩＴ、司書アーカイブス)	200,000	620,000	300,000	0	62,000	1,182,000	722,000	
西九州大短大部＊ 幼児保育	200,000	650,000	100,000	170,000	43,000	1,163,000	300,000	【西九州大短大部】実習費の欄は教育充実費、諸会費の欄は課程費を示す。他に保険料、各種会費、教科書代等が必要。
地域生活支援(食健康)	200,000	650,000	100,000	180,000	16,000	1,146,000	300,000	
地域生活支援(介護福祉)	200,000	650,000	100,000	180,000	80,000	1,210,000	300,000	
地域生活支援(多文化)	200,000	650,000	100,000	180,000	0	1,130,000	300,000	
長崎県								
長崎短大	200,000	700,000	260,000	—	0	1,160,000	200,000	【長崎短大】施設費の欄は教育充実費を示す。他に実験実習費等が必要。
長崎女子短大	220,000	720,000	220,000	0	0	1,160,000	690,000	【長崎女子短大】施設費の欄は教育運営費を示す。
熊本県								
尚絅大短大部 食物栄養	220,000	670,000	270,000	—	—	1,160,000	690,000	【尚絅大短大部】他に実習費、保険料等が必要。
総合生活、幼児教育	220,000	670,000	220,000	—	—	1,110,000	665,000	
大分県								
大分短大☆	240,000	570,000	130,000	160,000	0	1,100,000	670,000	【大分短大】他に教科書、実習器材費、オリエンテーション費等が必要。
東九州短大	240,000	660,000	170,000	80,000	—	1,150,000	730,000	【東九州短大】施設費に教育充実費を含む。他に同窓会費、後援会費、学友会費等（４万4,000円）が必要。
別府大短大部 食物栄養	200,000	590,000	130,000	120,000	25,000	1,065,000	770,000	【別府大短大部】実習費の欄は教育研究料を示す。
初等教育	200,000	590,000	130,000	100,000	25,000	1,045,000	750,000	
別府溝部学園短大 介護福祉	200,000	600,000	330,000	—	0	1,130,000	670,000	【別府溝部学園短大】施設費は教育研究費と教育環境費の合計。他に教材費、学習活動費（教科書、実習着代等）が必要。
ライフデザイン総合、食物栄養、幼児教育	200,000	600,000	280,000	—	0	1,080,000	640,000	
宮崎県								
南九州大短大部	200,000	864,000	—	0	47,000	1,111,000	679,000	【南九州大短大部】授業料には施設設備費を含む。
宮崎学園短大 保育	200,000	620,000	238,000	15,000	—	1,073,000	636,500	【宮崎学園短大】施設費の欄は教育充実費を示す。他に教科書代、後援会費の諸経費等が必要。
現代ビジネス	200,000	620,000	238,000	0	—	1,058,000	629,000	
鹿児島県								
鹿児島純心女子短大☆ 英語	200,000	440,000	430,000	44,000	25,000	1,139,000	447,000	【鹿児島純心女子短大】施設費の欄は教育充実費、諸会費の欄は図書費を示す。入学後に学生会費、教材費等を別途納入。
生活(生活学、こども学)	200,000	415,000	420,000	65,000	25,000	1,125,000	453,000	
生活(食物栄養)	200,000	415,000	420,000	80,000	25,000	1,140,000	460,000	
鹿児島女子短大								【鹿児島女子短大】施設費の欄は教育充実費を示す。諸会費は委託徴収金（前年度参考）で学外研修費を含む。他に制服代、教科書代、実習経費等が必要。
児童教育(小・幼・保)	195,000	558,000	379,200	—	43,270	1,175,470	669,000	
児童教育(幼・保)	195,000	558,000	379,200	—	33,270	1,165,470	669,000	
生活科学、教養	195,000	558,000	379,200	—	34,770	1,166,970	669,000	
第一幼児教育短大	190,000	410,000	400,000	100,000	—	1,100,000	625,000	【第一幼児教育短大】施設費の欄は教育充実費を示す。他に委託徴収金(後援会費等)等が必要。
沖縄県								
沖縄キリスト教短大	130,000	660,000	160,000	—	17,430	967,430	557,430	【沖縄キリスト教短大】施設費の欄は教育充実資金を示す。実習費は別途徴収。
沖縄女子短大	120,000	630,000	170,000	—	13,430	933,430	533,430	【沖縄女子短大】他に実習費、教科書代等が必要。
専門職短大								
静岡県立農林環境専門職大短大部								【静岡県立農林環境専門職大短大部】他に寮費（１年次は原則として寮生活）、自治会費、保険料、教科書代、作業服代、実習や資格取得に係る経費等が必要。
県内	84,600	234,600	0	—	—	319,200	84,600	
県外	219,900	234,600	0	—	—	454,500	219,900	
ヤマザキ動物看護専門職短大	250,000	700,000	280,000	300,000	60,650	1,590,650	950,650	【ヤマザキ動物看護専門職短大】諸会費の欄は諸費用と委託徴収諸会費の合計。
せとうち観光専門職短大	200,000	700,000	220,000	80,000	0	1,200,000	825,000	

【注】短大名の「☆」印は2023年度の学費、「＊」印は2024年度の予定（見込）の学費を示しています。

●編集スタッフ
山縣 香朱
佐藤 正徳
佐々木 翠
●編集協力
攸々エンタープライズ
瑪瑠企画
サード・アイ
彦坂 吉宣
●デザイン・DTP
及川真咲デザイン事務所
オフィス・クエスト
塚田 稔幸
大日本印刷株式会社

2025年 入試対策用 全国 短大進学ガイド〔学科・資格・就職・学費・編入〕

2024年4月30日 初版発行
編 者 株式会社 旺 文 社
発行者 粂 川 秀 樹
編集担当 山本 一太朗

印刷所 大日本印刷株式会社
製本所 大日本印刷株式会社

発行所 株式会社 旺 文 社
〒162-8680 東京都新宿区横寺町55
●ホームページ https://www.obunsha.co.jp/

Y4c005

Printed in Japan
ISBN978-4-01-009409-9